임동석중국사상100

춘추좌전
春秋左傳

左丘明 撰 / 林東錫 譯註

5. 僖公 6. 文公

"상아, 물소 뿔, 진주, 옥. 진괴한 이런 물건들은 사람의 이목은 즐겁게 하지만 쓰임에는 적절하지 않다. 그런가 하면 금석이나 초목, 실, 삼베, 오곡, 육재는 쓰임에는 적절하나 이를 사용하면 닳아지고 취하면 고갈된다. 그렇다면 사람의 이목을 즐겁게 하면서 이를 사용하기에도 적설하며, 써도 닳지 아니하고 취하여도 고갈되지 않고, 똑똑한 자나 불초한 자라도 그를 통해 얻는 바가 각기 그 자신의 재능에 따라주고, 어진 사람이나 지혜로운 사람이나 그를 통해 보는 바가 각기 그 자신의 분수에 따라주되 무엇이든지 구하여 얻지 못할 것이 없는 것은 오직 책뿐이로다!"

《소동파전집》(34) 〈이씨산방장서기〉에서 구당(丘堂) 여원구(呂元九) 선생의 글씨

책머리에

　무려 19만 6,800여 자나 되는 이 방대한 저술을 역주하는데 내가 생각해도 참 애 많이 썼다. 세상에 완벽함이란 없다. 완벽을 추구하는 것만으로도 이미 그 가치는 어느 정도 인정받을 수 있으리라는 소박한 자기합리화에 만족한다.

　자료를 모아 선뜻 손을 대었다가 너무 힘들고 지쳐 '내가 왜 이 짓을 하나?' 하고 후회해본 것이 한두 번이 아니다. 나에게는 단순반복 작업을 울면서라도 그냥 해내는 묘한 힘이 있다. 이는 어릴 때 깊은 산속에서 살 때 배운 철리哲理였다. 나뭇짐에 실어온 큰 등걸나무에 톱질을 하면서 백 번을 썰면 끊어지겠지 하던 의지였다. "당연한 고통은 참고 넘겨라. 그것이 이치에도 맞다"라는 자기 최면이었다. 이 작업도 그런 생각을 하면서 나도 모르게 다시 컴퓨터 앞에 앉아 있기 일쑤이며 풀리지 않던 부분이 다른 자료와 교차검증하다가 해결되자 나도 모르게 성취감에 들떠 점심 식사도 거른 경우도 부지기수다. 공자가 말한 "吾嘗終日不食, 終夜不寢, 以思, 無益, 不如學也"가 바로 이러한 경지리라 감히 깨닫는 자체가 송구스럽다.

　금년 새해 벽두 북경에 갔다가 책방에 들러 다시 자료를 눈에 띄는 대로 욕심내다가 그만 너무 많아졌음에도 이를 들고 오다가 우편으로 부칠 것을 그랬나 하고 끙끙대며 수속을 마치고 인천 공항을 나서면서는 그래도 얼른 볼 수 있으니 고생값이 있으렸다 하고 안위의 기쁨에 매서운 한겨울 추위도

반가웠다. 아니 조선시대 같았으면 이러한 책을 어찌 이토록 쉽게 얻어 볼 수 있었겠는가 하는 비교우위 행복감에 젖어 공항 리무진 버스 창문 밖을 내다보니 밤빛 찬란한 서울의 한강 가가 참으로 아름다운 곳이라는 생각이 들었다.

이렇게 다시 작업은 이어졌지만 지루한 재점검은 다시 반 년 넘더니 또 한해가 흘렀다. 들여다보면 볼수록 미진하거나 아차 잘못된 탈자, 오자, 오류가 나를 주눅들게 하였다. 마치 비밀 번호를 숨겨놓은 것과 같은 문장, 수수께끼를 풀도록 숙제를 안겨주는 것과 같은 내용, 역사적 배경과 인물의 특징, 242년의 얽히고 설킨 수많은 제후국들의 국내외 사정, 족보가 뒤얽힌 경대부들의 가계, 忠과 賊이 무시로 바뀌는 끝없는 반전의 인간군상, 봄풀 나서 봄 한 철 살고, 사람 나서 한 일생 산다는 만물의 원리를 번연히 알고 있으면서도 영원히 살 것처럼 욕심과 배신의 굴레 속에서 날뛰는 사람들의 이야기. 정말 너무 복잡하여 어떻게 손을 대고 어떻게 진행해 나아가야 할지 막막할 때가 많았다.

그보다 유가儒家의 경전이라는 엄숙한 명제 앞에 내 기분나는 대로 마구 풀이해 나갈 수도 없었다. '미언대의微言大義'라는 대원칙을 숨겨놓았고, 포폄褒貶과 시비是非를 바로잡고자 성인이 찬집했다니 범속한 사람이 다루어도 될까 적이 두려움이 엄습하기도 하였다. 아니 두예杜預는 천재성을 발휘하였고 스스로 '좌전벽左傳癖'이 있다고 자처할 정도였으니 내용을 훤히 알고 좋아서 한 일이었을 것이다. 그 때문에 그의 '집해集解'는 가위

믿을 만하고 경탄스럽다. 마찬가지로 '정의正義'를 붙인 공영달孔穎達이나 기타 수많은 학자들도 그 당시 공구서도 그리 많지 않았을 것이니 머릿속에 모든 것이 들어 있지 않고서야 어찌 한 치의 오차도 없이 그렇게 착종錯綜해 낼 수 있었겠는가?

그러나 나도 '이미 벌여놓은 춤'(已張之舞)이니 다 추고 무대에서 내려올 수밖에 없는 상황에 이제 마무리를 지었다. 미진하기 그지없지만 단락은 지어야 한다. 강호제현江湖諸賢께서 해량하시어 오류와 탈자, 누소漏疏함이 있을 것이란 전제 아래 참고해 주시기 바라며 끝없고 혹독한 질책을 내려 주시기도 아울러 바란다.

줄포茁浦 임동석林東錫이 부곽재負郭齋에서 적음.

일러두기

1. 책 이름은 《春秋左傳》,《春秋左氏傳》,《左氏春秋》,《左氏傳》,《左傳》 등 여러 가지가 있으나 《春秋》의 經文과 左丘明 傳文을 모두 포함한다는 뜻의 《春秋左傳》으로 하였다.
2. 이 책은 《左傳正義》(十三經注疏本, 臺灣 藝文印書館 印本), 《春秋經傳集解》(杜預, 上海古籍出版社 活字本), 《春秋左傳注》(楊伯峻, 中華書局), 《左傳會箋》(竹添光鴻, 臺灣 鳳凰出版社 印本) 등을 저본으로 하여 相互 交叉 對照하여 經文과 傳文 전체를 완역한 것이다.
3. 그 외 《左傳全譯》(王守謙 外 貴州人民出版社 1991), 《春秋左傳今註今譯》(李宗侗 臺灣商務印書館 1980), 《左傳》(漢籍國字解全書 早稻田大學出版部 明治 42년(1909)) 등도 매우 유용한 참고 자료로 활용하였다.
4. '經文'은 전체 1,861조항을 001(隱公 元年. B.C.722. 己未)부터 1,861(哀公 16년. B.C.479. 壬戌) "夏四月己丑, 孔丘卒"까지 모두 일련번호를 부여하고 괄호 안에 공의 이름과 재위 연도 및 해당 기사의 일련번호를 넣어 찾기 쉽도록 하였다.
5. 각 해당 공의 재위 연도가 시작되는 앞에 周나라와 기타 諸侯國의 당해 연도 군주의 묘호와 이름을 표로 작성하고 이를 제시하여 이해에 도움이 되도록 하였다.
6. '傳文'은 해당 경문의 아래에 넣되 ㉠으로 조항의 구분을 표시하여 經文과의 관계 및 내용의 정확한 소속관계를 알 수 있도록 하였다.
7. 한문 원문을 앞에 제시하고 해석을 하였으며 해석 다음에 人名, 地名, 事件名, 用語, 御諱 등 해석상 註釋이 필요한 것들을 제시하고 풀이하였다.
8. 註釋은 이미 제시된 것이라 할지라도 해당 장의 이해에 필요하다고 여겨지는 것은 반복하여 실은 것도 있다.

9. 직역을 위주로 하였으나 문의를 순통하게 하기 위하여 일부 의역을 한 곳도 있으며, 특히 미묘한 '微言大義'를 위한 표현 등은 지면상 번거로운 해석을 피하기 위하여 부연설명하지는 않았다.
10. 주석의 근거는 孔穎達 疏나 기타 학자들의 의견을 인용할 경우 가능하면 이를 밝혔으며 그 문장은 따로 해석해 넣지 않고 원문을 그대로 제시하였다.
11. 작업상 오자, 탈자, 오류 등은 불가피하였던 부분에 대해서는 발견되는 대로 앞으로 계속 수정 보완해 나갈 것이다.
12. 이 책의 역주 작업에 참고한 문헌은 다음과 같다.

❋ 참고문헌
1. 《左傳注疏》十三經注疏本(宋本) 嘉慶 21년 江西 南昌府學開彫. 臺灣 藝文印書館 印本.
2. 《春秋經傳集解》晉, 杜預 上海古籍出版社 1988 上海
3. 《春秋管窺》(印本) 文淵閣本(故宮博物院所藏)
4. 《左傳會箋》(日, 1903)竹添光鴻 鳳凰出版社(覆印本) 1977 臺北
5. 《春秋左傳》(十三經全文標點本) 吳樹平 北京燕山出版社 1991 北京
6. 《春秋經傳集解》(四部叢刊) 晉, 杜預(撰) 唐, 陸德明(音義) 景玉田蔣氏藏本 書同文(電子版) 北京
7. 《春秋左傳》韓廬甫 普天出版社 1973 臺中 臺灣
8. 《春秋左傳注》楊伯峻 中華書局 2009 北京

9. 《左傳全譯》王守謙(外) 貴州人民出版社 1991 貴陽 貴州
10. 《春秋左傳今註今譯》李宗侗 臺灣商務印書館 1980 臺北
11. 《左傳》(漢籍國字解全書) 早稻田大學出版部 明治 42년(1909) 東京
12. 《春秋傳》毛奇齡 〈皇淸經解〉漢京文化事業有限公司 印本 1983 臺北
13. 《春秋說》惠士奇 〈皇淸經解〉漢京文化事業有限公司 印本 1983 臺北
14. 《春秋地理考實》江永 〈皇淸經解〉漢京文化事業有限公司 印本 1983 臺北
15. 《春秋正辭》莊存與 〈皇淸經解〉漢京文化事業有限公司 印本 1983 臺北
16. 《春秋異文箋》趙坦 〈皇淸經解〉漢京文化事業有限公司 印本 1983 臺北
17. 《左傳杜解補正》顧炎武 〈皇淸經解〉漢京文化事業有限公司 印本 1983 臺北
18. 《春秋左傳補註》惠棟 〈皇淸經解〉漢京文化事業有限公司 印本 1983 臺北
19. 《春秋左傳補疏》焦循 〈皇淸經解〉漢京文化事業有限公司 印本 1983 臺北
20. 《左氏春秋考證》劉逢祿 〈皇淸經解〉漢京文化事業有限公司 印本 1983 臺北
21. 《春秋左傳補注》馬宗璉 〈皇淸經解〉漢京文化事業有限公司 印本 1983 臺北
22. 《春秋左傳正義》晉 杜預(注), 唐 孔穎達(疏) 〈四庫全書〉文淵閣(印本) 臺灣商務印書館
23. 《春秋釋例》杜預(撰) 〈四庫全書〉文淵閣(印本) 臺灣商務印書館
24. 《春秋左氏傳補注》元 趙汸(찬) 〈四庫全書〉文淵閣(印本) 臺灣商務印書館
25. 《左傳杜林合注》明 趙如源(等) 〈四庫全書〉文淵閣(印本) 臺灣商務印書館
26. 《春秋世族譜》淸 陳厚耀(撰) 〈四庫全書〉文淵閣(印本) 臺灣商務印書館
27. 《公羊傳注疏》十三經注疏本(宋本) 嘉慶 21년 江西 南昌府學開彫. 臺灣藝文印書館 印本.
28. 《穀梁傳注疏》十三經注疏本(宋本) 嘉慶 21년 江西 南昌府學開彫. 臺灣藝文印書館 印本.

29. 《春秋左傳詞典》楊伯峻·徐提(編) 中華書局 1985 北京
30. 《世本》周渭卿(點校) 齊魯書社 2010 濟南 山東
31. 《帝王世紀》晉, 皇甫謐(撰). 陸吉(點校) 齊魯書社 2010 濟南 山東
32. 《逸周書》袁宏(點校) 齊魯書社 2010 濟南 山東
33. 《竹書紀年義證》雷學淇 藝文印書館 1977 臺北
34. 《竹書紀年》張潔·戴和冰(點校) 齊魯書社 2010 濟南 山東
35. 《十三經注疏》藝文印書館 印本
36. 《史記》鼎文書局(活字本) 1978 臺北
37. 《二十五史》鼎文書局(活字本) 1978 臺北
38. 《中國歷史紀年表》華世出版社 1978 臺北
39. 《中國歷史大事年表》上海辭書出版社 1986 上海
40. 《中國歷史年表》柏楊 星光出版社 1979 臺北
41. 《中國帝王皇后親王公主世系錄》柏楊 星光出版社 1979 臺北
42. 《中國帝王譜》田鳳岐(編) 天津市普文印務公司 2003 天津
43. 《經學辭典》黃開國(編) 四川人民出版社 1993 成都
44. 《中國儒學辭典》趙吉忠·郭厚安(編) 遼寧人民出版社 1989 瀋陽
45. 《中國大百科全書》(哲學) 中國大百科全書出版社 1992 北京
46. 《中國大百科全書》(歷史) 中國大百科全書出版社 1992 北京
47. 《中國儒學百科全書》中國大百科全書出版社 1997 北京
48. 《郡齋讀書志》宋, 晁公武(撰), 孫猛(校證) 上海古籍出版社 1990 上海
49. 《簡明中國古籍辭典》邱蓮梅(編) 吉林文史出版社 1987 長春
50. 《詩經直解》陳子展 復旦大學出版社 1991 上海
51. 《四書集註》林東錫(譯) 東西文化社 2009 서울

52. 《漢書藝文志問答》臺灣中華書局 1982 臺北
53. 《列子集釋》新編諸子集成 中華書局 1979 北京
54. 《荀子集解》(印本) 藝文印書館 1973 臺北
55. 《中國通史》李符桐(外) 文鳳出版社 1973 臺北
56. 《圖說中國歷史》周易(主編) 二十一世紀出版社 2002 南昌 江西
57. 《圖說中國歷史》中央編譯出版社 2007 北京
58. 《說話中國》李學勤(外) 上海文藝出版社 2004 上海
59. 《中國史綱》張蔭麟 九州出版社 2005 北京
60. 《上古史》張清華 京華出版社 2009 北京
61. 《正說中國三百五十帝》倉聖 黑龍江人民出版社 2006 哈爾濱
62. 《中國歷史》聞君 北京工業大學出版社 2006 北京
63. 《中國歷史》周佳榮(外) 香港教育圖書公司 1989 香港
64. 《中國歷史博物》朝華出版社(編) 2002 北京
65. 《國學導讀叢編》周何·田博元 康橋出版社 1979 臺北
66. 《經學通論》王靜芝 國立編譯館 1982 臺北
67. 《中國學術槪論》林東錫 傳統文化研究會 2002 서울
68. 《說文解字》,《太平御覽》,《山海經》등.
　　工具書 등 기타 文獻은 기재를 생략함.

해제

> Ⅰ. 《春秋》
> Ⅱ. 《春秋左傳》
> Ⅲ. 《春秋左傳集解》
> Ⅳ. 《春秋釋例》
> Ⅴ. 杜預
> Ⅵ. 《春秋左傳正義》
> Ⅶ. 孔穎達

Ⅰ. 《春秋》

1. 史書로서의 《春秋》

'春秋'란 원래 孔子 이전 각 나라마다 있었던 '國史'를 통칭적으로 부르던 일반명사였다. 예를 들면 《公羊傳》 莊公(7년) 傳에 "不修春秋", "魯春秋云", 《左傳》 昭公(2년) 傳에 "晉韓起聘魯, 觀書於太史氏, 見易象與魯春秋" 등의 기록은, 공자가 근거로 했다는 魯나라 사서는 이미 원래부터 '春秋'라 불렸던 것임을 알 수 있다. 또한 《國語》 楚語의 "敎之以春秋"나 晉語의 "羊舌肸習於春秋"로 보아 楚나라나 晉나라 역사도 역시 '춘추'라 불렸던 것임을 알 수 있다. 그 외, 《管子》의 "故春秋之記", 《韓非子》의 "魯哀公問於孔子云: 「春秋之記, 冬十二月, 霜不殺菽, 何謂記此?」", 《戰國策》의 "今臣逃而奔齊趙,

是可著爲春秋" 등 많은 기록에 '史書'를 곧 '春秋'라 부른 예는 널리 찾을
수 있다.
 한편, 여기서 말하는 《春秋》는 현존하는 중국 최초의 編年體 史書이며
동시에 儒家의 經典으로 초기 六經(五經)의 하나이다. 이는 공자가 魯나라
역사를 근거로 노나라 군주의 世系를 '紀'로 하여 簡策의 기록을 재정리한 것
이다. 年, 時(四時), 月, 日(干支)을 근간으로 하였으며 그 중 時, 즉 四時, 春夏秋冬의
'春'과 '秋' 두 글자를 취하여 《춘추》라 부르게 된 것이다. 공자가 《춘추》를
刪定하였다는 기록은 《孟子》, 《史記》, 《漢書》 등에 널리 실려 있다.
 우선 《孟子》 滕文公(下)에 "世衰道微, 邪說暴行有作, 臣弒其君者有之,
子弒其父者有之. 孔子懼, 作春秋. 春秋, 天子之事也. 是故孔子曰: 「知我者其
惟春秋乎! 罪我者其惟春秋乎!」 …… 孔子成春秋而亂臣賊子懼."라 하였고,
離婁(下)에도 "孟子曰:「王者之迹熄而詩亡, 詩亡然後春秋作. 晉之乘, 楚之檮杌,
魯之春秋, 一也. 其事則齊桓·晉文, 其文則史. 孔子曰:『其義則丘竊取之矣.』」"
라 하였으며 盡心(下)에도 "春秋無義戰"이라 하는 등 가장 강하게 거론하였다.
이에 司馬遷은 《史記》 孔子世家에서 "子曰:「弗乎弗乎, 君子病沒世而名不稱焉.
吾道不行矣, 吾何以自見於後世哉?」 乃因《史記》作春秋, 上至隱公, 下訖哀公
十四年, 十二公. 據魯, 親周, 故殷, 運之三代. 約其文辭而指博. 故吳楚之君自
稱王, 而春秋貶之曰'子'; 踐土之會實召周天子, 而春秋諱之曰'天王狩於河陽':
推此類以繩當世. 貶損之義, 後有王者擧而開之. 春秋之義行, 則天下亂臣賊
子懼焉. 孔子在位聽訟, 文辭有可與人共者, 弗獨有也. 至於爲春秋, 筆則筆,
削則削, 子夏之徒不能贊一辭. 弟子受春秋, 孔子曰:「後世知丘者以春秋, 而罪
丘者亦以春秋.」"라 하여 자세히 설명하고 있으며, 〈十二諸侯年表〉 序에도
"孔子明王道, 干七十餘君, 莫能用; 故西觀周室, 論史記舊聞, 興於魯, 而次

《春秋》. 上記隱, 下記哀之獲麟, 約其文辭, 去其煩重, 以制義法. 王道備, 人事浹"이라 하였다. 班固의 《漢書》 藝文志에는 "古之王者世有史官, 君擧 必書, 所以慎言行, 昭法式也. 左史記言, 右史記事, 事爲春秋, 言爲尙書, 帝王 靡不同之. 周室旣微, 載籍殘缺, 仲尼思存前聖之業. ……"이라 하였다.

그러나 공자의 일상과 언행을 자세히 적은 《論語》에는 도리어 이러한 언급이나 기록이 단 한 마디도 없어 이 때문에 錢玄同 같은 학자는 《춘추》를 공자가 지었다고 확정적으로 말할 수는 없다고 회의를 표하기도 하였다. 좌우간 공자는 이 《춘추》를 육경의 하나로 삼아 제자들을 가르친 것으로 알려져 있으며 공자의 역사관, 정치관 등 사상의 일면을 깊이 담고 있는 고전이다.

한편 기록 내용은 경학 중에 《尙書》와 함께 역사 부분에 해당한다. 그러나 그 기록은 아주 간략하여 역사 배경이나 사건의 전말 등은 거의 알아볼 수 없을 정도의 綱目 위주로, 마치 '大事年表'와 같다. 문자의 숫자로 보아도 제일 많은 것이 47자(僖公 4년), 적게는 1자 '螟'(隱公 8년)로만 되어 있는 것도 있다. 이처럼 《춘추》는 기록이 매우 은미隱微하여 사건마다 오직 결과와 결론만 있을 뿐 경과나 전모는 생략되어 있다. 그 때문에 뒷 사람의 많은 부연설명의 여지를 남기고 있었던 것이다.

모두 12편으로 되어 있으며 기간은 魯 隱公 원년(B.C. 722)으로부터 哀公 14년(B.C. 482)까지 242년 간, 12명의 公의 역사이며 대체로 1만 7,000여 자에, 그 經文의 條項도 1,834조에 불과하다. 그러나 이는 《公羊傳》과 《穀梁傳》을 기준으로 한 것이며 左傳에는 哀公 16년(B.C. 479) 4월 己丑 孔子의 죽음까지 기록하여 모두 244년까지이며 經文은 1,861조이다. 《公羊傳》 昭公 12년 傳의 徐彦 疏에는 《春秋說》을 인용하여 "孔子作春秋一萬八千字, 九月而

書成"이라 하여 "1만 8,000자이며 9개월 만에 마쳤다"라 하였으나 지금 이는 억설로 보고 있다.

한편 《춘추》는 공자가 직접 저술하고 교재로 사용한 육경의 하나이기 때문에 이를 해석하고 부연 설명한 저작들은 '傳'이라 불렀다. '漢'나라 때까지만 해도 이미 이러한 전이 5종류가 있었다. 즉 《公羊傳》, 《穀梁傳》, 《左氏傳》, 《鄒氏傳》, 《夾氏傳》이 그것이다. 이들 중 지금은 '公, 穀, 左'만 남아 이를 「春秋三傳」이라 하여 《춘추》 연구에 아주 중요한 자료로 활용되고 있다.

《公羊傳》과 《穀梁傳》은 《춘추》의 의리, 즉 '微言大義'를 疏正한 것이며, 《左氏傳》은 《춘추》 經文의 구체적인 史實과 역사적 경과, 배경 등을 서술한 것이다. 《漢書》 藝文志에 실려 있는 《春秋古經》 12편이 바로 《춘추》 經文만을 의미하는 것이 아닌가 한다. 한편, 《좌전》은 古文經을 근거로 한 것으로 보고 있으며, 《공양전》과 《곡량전》은 今文經을 근거로 한 것으로 보고 있다. 즉 금문과 고문은 문체는 같으나 금문은 莊公과 閔公(閔公은 2년밖에 되지 않음)의 합하여 한 편을 줄여 11편이 된 것이다. 그리고 《좌전》은 공자의 죽음(哀公 14년)까지 경문이 실려 있으나, '공·곡'은 '獲麟'(哀公 14년)에서 경문이 끝을 맺고 있어 2년 차이가 나는 것이다. 그러나 《춘추》의 경문은 지금 모두 삼전의 傳文 앞에 나누어 실려 있으며 단행본은 없다. 杜預는 《좌씨전》과 《춘추고경》을 합하여 集解를 붙여 《춘추좌씨전》이라 하였고, 《公羊傳》과 《穀梁傳》은 《춘추금문경》을 기준으로 이를 각기 傳文 앞에 실어 단행본 《춘추경》은 아예 사라지고 말았다. 그러나 금문의 《춘추경》과 《공양전》, 《穀梁傳》과의 배합은 실제 어느 때부터 시작되었는지는 확실치 않다. 何休의 《公羊傳解詁》에는 다만 傳文만 해석해 놓아 杜預의 《經傳集解》와는 체제가 다르며, 漢 熹平石經의 《공양전》 殘片에는 傳文만 있다. 이로 보아 漢末까지도 今文經과 傳은 각기 따로 있었던 것이 아닌가 한다. 다만 〈四庫全書總目提要〉에는 今文經과 《公羊傳》의 배합은 그 義疏를 쓴 唐의 徐彦에 의해, 또 《穀梁傳》과의 배합은 그 集解를 쓴 晉 范寧에 의해 시작된 것이라 보고 있다. 이러한 과정을 거쳐 宋代까지 오면서 九經, 十二經, 十三經 등의 변화를 거쳐 지금은 모두 十三經에 들어 있으며 이들만을 묶어「春秋三傳」이라 하게 된 것이다.

2.「十二公」과「三世」

《春秋》에서 紀가 되는 魯나라 12公은 隱, 桓, 莊, 閔, 僖, 文, 宣, 成, 襄, 昭, 定, 哀公까지의 총 242년에 대한 기록은 흔히 公羊家들에 의하면 三世로 나뉜다. 즉 공자가 전해들은 세대(所傳聞之世), 공자가 들은 세대(所聞之世), 공자가 직접 보았던 세대(所見之世)이다.

(1) 孔子所傳聞之世(총 96년)
① 隱公(11) ② 桓公(18) ③ 莊公(32) ④ 閔公(2) ⑤ 僖公(33)

(2) 孔子所聞之世(총 85년)
⑥ 文公(18) ⑦ 宣公(18) ⑧ 成公(18) ⑨ 襄公(31)

(3) 孔子所見之世(총: 61년)
⑪ 昭公(32) ⑫ 定公(15) ⑬ 哀公(14)

3. 《春秋》의 本義(本旨)

《춘추》의 本義(本旨)는 대체로 「正名分」, 「寓褒貶」, 「明是非」 등 세 가지를 들고 있다. 그러나 혹은 '寓褒貶'을 大義로 삼고, '정명분'과 '명시비'를 그 하위개념으로 낮추어 설정하기도 하며 혹 '정명분'을 '명시비'와 같은 것으로 여겨 '정명분'과 '우포폄' 두 가지라고 하기도 한다. 그러나 司馬遷은 '微言大義'를 가장 주된 본지로 여겨《史記》太史公自序에서 "上大夫壺遂曰: 「昔孔子何爲而作春秋哉?」太史公曰:「余聞董生曰:'周道衰廢, 孔子爲魯司寇, 諸侯害之, 大夫壅之. 孔子知言之不用, 道之不行也, 是非二百四十二年之中, 以爲天下儀表, 貶天子, 退諸侯, 討大夫, 以達王事而已矣.' 子曰:'我欲載之空言, 不如見之於行事之深切著明也.' 夫春秋, 上明三王之道, 下辨人事之紀, 別嫌疑, 明是非, 定猶豫, 善善惡惡, 賢賢賤不肖, 存亡國, 繼絶世, 補敝起廢, 王道之大者也. 易著天地陰陽四時五行, 故長於變; 禮經紀人倫, 故長於行; 書記先王之事, 故長於政; 詩記山川谷禽獸草木牝牡雌雄, 故長於風; 樂樂所以立, 故長於和; 春秋辯是非, 故長於治人. 是故禮以節人, 樂以發和, 書以道事, 詩以達意, 易以道化, 春秋以道義. 撥亂世反之正, 莫近於春秋. 春秋文成數萬, 其指數千. 萬物之散聚皆在春秋. 春秋之中, 弑君三十六, 亡國五十二, 諸侯奔走不得保其社稷者不可勝數. 察其所以, 皆失其本已. 故易曰'失之豪釐, 差以千里'. 故曰'臣弑君, 子弑父, 非一旦一夕之故也, 其漸久矣.' 故有國者不可以不知春秋, 前有讒而弗見, 後有賊而不知. 爲人臣者不可以不知春秋, 守經事而不知其宜, 遭變事而不知其權. 爲人君父而不通於春秋之義者, 必蒙首惡之名. 爲人臣子而不通於春秋之義者, 必陷簒弑之誅, 死罪之名. 其實皆以爲善, 爲之不知其義, 被之空言而不敢辭. 夫不通禮義之旨, 至於君不君, 臣不臣, 父不父, 子不子. 夫君不君則犯, 臣不臣則誅, 父不父則無道, 子不子則不孝. 此四行者, 天下之大過也. 以天下之大過予之, 則受而弗敢辭. 故春秋者, 禮義之大宗也. 夫禮禁未然之前, 法施已

然之後; 法之所爲用者易見, 而禮之所爲禁者難知."라 하였다. 이에 여기서는 '정명분'과 '우포폄'을 예를 들어 간단히 설명하기로 한다.

(1) 「正名分」
① 事物의 名分을 바르게 함.
《論語》子路篇에 "子路曰:「衛君侍子而爲政, 子將奚先?」子曰:「必也正名乎!」子路曰:「有是哉, 子之迂也! 奚其正?」子曰:「野哉, 由也! 君子於其所不知, 蓋闕如也. 名不正, 則言不順; 言不順, 則事不成; 事不成, 則禮樂不興; 禮樂不興, 則刑罰不中; 刑罰不中, 則民無所措手足. 故君子名之必可言也, 言之必可行也. 君子於其言, 無所苟而已矣."라 하였으며 董仲舒의《春秋繁露》深察名號篇에는 구체적으로 "《春秋》辨物之理, 以正其名, 名物如其眞, 不失秋毫之末, 故名霣石, 則後其五, 言退鷁, 則先其六. 聖人之謹於正名如此, 君子於其言, 無所苟而已, 五石六鷁之辭是也"라 하여 僖公 16년 "十有六年春王正月戊申朔, 隕石于宋五. 是月, 六鷁退飛, 過宋都"에서 '五'자를 뒤로, '六'자는 앞으로, '石'자를 '鷁'자로보다 먼저 쓴 것을 두고 분석한 것으로《公羊傳》에는 "曷爲先言隕而後言石? 隕石記聞, 聞其磌然, 視之則石. 察之則五, ⋯⋯ 曷爲先言六而後言鷁? 六鷁退飛, 記見也. 視之則六, 察之則鷁, 徐而察之則退飛"라 하여 정확하고 과학적인 관찰을 통한 사물의 기록이라는 뜻이다.

② 君臣上下의 名分을 바로잡음.
《춘추》는 君臣, 上下, 尊卑, 貴賤 등의 名分을 중시하여 봉건 전통을 고수하고자 하였다. 예를 들면 楚와 吳는 자신들은 王을 참칭했지만 끝까지 '子'를

칭했고, 齊와 晉은 처음 작위를 받은 그대로 '侯'로 불렸으며, 宋은 비록 약소국이었지만 '公'으로 부른 예가 이것이다.

(2) 「寓褒貶」

《춘추》의 포폄에 대한 판단은 기사 속에 나타난다. 예를 들면 36번이나 '弑君'의 사실을 기록하면서도 그 판단은 그 때의 상황이나 사건 발단의 원인, 선악의 소재에 따라 표현 방법이 달랐다.

이를 몇 가지 거론해 보면 다음과 같다.

① 隱公 4년 3월 戊申 "衛州吁弑其君完": '弑'를 넣어 州吁에게 죄가 있음을 밝힘.
② 桓公 2년 正月 戊申 "宋督弑其君與夷及其大夫孔父": 대부 孔父를 임금과 함께 적음으로써 그의 忠을 높임.
③ 文公 元年 10월 丁未 "楚世子商臣弑其君": '世子商臣'을 밝힘으로써 아들이 아버지이며 임금인 윗사람을 시해하였음을 표현한 것.
④ 宣公 2년 9월 乙丑 "晉趙盾弑其君夷皋": 임금을 죽인 자는 趙穿이었으나 趙盾이 이를 토벌하지 않았으므로 趙盾이 죽인 것으로 기록함.
⑤ 隱公 4년 9월: "衛人殺州吁于濮": 살을 넣어 마땅히 죽임을 당할 대상이었음을 시사하였으며 州吁가 당시 임금이었으나 君을 칭하지 않은 것은 백성이 인정하지 않았고, 濮이라는 지명까지 밝혀 衛人이 外力을 빌려 그를 죽였음을 드러낸 것.
⑥ 文公 16년 10월 "宋人弑其君杵臼": 피살된 임금(杵臼, 昭公)의 위치는 인정하여 '君'을 칭하였으나 그 자리를 스스로 지켜내지 못하였음을 지적한 것.

⑦ 文公 18년 "莒弑其君庶其": 나라 이름(莒)을 들어 그 임금을 시해했다는 것은 전체 백성의 원망을 샀다는 뜻으로 임금의 不德을 심히 폄하한 것이며 이곳에 마땅히 태자 僕의 이름이 거론되어야 하나 기록하지 않음.

⑧ 成公 18년 "晉弑其君州蒲": 실제 임금을 죽인 자는 欒書였음에도 그렇게 기록하지 않고 나라 이름을 들어 임금을 시해한 것으로 기록함으로써 임금의 악행이 지나쳐 백성의 이름으로 시해한 것임을 표현한 것.

4. 三傳의 차이

漢代까지 5가의 전이 있었음은 앞에 밝혔다. 지금은 三傳만 전하며 이 모두 十三經에 들어 있다. 그러나 이 三傳은 각기 다른 특색을 가지고 있다. 특히 각기 다른 각도와 관점에서 春秋 經文을 해석하였으므로 당연히 그 차이 및 장단점에 대하여 역대 이래 의견이 많았다. 그 중 元나라 吳澄의 평이 비교적 합당한 것으로 여기고 있다. 그는 "載事則左氏詳於公穀, 釋經則公穀精於左氏"라 하여 《좌전》은 사건의 서술에 뛰어났고, 《공양전》과 《곡량전》은 경문의 해석에 뛰어났다고 평가를 내린 것이다. 《좌전》은 역사 사건을 기록하여 경문의 짧고 간단한 표현을 알 수 있도록 뒷받침하고 있으며 《공·곡》은 訓詁의 傳으로 經義를 해석하는 데에 주력하였다. 특히 《공·곡》은 아예 질문을 만들어 제시하고 그 풀이의 정답을 밝혀줌으로써 포폄의 내용은 물론 서술에 사용된 낱자의 이유를 알 수 있도록 하고 있다.

그러나 范寧의 〈穀梁傳序〉에는 "左氏艶而富, 其失也誣; 公羊辯而裁, 其失也俗; 穀梁淸而婉, 其失也短"이라 하여 각기 단점을 들고 있으며, 그 밖에 鄭玄은 〈六論〉에서 "左氏善於禮, 公羊善於讖, 穀梁善於經"이라 하여 각기 그 장점을 들고 있다. 그 밖에 皮錫瑞는 《春秋通論》에서 "惟公羊兼傳大義微言, 穀梁不傳微言, 但傳大義. 左傳並不傳義, 特以紀事詳贍, 有可以贈春秋之義者"라 하였다.

Ⅱ. 《春秋左傳》

1. 작자

《史記》,《漢書》등에는《春秋左傳》의 작자를 공자와 동시대 인물 左丘明이라 하였으나 역대 이래 이에 대한 의혹은 끊임없이 제기되어 왔다. 무려 19만 6,800여 자나 되는 이 방대한 저술은 그 양이나 질, 내용으로 보아 일찍이 편찬자가 분명히 밝혀졌을 수도 있었으나 실제로는 그렇지 않다.

우선 左丘明이 지은 것으로 알려진 것은《史記》十二諸侯年表에 "是以孔子明王道, 干七十餘君, 莫能用; 故西觀周室, 論史記舊聞, 興於魯, 而次《春秋》. 上記隱, 下記哀之獲麟, 約其文辭, 去其煩重, 以制義法. 王道備, 人事浹. 七十子之徒口受其傳指, 爲有所刺譏襃諱挹損之文辭不可以書見也. 魯君子左丘明懼弟子人人異端, 各安其意, 失其眞, 故因孔子史記具論其語, 成左氏春秋"라 한 것이 그것이다. 그 뒤 劉向, 劉歆, 桓譚, 班固 등도 이를 그대로 따랐으며 특히 班固는《漢書》藝文志에서 "古之王者世有史官, 君擧必書, 所以愼言行, 昭法式也. 左史記言, 右史記事, 事爲春秋, 言爲尙書, 帝王靡不同之. 周室旣微, 載籍殘缺, 仲尼思存前聖之業, 乃稱曰:「夏禮吾能言之, 杞不足徵也; 殷禮吾能言之, 宋不足徵也. 文獻不足故也, 足則吾能徵之儀」以魯周公之國, 禮文備物, 史官有法. 故與左丘明觀其史記, 據行事, 仍人道, 因興以立功, 就敗以成罰. 假日月以定曆數, 藉朝聘以正禮樂, 所襃諱貶損, 不可書見. 口授弟子退而異言. 丘明恐弟子各安其意, 以失其眞. 故論本事而作傳, 明夫子不以空言說經也. 春秋所貶損大人當世君臣, 有威權勢力, 其事實皆形於傳, 是以隱其書而不宣, 所以免時難也. 及末世口說流行, 故有公羊·穀梁·鄒·夾之傳. 四家之中, 公羊·穀梁立於學官, 鄒氏無師, 夾氏未有書"라 하였으며,《漢書》劉歆傳에도 "歆以爲左丘明好惡與聖人同, 親見夫子, 而公羊·穀梁載七十子後, 傳聞之與親見之,

其詳略不同"이라 하여, 공자와 같은 시기에 몸소 겪은 일을 적은 것으로 보았다.

또한 杜預의 《春秋經傳集解》에는 "左丘明受經於仲尼, ……身爲國史, 躬覽載籍, 必廣記而備言之"라 하여 國史 벼슬로 몸소 많은 책을 보고 갖추어 적었다고까지 하였으며, 孔穎達은 《左傳正義》에서 沈氏의 말을 인용하여 "孔子將修春秋, 與左丘明乘, 如周, 觀書於周史, 歸而修春秋之經; 丘明爲之傳, 共爲表裡"라 하여 기정 사실화하였다.

2. 左丘明

左丘明이란 사람이 어느 때의 어떤 사람인지가 확실하지 않음으로써 문제가 발단된 것이다. 더구나 공자와 동시대로서 제자도 아니면서 공자의 經을 바탕으로 傳을 지었을 가능성은 확실성에서 의문을 자아낸다. 여러 역사 기록에 실린 것을 근거로 보면, 左丘明은 《左傳》의 작자라 알려진 것 외에 《漢書》藝文志에는 魯나라 太師라 하였고, 《史記》, 《漢書》 등에는 魯나라 君子로서 공자와 동시대 인물이라 하였으며, 《論語》 公冶長篇에는 "子曰:「巧言·令色·足恭, 左丘明恥之, 丘亦恥之. 匿怨而友其人, 左丘明恥之, 丘亦恥之.」"라 하여 또한 공자보다 연장자로 공자가 존경하였던 인물로 보았으며 〈四書集註〉 夾註에는 "或曰:「左丘明非傳春秋者耶?」朱子曰:「未可知也.」"라 하여 朱子 당시에도 같은 인물인지 모른다고 하였다. 그런가 하면 《史記》 太史公自序에는 "左丘失明, 厥有國語"라 하여 실명한 뒤 발분하여 《國語》를 지은 인물로 보았다. 이로 인해 여기서 말하는 左丘明이 어느 때 인물인지,《左傳》을 지은 바로 그 사람인지, 또는《左傳》은 과연 春秋經目에 대해 傳을 쓰는 입장에서 씌어진 것인지 하는 의문이 생긴다. 더구나 經을 근거로 하였다면 어찌하여《春秋經》보다 멀리 17년이나 더 많은지,《左傳》과 《國語》는 같은 체재로 쓰인 책이 아닌 점, 즉《左傳》이 편년사임에 비해 《國語》는 別國史이며 이를 근거로《國語》를 「春秋外傳」이라고도 부르게 된 경위,《左傳》은 과연 劉歆이 위조한 것인가 등의 문제가 속출한다. 이 때문에 唐의 趙匡, 宋의 王安石·葉夢得·鄭樵, 元의 程端學, 淸의 劉逢祿, 그리고 근대의 康有爲·錢玄同(이상 張心澂의《僞書通考》를 참조할 것) 등은 모두 의심을 버리지 못하였다. 趙匡은《論語》에서 말한 左丘明은 공자보다 앞선 시대의 현인으로,《左傳》을 지은 左氏는 公羊이나 穀梁처럼 모두가 공자 문인 이후의 인물로 논어에 보이는 좌구명과는 전혀 다른 인물이라 하였고, 王安石은 11가지를 들어《左傳》은 左丘明의 작이 아니라 하였다. 또 葉夢得은《左傳》의 기록에 智伯까지 등장하는 것으로 보아 전국시대에 이루어진 것이라 하였으며, 鄭樵는 8가지를 들어《左傳》의 작자 左氏는 丘明이 아니고 楚나라의 다른 인물이라 하였다. 그리고 청대에 今文學에 대한 흥기로 劉逢祿은《左氏春秋考證》을 지었고, 康有爲는《新學僞經考》를 지어 劉歆이《國語》를 근거로 僞造한 것이라 주장하였다. 한편 左丘明의 이름에 대해서도 어떤 이는 左丘는 複姓(衛聚賢,《左傳的硏究》), 복성이 아니다 (兪正燮,《癸巳類稿》), 혹은 左는 官名이며 丘가 姓씨이고 明이 이름이며 이를 丘氏傳이라 하지 않은 것은 孔子 弟子들이 孔子의 이름(丘)을 諱(諱)하여 한 것(劉師培,《左傳問答》) 등 다양한 의견이 있다.

3. 《左傳》의 出現

이 《좌전》이 언제 나타났는지에 대해서는 확실치 않다. 대체로 세 가지 說이 있다.

① 漢代에 秘府에 소장되었다가 劉歆에 의해 발견되었다는 설
《漢書》劉歆傳에 실려 있는 劉歆의 〈移讓太常博士書〉에 "春秋左氏, 丘明所修, 皆古文舊書. …… 藏於秘府, 伏而未發. 孝成皇帝, 閔學殘文缺, 稍離其眞. 乃陳發秘藏, 校理舊文, 得此三事"라 하였는데 여기서 三事란 《左傳》,《古文尙書》,《逸禮》를 가리킨다. 또 劉歆本傳에 "歆校秘書, 見古文春秋左氏傳. …… 初左氏傳多古字·古言, 學者傳訓故而已. 及歆治左氏, 引傳文以解經, 轉相發明, 由是章句義理備焉"이라 하여 劉歆이 《左傳》을 발견하게 된 경위가 설명되어 있다.

② 漢初에 張蒼이 바쳤다는 설
許愼의 《說文解字》序에 "北平侯張蒼, 獻春秋左氏傳"이라 하였고, 《隋書》經籍志에는 이 설을 근거로 "左氏, 漢初出於張蒼之家, 本無傳者"라 하였다.

③ 공자의 구택 벽 속에서 발견되었다는 설
王充의 《論衡》案書篇에 "春秋左氏傳者, 蓋藏孔壁中. 孝武皇帝時, 魯恭王壞孔子教授堂以爲宮. 得佚春秋三十篇·左氏傳也"라 한 것이 그 근거이다.

그러나 이상의 세 가지 설은 모두 충분한 믿음을 주지 못하며, 더구나 서한 이전의 책에는 기록이 전혀 없어 더욱 알 길이 없다.

4. 《左傳》과 《春秋》와의 관계

《좌전》에 대하여 고문학자들은 《春秋經》을 해석한 것이라 하였다. 고래로 '傳'이란 '經'의 다음 단계의 기록으로 《博物志》 文籍考에 "聖人制作曰經, 賢者著述曰傳·曰章句·曰解·曰論·曰讀"이라 하였다. 그러나 금문학자들은 《左傳》을 별개의 史書로 보아 《춘추》를 해석한 것이 아니고 《呂氏春秋》과 같은 계통이라 여겼다. 따라서 《公羊傳》, 《穀梁傳》과 같은 계열로 취급하여 묶어서 三傳이라 하는 것은 부당하다고 주장한다. 이는 《左傳》이 史實에 대한 기록 위주로서 公·穀처럼 訓詁를 위주로 한 經文 해석이 아니기 때문이다. 더구나 三傳과 經과 傳을 비교해 보면 《左傳》과 다른 두 傳의 현격한 차이를 발견할 수 있다.

① 《左傳》과 經文·傳文은 서로 다루고 있는 부분이 다르다. 즉 《左傳》에서는 經文이 魯 哀公 16년, 즉 공자의 卒年까지로 되어 있어, 실제 《春秋》 本經의 魯 哀公 14년보다 2년이 많다. 또 傳文에 있어서도 哀公 27년을 넘어 다음의 悼公 4년까지 이어져 《春秋》 본경에 비하면 무려 17년이나 더 많다.

② 《左傳》과 《春秋》를 비교해 보면 經에서는 다루었으나 傳에서는 다루지 않고 빠진 부분이 있다. 예를 들면 莊公 26년의 經文에는 "春: 公伐戎." "夏: 至自伐戎." "曹殺其大夫." "秋: 公會宋人, 齊人伐徐." "冬: 十有二月癸亥朔, 日有食之"등의 기록이 있으나, 傳에는 전혀 상세한 기록이 없이 다만 간단한 다른 이야기만 나열되어 있다. 이에 대해 杜預는 《集解》에서 "此年經傳各自言其事者, 或經是直文, 或策書雖存, 而簡牘散落, 不究其本末. 故傳下復申解, 但書傳事而已"라 하여 강변을 하고 있지만 어쨌든 公·穀 二傳과는 크게 다르다.

5. 《左傳》의 傳授

陸德明의 《經典釋文》에 의하면 左丘明은 이를 曾申에게, 申은 衛의 吳起에게, 吳起는 그의 아들 吳期에게, 期는 다시 楚의 鐸椒에게, 鐸椒은 趙의 虞卿에게, 이는 다시 荀況에게, 荀況은 다시 張蒼에게 전수한 것으로 되어 있으며, 이때부터 한인의 《左傳》 연구가 시작되었다고 한다. 그 후에 賈誼, 張禹, 翟方進, 劉歆 등이 계속해서 이어왔으며, 유흠은 이를 동한의 賈逵에게 전하였는데, 가규는 《左傳長義》, 《左氏解詁》 등을 지었다. 그 뒤에 陳元, 鄭衆, 馬融, 服虔 등은 모두 주석을 달았으며 한말의 鄭玄에 이르러 《鍼膏盲》, 《發墨守》, 《起廢疾》을 지어 何休와 대립하였다. 그 후 진에 이르러 杜預는 《左傳》에 심취하여 賈逵, 服虔의 注를 중심으로 하여 《春秋經傳集解》와 《春秋釋例》를 지어 지금까지 전하고 있다. 청대에도 《左傳》에 대한 연구가 깊었으며, 그 중에 洪亮吉의 《春秋左傳詁》, 李貽德의 《賈服古注輯述》과 劉文淇의 《春秋左氏傳舊注疏正》, 姚培謙의 《春秋左傳補輯》, 章炳麟의 《春秋左傳讀》, 현대 왕백상의 《春秋左傳讀本》, 楊伯峻의 《春秋左傳注》 등을 대표로 꼽을 수 있다. 그리고 日本에서도 일찍이 竹添光鴻의 《左傳會箋》이 明治 36년(1903)에 나와 널리 알려져 있다.

Ⅲ. 《春秋左傳集解》

　　西晉 杜預가 지은 것으로《춘추좌전》에 관한 해석들을 모으고 자신의 의견과 주석을 추가한 것으로 현존《춘추좌전》에 대한 最古의 해석서이다. 두예는 西晉 開國 元勳으로 정치와 군사면에서도 커다란 공훈을 세운 인물이기도 하다. 그는 三國의 마지막 吳나라를 평정하고 돌아와 그 당시 새로 출토된 〈汲冢叢書〉를 참조하여 비로소 이 책을 마쳤다고 하였다(序文을 볼 것). 당시 晉나라 武帝 太康 2년(281)으로부터 5년이 소요된 것이다. 序文에서 그는 《춘추》와 《좌전》의 성격, 가치, 《좌씨》의 經傳 조례를 歸納, 漢代 古文經學에 있어서의 「春秋學」에 대한 개괄을 집중적으로 설명하고 있다. 《集解》는 모두 30권이며 馬融, 鄭玄의 '分傳附經'의 방법을 택하여 원래 《춘추》와 분리되어 있던 《좌전》을 하나로 묶어 배합하였다고 하였다. 이에 劉歆, 賈逵, 許淑, 穎谷 등의 설을 광범위하게 채택하였으며 거기에 더하여 결론과 문자의 훈고, 文意의 해석에 精密함을 다하였으며, 제도와 지리 등에 대해서도 아주 상세하게 주석을 더하여 독창적인 주석서로 탄생시켰다. 이 때문에 唐代 〈五經正義〉와 淸代 〈十三經注疏〉에는 모두 杜預의 이 《집해》를 표준으로 하였던 것이다.

　　이 《집해》의 판본은 아주 널리 판각되어 단행본과 孔穎達 疏를 함께 묶은 合刊本 등이 있었다. 단행본으로는 宋代 〈巾箱本〉, 嘉定 9년의 興國軍의 〈遞修本〉, 〈足利本〉, 송대 〈鶴林于氏刊本〉, 〈相台岳氏本〉, 〈永懷堂本〉 등이 있으며, 합간본으로 〈注疏本〉, 남송 慶元 연간 吳興의 〈沈中賓刊本〉, 〈明監本〉, 〈汲古閣本〉, 淸 阮元의 〈阮刻本〉 및 〈四庫全書本〉 등이 있다.

Ⅳ.《春秋釋例》

《춘추》와 《좌전》에 대한 依例를 밝힌 현존 最古의 全釋 자료이다. 역시 西晉 杜預가 지은 것이며 《集解》와 함께 저술한 것으로 原書는 모두 40부 15卷이다. 《崇文總目》의 목록에 의하면 모두 「53例」였으나 明나라 때 이미 사라지고 〈永樂大全〉에 30篇이 수록되어 있다. 〈四庫全書〉에는 이를 바탕으로 하고 다른 典籍을 輯佚하여 15권, 47편으로 정리하여 싣고 있다. 그 중 43편은 '例'라 칭하여 〈公卽位例〉, 〈會盟例〉 등이 있으며 나머지 4편은 《釋土地名》, 《世族譜》, 《經傳長曆》, 《會盟圖疏》 등으로 되어 있다. 지금 전하는 것으로 〈四庫全書本〉외에 〈聚珍本〉, 〈葉氏山房本〉, 〈古經解匯函本〉 등이 있다. 《釋例》는 《春秋經》의 '條貫'은 모두 《左傳》에 나타나 있다고 여겼으며 《좌전》의 條貫 依例는 모두 '凡'이라는 표현에 귀속시켰다. 따라서 《左傳》에 '凡'이라 귀납된 글자 50여 조항을 '五十凡'이라 하여 이는 周公의 '正例'에서 나온 것이라 하였다. 이러한 주장은 뒷사람에게 큰 영향을 미쳐 南朝 齊나라 杜乾光은 이를 위해 《引序》를 지었다 하나 지금은 전하지 않는다.

V. 杜預(222-284)

《春秋左傳集解》(春秋經傳集解)를 지은 杜預는 西晉 초기 경학가이며 정치가, 군사가로 널리 알려진 인물이다. 자는 元凱, 京兆郡 杜陵(지금의 陝西 西安) 사람이다. 魏末에 한 때 鎭西將軍 鍾會의 副官으로 長史가 되어 蜀을 멸하는 전투에 참가하기도 하였고 법률을 제정하는 작업에 임하기도 하였다. 司馬氏가 西晉을 건국하자 武帝(司馬炎) 太始 연간에는 河南尹을 거쳐 文官黜陟考課法을 만들기도 하였다. 武帝를 도와 吳나라 공격에 나서서 羊祜가 죽자 鎭南大將軍·荊州都督諸軍事가 되어 吳나라 평정에 온힘을 쏟았다. 과연 오나라를 멸하고 실질적인 통일 대업을 이루자 그 공으로 當陽侯에 봉해지기도 하였다. 평소 經學을 좋아하여 스스로 "左傳癖을 가지고 있다"라 할 정도였으며 당시 玄學의 영향도 받은 것으로 알려져 있다. 만년에 《春秋左氏傳經傳集解》,《春秋釋例》,《春秋長曆》 등을 지어 '春秋學'을 집대성하였다. 그는 《춘추》에 대하여 '正例'와 '變例'라는 條例를 만들어 正例는 周公으로부터, 變例는 孔子로부터 나왔다는 설을 제창하기도 하였다. 그 중 《經傳集解》는 南朝와 隋, 唐, 宋, 明에 이르도록 장기간 學官에 교재로 채택되었으며 그 공로는 중국 경학에 큰 영향을 미친 것으로 널리 평가받고 있다.

그의 逸話는 《世說新語》 등 많은 전적에 널리 실려 있으며, 그의 傳記는 《三國志》와 《晉書》에 전하고 있다. 그 중 두 史書의 전을 轉載하여 참고로 삼는다.

○ 杜預傳

1. 《三國志》(16) 魏書 杜畿・杜恕傳(附)

甘露二年, 河東樂詳年九十, 上書訟畿之遺績, 朝廷感焉. 詔封恕子預爲豐樂亭侯, 邑百戶.

(註) 預字元凱, 司馬宣王女壻. 王隱《晉書》稱預智謀淵博, 明於理亂, 常稱「德者非所以企及, 立功立言, 所庶幾也」. 大觀群典, 謂《公羊》·《穀梁》, 詭辨之言. 又非先儒說《左氏》未究丘明意, 而橫以二傳亂之. 乃錯綜微言, 著《春秋左氏傳集解》, 又參考衆家, 謂之〈釋例〉, 又作〈盟會圖〉·〈春秋長曆〉, 備成一家之學, 至老乃成. 尚書郎摯虞甚重之, 曰:「左丘明本爲《春秋》作傳, 而《左傳》遂自孤行;〈釋例〉本爲傳設, 而所發明何但《左傳》, 故亦孤行.」預有大功名於晉室, 位至征南大將軍, 開府, 封當陽侯, 食邑八千戶. 子錫, 字世嘏, 尚書左丞.

2. 《晉書》(34) 杜預傳

杜預字元凱, 京兆杜陵人也. 祖畿, 爲尚書僕射. 父恕, 幽州刺史. 預博學多通, 明於興廢之道, 常言:「德不可以企及, 立功立言, 可庶幾也.」初, 其父與宣帝不相能, 遂以幽死, 故預久不得調.

文帝嗣立, 預尚帝妹高陸公主, 起家拜尚書郎, 襲祖爵豐樂亭侯. 在職四年, 轉參相府軍事. 鍾會伐蜀, 以預爲鎮西長史. 及會反, 僚佐並遇害, 唯預以智獲免, 增邑千一百五十戶.

與車騎將軍賈充等定律令, 旣成, 預爲之注解, 乃奏之曰:「法者, 蓋繩墨之斷例, 非窮理盡性之書也. 故文約而例直, 聽省而禁簡. 例直易見, 禁簡難犯.

易見則人知所避，難犯則幾於刑厝．刑之本在於簡直，故必審名分．審名分者，必忍小理．古之刑書，銘之鍾鼎，鑄之金石，所以遠塞異端，使無淫巧也．今所注皆網羅法意，格之以名分．使用之者執名例以審趣舍，伸繩墨之直，去析薪之理也．」詔班于天下．

泰始中，守河南尹．預以京師王化之始，自近及遠，凡所施論，務崇大體．受詔爲黜陟之課，其略曰：「臣聞上古之政，因循自然，虛己委誠，而信順之道應，神感心通，而天下之理得．逮至淳樸漸散，彰美顯惡，設官分職，以頒爵祿，弘宣六典，以詳考察．然猶倚明哲之輔，建忠貞之司，使名不得越功而獨美，功不得後名而獨隱，皆疇咨博詢，敷納以言．及至末世，不能紀遠而求於密微，疑諸心而信耳目，疑耳目而信簡書．簡書愈繁，官方愈偽，法令滋章，巧飾彌多．昔漢之刺史，亦歲終奏事，不制算課，而清濁粗舉．魏氏考課，即京房之遺意，其文可謂至密．然由於累細以違其體，故歷代不能通也．豈若申唐堯之舊，去密就簡，則簡而易從也．夫宣盡物理，神而明之，存乎其人．去人而任法，則以傷理．今科舉優劣，莫若委任達官，各考所統．在官一年以後，每歲言優者一人爲上第，劣者一人爲下第，因計偕以名聞．如此六載，主者總集採案，其六歲處優擧者超用之，六歲處劣擧者奏免之，其優多劣少者敍用之，劣多優少者左遷之．今考課之品，所對不鈞，誠有難易．若以難就優，以易而否，主者固當準量輕重，微加降殺，不足復曲以法盡也．〈己丑詔書〉以考課難成，聽通薦例．薦例之理，即亦取於風聲．六年頓薦，黜陟無漸，又非古者三考之意也．今每歲一考，則積優以成陟，累劣以取黜．以士君子之心相處，未有官故六年六黜清能，六進否劣者也．監司將亦隨而彈之．若令上下公相容過，此爲清議大穨，亦無取於黜陟也．」

司隸校尉石鑒以宿憾奏預，免職．時虜寇隴右，以預爲安西軍司，給兵三百人，騎百匹．到長安，更除秦州刺史，領東羌校尉・輕車將軍・假節．屬虜兵強盛，石鑒時爲安西將軍,使預出兵擊之.預以虜乘勝馬肥,而官軍懸乏,宜并力大運,須春進討,陳五不可·四不須.鑒大怒,復奏預擅飾城門官舍,稽乏軍興,遣御史檻車徵詣廷尉.以預尙主,在八議,以侯贖論.其後隴右之事卒如預策.

是時朝廷皆以預明於籌略,會匈奴帥劉猛舉兵反,自并州西及河東·平陽,詔預以散侯定計省闥,俄拜度支尙書.預乃奏立藉田,建安邊,論處軍國之支要.又作人排新器,興常平倉,定穀價,較鹽運,制課調,乃以利國外以救邊者五十餘條,皆納焉.石鑒自軍還,論功不實,爲預所糾,遂相讐恨,言論諠譁,並坐免官,以侯兼本職.數年,復拜度支尙書.

元皇后梓宮將薦於峻陽陵.舊制,旣葬,帝及群臣卽吉.尙書奏,皇太子亦宜釋服.預議「皇太子宜復古典,以諒闇終制」,從之.

預以時曆差舛,不應晷度,奏上〈二元乾度曆〉,行於世.預又以孟津渡險,有覆沒之患,請建河橋于富平津.議者以爲殷周所都,歷聖賢而不作者,必不可立故也.預曰:「『造舟爲梁』,則河橋之謂也.」及橋成,帝從百僚臨會,舉觴屬預曰:「非君,此橋不立也.」對曰:「非陛下之明,臣亦不得施其微巧」周廟欹器,至漢東京猶在御坐.漢末喪亂,不復存,形制遂絶.預創意造成,奏上之,帝甚嘉歎焉.咸寧四年秋,大霖雨,蝗蟲起.預上疏多陳農要,事在〈食貨志〉.預在內七年,損益萬機,不可勝數,朝野稱美,號曰「杜武庫」,言其無所不有也.

時帝密有滅吳之計,而朝議多違,唯預·羊祜·張華與帝意合.祜病,舉預自代,因以本官假節行平東將軍,領征南軍司.及祜卒,拜鎭南大將軍·都督荊州諸軍事,給追鋒車·第二駟馬.預旣至鎭,繕甲兵,耀威武,乃簡精銳,襲吳西陵督張政,大破之,以功增封三百六十戶.政,吳之名將也,據要害之地,恥以無備取敗,不以所喪之實告于孫晧.預欲間吳邊將,乃表還其所獲之衆於晧.晧果召政,遣武昌監劉憲代之.吳大軍臨至,使其將帥移易,以成傾蕩之勢.

預處分既定，乃啓請伐吳之期．帝報待明年方欲大舉，預表陳至計曰：「自閏月以來，賊但敕嚴，下無兵上．以理勢推之，賊之窮計，力不兩完，必先護上流，勤保夏口以東，以延視息，無緣多兵西上，空其國都．而陛下過聽，便用委棄大計，縱敵患生．此誠國之遠圖，使舉而有敗，勿舉可也．事爲之制，務從完牢．若或有成，則開太平之基，不成，不過費損日月之間，何惜而不一試之！若當須後年，天時人事不得如常，臣恐其更難也．陛下宿議，分命臣等隨界分進，其所禁持，東西同符，萬安之舉，未有傾敗之慮．臣心實了，不敢以曖昧之見自取後累．惟陛下察之．」預旬月之中又上表曰：「羊祜與朝臣多不同，不先博畫而密與陛下共施此計，故益令多異．凡事當以利害相較，今此舉十有八九利，其一二止於無功耳．其言破敗之形亦不可得，直是計不出己，功不在身，各恥其前言，故守之也．自頃朝廷事無大小，異意鋒起，雖人心不同，亦由恃恩不慮後難，故輕相同異也．昔漢宣帝議趙充國所上事效之後，詰責諸議者，皆叩頭而謝，以塞異端也．自秋已來，討賊之形頗露．若今中止，孫晧怖而生計，或徙都武昌，更完修江南諸城，遠其居人，城不可攻，野無所掠，積大船於夏口，則明年之計或無所及．」時帝與中書令張華圍棊，而預表適至．華推枰歛手曰：「陛下聲明神武，朝野淸晏，國富兵強，號令如一．吳主荒淫驕虐，誅殺賢能，當今討之，可不勞而定．」帝乃許之．

預以太康元年正月，陳兵于江陵，遣參軍樊顯・尹林・鄧圭・襄陽太守周奇等率衆循江西上，授以節度，旬日之間，累克城邑，皆如預策焉．又遣牙門管定・周旨・伍巢等率奇兵八百，泛舟夜渡，以襲樂鄉，多張旗幟，起火巴山，出於要害之地，以奪賊心．吳都督孫歆震恐，與伍延書曰：「北來諸軍，乃飛渡江也．」吳之男女降者萬餘口，旨・巢等伏兵樂鄉城外．歆遣軍出距王濬，大敗而還．旨等發伏兵，隨歆軍而入，歆不覺，直至帳下，虜歆而還．故軍中爲之謠曰：「以計代戰一當萬．」於是進逼江陵．吳督將伍延僞請降而列兵登陴，預攻克之．既平上流，於是沅湘以南，至于交廣，吳之州郡皆望風歸命，奉送印綬，預仗節稱詔而綏撫之.凡所斬及生獲吳都督·監軍十四，牙門·郡守百二十餘人. 又因兵威，徙將士屯戍之家以實江北，南郡故地各樹之長吏，荊土肅然，吳人赴者如歸矣.

王濬先列上得孫歆頭，預後生送歆，洛中以爲大笑. 時衆軍會議，或曰：「百年之寇，未可盡克. 今向暑，水潦方降，疾疫將起，宜俟來冬，更爲大舉.」預曰：「昔樂毅藉濟西一戰以并強齊，今兵威已振，譬如破竹，數節之後，皆迎刃而解，無復著手處也.」遂指授群帥，徑造秣陵. 所過城邑，莫不束手. 議者乃以書謝之.

孫晧既平，振旅凱入，以功進爵當陽縣侯，增邑并前九千六百戶，封子耽爲亭侯，千戶，賜絹八千匹.

初，攻江陵，吳人知預病癭，憚其智計，以瓠繫狗頸示之. 每大樹似癭，輒斫使白，題曰「杜預頸」. 及城平，盡捕殺之.

預既還鎮，累陳家世吏職，武非其功，請退. 不許.

預以天下雖安，忘戰必危，勤於講武，修立泮宮，江漢懷德，化被萬里. 攻破山夷，錯置屯營，分據要害之地，以固維持之勢. 又修邵信臣遺跡，激用滍淯諸水以浸原田萬餘頃，分疆刊石，使有定分，公私同利. 衆庶賴之，號曰「杜父」. 舊水道唯沔漢達江陵千數百里，北無通路. 又巴丘湖，沅湘之會，表裏山川，實爲險固，荊蠻之所恃也. 預乃開楊口，起夏水達巴陵千餘里，內瀉長江之險，外通零桂之漕. 南土歌之曰：「後世無叛由杜翁，孰識知名與勇功.」

預公家之事，知無不爲. 凡所興造，必考度始終，鮮有敗事. 或譏其意碎者，預曰：「禹稷之功，期於濟世，所庶幾也.」

預好爲後世名，常言「高岸爲谷，深谷爲陵」，刻石爲二碑，紀其勳績，一沈萬山之下，一立峴山之上，曰：「焉知此後不爲陵谷乎！」

預身不倦，敏於事而慎於言. 既立功之後，從容無事，乃耽思經籍，爲《春秋左氏經傳集解》. 又參攷衆家譜第, 謂之〈釋例〉. 又作〈盟會圖〉·〈春秋長曆〉, 備成一家之學, 比老乃成. 又撰《女記讚》. 當時論者謂預文義質直, 世人未之重, 唯祕書監摯虞賞之, 曰:「左丘明本爲《春秋》作傳, 而《左傳》遂自孤行.〈釋例〉本爲傳設, 而所發明何但《左傳》, 故亦孤行」時王濟解相馬, 又甚愛之, 而和嶠頗聚斂, 預常稱「濟有馬癖, 嶠有錢癖」. 武帝聞之, 謂預曰:「卿有何癖?」對曰:「臣有《左傳》癖.」

預在鎭, 數餉遺洛中貴要. 或問其故, 預曰:「吾但恐爲害, 不求益也.」

預初在荊州, 因宴集, 醉臥齋中. 外人聞嘔吐聲, 竊窺於戶, 止見一大蛇垂頭而吐. 聞者異之. 其後徵爲司隷校尉, 加位特進, 行次鄧縣而卒, 時年六十三. 帝甚嗟悼, 追贈征南大將軍·開府儀同三司, 諡曰成.

預先爲遺令曰:「古不合葬, 明於終始之理, 同於無有也. 中古聖人改而合之, 蓋以別合無在, 更緣生以示教也. 自此以來, 大人君子或合或否, 未能知生, 安能知死, 故各以己意所欲也. 吾往爲臺郎, 嘗以公事使過密縣之邢山. 山上有冢, 問耕父, 云是鄭大夫祭仲, 或云子產之冢也, 遂率從者祭而觀焉. 其造冢居山之頂, 四望周達, 連山體南北之正而邪東北, 向新鄭城, 意不忘本也. 其隧道唯塞其後而空其前, 不塡之, 示藏無珍寶, 不取於重深也. 山多美石不用, 必集洧水自然之石以爲冢藏, 貴不勞工巧, 而此石不入世用也. 君子尙其有情, 小人無利可動, 歷千載無毀, 儉之致也. 吾去春入朝, 因郭氏喪亡, 緣陪陵舊義, 自表營洛陽城東首陽之南爲將來兆域. 而所得地中有小山, 上無舊冢. 其高顯雖未足比邢山, 然東奉二陵, 西瞻宮闕, 南觀伊洛, 北望夷叔, 曠然遠覽, 情之所安也. 故遂表樹開道, 爲一定之制. 至時皆用洛水圓石, 開隧道南向, 儀制取法於鄭大夫, 欲以儉自完耳. 棺器小斂之事, 皆當稱此.」

子孫一以遵之, 子錫嗣.

Ⅵ.《春秋左傳正義》

唐 太宗 貞觀 연간에 孔穎達이 찬술한 〈五經正義〉, 즉《周易正義》,《毛詩正義》,《尚書正義》,《禮記正義》,《春秋左傳正義》의 하나이다. 孔穎達은 谷那律, 楊士勛, 朱長才, 馬嘉運, 王德韶, 蘇德融 등과 함께 당시 전하던 五經을 편찬, 정리하고 趙弘智의 심의를 거쳐 貞觀 16년(642)에 완성하였다. 이에 대해 《舊唐書》孔穎達傳에는 "先是, 與顔師古·司馬才章·王恭·王琰等諸儒受詔撰定《五經義訓》, 凡一百八十卷, 名曰《五經正義》. 太宗下詔曰:「卿等博綜古今, 義理該洽, 考前儒之異說, 符聖人之幽旨, 實爲不朽."라 하여 처음에는《五經義訓》이었으나 太宗이 정식 이름으로《五經正義》라 한 것이며,《貞觀政要》崇儒學篇에도 "太宗又以文學多門, 章句繁雜, 詔師古與國子祭酒孔穎達等諸儒, 撰定五經疏義, 凡一百八十卷; 名曰《五經正義》, 付國學施行"라 하여 같은 기록이 실려 있다.

그 중《春秋左傳正義》는 注文은 杜預의 주를, 疏文은 劉炫의 義疏를 기본으로 하고 沈文何의 주로 보충하되 두 사람 주가 마땅하지 않을 때 자신의 의견을 가하여 밝혔다. 모두 36권이었다. 한편 書名에 대해서는 唐나라 때에는 《春秋正義》로 불렸으나 宋 慶元 紹興刻本부터《春秋左傳正義》라 하였으나, 宋 劉叔剛의 〈刻本〉에는 다시《附釋音春秋左傳注疏》로 개명되었으며 권수도 60권으로 재편되었다. 그 뒤 淸 乾隆 英武殿本에는 이름을《春秋左氏傳注疏》로 하여 60권으로 하되〈正義序〉1권,〈左傳序〉1권,〈原目〉1권,〈傳述人〉1권이 더 있으며 말미에는 모두〈校刊記〉가 실려 있다. 그 뒤 阮元 校刊本도 역시 60권으로 편정하였다. 한편〈四庫繕寫本〉에서는 다시 이름을《春秋左傳正義》(60권)라 하였으며〈四庫全書總目提要〉에는 "有注疏而後左氏之義明, 左氏之義明而後二百四十二年內善惡之迹──有征"이라 평하였다. 이러한 과정을 거쳐 오늘날〈十三經注疏本〉에는《春秋左傳正義》로 굳어져 널리 활용되고 있다.

Ⅶ. 孔穎達(574-638)

《春秋左傳正義》를 쓴 孔穎達은 당나라 초기 경학가이며 자는 沖元, 冀州 衡水(지금의 河北 衡水) 사람이다. 북조 때 태어난 관료 집안 출신으로 당시 유학자이며 천문학자였던 劉焯에게 배워 隋 煬帝 大業 초(605) 明經科에 급제하여 河內郡博士에 올랐다. 隋末 대란 때에는 虎牢(武牢)로 피신하였다가 秦王 李世民이 王世充을 평정한 뒤 秦王府 文學館學士를 거쳐 高祖(李淵) 武德 9년(626)에 國子博士에 올랐다. 唐 太宗(李世民) 貞觀 초에 曲阜縣男으로 봉해졌다가 곧이어 給事中으로 자리를 옮겼으며 貞觀 6년(632) 國子司業에 올랐다. 그 뒤 太子右庶子를 거쳐 魏徵과 함께 《隋史》를 편찬하였고 그 공으로 散騎常侍에 올랐다. 11년에는 《五禮》를 편찬하였고 책이 완성되자 작위가 子爵으로 승격되었다. 이듬해 국자좨주國子祭酒가 되어 東宮의 侍講을 맡았으며 顔師古, 司馬才, 王恭, 王琰 등과 《五經義訓》을 편찬하여 貞觀 16년(642) 이를 완성하였다. 모두 180권의 방대한 책으로 太宗이 이를 《五經正義》로 명명하여 널리 반포하도록 하였다. 17년 벼슬을 버리고 관직에서 물러났으며 18년 凌煙閣에 그 도상이 걸리는 영광을 얻기도 하였다. 貞觀 22년 생을 마치고 昭陵에 陪葬되었다. 太常卿을 추증받았으며 시호는 憲이다. 그의 일화는 《貞觀政要》 등에 널리 실려 있으며 전기는 《舊唐書》와 《新唐書》에 모두 실려 있다. 이를 전재하여 참고로 삼는다.

○ 孔穎達傳

1.《舊唐書》(73) 孔穎達傳

孔穎達字沖遠, 冀州衡水人也. 祖碩, 後魏南臺丞. 父安, 齊青州法曹參軍. 穎達八歲就學, 日誦千餘言. 及長, 尤明《左氏傳》·鄭氏《尚書》·王氏《易》·《毛詩》·《禮記》, 兼善算曆, 解屬文. 同郡劉焯名重海内, 穎達造其門, 焯初不之禮, 穎達請質疑滯, 多出其意表, 焯改容敬之. 穎達固辭歸, 焯固留不可, 還家, 以教授爲務. 隋大業初, 舉明經高第, 授河内郡博士. 時煬帝徵諸郡儒官集于東都, 令國子秘書學士與之論難, 穎達爲最. 時穎達少年, 而先輩宿儒恥爲之屈, 潛遣刺客圖之, 禮部尚書楊玄感舍之於家, 由是獲免. 補太學助教. 屬隋亂, 避地於武牢. 太宗平王世充, 引爲秦府文學館學士. 武德九年, 擢授國子博士. 貞觀初, 封曲阜縣男, 轉給事中.

時太宗初卽位, 留心庶政, 穎達數進忠言, 益見親待. 太宗嘗問曰:「《論語》云: 『以能問於不能, 以多聞於寡, 有若無, 實若虛.』何謂也?」穎達對曰:「聖人設教, 欲人謙光. 己雖有能, 不自矜大, 仍就不能之人求訪能事; 己之才藝雖多, 猶以爲少, 仍就寡少之人更求所益. 己之雖有, 其狀若無; 己之雖實, 其容若虛. 非唯匹庶, 帝王之德, 亦當如此. 夫帝王内蘊神明, 外須玄黙, 使深不可測, 度不可知.《易》稱『以蒙養正』, 『以明夷莅衆』, 若其位居尊極, 炫燿聰明, 以才凌人, 飾非拒諫, 則上下情隔, 君臣道乖, 自古滅亡, 莫不由此也.」太宗深善其對.

六年, 累除國子司業. 歲餘, 遷太子右庶子, 仍兼國子司業. 與諸儒議曆及明堂, 皆從穎達之說. 又與魏徵撰成《隋史》, 加位散騎常侍. 十一年, 又與朝賢修定《五禮》, 所有疑滯, 咸諮決之. 書成, 進爵爲子; 賜物三百段. 庶人承乾令撰《孝經義疏》, 穎達因文見意, 更廣規諷之道, 學者稱之. 太宗以穎達在東宮數有匡諫, 與左庶子于志寧各賜黃金一斤, 絹百匹. 十二年, 拜國子祭酒, 仍侍講東宮.

十四年, 太宗幸國學觀釋奠, 命穎達講《孝經》, 旣畢, 穎達上〈釋奠頌〉, 手詔褒美. 後承乾不循法度, 穎達每犯顏進諫. 承乾乳母遂安夫人謂曰:「太子成長, 何宜屢致面折?」穎達對曰:「蒙國厚恩, 死無所恨.」諫諍逾切, 承乾不能納.

先是, 與顏師古・司馬才章・王恭・王琰等諸儒受詔撰定《五經義訓》, 凡一百八十卷, 名曰《五經正義》. 太宗下詔曰:「卿等博綜古今, 義理該洽, 考前儒之異說, 符聖人之幽旨, 實爲不朽」付國子監施行, 賜穎達物三百段. 時又有太學博士馬嘉運駁穎達所撰《正義》, 詔更令詳定, 功竟未成. 十七年, 以年老致仕. 十八年, 圖形於凌煙閣, 讚曰:「道光列第, 風傳闕里. 精義霞開, 談辭飇起」二十二年卒, 陪葬昭陵, 贈太常卿, 諡曰憲.

2.《新唐書》(198) 儒學傳(孔穎達)

孔穎達字仲達, 冀州衡水人. 八歲就學, 誦記日千餘言, 闇記《三禮義宗》. 及長, 明服氏《春秋傳》・鄭氏《尙書・詩・禮記》・王氏《易》, 善屬文, 通步曆. 嘗造同郡劉焯, 焯名重海內, 初不之禮. 及請質所疑, 遂大畏服.

隋大業初, 舉明經高第, 授河內郡博士. 煬帝召天下儒官集東都, 詔國子秘書學士與論議, 穎達爲冠, 又年最少, 老師宿儒恥出其下, 陰遣客刺之, 匿楊玄感家得免. 補太學助教. 隋亂, 避地虎牢.

太宗平洛, 授文學館學士, 遷國子博士. 貞觀初, 封曲阜縣男, 轉給事中. 時帝新卽位, 穎達數以忠言進. 帝問:「孔子稱『以能問於不能, 以多聞於寡, 有若無, 實若虛』. 何謂也?」對曰:「此聖人教人謙耳. 己雖能, 仍就不能之人以咨所未能; 己雖多, 仍就寡少之人更資其多. 內有道, 外若無; 中雖實, 容若虛. 非特匹夫,君德亦然. 故《易》稱『蒙以養正』,『明夷以莅衆』. 若其據尊極之位, 銜聰燿明, 恃才以肆, 則上下不通, 君臣道乖. 自古滅亡, 莫不由此.」帝稱善. 除國子司業, 歲餘, 以太子右庶子兼司業. 與諸儒議曆及明堂事, 多從其說. 以論撰勞, 加散騎常侍, 爵爲子.

皇太子令穎達撰《孝經章句》, 因文以盡箴諷. 帝知數爭太子失, 賜黃金一斤·絹百匹. 久之, 拜祭酒, 侍講東宮. 帝幸太學觀釋菜, 命穎達講經, 畢, 上〈釋奠頌〉, 有詔褒美. 後太子稍不法, 穎達爭不已, 乳夫人曰:「太子旣長, 不宜數面折之.」對曰:「蒙國厚恩, 雖死不恨」劌切愈至. 後致仕, 卒, 陪葬昭陵, 贈太常卿, 諡曰憲.

初, 穎達與顏師古·司馬才章·王恭·王琰受詔撰《五經義訓》, 凡百餘篇, 號《義贊》, 詔改爲《正義》云. 雖包貫異家爲詳博, 然其中不能無謬冗, 博士馬嘉運駁正其失, 至相譏詆. 有詔更令裁定, 功未就. 永徽二年, 詔中書門下與國子三館博士·弘文館學士考正之, 於是尙書左僕射于志寧·右僕射張行成·侍中高季輔就加增損, 書始布下.

3.《貞觀政要》

1)「規諫太子」(12)

貞觀中, 太子承乾數虧禮度, 侈縱日甚, 太子左庶子于志寧撰《諫苑》二十卷諷之. 是時太子右庶子孔穎達每犯顏進諫. 承乾乳母遂安夫人謂穎達曰:「太子長成, 何宜屢得面折?」對曰:「蒙國厚恩, 死無所恨!」諫諍愈切. 承乾令撰《孝經義疏》, 穎達又因文見意, 愈廣規諫之道. 太宗並嘉納之, 二人各賜帛五百匹, 黃金一斤, 以勵承乾之意.

2)「謙讓」(19)

貞觀三年, 太宗問給事中孔穎達曰:「《論語》云:『以能問於不能, 以多問於寡; 有若無, 實若虛』. 何謂也?」孔穎達對曰:「聖人設教, 欲人謙光. 己雖有能, 不自矜大, 仍就不能之人, 求訪能事. 己之才藝雖多, 猶病以為少, 仍就寡少之人, 更求所益. 己之雖有, 其狀若無; 己之雖實, 其容若虛. 非惟匹庶, 帝王之德, 亦當如此. 夫帝王內蘊神明, 外須玄默, 使深不可知. 故《易》稱『以蒙養正』,『以明夷莅眾』. 若其位居尊極, 炫耀聰明, 以才陵人, 飾非拒諫, 則上下情隔, 君臣道乖, 自古滅亡, 莫不由此也.」太宗曰:「《易》云:『勞謙, 君子有終, 吉.』誠如卿言.」詔賜物二百段.

3)「崇儒學」(27)

貞觀四年, 太宗以經籍去聖久遠, 文字訛謬, 詔前中書侍郎顏師古於秘書省考定五經. 及功畢, 復詔尚書左僕射房玄齡集諸儒重加詳議. 時諸儒傳習師說, 舛謬已久, 皆共非之, 異端蜂起. 而師古輒引晉宋已來古本, 隨方曉答, 援據詳明, 皆出其意表, 諸儒莫不歎服. 太宗稱善者久之, 賜帛五百匹, 加授通直散騎常侍, 頒其所定書於天下, 令學者習焉. 太宗又以文學多門, 章句繁雜, 詔師古與國子祭酒孔穎達等諸儒, 撰定五經疏義, 凡一百八十卷; 名曰《五經正義》, 付國學施行.

《春秋左傳注疏》(十三經注疏本) 臺灣 藝文印書館 覆印本

春秋左傳卷十二

【註】盡十年、

成公

【註】名黑肱、宣公子、諡法、安民立政曰成、

【經】元年、春、王正月、公即位、

【註】無傳、

二月、辛酉、葬我君宣公、

【註】無傳、喪禮が調たとなり、

無冰、

【註】無傳周二月、今之十二月而無冰書冬溫、時ならず溫かなり、

三月、作丘甲、

【註】周禮、九夫爲井、四井爲邑、四邑爲丘、丘、十六井出戎馬一匹、牛三頭四丘爲甸、甸六十四井出長轂一乘、戎馬四匹、牛十二頭、甲士三人、步卒七十二人、此甸所賦、今魯使丘出之譏重斂故書、軍兵を增すことである、【注】周。今魯では甸の地より出すべき大軍を丘より出させた、是では課役の過ぐるをそしつた、

夏、臧孫許及晉侯盟于赤棘、

【註】晉地、魯晉合體したなり、

秋、王師敗績于茅戎、

【註】茅戎、戎別種、不言戰、王者至尊天下莫之得校、故以自敗爲文、不書敗地而書茅戎所敗、書秋從告、茅戎、王の御人數が敗れた【注】茅。校は物を張り合ふことと、王に對して張り合ふものはない、それ故戰が有てもそれを書かず、た、自然に敗れたと書く也、○不書。何れの地で敗れたとは書さぬ、然れども茅戎と書たは、茅戎に敗られたと云ことを明したものである、

春秋經傳集解僖上第五

杜氏 盡十五年

經元年春王正月齊師宋師曹師次于聶北救邢 齊師諸侯之師救邢次于聶北者案兵觀釁以待事也次例在莊三年聶北邢地 夏六月邢遷于夷儀 邢遷如歸故以自遷為辭夷儀邢地

傳例曰救患分災禮也一事而再列三國於文不可言諸侯師故 秋七月戊辰夫人姜氏薨于夷齊人以歸 傳在閔二年不言齊人殺諱之書地者明在外兗 楚人伐鄭 荊始改號曰楚 八月公會齊侯宋公鄭伯曹伯邾人于檉 檉宋地陳國陳縣西北有檉城公及其會而不書盟還不以盟告 冬十月壬午公子友師師敗邾師于偃 偃邢地

春秋管窺

四庫善本叢書初編經部

欽定四庫全書

春秋管窺卷一

新昌縣丞徐廷垣撰

隱公

元年

元者始也嗣君遹年即位上承宗廟下臨萬民政教號令俱於是焉始君而敬其始則兢兢業業所以克艱厥位也故不曰一年而謂之元年重始也此年為魯隱公之元年非周天子之元年諸侯奉天子之正朔宜遵天子之統而周失其政不頒朔於天下列國閟知所承故其國史各自以其君之年紀事而不能達於四方則又以事表年如魯答襄公之齒曰會於沙隨之歲我寡君以生晉繹縣老人之年曰此卻成子會於成匡之歲是也春秋原為魯史故以魯年紀事而始於隱元年者以平王東遷不能振興厥緒下陵上替王室日卑聖人憂紀綱法度漸至泯滅故

《春秋管窺》(徐廷垣) 四庫善本叢書 初編 經部

春秋正義卷第二

國子祭酒上護軍曲阜縣開國子臣孔穎達等奉

勅撰

春秋經傳集解隱公第一

正義曰五經題篇皆本注者之意人各有心故題文當準此本經傳別則經傳各自有題注者以意裁定其本難可後知據今服虔所注題云春秋左氏傳解誼第一不題春秋二字然則春秋蓋是經名無疑其上序說左氏言已備卷故略字春秋此書之大名敬以春秋冠其上者傳之題者社所加其餘皆歸本也經傳字去左氏而當此題寫經傳集解四字是社所加也者常也言變為典法可常遵用也傳也者傳也博釋經意倌示後人分年相附集而解之故謂之經傳集解隱公第一大史公曰本旁引傳記以為左族譜略記周之興滅諸云魯姬姓文王子周公旦之後也周公股肱周室成王封其子伯禽於曲阜為魯侯令魯國是也自哀以下九世二百一十七年而楚滅魯

春秋經傳卷第十六

襄公 盡二十二年

經十有六年春王正月葬晉悼公三月公會晉侯宋公衛侯鄭伯曹伯莒子邾子薛伯杞伯小邾子于湨梁戊寅大夫盟晉人執莒子邾子以歸齊侯伐我北鄙夏公至自會五月甲子地震叔老會鄭伯晉荀偃衛甯殖宋人伐許秋齊侯伐我北鄙圍成大雩冬叔孫豹

《春秋經傳》中國版刻圖錄 宋刻本(杭州)

春秋傳卷第一

左朝散郎充徽猷閣待制提舉江州太平觀賜紫金魚袋臣胡安國奉
聖旨纂修

隱公上

孟子曰王者之迹熄而詩亡詩亡然後春秋作今按邶而下多
春秋時詩也而謂詩亡然後春秋作何也自離降為國風天下
無復有雅而王者之詩亡矣春秋作於隱公適當雅亡之後又按
小雅正月刺幽王詩也而曰赫赫宗周褒姒滅之逮魯孝公之末
幽王已為犬戎所斃惠公年周既東矣春秋不作於孝公惠公
者東遷之始流風遺俗猶有存者鄭武公入為司徒善於其職則
猶用賢也 侯捍王于艱錫之秬鬯則猶有詰命也王曰其歸視
爾師則諸侯猶來朝也義和之蔑譖為丈侯則列國猶有請也及
平王在位日久不能自強於政治棄其九族葛藟有終遠兄弟之
刺不撫其民周人有束薪蒲楚之譏至其晚年失道滋甚乃以天

차례

❧ 책머리에
❧ 일러두기
❧ 해제
   Ⅰ.《春秋》
   Ⅱ.《春秋左傳》
   Ⅲ.《春秋左傳集解》
   Ⅳ.《春秋釋例》
   Ⅴ. 杜預
   Ⅵ.《春秋左傳正義》
   Ⅶ. 孔穎達
❧ 〈春秋序〉杜預
❧ 〈春秋後序〉杜預

春秋左傳 三

5. 僖公 (총 33년)

064. 僖公 元年 ……………… 634	070. 僖公 7年 ……………… 690
065. 僖公 2年 ……………… 642	071. 僖公 8年 ……………… 699
066. 僖公 3年 ……………… 649	072. 僖公 9年 ……………… 705
067. 僖公 4年 ……………… 654	073. 僖公 10年 ……………… 718
068. 僖公 5年 ……………… 669	074. 僖公 11年 ……………… 726
069. 僖公 6年 ……………… 685	075. 僖公 12年 ……………… 730

076. 僖公 13年 ……………… 735	087. 僖公 24年 ……………… 843
077. 僖公 14年 ……………… 741	088. 僖公 25年 ……………… 870
078. 僖公 15年 ……………… 746	089. 僖公 26年 ……………… 884
079. 僖公 16年 ……………… 771	090. 僖公 27年 ……………… 894
080. 僖公 17年 ……………… 777	091. 僖公 28年 ……………… 903
081. 僖公 18年 ……………… 786	092. 僖公 29年 ……………… 942
082. 僖公 19年 ……………… 792	093. 僖公 30年 ……………… 947
083. 僖公 20年 ……………… 801	094. 僖公 31年 ……………… 959
084. 僖公 21年 ……………… 807	095. 僖公 32年 ……………… 967
085. 僖公 22年 ……………… 815	096. 僖公 33年 ……………… 974
086. 僖公 23年 ……………… 827	

6. 文公(총 18년)

097. 文公 元年 ……………… 1000	106. 文公 10年 ……………… 1113
098. 文公 2年 ……………… 1015	107. 文公 11年 ……………… 1122
099. 文公 3年 ……………… 1031	108. 文公 12年 ……………… 1130
100. 文公 4年 ……………… 1041	109. 文公 13年 ……………… 1142
101. 文公 5年 ……………… 1050	110. 文公 14年 ……………… 1153
102. 文公 6年 ……………… 1058	111. 文公 15年 ……………… 1170
103. 文公 7年 ……………… 1075	112. 文公 16年 ……………… 1186
104. 文公 8年 ……………… 1093	113. 文公 17年 ……………… 1199
105. 文公 9年 ……………… 1102	114. 文公 18年 ……………… 1210

春秋左傳 上

1. 隱公 (총 11년)

001. 隱公 元年 ················· 100
002. 隱公 2年 ················· 119
003. 隱公 3年 ················· 126
004. 隱公 4年 ················· 140
005. 隱公 5年 ················· 150
006. 隱公 6年 ················· 163
007. 隱公 7年 ················· 170
008. 隱公 8年 ················· 177
009. 隱公 9年 ················· 187
010. 隱公 10年 ················ 193
011. 隱公 11年 ················ 200

2. 桓公 (총 18년)

012. 桓公 元年 ················· 216
013. 桓公 2年 ················· 221
014. 桓公 3年 ················· 237
015. 桓公 4年 ················· 246
016. 桓公 5年 ················· 249
017. 桓公 6年 ················· 259
018. 桓公 7年 ················· 273
019. 桓公 8年 ················· 276
020. 桓公 9年 ················· 282
021. 桓公 10年 ················ 287
022. 桓公 11年 ················ 292
023. 桓公 12年 ················ 300
024. 桓公 13年 ················ 307
025. 桓公 14年 ················ 313
026. 桓公 15年 ················ 319
027. 桓公 16年 ················ 327
028. 桓公 17年 ················ 333
029. 桓公 18年 ················ 341

3. 莊公 (총 32년)

030. 莊公 元年 ················· 352
031. 莊公 2年 ················· 358
032. 莊公 3年 ················· 361
033. 莊公 4年 ················· 365
034. 莊公 5年 ················· 371
035. 莊公 6年 ················· 374

036. 莊公　7年	380	049. 莊公 20年	457
037. 莊公　8年	384	050. 莊公 21年	461
038. 莊公　9年	393	051. 莊公 22年	466
039. 莊公 10年	400	052. 莊公 23年	474
040. 莊公 11年	410	053. 莊公 24年	481
041. 莊公 12年	416	054. 莊公 25年	489
042. 莊公 13年	421	055. 莊公 26年	494
043. 莊公 14年	425	056. 莊公 27年	498
044. 莊公 15年	433	057. 莊公 28年	504
045. 莊公 16年	436	058. 莊公 29年	514
046. 莊公 17年	442	059. 莊公 30年	519
047. 莊公 18年	445	060. 莊公 31年	524
048. 莊公 19年	450	061. 莊公 32年	527

4. 閔公(총 2년)

062. 閔公 元年	542	063. 閔公　2年	552

春秋左傳 三

7. 宣公(총 18년)

115. 宣公 元年	1288	118. 宣公　4年	1330
116. 宣公　2年	1299	119. 宣公　5年	1344
117. 宣公　3年	1316	120. 宣公　6年	1349

121. 宣公 7年 ································ 1355	127. 宣公 13年 ································ 1447
122. 宣公 8年 ································ 1360	128. 宣公 14年 ································ 1452
123. 宣公 9年 ································ 1369	129. 宣公 15年 ································ 1461
124. 宣公 10年 ································ 1380	130. 宣公 16年 ································ 1478
125. 宣公 11年 ································ 1394	131. 宣公 17年 ································ 1485
126. 宣公 12年 ································ 1405	132. 宣公 18年 ································ 1495

8. 成公 (총 18년)

133. 成公 元年 ································ 1506	142. 成公 10年 ································ 1648
134. 成公 2年 ································ 1512	143. 成公 11年 ································ 1658
135. 成公 3年 ································ 1555	144. 成公 12年 ································ 1668
136. 成公 4年 ································ 1571	145. 成公 13年 ································ 1675
137. 成公 5年 ································ 1579	146. 成公 14年 ································ 1692
138. 成公 6年 ································ 1590	147. 成公 15年 ································ 1700
139. 成公 7年 ································ 1604	148. 成公 16年 ································ 1716
140. 成公 8年 ································ 1616	149. 成公 17年 ································ 1759
141. 成公 9年 ································ 1631	150. 成公 18年 ································ 1783

春秋左傳 ❸

9. 襄公 (총 31년)

151. 襄公 元年 ································ 1860	153. 襄公 3年 ································ 1880
152. 襄公 2年 ································ 1868	154. 襄公 4年 ································ 1894

155. 襄公 5年	1912	169. 襄公 19年	2130
156. 襄公 6年	1924	170. 襄公 20年	2151
157. 襄公 7年	1933	171. 襄公 21年	2161
158. 襄公 8年	1946	172. 襄公 22年	2181
159. 襄公 9年	1960	173. 襄公 23年	2196
160. 襄公 10年	1984	174. 襄公 24年	2230
161. 襄公 11年	2011	175. 襄公 25年	2250
162. 襄公 12年	2028	176. 襄公 26年	2286
163. 襄公 13年	2035	177. 襄公 27年	2326
164. 襄公 14年	2046	178. 襄公 28年	2358
165. 襄公 15年	2078	179. 襄公 29年	2390
166. 襄公 16年	2090	180. 襄公 30年	2422
167. 襄公 17年	2102	181. 襄公 31年	2451
168. 襄公 18年	2113		

春秋左傳 五

10. 昭公(총 32년)

182. 昭公 元年	2534	187. 昭公 6年	2682
183. 昭公 2年	2586	188. 昭公 7年	2699
184. 昭公 3年	2600	189. 昭公 8年	2735
185. 昭公 4年	2625	190. 昭公 9年	2751
186. 昭公 5年	2657	191. 昭公 10年	2765

192. 昭公 11年 ·········· 2780	203. 昭公 22年 ·········· 3012
193. 昭公 12年 ·········· 2799	204. 昭公 23年 ·········· 3030
194. 昭公 13年 ·········· 2825	205. 昭公 24年 ·········· 3053
195. 昭公 14年 ·········· 2869	206. 昭公 25年 ·········· 3065
196. 昭公 15年 ·········· 2880	207. 昭公 26年 ·········· 3099
197. 昭公 16年 ·········· 2894	208. 昭公 27年 ·········· 3125
198. 昭公 17年 ·········· 2911	209. 昭公 28年 ·········· 3144
199. 昭公 18年 ·········· 2928	210. 昭公 29年 ·········· 3161
200. 昭公 19年 ·········· 2943	211. 昭公 30年 ·········· 3177
201. 昭公 20年 ·········· 2957	212. 昭公 31年 ·········· 3187
202. 昭公 21年 ·········· 2991	213. 昭公 32年 ·········· 3199

春秋左傳 **둥**

11. 定公 (총 15년)

214. 定公 元年 ·········· 3276	222. 定公 9年 ·········· 3385
215. 定公 2年 ·········· 3290	223. 定公 10年 ·········· 3398
216. 定公 3年 ·········· 3294	224. 定公 11年 ·········· 3417
217. 定公 4年 ·········· 3301	225. 定公 12年 ·········· 3420
218. 定公 5年 ·········· 3331	226. 定公 13年 ·········· 3428
219. 定公 6年 ·········· 3345	227. 定公 14年 ·········· 3441
220. 定公 7年 ·········· 3357	228. 定公 15年 ·········· 3457
221. 定公 8年 ·········· 3364	

12. 哀公(총 27년)

229. 哀公 元年 ·································· 3470
230. 哀公　2年 ·································· 3485
231. 哀公　3年 ·································· 3501
232. 哀公　4年 ·································· 3512
233. 哀公　5年 ·································· 3523
234. 哀公　6年 ·································· 3531
235. 哀公　7年 ·································· 3548
236. 哀公　8年 ·································· 3561
237. 哀公　9年 ·································· 3575
238. 哀公 10年 ·································· 3583
239. 哀公 11年 ·································· 3591
240. 哀公 12年 ·································· 3615
241. 哀公 13年 ·································· 3626
242. 哀公 14年 ·································· 3641
243. 哀公 15年 ·································· 3665
244. 哀公 16年 ·································· 3680
245. 哀公 17年 ·································· 3700
246. 哀公 18年 ·································· 3716
247. 哀公 19年 ·································· 3720
248. 哀公 20年 ·································· 3722
249. 哀公 21年 ·································· 3727
250. 哀公 22年 ·································· 3730
251. 哀公 23年 ·································· 3732
252. 哀公 24年 ·································· 3736
253. 哀公 25年 ·································· 3741
254. 哀公 26年 ·································· 3750
255. 哀公 27年 ·································· 3762

5. 〈僖公〉

◎ 魯 僖公 在位期間(33년: B.C.659~627년)

　莊公의 막내아들이며 이름은 申. 閔公(愍公, 湣公)의 아우.《史記》魯世家에 "名申, 莊公之少子. ……季友聞之, 自陳與湣公弟申如邾"라 하여 閔公(湣公)의 아우라 하였음. 그러나《漢書》五行志에는 閔公의 庶兄이라 하였으며〈釋文〉과 何休의《公羊傳》注와 疏에도 모두 庶兄이라 하였음. 어머니는 成風. B.C.660~627년까지 33년간 재위함. 한편《史記》와《漢書》에는 '釐公'으로 표기하고 있고 같은《史記》에도〈年表〉에는 '僖公'이라 표기하고 있음.〈諡法〉에 "小心畏忌曰僖"라 함.

064. 僖公 元年(B.C.659) 壬戌

周	惠王(姬閬) 18년	齊	桓公(小白) 27년	晉	獻公(詭諸) 18년	衛	文公(燬) 원년
蔡	穆侯(肸) 16년	鄭	文公(捷) 14년	曹	昭公(班) 3년	陳	宣公(杵臼) 34년
杞	惠公 14년	宋	桓公(御說) 23년	秦	穆公(任好) 원년	楚	成王(頵) 13년
許	穆公(新臣) 39년						

❋ 378(僖元-1)

元年春王正月.

원년 봄 주력周曆 정월.

㊉
元年春, 不稱卽位, 公出故也.
公出復入, 不書, 諱之也.
諱國惡, 禮也.

원년 봄, 희공僖公이 즉위하였다고 칭하지 않은 것은 공이 다른 나라에 나가 있었기 때문이었다.

공이 주邾나라에 갔다가 돌아온 것도 쓰지 않은 것은 그 사실을 꺼렸기 때문이다.

나라의 나쁜 일을 꺼려 기록을 피한 것은 예에 맞는 일이었다.

【不稱卽位】즉위 사실을 기록하지 않음.
【公出】僖公(申)이 국외에 있어 즉위식을 하지 못함. 孔穎達 疏에 "去年八月閔公死, 僖公出奔邾; 九月, 慶父出奔莒, 公卽歸魯; 言公出故者, 公出而復歸, 卽位之禮有闕, 爲往年公出奔之故, 非言應卽位之時公在外也"라 하였고, 劉文淇의 〈舊注疏證〉에는 "公出, 謂公在陳立也"라 함.
【諱國惡】孔穎達 疏에 "國內有亂, 致令公出, 不書公出復入, 諱國亂也. 國亂, 國之惡事, 諱國惡, 是禮也"라 함.

❋ 379(僖元-2)

齊師·宋師·曹伯次于聶北, 救邢.

제齊나라·송宋나라·조백曹伯의 군사들이 섭북聶北에 주둔하면서 형邢나라를 구하였다.

【曹伯】이는 '曹師'여야 함. 〈石經本〉에는 '曹師'로 되어 있으며 각국이 군사를 내어 邢나라를 구하는 상황에 曹나라만 임금이 나선 것이 아님. 《穀梁傳》에도 "其不言曹伯, 何也? 以其不言齊侯, 不可言曹伯也"라 함.
【次】군사가 주둔함을 뜻함. 莊公 3년 傳에 "凡師, 一宿爲舍, 再宿爲信, 過信爲次"라 함.
【聶北】지명. 지금의 山東 博平縣 博平鎭. 邢나라에 가까운 곳. 그러나 《一統志》에는 지금의 河北 淸豐縣 동북쪽이라 하였음.
【救邢】邢나라 사람들이 聶北에 머물고 있는 제후들의 군사들에게로 피하여 살아난 것이라 함.

㊛
諸侯救邢.
邢人潰, 出奔師.
師遂逐狄人, 具邢器用而遷之, 師無私焉.

제후들이 형邢나라를 구하였다.
형나라가 무너지자 형나라 사람들이 제후들의 군사가 있는 곳으로 달아났다.
그러자 그 군사가 마침내 적인狄人을 쫓아내고, 형나라 사람들이 버려둔 기물을 모아 옮겨놓으면서 제후의 군사들은 그 물건을 사사로이 갖지 않았다.

【無私】 邢나라 물건을 사사롭게 취하지 않음.

❋ 380(僖元-3)

夏六月, 邢遷于夷儀.

여름 6월, 형邢나라가 이의夷儀로 옮겼다.

【夷儀】《公羊傳》에는 '陳儀'로 되어 있음. 지금의 河北 邢臺縣 西夷儀城. 閔公 2년을 볼 것.

❋ 381(僖元-4)

齊師·宋師·曹師城邢.

제齊나라, 송宋나라, 조曹나라 군사가 형邢나라에 성을 쌓아 주었다.

傳

夏, 邢遷于夷儀, 諸侯城之, 救患也.
凡侯伯, 救患·分災, 討罪, 禮也.

여름 6월, 형邢나라가 이의夷儀로 옮겨 주고 성을 쌓아 형나라의 환난을 구해준 것이다.
무릇 제후들이 힘을 합해 환난을 구해주고 재앙을 분담하며 적인을 토벌해 준 것은 예에 맞는 일이다.

【夏】〈金澤文庫本〉에는 이 다음에 '六月' 두 글자가 더 있음.
【救患】《國語》齊語에 "狄人攻邢, 桓公築夷儀以封之. 男女不淫, 牛馬選具"라 하였고,《管子》大匡篇에는 "狄人伐邢, 邢君出, 致於齊, 桓公築夷儀以封之, 予車百乘, 卒千人"이라 함.
【侯伯】제후들의 우두머리. 霸者. 제후들.
【討罪】《周禮》大宗伯 賈公彦 疏에 "諸侯無故相伐, 是罪人也. 霸者會諸侯共討之, 是討罪也"라 함.

※ 382(僖元-4)
秋七月戊辰, 夫人姜氏薨于夷, 齊人以歸.

가을 7월 무진날, 부인 강씨姜氏가 이夷에서 훙거하자 제齊나라에서 그 시신을 돌려보내 주었다.

【戊辰】7월 26일.
【姜氏】哀姜. 莊公의 부인. 齊나라에 가 있었음.
【夷】杜預 注에는 魯나라 땅이라 하였으나 齊나라 지역일 것으로 보임.
【齊人以歸】齊나라가 姜氏의 시신을 돌려준 내용은 閔公 2년을 볼 것. 한편《史記》年表에는 "齊桓公二十七年, 殺女齊魯莊公夫人, 淫故"라 함.

※ 383(僖元-5)

楚人伐鄭.

초楚나라가 정鄭나라를 쳤다.

【楚人】이곳에서부터 '荊'으로 부르던 '楚'나라를 정식으로 '楚'라 기록하고 있음.

※ 384(僖元-6)

八月, 公會齊侯·宋公·鄭伯·曹伯·邾人于檉.

8월, 공이 제후齊侯·송공宋公·정백鄭伯·조백曹伯·주인邾人과 정檉에서 만났다.

【檉】지금의 河南 淮陽縣 서북쪽. '犖'과 같은 곳임.《公羊傳》에는 '朾'으로 되어 있음. '정'(頲)으로 읽음.

㊙
秋, 楚人伐鄭, 鄭卽齊故也.
盟于犖, 謀救鄭也.

가을, 초楚나라가 정鄭나라를 친 것은 정나라가 제齊나라를 따르기 때문이었다.

희공이 낙犖에서 동맹을 맺은 것은 정나라를 구원하기 위한 모책을 세우기 위해서였다.

【犖】檉과 같은 곳. 지금의 河南 淮陽縣.《水經注》에는 '澇城'이라 하였음.

❋ 385(僖元-7)

九月, 公敗邾師于偃.

9월, 공이 주邾나라 군사를 언偃에서 패배시켰다.

【偃】邾나라 땅. 지금의 山東 費縣 남쪽.《公羊傳》에는 '纓'으로 되어 있음.

⟨傳⟩
九月, 公敗邾師于偃, 虛丘之戍將歸者也.

9월, 공이 주邾나라 군사를 언偃에서 패배시켰는데 이들은 허구虛丘를 지키다가 돌아가려던 자들이었다.

【虛丘】邾나라 땅(杜預). 혹은 魯나라 땅(服虔). 지금의 山東 費縣 근처.
【虛丘之戍將歸者也】哀姜이 邾나라로 달아나자 주나라가 哀姜을 잡아 제나라로 넘겨주어 그 때문에 哀姜이 죽은 것이며 이들을 습격한 것임.

❋ 386(僖元-8)

冬十月壬午, 公子友帥師敗莒師于酈, 獲莒挐.

겨울 10월 임오날, 공자 우友가 군사를 거느리고 가서 역酈에서 거莒나라 군사를 패배시키고 거나라의 나挐를 붙잡았다.

【壬午】10월 12일.
【公子友】季友. 魯나라 대부이며 公子.
【酈】땅 이름. 魯나라 땅.《公羊傳》에는 '犁',《穀梁傳》에는 '麗'로 되어 있음.
【挐】莒나라 공자 이름이며 莒君의 아우. '拏'로도 표기함.

傳

冬, 莒人來求賂.
公子友敗諸酈, 獲莒子之弟挐.
非卿也, 嘉獲之也.
公賜季友汶陽之田及費.

겨울, 거莒나라 사람들이 와서 뇌물을 요구하였다.
공자 우友가 그들을 역酈에서 패배시키고, 거나라 군주의 아우 나挐를 붙잡았던 것이다.
그는 거나라의 경卿은 아니었으나 이를 기록한 것은, 포로로 잡은 일을 축하하기 위함이었다.
환공이 공자 계우季友에게 문양汶陽의 전답과 비費 땅을 하사하였다.

【求賂】慶父를 돌려주는 조건으로 보답을 요구한 것임. 閔公 2년 "以賂求共仲于莒, 莒人歸之"라 하여 이미 주었음에도 다시 요구하여 치게 된 것임.
【汶陽】汶水의 북쪽으로 지금의 山東 寧陽縣 경내.
【費】지금의 山東 費縣 서북쪽.

※ 387(僖元-9)

十有二月丁巳, 夫人氏之喪至自齊.

12월 정사날, 부인姜氏의 시신이 제齊나라에서 도착하였다.

【丁巳】12월 18일.
【夫人氏】哀姜. 莊公의 부인. '氏'자 앞에 '姜'자가 있어야 함.
【喪至】杜預 注에 "僖公請而葬之, 故告於廟而書喪至也"라 함.

㊉
夫人氏之喪至自齊.
君子以齊人之殺哀姜也爲:「已甚矣, 女子, 從人者也.」

부인의 시신이 제齊나라에서 돌아왔다.
군자는 제나라 사람이 애강哀姜을 죽인 것을 두고 이렇게 말하였다.
"너무 지나친 일이었다. 여자는 종인從人에 불과하다."

【從人】 시집가기 전에는 부친을 따르고(未嫁從父), 시집간 뒤엔 남편을 따르며(旣嫁從夫), 남편이 죽은 뒤엔 자식을 따른다(夫死從子)하여 三從之禮가 있음. 그러니 애강의 친정인 齊나라에서 관여할 일이 아니었음을 말한 것임.

065. 僖公 2年(B.C.658) 癸亥

周	惠王(姬閬) 19년	齊	桓公(小白) 28년	晉	獻公(詭諸) 19년	衛	文公(燬) 2년
蔡	穆侯(肸) 17년	鄭	文公(捷) 15년	曹	昭公(班) 4년	陳	宣公(杵臼) 35년
杞	惠公 15년	宋	桓公(御說) 24년	秦	穆公(任好) 2년	楚	成王(頵) 14년
許	穆公(新臣) 40년						

❋ 388(僖2-1)

二年春王正月, 城楚丘.

2년 봄 주력 정월, 초구楚丘에 성을 쌓았다.

【楚丘】지금의 河北 滑縣 동쪽. 閔公 2년을 볼 것.

㊉
二年春, 諸侯城楚丘而封衛焉.
不書所會, 後也.

2년 봄, 제후들이 초구楚丘에 성을 쌓아 위衛나라를 봉해주었다.
제후들이 모인 장소를 기록하지 않은 것은 희공이 늦게 도착하였기 때문이다.

【封衛】衛 懿公이 죽고 衛나라가 멸망하자 衛나라를 다시 세워준 것. 孔穎達 疏에 "封者, 聚土之名也. 天子之建諸侯, 必分之土地, 立其疆界, 聚土爲封以記之, 故建國謂之封國. 衛是舊國, 今云封者, 以其君死國滅, 更封建之, 故云封也"라 함.
【不書所會】모인 장소가 어디인지를 기록하지 않음.

※ 389(僖 2-2)

夏五月辛巳, 葬我小君哀姜.

여름 5월 신사날, 우리 소군小君 애강哀姜의 장례를 치렀다.

【辛巳】5월 14일.
【小君】임금의 아내를 부르는 칭호. 《論語》季氏篇에 "邦君之妻, 君稱之曰『夫人』, 夫人自稱曰『小童』; 邦人稱之曰『君夫人』, 稱諸異邦曰『寡小君』; 異邦人稱之亦曰『君夫人』."이라 함.
【哀姜】莊公의 부인. 齊나라에서 죽어 그 시신을 가져왔다가 이때에 장례를 치른 것. 지난해 7월에 죽고 겨울에 시신이 왔으며 그로부터 5개월이 지난 다음 장례를 치른 것임.
＊無傳

※ 390(僖 2-3)

虞師·晉師滅下陽.

우虞나라와 진晉나라 군사가 하양下陽을 멸망시켰다.

【下陽】虢나라 읍 이름. 지금의 山西 平陸縣 동북. 《公羊傳》과 《穀梁傳》에는 '夏陽'으로 되어 있음.

㊉
晉荀息請以屈產之乘與垂棘之璧假道於虞以伐虢.
公曰:「是吾寶也.」
對曰:「若得道於虞, 猶外府也.」
公曰:「宮之奇存焉.」
對曰:「宮之奇之爲人也, 懦而不能強諫. 且少長於君, 君暱之; 雖諫, 將不聽.」
乃使荀息假道於虞, 曰:「冀爲不道, 入自顚軨, 伐鄍三門. 冀之既病, 則亦唯君故. 今虢爲不道, 保於逆旅, 以侵敝邑之南鄙. 敢請假道, 以請罪于虢.」
虞公許之, 且請先伐虢.
宮之奇諫, 不聽, 遂起師.
夏, 晉里克·荀息帥師會虞師, 伐虢, 滅下陽.
先書虞, 賄故也.

진晉나라 대부 순식荀息이 굴屈에서 나는 좋은 말 네 마리와 수극垂棘에서 나는 옥을 우虞나라에게 주어 괵虢나라를 칠 길을 빌려달라고 할 것을 청하였다.

그러자 진晉 헌공獻公이 말하였다.

"그것들은 우리나라의 보물이오."

순식이 답하였다.

"만약 우나라의 길을 빌릴 수 있다면 잠깐 외국의 창고에 두는 것과 같습니다."

헌공이 말하였다.

"우나라에는 궁지기宮之奇 같은 이가 있는데."

순식이 대답하였다.

"궁지기는 사람됨이 나약하여 그 임금에게 강하게 간언하지 못할 것입니다. 게다가 어릴 때부터 그 임금 곁에서 자라 우나라 임금이 아주 그를 친밀하게 여기고 있습니다. 비록 간언하더라도 임금이 들어주지 않을 것입니다."

이에 순식으로 하여금 우나라에게 길을 빌리도록 하여 이렇게 말하도록 하였다.

"기冀나라가 무도하여 전령顚軨에서 제멋대로 귀국의 명郞 땅 삼문三門까지 공격하였지요. 기나라가 쇠약해진 것은 역시 오직 그대께서 잘 처리하신 때문입니다. 그런데 지금은 괵나라가 무도하여 변읍의 역려逆旅에 보루를 세워 우리나라의 남쪽 변방을 침범하고 있습니다. 감히 청하건대 길을 빌려 주시면 괵나라의 죄악을 묻고자 합니다."

우나라 임금은 이를 허락하면서 나아가 자신의 군사가 선봉이 되어 괵나라를 치겠다고 자청하였다.

궁지기가 임금에게 간하였지만 우나라 임금은 듣지 않고 마침내 군사를 일으켰다.

여름, 진나라 이극里克과 순식이 군사를 거느리고 우나라 군사와 함께 모여 괵나라를 쳐서 하양下陽을 멸망시켰다.

경經에 우나라를 먼저 쓴 것은 진나라로부터 뇌물을 받았기 때문이다.

【荀息】晉나라 대부.《漢書》地理志 注에《竹書紀年》을 인용하여 "武公滅荀 以賜大夫原氏黯, 是爲荀息"이라 함. 荀息은 荀叔. 이름은 黯. 息은 字.
【屈産之乘】北屈은 좋은 말 생산지로 유명하였으며 乘은 말.《左傳》과《穀梁傳》에는 屈邑에서 생산되는 좋은 말이라 하였으나《公羊傳》의 何休 注에는 '屈産'을 지명으로 보았음. 지금의 山西 石樓縣 동남쪽에 '屈産泉'이 있음.《史記》晉世家에 "十九年, 獻公曰:「始吾先君莊伯·武公之誅晉亂, 而虢常助晉伐我, 又匿晉亡公子, 果爲亂. 不誅, 後遺子孫憂.」乃使荀息以屈産之乘假道於虞"라 함.
【垂棘】좋은 옥이 생산되던 진나라 땅.
【虞】지금의 山西 平陸縣에 있던 나라. 晉나라의 남쪽이었으며 虢은 그보다 더 남쪽이었음.
【公】여기서는 진나라 군주 獻公을 가리킴.
【宮之奇】虞나라 대부. 매우 현명하였던 인물.
【冀】지금의 山西 河津縣 동북쪽에 있던 나라. 晉나라에게 망함.
【顚軨】지금의 山西 平陸縣 동북쪽에 顚軨坂이라는 지명이 있음.
【郞三門】郞은 虞나라 읍 이름. 지금의 山西 平陸縣 동북쪽.
【逆旅】변방 여인숙. 이러한 곳을 괵나라 군사가 점령하고 있음.

【滅下陽】《水經注》河水에《竹書紀年》을 인용하여 "十九年, 獻公會虞師伐虢, 滅下陽. 虢共醜奔衛. 公命瑕公呂甥邑于虢都"라 함. 이상의 고사는《說苑》尊賢篇,《韓非子》十過篇,《呂氏春秋》勸勳篇 및《荀子》堯問篇 등에도 일부 전재되어 있음.

※ 391(僖 2-4)
秋九月, 齊侯·宋公·江人·黃人盟于貫.

가을 9월, 제후齊侯·송공宋公·강인江人·황인黃人이 관貫에서 동맹을 맺었다.

【齊侯】당시 제나라 군주는 齊 桓公(小白).
【宋公】당시 송나라 군주는 宋 桓公(御說)
【江】嬴姓. 지금의 河南 息縣에 있던 작은 나라.
【黃】역시 고대의 작은 나라 이름. 지금의 河南 新息縣 서남쪽에 있었음. 桓公 8년을 볼 것.
【貫】宋나라 땅. 혹 글씨가 비슷하여 '貰'로도 표기하며 지금의 山東 曹縣 서남 蒙澤 故城이 고대 貫國이었다 함.

⟨傳⟩
秋, 盟于貫, 服江·黃也. 服江·黃也.

가을, 관貫에서 동맹을 맺은 것은 강江나라와 황黃나라가 제齊나라에 복종하기로 하였기 때문이다.

【服江黃】두 나라는 지금의 河南 息縣 서남쪽에 있던 작은 나라로 이전에는 모두 楚나라에 복종하였으나 이때에 이르러 霸者인 齊 桓公에게 복종하기로 하였음. 杜預 注에 "江·黃, 楚與國也; 始來服齊, 故爲合諸侯"라 함.

㊉
齊寺人貂始漏師于多魚.

제齊나라 시인寺人 초貂가 처음으로 군사기밀을 다어多魚에서 누설하였다.

【寺人貂】寺人은 太監. 內侍. 宦官. '寺'는 '시'로 읽음. '貂'는 그의 이름. 豎貂. 《國語》,《管子》,《呂氏春秋》,《說苑》,《史記》 등에는 '豎貂'가 모두 '豎刁'로 되어 있음. 齊 桓公이 죽자 開方, 易牙 등과 서로 공자들을 부추겨 난을 일으켰던 인물.
【始漏師】孔穎達 疏에 "漏師者, 漏洩師之密謀也. 云始者, 言其終又甚焉"이라 함.
【多魚】지명. 齊나라 땅. 지금의 河南 虞城縣 경계.

㊉
虢公敗戎於桑田.
晉卜偃曰:「虢必亡矣. 亡下陽不懼, 而又有功, 是天奪之鑒, 而益其疾也. 必易晉而不撫其民矣. 不可以五稔.」

괵공虢公이 융戎을 상전桑田에서 패배시켰다.
진晉나라 복언卜偃이 말하였다.
"괵나라는 틀림없이 망할 것이다. 하양下陽 땅이 멸망당하였는데도 이를 두려워하기는커녕 다른 데서 공을 세우고 있다. 이는 반성의 거울을 하늘이 빼앗아 망할 병을 더해 주고 있는 것이다. 괵나라는 틀림없이 진晉나라를 가볍게 여기고 자신들의 백성을 어루만져주지 않을 것이다. 5년을 버틸 수 없을 것이다."

【桑田】괵나라 땅 이름으로 지금의 河南 靈寶縣 稠桑驛.
【卜偃】진나라 대부. 점술에 뛰어난 郭偃.
【五稔】5년. '稔'은 '임'으로 읽으며 벼를 기르고 수확하는 기간인 1년을 뜻함.

※ 392(僖2-5)

冬十月, 不雨.

겨울 10월, 비가 내리지 않았다.

【不雨】僖公 3년 傳에 "不曰旱, 不爲災也"라 함.

※ 393(僖2-6)

楚人侵鄭.

초楚나라가 정鄭나라를 침범하였다.

㊉
冬, 楚人伐鄭, 鬬章囚鄭聃伯.

겨울, 초楚나라가 정鄭나라를 쳐서 투장鬬章이 정나라의 남백聃伯을 사로잡았다.

【鬬章】楚나라 대부.
【聃伯】鄭나라 대부. 聃은 원래 周 文王의 아들 聃季가 봉을 받은 나라였으나 뒤에 鄭나라에게 망하여 그 후손이 鄭나라에 벼슬하고 있었음. '聃'은 反切로 '乃甘反', '남'으로 읽음.

066. 僖公 3年(B.C.657) 甲子

周	惠王(姬閬) 20년	齊	桓公(小白) 29년	晉	獻公(詭諸) 20년	衛	文公(燬) 3년
蔡	穆侯(肸) 18년	鄭	文公(捷) 16년	曹	昭公(班) 5년	陳	宣公(杵臼) 36년
杞	惠公 16년	宋	桓公(御說) 25년	秦	穆公(任好) 3년	楚	成王(頵) 15년
許	穆公(新臣) 41년						

※ 394(僖3-1)

三年春王正月, 不雨.

3년 봄 주력 정월, 비가 내리지 않았다.

傳

三年春不雨, 夏六月雨.
自十月不雨至于五月.
不曰旱, 不爲災也.

3년 봄, 비가 내리지 않다가 여름 6월에야 비가 내렸다.
이전 해 10월부터 비가 오지 않은 것이 5월에 이르렀다.
가뭄이 들었다고 쓰지 않은 것은 재해를 입지 않았기 때문이다.

【不雨】僖公 2년 經文을 참조할 것.《後漢書》黃瓊傳 李賢 注에《春秋考異郵》를 인용하여 "僖公之時, 雨澤不澍, 比于九月. 公大驚懼, 率群臣禱山川, 以六過自讓, 紃女謁, 放下讒佞郭都等十三人, 誅領人之吏受貨賂趙祝等九人, 曰:「辜在寡人. 方今天旱, 野無生稼, 寡人當死, 百姓何謗? 請以身塞無狀也.」"라 하여 내용을 과장하고 있음.
【不日旱】'旱災'라고 기록하지 않은 것은 재해를 입지 않은 때문.

※ 395(僖3-2)

夏四月不雨.

여름 4월, 비가 내리지 않았다.

※ 396(僖3-3)

徐人取舒.

서徐나라가 서舒나라를 취하였다.

【徐】지금의 安徽 泗縣 북쪽 徐城. 莊公 26년을 볼 것.
【舒】지금의 安徽 宿城縣. 偃姓. 舒庸, 舒蓼, 舒鳩, 舒龍, 舒鮑, 舒龔 등의 이름이 있어 이들은 모두 同宗의 각기 다른 작은 나라로 보고 있음. 그 때문에 '群舒'라 칭함.
＊無傳

※ 397(僖3-4)

六月雨.

6월, 비가 내렸다.

※ 398(僖3-5)

秋, 齊侯·宋公·江人·黃人會于陽穀.

가을, 제후齊侯·송인宋公·강인江人·황인黃人이 양곡陽穀에서 만났다.

【江·黃】 모두 지금의 河南 息縣 서남쪽에 있던 작은 나라.
【陽穀】 齊나라 땅. 지금의 山東 陽穀縣 동북 陽穀故城. 《國語》 齊語에 "嶽濱諸侯, 莫敢不來服. 而大朝諸侯於陽穀"이라 함.

傳
秋, 會于陽穀, 謀伐楚也.

가을, 이들이 양곡陽穀에 모인 것은 초楚나라 정벌을 도모하기 위해서였다.

【伐楚】《穀梁傳》에는 "桓公委端搢笏而朝諸侯, 諸侯皆諭乎桓公之志"라 하였고, 《公羊傳》에는 "桓公曰:「無障谷, 無貯粟, 無易樹子, 無以妾爲妻.」"라 함. 한편 《孟子》 告子章에는 이는 葵丘之會의 일이라 함. 이에 대해 《彙纂》에는 "陽谷之會, 以爲謀伐楚者,《左氏》也.《公》·《穀》則皆無此意, 然下與伐楚事相近, 疑《左氏》說是"라 함.

※ 399(僖3-6)

冬, 公子友如齊涖盟.

겨울, 공자 우友가 제齊나라로 가서 동맹에 임하였다.

【公子友】魯나라 공자이며 대부. 季友.《穀梁傳》에는 '公子季友'로 되어 있음.
【涖盟】'涖'는 '臨'과 같음. 雙聲互訓. 맹약에 임함.

㊁
齊侯爲陽穀之會來尋盟.
冬, 公子友如齊涖盟.

제후齊侯가 양곡陽穀 회담을 통해 앞으로도 노魯나라와 동맹을 유지하려 하였다.
겨울, 공자 우友가 제나라로 가서 동맹에 임하였다.

【尋盟】'유지하기를 요구하다, 다지다, 확인하다'의 뜻.

※ 400(僖3-7)
楚人伐鄭.

초楚나라가 정鄭나라를 쳤다.

㊁
楚人伐鄭, 鄭伯欲成.
孔叔不可, 曰:「齊方勤我, 弃德, 不祥.」

초楚나라가 정鄭나라를 치자 정백鄭伯이 화친을 청하려 하였다.
그러자 대부 공숙孔叔이 불가하다고 하면서 이렇게 말하였다.

"제나라가 우리나라를 위해 열심히 방법을 찾고 있는데 그 은덕을 버린다면 이는 상서롭지 못한 것입니다."

【鄭伯】당시 鄭나라 군주는 文公(捷)이었음.
【孔叔】鄭나라 대부. 僖公 7년을 볼 것.
【勤我】〈金澤文庫本〉에는 '懃我'로 되어 있음.

㊉
齊侯與蔡姬乘舟于囿, 蕩公.
公懼, 變色; 禁之, 不可.
公怒, 歸之, 未之絶也.
蔡人嫁之.

제후齊侯가 부인 채희蔡姬와 함께 화원의 못에서 뱃놀이를 할 때 채희가 환공이 탄 배를 흔들었다.
환공이 두려워 낯빛이 변하면서 하지 말라고 하였지만 채희가 듣지 않았다.
환공은 노하여 그를 채나라로 돌려보냈으나 아주 절연絶緣하려 한 것은 아니었다.
그런데 채나라에서는 그녀를 다른 곳으로 시집보내 버렸다.

【蔡姬】蔡나라에서 시집온 부인. 《史記》에는 蔡 穆侯의 여동생이라 하였음. 齊 桓公에게는 王姬, 徐嬴, 蔡姬 등 세 부인이 있었으며 모두 아이가 없었다 함.
【未之絶也】아주 단절하거나 인연을 끊고자 한 것은 아니었음. 이상의 고사는 《史記》 蔡世家, 齊世家 및 年表, 그리고 《韓非子》 外儲說左上에도 실려 있음.

067. 僖公 4年(B.C.656) 乙丑

周	惠王(姬閬) 21년	齊	桓公(小白) 30년	晉	獻公(詭諸) 21년	衛	文公(燬) 4년
蔡	穆侯(肸) 19년	鄭	文公(捷) 17년	曹	昭公(班) 6년	陳	宣公(杵臼) 37년
杞	惠公 17년	宋	桓公(御說) 26년	秦	穆公(任好) 4년	楚	成王(頵) 16년
許	穆公(新臣) 42년						

※ 401(僖4-1)

　四年春王正月, 公會齊侯·宋公·陳侯·衛侯·鄭伯·許男·曹伯侵蔡.
　蔡潰, 遂伐楚, 次于陘.

　4년 봄 주력 정월, 공이 제후齊侯·송공宋公·진후陳侯·위후衛侯·정백鄭伯·허남許男·조백曹伯과 만나 채蔡나라를 쳤다.
　채나라가 무너지자 마침내 초楚나라를 치고 형陘에 주둔하였다.

【侵蔡】당시 패자였던 齊 桓公이 蔡姬를 보냈을 때 다른 곳으로 시집보낸 것을 빌미로 삼은 것. 앞장 참조.
【潰】文公 13년에 "民逃其上曰潰"라 함.
【次】군사가 주둔함을 뜻함. 莊公 3년 傳에 "凡師, 一宿爲舍, 再宿爲信, 過信爲次"라 함.
【陘】楚나라 땅. 지금의 河南 偃城縣.

※ 402(僖4-2)

夏, 許男新臣卒.

여름, 허남許男 신신新臣이 죽었다.

【許男】許는 지금의 河南 許昌縣, 작위는 男爵.
【新臣】許 穆公의 이름. 이때까지 42년간 재위하고 僖公(業)으로 이어짐.

※ 403(僖4-3)

楚屈完來盟于師, 盟于召陵.

초楚나라 굴완屈完이 군이 주둔하고 있는 곳에 와서 동맹을 맺었다. 소릉召陵에서 동맹을 맺었다.

【屈完】楚나라 대부. 屈氏는 초나라의 大姓.
【召陵】지명. 지금의 河南 偃城縣 동쪽. 이곳에 연합군이 주둔하고 있었음.

㊛
四年春, 齊侯以諸侯之師侵蔡.
蔡潰, 遂伐楚.
楚子使與師言曰:「君處北海, 寡人處南海, 唯是風馬牛不相及也, 不虞君之涉吾地也, 何故?」
管仲對曰:「昔召康公命我先君大公曰:『五侯九伯, 女實征之, 以夾輔周室!』賜我先君履, 東至于海, 西至于河, 南至于穆陵, 北至于無棣. 爾貢苞茅不入, 王祭不共, 無以縮酒, 寡人是徵. 昭王南征而不復, 寡人是問.」

對曰:「貢之不入, 寡君之罪也, 敢不共給? 昭王之不復, 君其問諸水濱!」

師進, 次于陘.

夏, 楚子使屈完如師.

師退, 次于召陵.

齊侯陳諸侯之師, 與屈完乘而觀之.

齊侯曰:「豈不穀是爲? 先君之好是繼, 與不穀同好如何?」

對曰:「君惠徼福於敝邑之社稷, 辱收寡君, 寡君之願也.」

齊侯曰:「以此衆戰, 誰能禦之? 以此攻城, 何城不克?」

對曰:「君若以德綏諸侯, 誰敢不服? 君若以力, 楚國方城以爲城, 漢水以爲池, 雖衆, 無所用之.」

屈完及諸侯盟.

4년 봄, 제齊 환공桓公이 제후諸侯들의 군사를 이끌고 채蔡나라를 침공하였다.

채나라가 무너지자 마침내 초나라를 쳤다.

초楚 성왕成王이 제후들 군사에게 사람을 보내어 이렇게 하였다.

"군주께선 북쪽 발해에 살고, 과인은 남쪽 바닷가에 살고 있어 말이나 소가 짝을 구하려 해도 서로 만날 수가 없는데, 생각지도 않게 군주께서 내 땅을 밟고 오시다니 도대체 무슨 까닭이오?"

그러자 제나라 관중管仲이 답하였다.

"옛날 소강공召康公께서 우리 선조 태공太公께 '오후五侯 구백九伯이 잘못을 저지르면 그대가 그를 정벌하여 주周나라 왕실을 돕도록 하시오!'라 하셨소. 그리고 우리 선군께 천하를 두루 다닐 신발을 주셔서 영토로 삼았으니, 이 영토는 동쪽으로는 바다에 닿고 서쪽으로는 하수河水에 이르며, 남쪽은 목릉穆陵, 북쪽은 무체無棣까지 닿아 있소. 그대의 나라에서 포모苞茅를 바치지 않으니 왕실 제사에 올릴 술을 짤 수가 없소. 이에 과인이 이를 징계하러 왔소. 또한 주周 소왕昭王께서 남쪽으로 순행을 가셨다가 돌아오시지 못하였으니 과인이 이 일을 묻고자 하오."

초나라가 대답하였다.

"공물을 바치지 않은 것은 우리 군주의 죄입니다. 어찌 감히 바치지 않았겠습니까? 그러나 소왕이 살아 돌아가지 못한 것은 저 한수漢水 가에 가서 물어 보십시오!"

이에 제후들의 군사가 진군하여 초나라 형陘 땅에 진을 치고 머물렀다.

여름, 초 성왕이 대부 굴완屈完을 제후들의 군사가 주둔하고 있는 곳으로 보냈다.

그런데 제후들의 군사들은 뒤로 물러나 소릉召陵에 머물고 있었다.

제 환공은 제후들의 군사를 도열시키고, 굴완과 함께 수레를 타고 열병하면서 이렇게 말하였다.

"이들이 어찌 나를 위해 싸우는 것이겠소? 선군 때의 우호관계를 이어 가기 위한 것이오. 나와 함께 우호관계를 맺고 지내는 것이 어떻겠소?"

굴완이 대답하였다.

"군주께서 우리나라의 사직에 복을 베푸시어 우리 임금을 받아주시니 이는 우리 임금께서 바라시던 바입니다."

환공이 말하였다.

"이처럼 많은 무리로 싸우게 된다면 누가 능히 막아낼 수 있겠소? 또 이들로 성을 공격한다면 어느 성인들 함락시키지 못할 곳이 있겠소?"

굴완은 대답하였다.

"그대께서 만일 덕으로 제후들을 다스리신다면, 누가 감히 복종하지 않겠습니까? 그러나 그대께서 만약 무력으로 하신다면 우리 초나라는 방성산方城山을 성으로 삼고, 한수漢水를 못으로 삼을 것입니다. 비록 아무리 많은 군사라 할지라도 쓸 데가 없을 것입니다."

그리고 굴완은 제후들과 맹약을 맺었다.

【楚子】당시 楚나라 군주는 成王. 초나라는 子爵이었으므로 '楚子'라 부른 것.
【風馬牛不相及也】말과 소가 짝을 구하려 상대방 영토에 넘어가 분쟁이 생길 일이 없다는 뜻. 제나라와 초나라는 거리가 멀어 아무런 분쟁의 소지가 없음을 강조한 것. '風'은 암소나 암말이 발정기가 되어 수컷을 부르는 것을 말함.

【管仲】管夷吾. 管子. 당시 齊나라 재상. 齊 桓公을 도와 패자로 일으킨 인물.
【召康公】周 文王 아들 召公(姬奭). 周公(姬旦)과 함께 周 王室을 보필하던 대신. 뒤에 燕나라의 시조가 됨.
【先君大公】齊나라 시조 太公望. 姜太公, 呂尙, 子牙. '大'는 '太'와 같음.
【五侯九伯】公·侯·伯·子·男爵 다섯 계급 제후들과 九州를 다스리는 方伯들.
【履】신발. 여기서는 천하의 땅을 다니며 다스리도록 하였다는 뜻.
【穆陵】지금의 山東 臨朐縣 남쪽 大峴山의 穆陵關.
【無棣】제나라 읍. 지금의 山東 無棣縣.
【苞茅】다른 본에는 '包茅'로 되어 있음.《尙書》禹貢의 菁茅와 같음. 풀을 묶은 것. 제사에서 降神할 때 쓰는 띠 묶음. 여기에 술을 부어 찌꺼기를 걸러내었음. 초나라에서 周室에 바쳐야 할 공물이었으며 齊 桓公은 패자가 되어 주 왕실을 보호한다는 명분으로 제후들을 제압한 것임.
【縮酒】술을 걸러내어 짜는 것.
【昭王】西周 시대의 임금. 姬瑕. 成王 손자. 말년에 남방을 巡行할 때 荊楚 사람들이 아교로 붙인 배를 만들어 바치자 이를 타고 漢水를 건너다 물에 녹아 昭王과 祭公 등이 모두 익사하고 말았음.《史記》周本紀에 "昭王南巡狩不返, 卒於江上"이라 하였고, 〈正義〉에《帝王世紀》를 인용하여 "昭王德衰, 南征, 濟于漢, 船人惡之, 以膠船進王, 王御船至中流, 膠液船解, 王及祭公俱沒于水中而崩. 其右辛游靡長臂且多力, 游振得王, 周人諱之"라 함.
【次】군사가 주둔함을 뜻함. 莊公 3년 傳에 "凡師, 一宿爲舍, 再宿爲信, 過信爲次"라 함.
【陘】초나라의 북방 요새.
【屈完】초나라 대부이며 장군.《史記》楚世家에 "楚成王使將軍屈完以兵禦之"라 하였고, 齊世家에는 "楚王使屈完將兵扞齊"라 함.
【不穀】군주가 자신을 낮추어 부르는 칭호. 寡人과 같음.《老子》(39)에 "故貴以賤爲本, 高以下爲基. 是以侯王自謂孤·寡·不穀, 此非以賤爲本邪? 非歟?"라 함.
【方城】楚나라 산 이름. 지금의 河南 葉縣 남쪽. 그러나 실제 구체적 위치는 알 수 없음. 姚鼐의 〈補注〉에 "楚所指方城, 據地甚遠, 居淮之南, 江·漢之北, 西踰桐柏, 東越光黃, 止是一山, 其間通南北道之大者, 惟有義陽三關, 故定四年傳之城口.《淮南子》曰「繇之以方城」. 凡申·息·陳·蔡, 東及城父, 傳皆謂之方城之外, 然則方城連嶺可七八百里矣"라 함. 이상의 내용은《史記》齊世家, 楚世家 및 年表에도 실려 있음.

※ 404(僖4-4)

齊人執陳轅濤塗.

제齊나라가 진陳나라 원도도轅濤塗를 포로로 잡았다.

【轅濤塗】陳나라 대부. 자는 宣仲. 《公羊傳》과 《穀梁傳》에는 '袁濤塗'로 되어 있음. 洪适의 《隸釋》에 실려 있는 〈袁良碑〉에 "周之興, 虞闕父典陶正, 嗣滿爲陳侯. 至玄孫濤塗立姓曰袁, 魯僖公四年爲大夫"라 함.

(傳)
陳轅濤塗謂鄭申侯曰:「師出於陳·鄭之間, 國必甚病. 若出於東方, 觀兵於東夷, 循海而歸, 其可也.」
申侯曰:「善.」
濤塗以告齊侯, 許之.
申侯見曰:「師老矣! 若出於東方而遇敵, 懼不可用也. 若出於陳·鄭之間, 共其資糧·扉屨, 其可也.」
齊侯說, 與之虎牢.
執轅濤塗.

진陳나라 대부 원도도轅濤塗가 정鄭나라 대부 신후申侯에게 말하였다.
"제후들의 군사가 진나라와 정나라 사이로 통과한다면 두 나라 모두 심히 고통을 당할 것입니다. 만약 이들이 동쪽으로 나선다면 동이東夷에게 자신들의 무력을 과시하게 될 것입니다. 바다를 끼고 돌아가게 하는 것이 좋겠소."
신후가 말하였다.
"좋소."
원도도가 이러한 의견을 제 환공에게 알리자 환공이 이를 허락하였다. 그러자 신후도 제 환공을 뵙고 이렇게 말하였다.

"군사들이 지쳐 있습니다! 만약 동쪽으로 진출하였다가 적이라도 만나면 이 군사들을 제대로 쓰지도 못할까 염려스럽습니다. 그러나 만약 진나라와 정나라 사이로 통과한다면 필요한 물자와 식량, 그리고 짚신 따위를 공급받을 수 있어 좋을 것입니다."

환공은 기꺼워하면서 그에게 호뢰虎牢 땅을 주었다.

그리고 원도도는 잡아 가두었다.

【申侯】鄭나라 대부.
【國有必病】《毛詩》江漢 正義에 "其意以齊侯所經之處多有徵發, 陳·鄭兩國當其軍道, 去旣過之, 來又過之, 則民將困病"이라 함.
【觀兵】자신의 무력을 과시함을 뜻함.
【東夷】中原을 기준으로 동쪽에 있는 나라들을 일컫던 말. 여기서는 지금의 山東半島 동쪽에 처한 郯, 莒, 徐夷 등의 나라들을 가리킴.
【以告齊侯】《公羊傳》에 "濤塗謂桓公曰:「君旣服南夷矣, 何不還師濱海而東, 服東夷且歸?」"라 함.
【資糧·屝屨】각종 資糧은 군수물자와 軍糧 '屝屨'는 군사들이 신는 신발.《字書》에 "草曰屝, 麻曰屨"라 함.
【虎牢】鄭나라 땅. 지금의 河南 泗水縣 서쪽.
【執轅濤塗】《公羊傳》에 "於是還師濱海而東, 大陷於沛澤之中, 顧而執濤塗"라 하였고,《史記》陳世家에도 "陳大夫轅濤塗惡其過陳, 詐齊令出東道. 東道惡, 桓公怒, 執陳轅濤塗"라 하였으며, 齊世家에는 "過陳, 陳袁濤塗詐齊, 令出東方, 覺"이라 함.

※ 405(僖4-5)

秋, 及江人·黃人伐陳.

가을, 강인江人·황인黃人과 함께 진陳나라를 쳤다.

【及】《史記》齊世家에 "秋, 齊伐陳"이라 하여 魯나라가 친 것이 아니라 齊나라가 주도하여 陳나라를 친 것임. 이에 대해 汪克寬의 《春秋胡氏傳纂疏》에 高氏의 說을 인용하여 "書及者, 蒙上齊人執轅濤塗之文, 乃齊及之, 非魯及之也"라 함.

⊙(傳)
秋, 伐陳, 討不忠也.

가을, 진陳나라를 친 것은 그들이 제齊나라에 불충不忠하였기 때문이다.

【討不忠也】轅濤塗가 자기 나라에 피해가 갈 것을 우려, 제후들의 군사를 동쪽으로 가도록 속인 일을 不忠으로 본 것임.

❋ 406(僖4-6)
  八月, 公至自伐楚.

  8월, 공이 초楚나라 정벌에서 돌아왔다.

  【公】魯 僖公. 돌아와 太廟에 고하였으므로 기록한 것.
  ＊無傳

❋ 407(僖4-7)
  葬許穆公.

  허許 목공穆公의 장례를 치렀다.

【許穆公】許나라 군주. 이름은 新臣. 男爵. 許나라는 姜姓으로 周 武王이 그 苗裔 文叔을 許에 봉함. 지금의 河南 許昌市 동쪽.

傳
許穆公卒于師, 葬之以侯, 禮也.
凡諸侯薨于朝會, 加一等; 死王事, 加二等.
於是有以袞歛.

허許 목공穆公이 군중軍中에서 죽자 남작인 그를 후작으로 대우하여 장례를 지낸 것은 예에 맞는 일이다.

무릇 제후로서 천자의 조회朝會에 참석했다가 훙거薨去하면 작위를 한 등급 올리고, 천자를 위한 일로 죽으면 두 등급을 올린다.

이때는 천자의 곤포袞袍를 입혀 염歛을 하기도 한다.

【葬之以侯】許나라는 男爵이었으나 侯爵의 예로써 장례를 치렀음을 말함.
【等】諸侯는 公爵은 上等, 侯爵과 伯爵은 中等, 子爵과 男爵은 下等으로 하여 3등급으로 나눔. 孟子 萬章(下)에 "天下一位, 公一位, 侯一位, 伯一位, 子男同一位, 凡五等也"라 함.
【袞歛】袞은 公爵의 복장. 男爵이지만 公爵의 등급으로 예우함.

※ 408(僖4-8)
冬十有二月, 公孫玆帥師會齊人·宋人·衛人·鄭人·許人·曹人侵陳.

겨울 12월, 공손자公孫玆가 군사를 거느리고 제인齊人·송인宋人·위인衛人·정인鄭人·허인許人·조인曹人과 함께 진陳나라를 쳤다.

【公孫茲】魯나라 대부. 叔孫戴伯. 叔牙의 아들. '戴'는 시호.《公羊傳》에는 '公孫慈'로 되어 있음.

㊝
冬, 叔孫戴伯帥師會諸侯之師侵陳.
陳成, 歸轅濤塗.

겨울, 노나라 대부 숙손대백叔孫戴伯이 군사를 거느리고 제후들의 군사와 합세하여 진陳나라를 침공하였다.
진나라가 화친을 청하여 원도도轅濤塗를 돌려보내주었다.

【叔孫戴伯】公孫茲. 뒤에 叔孫의 族名을 받았으며 叔牙의 아들. 戴는 諡號.
【陳成】陳나라가 화친을 요청함.
【轅濤塗】자는 宣仲. 齊 桓公에게 미움을 받아 붙잡혔던 인물. 杜預 注에 "陳服罪, 故釋其大夫也"라 함.

㊝
初, 晉獻公欲以驪姬爲夫人, 卜之, 不吉; 筮之, 吉.
公曰:「從筮.」
卜人曰:「筮短龜長, 不如從長. 且其繇曰:『專之渝, 攘公之羭. 一薰一蕕, 十年尚猶有臭.』必不可.」
弗聽, 立之.
生奚齊, 其娣生卓子.
及將立奚齊, 旣與中大夫成謀, 姬謂大子曰:「君夢齊姜, 必速祭之!」
大子祭于曲沃, 歸胙于公.
公田, 姬寘諸宮六日.
公至, 毒而獻之.

5.〈僖公 4年〉663

公祭之地, 地墳.

與犬, 犬斃.

與小臣, 小臣亦斃.

姬泣曰:「賊由大子.」

大子奔新城.

公殺其傅杜原款.

或謂大子:「子辭, 君必辯焉.」

大子曰:「君非姬氏, 居不安, 食不飽. 我辭, 姬必有罪. 君老矣, 吾又不樂.」

曰:「子其行乎?」

大子曰:「君實不察其罪, 被此名也以出, 人誰納我?」

十二月戊申, 縊于新城.

姬遂譖二公子曰:「皆知之.」

重耳奔蒲, 夷吾奔屈.

당초, 진晉 헌공獻公이 여희驪姬를 부인으로 삼고자 거북점을 쳤더니 불길하다는 점괘가 나왔고 시초蓍草로 점을 쳤더니 길하다는 점괘가 나왔다.

헌공이 말하였다.

"시초 점을 따르겠다."

그러자 점치는 자가 말하였다.

"시초 점은 짧으나 거북점은 먼 훗날까지 예견하여 그 기간이 깁니다. 그러니 긴 것을 따르느니만 못합니다. 게다가 그 점괘에는 '한 사람을 지나치게 사랑하면 변란이 일어나 군주의 소중한 덕에 손상을 입힌다. 향내 나는 풀과 악취를 풍기는 풀을 한 군데 두고 10년이 지나면 오히려 악취만 나게 된다'라 하였습니다. 그러니 시초 점이 길하다고 해서 그것을 따라서는 안 됩니다."

그러나 헌공이 이를 듣지 않고 여희를 부인으로 삼았다.

여희는 해제奚齊를 낳고 그녀의 누이동생은 탁자卓子를 낳았다.

여희가 장차 해제를 태자로 세우기 위해 이윽고 중대부中大夫 이극과 계략을 꾸미며, 어느 날 여희가 태자에게 말하였다.

"임금께서 꿈에 그대의 생모 제강齊姜을 보셨다고 하더이다. 그러니 어서 급히 서둘러 제강에게 제사를 지내도록 하십시오!"

이에 태자는 어머니 사당이 있는 곡옥曲沃으로 가서 제사를 지내고 그 제육을 아버지 헌공에게 드리려고 가지고 돌아왔다.

마침 헌공이 사냥을 가 있었고 여희는 그 고기를 엿새 동안이나 궁궐에 그대로 두었다.

헌공이 사냥에서 돌아오자 독을 넣어 올렸다.

헌공은 이를 맛보기 전에 우선 땅에 던지자 땅이 부풀어 오르는 것이었다.

이를 개에게 던져주었더니 개는 그대로 죽고 말았다.

다시 이를 소신小臣에게 주었더니 소신 역시 쓰러져 죽는 것이었다.

여희는 울면서 이렇게 말하였다.

"이 못된 일은 태자가 저지른 것입니다."

태자는 신성新城으로 달아났다.

헌공은 태자의 스승 두원관杜原款을 죽여버렸다.

어떤 이가 태자에게 말하였다.

"그대는 사실대로 말씀을 드려야 합니다. 그러면 임금께서 틀림없이 이를 분별하실 것입니다."

태자가 말하였다.

"군주께서는 여희가 없으면 편히 지내지 못하고 식사도 배불리 드시지 못하십니다. 내가 말씀을 드린다민 여희의 죄는 드러나겠지만 임금께서는 이미 연로하시니 나 또한 그렇게 한다고 즐거울 수는 없다오."

그 사람이 다시 말하였다.

"태자께서는 외국으로 가시렵니까?"

태자가 말하였다.

"임금께서 실로 그 죄에 대해 아무 것도 살피지 않으신 이때에 그러한 죄명을 쓰고 다른 나라로 간들 누가 나를 받아주겠습니까?"

12월 무신날, 태자가 신성에서 목을 매어 죽었다.

여희는 드디어 다른 두 공자까지 참소하며 말하였다.

"그들 모두 그 일을 미리 알고 있었습니다."

이에 중이重耳는 포蒲로 달아나고 이오夷吾는 굴屈로 달아났다.

【卜】거북 등으로 치는 점. 고대 점치는 순서는 '先卜後筮'였음.
【筮】筮草(蓍草)로 치는 점.
【繇】卦에 나타난 점괘의 괘사.
【專之渝, 攘公之羭】'渝'는 '變亂'의 뜻. 만약 오로지 驪姬만을 사랑한다면 틀림없이 변란이 일어날 것이며 헌공의 미덕을 빼앗을 것임을 말함.
【一薰一蕕】'薰'은 香草. '蕕'는 臭草. '薰'은 申生을 의미하며 '蕕'는 驪姬를 뜻함. 香草와 臭草를 함께 두면 나중에는 악한 냄새만 나게 됨.
【奚齊】獻公과 驪姬 사이에 난 奚齊를 태자로 삼고자 함.
【中大夫】《國語》晉語에는 '里克'으로 되어 있음.
【齊女】獻公의 부인 齊姜은 齊나라 출신이며 태자 申生의 어머니.《國語》晉語(1)에 "驪姬以君命命申生曰:「今夕君夢齊莊, 必速祠而歸福!」"이라 함.
【曲沃】晉나라의 초기 도읍지. 晉나라 조상들의 宗廟와 太子 申生의 어머니 사당이 있음.
【胙】祭祀에 사용한 고기.《周禮》夏官 祭儀의 鄭玄 注에 "臣有祭祀, 必致祭肉于君, 所謂歸胙也"라 함.
【祭之地】제사 음식을 먹기 전에는 귀신에게 먼저 바친다는 뜻에서 음식을 조금씩 떼어 던짐.
【毒而獻之】《國語》晉語(2)에 "公田, 驪姬受福, 乃寘鴆於酒, 寘菫於肉. 公至, 召申生獻"이라 하였고,《穀梁傳》에는 "君田而不在, 麗姬(驪姬)以酖爲酒, 藥脯以毒"이라 함.
【地墳】'地賁'으로도 표기하며 땅이 부글부글 끓어오름.《穀梁傳》에 "君將食. 麗姬跪曰:「食自外來者, 不可不試也.」覆酒於地, 而地賁"이라 하였고,《史記》晉世家에도 "獻公欲饗之. 驪姬從旁止之, 曰:「胙所從來遠, 宜試之.」祭地, 地墳"이라 함.
【小臣】시중을 드는 신하.《國語》晉語(2)에 "公祭之地, 地墳. 申生恐而出. 驪姬與犬肉, 犬斃, 飲小臣酒, 亦斃"라 하였고 韋昭 注에 "小臣, 官名, 掌陰事陰命, 閹士也"라 함.
【賊由大子】《穀梁傳》에 "麗姬下堂而啼呼曰:「天乎天乎! 國, 子之國也; 子何遲

於爲君?」君唶然嘆曰:「吾與女未有過切, 是何與我之深也?」使人謂世子曰:「爾其圖之!」라 하였고《史記》晉世家에도 자세히 실려 있음.

【新城】曲沃.

【杜原款】태자 申生의 선생님.《國語》晉語(2)에 "杜原款將死, 使小臣圉告于申生, 曰:「款也不才, 寡智不敏, 不能教導, 以至于死. 不能深知君之心度, 棄寵求廣土而竄伏焉; 小心狷介, 不敢行也. 是以言至而無所訟之也, 故陷於大難, 乃逮于讒. 然款也不敢愛死, 唯與讒人鈞是惡也. 吾聞君子不去情, 不反讒, 讒行身死可也, 猶有令名焉. 死不遷情, 彊也; 守情說父, 孝也; 殺身以成志, 仁也; 死不忘君, 敬也. 孺子勉之! 死必遺愛, 死民之思, 不亦可乎?」申生許諾"이라 함.

【人誰納我】《國語》晉語(2)에 "人謂申生曰:「非子之罪, 何不去乎?」申生曰:「不可. 去而罪釋, 必歸於君, 是怨君也. 章父之惡, 取笑諸侯, 吾誰鄉而入? 內困於父母, 外困於諸侯, 是重困也, 棄君去罪, 是逃死也. 吾聞之:『仁不怨君, 智不重困, 勇不逃死』若罪不釋, 去而必重. 去而罪重, 不智; 逃死而怨君, 不仁; 有罪不死, 無勇. 去而厚怨, 惡不可重, 死不可避, 吾將伏以俟命.」"이라 함.

【戊申】12월 27일.

【二公子】重耳와 夷吾. 뒤에 夷吾는 惠公, 重耳는 文公이 됨.

【蒲】晉나라 읍. 지금의 山西 隰縣 서북쪽.

【屈】北屈·南屈이 있으며 각각 지금의 山西 吉縣 동북쪽과 남쪽에 있었음. 夷吾는 北屈에 머물렀음. 이상의 내용은《史記》晉世家,《國語》晉語(2),《禮記》檀弓(上),《呂氏春秋》上德篇,《說苑》,《論衡》,《穀梁傳》등에 고르게 실려 있음. 한편《列女傳》(7) 孼嬖傳「晉獻驪姬」에는 "驪姬者, 驪戎之女, 晉獻公之夫人也. 初, 獻公娶於齊, 生秦穆夫人及太子申生. 又娶二女於戎, 生公子重耳·夷吾. 獻公伐驪戎, 克之, 獲驪姬以歸, 生奚齊·卓子. 驪姬嬖於獻公, 齊姜先死, 公乃立驪姬以爲夫人. 驪姬欲立奚齊, 乃與弟謀曰:「一朝不朝, 其閒用刀. 逐太子與二公子, 而可閒也.」於是驪姬乃說公曰:「曲沃, 君之宗邑也, 蒲與二屈, 君之境也, 不可以無主. 宗邑無主, 則民不畏; 邊境無主, 則開寇心; 夫寇生其心, 民慢其政, 國之患也. 若使太子主曲沃, 二公子主蒲與二屈, 則可以威民而懼寇矣.」遂使太子居曲沃, 重耳居蒲, 夷吾居二屈. 驪姬既遠太子, 乃夜泣. 公問其故, 對曰:「吾聞申生爲人甚好仁而強, 甚寬惠而慈於民, 今謂君惑於我, 必亂國. 無乃以國民之故行強於君, 果未終命而歿? 君其奈何? 胡不殺我, 無以一妾亂百姓?」公曰:「惠其民而不惠其父乎?」驪姬曰:「爲民與爲父異. 夫殺君利民, 民孰不戴? 苟父利而得寵, 除亂而衆說, 孰不欲焉? 雖其愛君, 欲不勝也. 若紂有良子, 而先殺紂, 母章

其惡, 鈞死也, 毋必假手於武王以廢其祀? 自吾先君武公兼翼而楚穆弑成, 此皆爲民而不顧親, 君不早圖, 禍且及矣.」公懼曰:「奈何而可?」驪姬曰:「君何不老而授之政, 彼得政而治之, 殆將釋君乎?」公曰:「不可, 吾將圖之.」由此疑太子. 驪姬乃使人以公命告太子曰:「君夢見齊姜, 亟往祀焉.」申生祭於曲沃, 歸福於絳, 公田不在. 驪姬受福乃寘鴆於酒, 施毒於脯. 公至, 召申生, 將胙, 驪姬曰:「食自外來, 不可不試也.」覆酒於地, 地墳. 申生恐而出. 驪姬與犬, 犬死. 飲小臣, 小臣死之. 驪姬乃仰天叩心以泣, 見申生哭曰:「嗟乎! 國, 子之國, 子何遲爲君? 有父恩忍之, 況國人乎? 弑父以求利, 人孰利之?」獻公使人謂太子曰:「爾其圖之!」太傅里克曰:「太子入自明, 可以生; 不則不可以生.」太子曰:「吾君老矣! 若入而自明, 則驪姬死, 吾君不安.」遂自經於新城廟, 公遂殺少傅杜原款, 使閹楚刺重耳, 重耳奔狄. 使賈華刺夷吾, 夷吾奔梁. 盡逐群公子, 乃立奚齊. 獻公卒, 奚齊立, 里克殺之, 卓子立, 又殺之. 乃戮驪姬, 鞭而殺之. 於是秦立夷吾, 是爲惠公. 惠公死, 子圉立, 是爲懷公, 晉人殺懷公於高梁, 立重耳, 是爲文公. 亂及五世然後定.《詩》曰:『婦有長舌, 惟厲之階.』又曰:『哲婦傾城.』此之謂也. 頌曰:『驪姬繼母, 惑亂晉獻. 謀譖太子, 毒酒爲權. 果弑申生, 公子出奔. 身又伏辜, 五世亂昏.』"이라 하여 자세히 실려 있음.

068. 僖公 5年(B.C.655) 丙寅

周	惠王(姬閬) 22년	齊	桓公(小白) 31년	晉	獻公(詭諸) 22년	衛	文公(煅) 5년
蔡	穆侯(肸) 20년	鄭	文公(捷) 18년	曹	昭公(班) 7년	陳	宣公(杵臼) 38년
杞	惠公 18년	宋	桓公(御說) 27년	秦	穆公(任好) 5년	楚	成王(頵) 17년
許	僖公(業) 원년						

傳

五年春王正月辛亥朔, 日南至.
公旣視朔, 遂登觀臺以望, 而書, 禮也.
凡分·至·啓·閉, 必書雲物, 爲備故也.

5년 봄 주력 정월 신해날 초하루, 해가 정남쪽에 이르렀다.
희공이 이미 시삭視朔한 뒤, 마침내 관대觀臺에 올라 하늘을 보며 구름 모습을 살펴 이를 기록하도록 하였으니 이는 예에 맞는 일이다.
무릇 춘분春分·추분秋分과 동지冬至·하지夏至, 그리고 입춘立春·입하立夏·입추立秋·입동立冬에는 반드시 구름 형태와 모습 따위를 기록하여 변고를 대비한다.

【辛亥】 正月 초하루는 辛亥가 아니었음. 壬子였음.
【南至】 하늘의 정남쪽에 이름. 冬至. 周나라 때는 동지를 正月의 시작으로 하였음.

【視朔】제후가 매월 초하루 종묘에 초하루임을 고하는 제사. 천자가 음력 섣달에 다음해의 冊曆을 반포하면 제후들은 이를 종묘에 보관하였음. 그리고 정월부터 매달 종묘에 초하루를 고하고 그 달의 책력을 꺼내어 날짜의 정확성을 알려 주었으며 이러한 의식을 視朔이라 함.
【觀臺】기상을 관측하는 곳. 靈臺.
【分·至·啓·閉】'分'은 春分과 秋分, '至'는 冬至와 夏至, '啓'는 立春과 立夏, '閉'는 立秋와 立冬을 가리킴.

※ 409(僖5-1)

五年春, 晉侯殺其世子申生.

5년 봄, 진후晉侯가 세자 신생申生을 죽였다.

【春】月을 기록하지 않음. 杜預 注에는 "書春, 從告"라 하여 申生의 죽음을 알려온 날짜를 따른 것이라 하였으나 顧棟高의 《大事表》(48)에는 "經書春, 不書月數, 蓋春二月也. 晉用夏正, 晉之十二月, 爲周之春二月. 晉以十二月告, 魯史自用周正改書春耳. 杜謂以晉人赴告之日書之, 非也"라 함.
【晉侯】晉 獻公(詭諸). 驪姬에게 미혹하여 晉나라 변란을 조성함.
【申生】晉 獻公과 齊姜 사이에 난 첫째 아들로 당시 태자였음.

傳
晉侯使以殺大子申生之故來告.
初, 晉侯使士蔿爲二公子築蒲與屈, 不慎, 寘薪焉.
夷吾訴之.
公使讓之.
士蔿稽首而對曰:「臣聞之:『無喪而慼, 憂必讎焉; 無戎而城, 讎必保焉.』寇讎之保, 又何愼焉? 守官廢命, 不敬; 固讎之保, 不忠. 失忠與敬, 何以事君?《詩》云:『懷德惟寧, 宗子惟城.』君其修德而固宗子, 何城如之? 三年將尋師焉, 焉用愼?」

　退而賦曰:「狐裘尨茸, 一國三公, 吾誰適從?」

　及難, 公使寺人披伐蒲.

　重耳曰:「君父之命不校.」

　乃徇曰:「校者, 吾讎也.」

　踰垣而走.

　披斬其袪.

　遂出奔翟.

　진晉 헌공獻公이 노나라에 사신을 보내어 태자 신생申生을 죽이게 된 연유를 알려왔다.

　당초, 진 헌공은 사위士蔿로 하여금 중이重耳와 이오夷吾 두 공자를 위해 포蒲와 굴屈에 성을 쌓도록 하였는데 신중히 하지 않은 채 땔감 나무를 채워 넣었다.

　공자 이오가 이를 헌공에게 호소하였다.

　헌공은 사위를 꾸짖도록 하였다.

　이에 사위는 머리를 조아리며 이렇게 대답하였다.

　"제가 듣기로 '상喪을 당하지 않았는데 슬퍼하면 틀림없이 근심이 닥쳐오고, 전쟁이 없는데 성을 쌓으면 틀림없이 원수가 그 성을 차지하게 된다'라 하였습니다. 원수가 이를 차지하게 될 텐데 어찌 신중하게 하겠습니까? 벼슬을 맡은 자가 군주의 명령을 어기면 불경不敬이며, 원수가 차지할 성을 견고하게 쌓는 것은 불충不忠입니다. 충성과 공경을 잃고 어찌 어찌 군주를 섬기겠습니까?《시》에 '마음에 덕을 품고 있으면 나라가 평안하고, 공자들이 곧 성처럼 자신을 지켜주리라'라 하였습니다. 임금께서 덕을 닦으시고 공자들의 지위를 견고하게 해 주신다면 어떤 성이 그와 같겠습니까? 장차 3년 뒤 싸움이 있게 될 텐데 어찌 신중하게 하겠습니까?"

　이에 물러나와 시를 지어 읊었다.

"여우 갖옷이 어지럽게 널려 있는데, 나라 하나에 공公은 셋이나 되는구나. 나는 그 누구를 따라야 할 것인가?"

환난이 일어나자 환공은 시인寺人 피披로 하여금 중이가 있는 포蒲를 토벌하도록 하였다.

중이가 말하였다.

"아버지의 명령에 맞설 수는 없다."

그리고 부하들을 순시하며 이렇게 명하였다.

"맞서는 자는 나의 원수이다."

그리고 담을 넘어 달아나자 시인 피가 칼을 휘둘렀지만 그의 옷소매를 베어냈을 뿐이었다.

드디어 중이는 적翟 땅으로 달아났다.

【士蔿】晉나라 대부.《通志》氏族略에 "士氏, 陶唐之苗裔, 歷虞夏商周, 至成王遷之杜, 爲伯. 宣王殺杜伯, 其子隰叔奔晉, 爲士師, 故爲士氏. 其子孫居隨及范, 故又爲隨氏·范氏, 有三族焉. 隰叔生士蔿, 字子輿, 故謂之士輿"라 하였고,《國語》晉語(8)에 "昔隰叔子違周難於晉國, 生子輿, 爲理"라 함.

【二公子】文公 重耳와 惠公 夷吾.

【讓】'꾸짖다, 책망하다'의 뜻.

【詩】《詩經》大雅 板에 "价人維藩, 大師維垣, 大邦維屛, 大宗維翰, 還德維寧, 宗子維城. 無俾城壞, 無獨斯畏. 敬天之怒, 無敢戲豫. 敬天之渝, 無敢馳驅. 昊天曰明, 及爾出王. 昊天曰旦, 及爾游衍"이라 함.

【尨茸】난잡하게 널려 있음.《史記》晉世家와《詩經》邶風 旄丘에는 '蒙茸'으로 되어 있음.

【三公】晉 獻公과 重耳(文公)와 夷吾(惠公).

【寺人披】'寺人'은 太監. '披'는 그의 이름.《史記》晉世家에는 '寺人勃鞮'로 되어 있으며,《國語》晉語(2)에 "公令閹楚刺重耳"라 하였고 韋昭 注에 "楚. 謂伯楚, 寺人披之字也"라 함. 僖公 24년에 "寺人披請見, 公使讓之, 曰:「蒲城之役, 君命一宿, 女卽至.」"라 함.

【蒲】公子 重耳(뒤의 文公)가 피해 있던 곳. 지금의 山西 隰縣.

【校】交捽. 대항함. 반대함. 맞섬.

【袪】 소매, 옷자락.
【翟】 狄 북쪽 이민족의 땅을 말함. 지금의 山西 汾陽縣과 太原市 사이 일대. 이상의 내용은 《國語》 晉語(2)와 《史記》 晉世家에도 자세히 실려 있음.

※ 410(僖5-2)

杞伯姬來, 朝其子.

기杞 백희伯姬가 아들과 함께 와서 문안하였다.

【杞伯姬】 杞나라로 시집을 간 莊公의 딸. 杞는 원래 姒姓의 제후국으로 周 武王이 夏禹의 후손 東樓公을 杞에 봉하여 雍丘에 살도록 하였음. 지금의 山東 安邱縣 동북쪽 杞城鎭.
【朝其子】 그 아들이 함께 와서 문안을 드림.
　＊無傳

※ 411(僖5-3)

夏, 公孫玆如牟.

여름, 공손자公孫玆가 모牟에 갔다.

【公孫玆】 叔孫戴伯. 叔牙의 아들.
【牟】 지금의 山東 萊蕪縣 동쪽.

㊜
夏, 公孫玆如牟, 娶焉.

여름, 공손자公孫玆가 모牟나라로 가서 아내를 맞이하였다.

【娶】杜預 注에 "因聘而娶, 故傳實其事"라 함.

❋ 412(僖5-4)

公及齊侯·宋公·陳侯·衛侯·鄭伯·許男·曹伯會王世子 于首止.

공이 제후齊侯·송공宋公·진후陳侯·위후衛侯·정백鄭伯·허남許男·조백曹伯과 함께 왕세자王世子를 수지首止에서 만났다.

【王世子】周 惠王의 태자. 姬鄭. 뒤에 襄王이 되어 B.C.651~619년까지 33년간 재위함.
【首止】지명. 杜預는 衛나라 땅이라 하였으나 宋나라 땅이었음. 지금의 河南 睢縣.《公羊傳》과《穀梁傳》에는 '首戴'로 되어 있음.

㊜
會於首止, 會王大子鄭, 謀寧周也.

수지首止에서 모여 주周 왕태자王大子 정(姬鄭)과 만난 것은 주나라의 안녕을 도모하기 위해서였다.

【謀寧周也】周 惠王은 惠后를 총애하여 태자 鄭을 폐하고, 혜후의 아들 帶를 태자로 세우려 하여 혼란이 일어났음. 이에 패자 齊 桓公은 태자 정을 지지하여 왕실을 안정시키려고 제후들을 인솔하여 태자 정을 만나 시위를 한 것임.

㊀
陳轅宣仲怨鄭申侯之反己於召陵, 故勸之城其賜邑, 曰:「美城之, 大名也, 子孫不忘. 吾助子請.」
乃爲之請於諸侯而城之, 美.
遂譖諸鄭伯, 曰:「美城其賜邑, 將以叛也.」
申侯由是得罪.

진陳나라 원선중轅宣仲은 정鄭나라 신후申侯가 소릉召陵에서 자신을 배신하였던 일을 원망하여, 그 때문에 신후에게 제齊 환공桓公이 하사한 고을에 성을 쌓도록 권하며 이렇게 말하였다.
"훌륭한 성을 쌓으십시오. 그러면 그 명성이 널리 퍼져 자손들이 잊지 않을 것입니다. 내가 당신을 도와 제후들에게 협조를 청하겠습니다."
이에 그를 위하여 제후들에게 협조를 청하여 성을 쌓자 훌륭하게 완성되었다.
그리고는 드디어 원선중은 정백鄭伯에게 신후를 이렇게 헐뜯었다.
"신후가 하사받은 고을에 든든한 성을 쌓은 것은 장차 군주를 배반하려는 것입니다."
신후는 이로 말미암아 죄를 뒤집어쓰고 말았다.

【轅宣仲】晉나라 轅濤塗. 宣仲은 자. 이 사건은 僖公 4년의 經文과 傳文을 볼 것.
【召陵】지금의 河南 偃城縣. 당시 제후들의 군사들이 주둔하고 있었음.
【賜邑】齊 桓公에 申侯에게 준 虎牢.
【得罪】申侯는 이 일로 죄를 얻어 7년에 피살당하고 말았음.

※ 413(僖5-5)

秋八月, 諸侯盟于首止.

가을 8월, 제후들이 수지首止에서 동맹을 맺었다.

【盟于首止】周 惠王이 태자 姬鄭을 폐하려 하자 齊 桓公이 제후들을 불러 모아 이에 반대의견을 표명하려 한 회담이었음.

※ 414(僖5-6)

鄭伯逃歸不盟.

정백鄭伯이 달아나 되돌아가 맹약에 참여하지 않았다.

【鄭伯】당시 정나라 임금은 文公(捷)이었음. 周 惠王이 그에게 齊 桓公과 제후들의 맹약에 참여하지 말 것을 권고하였음. 그 때문에 도망하여 귀국한 것임.

㊟
秋, 諸侯盟.
王使周公召鄭伯, 曰:「吾撫女以從楚, 輔之以晉, 可以少安.」
鄭伯喜於王命, 而懼其不朝於齊也, 故逃歸不盟.
孔叔止之曰:「國君不可以輕, 輕則失親; 失親, 患必至. 病而乞盟, 所喪多矣. 君必悔之.」
弗聽, 逃其師而歸.

가을, 제후들이 수지에서 동맹을 맺을 때 주周 혜왕惠王이 주공周公으로 하여금 정백鄭伯을 불러 이렇게 말하도록 하였다.

"내가 그대를 아끼고 있으니 초楚나라의 의견을 따르시오. 진晉나라로 하여금 돕게 하겠소. 그러면 그대는 조금이라도 평안함을 얻을 수 있을 것이오."

정백은 천자의 명을 기꺼워하였지만 제 환공을 만나지 않는 것이 걱정스러워 그 때문에 달아나 정나라로 돌아가 모임에 참가하지 않았던 것이다.

그러자 공숙孔叔이 이를 저지하며 이렇게 말하였다.

"나라의 임금은 경솔해서는 안 됩니다. 경솔하게 행동하면 가까운 자를 잃게 되고, 가까운 자를 잃으면 반드시 근심이 다가오게 됩니다. 근심이 닥친 뒤 동맹을 구걸한다면 잃는 바가 많게 됩니다. 임금께서는 틀림없이 이 일을 후회하실 것입니다."

그러나 문공은 이 말을 듣지 않고 군사를 버려둔 채 돌아갔던 것이다.

【王】周 惠王을 가리킴. 太子 姬鄭의 아버지.
【周公】당시 周나라 왕실의 집정자 宰孔.
【孔叔】鄭나라 대부. 3년 傳을 볼 것.

※ 415(僖5-7)

楚人滅弦, 弦子奔黃.

초楚나라가 현弦나라를 멸망시키자 현자弦子는 황黃나라로 달아났다.

【弦】지금의 河南 潢川縣 서북쪽에 있던 작은 나라로 姬姓, 혹은 隗姓이었음. 지금도 弦城 故城이 있음.
【弦子】弦나라 군주. 子爵.
【黃】子爵이며 지금의 河南 潢川縣 서쪽 黃城.

㊍

楚鬪穀於菟滅弦, 弦子奔黃.
於是江·黃·道·柏方睦於齊, 皆弦姻也.
弦子恃之而不事楚, 又不設備, 故亡.

초楚나라 투누오도鬪穀於菟가 현弦나라를 멸망시키자 현나라 군주는 황黃나라로 달아났다.
당시 강江·황黃·도道·백柏나라는 제齊나라와 사이가 좋았으며 이들은 모두 현나라와 인척 관계였다.
그 때문에 현나라 군주는 이들을 믿고 초나라를 섬기지 않았으며 또 초나라의 침공에 대비도 갖추지 않고 있다가 그 때문에 망한 것이다.

【鬪穀於菟】 令尹 鬪子文. 楚나라 말로 '穀'는 '젖', '於菟'는 '호랑이'. 그가 어려서 들판에 버려졌을 때 호랑이가 나타나 젖을 먹여 길렀다 하여 '호랑이 젖을 먹고 자란 아이'라는 뜻이며 '투누오도'로 읽음. 《左傳》注에 "穀, 奴走反. 楚人謂乳曰穀. 《漢書》作鷇, 音同. 於, 音烏, 菟音徒"라 함.
【江】 지금의 河南 新息縣 서쪽에 있던 작은 나라.
【道】 지금의 河南 確山縣 북쪽 道城에 있던 나라.
【柏】 지금의 河南 西平縣 동남쪽 栢亭에 있던 나라. '栢'으로도 표기함.

❋ 416(僖5-8)

九月戊申朔, 日有食之.

9월 무신날 초하루, 일식이 있었다.

【戊申】 B.C.655년 8월 19일 皆旣日蝕이 있었음.
＊無傳

※ 417(僖5-9)

冬, 晉人執虞公.

겨울, 진晉나라가 우공虞公을 붙잡았다.

【虞公】虞나라 군주. 公爵이었음.

傳
晉侯復假道於虞以伐虢.
宮之奇諫曰:「虢, 虞之表也; 虢亡, 虞必從之. 晉不可啓, 寇不可翫. 一之謂甚, 其可再乎? 諺所謂『輔車相依, 脣亡齒寒』者, 其虞·虢之謂也.」
公曰:「晉, 吾宗也, 豈害我哉?」
對曰:「大伯·虞仲, 大王之昭也; 大伯不從, 是以不嗣. 虢仲·虢叔, 王季之穆也, 爲文王卿士, 勳在王室, 藏於盟府. 將虢是滅, 何愛於虞? 且虞能親於桓·莊乎? 其愛之也, 桓·莊之族何罪? 而以爲戮, 不唯偪乎? 親以寵偪, 猶尚害之, 況以國乎?」
公曰:「吾享祀豐絜, 神必據我.」
對曰:「臣聞之: 鬼神非人實親, 惟德是依. 故〈周書〉曰:『皇天無親, 惟德是輔』又曰:『黍稷非馨, 明德惟馨』又曰:『民不易物, 惟德繄物』如是, 則非德, 民不和, 神不享矣. 神所馮依, 將在德矣. 若晉取虞, 而明德以薦馨香, 神其吐之乎?」
弗聽, 許晉使.
宮之奇以其族行, 曰:「虞不臘矣. 在此行也, 晉不更擧矣.」
八月甲午, 晉侯圍上陽.
問於卜偃曰:「吾其濟乎?」
對曰:「克之.」
公曰:「何時?」

對曰:「童謠云:『丙之晨, 龍尾伏辰; 均服振振, 取虢之旂. 鶉之賁賁, 天策焞焞, 火中成軍, 虢公其奔.』其九月·十月之交乎! 丙子旦, 日在尾, 月在策, 鶉火中, 必是時也.」
冬十二月丙子, 朔, 晉滅虢.
虢公醜奔京師.
師還, 館于虞, 遂襲虞, 滅之.
執虞公及其大夫井伯, 以媵秦穆姬, 而修虞祀, 且歸其職貢於王.
故書曰:「晉人執虞公」, 罪虞, 且言易也.

진晉 문공文公이 다시 우虞나라의 길을 빌려 괵虢나라를 쳤다.

그때 궁지기宮之奇가 우공虞公에게 이렇게 간언하였다.

"괵나라는 우리 우나라의 겉입니다. 괵나라가 망하면 우리 우나라도 틀림없이 그 뒤를 따라 망하게 됩니다. 진나라에게 길을 열어 주어서는 안 됩니다. 도적을 놀이 삼아 보아서는 안 됩니다. 한 번 그렇게 해 준 것도 지나친 것이었는데, 두 번씩이나 빌려줄 수 있겠습니까? 속담에서 '수레의 보축輔軸과 바퀴는 서로 의지하고, 입술이 없으면 이가 시리다'라 하였으니 이는 우나라와 괵나라 같은 관계를 두고 이른 말입니다."

우공이 말하였다.

"진나라는 우리와 같은 종족이오. 어찌 우리나라를 해치겠소?"

궁지기가 대답하였다.

"태백大伯과 우중虞仲은 태왕의 소昭였습니다. 그래서 태백은 부왕이 막내동생 왕계王季를 후계자로 하려는 뜻을 알고 부왕의 명을 따르지 않아 왕위를 이어받지 않았습니다. 괵중虢仲과 괵숙虢叔은 왕계의 목穆이었습니다. 그분들은 문왕文王의 경사卿士가 되어 주 왕실에 공훈을 세웠으므로 그에 대한 문서가 맹부盟府에 보관되어 있습니다. 진나라가 장차 친한 괵나라를 멸망시키려 하는데 어찌 먼 우리 우나라를 소중히 여기겠습니까? 또 헌공이 우나라를 가깝게 여긴다 한들 환숙桓叔과 장백莊伯의 자손들보다 더 아끼겠습니까? 환숙과 장백은 헌공과 같은 일가인데 무슨 죄가 있었습니까? 그런데 그들을 도륙하였습니다. 다만 그들 세력이 커져 압박을 느꼈을 정도일 따름이 아닙니까? 지극히 친한 사이라 해도 자신이 핍박받자 오히려 그들을 해쳤습니다. 그런데 하물며 나라 사이에 더 말할 나위가 있겠습니까?"

우공이 말하였다.

"내가 올리는 제사 제물은 풍부하고 깨끗하니 신이 틀림없이 나를 지켜 줄 것이오."

궁지기가 답하였다.

"제가 듣기로 '귀신은 사람과 친한 것이 아니라 오직 덕을 사랑한다'고 하였습니다. 그래서 〈주서周書〉에 '천제天帝는 친한 사람이 없고, 오직 덕 있는 자를 돕는다'라 하였고, 또 '서직黍稷이 향기로운 것이 아니라 제사 지내는 이의 덕이 향기로운 것이다'라 일렀으며, '백성의 제물은 다르지 않으나 오직 덕 있는 자의 제물만 흠향한다'라고 하였습니다. 이처럼 임금 으로써 덕이 없으면 백성은 화합해 오지 않을 것이며, 그렇게 되면 신도 역시 흠향하지 않는 법입니다. 신이 믿고 따르는 것은 제사 지내는 이의 덕입니다. 만약 진나라가 우나라를 차지하고 나서 밝은 덕으로 형향馨香을 바치며 제사를 드린다면 신이 그것을 토해내기라도 하겠습니까?"

그러나 우공은 궁지기의 말을 듣지 않고, 진나라의 사신에게 길을 빌려 주겠노라 허락하였다.

궁지기는 자기 일족을 모두 데리고 다른 나라로 떠나며 말하였다.

"우나라는 납제臘祭를 지내지 못할 것이다. 진나라는 괵나라를 치고 난 뒤 군사를 다시 일으킬 필요도 없을 것이다."

8월 갑오날, 진 헌공이 괵나라 도성 상양上陽을 포위하였다.

그리고 헌공은 복언卜偃을 불러 말하였다.

"내가 괵나라 정벌을 성공할 수 있겠소?"

복언이 대답하였다.

"해내실 수 있습니다."

헌공이 다시 물었다.

"언제쯤이겠소?"

복언이 답하였다.

"동요에서 '병자날 새벽 용미성龍尾星이 어딘가 숨어 버렸네. 군복이 진진

振振하니 괵나라 군기를 빼앗으리라. 순화성鶉火星은 분분賁賁한데, 천책성天策星은 돈돈焞焞하구나. 순화성이 정남쪽에 빛날 때에 군사를 일으키니 괵나라 임금은 줄행랑을 치리라'라 하였습니다. 그때가 9월에서 10월로 바뀌는 시기인 듯합니다. 병자날 아침에는 태양이 용미성 자리에 뜨고, 달은 천책성 자리에 뜹니다. 순화성이 정남에서 빛난다는 것은 틀림없이 이때인 것 같습니다."

겨울 12월 병자날 초하루, 진나라가 괵나라를 멸망시켰다.

괵공 추醜는 경사京師로 달아나고 말았다.

진나라 군사는 돌아가는 길에 우나라에 머물다가 마침내 우나라를 습격하여 멸망시켰다.

그리고 우공과 대부 정백井伯을 붙잡아 정백에게 진秦나라로 시집가는 목희穆姬의 잉신媵臣으로 삼아 보내고, 진나라는 우나라의 제사를 대신 지내주고, 또한 우나라가 주나라 천자에게 바치는 공물貢物을 대신 보냈다.

그래서 경經에 '진나라가 우공을 잡았다'라 썼던 것은 잘못이 우나라에 있다는 뜻이며, 또한 우나라를 쉽게 멸망시킬 수 있었음을 말한 것이다.

【晉侯】晉 獻公. 처음 虞나라에게 길을 빌려줄 것을 요구한 것은 僖公 2년을 볼 것.
【宮之奇】虞나라의 어진 대부.《戰國策》秦策(1)에 "晉獻公又欲伐虞, 而憚宮之奇存. 荀息曰:「《周書》有言: 美男破老.」乃遺之美男, 敎之惡宮之奇, 宮之奇諫而不聽, 遂亡"이라 함.
【表】表裏一體. 둘의 관계가 밀접하여 뗄 수 없음.
【輔車相依】'輔'는 수레의 양쪽 변죽에 대는 나무 輔軸. '車'는 수레바퀴. 이 두 가지는 서로 의지하여 구성되어 있음.《詩經》小雅 正月에 "其車旣載, 乃棄爾輔. 無棄爾輔, 員于爾輻"이라 하였으며《淮南子》人間訓에도 이 고사를 인용하면서 "虞之與虢, 若車之有輪, 輪依於車, 車役依輪"이라 함.
【脣亡齒寒】'입술이 없으면 이가 시림'. 서로 보조하여 도움을 줌. 이 成語는 當時의 俗諺으로 이곳이 원출전임.
【大伯】太伯. 周나라 古公亶甫(太王)의 첫째 아들. 셋째 아들 季歷(王季)의 아들 昌(姬昌, 뒤에 文王이 됨)이 똑똑함을 알고 왕위가 그에게 계승되기를 바라는

아버지 太王의 뜻을 알고 멀리 남쪽 吳(지금의 江蘇 蘇州)로 도망하여 吳나라의 시조가 됨.

【虞仲】太王의 둘째 아들. 吳 太伯의 아우. 仲雍으로도 불림. 태백과 함께 나라를 떠나 虞나라의 선조가 되어 그 때문에 虞仲이라 불림.

【昭·穆】宗廟에 神主를 모시는 위치와 순서를 말함. 太祖의 묘를 가운데에 두고 짝수(2·4·6)는 '昭'라 하여 그 왼쪽에, 홀수(3·5·7)는 '穆'이라 하여 그 오른쪽에 위패를 모심. 8세가 죽으면 2세를 태조묘로 옮기고 8세를 昭의 끝자리에 놓음. 이에 따라 천자는 三昭·三穆의 七廟가 되고, 諸侯는 二昭·二穆의 五廟, 大夫는 一昭·一穆의 三廟가 됨.

【虢仲·虢叔】태왕의 아들인 王季의 둘째·셋째 아들로, 文王의 형제.

【盟府】맹세문 등의 서류를 보관해 두는 창고.

【桓莊】桓叔은 莊伯과 같은 족인이며 晉 獻公 宗祖의 형제임.《左傳》莊公 25년에 의하면 헌공은 이들 후손의 압박에 시달리다 결국 그 족속을 모두 죽여 없애버림.

【豐絜】豐潔과 같음. 제사를 풍부하고 깨끗이 올림. 그러니 신이 자신을 보호해 줄 것이라는 뜻.

【周書】《書經》〈蔡仲之命〉에 "皇天無親, 惟德是輔"라 하였고, 〈君陳〉에는 "黍稷非馨, 明德惟馨"이라 하였으며, 〈旅獒〉에는 "民不易物, 惟德繄物"이라 하였음.

【馮依】'馮'은 '憑'과 같음.

【不臘】'臘'은 12월에 지내는 제사. 臘祭를 지낼 수 없음. 한 해를 넘기지 못함.

【八月甲午】10월 17일.

【上陽】虞나라의 도성. 지금의 河南 陝縣. 南虢.

【卜偃】晉나라의 점술가이며 내부.

【龍尾伏辰】용미성이 해에 가려 보이지 않음. 辰은 해와 달이 멈추는 장소.

【振振】'아름답고 훌륭하다'의 뜻.

【鶉】鶉은 火星을 가리킴.

【賁賁】'크고 아름답다'의 뜻.

【天策】부열(傅說)이 하늘로 올라가 되었다는 별. 傅說星.

【焞焞】'어둡고 어슴푸레하다'의 뜻.

【虢公醜】醜는 虢公의 이름.

【京師】주나라의 도성. 東周는 지금의 河南 洛陽이었음.

【井伯】虞나라 대부.《史記》晉世家에 "虜虞公及其大夫井伯·百里奚"라 함.

【媵】媵臣. 고대 귀족의 딸이 시집갈 때 함께 딸려 보내는 남자 종. 여자의 경우 媵妾이라 함.

【穆姬】晉 獻公의 딸로 秦 穆公에게 시집을 갔음.

【職貢】자신의 직분이나 임무를 마치고 임금에게 물건을 바침.《韓非子》十過篇에 "荀息牽馬操璧以報獻公. 獻公說曰:「璧則猶是也, 雖然, 馬齒亦益長矣.」"라 하였으며,《公羊傳》,《穀梁傳》,《史記》,《新序》등에는 이 구절이 더 실려 있음.

【罪虞】虞나라에게 原罪가 있음.《戰國策》魏策(3) 趙王이 "昔者晉人欲亡虞, 而先伐虢. 伐虢者, 亡虞之始也, 故荀息以馬與璧假道於虞. 宮之奇諫而不聽, 卒假晉道. 晉人伐虢, 反而取虞, 故《春秋》書之, 以罪虞公"이라 함.

069. 僖公 6年(B.C.654) 丁卯

周	惠王(姬閬) 23년	齊	桓公(小白) 32년	晉	獻公(詭諸) 23년	衛	文公(燬) 6년
蔡	穆侯(肸) 21년	鄭	文公(捷) 19년	曹	昭公(班) 8년	陳	宣公(杵臼) 39년
杞	成公 원년	宋	桓公(御說) 28년	秦	穆公(任好) 6년	楚	成王(頵) 18년
許	僖公(業) 2년						

※ 418(僖6-1)

六年春王正月.

6년 봄 주력 정월.

㊃
六年春, 晉侯使賈華伐屈.
夷吾不能守, 盟而行.
將奔狄, 郤芮曰:「後出同走, 罪也, 不如之梁. 梁近秦而幸焉.」
乃之梁.

6년 봄, 진晉 헌공獻公이 대부 가화賈華로 하여금 굴屈을 치도록 하였다.
이오夷吾는 굴을 지킬 수가 없게 되자 굴 땅 사람들과 맹약을 하고는 망명 길에 나섰다.
그리하여 장차 적狄으로 가려 하자 극예郤芮가 말하였다.

5. 〈僖公 6年〉 685

"중이重耳보다 늦게 나가면서 같은 곳으로 간다면 이는 죄가 됩니다. 양梁나라로 가느니만 못합니다. 양나라는 진秦나라와 사이가 좋을 뿐 아니라 진나라의 총애도 받고 있습니다."

이에 이오는 양나라로 갔다.

【賈華】晉나라 대부. 夷吾를 보필하던 인물.《史記》晉世家에 "二十二年, 使人伐屈, 屈城守, 不可下. 二十三年, 獻公遂發賈華等伐屈, 屈潰"라 함.
【夷吾】重耳의 아우이며 屈 땅을 지키고 있었음.
【狄】이미 重耳가 망명한 나라. 북쪽 이민족의 나라.
【郤芮】진나라 대부. 郤缺의 아버지. 冀芮. 채읍이 冀였음. 成公 2년 疏에《世本》을 인용하여 "郤豹生冀芮, 芮生缺, 缺生克"이라 함.
【罪也】重耳와 夷吾가 같은 狄나라로 간다면 그렇게 하기로 미리 결정해 놓은 것처럼 되어 죄가 될 수 있음을 말함.
【梁】나라 이름. 지금의 山西 서쪽과 陝西 동쪽 일부 지역. 秦나라와 매우 가까웠음.
【秦】지금의 陝西 西安 일대에 있던 나라. 당시 군주는 穆公(任好)이었음. 한편 이상의 내용은《國語》晉語(2)와《史記》晉世家에도 자세히 실려 있음.

※ 419(僖6-2)

夏, 公會齊侯·宋公·陳侯·衛侯·曹伯伐鄭, 圍新城.

여름, 공이 제후齊侯·송공宋公·진후陳侯·위후衛侯·조백曹伯과 함께 정鄭나라를 쳐 신성新城을 포위하였다.

【新城】新密. 새롭게 쌓은 성이라는 뜻. 지금의 河南 密縣 동남쪽.

㊝
夏, 諸侯伐鄭, 以其逃首止之盟故也.
圍新密, 鄭所以不時城也.

여름, 제후들이 정鄭나라를 친 것은 정나라 군주가 수지首止의 맹약에 참여하지 않고 달아났기 때문이었다.

신밀新密을 포위한 것은 정나라가 때에 맞지 않게 성을 쌓았기 때문이었다.

【首止之盟】周 왕실에서 태자 姬鄭을 폐위하려 하자 齊 桓公이 제후들을 거느리고 이를 저지하기 위해 首止에 모였으나 鄭伯은 周 惠王의 요구에 의해 이 회맹에 참가하지 않고 중간에 도망하여 귀국해 버림. 5년 傳을 볼 것.
【新密】新城. 새로 성을 쌓은 것을 말함. 지금의 河南 密縣.

※ 420(僖6-3)

秋, 楚人圍許, 諸侯遂救許.

가을, 초楚나라가 허許나라를 포위하자 제후들이 드디어 허나라를 구하기 위해 나섰다.

【許】姜姓. 周 武王이 그 苗裔 文叔을 許에 봉함. 지금의 河南 許昌市 동쪽.

㊉
秋, 楚子圍許以救鄭.
諸侯救許, 乃還.

가을, 초楚나라 군주가 허許나라를 포위하여 정鄭나라를 구하러 나섰다. 이에 제후들이 허나라를 구원하러 나서자 초나라는 곧 돌아갔다.

【楚子】楚 成王(頵). 子爵이었으므로 '楚子'라 부른 것.

【救鄭】 당시 패자 齊 桓公을 중심으로 한 여섯 나라가 鄭나라 新城(新密)을 포위하자 이에 초나라가 맞선 것이며, 우선 정나라에 가까운 許(河南 許昌)나라를 포위하였던 것임.

❋ 421(僖6-4)

冬, 公至自伐鄭.

겨울, 희공이 정鄭나라 정벌에서 돌아왔다.

＊無傳

㊤
冬, 蔡穆侯將許僖公以見楚子於武城.
許男面縛, 銜璧, 大夫衰絰, 士輿櫬.
楚子問諸逢伯.
對曰:「昔武王克殷, 微子啓如是. 武王親釋其縛, 受其璧而祓之, 焚其櫬, 禮而命之, 使復其所.」
楚子從之.

겨울, 채蔡 목후穆侯가 허許 희공僖公을 거느리고 무성武城에서 초楚 성왕成王을 만났다.
허 희공은 두 손을 등 뒤로 돌려 묶고, 입에 구슬을 물고 있었으며 대부들은 상복喪服을 입고, 사士는 등에 관棺을 수레에 싣고 왔다.
이를 본 초 성왕이 대부 봉백逢伯에게 물었다.
봉백이 대답하였다.

"옛날 주周 무왕武王이 은殷을 쳐 이겼을 때 미자계微子啓가 이렇게 하였습니다. 그때 무왕은 친히 포박을 풀어 주었고 입에 문 구슬을 받아 씻어 내셨으며, 그 관은 불살라 버렸습니다. 그리고 예법에 맞게 명령하여 그를 다시 돌려보냈습니다."

초 성왕이 그의 말대로 하였다.

【蔡穆侯】 蔡나라 穆公. 이름은 盼(肸). 哀侯(獻舞)의 아들. 侯爵이었으므로 '穆侯'라 부른 것. B.C.674~646년까지 29년간 재위함.

【許僖公】 許나라 군주. 이름은 業. 穆公(新臣)의 아들. 男爵이었으므로 '許男'이라 한 것임.

【武城】 초나라 지명. 지금의 河南 南陽市 북쪽 武延城.

【面縛】 손을 뒤로 묶어 죄인의 모습을 한 것.

【銜璧】 죽은 사람을 斂할 때는 입에 구슬을 물게 하였는데, 이를 흉내 낸 것으로 죽은 사람이나 다름없음을 표현한 것.

【衰絰】 '縗絰'과 같음. '최질'로 읽음. 부모나 군주가 죽었을 때 입는 상복.

【輿櫬】 수레로 棺을 끌고 옴. 喪禮와 같음을 말함.

【逢伯】 초나라 대부.

【武王】 姬發. 文王의 아들이며 殷나라 紂를 쳐 없애고 周 王室을 일으킴.

【微子啓】 微子開. 殷末 紂王의 庶兄. 殷나라가 망하자 微子 啓가 이러한 행동을 하였음을 말함. 《史記》 宋世家에 "微子開者, 殷帝乙之首子而帝紂之庶兄也. 紂既立, 不明, 淫亂於政, 微子數諫, 紂不聽. 及祖伊以周西伯昌之修德, 滅其國, 懼禍至, 以告紂. 紂曰: 「我生不有命在天乎? 是何能爲!」 於是微子度紂終不可諫, 欲死之, 及去, 未能自決, 乃問於太師·少師曰: 「殷不有治政, 不治四方. 我祖遂陳於上, 紂沈湎於酒, 婦人是用, 亂敗湯德於下. 殷旣小大好草竊姦宄, 卿士師師非度, 皆有罪辜, 乃無維獲, 小民乃並興, 相爲敵讎. 今殷其典喪! 若涉水無津涯. 殷遂喪, 越至于今.」 曰: 「太師, 少師, 我其發出往? 吾家保于喪? 今女無故告予, 顚躋, 如之何其?」 太師若曰: 「王子, 天篤下菑亡殷國, 乃毋畏畏, 不用老長. 今殷民乃陋淫神祇之祀. 今誠得治國, 國治身死不恨. 爲死, 終不得治, 不如去.」 遂亡"이라 함.

【祓】 不淨이나 不祥을 없애는 간단한 의식. 악을 씻어 없앰.

【使復其所】 원래 자신이 있던 곳으로 되돌아가도록 함.

070. 僖公 7年(B.C.653) 戊辰

周	惠王(姬閬) 24년	齊	桓公(小白) 33년	晉	獻公(詭諸) 24년	衛	文公(燬) 7년
蔡	穆侯(肸) 22년	鄭	文公(捷) 20년	曹	昭公(班) 9년	陳	宣公(杵臼) 40년
杞	成公 2년	宋	桓公(御說) 29년	秦	穆公(任好) 7년	楚	成王(頵) 19년
許	僖公(業) 3년						

※ 422(僖7-1)

七年春, 齊人伐鄭.

7년 봄, 제인齊人이 정鄭나라를 쳤다.

【齊】齊 桓公(小白) 33년의 일.
【鄭】鄭 文公(捷) 20년의 일.

㊉

七年春, 齊人伐鄭.
孔叔言於鄭伯曰:「諺有之曰:『心則不競, 何憚於病?』旣不能強, 又不能弱, 所以斃也. 國危矣, 請下齊以救國.」
公曰:「吾知其所由來矣. 姑少待我.」
對曰:「朝不及夕, 何以待君?」

7년 봄, 제齊나라가 정鄭나라를 치자 정나라 대부 공숙孔叔이 정 문공에게 말하였다.

"속담에 '마음이 다투려는 뜻이 없는데 무슨 근심이 있을까 두려워하리오?'라 하였습니다. 능히 강하게 나서지도 못하고, 또 약하게 숙이지도 못하는 것, 이것이 바로 죽음을 당하는 길입니다. 나라가 위태로우니 청컨대 제나라에게 굴복하여 나라를 구하십시오."

문공이 말하였다.

"나는 제나라가 쳐들어온 까닭을 알고 있다. 잠시만 내 하는 일을 기다려라."

공숙이 대답하였다.

"아침이면 저녁을 제대로 맞이할 수 있을지도 모르는 판에 어찌 임금께서 하는 일을 기다릴 수 있다는 것입니까?"

【孔叔】鄭나라 대부.
【鄭伯】鄭 文公(捷).
【朝不及夕】《北周書》賀拔岳傳에 "爾朱榮謀入匡朝廷, 謂岳曰:「計將安出?」 岳對曰:「古人云: 朝謀不及夕, 言發不俟駕, 此之謂矣.」"라 함.

※ 423(僖7-2)

夏, 小邾子來朝.

여름, 소주자小邾子가 와서 문안하였다.

【小邾子】邾나라 군주. 이름은 郳犁來. 諸侯의 分封이었으므로 '小邾子'라 부른 것.
＊無傳

424(僖7-3)

鄭殺其大夫申侯.

정鄭나라가 자신의 대부 신후申侯를 죽였다.

【申侯】鄭나라 대부. 申나라 군주의 외삼촌이었음.

㊉

夏, 鄭殺申侯以說于齊, 且用陳轅濤塗之譖也.
初, 申侯, 申出也, 有寵於楚文王.
文王將死, 與之璧, 使行, 曰:「唯我知女. 女專利而不厭, 予取予求, 不女疵瑕也. 後之人將求多於女, 女必不免. 我死, 女必速行, 無適小國, 將不女容焉.」
旣葬, 出奔鄭, 又有寵於厲公.
子文聞其死也, 曰:「古人有言曰:『知臣莫若君.』弗可改也已.」

여름, 정鄭나라는 신후申侯를 죽여 제齊나라로부터 기쁨을 사려하면서 장차 진陳나라 원도도轅濤塗가 참소했던 바를 이용하려 하였다.

당초, 신후는 신申나라 출신으로 초楚 문왕文王에게 총애를 받았었다.

문왕은 죽을 때가 되자 그에게 둥근 옥을 주어 다른 나라에 사신으로 보내면서 이렇게 말하였다.

"오로지 나만 너를 알고 있다. 너는 이익을 독차지하면서도 싫증을 낼 줄 모르는구나. 너는 나에게 받을 대로 다 받고 요구할 대로 다 요구하였으나 나는 그것을 결점으로 여기지 않았다. 그러나 내 뒤에 보위에 오를 임금은 너에게 많은 공을 세우기를 바랄 것이며 너는 틀림없이 그 화를 면하지 못할 것이다. 내가 죽거든 서둘러 다른 나라로 가거라. 그러나 작은 나라로 가서는 안 된다. 작은 나라는 너를 용납하지 못할 것이다."

이윽고 문왕이 죽어 장례를 치르고 나자 신후는 정나라로 달아나 그곳에서 역시 정鄭 여공厲公의 총애를 받았던 것이다.

초나라 영윤 자문子文이 신후가 죽었다는 소식을 듣고 이렇게 말하였다. "옛사람이 이르되 '신하를 아는 자로서 임금만 한 이는 없다'라 하였는데 가히 고칠 수 없는 말이로다."

【說于齊】'說'은 '悅'과 같음. 齊 桓公이 신후에 대하여 매우 불쾌한 감정을 가지고 있었음. 이 때문에 그를 죽여 齊나라에게 기쁨을 사고자 한 것. 僖公 5년을 볼 것.
【轅濤塗】陳나라 대부. 자는 宣仲.《公羊傳》과 《穀梁傳》에는 '袁濤塗'로 되어 있음. 洪适의《隸釋》에 실려 있는〈袁良碑〉에 "周之興, 虞閼父典陶正, 嗣滿爲陳侯. 至玄孫濤塗立姓曰袁, 魯僖公四年爲大夫"라 함.
【楚文王】이름은 熊貲, 武王(熊通)의 아들. B.C.689~677년까지 13년간 재위함. 이때에 郢으로 도읍을 옮김.
【疵瑕】瑕疵와 같음. 흠, 죄, 잘못.
【鄭厲公】鄭나라 군주. B.C.700~697년까지 4년간 재위한 다음 다시 복위하여 B.C.679~673년까지 7년간 재위함.
【子文】楚나라 令尹. 鬪子文, 鬪穀於菟.
【知臣莫如君】《管子》大匡篇에 "鮑叔曰:「先人有言曰: 知子莫如父, 知臣莫如君.」"이라 하였고,《史記》齊世家에도 "桓公問管仲曰:「群臣誰可相者?」管仲曰:「知臣莫如君.」"이라 하였으며,《國語》晉語(7) 祁奚의 말에 "人有言曰:「擇臣若君, 擇子莫若父.」"라 함. 그 밖에《戰國策》趙策에 趙 武靈王이 周紹에게 "選子莫若父, 論臣莫若君"이라 하여 널리 알려져 있는 구절임.

※ 425(僖7-4)

秋七月, 公會齊侯·宋公·陳世子款·鄭世子華盟于甯母.

가을 7월, 공이 제후齊侯·송공宋公·진세자陳世子 관款·정세자鄭世子 화華와 만나 영모甯母에서 동맹을 맺었다.

【齊侯】齊 桓公(小白).
【宋公】宋 桓公(御說).
【世子款】陳나라 세자. 子款.
【世子華】鄭나라 세자. 鄭 文公(捷)의 태자.
【甯母】지금의 山東 魚臺縣 동쪽 穀城鎭.

㊉

秋, 盟于甯母, 謀鄭故也.
管仲言於齊侯曰:「臣聞之: 招攜以禮, 懷遠以德. 德·禮不易, 無人不懷.」
齊侯修禮於諸侯, 諸侯官受方物.
鄭伯使大子華聽命於會, 言於齊侯曰:「洩氏·孔氏·子人氏三族, 實違君命. 君若去之以爲成, 我以鄭爲內臣, 君亦無所不利焉.」
齊侯將許之.
管仲曰:「君以禮與信屬諸侯, 而以姦終之, 無乃不可乎? 子父不奸之謂禮, 守命共時之謂信, 違此二者, 姦莫大焉.」
公曰:「諸侯有討於鄭, 未捷; 今苟有釁, 從之, 不亦可乎?」
對曰:「君若綏之以德, 加之以訓, 辭, 而帥諸侯以討鄭. 鄭將覆亡之不暇, 豈敢不懼? 若摠其罪人以臨之, 鄭有辭矣, 何懼? 且夫合諸侯, 以崇德也. 會而列姦, 何以示後嗣? 夫諸侯之會, 其德·刑·禮·義, 無國不記. 記姦之位, 君盟替矣. 作而不記, 非盛德也. 君其勿許! 鄭必受盟. 夫子華旣爲大子, 而求介於大國以弱其國, 亦必不免. 鄭有叔詹·堵叔·師叔三良爲政, 未可間也.」
齊侯辭焉.
子華由是得罪於鄭.

가을, 영모甯母에서 맹약을 맺은 것은 정鄭나라의 일을 논의하기 위해서였다.

관중管仲이 환공桓公에게 말하였다.

"제가 듣기로 '복종하지 않는 자는 예로써 이끌어 달래주며, 먼 데 사람을 품고자 할 때는 덕으로써 한다. 덕과 예를 바꾸지 않으면 품지 못할 자가 없다'라 하였습니다."

이에 환공이 제후들에게 예를 닦아 대접하자 제후들의 관리들이 천자에게 바칠 방물의 명령을 받아들였다.

그러자 정鄭 문공文公이 태자 화華를 보내어 모임에서 명령을 듣고 오도록 하였으며 이때 태자 화는 환공에게 이렇게 말하였다.

"우리나라에는 설씨洩氏·공씨孔氏·자인씨子人氏 세 씨족이 그대의 명령을 위배하고 있습니다. 그대께서 만약 그들을 제거해주시면 동맹을 맺겠습니다. 제가 정나라를 가지고 그대의 신하가 된다면 그대께서도 이롭지 못할 것이 없을 것입니다."

환공이 장차 허락하려 하였다.

그러자 관중이 말하였다.

"임금께서 예의와 신의로써 제후들에게 부탁하셨는데 간악한 일로 회의를 끝내시려 한다면 이는 옳은 일이 아니지 않습니까? 아들과 아비가 서로 무례하지 않음을 예禮라 하고, 명령을 지켜 때를 놓치지 않는 것을 가리켜 신信이라고 합니다. 이 두 가지를 어긴다면 이보다 더 큰 간악함이란 없습니다."

환공이 말하였다.

"제후들이 정나라를 치는 일에 매달려 있으나 아직도 이기지 못하고 있소. 이제 겨우 틈이 생겼으니 그렇게 하는 것이 옳지 않겠소?"

관중이 대답하였다.

"군주께서 덕으로써 정나라를 편안하게 하고 거기에 가르침을 더 보태어 주시면 됩니다. 그들이 이를 거절한다면 그때 제후들의 군사를 거느리고 정나라를 토벌하면 됩니다. 그렇게 되면 정나라는 장차 망하는 데에 겨를이 없을 텐데 어찌 감히 두려워하지 않을 수 있겠습니까? 그러나 정나라 자화를 거느리고 그들에게 임한다면 정나라로서는 이를 핑계거리로 삼을 것이니 어찌 두려워하겠습니까? 또한 그대께서 제후들을 모이게 한 것은 덕을 높이기 위한 것입니다. 그런데 그 모임에 간악한 자를 나란히 세운다면 후손들에게 무엇을 보여줄 수 있겠습니까? 무릇 제후들의 모임에서는 덕과 형벌, 예와 우의에 대해 기록하지 않는 나라가 없습니다. 그런데 간악한 자가 참석하였다고 기록되면 그대의 회맹은 실패한 것이 됩니다. 일을 실행하고도 기록되지 않는다면 이는 풍성한 덕을 베푼 것이라 할 수 없습니다. 그대께서는 그의 제안을 허락하지 마십시오! 정나라는 틀림없이 동맹을 받아들일 것입니다. 무릇 자화는 이미 태자이면서도 큰 나라에 끼어들어 그들의 위세에 기대어 자신의 나라를 약하게 하고 있으니, 그 또한 틀림없이 화를 면하지 못할 것입니다. 정나라에는 대부 숙첨叔詹·도숙堵叔·사숙師叔이라는 세 명의 어진 이들이 나라를 다스리고 있어 아직은 틈을 노릴 수가 없습니다."

환공은 정나라 태자의 제안을 거절하였다.

태자는 이 일로 말미암아 정나라로부터 죄를 얻게 되었다.

【管仲】管子, 管夷吾. 齊 桓公의 재상.
【齊侯】당시 제나라 군주는 桓公(小白).
【招攜以禮】복종하지 않는 자일수록 예로써 이끌어 慰撫함.
【方物】제후들로서 각기 자신의 나라에서 나는 특산물을 천자에게 바쳐야 함. 이를 '方物'이라 함.
【鄭伯】당시 鄭나라 군주는 文公. 이름은 捷. B.C.672~628년까지 45년간 재위함.
【洩氏】鄭나라 대부.
【孔氏】孔叔 씨족. 역시 정나라 대부.
【子人氏】鄭 厲公 아우. 정나라 대부. 桓公 14년에 의하면 그의 이름은 '語'라 하였음.
【摠其罪人】'摠'은 '總'으로도 표기하며 '통솔하다'의 뜻. 罪人은 子華를 가리킴. '자화를 통솔하여 그들에게 위협을 가하다'의 뜻. 杜預 注에 "摠, 將領也. 子華奸父之命卽罪人"이라 함. 僖公 16년 鄭나라는 子華를 죽이게 됨.
【君盟替】'君'은 桓公. '替'는 실패. '그대의 회맹은 실패한 것이 되다'의 뜻.
【叔詹】鄭나라 대부. 《史記》宋世家와 《公羊傳》에는 '叔瞻'으로 되어 있음.
【堵叔】이름은 寇, 字는 兪彌.
【師叔】鄭나라 대부.

◈ 426(僖7-5)

曹伯班卒.

조백曹伯 반班이 죽었다.

【曹伯】曹나라 昭公. 이름은 班.《公羊傳》에는 '般'으로 되어 있음. 伯爵. B.C.661~
653년까지 9년간 재위함. 그 뒤를 共公(襄)이 이음.
＊無傳

◈ 427(僖7-6)

公子友如齊.

공자 우友가 제齊나라에 갔다.

【友】魯나라 공자. 季友. 杜預 注에 "罷盟而聘"이라 함.
＊無傳

◈ 428(僖7-7)

冬, 葬曹昭公.

겨울, 조曹 소공昭公의 장례를 치렀다.

【曹昭公】이름은 班(般). 伯爵. B.C.661~653년까지 9년간 재위함. 그 뒤를 共公
(襄)이 이음.
＊無傳

㊉
冬, 鄭伯請盟于齊.

겨울, 정백鄭伯이 제齊나라에 동맹을 청하였다.

【鄭伯】鄭 文公(捷).

㊉
閏月, 惠王崩.
襄王惡大叔帶之難, 懼不立, 不發喪, 而告難于齊.

윤閏 12월, 주周 혜왕惠王이 붕어崩御하였다.
양왕襄王은 동생 태숙大叔 대帶가 일으킨 재난을 근심스럽게 여기고, 두려워 왕위에 오르지 못하고 있었다. 그리하여 혜왕의 상喪을 발표하지 않은 채 태숙 대가 모반을 일으킬 것이라는 것만 제齊나라에 알렸다.

【閏月】고대 윤월은 반드시 그해 마지막 달(12월) 다음에 넣었음.
【惠王】천자국 周나라 임금. B.C.676~652(653)년까지 25년간 재위하였으며 그 뒤를 襄王(姬鄭)이 이음.
【襄王】惠王의 태자였으며 이름은 鄭(姬鄭). B.C.651~619년까지 33년간 재위하였으며 그 뒤를 頃王(姬壬臣)이 이음.
【大叔帶】大叔(太叔)은 시호. 帶는 이름(姬帶). 襄王의 아우. 惠王 때 王后가 그를 왕으로 세우고자 하여 내분을 겪었음. '大'는 '태'로 읽음.《史記》周本紀에 "惠王生叔帶, 有寵於惠王, 襄王畏之"라 함.

071. 僖公 8年(B.C.652) 己巳

周	襄王(姬鄭) 원년	齊	桓公(小白) 34년	晉	獻公(詭諸) 25년	衛	文公(燬) 8년
蔡	穆侯(肸) 23년	鄭	文公(捷) 21년	曹	共公(襄) 원년	陳	宣公(杵臼) 41년
杞	成公 3년	宋	桓公(御說) 30년	秦	穆公(任好) 8년	楚	成王(頵) 20년
許	僖公(業) 4년						

※《史記》年表에는 이해가 周 惠王 25년으로 되어 있음. 그러나 혜왕은 지난해 윤12월에 죽어 襄王이 이해에 즉위한 것으로 보아야 함.(楊伯峻)

✤ 429(僖8-1)

八年春王正月, 公會王人·宋公·衛侯·許男·曹伯·陳世子款盟于洮.

鄭伯乞盟.

8년 봄 주력 정월, 공이 왕인王人·제후齊侯·송공宋公·위후衛侯·허남許男·조백曹伯·진陳 세자世子 관款과 만나 조洮에서 동맹을 맺었다.

정백鄭伯이 동맹을 요청하였다.

【王人】 천자국 周나라를 가리킴.
【陳世子款】 陳나라 世子 子款.《公羊傳》에는 이 다음에 '鄭世子華' 4자가 더 있음.
【洮】 曹나라 땅. 지금의 山東 鄄城縣 서서쪽에 桃城이 있으며 '조'(推小反)로 읽음. 魯나라 땅의 '도'(洮, 他刀反)와는 다른 곳임.

㊉
八年春, 盟于洮, 謀王室也.
鄭伯乞盟, 請服也.
襄王定位而後發喪.

8년 봄, 이들과 조洮에서 맹약을 맺은 것은 주周나라 왕실에 대해 논의하기 위해서였다.
정백鄭伯이 동맹을 구걸하다시피 한 것은 제齊나라에게 복종하겠노라고 청하였기 때문이다.
주 양왕襄王은 왕위를 안정시킨 뒤에야 상喪을 발표하였다.

【襄王】 惠王의 태자였으며 이름은 鄭(姬鄭). B.C.651~619년까지 33년간 재위하였으며 그 뒤를 頃王(姬壬臣)이 이음.
【謀王室】 천자국 주나라에서 惠王이 죽고 襄王이 즉위하고자 하였으나 大叔 帶의 난을 두려워하자 이를 논의하기 위한 것이었음.
【發喪】 僖公 7년의 經文 및 傳文을 참조할 것.

❋ 430(僖8-2)
夏, 狄伐晉.

여름, 적狄이 진晉나라를 쳤다.

【晉】당시 晉나라 군주는 獻公(詭諸)이었음.

⓪
晉里克帥師, 梁由靡御, 虢射爲右, 以敗狄于采桑.
梁由靡曰:「狄無恥, 從之, 必大克.」
里克曰:「懼之而已, 無速衆狄.」
虢射曰:「期年狄必至, 示之弱矣.」
夏, 狄伐晉, 報采桑之役也, 復期月.

진晉나라 이극里克이 군사를 이끌고 양유미梁由靡가 그의 마부가 되고 괵석虢射이 전차의 오른쪽에 타고 나서서 적狄을 채상采桑에서 패배시켰다.
양유미가 말하였다.
"적인들은 도주하는 것을 부끄러워하지 않습니다. 그들을 추격하면 틀림없이 크게 승리할 것입니다."
이극이 말하였다.
"그들에게 겁을 주는 정도면 된다. 많은 적군狄軍을 불러들일 필요가 없다."
괵석이 말하였다.
"1년 내에 적이 틀림없이 공격해올 것입니다. 우리의 나약함을 보여주었기 때문입니다."
여름, 적이 진나라를 쳐들어 와서 채상 싸움에 대한 보복을 하였다. 괵석의 말이 있은 지 한 달만이었다.

【里克】晉나라 대부.
【梁由靡】이극의 마부. 梁由는 複姓, 靡는 이름.
【虢射】晉나라 대부. '射'은 反切로 '食亦反', '석'으로 읽음. 虢나라 출신으로 惠公의 외삼촌이며 나라 이름을 성씨로 삼은 것.

【采桑】지금의 山西 鄕寧縣 서쪽. 齧桑. 《史記》 晉世家에 "二十五年, 晉伐翟, 翟以重耳故, 亦擊晉於齧桑, 晉兵解而去"라 함.
【懼之而已】일부 판본에는 '拒之而已'로 되어 있음.
【無速衆狄】공연히 끝까지 따라갔다가 '그들의 심기를 건드려 더 많은 狄의 무리들이 달려들지 않도록 해야 한다'는 뜻. '速'은 '召'와 같음. '불러들이다'의 뜻. 雙聲互訓.
【期年】'朞年'과 같음. 원래는 '朞年'으로 되어 있으며 〈箋〉에 "期年, 十二月也"라 함.

✹ 431(僖8-3)

秋七月, 禘于大廟, 用致夫人.

가을 7월, 태묘에서 체제禘祭를 지내고 부인의 신주를 봉하였다.

【禘】제사 이름. 여기서는 哀姜의 신주를 봉안하는 제사를 가리킴. 원래 3년상을 치르면서 25개월째 되는 날 치르는 제사.
【大廟】太廟. '大'는 '太'와 같음. 조상의 위패를 모신 사당.
【用致夫人】夫人은 哀姜을 가리킴. 哀姜의 신주를 태묘에 봉안함.

傳
秋, 禘, 而致哀姜焉, 非禮也.
凡夫人, 不薨于寢, 不殯于廟, 不赴于同, 不祔于姑, 則弗致也.

가을, 체제禘祭를 지내고 애강哀姜의 신주를 태묘에 봉안한 것은 예에 맞지 않는 것이었다.
무릇 부인이 침소寢所에서 훙거하지 않았고, 사당에 빈소를 차리지 않았으며, 동맹국들에게 알리지 않았으며, 고묘姑廟에 합사合祀하지 않았으면 태묘에 모시지 않아야 한다.

【不薨于寢】본국의 正宮에서 훙거하지 않음. 哀姜은 莊公의 부인으로 齊나라에서 죽었음. 夫人도 正寢이 있으며 그곳에서 죽은 것이 아님을 말함.
【不祔于姑】시어머니 사당. 고대 부부는 서로 다른 토템인 경우 혼인을 하였으며 출신국 토템에 따라 시어머니의 토템이 같다면 함께 사당에 모시도록 되어 있었다 함.

※ 432(僖8-4)
冬十有二月丁未, 天王崩.

겨울 12월 정미날, 천자가 붕어하였다.

【丁未】12월 18일.
【天王】周 惠王(姬鄭). B.C.676~652년까지 25년간 재위하고 이때에 죽음. 그러나 지난해 12월이 윤달이었으므로 지난해에 죽은 것임. 杜預 注에 "實以前年閏月崩, 以今年十二月丁未告"라 하여 부고를 받은 날로 기록한 것임.

傳
冬, 王人來告喪, 難故也, 是以緩.

겨울, 주周나라 왕실 사람이 와서 혜왕의 상을 알렸는데 왕실의 난으로 늦게야 알려온 것이었다.

【難故】襄王(姬鄭)이 즉위하려 하였으나 大叔 帶의 난을 두려워한 것.

㊀
宋公疾, 大子茲父固請曰:「目夷長且仁, 君其立之!」
公命子魚.
子魚辭, 曰:「能以國讓, 仁孰大焉? 臣不及也, 且又不順.」
遂走而退.

송宋 환공桓公이 병이 나자 태자 자보茲父가 고집스럽게 이렇게 청하였다.
"목이目夷가 저보다 연장자이고 또 인자합니다. 임금께서는 그를 후계자로 세우시기를 바랍니다!"
환공이 자어子魚(目夷)에게 태자가 될 것을 명하였다.
그러자 자어는 이렇게 사양하였다.
"능히 임금 자리를 양보하는 자라면 이보다 더 어짊이 어디 있겠습니까? 저는 그에 미치지도 못할뿐더러 게다가 순리에도 맞지 않습니다."
그리고는 마침내 달아나 물러났다.

【宋公】당시 宋나라 군주는 桓公. 이름은 御說.
【茲父】桓公의 嫡子이며 뒤에 襄公이 되어 B.C.650~637년까지 14년간 재위함. 《史記》에는 齊 桓公을 이어 패자가 된 春秋五霸의 하나로 여겼음. '宋襄之仁'의 고사를 낳음. '茲甫'로도 표기함.
【目夷】太子 茲父(뒤의 襄公)의 庶兄으로 字는 子魚.
【不順】嫡子와 庶子의 구분에 맞지 않음.《史記》宋世家에 "三十年, 桓公病, 太子 茲甫讓其庶兄目夷爲嗣. 桓公義太子意, 竟不聽"이라 함.

072. 僖公 9年(B.C.651) 庚午

周	襄王(姬鄭) 2년	齊	桓公(小白) 35년	晉	獻公(詭諸) 26년	衛	文公(燬) 9년
蔡	穆侯(肸) 24년	鄭	文公(捷) 22년	曹	共公(襄) 2년	陳	宣公(杵臼) 42년
杞	成公 4년	宋	桓公(御說) 31년	秦	穆公(任好) 9년	楚	成王(頵) 21년
許	僖公(葉) 5년						

※ 433(僖9-1)

九年春王三月丁丑, 宋公御說卒.

9년 봄 주력 3월 정축날, 송공宋公 어열御說이 죽었다.

【丁丑】 3월 19일.
【御說】 宋 桓公의 이름. 閔公(湣公)의 뒤를 이어 B.C.681~651년까지 31년간 재위하고 이때에 생을 마침. 그 뒤를 襄公(玆父)이 이음.《公羊傳》과《穀梁傳》에는 '禦說'로 되어 있음.

傳
九年春, 宋桓公卒.
未葬而襄公會諸侯, 故曰「子」.
凡在喪, 王曰「小童」, 公侯曰「子」.

9년 봄, 송宋 환공桓公이 죽었다.

장례를 치르지 않은 채로 양공襄公이 제후들과 만났으므로 '송자宋子'라 부른 것이다.

무릇 상중이면 왕은 '소동小童'이라 하고, 공후公侯의 경우는 '자子'라 한다.

【襄公】茲父. 桓公의 嫡子. B.C.650~637년까지 14년간 재위함.《史記》에는 齊 桓公을 이어 패자가 된 春秋五霸의 하나로 여겼음. '宋襄之仁'의 고사를 낳음.
【故曰子】襄公이 제후의 회맹에 참석하여 아직 즉위하지 않았으므로 '宋公'이라 부르지 않고 그를 '宋子'라 부른 것. 다음 장의 칭호를 참조할 것.
【在喪】喪中에 있음. 춘추 때에는 임금이 죽고 장례의 유무와 관계없이 後嗣를 그해에는 '子'라 부르고 이듬해를 원년으로 삼아 爵位를 불렀음.
【公侯】諸侯 중에 公爵이나 侯爵.

❈ 434(僖9-2)

夏, 公會宰周公·齊侯·宋子·衛侯·鄭伯·許男·曹伯于葵丘.

여름, 공이 재宰 주공周公·제후齊侯·송자宋子·위후衛侯·정백鄭伯·허남許男·조백曹伯을 규구葵丘에서 만났다.

【宰周公】宰 벼슬의 周나라 卿士. 周公. 宰孔. 식읍이 畿內의 周였음.
【葵丘】지금의 河北 臨漳縣 서쪽. 혹 河南 蘭考縣 동쪽이라고도 함.

⟨傳⟩
夏, 會于葵丘, 尋盟, 且修好, 禮也.
王使宰孔賜齊侯胙, 曰:「天子有事于文·武, 使孔賜伯舅胙.」

齊侯將下·拜.
孔曰:「且有後命, 天子使孔曰:『以伯舅耋老, 加勞, 賜一級, 無下拜!』」
對曰:「天威不違顏咫尺, 小白, 余敢貪天子之命, 無下拜? 恐隕越于下, 以遺天子羞. 敢不下拜?」
下, 拜; 登, 受.

여름, 규구葵丘에서 만난 것은 맹약을 지속하고 다시 우호관계를 다지기 위한 것으로 예에 맞는 일이었다.

이때 천자가 재공宰孔으로 하여금 제후齊侯에게 제육祭肉을 내리도록 하면서 이렇게 말하게 하였다.

"천자가 문왕文王과 무왕武王께 제사를 드렸으니, 저 재공을 보내어 백구伯舅에게 그 제육을 하사합니다."

환공이 이를 받기 위해 하배下拜하려하자 재공이 말하였다.

"또 뒤에 내리신 명이 있소. 천자께서 저에게 '백구께서 일흔이 넘으셨으니 작위를 한 등급 더해 준다. 하배는 하지 말라!'라 하셨습니다."

환공이 대답하였다.

"천자의 위엄이 내 눈앞 얼굴 지척에 있지 않습니까? 내(小白) 감히 천자의 명을 탐내어 하배하지 않을 수 있겠습니까? 그랬다가 아래로 굴러 떨어지면 천자에게 수치를 끼치게 될까 두렵습니다. 감히 하배하지 않을 수가 있겠습니까?"

그리고는 하배하고 다시 당堂으로 올라와 받았다.

【尋盟】지난 날의 맹약을 확인하거나 이를 지속하고자 함.
【王】周나라 천자. 이때는 襄王(姬鄭) 원년이었음.
【宰孔】宰周公. 周나라의 재상.
【齊侯】齊 桓公(小白) 35년 때의 일이었음.
【胙】제사를 지낸 고기. 왕은 제후에게, 제후는 대신에게 제사를 지낸 다음 고기를 내리는 것이 예이며 당시 하나의 의식이었음. 24년 傳에 "宋, 先代之後也, 於周爲客, 天子有事膰焉"이라 하였음.

【文武】 주나라 文王(姬昌)과 武王(姬發).
【伯舅】 천자가 姓이 다른 제후를 높여 부른 말.
【下拜】 堂에서 뜰로 두 계단을 내려가 절함.
【耋老】 70세 이상의 노인. 《說文》에는 "八十曰耋"이라 하였으나 杜預 注에는 "七十曰耋"이라 하였음. 환공은 당시 이미 매우 연로한 때였음.
【小白】 齊 桓公의 이름.
【貪】《國語》周語에 "道而得神, 是謂逢福; 淫而得神, 是謂貪福"이라 함.

※ **435(僖9-3)**

秋七月乙酉, 伯姬卒.

가을 7월 을유날, 백희伯姬가 죽었다.

【乙酉】 7월 29일. 그믐날이었음.
【伯姬】 魯 僖公의 장녀. 《公羊傳》과 《穀梁傳》에 의하면 伯姬는 시집을 가지 않은 채 죽었다 하였음.
＊無傳

※ **436(僖9-4)**

九月戊辰, 諸侯盟于葵丘.

9월 무진날, 제후들이 규구葵丘에서 동맹을 맺었다.

【戊辰】 9월 13일.

⑲

秋, 齊侯盟諸侯于葵丘, 曰:「凡我同盟之人, 旣盟之後, 言歸于好.」
宰孔先歸, 遇晉侯, 曰:「可無會也. 齊侯不務德而勤遠略, 故北伐山戎, 南伐楚, 西爲此會也. 東略之不知, 西則否矣. 其在亂乎! 君務靖亂, 無勤於行.」
晉侯乃還.

가을, 제후齊侯가 제후들과 규구葵丘에서 동맹을 맺으며 말하였다.
"무릇 나와 함께 모인 제후들은 이미 동맹을 맺었으니, 이제 우호 증진을 위한 의견을 나누며 끝을 맺읍시다."
재공宰孔이 먼저 돌아가다가 진晉 헌공獻公을 만나자 이렇게 말하였다.
"모임에는 참가하지 않아도 될 것 같소. 제나라 임금은 덕을 닦기에는 힘쓰지 않고 먼 나라들을 치는 데만 힘쓰고 있소. 그 때문에 북쪽으로는 산융山戎을 쳤고 남쪽으로는 초楚나라를 쳤으며, 서쪽에서는 이번 모임을 가졌던 것이오. 동쪽을 공략할지는 알 수 없지만 서쪽은 치지 않을 것이오. 그런데 지금 귀국 진晉나라는 난에 휩쓸려 있소! 그대께서는 이 난을 진정시키는 데에 힘쓰고 모임에 가는 데는 힘쓰지는 마시오."
이에 헌공은 곧 자기 나라로 돌아갔다.

【齊侯】齊 桓公(小白). 당시 패자였음.
【葵丘】《史記》晉世家에 의하면 "夏, 會諸侯于葵丘; 秋, 復會諸侯丁葵丘, 益以驕色"이라 하여 두 번 있었음. 한편《孟子》告子(下)에 "桓公爲盛. 葵丘之會諸侯, 束牲·載書而不歃血. 初命曰:「誅不孝, 無易樹子, 無以妾爲妻.」再命曰:「尊賢育才, 以彰有德.」三命曰:「敬老慈幼, 無忘賓旅.」四命曰:「士無世官, 官事無攝, 取士必得, 無專殺大夫.」五命曰:「無曲防, 無遏糴, 無有封而不告.」曰:「凡我同盟之人, 旣盟之後, 言歸于好.」"라 하였고,《穀梁傳》에도 "葵丘之盟, 陳牲而不殺, 讀書, 加于牲上, 壹明天子之禁, 曰:「毋雍泉, 毋訖糴, 毋易妾爲妻, 毋使夫人與國事.」"라 함.
【宰孔】周 王室의 사신.
【晉侯】당시 진나라 군주는 獻公(詭諸)이었음.

【北伐山戎】齊 桓公이 山戎을 토벌한 일은 莊公 31년을 볼 것.
【南伐楚】이는 僖公 4년을 볼 것.
【靖亂】晉나라의 난을 평정하여 안정시킴. 당시 晉나라는 申生이 죽고 奚齊가 太子에 올랐으나 백성들이 이에 불복할 기미를 보이고 있었음.
【乃還】《史記》晉世家에 의하면 "夏, 會諸侯于葵丘; 秋, 復會諸侯于葵丘, 益以驕色. 周使宰孔會. 諸侯頗有叛者. 晉侯病, 後, 遇宰孔. 宰孔曰:「齊侯驕矣, 第無行!」從之"라 하였고, 《公羊傳》에도 "葵丘之會, 桓公震而矜之, 叛者九國"이라 함.

● 437(僖9-5)

甲子, 晉侯佹諸卒.

갑자날, 진후晉侯 궤제佹諸가 죽었다.

【甲子】달을 기록하지 않아 구체적으로 알 수 없음. 《公羊傳》에는 '甲戌'로 되어 있음. 11월 10일로 보고 있음. 孔穎達 疏에 "春秋之世, 史失其守, 赴告之文多違禮制. 此甲子晉侯卒, 蓋赴以日而不以月, 魯史不復審問, 書其來告之日, 唯稱甲子而已"라 함.
【佹諸】晉 獻公의 이름. B.C.676~651년까지 26년간 재위하였으며 驪姬로 인해 태자 申生이 죽고 공자 夷吾와 重耳가 망명하는 등 혼란을 겪은 임금. 《公羊傳》, 《穀梁傳》, 《史記》 晉世家 등에는 모두 '詭諸'로 되어 있음.

傳
九月, 晉獻公卒.
里克·丕鄭欲納文公, 故以三公子之徒作亂.
初, 獻公使荀息傅奚齊.
公疾, 召之, 曰:「以是藐諸孤辱在大夫, 其若之何?」

稽首而對曰:「臣竭其股肱之力, 加之以忠貞. 其濟, 君之靈也; 不濟, 則以死繼之.」
公曰:「何謂忠貞?」
對曰:「公家之利, 知無不爲, 忠也; 送往事居, 耦俱無猜, 貞也.」
及里克將殺奚齊, 先告荀息曰:「三怨將作, 秦·晉輔之, 子將何如?」
荀息曰:「將死之.」
里克曰:「無益也.」
荀叔曰:「吾與先君言矣, 不可以貳. 能欲復言而愛身乎? 雖無益也, 將焉辟之? 且人之欲善, 誰不如我? 我欲無貳, 而能謂人已乎?」

9월, 진晉 헌공獻公이 죽었다.
이극里克과 비정丕鄭은 국외에 있던 문공文公을 군주로 맞아들이려고 신생申生, 중이重耳, 이오夷吾의 세 공자를 따르는 국내 무리들을 이끌고 난을 일으켰다.
이에 앞서, 헌공은 대부 순식荀息을 해제奚齊의 스승으로 삼았었다.
헌공은 병이 나자 순식을 불러 이렇게 말하였다.
"이 약하고 의지할 데 없는 아이를 보살피는 일을 그대 대부에게 맡기려 하오. 그대는 어떻게 보필하겠소?"
순식은 머리를 조아리며 이렇게 대답하였다.
"저는 고굉股肱으로써 온 힘을 다하고 거기에 충정忠貞을 보태겠습니다. 그 일이 성사되면 그것은 임금의 영험입니다. 그러나 성공하지 못하면 죽음으로써 그 뒤를 잇겠습니다."
헌공이 말하였다.
"무엇을 충정이라 하는 것이오?"
순식이 대답하였다.
"공가公家에 이익에 대하여 하지 못할 일이 없는 것을 일러 '충忠'이라 하고, 돌아가신 임금을 보내드리고 살아 있는 임금을 잘 모시되 두 임금 모두에게 의심이 없게 하는 것, 이것이 '정貞'입니다."
이극이 장차 해제를 시살하려고 먼저 순식에게 이렇게 고하였다.

"세 공자가 원망을 품고 장차 난을 일으키려 하며, 진秦나라와 진晉나라가 이를 돕고 있소. 당신은 앞으로 어떻게 할 작정이오?"

순식이 말하였다.

"장차 죽음으로 맞설 것이오."

이극이 말하였다.

"그건 무익한 짓이오."

그러자 순식이 말하였다.

"나는 선군과 언약하였으니 두 마음을 가질 수는 없소. 그 언약을 능히 지켜내고자 하는 마당에 내 몸 따위를 아까워하겠소? 비록 무익하더라도 장차 어찌 이를 피할 수 있겠소? 게다가 사람으로서 옳은 일을 하고자 한다면 누가 나와 같지 않겠소? 나는 두 마음을 갖지 않겠다고 하면서 다른 사람에게는 그만두라 할 수 있겠소?"

【晉獻公】《韓非子》難一에 獻公은 17國을 병탄하고 38國을 복종시켰으며 12번 승리를 거두었다 하였음.
【里克】쯉나라 대부.
【丕鄭】쯉나라 대부.
【文公】공자 重耳. 실제로는 당시 임금에 오르지 못하여 이름을 불러야 하나 뒤에 追書된 것이므로 文公이라 한 것임. 春秋五霸의 하나.
【三公】태자 申生, 공자 重耳와 夷吾.
【荀息】荀叔. 진나라 대부.
【奚齊】獻公과 驪姬 사이에 난 아들. 여희가 이를 태자로 삼고자 온갖 악행을 저지름.
【股肱之力】股肱은 팔다리. 중요한 輔弼을 뜻함.
【貳】貳心. 두 가지 마음. 배신이나 이반을 뜻함.

❋ 438(僖9-6)

冬, 晉里克殺其君之子奚齊.

겨울, 진晉나라 이극里克이 자신 군주의 아들 해제奚齊를 시살하였다.

【里克】〈阮刻本〉에는 '里奚克'으로 되어 있음.
【殺】《公羊傳》에는 '弑'로 되어 있음.

傳
冬十月, 里克殺奚齊于次.
書曰「殺其君之子」, 未葬也.
荀息將死之, 人曰:「不如立卓子而輔之.」
荀息立公子卓以葬.
十一月, 里克殺公子卓于朝, 荀息死之.
君子曰:「詩所謂『白圭之玷, 尚可磨也; 斯言之玷, 不可爲也』, 荀息有焉.」

겨울 10월, 이극里克이 차次에서 해제를 시살하였다.
경經에 '그 군주의 아들을 죽였다'라 쓴 것은 아직 헌공獻公의 장례를 치르지 않았기 때문이다.
순식荀息이 따라 죽으려 하자 어떤 사람이 말하였다.
"탁자卓子를 옹립하고 보필하느니만 못합니다."
순식은 탁자를 임금으로 세우고 헌공의 장례를 치렀다.
11월, 이극이 공자 탁자를 조정에서 죽이자 순식은 뒤따라 목숨을 끊었다.
군자는 이렇게 말하였다.
"《시詩》에 '백규白圭에 흠이 난 것은 갈아 없앨 수 있지만 맹세의 이 말은 어길 수가 없구나'라 하였으니 이는 순식 같은 경우를 두고 한 말이로다."

【次】 居次. 喪次. 喪制가 거처하는 뜸집. 《史記》 晉世家에는 '喪次'로 되어 있음. 沈欽韓의 〈補注〉에는 〈士喪禮〉注를 인용하여 "次謂斬衰倚廬"라 함.
【卓子】 獻公과 驪姬 여동생 사이에 난 아들. 이때 驪姬도 함께 죽음을 당함. 《國語》 晉語(2)에 "於是殺奚齊·卓子及驪姬"라 하였고, 《列女傳》 孼嬖傳에도 "奚齊立, 里克殺之. 卓子立, 又殺之. 乃戮驪姬, 鞭而殺之"라 함.
【詩】《詩經》大雅 抑篇에 "質爾人民, 謹爾侯度, 用戒不虞. 愼爾出話, 敬爾威儀, 無不柔嘉. 白圭之玷, 尙可磨也. 斯言之玷, 不可爲也. 無易由言, 無曰苟矣. 莫捫朕舌, 言不可逝矣. 無言不讎, 無德不報. 惠于朋友, 庶民小子, 子孫繩繩, 萬民靡不承"이라 함.
【白圭】 白玉으로 만든 笏. 천자가 제사나 의식을 행할 때 썼음. 여기에 흠이 생기면 갈아서 다시 깨끗하게 할 수 있음.

㊉
齊侯以諸侯之師伐晉, 及高梁而還, 討晉亂也.
令不及魯, 故不書.

제齊 환공桓公이 제후들의 군사를 이끌고 진晉나라를 쳤다가 고량高梁에 이르자 돌아갔는데 이는 진나라 안의 난리를 다스리기 위해서였다.
군사 출동 명령이 노나라에는 통고되지 않았기 때문에 경에 기록하지 않은 것이다.

【高梁】 晉나라 지명. 지금의 山西 臨汾市 동북쪽에 高梁故城이 있음.《史記》晉世家에 "齊桓公聞晉內亂, 亦率諸侯如晉. 秦兵與夷吾亦至晉, 齊乃使隰朋會秦俱入夷吾, 立爲晉君, 是爲惠公. 齊桓至晉之高梁而還歸"라 하였고 〈齊世家〉에도 대략 같음.
【令不及魯】 齊 桓公이 천자의 명을 빌려 제후의 군사를 동원할 때 魯나라에는 통고해 오지 않음.

⓮

晉郤芮使夷吾重賂秦以求入, 曰:「人實有國, 我何愛焉? 入而能民, 土於何有?」
從之.
齊隰朋帥師會秦師納晉惠公.
秦伯謂郤芮曰:「公子誰恃?」
對曰:「臣聞:『亡人無黨, 有黨必有讎.』夷吾弱不好弄, 能鬪不過, 長亦不改, 不識其他.」
公謂公孫枝曰:「夷吾其定乎?」
對曰:「臣聞之:『唯則定國.』《詩》曰『不識不知, 順帝之則』, 文王之謂也. 又曰『不僭不賊, 鮮不爲則』, 無好無惡, 不忌不克之謂也. 今其言多忌克, 難哉!」
公曰:「忌則多怨, 又焉能克? 是吾利也.」

진晉나라 대부 극예郤芮가 이오夷吾로 하여금 진秦나라에게 많은 뇌물을 주고 고국 진晉나라로 들어갈 수 있도록 도와줄 것을 요청하도록 하면서 이렇게 말하였다.

"다른 사람이 나라를 차지하였는데 우리가 아까워할 것이 무엇이겠습니까? 들어가 백성을 다스리게 되면 영토를 가지게 되지 않겠습니까?"

이오는 그 말을 따랐다.

제齊나라 습붕隰朋이 군사를 거느리고 와서 진秦나라 군사와 만나 진晉 혜공惠公을 진晉나라로 들여보냈다.

진秦 목공穆公이 극예에게 말하였다.

"공자 이오는 누구를 믿고 있소?"

극예가 대답하였다.

"신이 듣기로 '망명한 사람은 편당을 짓지 않는다. 편당을 짓다가는 반드시 원수가 따르기 때문이다'라 하였습니다. 이오는 어려서부터 놀기를 좋아하지 않았을 뿐 아니라 능히 싸움을 할 줄 알았으나 과하게 하지는 않았습니다. 커서도 이러한 성품이 바뀌지 않았습니다. 그 밖의 다른 것은 알지 못합니다."

목공이 공손지公孫枝에게 말하였다.

"이오는 그 나라를 평안히 할 수 있겠는가?"

공손지는 대답하였다.

"제가 듣기로 '오직 원칙대로만 하면 나라를 안정시킬 수 있다'라 하였습니다. 《시》에 '알지도 깨닫지도 못하는 사이, 천제天帝의 원칙을 그대로 따랐다네'라 한 것은 주周 문왕文王을 두고 한 말이요, '헛된 짓, 나쁜 짓을 하지 않으니 원칙대로 되지 않은 일 없어졌다네'라고도 하였습니다. 이는 좋아하거나 싫어하는 것이 없고 꺼리거나 이기려고 하지도 않음을 말하는 것입니다. 그러나 지금 이오의 말에는 미워하고 이기려하는 뜻이 많으니 어려울 것입니다!"

목공이 말하였다.

"누구를 시기하면 원망하는 자가 많아지는데, 또 어찌 이길 수 있겠는가? 그렇다면 이는 우리를 이롭게 하는 것이다."

【郤芮】晉나라 대부. 郤克의 祖父이며 郤缺의 아버지.

【隰朋】齊나라 대부. 원래 姜姓에서 나왔다 함.

【晉惠公】공자 夷吾. 晉 獻公의 뒤를 이어 왕위에 올라 B.C.650~637년까지 14년간 재위하였으며 그 뒤를 公子 重耳가 올라 文公이 됨.

【秦伯】秦 穆公. 당시의 秦나라 군주. B.C.659~621년까지 39년간 재위함. 齊 桓公, 宋 襄公, 晉 文公의 뒤를 이어 네 번째 霸者가 되며 그 뒤를 楚 莊王이 이어 春秋五霸가 됨.

【公孫枝】자는 子桑. 秦나라 대부.

【詩】《詩經》大雅 皇矣篇에 "帝謂文王, 予懷明德, 不大聲以色, 不長夏以革. 不識不知, 順帝之則. 帝謂文王, 詢爾仇方, 同爾兄弟, 以爾鉤援, 與爾臨衝, 以伐崇墉"이라 하였고, 같은 大雅 抑篇에는 "辟爾爲德, 俾臧俾嘉. 淑慎爾止, 不愆于儀. 不僭不賊, 鮮不爲則. 投我以桃, 報之以李. 彼童而角, 實虹小子"라 함.

【吾利】夷吾가 비록 晉나라 군주가 된다 해도 성격으로 보아 약점이 있어 秦나라에게는 유리할 것이라 판단을 한 것. 《國語》晉語(2)에 公子縶이 "若求置晉君以成名於天下, 則不如置不仁以猾其中, 且可以進退"라 함.

❰傳❱
宋襄公卽位, 以公子目夷爲仁, 使爲左師以聽政, 於是宋治.
故魚氏世爲左師.

송宋 양공襄公은 즉위한 뒤 공자 목이目夷가 어질다고 생각하여 그를 좌사左師로 삼아 정사를 돕도록 하자, 이에 송나라가 잘 다스려졌다.
그 때문에 목이의 자손 어씨魚氏들이 대대로 좌사가 되었다.

【宋襄公】이름은 兹父(兹甫). 桓公(御說)을 이어 왕위에 올랐으며 B.C.650~637년까지 14년간 재위함.《史記》에는 春秋五霸의 하나로 여겼으며 宋世家에 "三十一年春, 桓公卒, 太子兹甫立, 是爲襄公. 以其庶兄目夷爲相"이라 함.
【目夷】宋 襄公(兹父)의 庶兄. 자는 子魚.
【左師】관직 이름.
【魚氏】目夷의 자가 子魚로서 후손이 이를 성씨로 삼음.

073. 僖公 10年(B.C.650) 辛未

周	襄王(姬鄭) 3년	齊	桓公(小白) 36년	晉	惠公(夷吾) 원년	衛	文公(煆) 10년
蔡	穆侯(肸) 25년	鄭	文公(捷) 23년	曹	共公(襄) 3년	陳	宣公(杵臼) 43년
杞	成公 5년	宋	襄公(妓父) 원년	秦	穆公(任好) 10년	楚	成王(頵) 22년
許	僖公(業) 6년						

※ 439(僖10-1)

十年春王正月, 公如齊.

10년 봄 주력 정월, 공이 제齊나라에 갔다.

【公如齊】僖公이 齊나라에 감. '如'는 '之(去)'와 같음. 實辭.
＊無傳

※ 440(僖10-2)

狄滅溫, 溫子奔衛.

적狄이 온溫을 멸망시키자 온자溫子는 위衛나라로 달아났다.

【溫】지금의 河南 溫縣.
【溫子】溫의 우두머리. 蘇子. 子爵. 隱公 3년과 莊公 19년을 볼 것.

(傳)
十年春, 狄滅溫, 蘇子無信也.
蘇子叛王卽狄, 又不能於狄, 狄人伐之, 王不救, 故滅. 蘇子奔衛.

10년 봄, 적狄이 온溫나라를 멸망시킨 것은 온나라 군주 소자蘇子가 신의를 지키지 않았기 때문이었다.
소자는 천자를 배반하고 적을 따랐으나 또한 적과도 잘 지내지 못하여 적이 온나라를 칠 때 천자가 구해주지 않아 그 때문에 멸망하고 만 것이다. 소자는 위衛나라로 달아났다.

【蘇子】溫子. 周 武王 때 司寇를 지낸 蘇公의 후손. 溫 땅을 봉지로 받았었음. 莊公 19년에는 '蘇氏'라 하였음. 溫은 원래 나라 이름으로 周나라 소유였으나 25년 晉나라에게 하사하였으며, 진나라는 다시 이를 狐溱에게 주어 그를 溫大夫라 불렀음. 襄公 때에는 이를 陽處父에게, 景公은 이를 다시 郤至에게 주었음.
【卽狄】狄과 연합함. '卽'은 '동조하다, 허락하다, 따르다'의 뜻.

❈ 441(僖 10-3)
晉里克弑其君卓及其大夫荀息.

진晉나라 이극里克이 그 군주 탁卓 및 그 대부 순식荀息까지 죽였다.

【里克】진나라 대부.
【卓】卓子. 晉 獻公과 驪姬의 여동생 사이에 난 아들. 荀息은 그를 옹립하였으나

모두 里克에 의해 죽음을 당함. 《公羊傳》에는 '卓子'로 되어 있음.
【荀息】獻公이 죽을 때 유언을 받들어 奚齊를 옹립하려다 해제가 죽음을 당하자 다시 卓子를 세웠으나 모두 里克에게 죽음을 당하였음.

442(僖 10-4)

夏, 齊侯·許男伐北戎.

여름, 제후齊侯·허남許男이 북융北戎을 쳤다.

【北戎】山戎이라고도 하며 齊나라 북쪽에 있었음. 齊 桓公이 여러 차례 이들 정벌에 나섰음.
＊無傳

443(僖 10-5)

晉殺其大夫里克.

진晉나라가 그 대부 이극里克을 죽였다.

【里克】晉나라 대부. 晉 獻公이 죽자 난을 일으켜 奚齊와 卓子, 荀息을 죽이고 夷吾를 맞이하였던 인물. 《史記》 晉世家에 "惠公以重耳在外, 畏里克爲變, 賜里克死"라 함.

傳
夏四月, 周公忌父·王子黨會齊隰朋立晉侯.

晉侯殺里克以說.

將殺里克, 公使謂之曰:「微子, 則不及此. 雖然, 子弑二君與一大夫, 爲子君者, 不亦難乎?」

對曰:「不有廢也, 君何以興? 欲加之罪, 其無辭乎? 臣聞命矣.」

伏劍而死.

於是丕鄭聘於秦, 且謝緩賂, 故不及.

여름 4월, 주공周公 기보忌父와 주周나라 왕자 당黨이 제齊나라 습붕隰朋과 만나 진晉나라 군주를 옹립하였다.

진晉 혜공惠公은 이극里克을 죽이고 이를 제후들에게 알렸다.

장차 이극을 죽이면서 혜공은 사람을 시켜 그에게 이렇게 말하도록 하였다.

"그대가 아니었더라면 나는 왕위에 오르지 못하였을 것이오. 비록 그렇기는 하나 그대는 두 임금과 한 명의 대부를 죽였소. 그러한 그대를 위해 내가 임금이 된다는 것은 어렵지 않겠소?"

이극이 답하였다.

"두 임금을 없애지 않았다면 그대께서 어찌 성공하실 수 있었겠습니까? 저에게 죄를 씌우려 하신다면 무슨 말인들 할 수 없겠소? 저는 그저 명령대로 따르겠습니다."

그리고 칼을 배에 대고 엎어져 죽고 말았다.

이때 비정丕鄭은 진秦나라로 빙문하러 가서 뇌물 바치는 일이 늦었음을 사과하고 있어 그 때문에 죽음을 면한 것이다.

【周公忌父】 천자국 周나라의 卿士. 宰孔.
【王子黨】 周나라 왕자. 이름이 黨(姬黨)이었음.
【隰朋】 齊나라 대부.
【晉侯】 여기서는 막 왕위에 오른 惠公(夷吾)을 가리킴.
【不及此】 惠公은 이극의 도움으로 왕위에 올랐음.
【二君】 里克은 荀息이 奚齊와 卓子를 차례로 옹립하였으나 그 둘과 순식까지

죽였음.
【丕鄭】晉나라 대부. 里克과 함께 난을 일으켰던 인물. 杜預 注에 "丕鄭, 里克黨"이라 함.《國語》晉語(3)에 "惠公既卽位, 乃背秦賂, 使丕鄭聘於秦, 且謝之"라 함.
【秦】당시 秦나라 군주는 穆公(任好).

❋ 444(僖10-6)

秋七月.

가을 7월.

⟨傳⟩
晉侯改葬共大子.
秋, 狐突適下國, 遇大子.
大子使登, 僕, 而告之曰:「夷吾無禮, 余得請於帝矣, 將以晉畀秦, 秦將祀余.」
對曰:「臣聞之:『神不歆非類, 民不祀非族.』君祀無乃殄乎? 且民何罪? 失刑·乏祀, 君其圖之!」
君曰:「諾. 吾將復請. 七日, 新城西偏將有巫者而見我焉.」
許之, 遂不見.
及期而往, 告之曰:「帝許我罰有罪矣, 敝於韓.」

진晉 혜공惠公이 공태자恭太子의 장례를 다시 지냈다.
가을, 대부 호돌狐突이 곡옥曲沃에 갔다가 공태자의 혼령을 만났다.
태자는 호돌을 자기 수레에 타도록 한 뒤 수레를 몰게 하면서 이렇게 말하는 것이었다.
"이오夷吾는 무례하다. 나는 천제天帝에게 청하여 허락을 받았다. 장차 우리 진晉나라를 진秦나라에게 줄 것이다. 진秦나라가 앞으로 나에게 제사를 지낼 것이다."

호돌이 대답하였다.

"제가 듣기로 '신神은 다른 족성의 제사를 흠향하지 않으며, 백성은 다른 족속의 신령에게 제사를 지내지지 않는다'라 하더이다. 그러면 그대의 제사는 더 이상 없지 않겠습니까? 또한 백성에게 무슨 죄가 있다고 나라를 잃는 벌을 내리시고 제사도 끊어지게 하십니까? 그대께서는 잘 헤아려 주십시오!"

태자의 혼령이 말하였다.

"좋다. 내가 다시 천제에게 청하겠다. 7일 뒤 신성新城 서쪽의 한 무당이 있을지니 그를 통해 나를 보게 될 것이다."

호돌이 허락하자 드디어 공태자의 모습이 사라져 보이지 않았다.

기약한 날이 되어 그곳에 갔더니 태자의 혼령이 이렇게 일러주는 것이었다.

"천제께서 내가 죄 지은 자를 벌주도록 허락하셨다. 이오가 한韓 땅에서 패하게 되리라."

【共大子】太子 申生의 諡號. '共'은 '恭'으로도 표기함. 태자에 올랐으나 驪姬의 모략에 못이겨 스스로 죽음을 택한 獻公의 嫡子. 《國語》 晉語(2)에 "是以諡爲共君"이라 하였고 晉語(3)에는 "惠公卽位, 出共世子而改葬之, 臭達於外. 國人頌之曰「貞之無報也, 孰是人斯而有斯臭也.」"라 하였으며 韋昭 注에 "時申生葬不如禮, 故改葬之"라 함.
【狐突】重耳의 외삼촌.
【下國】曲沃, 新城을 가리킴.
【夷吾無禮】夷吾의 여러 가지 예에 어긋난 처사들. 태자를 다시 장사지낸 것이 무례하다는 뜻. 그 외에 賈逵는 "烝於獻公夫人賈君, 故曰無禮"라 하였고, 馬融은 "申生不自明而死, 夷吾改葬之, 章父之過, 故曰無禮"라 함.
【畀】'넘겨주다, 내려주다'의 뜻.
【殄】'滅絶시키다. 殄滅시키다'의 뜻.
【敗】전투에서 패배함.

【韓】 晉나라 땅 이름. 韓原. 지금의 山西 韓城縣 서남쪽과 山西 芮城縣 사이. 혹 지금의 榮河縣과 萬泉縣 사이라고도 함.

❈ 445(僖 10-7)

冬, 大雨雪.

겨울, 큰 눈이 내렸다.

【雨】 動詞. '눈이나 비가 내리다'의 뜻. 《公羊傳》에는 "大雨雹"으로 되어 있음.
＊無傳

⑲
丕鄭之如秦也, 言於秦伯曰:「呂甥·郤稱·冀芮實爲不從, 若重問以召之, 臣出晉君, 君納重耳, 蔑不濟矣.」
冬, 秦伯使泠至報·問, 且召三子.
郤芮曰:「幣重而言甘, 誘我也.」
遂殺丕鄭·祁擧及七輿大夫, 左行共華·右行賈華·叔堅·騅歂·累虎·特宮·山祁, 皆里·丕之黨也.
丕豹奔秦, 言於秦伯曰:「晉侯背大主而忌小怨, 民弗與也. 伐之, 必出」
公曰:「失衆, 焉能殺? 違禍, 誰能出君?」

비정丕鄭이 진秦나라로 가서 목공穆公에게 말하였다.
"여생呂甥과 극칭郤稱, 기예冀芮가 진나라에게 땅을 바치는 의견을 따르지 않았습니다. 그러니 만약 많은 재물을 보내어 그들을 불러오시면 제가 진晉 혜공惠公을 축출하겠습니다. 그대께서는 중이重耳를 들여보내십시오. 성공하지 않을 수가 없습니다."

겨울, 진 목공이 대부 영지冷至에게 보빙報聘하게 한 뒤 세 사람을 초대하였다.

극예郤芮가 말하였다.

"폐물이 많고 말이 달콤하니 우리를 유인하는 것이다."

그리고는 비정과 기거祁擧, 칠여대부七輿大夫를 모두 죽여버렸는데 칠여대부는 좌항左行·공화共華·우항右行·가화賈華·숙견叔堅·추천騅歂·누호纍虎·특궁特宮·산기山祁였는데, 모두가 이극里克과 비정의 무리였다.

이에 비정의 아들 비표㔻豹가 진秦나라로 달아나 목공에게 말하였다.

"진 혜공은 큰 임금 그대를 배반하고 작은 원한 가진 자들을 미워하여 백성이 그를 따르지 않고 있습니다. 이들을 토벌하면 틀림없이 축출할 수 있을 것입니다."

목공이 말하였다.

"무리를 잃었는데 어찌 능히 이극과 비정의 무리들을 죽일 수 있었겠는가? 그리고 그대는 재화를 피해 달아나 여기에 와 있는데 누가 능히 그 임금을 몰아낼 수 있다는 것인가?"

【秦伯】秦 穆公. 伯爵. 春秋五霸의 하나.
【呂甥·郤稱·冀芮】모두 晉나라 대부. 〈大事表〉에 "冀本國名, 地幷于虞. 虞亡歸晉, 惠公與郤芮爲食邑, 謂之冀芮"라 함.
【重耳】뒤에 文公이 되어 春秋五霸의 하나가 됨.
【蔑不濟】'蔑'은 '無'와 같음. 雙聲互訓. '濟'는 '성공하다'의 뜻.
【冷至】秦나라 대부.
【報問】報聘. 답례로 방문하는 일.
【祁擧】晉나라 대부.
【七輿大夫】제후를 따르는 수레 7대와 그것들을 조종하는 대부.
【左行·右行】左行·右行·中行의 三行으로 이뤄진 진나라의 軍制. 당시 左行은 共華, 右行은 賈華가 맡고 있었음.
【里㔻】里克과 㔻鄭.
【㔻豹】㔻鄭의 아들.
【大主】秦 穆公.
【小怨】작은 원한의 대상. 里克과 㔻鄭.

074. 僖公 11年(B.C.649) 壬申

周	襄王(姬鄭) 4년	齊	桓公(小白) 37년	晉	惠公(夷吾) 2년	衛	文公(燬) 11년
蔡	穆侯(肸) 26년	鄭	文公(捷) 24년	曹	共公(襄) 4년	陳	宣公(杵臼) 44년
杞	成公 6년	宋	襄公(玆父) 2년	秦	穆公(任好) 11년	楚	成王(頵) 23년
許	僖公(業) 7년						

※ **446(僖11-1)**

十有一年春, 晉殺其大夫丕鄭父.

11년 봄, 진晉나라가 자신의 대부 비정보丕鄭父를 죽였다.

【丕鄭父】丕鄭을 가리킴. 父는 氏나 字 다음에 붙이는 일반 接尾辭. 阮元과 段玉裁는 衍文으로 보았음.

傳
十一年春, 晉侯使以丕鄭之亂來告.

11년 봄, 진晉 혜공惠公이 사람을 보내어 비정丕鄭의 난을 알려왔다.

【來告】杜預 注에 "釋經書在今年"이라 함.

⑳
天王使召武公·內史過賜晉侯命, 受玉惰.
　過歸, 告王曰:「晉侯其無後乎! 王賜之命, 而惰於受瑞, 先自弃也已, 其何繼之有? 禮, 國之幹也; 敬, 禮之輿也. 不敬, 則禮不行; 禮不行, 則上下昏, 何以長世?」

　천자가 소무공召武公과 내사內史 과過로 하여금 진晉 혜공惠公에게 제후임을 인정하는 명을 내렸는데 혜공이 이 옥을 받는 태도가 무례하였다.
　내사 과가 돌아가 천자에게 이렇게 보고하였다.
　"진 혜공은 후사가 없을 것입니다! 천자께서 명규命圭를 내리시는데 서옥瑞玉을 받는 태도가 무례하였습니다. 이는 먼저 자신부터 버리는 짓입니다. 그러니 어찌 그의 뒤를 이을 자가 있겠습니까? 예禮는 나라의 근본이며, 경敬은 예의 수레와 같습니다. 공경하지 못하면 예가 행해지지 않고, 예가 행해지지 못하면 위아래가 혼란스러워집니다. 그런데 길이 세대를 이어갈 수 있겠습니까?"

【召武公】周나라 卿士.《史記》晉世家에 "惠公二年, 周使召公過禮晉惠公, 惠公禮倨, 召公譏之"라 함.
【內史過】역시 周나라 大夫.
【賜晉侯命】惠公이 왕위에 올랐음을 인정하는 圭章. 옥으로 만든 司令狀.
【受玉惰】惠公이 그 규장을 받으면서 태도가 공손하지 않음.

❀ 447(僖 11-2)
夏, 公及夫人姜氏會齊侯于陽穀.

여름, 희공이 부인 강씨姜氏와 함께 양곡陽穀에서 제후齊侯를 만났다.

【姜氏】僖公의 부인. 齊나라 출신이어서 姜氏라 한 것.
【齊侯】당시 패자였던 桓公(小白)으로 재위 37년째였음.
【陽穀】齊나라 땅. 지금의 山東 陽穀縣.
＊無傳

傳
夏, 揚·拒·泉·皐·伊·雒之戎同伐京師, 入王城, 焚東門, 王子帶召之也.
秦·晉伐戎以救周.
秋, 晉侯平戎于王.

여름, 양揚·거拒·천泉·고皐·이伊·락雒의 융戎이 함께 경사京師를 쳐서 왕성王城으로 들어가 동문東門을 불살랐는데 이는 왕자 대帶가 불러들인 것이었다.
진秦나라와 진晉나라가 함께 융을 쳐서 주周 왕실을 구하였다.
가을, 진晉나라 군주가 융과 천자의 화친을 주선하였다.

【揚·拒】지금의 河南 偃師縣 일대.
【泉·皐】지금의 河南 洛陽 근처. 江永의 《春秋地理考實》에 "金河南洛陽縣西南, 有前城, 有戎城, 卽泉皐也"라 함. 이상 네 곳은 모두 戎邑이라 함.
【伊·雒】지금의 河南 伊水와 洛水 사이 일대. '雒'은 '洛'과 같음. 《史記》 年表에 "秦穆公十一年, 救王伐戎, 戎去"라 함.
【王子帶】周나라 王子. 姬帶. 甘召公. 이를 불러 왕위를 찬탈하고자 한 것임.
【京師】천자의 궁궐이 있는 도성. 지금의 河南 洛陽.
【晉侯】당시 晉나라 군주는 惠公(夷吾).

448(僖 11-3)

秋八月, 大雩.

가을 8월, 크게 기우제를 크게 지냈다.

＊無傳

449(僖 11-4)

冬, 楚人伐黃.

겨울, 초楚나라가 황黃나라를 쳤다.

【黃】嬴姓의 나라. 지금의 河南 潢川縣 서남쪽.

(傳)
黃人不歸楚貢.
冬, 楚人伐黃.

황黃나라가 초楚나라에게 공물을 보내지 않았다.
겨울, 초나라가 황나라를 쳤다.

【伐黃】黃나라는 원래 楚나라 편이었으나 齊나라를 믿고 공물을 바치지 않자 그 때문에 황나라를 친 것임.

075. 僖公 12年(B.C.648) 癸酉

周	襄王(姬鄭) 5년	齊	桓公(小白) 38년	晉	惠公(夷吾) 3년	衛	文公(燬) 12년
蔡	穆侯(肸) 27년	鄭	文公(捷) 25년	曹	共公(襄) 5년	陳	宣公(杵臼) 45년
杞	成公 7년	宋	襄公(玆父) 3년	秦	穆公(任好) 12년	楚	成王(頵) 24년
許	僖公(業) 8년						

❋ 450(僖12-1)

十有二年春王三月庚午, 日有食之.

12년 봄, 주력 삼월 경오날, 일식이 있었다.

【庚午】史官이 날짜를 제대로 기록하지 않아 '朔'을 빠뜨린 것이라 함. 한편 계산에 의하면 B.C.648년 4월 6일에 일식이 있었다 함.
＊無傳

(傳)
十二年春, 諸侯城衛楚丘之郢, 懼狄難也.

12년 봄, 제후들이 위衛나라 초구楚丘에 외성을 쌓은 것은 적狄이 난동을 일으킬까 염려하였기 때문이었다.

【楚丘】衛나라 땅. 지금의 河南 滑縣 동쪽.
【郛】'郭'과 같음. 외곽. 외성. 孔穎達 疏에 "衛以二年遷於楚丘, 諸侯爲之築其城, 至此爲之築其郛"라 함.

✹ 451(僖12-2)

夏, 楚人滅黃.

여름, 초楚나라가 황黃나라를 멸망시켰다.

㊉
黃人恃諸侯之睦于齊也, 不共楚職, 曰:「自郢及我九百里, 焉能害我?」
夏, 楚滅黃.

황黃나라는 제후들이 제齊나라와 친한 것을 믿고 초楚나라에 공물을 바치지 않으면서 이렇게 말하였다.
"초나라 도성 영郢에서 우리나라까지는 9백 리나 되는데 어떻게 우리를 해칠 수 있겠는가?"
여름, 초나라가 황나라를 멸하였다.

【睦于齊】당시 齊 桓公이 패자였음.《穀梁傳》에는 "貫之盟, 管仲曰:「江‧黃遠齊而近楚, 楚, 爲利之國也, 若伐而不能救, 則無以宗諸侯矣」桓公不聽, 遂與之盟. 管仲死, 楚伐江滅黃, 桓公不能救, 故君子閔之也"라 함.
【郢】楚나라 도성. 지금의 湖北 江陵縣. 紀郢.

※ 452(僖 12-3)

秋七月.

가을 7월.

㊋
王以戎難故, 討王子帶.
秋, 王子帶奔齊.

천자는 융戎이 일으킨 난을 근거로 왕자 대帶를 토벌하였다.
가을, 왕자 대가 제齊나라로 달아났다.

【王子帶】周 惠王과 惠后의 아들로써 甘邑에 봉해져 甘昭公이라고도 부름.
《史記》周本紀에 "三年, 叔帶與戎·翟謀伐襄王, 襄王欲誅叔帶, 叔帶犇齊"라 함.

※ 453(僖 12-4)

冬十有二月丁丑, 陳侯杵臼卒.

겨울 12월 정축날, 진후陳侯 저구杵臼가 죽었다.

【丁丑】12월 11일.
【杵臼】陳 宣公의 이름.《公羊傳》에는 '處臼'로 되어 있음. 公孫氏로서 公孫杵臼로 불림. 侯爵. 莊公의 뒤를 이어 B.C.692~648년까지 45년간 재위하고 그 뒤를 穆公이 이음.《史記》陳世家에 "莊公七年卒, 少弟杵臼立, 是爲宣公. 四十五年, 宣公卒"이라 함.
＊無傳

⓪
　冬, 齊侯使管夷吾平戎于王, 使隰朋平戎于晉.
　王以上卿之禮饗管仲, 管仲辭曰:「臣, 賤有司也. 有天子之二守國·高在, 若節春秋來承王命, 何以禮焉? 陪臣敢辭.」
　王曰:「舅氏! 余嘉乃勳! 應乃懿德, 謂督不忘. 往踐乃職, 無逆朕命!」
　管仲受下卿之禮而還.
　君子曰:「管氏之世祀也宜哉! 讓不忘其上.《詩》曰:『愷悌君子, 神所勞矣.』」

　겨울, 제齊 환공桓公이 관이오管夷吾로 하여금 융戎과 천자를 화친케 하고, 습붕隰朋으로 하여금 융과 진晉나라를 화친케 하였다.
　그때 천자가 상경上卿의 예로써 관중管仲을 대접하자 관중이 사양하며 말하였다.
　"저는 천한 관리일 뿐입니다. 우리나라에는 천자께서 임명하신 국씨國氏와 고씨高氏의 두 상경이 있습니다. 만약 그들이 봄·가을에 와서 천자의 명을 받들게 되면 어떤 예로 대접하려 하십니까? 배신陪臣은 감히 사양합니다."
　천자가 말하였다.
　"구씨舅氏! 나는 그대의 공훈을 가상히 여기오! 응당 그 아름다운 덕을 진정으로 잊을 수 없다고 여기는 것이오. 가서 그 직분을 잘 이행하여 짐의 명에 어긋남이 없도록 해 주시오!"
　관중은 하경下卿으로써의 예우를 받고 돌아갔다.
　군자가 말하였다.
　"관씨가 대대로 제사 받는 것은 마땅한 일이다! 그는 사양함에 윗사람을 잊지 않았도다.《시》에 '편안하고 화락하는 군자여, 신께서 그를 위로하리라' 하였다."

【天子之二守】侯爵과 伯爵의 제후국에는 三卿이 있었으며 그중 둘은 上卿, 나머지는 下卿이었음. 上卿은 천자가 직접 임명하며, 下卿은 諸侯가 임명함. 管仲은 下卿이었음.

【國·高】 國歸父(懿仲)와 高傒(莊子)의 집안들. 齊나라 문벌이었음.
【陪臣】 제후의 신하가 천자를 상대하여 자기를 낮추어 이르던 말.
【舅氏】 왕실에서는 다른 姓을 가진 큰 나라의 제후를 伯舅라 불렀음. 관중은 제나라 군주의 使者였으므로 舅氏라 부른 것.
【謂督不忘】 '謂'는 '以爲'의 준말. '督'은 '篤'과 같음.
【管氏之世祀】《史記》管仲列傳 索隱에《世本》을 인용하여 "莊仲山産敬仲夷吾, 夷吾産武子鳴, 鳴産桓子啓方, 界方産成子孺, 孺産莊子盧, 盧産悼子其夷, 其夷産襄子武, 武産景子耐涉, 耐涉産微, 凡十代"라 함.
【詩】《詩經》大雅 旱麓篇에 "瞻彼旱麓, 榛楛濟濟. 豈弟君子, 干祿豈弟. 瑟彼玉瓚, 黃流在中. 豈弟君子, 福祿攸降. 鳶飛戾天, 魚躍于淵. 豈弟君子, 遐不作人. 清酒旣載, 騂牡旣備. 以享以祀, 以介景福. 瑟彼柞棫, 民所燎矣. 豈弟君子, 神所勞矣. 莫莫葛藟, 施于條枚. 豈弟君子, 求福不回"라 함.

076. 僖公 13年(B.C.647) 甲戌

周	襄王(姬鄭) 6년	齊	桓公(小白) 39년	晉	惠公(夷吾) 4년	衛	文公(燬) 13년
蔡	穆侯(肸) 28년	鄭	文公(捷) 26년	曹	共公(襄) 6년	陳	穆公(款) 원년
杞	成公 8년	宋	襄公(玆父) 4년	秦	穆公(任好) 13년	楚	成王(頵) 25년
許	僖公(業) 9년						

※ 454(僖13-1)

十有三年春, 狄侵衛.

13년 봄, 적狄이 위衛나라를 침범하였다.

【狄侵衛】이를 대비하여 楚丘에 외곽의 성을 쌓았음. 杜預 注에 지난해 있었던 일이라 하였음.

傳

十三年春, 齊侯使仲孫湫聘于周, 且言王子帶.
事畢, 不與王言.
歸, 復命曰:「未可. 王怒未怠, 其十年乎? 不十年, 王弗召也.」

13년 봄, 제齊 환공桓公이 중손추仲孫湫로 하여금 주周나라를 빙문聘問하여 왕자 대帶에 대한 일을 거론토록 하였다.

중손추는 일을 다 끝내도록 천자에게 이를 거론하지 않았다.

그리고 제나라로 돌아가 이렇게 보고하였다.

"아직은 안 됩니다. 천자의 노여움이 풀리지 않았습니다. 10년은 지나야 할 걸요? 10년쯤 지나지 않고서는 천자께서 왕자를 불러들이지 않을 것 같더이다."

【齊侯】齊 桓公(小白).
【仲孫湫】齊나라 대부. 閔公 원년을 볼 것.
【王子帶】왕자 帶가 戎을 끌어들여 내란을 조성하다가 실패하자 齊나라로 도망가 있었음. 22년 傳에 "王子帶自齊復歸于京師, 王召之也"라 함.
【未息】'未息'과 같음. 아직 노여움이 풀리지 않았음. 《國語》周語 韋昭 注에 "怠, 緩也"라 함.

❋ 455(僖 13-2)

夏四月, 葬陳宣公.

여름 4월, 진陳 선공宣公의 장례를 치렀다.

【陳宣公】杵臼(處臼). 45년 재위하고 지난해 생을 마침. 諸侯는 五月葬을 치름.
＊無傳

❋ 456(僖 13-3)

公會齊侯·宋公·陳侯·衛侯·鄭伯·許男·曹伯于鹹.

공이 제후齊侯·송공宋公·진후陳侯·위후衛侯·정백鄭伯·허남許男·조백曹伯을 함鹹에서 만났다.

【公會】이때 魯 僖公은 齊 桓公(小白), 宋 襄公(玆父), 陳 穆公(款), 衛 文公(燬), 鄭 文公(捷), 曹 共公(襄) 등과 만난 것임.
【鹹】衛나라 땅. 지금의 河南 濮陽縣 동남쪽 鹹城. 文公 11년을 볼 것.

㊋
夏, 會于鹹, 淮夷病杞故, 且謀王室也.

여름, 함鹹에서 만난 것은 회이淮夷가 기杞나라를 괴롭혔기 때문이었으며, 또한 주나라 왕실의 일을 논의하기 위한 것이기도 하였다.

【淮夷】東夷族 가운데 하나로 淮水 부근에 분포하던 종족.
【杞】원래 姒姓의 제후국으로 周 武王이 夏禹의 후손 東樓公을 杞에 봉하여 雍丘에 살도록 하였음. 지금의 山東 安邱縣 동북쪽 杞城鎭.
【王室】公子 帶의 일로 혼란을 겪었던 주 왕실을 안정시키기 위한 것이었음.

❋ 457(僖 13-4)
秋九月, 大雩.

가을 9월, 기우제를 크게 지냈다.

＊無傳

傳

秋, 爲戎難故, 諸侯戍周.
齊仲孫湫致之.

가을, 융戎이 난동을 부려 제후諸侯들이 주周나라를 지켰다.
제齊나라에서는 중손추仲孫湫를 보냈다.

【仲孫湫】齊나라 대부. 일찍이 왕자 帶의 일로 周나라에 다녀온 적이 있음.

※ 458(僖13-5)

冬, 公子友如齊.

겨울, 공자 우友가 제齊나라에 갔다.

【友】魯나라 공자. 季友.
＊無傳

傳

冬, 晉荐饑, 使乞糴于秦.
秦伯謂子桑:「與諸乎?」
對曰:「重施而報, 君將何求? 重施而不報, 其民必攜; 攜而討焉, 無衆, 必敗.」
謂百里:「與諸乎?」
對曰:「天災流行, 國家代有. 救災·恤鄰, 道也. 行道, 有福.」
丕鄭之子豹在秦, 請伐晉.

秦伯曰:「其君是惡, 其民何罪?」
秦於是乎輸粟于晉, 自雍及絳相繼, 命之曰汎舟之役.

겨울, 진晉나라에 거듭 기근이 들어 진秦나라에 사신을 보내어 식량을 팔아줄 것을 청하였다.

진秦 목공穆公이 자상子桑에게 물었다.

"대여해 주어도 되겠소?"

자상이 대답하였다.

"거듭 은혜를 베푸셨을 때 그 은혜를 보답 받는다면 임금께서는 장차 무엇을 요구하겠습니까? 그러나 많은 은혜를 베푸셨는데 보답을 해 오지 않는다면 그때는 진晉나라 백성들이 틀림없이 진晉 혜공惠公으로부터 멀어질 것입니다. 그들이 멀어진 다음에 정벌한다면 혜공을 따르는 무리가 없을 것이니 틀림없이 패배시킬 수 있을 것입니다."

이번에는 백리해百里奚에게 물었다.

"대여해 주어도 되겠소?"

백리해는 이렇게 말하였다.

"천재天災는 돌고 돌기 때문에 나라를 번갈아 일어납니다. 재난을 구제하고 이웃을 구휼하는 것이 도리입니다. 도리를 행하면 복을 받을 것입니다."

이때 비정조鄭의 아들 비표조豹가 진秦나라에 있었다. 그는 진晉나라를 칠 것을 청하였다.

그러자 목공이 말하였다.

"그 나라 임금이 악하다 해도 백성에게 무슨 죄가 있겠소?"

진秦나라는 이에 곡식을 진晉나라로 실어 보내주었으며 그 행렬이 진秦나라 도성 옹雍에서 진晉나라 도성 강絳까지 계속 이어졌다. 이를 일러 '범주지역汎舟之役'이라 하였다.

【荐饑】'荐'은 '薦'과 같음. 〈十三經注疏本〉에 의해 '荐'으로 표기함. 연달아 기근(흉년)이 듦. '荐'은 '重, 厚'의 뜻. 《爾雅》 釋天에 "穀不熟爲饑, 仍饑爲薦"이라 함.

【糴】'糶'와 상대되는 뜻으로 식량을 팔아(대여해)주는 것.

【秦伯】당시 秦나라는 穆公이었음. 春秋五霸의 하나.
【子桑】公孫枝. 秦나라 대부.
【百里】百里奚. 秦나라 대부. 百里는 씨.
【雍】秦나라 도성. 지금의 陝西 鳳翔縣 남쪽.《史記》秦本紀에 "德公元年, 初居 雍城大鄭宮"이라 함.
【絳】晉나라 도성. 지금의 山西 太平縣 남쪽 翼城縣 서쪽, 혹 侯馬市라고도 함.
【汎舟之役】'汎舟'는 '氾舟'와 같음. 곡식을 나르는 배가 넓은 지역에 걸쳐 늘어서 있었음.《國語》晉語(3)에도 역시 자세히 실려 있음.

077. 僖公 14年(B.C.646) 乙亥

周	襄王(姬鄭) 7년	齊	桓公(小白) 40년	晉	惠公(夷吾) 5년	衛	文公(燬) 14년
蔡	穆侯(肸) 29년	鄭	文公(捷) 27년	曹	共公(襄) 7년	陳	穆公(款) 2년
杞	成公 9년	宋	襄公(玆父) 5년	秦	穆公(任好) 14년	楚	成王(頵) 26년
許	僖公(業) 10년						

✸ 459(僖 14-1)

十有四年春, 諸侯城緣陵.

14년 봄, 제후들이 연릉緣陵에 성을 쌓았다.

【緣陵】지금의 山東 昌樂縣 동남쪽.

㊉
十四年春, 諸侯城緣陵而遷杞焉, 不書其人, 有闕也.

14년 봄, 제후들이 연릉緣陵에 성을 쌓고 기杞나라를 그곳으로 옮겼으나 성을 쌓은 이들의 이름을 쓰지 않은 것은 궐실闕失이 있었기 때문이다.

【杞】원래 姒姓의 제후국으로 周 武王이 夏禹의 후손 東樓公을 杞에 봉하여 雍丘에 살도록 하였음. 지금의 山東 安邱縣 동북쪽 杞城鎭.《管子》大匡篇에

"宋不聽, 果伐杞, 桓公築緣陵以封之, 與車百乘·卒千人"이라 함.
【闕失】성을 완전하게 쌓지 않음. 기재가 부족하여 대충 꾸려주었음. 공사를 부실하게 하였음을 말함. 杜預 注에 "闕謂器用不具, 城池未固而去, 爲惠不終也"라 함.

※ **460(僖 14-2)**

夏六月, 季姬及鄫子遇于防.
使鄫子來朝.

여름 6월, 계희季姬가 증자鄫子와 방防에서 만났다.
그리고 증자로 하여금 찾아와 문안토록 하였다.

【季姬】노나라 莊公의 딸. 鄫나라 군주에게 시집을 갔음.
【鄫子】鄫나라 군주. 鄫은 姒姓의 子爵. 지금의 山東 臨沂縣 서남쪽에 있었음. 《穀梁傳》에는 '鄫'자가 '繒'으로 되어 있음.
【防】魯나라 땅. 지금의 山東 曲阜縣 동쪽.

(傳)
鄫季姬來寧, 公怒, 止之, 以鄫子之不朝也.
夏, 遇于防, 而使來朝.

증鄫나라로 시집간 계희季姬가 귀녕歸寧하자 희공이 노하여 그녀를 증나라로 돌아가지 못하게 하였는데 이는 증나라 군주가 문안하러 오지 않았기 때문이다.
여름, 계희가 증나라 군주를 방防에서 만나 노나라에 와서 문안을 드리도록 하였다.

【來寧】시집간 여인이 부모의 평안함을 여쭙기 위해 친정나들이 함을 말함.

◉ 461(僖 14-3)

秋八月辛卯, 沙鹿崩.

가을 8월 신묘날, 사록沙鹿이 무너졌다.

【辛卯】 8월 5일.
【沙鹿】 지금의 河北 大名縣 동쪽에 있었던 산. 杜預는 晉나라 땅이라 하였으나 江永은 衛나라 땅이라 함.

㊉
秋八月辛卯, 沙鹿崩.
晉卜偃曰:「期年將有大咎, 幾亡國.」

가을 8월 신묘날, 사록산沙鹿山이 무너져 내렸다.
이에 진晉나라 복언卜偃이 말하였다.
"1년 안에 장차 큰 재앙이 있을 것이며 나라가 거의 망할 정도일 것이다."

【卜偃】 진나라의 유명한 점술가이며 대부.
【期年】 '朞年'과 같음. 만 일주년.

◉ 462(僖 14-4)

狄侵鄭.

적狄이 정鄭나라를 침범하였다.

＊無傳

※ 463(僖 14-5)

冬, 蔡侯肸卒.

겨울, 채후蔡侯 힐肸이 죽었다.

【肸】蔡 穆侯. 혹 판각에 따라 '盻'으로 표기하기도 함. 哀侯(獻舞)의 뒤를 이어 B.C.674~646년까지 29년간 재위하였으며 그 뒤를 莊侯(甲午)가 이음.

傳
冬, 秦饑, 使乞糴于晉, 晉人弗與.
慶鄭曰:「背施, 無親; 幸災, 不仁; 貪愛, 不祥; 怒鄰, 不義. 四德皆失, 何以守國?」
虢射曰:「皮之不存, 毛將安傅?」
慶鄭曰:「弃信·背鄰, 患孰恤之? 無信, 患作; 失援, 必斃. 是則然矣.」
虢射曰:「無損於怨, 而厚於寇, 不如勿與.」
慶鄭曰:「背施·幸災, 民所弃也. 近猶讎之, 況怨敵乎?」
弗聽.
退曰:「君其悔是哉!」

겨울, 진秦나라에 기근이 들어 사신을 진晉나라에 보내어 곡식을 팔아줄 것을 청하였으나 진나라가 이를 허락하지 않았다.
그러자 경정慶鄭이 말하였다.
"은혜를 배반하는 것은 친분을 없애는 것이며, 남의 재앙을 즐거워하는 것은 어질지 못한 일이며, 탐욕과 아끼기만 하는 것은 상서롭지 못한 짓이며, 이웃을 노하게 하는 것은 의롭지 못한 행동입니다. 이 네 가지 덕을 모두 잃고 어찌 나라를 지킬 수 있겠습니까?"
괵석虢射이 말하였다.

"가죽이 있지도 않은데 털이 어떻게 무사히 붙어 있을 수 있겠습니까?"

경정이 말하였다.

"믿음을 버리고 이웃을 배반한다면 우리에게 환난이 생겼을 때 누가 도와주겠습니까? 믿음이 없으면 환난이 생기는 법이며, 도와 줄 이를 놓치면 반드시 죽게 됩니다. 이 일이 바로 그런 것입니다."

괵석이 말하였다.

"우리에 대한 그들의 원망도 덜어버릴 수 없는데 도리어 적을 후하게 보태주는 꼴이 될 것입니다. 주지 않느니만 못합니다."

경정이 말하였다.

"은혜를 배반하고 남의 재앙을 즐거워한다면 백성들도 그러한 임금은 버리게 될 것입니다. 가까운 사람도 원수로 여기는데 하물며 원수나 적이라면 어떻겠습니까?"

혜공은 경정의 말을 듣지 않았다.

경정은 물러나며 이렇게 말하였다.

"임금께서는 후회하게 될 것입니다!"

【秦饑】《史記》年表에 "惠公五年, 秦饑, 請粟, 晉倍之"라 함.
【慶鄭】晉나라 대부. 惠公의 신하.
【虢射】晉나라 대부. 惠公의 외삼촌.
【皮毛】皮는 秦나라, 毛는 晉나라. 서로 의존 관계이며 秦나라가 없이는 자신의 晉나라도 존재할 수 없음을 말함.
【無損於怨, 而厚於寇】昔 惠公이 晉나라로 귀국할 때 秦나라의 도움을 요청하는 조건으로 5개 성을 주겠다고 하였으나 왕위에 오른 다음 약속을 지키지 않음. 이에 秦나라가 晉나라를 원망하고 있었음. 곡식을 대여한다고 해도 그 원망이 감손되지 않을뿐더러 秦나라의 힘만 키워주는 상황이 될 것이라는 뜻.

078. 僖公 15年(B.C.645) 丙子

周	襄王(姬鄭) 8년	齊	桓公(小白) 41년	晉	惠公(夷吾) 6년	衛	文公(燬) 15년
蔡	莊公(甲午) 원년	鄭	文公(捷) 28년	曹	共公(襄) 8년	陳	穆公(款) 3년
杞	成公 10년	宋	襄公(玆父) 6년	秦	穆公(任好) 15년	楚	成王(頵) 27년
許	僖公(業) 11년						

❋ 464(僖15-1)

十有五年春王正月, 公如齊.

15년 봄 주력 정월, 공이 제齊나라에 갔다.

＊無傳

❋ 465(僖15-2)

楚人伐徐.

초楚나라가 서徐나라를 쳤다.

【徐】嬴姓의 제후국. 지금의 安徽 泗縣 북쪽. 莊公 28년을 볼 것.

※ 466(僖 15-3)

三月, 公會齊侯·宋公·陳侯·衛侯·鄭伯·許男·曹伯盟
于牡丘, 遂次于匡.
公孫敖帥師及諸侯之大夫救徐.

3월, 공이 제후齊侯·송공宋公·진후陳侯·위후衛侯·정백鄭伯·허남許男·조백曹伯과 만나 모구牡丘에서 동맹을 맺고 드디어 광匡에 주둔하였다.
공손오公孫敖가 군사를 이끌고 제후들의 대부와 함께 서徐나라를 구하였다.

【牡丘】지금의 山東 聊城縣 동북쪽.
【次】군사가 주둔함을 뜻함. 莊公 3년 傳에 "凡師, 一宿爲舍, 再宿爲信, 過信爲次"라 함.
【匡】衛나라 땅. 河南 陳留 長垣縣 서남쪽. 그러나《山東通志》에는 "匡城在魚臺縣南十五里鳳凰山北, 卽次于匡之地"라 함.
【公孫敖】魯나라 대부. 公孫慶父의 아들. 孟穆伯, 公孫穆伯으로도 부름. 杜預 注에 "諸侯旣盟次匡, 皆遣大夫將兵救徐"라 함.

傳
十五年春, 楚人伐徐, 徐卽諸夏故也.
三月, 盟于牡丘, 尋葵丘之盟, 且救徐也.
孟穆伯帥師及諸侯之師救徐, 諸侯次于匡以待之.

15년 봄, 초楚나라가 서徐나라를 친 것은 서나라가 중원 제후들과 가까워졌기 때문이다.
3월, 모구牡丘에서 동맹을 맺은 것은 이전에 규구葵丘에서 맺은 동맹을 다지고, 또한 서나라를 구하기 위해서였다.

노나라 맹목백孟穆伯이 군사를 거느리고 제후들의 군사와 함께 가서 서나라를 구하고 제후들은 광匡에서 머물며 기다렸던 것이다.

【卽諸夏】'卽'은 '가까이 하다, 기울다, 친히 여기다'의 뜻이며, '諸夏'는 中原을 가리킴. 齊 桓公의 부인 徐嬴은 徐나라 출신으로 이 때문에 제나라가 徐나라 구하기에 적극 나선 것임.
【葵丘之盟】僖公 9년 패자 齊 桓公이 주체가 되어 맺었던 제후들의 회맹.
【孟穆伯】魯나라 대부 慶父의 아들, 公孫敖.

※ 467(僖 15-4)

夏五月, 日有食之.

여름 5월, 일식이 있었다.

【食】〈金澤文庫本〉에는 '蝕'으로 되어 있음.

傳
夏五月, 日有食之.
不書朔與日, 官失之也.

여름 5월, 일식이 있었다.
경經에 초하루, 혹 날짜를 쓰지 않은 것은 사관이 이를 실수하였기 때문이다.

【朔與日】朔(초하루), 혹은 날짜의 干支를 기록하여야 하나 당시 史官이 이를 실수로 누락시킨 것임.

❋ **468(僖 15-5)**

秋七月, 齊師·曹師伐厲.

가을 7월, 제齊나라 군사와 조曹나라 군사가 여厲를 쳤다.

【厲】姜姓의 제후국. 지금의 湖北 隨縣. 그러나 王夫之는 지금의 河南 鹿縣 동쪽으로 老子가 태어난 苦縣 厲鄉이 이곳이라 하였음.

㊁
秋, 伐厲, 以救徐也.

가을, 여厲나라를 쳐서 서徐나라를 구하였다.

【救徐】厲나라는 楚나라의 附庸國이었으므로 먼저 厲나라를 친 것.

❋ **469(僖 15-6)**

八月, 螽.

8월, 메뚜기 떼가 일어났다.

【螽】메뚜기의 일종. 누리. 莊公 29년에 "凡物不爲災不書"라 하여 재해를 일으켰기 때문에 기록한 것.
＊無傳

❋ 470(僖 15-7)

九月, 公至自會.

9월, 희공이 모임에서 돌아왔다.

【會】牡丘之會를 가리킴. 徐나라를 구하기 위한 제후들의 회합.
＊無傳

❋ 471(僖 15-8)

季姬歸于鄫.

계희季姬가 증鄫나라로 돌아갔다.

【季姬】僖公의 셋째 딸. 鄫나라로 시집을 갔었음. 鄫나라는 지금의 山東 臨沂縣 서남쪽에 있었음.
＊無傳

㊐
晉侯之入也, 秦穆姬屬賈君焉, 且曰:「盡納羣公子.」
晉侯烝於賈君, 又不納羣公子, 是以穆姬怨之.
晉侯許賂中大夫, 旣而皆背之.
賂秦伯以河外列城五, 東盡虢略, 南及華山, 內及解梁城, 旣而不與.
晉饑, 秦輸之粟; 秦饑, 晉閉之糴, 故秦伯伐晉.
卜徒父筮之, 吉, 「涉河, 侯車敗.」
詰之, 對曰:「乃大吉也. 三敗, 必獲晉君. 其卦遇蠱☲, 曰:『千乘三去, 三去之餘, 獲其雄狐.』夫狐蠱, 必其君也. 蠱之貞, 風也; 其悔,山也. 歲云秋矣, 我落其實, 而取其材, 所以克也. 實落‧材亡, 不敗, 何待?」

三敗乃韓.

晉侯謂慶鄭曰:「寇深矣, 若之何?」

對曰:「君實深之, 可若何?」

公曰:「不孫!」

卜右, 慶鄭吉, 弗使.

步揚御戎, 家僕徒爲右, 乘小駟, 鄭入也.

慶鄭曰:「古者大事, 必乘其產. 生其水土, 而知其人心; 安其敎訓, 而服習其道; 唯所納之, 無不如志. 今乘異產, 以從戎事, 及懼而變, 將與人易. 亂氣狡憤, 陰血周作, 張脈僨興, 外彊中乾. 進退不可, 周旋不能, 君必悔之.」

弗聽.

九月, 晉侯逆秦師, 使韓簡視師, 復曰:「師少於我, 鬥士倍我.」

公曰:「何故?」

對曰:「出因其資, 入用其寵, 饑食其粟, 三施而無報, 是以來也. 今又擊之, 我怠‧秦奮, 倍猶未也.」

公曰:「一夫不可狃, 況國乎?」

遂使請戰, 曰:「寡人不佞, 能合其衆而不能離也. 君若不還, 無所逃命.」

秦伯使公孫枝對曰:「君之未入, 寡人懼之; 入而未定列, 猶吾憂也. 若列定矣, 敢不承命?」

韓簡退曰:「吾幸而得囚.」

壬戌, 戰于韓原.

晉戎馬還濘而止, 公號慶鄭.

慶鄭曰:「愎諫‧違卜, 固敗是求, 又何逃焉?」

遂去之.

梁由靡御韓簡, 虢射爲右, 輅秦伯, 將止之.

鄭以救公誤之, 遂失秦伯, 秦獲晉侯以歸.

晉大夫反首拔舍從之.

秦伯使辭焉, 曰:「二三子何其慼也! 寡人之從晉君而西也, 亦晉之妖夢是踐, 豈敢以至?」

晉大夫三拜稽首曰:「君履后土而戴皇天, 皇天后土實聞君之言, 羣臣敢在下風.」

穆姬聞晉侯將至, 以大子罃·弘與女簡·璧登臺而履薪焉.

使以免服衰絰逆, 且告曰:「上天降災, 使我兩君匪以玉帛相見, 而以興戎. 若晉君朝以入, 則婢子夕以死; 夕以入, 則朝以死. 唯君裁之!」

乃舍諸靈臺.

大夫請以入.

公曰:「獲晉侯, 以厚歸也; 既而喪歸, 焉用之? 大夫其何有焉? 且晉人慼憂以重我, 天地以要我. 不圖晉憂, 重其怒也; 我食吾言, 背天地也. 重怒, 難任; 背天, 不祥, 必歸晉君.」

公子縶曰:「不如殺之, 無聚慝焉.」

子桑曰:「歸之而質其大子, 必得大成. 晉未可滅, 而殺其君, 祇以成惡. 且史佚有言曰:『無始禍, 無怙亂, 無重怒.』重怒, 難任; 陵人, 不祥.」

乃許晉平.

晉侯使郤乞告瑕呂飴甥, 且召之.

子金教之言曰:「朝國人而以君命賞. 且告之曰:『孤雖歸, 辱社稷矣, 其卜貳圉也.』」

眾皆哭, 晉於是乎作爰田.

呂甥曰:「君亡之不恤, 而羣臣是憂, 惠之至也, 將若君何?」

眾曰:「何爲而可?」

對曰:「征繕以輔孺子. 諸侯聞之, 喪君有君, 羣臣輯睦, 甲兵益多. 好我者勸, 惡我者懼, 庶有益乎!」

眾說, 晉於是乎作州兵.

初, 晉獻公筮嫁伯姬於秦, 遇歸妹☷之睽☷.

史蘇占之, 曰:「不吉. 其繇曰:『士刲羊, 亦無衁也; 女承筐, 亦無貺也. 西鄰責言, 不可償也. 歸妹之睽, 猶無相也.』震之離, 亦離之震. 『爲雷爲火, 爲嬴敗姬. 車說其輹, 火焚其旗, 不利行師, 敗于宗丘. 歸妹睽孤, 寇張之弧. 姪其從姑, 六年其逋, 逃歸其國, 而弃其家, 明年其死於高梁之虛.』」

及惠公在秦, 曰:「先君若從史蘇之占, 吾不及此夫!」

韓簡侍, 曰:「龜, 象也; 筮, 數也. 物生而後有象, 象而後有滋, 滋而後有數. 先君之敗德, 及可數乎? 史蘇是占, 勿從何益?《詩》曰:『下民之孽, 匪降自天, 僔沓背憎, 職競由人.』」

진晉 혜공惠公이 자신의 나라로 들어갈 때, 진秦 목공穆公의 부인 목희穆姬가 자신의 올케 가군賈君을 잘 돌봐 줄 것을 부탁하면서 게다가 이렇게 덧붙였다.

"다른 나라에 가 있는 공자들을 모두 불러들이도록 하세요."

그런데 진 혜공은 가군과 음증淫烝하였고 게다가 공자들을 받아들이지도 않아 이로써 목희는 그를 원망하고 있었다.

혜공은 진나라 중대부中大夫 이극里克과 비정丕鄭에게 자신을 도와주면 뇌물을 주겠노라 약속하였으나 왕위에 오른 뒤 그런 약속을 모두 어기고 말았다.

진 목공에게도 하외河外에 연이은 다섯 성과 동쪽의 괵략虢略 땅 전부, 남쪽으로는 화산華山까지, 안으로는 해량성解梁城까지 주기로 하였으나 왕위에 오른 다음 이런 약속조차 지키지 않았다.

진晉나라에 기근이 들었을 때는 진秦나라가 곡식을 팔아주었으나 진秦나라에 기근이 들자 진晉나라는 양곡이 나가는 길을 막아버려 이 때문에 진 목공이 진晉나라를 친 것이다.

당시 진秦나라 점술관 복도보卜徒父가 점을 쳤더니 길吉하다는 괘가 나오자 이렇게 말하였다.

"하수河水를 건너면 진 혜공의 전차부대를 깨뜨릴 수 있습니다."

이에 목공이 묻자 복도보는 이렇게 대답하였다.

"이는 크게 길합니다. 진군晉軍이 세 번 패하고, 반드시 혜공을 포로로 잡게 될 것입니다. 이는 〈고괘蠱卦〉로서 '1천 대의 전차를 가진 나라가 세 번 이기고, 세 번 이긴 다음에는 그 숫여우를 얻게 된다'라고 되어 있습니다. 무릇 여우는 사람을 미혹케 하는 것이니 틀림없이 진 혜공을 두고 하는 말입니다. 〈고괘〉의 정貞은 풍風이며, 회悔는 산山입니다. 계절로는 가을이니 우리가 나무의 열매를 떨어뜨리고 그 재목을 취하는 격이니 그래서 승리한다는 것입니다. 열매는 떨어지고 나무는 베어 없어지는 것이니 패배하지 않고 무엇을 기다리겠습니까?"

과연 진晉나라는 세 번 패한 뒤 한韓 땅으로 퇴각하였다.

진 혜공이 경정慶鄭에게 물었다.

"적이 깊이 들어와 있소. 이를 어찌하면 좋겠소?"

경정이 답하였다.

"임금께서 이들을 깊이 들어오게 한 것이니 이를 어찌할 수 있겠습니까?"

혜공이 말하였다.

"참으로 불손하도다!"

혜공은 전차의 오른쪽에 누구를 태울지 점치게 하였더니 경정을 태우면 길하다고 나왔지만 그렇게 하지 않았다.

대신 보양步揚이 군주의 전차를 조종하고, 가복도家僕徒가 오른쪽을 맡아 소사小駟라는 말이 전차를 끌었는데 이 말은 정나라에서 들여온 것이었다.

경정이 말하였다.

"옛날에는 나라의 큰일에는 반드시 그 나라에서 생산된 말을 사용하였습니다. 그 나라의 물과 흙에서 나고 자라 그 나라 사람의 마음을 알고 가르침을 편안하게 받아들이며, 그 길에 익숙하여 명령을 잘 받아들이니 뜻대로 하지 못하는 것이 없기 때문입니다. 지금 다른 나라에서 난 말을 사용하여 전차를 타고 싸움에 나서려 하시니 말이 놀라 성질이 변하여 다루는 자와 달리 행동하게 됩니다. 어지러운 기운이 교활하게 분기를 일으켜 음혈陰血이 두로 퍼지면 혈맥이 팽창하여 흥분하게 됩니다. 저 말은 겉은 강하지만 속은 말라 있습니다. 그 때문에 진퇴가 불가하고 회전도 제대로 할 수 없을 것이니 임금께서는 틀림없이 후회하실 것입니다."

혜공은 그 말을 듣지 않았다.

9월, 혜공이 진秦나라 군사를 맞아 한간韓簡으로 하여금 그 군세를 몰래 살펴보도록 하였더니 한간이 돌아와 말하였다.

"군사의 수는 우리보다 적으나 투지에 불타는 군사가 우리의 갑절이나 됩니다."

혜공이 말하였다.

"무슨 까닭인가?"

한간이 대답하였다.

"임금께서 그 나라에 계셨을 때 그들 진秦나라 임금의 도움을 받으셨고, 들어오실 때는 그 임금의 은혜를 입으셨으며, 우리나라에 기근이 들었을 때는 진나라가 보내준 양곡을 먹었습니다. 그러나 이 세 번의 은혜에 우리는 아무런 보답도 하지 않았습니다. 이 때문에 진秦나라 군사가 쳐들어 온 것입니다. 지금 다시 그들에 맞서 공격하시니 우리 군사의 사기는 떨어지고, 진나라 군사의 사기는 치솟는 것입니다. 그러니 그들의 투지는 갑절이라 해도 모자랄 것입니다."

혜공이 말하였다.

"일개 장부라 해도 수모를 참아낼 수 없을 것인데 하물며 나라임에랴?"

그리고는 마침내 목공에게 교전을 청하며 이렇게 말하였다.

"과인이 재주가 없어 백성을 모을 수는 있지만 흩어지게 할 수는 없소. 군주께서 만약 돌아가지 않는다면 더 이상 도망할 명령도 없을 것이오."

진 목공이 공손지公孫枝로 하여금 이렇게 대답하도록 하였다.

"군주께서 진晉나라로 들어가지 못할 때 과인은 그것을 걱정하였고, 들어가서 자리를 아직 안정시키지 못할 때도 내 일처럼 근심해 주었소. 이제 자리가 안정되었으니 감히 교전 요청을 받아들이지 않을 수 있겠소?"

한간이 물러나오며 말하였다.

"우리는 포로가 되는 것만으로도 다행이겠구나."

임술날, 한원韓原에서 전투가 벌어졌다.

진 혜공의 전차가 빙글빙글 돌다가 그만 진창에 빠져 멈춰 있게 되자, 혜공이 경정을 소리쳐 불렀다.

경정이 말하였다.

"강퍅하게 간언을 해도 듣지 않고 점괘도 위배하면서 고집스럽게 패망을 요구하시더니 또 어찌 달아나려 하는 것입니까?"

그리고는 그만 그대로 버려두고 가버렸다.

이때 양유미梁由靡가 한간의 전차를 조종하고, 괵석虢射이 그 오른쪽 전사戰士로써 진秦 목공을 사로잡으려 하자 경정은 이를 저지하였다.

그리고 정경은 진 혜공을 구하도록 하여 일을 그르쳐 마침내는 진 목공을 놓치자, 도리어 진秦나라가 혜공을 붙잡아 돌아가게 되었다.

이에 진晉나라 대부들이 머리를 풀어헤치고 옷을 찢어 슬픈 표정을 하고는 잡혀가는 혜공의 뒤를 따랐다.

그러자 목공이 사람을 보내 이들을 타일렀다.

"그대들은 어찌서 그렇게 슬퍼하는가! 과인이 진晉나라 군주를 데리고 서쪽으로 가는 것은 역시 진晉나라의 괴이한 꿈을 그대로 실천하여 바로 잡아주려는 것일 뿐이오. 어찌 감히 그대들 군주를 포로로 끌고 가는 것이겠는가?"

진晉나라 대부들이 세 번 절하고, 머리를 땅에 조아린 채 말하였다.

"군주께서 후토后土를 밟고 머리에는 황천皇天을 받들고 계십니다. 황천과 후토가 실로 군주께서 하신 말씀을 들었고, 저희 진晉나라 신하들은 감히 아래에서 모두 들었습니다."

목희는 진晉나라 군주가 포로가 되어 도성으로 오고 있다는 이야기를 듣고는 태자 앵罃과 공자 홍弘, 공녀 간簡과 벽璧을 데리고 대臺에 올라 섶을 쌓아놓고 밟고 올라섰다.

그리고 사람들에게 면복免服과 최질衰絰을 입힌 다음 마중 가서 이렇게 고하도록 하였다.

"하늘이 재앙을 내려 우리 두 임금으로 하여금 서로 옥백玉帛을 주고 받으며 만나게 한 것이 아니라 이렇게 전쟁으로써 만나게 하였습니다. 만약 진晉나라 군주가 아침에 도성으로 들어온다면 저는 저녁에 죽을 것이요, 저녁에 들어온다면 이튿날 아침에 죽을 것입니다. 오직 임금의 재량에 달려 있습니다!"

이에 목공은 혜공을 영대靈臺에 머물게 하였다.

진秦나라 대부들이 함께 도성에 들어가기를 청하였다.

목공은 이렇게 말하였다.

"진晉나라 임금을 잡은 것은 큰 전과를 세워 돌아가기 위해서였소. 그런데 그러다간 상을 당하게 생겼으니 어찌 그럴 수 있겠소? 대부들에게도 그게 무슨 이득이 되겠소? 또한 진晉나라 사람들이 슬퍼하고 근심하여 나를 짓누르고 있으며 하늘과 땅이 나에게 요구하고 있소. 진晉나라의 근심을 헤아리지 않는다면 분노를 가중시킬 것이오. 내가 한 말을 식언한다면 이는 하늘과 땅을 배반하는 것이오. 노기를 중첩시키면 당해내기 어려울 것이요, 하늘을 배반한다면 이는 상서롭지 못할 것이니 반드시 진晉나라 군주를 돌려보내야 할 것이오."

그러자 공자 집縶이 말하였다.

"죽이는 것만 못합니다. 없애지 않으면 또 못된 일을 꾸밀 것입니다."

대부 자상子桑이 말하였다.

"진晉나라 군주는 돌려보내고 그 태자를 인질로 하면 우리가 틀림없이 큰 성공을 거둘 것입니다. 진晉나라를 아직 멸망시키지도 않은 채 그 임금만 죽인다면 단지 그 미움만 키우는 것이 됩니다. 또 일찍이 주周 태사大史 윤일尹佚은 '모든 일은 재앙을 일으킬 사단을 짓지 말라. 남의 혼란을 기대지 말라. 노기를 중첩시키지 말라'라 하였습니다. 분노를 중첩시키면 감당하기 어렵고, 남을 능멸하면 상서롭지 못합니다."

이에 목공은 진나라와의 화친을 허락하였다.

혜공은 극걸郤乞로 하여금 하려이생瑕呂飴甥에게 알리고 그를 불러오도록 하였다.

자금子金이 극걸에게 교령敎令이라 하며 말하였다.

"관리들을 조정에 들게 하여 군명으로써 상을 내리시오. 또한 이렇게 알리시오. '고孤가 비록 귀국은 하지만 사직을 욕되게 하였다. 그러니 태자 어圉를 즉위시킬 점을 쳐보도록 하라.'"

이 말에 군신이 모두 울음을 터뜨렸으며 이에 따라 진晉나라는 원전제爰田制를 만들었다.

여생呂甥이 말하였다.

"임금께서 고생하시면서 자신의 처지를 걱정하지 않고 도리어 신하들을 걱정하시니 그 은혜가 지극합니다. 장차 이러한 임금을 어떻게 모시면 되겠소?"

신하들이 말하였다.

"어떻게 하면 좋겠습니까?"

여생이 대답하였다.

"세금을 가두어 군비를 갖추고 어린 태자를 도웁시다. 다른 제후들이 이를 들으면, 진晉나라는 군주를 잃었어도 신하들이 화목하며, 갑병甲兵은 더 늘어난다고 할 것입니다. 우리에게 호의를 가진 나라는 그렇게 하기를 권할 것이요, 우리를 미워하던 자들은 두려움에 떨 것이니 유익한 것이 아니겠소!"

이 말에 모두가 기꺼워하였으며 진나라는 이에 주병제州兵制를 만들게 되었다.

당초, 헌공獻公이 백희伯姬를 진秦나라로 시집보내면서 점을 쳤더니 점괘는 〈귀매괘歸妹卦〉가 〈규괘睽卦〉로 변하는 것이었다.

사소史蘇가 점을 친 다음 이렇게 말하였다.

"불길합니다. 점괘는 '사내가 양을 찔러 죽여도 피가 나오지 않고, 여자가 광주리를 들어도 담을 것이 없다. 서쪽 이웃나라가 질책해도 대답할 말이 없다. 귀매괘가 규괘로 변하니 도와줄 사람이 없다'라고 되어 있습니다. 〈진괘震卦〉가 〈이괘離卦〉로 변하는 것은 또한 〈이괘〉가 〈진괘〉로 변하는 것입니다. 이는 우레가 되고 불이 되는 것으로 영씨嬴氏(秦)가 희씨姬氏(晉)를 패배시킴을 뜻합니다. 수레에서 복輹이 떨어져 나가고 불꽃이 깃발을 불사르니 군사의 행군에 불리하여 종구宗丘에서 패배하게 됩니다. 〈귀매괘〉와 〈규괘〉가 의지할 데 없는 것은 적이 활을 당기기 때문입니다. 이는 조카가 고모에게 의지하다가 6년 뒤 달아나 자기 나라로 돌아가 제 집을 버리고 다음 해에 고량高梁의 빈터에서 죽는 것입니다."

혜공이 진秦나라에 잡혀 있을 때 이렇게 한탄하였다.

"선군께서 만약 사소의 점괘를 따르셨다면 내 신세가 이렇게까지 이르지 않았을 텐데!"

그러자 한간이 혜공을 곁에 모시고 있다가 이렇게 말하였다.

"거북점은 모양으로 나타나고, 시초점은 수數로 나타납니다. 만물은 태어난 이후에 모양이 생기고, 모양이 생긴 뒤 불어나며 불어난 뒤 수가 있게 됩니다. 선군의 패덕敗德이 그토록 많은 수로 셀 수 있습니까? 사소의 점괘를 따르지 않았다 한들 무슨 보탬이 되겠습니까? 《시詩》에 '세상 사람의 재앙은 하늘에서 내리는 것이 아니다. 앞에선 술잔을 부딪치며 등 뒤에선 증오하니 다만 다투는 이들로 말미암는 것이다'라 하였습니다."

【晉侯之入】晉 惠公 夷吾가 아버지 獻公의 驪姬에 의한 내란으로 秦나라에서의 망명 생활을 끝내고 王位에 오르고자 귀국할 때를 말함.

【秦穆姬】秦 穆公의 부인. 穆은 穆公, 姬는 晉나라 성씨로서 고대 夫人의 칭호는 이처럼 남편의 諡號에 출신 나라의 성씨를 합하였음. 晉 獻公의 딸이며 태자 申生의 친누이. 惠公(夷吾)에게도 누이가 되며 秦 穆公에게 시집을 갔음. 따라서 秦·晉은 인척관계가 됨.

【賈君】晉 獻公의 둘째 부인. 穆姬에게는 올케가 되는 셈임. 莊公 28년 傳에 "晉獻公娶於賈, 無子. 烝於齊姜, 生秦穆夫人及太子申生"이라 함.

【出因其資】晉 惠公은 梁나라에 있었을 때 秦나라의 원조를 받았었음.

【烝】淫烝. 아랫사람이 손위 여자와 私通함. 원래 고대 군주나 귀족의 多妻制에서 媵娣制와 烝報制가 있었음. 烝報制란 부친이 죽은 뒤 자신의 생모 이외에는 아버지가 거느리던 모든 여인을 자신의 처로 삼을 수 있으며 그리하여 낳은 아들의 지위도 역시 적자와 같은 대우를 해 주는 것임. 춘추시대 이러한 제도가 통용되었으며 《左傳》에 예닐곱 가지 예가 보임. 한편 媵娣制는 여자가 시집갈 때 함께 데리고 가는 여동생 등도 역시 남편의 媵妾이 되는 예로 이는 장기간 지속되었음.

【中大夫】惠公(夷吾)이 고국 晉나라의 里克, 丕鄭 등에게 뇌물을 주고 자신을 왕으로 추대해 줄 것을 부탁하였음. 《國語》晉語(2)에 "夷吾退而私於公子縶曰: 「中大夫里克與我矣, 吾命之以汾陽之田百萬; 丕鄭與我矣, 吾命之以負蔡之田七十萬"이라 함.

【五城】夷吾가 秦나라에 있을 때 자신을 고국의 왕이 되도록 해 주면 河水 밖의 5개 성을 秦나라에 주겠노라 밀약을 하였음.

【虢略】지금의 河南 靈寶縣의 虢略鎭.

【華山】지금의 陝西 華陰縣 남쪽. 五嶽의 하나.

【解梁城】지금의 山西 臨晉縣 서남 五姓湖 북쪽의 解城.

【晉饑】晉나라에 기근이 들어 秦나라로부터 도움을 받았던 일은 僖公 13년의 傳을 볼 것.

【秦饑】진나라에 기근이 들었을 때 도움을 거부한 사건은 僖公 14년의 傳을 볼 것.

【卜徒父】秦나라 점술가이며 대부.

【詰之】'따져 묻다'의 뜻.

【蠱】《周易》18번째 괘이름. 山風蠱(巽下艮上)으로 구성되어 있으며 "蠱: 元亨, 利涉大川; 先甲三日, 後甲三日. 象曰: 蠱, 剛上而柔下, 巽而止, 蠱. 蠱, 元亨而天下治也. 「利涉大川」, 往有事也. 「先甲三日, 後甲三日」, 終則有始, 天行也. 象曰: 山下有風, 蠱; 君子以振民育德. 初六, 幹父之蠱, 有子考, 无咎, 厲終吉. 象曰: 「幹父之蠱」, 意承考也. 九二, 幹母之蠱, 不可貞. 象曰: 「幹母之蠱」, 得中道也. 九三, 幹父之蠱, 小有悔, 无大咎. 象曰: 「幹父之蠱」, 終无咎也. 六四, 裕父之蠱, 往見吝. 象曰: 「裕父之蠱」, 往未得也. 六五, 幹父之蠱, 用譽. 象曰: 「幹父用譽」, 承以德也. 上九, 不事王侯, 高尙其事. 象曰: 「不事王侯」, 志可則也"라 함.

【蠱之貞, 風也. 其悔, 山也】內卦는 貞이며 外卦는 悔. 巽은 風이며 秦나라를 상징하고 艮은 山으로 晉나라를 상징함.

【韓】지금의 陝西 韓城縣. 그곳에서 惠公이 대패할 것임을 말함.

【慶鄭】晉나라 대부.

【卜右】전차의 오른쪽을 담당할 자를 점을 쳐서 정함.

【步揚】晉나라 대부. 郤犨의 부친. '步'는 채읍 이름. 杜預 注에 "步揚, 郤犨之父"라 함. 한편 成公 11년 經文의 〈正義〉에 《世本》을 인용하여 "郤豹生義, 義生步揚, 揚生州. ……州, 卽犨也"라 함. '郤犨'는 '郤犫'로도 표기함.

【家僕徒】晉나라 대부.

【小駟】鄭나라에서 바친 말 이름. 杜預 注에 "鄭所獻馬名小駟"라 함.

【大事】전쟁이나 큰 제사를 의미함. 成公 12년에 "國之大事, 在祀與戎"이라 함.

【外彊中乾】겉모습은 강한 것 같으나 속은 나약함.

【周旋】말이 급히 방향을 바꾸거나 돌아서는 동작.

【韓簡】晉나라 대부. 《史記》 韓世家 索隱에 《世本》을 인용하여 "萬生賕伯, 賕伯生定伯簡"이라 하였고, 杜預 注에 "韓簡, 晉大夫韓萬之孫"이라 함.

【狃】親熟함. 親狎함. 杜預 注에 "狃, 忕也; 言避秦則使忕來"라 하였고, 《玉篇》

에는 "狃, 狎也"라 함. 한편 《國語》 晉語(3)에 惠公이 韓簡에게 "公曰:「今我不擊, 歸必狃. 一夫不可狃, 況國乎?」"라 함.

【韓原】韓城의 평원. 晉나라 땅. 山西 河津과 萬泉 사이의 들판. 江永은 "就秦伯之軍涉河作戰, 及晉侯曰'寇深矣'而言, 應在山西河津萬泉之間"이라 함.

【壬戌】經文에는 11월 壬戌로 되어 있으나, 傳文에는 9월 壬戌로 되어 있음. 이는 晉나라가 夏曆을 썼으므로, 周曆을 쓴 노나라 기록과 차이가 난 것임.

【還濘】'還'은 '旋'과 같음. '선'으로 읽음. '濘'은 진흙탕. 《國語》 晉語(3)에 "君揖大夫就車. 君鼓而進之. 晉師潰, 戎馬濘而止. 公號慶鄭曰:「載我!」 慶鄭曰:「善忘而背德, 又廢吉卜, 何我之載? 鄭之車不足以辱君避也"라 함.

【愎】强愎함. 지독함. 굽힘이 없이 직언을 하였음을 말함.

【梁由靡】晉나라 대부. '梁由'는 복성이며 '靡'는 이름. 《史記》에는 '梁繇靡'로 되어 있음.

【輅秦伯】'輅'는 수레 앞의 횡목. 秦 穆公의 수레 앞 횡목을 잡아 곧 穆公을 사로잡을 수 있게 된 상황이었음을 말함.

【救公誤之】慶鄭이 진창에 빠진 晉 惠公을 구출하도록 명령을 내려 秦 穆公을 사로잡을 기회를 놓치도록 실패를 유도함. 한편 〈晉世家〉에 "惠公馬鷔不行, 秦兵至, 公窘, 召慶鄭爲御. 鄭曰:「不用卜, 敗不亦當乎?」遂去. 更用梁繇靡御, 虢射爲右, 輅秦繆公. 繆公壯士冒敗晉軍, 晉軍敗, 遂失秦繆公, 反獲晉公以歸"라 함. 한편 이 내용 다음에 《呂氏春秋》 愛士篇에는 "昔者, 秦繆公乘馬而車爲敗, 右服失而埜人取之. 繆公自往求之, 見埜人方將食之於岐山之陽. 繆公歎曰:「食駿馬之肉而不還飮酒, 余恐其傷女也!」於是徧飮而去. 處一年, 爲韓原之戰, 晉人已環繆公之車矣, 晉梁由靡已扣繆公之左驂矣, 晉惠公之右路石奮投而擊繆公之甲, 中之者已六札矣. 埜人之嘗食馬肉於岐山之陽者三百有餘人, 畢力爲繆公疾鬪於車下, 遂大克晉, 反獲惠公以歸"라 하였고, 이는 《韓詩外傳》(10), 《淮南子》 氾論訓, 《說苑》 復恩篇, 《金樓子》 說蕃篇, 《史記》 등에도 널리 실려 있음.

【反首拔舍】머리는 헝클어지고 옷을 찢어 초라한 모습을 함. 자신들의 임금이 사로잡혀 끌려가자 진나라 대부들이 이러한 모습으로 그 행렬을 뒤따르며 슬픈 모습을 지음. 杜預 注에 "反首, 亂頭髮下垂也; 拔草舍止, 壞形毀服"이라 함.

【晉之妖夢】晉나라 대부 狐突이 曲沃에 갔다가 태자 申生의 혼령을 만나 이야기를 들은 일. 僖公 10년 傳을 볼 것.

【皇天后土】하늘과 땅.

【下風】그 아래에서 穆公의 말을 모두 들었음.
【晉侯將至】《史記》秦本紀에 "於是穆公虜晉君以歸, 令於國:「齊宿, 吾將以晉君祠上帝"라 함.
【太子罃】秦 穆公과 穆姬의 아들. 뒤에 康公이 됨.
【弘】역시 穆公과 穆姬 사이에 난 秦나라 公子.《列女傳》賢明傳「秦穆公姬」에 "穆姬者, 秦穆公之夫人, 晉獻公之女, 太子申生之同母姊, 與惠公異母, 賢而有義. 獻公殺太子申生, 逐群公子, 惠公號公子夷吾, 奔梁, 及獻公卒, 得因秦立, 始卽位, 穆姬使納群公子, 曰:「公族者, 君之根本.」惠公不用. 又背秦賂: 晉饑, 請粟於秦, 秦與之; 秦饑, 請粟於晉, 晉不與, 秦遂興兵與晉戰, 獲晉君以歸. 秦穆公曰:「掃除先人之廟, 寡人將以晉君見.」穆姬聞之, 乃與太子罃·公子宏, 與女簡璧, 衰絰履薪以迎. 且告穆公曰:「上天降災, 使兩君匪以玉帛相見, 乃以興戎, 婢子娣姒不能相教, 以辱君命. 晉君朝以入, 婢子夕以死, 惟君其圖之.」公懼, 乃舍諸靈臺. 大夫請以入, 公曰:「獲晉君以功歸, 今以喪歸, 將焉用?」遂改館晉君, 饋以七牢而遣之. 穆姬死, 穆姬之弟重耳入秦, 秦送之晉, 是爲晉文公. 太子罃思母之恩而送其舅氏也, 作詩曰:「我送舅氏, 曰至渭陽, 何以贈之? 路車乘黃.」君子曰:「慈母生孝子.」《詩》云:『敬愼威儀, 維民之則.』穆姬之謂也. 頌曰:『秦穆夫人, 晉惠之姊. 秦執晉君, 夫人流涕. 痛不能救, 乃將赴死. 穆公義之, 遂釋其弟.』"라 함.
【簡璧】穆公과 穆姬 사이에 난 秦나라 公女. 이상 셋은 晉 惠公에게는 조카가 되는 셈임.
【婢子】여자가 자신을 낮추어 일컫는 말. 여기서는 穆姬를 가리킴. 자신의 오빠 惠公(夷吾)을 구출하기 위해 나선 것임.
【登臺而履薪焉】穆姬가 누대에 올라 시위를 하며 섶에 올라 惠公을 용서하여 풀어주지 않으면 스스로 자결하겠다는 뜻을 보인 것. 杜預 注에 "古之宮閉者, 皆居之臺以抗絶之. 穆姬欲自罪, 故登臺以薦之以薪, 左右上下者皆履柴乃得通"이라 함.
【免服衰絰】免服은 어깨를 드러낸 복장. '衰絰'은 '縗絰'과 같으며 상복.
【上天降災~唯君裁之】이 구절 47자는《左傳》에 없었으며 뒷사람이 부가한 것임.〈正義〉에 "自曰上天降災, 此凡四十七字, 檢古本皆無, 晁杜注亦不得有, 有是後人加也"라 하였음.
【公子縶】秦나라 공자. 子顯.《國語》晉語(2)에 "穆公歸, 至於王城, 合大夫而謀曰:「殺晉君, 與逐出之, 與以歸之, 與復之, 孰利?」公子縶曰:「殺之利, 逐之惡搆諸侯; 以歸, 則國家多慝; 復之, 則君臣合作, 恐爲君憂. 不若殺之.」"라 하였고 韋昭 注에 "縶, 秦公子子顯也"라 함.

【子桑】公孫枝. 자는 子桑. 秦나라 대부.
【史佚】周 武王 때 太史를 지낸 尹佚(尹逸).《尙書》洛誥에 "作冊逸"이라 하였고,《國語》晉語 "文王訪於辛·尹"의 韋昭 注에는 "尹卽尹佚"이라 하였으며,《逸周書》世俘解에는 "武王降自東, 乃俾史佚繇書"라 하였으며,《淮南子》道應訓에는 "成王問政於尹佚"이라 하여 文王, 武王, 成王을 섬긴 신하임을 알 수 있음.
【不祥】《國語》晉語(3)에 "公孫枝曰:「不若以歸, 以要晉國之成, 復其君而質其適子, 使子·父代處秦, 國家以無害.」"라 함.
【郤乞】晉나라 대부.
【瑕呂飴甥】瑕呂는 複姓, 飴甥은 이름, 字는 子金. 晉나라 대부. '呂甥'으로 줄여 부르기도 함. 그의 식읍이 陰 땅이어서 陰飴甥으로도 불림.
【貳圉】'貳'는 다음 세대를 이를 자를 뜻하며 '圉'는 太子 圉. 惠公의 아들. 그는 懷公이 되었다가 즉시 重耳에게 죽음을 당함.《史記》晉世家에는 "晉侯亦使呂省等報國人曰:「孤雖得歸, 毋面目見社稷, 卜日立子圉.」"라 하였고,《國語》晉語(3)에는 "公在秦三月, 聞秦將成, 乃使郤乞告呂甥. 呂甥敎之言, 令國人於朝曰:「君使乞告二三子曰:『秦將歸寡人, 寡人不足以辱社稷, 二三子其改置以代圉也.』」"라 함.
【爰田】公田의 세금을 신하들에게 땅 대신 상으로 주는 제도. 杜預 注에 "分公田之稅應入公者, 爰之於所賞之衆"이라 함.《國語》晉語(3) 韋昭 注에 賈逵의 설을 인용하여 "轅, 易也, 爲易田之法, 賞衆以田. 易, 易疆界也"라 하여 '轅田'으로 되어 있음.
【征繕】'征'은 賦稅制度를 정비함을 말하며, '繕'은 甲兵制度를 잘 구비함을 뜻함.
【州兵】'州'는 3천 5백 가(혹은 2천 5백 가)씩 나눈 행정구역으로 庶子들에게 군역을 부과하는 제도라 함. 杜預 注에 "五黨爲州; 州, 三千五百家也. 因此又使州長各繕甲兵"이라 함.
【獻公】晉나라 군주. 申生(太子), 夷吾(惠公), 重耳(文公)의 아버지이며 驪姬에게 빠져 내란을 조성했던 군주.
【伯姬】獻公의 첫째 딸. 穆姬. '伯'은 첫째 딸임을 말하며 '姬'는 晉나라 성씨. 秦 穆公에게 시집을 갔음. 이 부분은 伯姬를 秦 穆公에게 시집을 보내려 할 때 점을 쳐 길흉을 알아본 내용임.
【歸妹】《周易》54번째의 괘. 雷澤歸妹(兌下震上)로 구성되어 있으며 "歸妹: 征凶, 无攸利. 象曰: 歸妹, 天地之大義也. 天地不交, 而萬物不興; 歸妹, 人之終始也. 說以動, 所歸妹也;「征凶」, 位不當也;「无攸利」, 柔乘剛也. 象曰: 澤上有雷, 歸妹;

君子以永終知敝. 初九, 歸妹以娣, 跛能履, 征吉. 象曰:「歸妹以娣」, 以恒也; 跛能履吉, 相承也. 九二, 眇能視, 利幽人之貞. 象曰:「利幽人之貞」, 未變常也. 六三, 歸妹以須, 反歸以娣. 象曰:「歸妹以須」, 未當也. 九四, 歸妹愆期, 遲歸有時. 象曰: 愆期之志, 有時而行也. 六五, 帝乙歸妹, 其君之袂不如其娣之袂良; 月幾望, 吉. 象曰:「帝乙歸妹, 不如其娣之袂良」也; 其位在中, 以貴行也. 上六, 女承筐, 无實; 士刲羊, 无血. 无攸利. 象曰: 上六无實, 承虛筐也"라 함.

【史蘇】晉나라의 점술가.

【繇】점괘의 占辭.

【衁】'황'으로 읽으며 '血'과 같음.

【貺】'황'으로 읽으며 '받을 물건, 얻을 물건, 담을 물건'의 뜻.

【睽】《周易》38번째 괘. 火澤睽(兌下離上)로 구성되어 있으며 "睽: 小事吉. 象曰: 睽, 火動而上, 澤動而下; 二女同居, 其志不同行. 說而麗乎明, 柔進而上行, 得中而應乎剛, 是以小事吉. 天地睽而其事同也, 男女睽而其志通也, 萬物睽而其事類也. 睽之時用大矣哉! 象曰: 上火下澤, 睽; 君子以同而異. 初九, 悔亡; 喪馬, 勿逐自復; 見惡人, 元咎. 象曰:「見惡人」, 以辟咎也. 九二, 遇主于巷, 无咎. 象曰:「遇主于巷」, 未失道也. 六三, 見輿曳, 其牛掣; 其人天且劓. 无初有終. 象曰:「見輿曳」, 位不當也;「无初有終」, 遇剛也. 九四, 睽孤, 遇元夫, 交孚, 厲无咎. 象曰:「交孚无咎」, 志行也. 六五, 悔亡, 厥宗噬膚, 往何咎? 象曰:「厥宗噬膚」, 往有慶也. 上九, 睽孤, 見豕負塗, 載鬼一車, 先張之弧, 後說之弧; 匪寇, 婚媾; 往遇雨則吉. 象曰:「遇雨之吉」, 羣疑亡也"라 함.

【爲嬴敗姬】'嬴'은 秦나라 성씨. '姬'는 晉나라 성씨. 秦나라가 晉나라를 패배시킴.

【輹】수레와 車軸을 연결하여 고정시키는 나무.

【宗丘】宗邑. 종묘가 있는 고을. 韓原. 韓의 언덕에는 晉나라 宗廟가 있었음.

【姪其從姑, 六年其逋】晉나라 태자 圉가 秦나라 인질이 되어 고모 穆姬에게 의지하였다가 6년 뒤 晉나라로 도망쳐 돌아왔음. 그 이듬해 惠公(夷吾)이 죽고 태자 圉가 懷公이 되었으나 곧바로 高梁에서 重耳에게 죽음을 당함.

【弃其家】태자 圉는 秦나라에 있을 때 진나라 출신 懷嬴을 부인을 맞았으나 이를 버리고 도망하여 귀국함.

【高梁】지금의 山西 臨汾縣 동북쪽. 이곳에서 太子 圉는 文公(重耳)에게 죽음을 당함.

【先君】獻公을 가리킴. 獻公이 점괘를 따르지 않아 惠公 자신이 秦나라에게 패하였음을 탄식한 것.

【詩】《詩經》小雅〈十月之交〉에 "黽勉從事, 不敢告勞. 無罪無辜, 讒口囂囂. 下民之孼, 匪降自天. 噂沓背憎, 職競由人. 悠悠我里, 亦孔之痗. 四方有羨, 我獨居憂. 民莫不逸, 我獨不敢休. 天命不徹, 我不敢傚我友自逸"이라 함.

※ **472(僖15-9)**

己卯晦, 震夷伯之廟.

기묘날 그믐, 이백夷伯의 사당에 벼락이 떨어졌다.

【己卯晦】9월 30일.《公羊傳》과《穀梁傳》에는 '晦'가 '冥'으로 되어 있음.
【夷伯】魯나라 대부.

㊀
震夷伯之廟, 罪之也.
於是展氏有隱慝焉.

노나라 이백夷伯의 사당에 벼락이 떨어진 것은 이는 하늘이 벌을 내린 것이다.
이에 전씨展氏에게 숨겨진 죄악이 있었다.

【展氏】夷伯의 후손. 그에게 숨겨진 죄악이 있어 벼락이 떨어진 것임.
【隱慝】杜預 注에 "隱惡, 非法所得. 尊貴, 罪所不加"라 함.

❋ 473(僖 15-10)

冬, 宋人伐曹.

겨울, 송宋나라가 조曹나라를 쳤다.

㊞
冬, 宋人伐曹, 討舊怨也.

겨울, 송宋나라가 조曹나라를 친 것은 옛날의 원한을 성토하기 위한 것이었다.

【舊怨】魯 莊公 14년(B.C.680)에 曹나라가 齊나라·陳나라와 함께 宋나라를 친 일.

❋ 474(僖 15-11)

楚人敗徐于婁林.

초楚나라가 서徐나라를 누림婁林에서 패배시켰다.

【婁林】지금의 安徽 泗縣 동북쪽.

㊞
楚敗徐于婁林, 徐恃救也.

초楚나라가 서徐나라를 누림婁林에서 패배시킨 것은, 제齊나라가 자신을 구원해 주리라 서나라가 믿고 있었기 때문이었다.

【特救】당시 齊 桓公이 패자로서 楚나라와는 대립 관계였으며 徐나라가 이를 믿고 지리적으로 가까운 楚나라로부터 미움을 산 것임.

❋ 475(僖 15-12)

十有一月壬戌, 晉侯及秦伯戰于韓, 獲晉侯.

11월 임술날, 진후晉侯가 진백秦伯과 한韓에서 싸웠으나 진후가 사로잡혔다.

【壬戌】9월 14일에 해당하여 이 經文은 원래 季姬歸于鄫(僖15년) 다음에 있어야 하나 傳文은 晉나라가 사용하던 夏正을 근거로 한 것이며 周正의 11월은 夏正의 9월에 해당하여 이곳에 기록된 것임.
【晉侯】晉 惠公(夷吾).
【秦伯】秦 穆公.
【韓】지금의 山西 韓城縣.
【獲】《公羊傳》昭公 23년 傳에 "君生得曰獲, 大夫生死皆曰獲"이라 함.

傳
十月, 晉陰飴甥會秦伯, 盟于王城.
秦伯曰:「晉國和乎?」
對曰:「不和. 小人恥失其君而悼喪其親, 不憚征繕以立圉也, 曰:『必報讎, 寧事戎狄.』君子愛其君而知其罪, 不憚征繕以待秦命, 曰:『必報德, 有死無二.』以此不和.」
秦伯曰:「國謂君何?」
對曰:「小人慼, 謂之不免; 君子恕, 以爲必歸. 小人曰:『我毒秦, 秦豈歸君?』君子曰:『我知罪矣. 秦必歸君. 貳而執之, 服而舍之, 德莫厚焉, 刑莫威焉. 服者懷德, 貳者畏刑, 此一役也, 秦可以霸.

5. 〈僖公 15年〉767

納而不定, 廢而不立, 以德爲怨, 秦不其然.』」

秦伯曰:「是吾心也.」

改館晉侯, 饋七牢焉.

蛾析謂慶鄭曰:「盍行乎?」

對曰:「陷君於敗, 敗而不死, 又使失刑, 非人臣也. 臣而不臣, 行將焉入?」

十一月, 晉侯歸.

丁丑, 殺慶鄭而後入.

是歲, 晉又饑, 秦伯又餼之粟, 曰:「吾怨其君, 而矜其民. 且吾聞唐叔之封也, 箕子曰:『其後必大.』晉其庸可冀乎? 姑樹德焉, 以待能者.」

於是秦始征晉河東, 置官司焉.

10월, 음이생陰飴甥이 진秦 목공穆公을 만나 왕성王城에서 맹약을 맺었다. 진 목공이 말하였다.

"진晉나라는 화목하오?"

음이생이 대답하였다.

"화목하지 않습니다. 소인들은 군주가 진나라에 잡혀 있는 것은 수치로, 자신들의 육친을 잃은 것은 슬픔으로 여기고 있습니다. 그리하여 세금 납부와 군비 확충을 꺼리지 않으며, 태자 어圉를 옹립코자 하면서 '반드시 원수를 갚으리라. 차라리 융적戎狄을 섬길 것이다'라고 합니다. 그러나 군자들은 혜공惠公을 그리워하기는 하나 혜공의 죄를 잘 알고 있습니다. 그리하여 세금 납부와 군비 확충을 꺼리지 않으면서도 진秦나라의 명령을 기다리고 있습니다. 그러면서 '반드시 그 은덕에 보답할 것이다. 그리고 죽어도 두 마음을 갖지 않으리라'라고 합니다. 이러한 일로써 불화를 겪고 있는 것입니다."

목공이 말하였다.

"진晉나라에서는 혜공이 어찌 되리라 여기고 있소?"

음이생이 대답하였다.

"소인들은 슬퍼하며 화를 면할 수 없으리라 여기고, 군자들은 용서를 받고 틀림없이 돌아올 것으로 여기고 있습니다. 소인들은 '우리나라가 진나라에 독하게 굴었는데 진秦나라가 어찌 우리 임금을 돌려보내겠는가?'라고 하고, 군자들은 '우리가 죄 지은 것을 알고 있으니 진나라가 틀림없이 임금을 돌려보내 줄 것이다. 두 마음을 가졌기에 붙잡았으나 죄를 승복하기에 풀어주는 것으로서 이보다 더 두텁게 베푸는 덕이란 없으며, 형벌로는 이보다 더 큰 위엄이 있을 수 없다. 복종하는 자는 그 은덕을 고맙게 여기고, 두 마음을 가진 자는 형벌을 두려워한다. 이 싸움으로 진秦나라는 패자가 될 것이다. 들여보내놓고는 왕위를 안정시켜 주지 못한다거나, 폐위시키고 세워주지 않는다면 이는 덕을 베풀고도 원망을 사는 짓이다. 진秦나라는 그렇게 하지 않을 것이다'라고 합니다."

목공이 말하였다.

"그것이 바로 나의 마음이오."

그리하여 잡혀 있는 혜공의 거처를 좋은 곳으로 바꾸어 주고 칠뢰七牢로써 대접하였다.

진晉나라 대부 아석蛾析이 경정慶鄭에게 말하였다.

"어찌하여 그대는 다른 나라로 달아나지 않습니까?"

경정은 대답하였다.

"임금을 패배에 빠뜨렸고, 패하였으면서도 따라 죽지 않은 채 게다가 형벌이 무서워 달아난다면 신하로서의 도리가 아니오. 신하가 신하의 도리를 하지 않았다면 장차 어디로 간들 나를 받아주겠소?"

11월, 혜공이 풀려나 진晉나라로 귀국하였다.

정축날, 경정을 죽인 다음에야 도성으로 들어갔다.

이해에 진晉나라에 또다시 기근이 들자 목공은 다시 곡물을 보내주며 이렇게 말하였다.

"내가 그 임금은 미워하지만 그 백성은 불쌍히 여기고 있다. 또 내가 듣기로 당숙唐叔이 진晉나라 땅을 봉지로 받을 때 기자箕子가 '그 후손이 틀림없이 창성하리라'라고 축복하였다 한다. 그러니 어찌 진나라를 쉽사리 얻길 바라겠는가? 잠시 덕을 심어 진晉나라에 훌륭한 군주가 나타나기를 기다리겠노라."

이에 진秦나라가 비로소 진晉나라의 하수河水 동쪽의 세금을 거두기 위하여 관리를 두어 다스리기 시작하였다.

【陰飴甥】瑕呂飴甥. 瑕呂는 複姓, 飴甥은 이름, 字는 子金. 晉나라 대부. '呂甥'으로 줄여 부르기도 함. 그의 식읍이 陰 땅이어서 '陰飴甥'으로 부른 것. '陰'은 지금의 山西 汾縣 동북쪽.
【王城】秦나라 땅 이름. 陝西 大荔縣 동쪽.
【小人】식견이 좁은 무리들.
【征繕】'征'은 賦稅制度를 정비함을 말하며, '繕'은 甲兵制度를 잘 구비하고 확충함을 뜻함.
【圉】惠公의 아들. 당시 태자였으며 왕위에 올라 懷公이라 불렸으나 高粱에서 重耳에게 죽음을 당함.
【七牢】一牢는 소·돼지·양 한 마리씩을 뜻함. 七牢는 7마리씩을 차린 음식을 말한 것으로 제후들에 대한 후한 예우였음.《禮記》禮器에 "諸侯七介七牢"라 하였고,《周禮》秋官 大行人에 "諸侯之禮, 七介人, 禮七牢"라 함.
【蛾析】晉나라 대부.
【慶鄭】惠公의 신하로서 惠公의 잘못을 여러 가지 직언하여 바로잡고자 하였으나 결국 미움을 받아 혜공이 풀려날 때 죽음을 당함.《史記》晉世家에 "晉侯至國, 誅慶鄭, 修政敎"라 함.
【盍】'何不'의 合音字. "어찌 ~하지 않는가?"의 反語疑問文을 구성함.
【丁丑】11월 29일.
【唐叔】周 武王(姬發)의 아들이며 成王(姬誦)의 아우. 晉나라에 봉을 받아 진의 시조가 됨.
【箕子】殷(商)나라 帝乙의 아들이며 紂王의 叔父, 혹 庶兄이라고도 함. 이름은 胥余.
【河東】惠公이 왕이 되기 전 秦나라에 망명할 때 秦나라에 주기로 약속했던 河外 다섯 城邑. 秦나라가 이를 정식 영토로 삼아 세금을 거두기 시작한 것.《史記》秦本紀에 "夷吾獻其河西地, 是時秦地東至河"라 함.

770 춘추좌전

079. 僖公 16年(B.C.644) 丁丑

周	襄王(姬鄭) 9년	齊	桓公(小白) 42년	晉	惠公(夷吾) 7년	衛	文公(燬) 16년
蔡	莊公(甲午) 2년	鄭	文公(捷) 29년	曹	共公(襄) 9년	陳	穆公(款) 4년
杞	成公 11년	宋	襄公(玆父) 7년	秦	穆公(任好) 16년	楚	成王(頵) 28년
許	僖公(業) 12년						

❋ 476(僖16-1)

十有六年春王正月戊申朔, 隕石于宋五.
是月, 六鷁退飛, 過宋都.

16년 봄 주력 정월 무신날 초하루, 송宋나라에 운석 다섯 개가 떨어졌다. 같은 달, 익조鷁鳥 여섯 마리가 뒤로 날아 송나라 도성 위를 지나갔다.

【隕石】별똥별.《公羊傳》에는 '霣石'으로 되어 있음.《史記》年表에 "宋襄公七年, 隕五石"이라 하였고, 宋世家에는 "襄公七年, 宋地霣星如雨, 與雨偕下"라 함.
【鷁】물새의 한 종류. 흰색이며 바람을 매우 두려워하여 뱃머리에 그 형상을 장식하기도 함.《穀梁傳》과〈金澤文庫本〉에는 '鶂'으로 되어 있음.
【退飛】거꾸로 날아감. 뒤로 날아감. 바람이 심하게 불어 앞으로 제대로 날지 못해 뒤로 날아가는 것처럼 보인 것.《史記》宋世家에 "六鶂退蜚, 風疾也"라 함.

傳

十六年春, 隕石于宋五, 隕星也.

六鷁退飛, 過宋都, 風也.

周內史叔興聘于宋, 宋襄公問焉, 曰:「是何祥也? 吉凶焉在?」

對曰:「今茲魯多大喪, 明年齊有亂, 君將得諸侯而不終.」

退而告人曰:「君失問. 是陰陽之事, 非吉凶所生也. 吉凶由人. 吾不敢逆君故也.」

16년 봄, 송宋나라에 돌 다섯 개가 떨어졌다. 별똥별이었다.

익조鷁鳥 여섯 마리가 뒤로 날아 송나라 도성 위를 지나간 것은 바람 때문이었다.

이때 주周나라 내사內史 숙흥叔興이 송나라를 빙문聘問 중이었는데 송宋 양공襄公이 숙흥에게 물었다.

"이게 무슨 조짐이오? 길흉이 어찌 되는 거요?"

숙흥이 대답하였다.

"올해 노魯나라에 큰 상喪이 많을 것입니다. 내년에는 제齊나라에 난이 있을 것입니다. 그리고 군주께서 앞으로 제후들을 거느리시겠지만 제대로 끝마무리를 하지 못할 것입니다."

숙흥이 물러나며 어떤 사람에게 말하였다.

"임금께서 질문을 잘못하셨소. 운석이 떨어진 것이나 익조가 뒤로 나는 일은 음양에 따른 일일 뿐, 길흉이 연관된 일이 아니라오. 길흉이란 사람으로 말미암는 것이지만, 내가 감히 군주를 거역할 수가 없었기 때문에 그렇게 대답한 것이오."

【叔興】周나라 內史의 이름.
【宋襄公】이름은 玆父. B.C.650~637년까지 14년간 재위하였으며 《史記》에는 그를 春秋五霸의 하나로 여겼음.
【大喪】季友와 公孫玆의 죽음을 가리킴.
【齊有亂】齊 桓公이 죽고 다섯 공자들이 왕위를 두고 다투게 되는 내란.

【不終】齊 桓公이 죽은 다음 宋 襄公이 스스로 패자를 자처하였으나 제후들의 호응을 얻지 못해 그 끝을 제대로 마무리하지 못함.

477(僖 16-2)

三月壬申, 公子季友卒.

3월 임신날, 노魯나라 공자 계우季友가 죽었다.

【壬申】3월 25일.
【季友】公子友. 魯나라 公子이며 大夫. '季'는 출생 순서가 막내임을 뜻함. 노나라 三桓 중 季桓氏의 시조가 됨.
＊無傳

478(僖 16-3)

夏四月丙申, 鄫季姬卒.

여름 4월 병신날, 증鄫나라에 시집갔던 계희季姬가 죽었다.

【丙申】4월 20일.
【鄫季姬】鄫나라 군주에게 시집을 갔던 노나라 公女. '季'는 막내, '姬'는 노나라 성씨.
＊無傳

㊀
夏, 齊伐厲, 不克, 救徐而還.

여름, 제齊나라가 여厲나라를 쳤으나 이기지 못하고 서徐나라만 구하고 돌아갔다.

【厲】姜姓의 제후국. 지금의 湖北 隨縣. 僖公 15년을 볼 것.

❈ 479(僖 16-4)
秋七月甲子, 公孫兹卒.

가을 7월 갑자날, 공손자公孫兹가 죽었다.

【甲子】7월 19일.
【公孫兹】魯나라 대부. 公子 叔牙의 아들 叔孫戴伯.《公羊傳》에는 '公孫慈'로 되어 있음.
＊無傳

㊀
秋, 狄侵晉, 取狐·廚·受鐸, 涉汾, 及昆都, 因晉敗也.

가을, 적狄이 진晉나라를 침범, 호주狐廚와 수탁受鐸을 점령하고, 분수汾水를 건너 곤도昆都까지 이르렀는데 진나라가 패배하였기 때문이다.

【狐·廚】晉나라 땅. 洪亮吉은 "狐卽狐突食邑, 廚卽廚武子食邑"이라 하여 두 지명으로 보았음. 狐는 지금의 山西 襄陵縣 서북 狐谷亭. 廚는 襄汾縣 근처.

【受鐸】狐·廚 부근의 지명.
【汾】지금의 山西 太原에서 발원하여 平陽을 거쳐 남쪽으로 흘러 河水로 들어가는 汾河.
【昆都】晉나라 읍. 지금의 山西 臨汾縣 남쪽 昆都聚.

(傳)

王以戎難告于齊, 齊徵諸侯而戍周.

천자가 융戎의 난을 제齊나라에 알리자 제나라가 제후들의 군사를 징집하여 주周나라를 지켰다.

【齊】당시 齊 桓公이 패자였으므로 이에 통고하여 도움을 청한 것.《史記》齊世家에 "四十二年, 戎伐周, 周告急於齊, 齊令諸侯各發卒戍周"라 함.

(傳)

冬十一月乙卯, 鄭殺子華.

겨울 11월 을묘날, 정나라가 공자 화華를 죽였다.

【乙卯】11월 12일.
【鄭殺子華】僖公 7년에 鄭나라 太子 華는 鄭나라의 세 씨족을 없애주면 정나라를 이끌고 제나라에 굴복하겠다고 하였다가 거절당해 정나라로부터 죽음을 당하게 된 것임. 僖公 7년의 經文 및 傳文 참조.〈金澤文庫本〉에는 "鄭伯殺子華"로 되어 있음.

✸ 480(僖16-5)

冬十有二月, 公會齊侯·宋公·陳侯·衛侯·鄭伯·許男·邢侯·曹伯于淮.

겨울 12월, 공이 제후齊侯·송공宋公·진후陳侯·위후衛侯·정백鄭伯·허남許男·형후邢侯·조백曹伯과 회淮에서 만났다.

【淮】구체적으로 알 수 없으나 지금의 江蘇 盱眙縣.

傳
十二月, 會于淮, 謀鄫, 且東略也.
城鄫, 役人病, 有夜登丘而呼曰:「齊有亂!」
不果城而還.

12월, 회淮에서 만난 것은 증鄫나라 일을 논의하고, 또 동쪽을 공략하기 위함이었다.
그리하여 증나라에 성을 쌓고 있었는데 일꾼들이 지쳐 있자 밤에 어떤 자가 언덕에 올라 큰 소리로 외쳤다.
"제齊나라에 난리가 일어났다!"
그래서 성을 다 쌓지 못한 채 돌아갔다.

【謀鄫】鄫나라를 구제하고자 함. 鄫나라는 지금의 山東 臨沂縣 서남쪽에 있었으며 夏族의 후예.

080. 僖公 17年(B.C.643) 戊寅

周	襄王(姬鄭) 10년	齊	桓公(小白) 43년	晉	惠公(夷吾) 8년	衛	文公(燬) 17년
蔡	莊公(甲午) 3년	鄭	文公(捷) 30년	曹	共公(襄) 10년	陳	穆公(款) 5년
杞	成公 12년	宋	襄公(玆父) 8년	秦	穆公(任好) 17년	楚	成王(頵) 29년
許	僖公(業) 13년						

❈ 481(僖17-1)

十有七年春, 齊人·徐人伐英氏.

17년 봄, 제인齊人과 서인徐人이 영씨英氏를 쳤다.

【英氏】英氏國. 偃姓. 지금의 安徽 六安縣 서남쪽 英氏城.《史記》夏本紀에 "封皐陶之後於英"이라 함.

⟨傳⟩

十七年春, 齊人爲徐伐英氏, 以報婁林之役也.

17년 봄, 제齊나라가 서徐나라를 위해 영씨英氏를 친 것은 누림婁林의 싸움에 대해 보복을 하기 위해서였다.

5.〈僖公 17年〉 777

【婁林之役】婁林은 徐나라 땅으로 지금의 安徽 泗縣 동북. 이 싸움은 僖公 15년을 볼 것.

㊅
夏, 晉大子圉爲質於秦.
秦歸河東而妻之.
惠公之在梁也, 梁伯妻之.
梁嬴孕, 過期.
卜招父與其子卜之.
其子曰:「將生一男一女.」
招曰:「然. 男爲人臣, 女爲人妾.」
故名男曰圉, 女曰妾.
及子圉西質, 妾爲宦女焉.

여름, 진晉나라 태자 어圉가 진秦나라의 인질이 되었다.
　진秦나라는 하동河東 땅을 진晉나라에 돌려주고 태자에게는 공녀를 아내로 주었다.
　진晉 혜공惠公이 양梁나라에 있을 때, 양나라 군주가 혜공에게 공녀 양영梁嬴을 아내로 주었었다.
　양영이 임신하여 출산일을 넘기고도 아이를 낳지 않았다.
　복초보卜招父가 아들과 함께 점을 쳐보았다.
　아들이 말하였다.
　"앞으로 사내아이 하나와 여자아이 하나를 낳을 것입니다."
　초보가 말하였다.
　"그렇다. 사내아이는 남의 종이 될 것이며, 여자아이는 남의 첩이 될 것이다."
　그리하여 사내아이의 이름은 어圉, 여자아이는 첩妾이라고 불렀다.
　태자 어가 서쪽 진秦나라에 인질로 갈 때, 첩은 환녀宦女가 되어 따라갔다.

【圉】晉 惠公(夷吾)의 아들로 梁嬴과의 사이에서 태어남. 뒤에 懷公이 되었으나 왕위에 오르지 못한 채 高粱에서 重耳에게 죽음. '圉'는 원래 남의 말을 돌보는 사람이라는 뜻으로 본문의 '人臣'을 대신한 것.
【河東】晉 惠公이 秦나라에 망명 중일 때 자신을 晉나라로 귀국시켜 왕으로 옹립해주면 秦나라에게 주기로 약속하였던 河外 五城을 가리킴. 15년을 볼 것.
【梁】惠公(夷吾)가 驪姬의 난을 피해 망명 중 梁나라를 거쳐 秦나라로 갔음. 梁나라는 嬴姓으로 지금의 山西 서쪽과 陝西 동쪽 경계에 있었음. 그 군주의 딸 이름이 梁嬴이었으며 夷吾의 아내가 됨. 桓公 9년을 볼 것.
【卜招父】점술가 招父. 梁나라의 太卜 벼슬이었음.
【宦女】첩과 같음. 남의 신하가 됨.

482(僖17-2)

夏, 滅項.

여름, 항項을 멸망시켰다.

【項】나라 이름. 지금의 河南 項城縣 동북에 古項城이 있음.

傳
師滅項. 淮之會.
公有諸侯之事, 未歸, 而取項.
齊人以爲討, 而止公.

노나라 군사가 항項나라를 멸망시켰다.
공이 회淮에서 있었던 모임에서 제후들과의 일로 돌아오지 않았을 때 항나라를 취한 것이다.
그러자 제齊나라는 이를 못마땅히 여겨 희공을 억지로 잡아두었다.

【淮之會】僖公 16년의 經文을 참조할 것.
【止】'執'으로 표기해야 하나 표현을 꺼린 것임. 杜預 注에 "內諱執, 皆言止"라 함.
【公】魯 僖公을 가리킴. 제후들과의 회의로 인해 아직 귀국하지 않음.

● 483(僖17-3)
　秋, 夫人姜氏會齊侯于卞.

가을, 부인 강씨姜氏가 제齊 환공桓公을 변卞에서 만났다.

【姜氏】魯 僖公의 부인으로 齊 桓公의 딸 聲姜.
【齊侯】齊 桓公.
【卞】魯나라 읍. 지금의 山東 泗水縣 동쪽 卞城.

● 484(僖17-4)
　九月, 公至自會.

9월, 공이 회맹에서 돌아왔다.

【會】淮 땅에서의 회맹을 마치고 돌아옴.

㊝
秋, 聲姜以公故, 會齊侯于卞.
九月, 公至.
書曰「至自會」, 猶有諸侯之事焉, 且諱之也.

가을, 부인 성강聲姜이 희공에 대한 일로 제齊 환공桓公과 변卞에서 만났다.
9월, 공이 돌아왔다.

경經에는 '모임에서 돌아왔다'라고만 쓴 것은 제후들과의 일이 있었기 때문이긴 하지만 또한 희공이 억류됐던 사실을 꺼렸기 때문이었다.

【聲姜】齊 桓公의 딸이며 魯 僖公의 부인.
【公故】魯 僖公이 淮 땅에서의 회의로 국내에 없는 사이 노나라가 項을 멸망시키자 齊나라가 이를 못마땅히 여겨 僖公을 억류시킨 것. 이를 해결하기 위해 聲姜이 아버지 齊 桓公을 만난 것.

✱ 485(僖17-5)

冬十有二月乙亥, 齊侯小白卒.

겨울 12월 을해날, 제후齊侯 소백小白이 죽었다.

【乙亥】12월 8일.
【小白】齊 桓公. 春秋五霸의 수장. 내란으로 거에 피신하였다가 돌아와 관중을 재상으로 하여 크게 국력을 키워 최초로 패자가 된 영명한 군주. B.C.685~643년까지 43년간 재위하였으며 孝公(昭)이 그 뒤를 이음. 실제로 10월 乙亥에 죽었으나 12월에 부고가 온 것임.

㊝
齊侯之夫人三, 王姬·徐嬴·蔡姬, 皆無子.
齊侯好內, 多內寵, 內嬖如夫人者六人, 長衛姬, 生武孟; 少衛姬, 生惠公; 鄭姬, 生孝公; 葛嬴, 生昭公; 密姬, 生懿公; 宋華子, 生公子雍.
公與管仲屬孝公於宋襄公, 以爲大子.

雍巫有寵於衛恭姬, 因寺人貂以薦羞於公, 亦有寵.
公許之立武孟.
管仲卒, 五公子皆求立.
冬十月乙亥, 齊桓公卒.
易牙入, 與寺人貂因內寵以殺羣吏, 而立公子無虧.
孝公奔宋.
十二月乙亥, 赴; 辛巳夜, 殯.

제齊 환공桓公에게는 세 명의 부인, 즉 왕희王姬·서영徐嬴·채희蔡姬가 있었으나 이들 모두 아들을 낳지 못하였다.

환공은 여색을 밝혀 총애하는 여인이 많았으며 내폐內嬖로서 부인夫人과 같은 대우를 받는 여자가 여섯 있었는데 그들 가운데 장위희長衛姬는 무맹武孟을, 소위희少衛姬는 혜공惠公을, 정희鄭姬는 효공孝公을, 갈영葛嬴은 소공昭公을, 밀희密姬는 의공懿公을, 송나라 화씨華氏의 딸은 공자 옹雍을 낳았다.

환공이 관중管仲과 함께 효공孝公을 송宋 양공襄公에게 부탁하면서 태자로 삼았다.

그때 옹무雍巫는 위공희衛共姬의 총애를 받고 있어, 그리하여 시인寺人 초貂를 통해 환공에게 좋은 요리를 올려 환공이 그 또한 총애하였다.

결국 환공은 무맹을 태자로 세울 것을 허락하였다.

관중이 세상을 떠나자 다섯 공자 모두가 자신을 태자로 세워줄 것을 요구하였다.

겨울 10월 을해날, 제 환공이 죽었다.

역아易牙가 궁으로 들어가 시인 초와 함께 내총 장위희를 중심으로 여러 관리들을 죽이고, 공자 무휴無虧를 옹립하였다.

효공은 송나라로 달아났다.

12월 을해날, 환공의 죽음을 제후들에게 알리고 신사날 염殮을 하였다.

【王姬】천자의 딸 共姬.
【徐嬴】嬴姓의 徐나라 군주의 딸.

【蔡姬】姬姓의 蔡나라 군주의 딸. 3년 傳을 볼 것.
【內嬖】군주 총애를 받는 여인. 총애 받는 신하는 外嬖라 함.
【長衛姬】衛共姬. 姬姓의 衛나라의 큰 公女. 동생은 少衛姬라 하였음. 無詭(無虧)를 낳음.
【孟武】공자 無虧의 字. '無虧'는 '無詭'로도 표기함.
【惠公】公子 때 이름은 元. B.C.608~599년까지 10년간 재위함.
【鄭姬】姬姓의 鄭나라 군주의 딸.
【孝公】公子 때 이름은 昭. 桓公의 뒤를 이어 왕위에 오름. B.C.642~633년까지 10년간 재위함.
【葛嬴】嬴姓의 葛나라 군주의 딸. 葛나라는 지금의 河南 寧陵縣 북쪽에 있었음.
【昭公】公子 때 이름은 潘. 孝公을 이어 제나라 왕위에 오름. B.C.632~613년까지 20년간 재위함.
【密姬】姬姓의 密나라 군주의 딸. 密나라는 姞姓으로 지금의 甘肅 靈臺縣 서쪽에 있었음.
【懿公】公子 때 이름은 商人. 昭公을 이어 왕위에 오름. B.C.612~609년까지 4년간 재위함.
【宋華子】宋나라 華氏의 딸. 宋나라는 子姓이었으며 殷(商)의 후예.
【雍】공자 雍. 왕위에 오르지 못함. 宋華子가 낳은 아들.
【管仲】管夷吾. 管子. 齊 桓公의 신하로 뛰어난 재상. 시호는 敬仲.
【宋襄公】玆父. 宋 桓公의 嫡子이며 뒤에 襄公이 되어 B.C.650~637년까지 14년간 재위함. 《史記》에는 齊 桓公을 이어 패자가 된 春秋五霸의 하나로 여겼음. '宋襄之仁'의 고사를 낳음. '玆甫'로도 표기함.
【以爲大子】《韓非子》難三篇에 "人有設桓公隱者曰:「一難, 二難, 三難, 何也?」桓公不能對. 管仲對曰:「一難也, 近優而遠士; 二難也, 去其國而數之海; 三難也, 君老而晚置太子.」桓公曰:「善」不擇日而廟禮太子"라 함.
【雍巫】字는 易牙. 궁중요리사 巫. '雍'은 주방장을 의미함. 《周禮》天官에 "以共王之膳與其薦羞之物"이라 하여 內雍과 外雍이 있었으며 임금의 요리를 담당하는 임무를 수행하였음. 齊 桓公에게 온갖 아첨을 다하였으며 자신의 아들을 죽여 요리해 바쳤다 함. 《史記》齊世家에 "雍巫有寵於衛共姬, 因宦者豎刁以厚獻於桓公"이라 함. 《管子》小稱篇에 "管仲有病, 桓公往問之曰:「仲父之病病矣, 若不可諱而不起此病也, 仲父亦將何以詔寡人?」管仲對曰:「微君之命臣也, 故臣且謁之. 雖然, 君猶不能行也.」公曰:「仲父命寡人東, 寡人東; 令寡人西,

寡人西. 仲父之命于寡人, 寡人敢不從乎?」管仲攝衣冠起, 對曰:「臣願君之遠易牙·豎刁·堂巫·公子開方. 夫易牙以調和事公, 公曰惟烝嬰兒之未嘗, 于是烝其首子而獻之公, 人情非不愛其子也, 于子之不愛, 將何有于公? 公喜宮而妬, 豎刁自刑而爲公治內, 人情非不愛其身也, 于身之不愛, 將何有于公? 公子開方事公, 十五年不歸視其親, 齊衛之間, 不容數日之行. 臣聞之, 務爲不久, 蓋虛不長, 其生不長者, 其死必不終.」桓公曰:「善.」管仲死, 已葬, 公憎四子者廢之官. 逐堂巫而苛病起兵, 逐易牙而味不至, 逐豎刁而宮中亂, 逐公子開方而朝不治. 桓公曰:「嗟! 聖人固有悖乎?」乃復四子者. 處期年, 四子作難, 圍公一室不得出. 有一婦人, 遂從竇入, 得至公所, 公曰:「吾饑而欲食, 渴而欲飲, 不可得, 其故何也?」婦人對曰:「易牙·豎刁·堂巫·公子開方, 四人分齊國. 塗十日不通矣. 公子開方以書社七百下衛矣, 食將不得矣.」公曰:「嗟, 玆乎! 聖人之言長乎哉! 死者無知則已, 若有知, 吾何面目以見仲父于地下!」乃援素幭以裹首而絕. 死十一日, 蟲出于戶, 乃知桓公之死也, 葬以楊門之扇. 桓公之所以身死十一日, 蟲出戶而不收者, 以不終用賢也"라 함.

【衛共姬】長衛姬를 共姬라 불렀는데, 周나라 천자의 딸 王姬도 共姬였으므로, 長衛姬를 衛共姬라 하였음.

【寺人貂】豎刁(豎貂). 寺人은 太監, 內侍, 閹人. 桓公의 총애를 받았었음.《史記》齊世家에 "四十一年, 秦穆公虜晉惠公, 復歸之. 是歲, 管仲·隰朋皆卒. 管仲病, 桓公問曰:「群臣誰可相者?」管仲曰:「知臣莫如君.」公曰:「易牙如何?」對曰:「殺子以適君, 非人情, 不可.」公曰:「開方如何?」對曰:「倍親以適君, 非人情, 難近.」公曰:「豎刁如何?」對曰:「自宮以適君, 非人情, 難親.」管仲死, 而桓公不用管仲言, 卒近用三子, 三子專權"이라 함.

【羞】'饈'와 같음. 좋은 요리.

【五公子】孝公(子昭) 이외의 다섯 공자. 즉 無虧, 元, 潘, 商人, 雍.

【乙亥】10월 7일.《史記》齊世家에 "四十三年. 初, 齊桓公之夫人三: 曰王姬·徐姬·蔡姬, 皆無子. 桓公好內, 多內寵, 如夫人者六人, 長衛姬, 生無詭; 少衛姬, 生惠公元; 鄭姬, 生孝公昭; 葛嬴, 生昭公潘; 密姬, 生懿公商人; 宋華子, 生公子雍. 桓公與管仲屬孝公於宋襄公, 以爲太子. 雍巫有寵於衛共姬, 因宦者豎刀以厚獻於桓公, 亦有寵, 桓公許之立無詭. 管仲卒, 五公子皆求立. 冬十月乙亥, 齊桓公卒. 易牙入, 與豎刁因內寵殺群吏, 而立公子無詭爲君. 太子昭奔宋"이라 함.

【乙亥】12월 8일.

【辛巳】12월 14일.

【殯】殮하는 것. 杜預 注에 의하면 무려 67일이 지나 비로소 염을 하였고 그 사이 환공의 시신을 방치하여 구더기 떼가 문지방으로 기어 나왔다 함. 《史記》 齊世家에 "桓公病, 五公子各樹黨爭立. 及桓公卒, 遂相攻, 以故宮中空, 莫敢棺. 桓公尸在牀上六十七日, 尸蟲出于戶. 十二月乙亥, 無詭立, 乃棺赴. 辛巳夜, 斂殯"이라 하였고, 《說苑》 權謀篇에는 "桓公死六十日, 蟲出於尸而不收"라 함.

081. 僖公 18年(B.C.642) 己卯

周	襄王(姬鄭) 11년	齊	孝公(昭) 원년	晉	惠公(夷吾) 9년	衛	文公(燬) 18년
蔡	莊公(甲午) 4년	鄭	文公(捷) 31년	曹	共公(襄) 11년	陳	穆公(款) 6년
杞	成公 13년	宋	襄公(玆父) 9년	秦	穆公(任好) 18년	楚	成王(頵) 30년
許	僖公(業) 14년						

❈ 486(僖18-1)

十有八年春王正月, 宋公·曹伯·衛人·邾人伐齊.

18년 봄 주력 정월, 송공宋公·조백曹伯·위인衛人·주인邾人이 제齊나라를 쳤다.

【宋公】《公羊傳》에는 이 다음에 '會'자가 있으나 이는 衍文으로 보고 있음. 한편 이들이 齊나라를 친 것은 杜預 注에 "納孝公"이라 함.

⟨傳⟩
十八年春, 宋襄公以諸侯伐齊.
三月, 齊人殺無虧.

18년 봄, 송宋 양공襄公이 제후들을 이끌고 제齊나라를 쳤다.
3월, 제나라가 무휴無虧를 죽였다.

【宋襄公】이름은 玆父. 桓公(御說)을 이어 왕위에 올랐으며 B.C.650~637년까지 14년간 재위함. 齊 桓公이 죽어 霸者가 없게 되자 스스로 나서서 패자가 되겠다고 하였음.《史記》에는 春秋五霸의 하나로 여겼음.
【無虧】武孟. 無詭. 齊 桓公과 長衛姬 사이에 난 공자.《史記》齊世家에 "無詭立三月死, 無諡. …孝公元年三月, 宋襄公率諸侯兵送齊太子昭而伐齊. 齊人恐, 殺其君無詭"라 하여 석 달 만에 죽어 시호가 없음. 杜預 注에 의하면 그가 송나라에게 빌붙어 왕위를 노렸기 때문이라 하였음.

㊇
鄭伯始朝于楚, 楚子賜之金, 旣而悔之, 與之盟曰:「無以鑄兵!」故以鑄三鍾.

정鄭 문공文公이 비로소 초楚 성왕成王을 찾아가 문안하자 초 성왕이 구리를 하사하였다가 잠시 뒤 이를 후회하며 정 문공과 이렇게 맹약하였다.
"이것으로는 무기를 만들어서는 안 되오!"
그 때문에 그 구리로 종 세 개를 만들었다.

【鄭伯】鄭 文公(捷). 齊 桓公이 죽고 나서 中原에 패자가 없게 되자 文公은 楚 成王을 패자로 여겨 朝見을 한 것임. 그가 초 성왕을 찾아간 것은 杜預 注에 "中國無霸故"라 함.
【楚子】楚 成王(頵). B.C.671~626년까지 46년간 재위함. 楚나라는 원래 子爵이었음.
【金】당시 金은 銅을 가리킴. 杜預 注에 "楚金利故, …古者以銅爲兵. 傳言楚無霸者遠略"이라 함.

※ 487(僖 18-2)

夏, 師救齊.

여름, 노魯나라 군사가 제齊나라를 구하였다.

【師】魯나라 軍師를 가리킴.
＊無傳

※ 488(僖 18-3)

五月戊寅, 宋師及齊師戰于甗.
齊師敗績.

5월 무인날, 송宋나라 군가가 제齊나라 군사와 언甗에서 싸웠다.
제나라 군사가 크게 패하였다.

【戊寅】5월 14일.
【甗】지금의 山東 歷城縣과 長淸縣 사이. 〈釋文〉에 "甗, 魚免反, 又魚偃反, 又音言, 一音彦"이라 하여 '언'으로 읽음.
【敗績】全軍이 대패하였을 때 쓰는 말. 莊公 11년 傳에 "凡師, 敵未陳曰敗某師, 皆陳曰戰, 大崩曰敗績"이라 함.

傳
齊人將立孝公, 不勝四公子之徒, 遂與宋人戰.
夏五月, 宋敗齊師于甗, 立孝公而還.

제齊나라가 장차 효공孝公을 옹립하려 하였으나 다른 네 공자의 무리를 이겨내지 못하여 드디어 송宋나라와 싸운 것이다.

여름 5월, 송나라 군사가 제나라 군사를 언甗에서 패배시키고, 효공을 옹립하고 돌아갔다.

【孝公】昭. 齊 桓公과 鄭姬 사이에 난 공자. 桓公의 뒤를 이어 왕위에 오름. B.C.642~633년까지 10년간 재위함.
【四公子】元(惠公), 潘(昭公), 商人(懿公), 公子 雍.

※ 489(僖18-4)

狄救齊.

적狄이 제齊나라를 구하였다.

【狄】네 公子의 무리를 돕고자 齊나라와 싸운 것임. 杜預 注에 "救四公子之徒"라 함.
＊無傳

※ 490(僖18-5)

秋八月丁亥, 葬齊桓公.

가을 8월 정해날, 제齊 환공桓公의 장례를 치렀다.

【丁亥】8월에는 정해날이 없음.
【葬】시신을 그대로 염만 한 채 두고 있다가 孝公(昭)이 즉위하고 나서야 비로소

장례를 치른 것임. 杜預 注에 "十一月而葬, 亂故"라 함. 齊 桓公의 묘는 臨淄 남쪽 牛山에 있었으나 晉 永嘉 때 盜掘되었다 함. 《史記》 齊世家 集解 및 正義를 참조할 것.

㊀
秋八月, 葬齊桓公.

가을 8월, 제齊 환공桓公의 장례를 치렀다.

● 491(僖 18-6)
冬, 邢人·狄人伐衛.

겨울, 형인邢人·적인狄人이 위衛나라를 쳤다.

㊀
冬, 邢人·狄人伐衛, 圍菟圃.
衛侯以國讓父兄子弟及朝衆, 曰:「苟能治之, 燬請從焉.」
衆不可.
而後師于訾婁. 狄師還.

겨울, 형인邢人과 적인狄人이 위衛나라를 치고 토포菟圃를 포위하였다.
위衛 문공文公은 권력을 부형자제 및 조정의 신하들에게 양보하고자 이렇게 말하였다.
"진실로 나라를 잘 다스릴 수 있는 사람이라면, 나(燬)는 청컨대 그를 따르고자 하오."

그러자 많은 이들이 불가하다고 하였다.
그 뒤 위나라 군사가 자루訾婁에 주둔하자 적狄의 군사들이 돌아갔다.

【菟圃】衛나라 땅. 지금의 河南 長垣縣.
【父兄子弟】衛 文公의 伯父와 叔父, 형제나 아들 등의 친척.
【燬】衛 文公의 이름. B.C.659~635년까지 25년간 재위하였으며 成公이 뒤를 이름. 그러나 일부 기록에 그의 이름이 '焜'으로 되어 있음. 처음 이름은 辟疆이었으나 뒤에 이름을 燬로 바꿈. 賈誼《新書》에 "衛侯朝于周, 周行人問其名, 答曰:「衛侯辟疆.」周行人還之, 曰:「啓疆·辟疆, 天子之號, 諸侯弗得用.」衛侯更其名曰燬, 然後受之"라 함.
【訾婁】衛나라 땅 이름. 지금의 河南 滑縣 서남쪽과 河南 長垣縣 경계 지역.

梁伯益其國而不能實也, 命曰新里, 秦取之.

양梁나라 임금이 영토를 넓히고도 백성을 옮기지 못한 채 그 땅은 신리新里라 하였는데, 진秦나라가 취해 버렸다.

【實】백성을 이주시켜 채움.
【新里】新城. 지금의 陝西 澄縣 동북 梁新城.

082. 僖公 19年(B.C.641) 庚辰

周	襄王(姬鄭) 12년	齊	孝公(昭) 2년	晉	惠公(夷吾) 10년	衛	文公(燬) 19년
蔡	莊公(甲午) 5년	鄭	文公(捷) 32년	曹	共公(襄) 12년	陳	穆公(款) 7년
杞	成公 14년	宋	襄公(玆父) 10년	秦	穆公(任好) 19년	楚	成王(頵) 31년
許	僖公(葉) 15년						

㊇
十九年春, 遂城而居之.

19년 봄, 진秦나라가 신리新里에 성을 쌓고 백성을 이주시켰다.

【遂城】 '遂'라는 副詞를 넣은 것은 앞 장 秦나라의 일임을 말한 것.

❋ 492(僖 19-1)

十有九年春王三月, 宋人執滕子嬰齊.

19년 봄 주력 3월, 송宋나라가 등자滕子 영제嬰齊를 사로잡았다.

【滕子】滕 宣公. 滕나라는 周 文王의 아들 叔繡가 받았던 封國. 侯爵이었으며 지금의 山東 滕縣 일대. 子爵. 당시 군주는 宣公. 이름은 嬰齊. 《春秋》에 사로잡은 임금은 모두 13명이며 그중 이름을 밝힌 것은 오직 이곳의 滕子 嬰齊와 哀公 4년의 戎蠻 子赤 밖에 없음. 이에 대해 杜預 注에는 "書名及不書名, 皆從赴"라 함.

⟨傳⟩
宋人執滕宣公.

송宋나라 사람이 등滕 선공宣公을 잡았다.

【滕宣公】이름은 嬰齊. 子爵.

❀ 493(僖 19-2)
夏六月, 宋公·曹人·邾人盟于曹南.

여름 6월, 송공宋公·조인曹人·주인邾人이 조남曹南에서 동맹을 맺었다.

【宋公】《公羊傳》에는 '宋人'으로 되어 있음.
【曹南】曹나라 도성의 남쪽. 杜預 注에는 "曹雖與盟, 而猶不服, 不肯致餼, 無地主之禮, 故不以國地, 而曰曹南"이라 함.
＊無傳

※ 494(僖 19-3)

鄫子會盟于邾.
己酉, 邾人執鄫子, 用之.

증자鄫子가 주邾나라와 동맹을 맺었다.
기유날, 주인邾人이 증자를 붙잡아 희생으로 썼다.

【鄫子】鄫나라는 지금의 山東 臨沂縣 서남쪽에 있었음.
【邾】邾 文公. 이름은 蘧蒢.
【己酉】6월 21일.
【用之】그를 社廟의 제사에 희생으로 사용함. 아래 傳文을 참조할 것. 杜預 注에 "不及曹南之盟, 諸侯旣罷, 鄫乃會之于邾"라 하였고,《穀梁傳》에는 "微國之君因邾以求與之盟. 人因己以求與之盟, 己迎而執之"라 함.

傳

夏, 宋公使邾文公用鄫子于次睢之社, 欲以屬東夷.
司馬子魚曰:「古者六畜不相爲用, 小事不用大牲, 而況敢用人乎? 祭祀以爲人也. 民, 神之主也. 用人, 其誰饗之? 齊桓公存三亡國以屬諸侯, 義士猶曰薄德, 今一會而虐二國之君, 又用諸淫昏之鬼, 將以求霸, 不亦難乎? 得死爲幸.」

여름, 송宋 양공襄公이 주邾 문공文公으로 하여금 증鄫나라 군주를 차수次睢의 사묘社廟 제사에서 희생으로 쓰도록 하여 동이東夷에게 겁을 주어 통제하고자 하였다.
그러자 사마司馬 자어子魚가 말하였다.
"옛날에는 육축六畜도 제사를 지낼 때에는 같은 가축을 희생을 쓰지 않았고, 작은 제사에 큰 희생을 쓰지도 않았습니다. 그런데 하물며 감히 사람을 희생으로 쓰다니요? 제사를 지내는 것은 사람을 위하는 것이고, 백성은 신의 주체입니다. 제사에 사람을 희생으로 쓰면 어느 신이 그것을 흠향하겠습니까? 제齊 환공桓公은 망한 세 나라를 존속시키고 제후들을 거느렸음에도 의로운 선비들은 박덕한 짓을 하였다고 말하였습니다. 지금 제후들과 딱 한 번 회맹을 했을 뿐인데 등나라와 주나라 두 나라 임금을 그토록 학대하시더니 다시 사악한 귀신의 제사에 주나라 군주를 희생으로 쓰시겠다니, 그렇게 하고서야 장차 패권을 얻고자 해도 어렵지 않겠습니까? 임금께서는 편안히 돌아가시는 것만으로도 다행으로 여기십시오."

【邾文公】 이름은 蘧蒢. 魯 文公 13년에 죽음.
【次睢之社】 次睢는 지명. 지금의 山東 臨沂縣의 大叢社. 社는 社廟. 土地神을 모신 사당. 杜預 注에 "睢水受汴, 東經陳留·梁·譙·沛·彭城縣入泗. 此水次有妖神, 東夷皆社祠之, 蓋殺人而用祭"라 하였고, 張華《博物志》에 "以次睢之社, 在山東臨沂縣東界有大叢社, 土民謂之食人社"라 함. 東夷族의 제사이며 사람을 희생으로 하는 풍습이 있어 '食人社'라 한다 함.
【欲以屬東夷】 '屬'은 '겁을 주다, 통제하다'의 뜻. 東夷는 淮北과 泗睢 동쪽의 夷人들.
【子魚】 公子 目夷. 宋 襄公의 庶兄. 원래 左師였으나 이때 司馬가 되었음.
【六畜不相爲用】 六畜은 말·소·양·돼지·개·닭. 그들의 神에게 제사를 지낼 때에는 해당 짐승을 희생으로 쓰지 않음을 말함.
【存三亡國】 魯·衛·邢의 세 나라가 망할 때 齊 桓公이 도와 나라를 존속시킴.《國語》齊語에 "桓公憂天下諸侯, 魯有夫人, 慶父之亂, 二君弑死, 國絶無嗣. 桓公聞之, 使高子存之. 狄人攻邢, 桓公築夷儀以封之. 狄人攻衛, 衛人出廬於曹, 桓公城楚丘以封之. 天下諸侯稱仁焉, 是故諸侯歸之"라 한 사건을 말하며《管子》小匡篇에도 같음. 그러나 大匡篇에는 "宋不聽, 果伐杞, 桓公築緣陵以封之. 明年, 狄人伐邢. 邢君出, 致於齊, 桓公築夷儀夷封之. 明年, 狄人伐衛, 衛君出, 致於虛, 桓公築楚丘以封之"라 하여 약간 다름.
【一會】 齊 桓公이 죽어 패자가 없게 되자 宋 襄公이 패자를 자처하고 단 한 번 제후들을 불러 모아 會盟을 시도하였으나 제후들이 제대로 호응해 주지 않았음.

【二國之君】滕나라 군주와 鄫나라 군주를 사로잡았던 일.
【淫昏之鬼】次睢之社. 東夷族의 제사인 次睢의 토지신.

※ 495(僖 19-4)

秋, 宋人圍曹.

가을, 송宋나라가 조曹나라를 포위하였다.

【宋】당시 宋나라 군주는 襄公(玆父)이었음.
【曹】당시 曹나라 군주는 共公(襄)이었음.

傳

宋人圍曹, 討不服也.
子魚言於宋公曰:「文公聞崇德亂而伐之, 軍三旬而不降. 退修教而復伐之, 因壘而降.《詩》曰:『刑于寡妻, 至于兄弟, 以御于家邦.』今君德無乃猶有所闕, 而以伐人, 若之何? 盍姑內省德乎! 無闕而後動.」

송宋나라가 조曹나라를 포위한 것은 조나라가 송나라에게 굴복하지 않았기 때문에 토벌하고자 한 것이다.
자어子魚가 양공襄公에게 이렇게 말하였다.
"주周 문왕文王께서는 숭崇나라의 도덕이 문란함을 듣고 이를 토벌하였습니다. 그런데 30일 동안이나 싸웠지만 숭나라가 항복하지 않았습니다. 문왕은 물러나 덕교德教를 닦은 다음 다시 정벌에 나섰습니다. 그러자 보루에 다다르자 숭나라는 항복하고 말았습니다.《시詩》에 '아내에게 모범을 보이니 형제들에까지 미쳐 온 집안과 온 나라가 모두 따르도다'라 하였습니다. 지금 임금께서는 덕은 없으면서 도리어 어딘가 빠진 것이 있으면서도 남을 치고자 하시니 어찌된 일입니까? 어찌 잠시 안으로 자신의 덕부터 살펴보지 않으십니까! 결점을 없이 한 이후에 행동하도록 하십시오."

【子魚】공자 目夷. 宋 襄公의 庶兄으로 직간을 잘 하였음.《說苑》指武篇에 "宋圍曹, 不拔. 司馬子魚謂君曰:「文王伐崇, 崇軍其城, 三旬不降"이라 함.
【崇】殷末周初의 나라. 伯爵. 紂王 때 鯀이 봉 받은 나라. 당시 그 임금은 崇侯 虎였음. 지금의 陝西 戶縣 동쪽.《尙書大傳》에 "文王受命, 午年伐耆, 六年伐崇, 七年而崩"이라 하였고《說苑》指武篇에 "文王辱伐崇, 先宣言曰:「余聞崇侯虎蔑侮父兄, 不敬長老, 聽獄不中, 分財不均, 百姓力盡不得衣食, 予將來征之, 唯爲民.」乃伐崇"이라 함.
【三旬】30일.
【詩】《詩經》大雅 思齊篇에 "思齊大任, 文王之母, 思媚周姜, 京室之婦. 大姒嗣徽音, 則百斯男. 惠于宗公, 神罔時怨, 神罔時恫. 刑于寡妻, 至于兄弟, 以御于家邦. 雝雝在宮, 肅肅在廟. 必顯亦臨, 無射亦保. 肆戎疾不殄, 烈假不瑕. 不聞亦式, 不諫亦入. 肆成人有德, 小子有造. 古之人無斁, 譽髦斯士"라 함. 이상의 고사는《說苑》指武篇에도 실려 있음.
＊ 본 傳文은 원전에는 "秋, 衛人伐邢" 다음에 있으나 經文의 순서에 의해 앞으로 바꾼 것임.

※ 496(僖19-5)

衛人伐邢.

위衛나라가 형邢나라를 쳤다.

【衛】당시 衛나라 임금은 文公(燬, 燬)이었음.

㊜
秋, 衛人伐邢, 以報菟圃之役也.
於是衛大旱, 卜有事於山川, 不吉.
甯莊子曰:「昔周饑, 克殷而年豐. 今邢方無道, 諸侯無伯, 天其或者欲使衛討邢乎?」
從之, 師興而雨.

가을, 위衛나라가 형邢나라를 친 것은 토포菟圃의 싸움에 대한 보복이었다.

이때 위나라에 큰 가뭄이 들어 산천에 제사를 드려야 할 것인지 점을 쳤더니 불길하다고 나왔다.

그러자 대부 영장자甯莊子가 말하였다.

"옛날 주周나라에 기근이 들었을 때 은殷나라를 쳐 이기자 풍년이 들었습니다. 지금 형나라가 도리에 어긋나나 제후들 가운데 패자가 없으니, 하늘이 혹시 우리 위나라로 하여금 형나라를 정벌하라는 것이 아닐까요?"

위나라가 그 말에 따라 군사를 일으키자 비가 내렸다.

【菟圃之役】僖公 18년 등을 볼 것. 杜預 注에 "邢不速退, 所以獨見伐"이라 함.
【甯莊子】'寧莊子, 甯莊子'로도 표기하며 衛나라 대부.
【武王克殷】周 武王(姬發)이 흉년이 들었음에도 무도한 殷나라 紂를 치자 곧바로 풍년이 들었다는 고사. 무도한 나라는 서둘러 쳐야 한다는 뜻.《詩經》周頌 桓篇에 "綏萬邦, 屢豐年"이라 함.
【無伯】'伯'은 '霸'와 같음. 齊 桓公이 죽고 나서 霸者가 없었음.
＊본 傳文은 원전에는 앞의 "宋人圍曹, 討不服也"의 앞에 있으나 경문의 순서에 의해 뒤로 옮긴 것임.

※ 497(僖 19-6)

冬, 會陳人·蔡人·楚人·鄭人盟于齊.

겨울, 진인陳人·채인蔡人·초인楚人·정인鄭人이 제齊나라에서 동맹을 맺었다.

【會】《公羊傳》에는 '公會'로 되어 '公'자가 더 있음.
【齊】당시 齊나라 군주는 孝公(昭)으로 재위 2년째였음.

傳
陳穆公請脩好於諸侯, 以無忘齊桓之德.
冬, 盟于齊, 脩桓公之好也.

진陳 목공穆公이 제후들에게 우호관계를 닦아 제齊 환공桓公의 덕을 잊지 말 것을 청하였다.
겨울, 제齊나라에서 동맹을 맺은 것은 제 환공 때의 우호를 다지기 위함이었다.

【陳穆公】당시 陳나라 군주. 이름은 款. B.C.647~632년까지 16년간 재위함.《史記》陳世家에 "宣公卒, 子款立, 是爲穆公"이라 함.
【桓公之乎】杜預 注에 "宋襄暴虐, 故思齊桓"이라 함.

※ 498(僖 19-7)

梁亡.

양梁나라가 멸망하였다.

【梁】秦나라와 晉나라 사이에 있었던 나라. 지금의 山西 韓城縣 남쪽 少梁城. 《穀梁傳》에는 "梁亡, 自亡也. 湎於酒, 淫於色, 心昏耳目塞, 上無正長之治, 大臣背叛, 民爲寇盜. 梁亡, 自亡也. 如加力役焉, 湎不足道也"라 하였고, 《春秋繁露》 王道篇에는 "梁內役民無已, 其民不能堪. 使民比地而伍, 一家亡, 五家殺刑. 其民魚爛而亡, 國中盡空"이라 함.

⑲

梁亡, 不書其主, 自取之也.
初, 梁伯好土功, 亟城而弗處.
民罷而弗堪, 則曰:「某寇將至」.
乃溝公宮, 曰:「秦將襲我.」
民懼而潰, 秦遂取梁.

양梁나라가 멸망하였는데 그 군주 이름을 경에 기록하지 않은 것은 양나라가 멸망을 자초하였기 때문이다.
당초, 양나라 군주는 토목공사를 좋아하여 자주 성을 쌓아 놓고도 거기에 백성을 살도록 하지는 않았다.
백성들이 지쳐 견딜 수가 없는 지경에 이르자 군주는 이렇게 말하였다.
"아무개 적들이 장차 쳐들어오려 한다."
그리고는 임금의 궁궐 주위에 해자를 팔 때는 이렇게 말하였다.
"진秦나라가 장차 우리나라를 습격할 것이다."
그러자 백성이 두려워하여 흩어졌고, 진나라가 마침내 양나라를 차지하게 된 것이다.

【自取】스스로 자초함. 《荀子》富國篇에 "是以臣或弑其君, 下或殺其上, 粥其城, 背其節而不死其事者, 無他故焉, 人主自取之也"라 함.
【土功】土工과 같음. 토목공사.
【罷】피로에 지침.
【溝】성 둘레에 垓字를 파서 적군이 접근하지 못하도록 하는 방어시설.

083. 僖公 20年(B.C.640) 辛巳

周	襄王(姬鄭) 13년	齊	孝公(昭) 3년	晉	惠公(夷吾) 11년	衛	文公(燬) 20년
蔡	莊公(甲午) 6년	鄭	文公(捷) 33년	曹	共公(襄) 13년	陳	穆公(款) 8년
杞	成公 15년	宋	襄公(玆父) 11년	秦	穆公(任好) 20년	楚	成王(頵) 32년
許	僖公(業) 16년						

❋ 499(僖20-1)

二十年春, 新作南門.

20년 봄, 남문南門을 새로 지었다.

【南門】魯나라 도성 臨淄의 남쪽 문. '稷門'으로 불렀으나 이로부터 '高門'으로 이름이 바뀜. 杜預 注에 "魯城南門也. 本名稷門, 僖公更高大之, 今猶不與諸門同, 改名高門也. 言新, 以易舊; 言作, 以興事, 皆更造之文也"라 함.《水經注》泗水에도 "沂水北對稷門"이라 하였고, 注에 "昔圉人犖有力, 能投蓋於此門.《春秋》書「春新作南門」, 其遺基猶在, 地入丈餘矣. 亦曰雩門, 莊十年公子偃請擊宋師, 竊從雩門蒙皋比而出者也"라 함.《史記》孔子世家에도 "陳女樂文馬於魯城南高門外"라 함.

⟨傳⟩
二十年春, 新作南門. 書, 不時也.
凡啓塞, 從時.

20년 봄, 남문南門을 새로 지었음을 기록한 것은 적당한 때가 아니었기 때문이다.

무릇 성문이나 다리, 보루를 쌓는 일 따위는 때에 따라야 한다.

【啓塞】성문이나 다리 등을 '啓'라 하며, 성곽이나 외곽을 '塞'이라 함.
【從時】꼭 필요한 시기이며 동시에 농사철을 피해야 함을 말함. 莊公 29년 傳에 "凡土功, 龍見而畢務, 戒事也; 火見而致用, 水昏正而栽, 日至而畢"이라 하였음.

※ 500(僖20-2)

夏, 郜子來朝.

여름, 고자郜子가 와서 문안하였다.

【郜子】郜나라 군주. 郜는 노나라와 동성인 姬姓이며 지금의 山東 城武縣 동남쪽에 있었음. 그러나 隱公 10년과 桓公 2년에 郜나라는 이미 宋나라에 망하여 이미 80여년이 지났으나 이때 다시 來朝한 것은 구체적으로 알 수 없음. 그 때문에 《公羊傳》에는 "失地之君也"라 하였음.
＊無傳

※ 501(僖20-3)

五月乙巳, 西宮災.

5월 을사날, 서궁西宮에 불이 났다.

【乙巳】 5월 23일.
【西宮】 魯 僖公의 서쪽에 있던 別宮.《穀梁傳》에는 閔公의 祠堂이라 하였으나 근거가 없음.
＊無傳

502(僖20-4)

鄭人入滑.

정鄭나라가 활滑나라로 쳐들어갔다.

【滑】鄭나라와 衛나라 사이에 있던 작은 나라. 지금의 河南 睢縣 서북 滑亭. 僖公 33년에 秦나라에 의해 멸망함.

㊉
滑人叛鄭, 而服於衛.
夏, 鄭公子士‧洩堵寇帥師入滑.

활滑나라가 정鄭나라를 배반하고 위衛나라에 굴복하였다.
여름, 정나라 공자 사士와 대부 설도구洩堵寇가 군사를 거느리고 활나라에 쳐들어간 것이다.

【公子士】鄭 文公의 아들.
【洩堵寇】鄭나라 大夫. 杜預 注에 "公子士, 鄭文公子; 洩堵寇, 鄭大夫"라 함.

503(僖20-5)

秋, 齊人·狄人盟于邢.

가을, 제인齊人·적인狄人이 형邢나라에서 동맹을 맺었다.

㊁
秋, 齊狄盟于邢, 爲邢謀衛難也.
於是衛方病邢.

가을, 제나라와 적狄이 형邢나라에서 동맹을 맺은 것은 형나라를 위한 것으로서, 위衛나라를 어렵게 할 계책을 논의하고자 한 것이었다.
이 무렵에는 위나라가 형나라를 괴롭히고 있었다.

【病邢】邢나라를 괴롭힘.

504(僖20-6)

冬, 楚人伐隨.

겨울, 초楚나라가 수隨나라를 쳤다.

【隨】지금의 湖北 隨縣 남쪽에 있었던 나라.

㊁
隨以漢東諸侯叛楚.
冬, 楚鬪穀於菟帥師伐隨, 取成而還.

君子曰:「隨之見伐, 不量力也. 量力而動, 其過鮮矣. 善敗由己, 而由人乎哉?《詩》曰:『豈不夙夜, 謂行多露.』」

수隨나라는 한동漢東 지역 제후국들을 믿고 초楚나라를 배반하였다.
겨울, 초나라 영윤 투누오도(鬪穀於菟)가 군사를 거느리고 수나라를 정벌한 뒤 강화를 맺고 돌아갔다.
군자가 말하였다.
"수나라가 정벌을 당한 것은 자신의 국력을 헤아리지 못하였기 때문이다. 자기 역량을 헤아리고 나서 행동하면 과실이 적다. 일의 성패는 자신에게 달려 있을 따름이니 어찌 다른 사람으로 말미암는 것이겠는가?《시》에 '어찌 이른 새벽 밤늦도록 다니고 싶지 않겠냐마는, 나다니기엔 이슬이 너무 많다네'라 하였다"

【漢東】漢水 동쪽. 이들 제후국은 거의가 姬姓이었음.
【鬪穀於菟】'투누오도'로 읽을. 鬪子文. 당시 楚나라 令尹.
【取成】'成'은 '講和를 이루다'의 뜻.
【善敗】성공과 실패.
【詩】《詩經》召南 行露篇에 "厭浥行露, 豈不夙夜, 謂行多露. 誰謂雀無角, 何以穿我屋. 誰謂女無家. 何以速我獄. 雖速我獄, 室家不足. 誰謂鼠無牙, 何以穿我墉. 誰謂女無家, 何以速我訟. 雖速我訟, 亦不女從"이라 함.

(傳)
宋襄公欲合諸侯.
臧文仲聞之, 曰:「以欲從人, 則可; 以人從欲, 鮮濟.」

송宋 양공襄公이 제후들을 규합하려 하였다.
장문중臧文仲이 이를 듣고 이렇게 말하였다.
"욕망을 다른 사람에게 맞추면 가하려니와 남으로 하여금 자신의 욕망을 따르게 하면서 성사시킨 경우는 드물도다"

【宋襄公】이름은 玆父(玆甫, 慈父, 慈甫). 桓公의 嫡子이며 뒤에 襄公이 되어 B.C.650~637년까지 14년간 재위함.《史記》에는 齊 桓公을 이어 패자가 된 春秋五霸의 하나로 여겼음. '宋襄之仁'의 고사를 낳음. '玆甫'로도 표기함. 당시 패자가 없자 襄公이 스스로 패자를 자처하고 나서기 위해 제후들을 불러 모으고자 한 것.

【臧文仲】臧孫辰. 魯나라 대부. 臧孫達의 아들. 성은 臧孫, 이름은 辰. 仲은 字. 시호가 文이었음. 魯나라에서 賢大夫로 알려진 인물.《論語》에 여러 차례 등장함.

084. 僖公 21年(B.C.639) 壬午

周	襄王(姬鄭) 14년	齊	孝公(昭) 4년	晉	惠公(夷吾) 12년	衛	文公(燬) 21년
蔡	莊公(甲午) 7년	鄭	文公(捷) 34년	曹	共公(襄) 14년	陳	穆公(款) 9년
杞	成公 16년	宋	襄公(玆父) 12년	秦	穆公(任好) 21년	楚	成王(頵) 33년
許	僖公(葉) 17년						

❋ 505(僖21-1)

二十有一年春, 狄侵衛.

21년 봄, 적인狄人이 위衛나라로 쳐들어갔다.

【侵衛】衛나라가 邢나라를 괴롭혔기 때문. 杜預 注에 "爲邢故"라 함.
＊無傳

❋ 506(僖21-2)

宋人·齊人·楚人盟于鹿上.

송인宋人·제인齊人·초인楚人이 녹상鹿上에서 동맹을 맺었다.

【鹿上】宋나라 땅. 지금의 安徽 阜陽市 남쪽에 原鹿城이 있음.

㊩
二十一年春, 宋人爲鹿上之盟, 以求諸侯於楚.
楚人許之.
公子目夷曰:「小國爭盟, 禍也. 宋其亡乎! 幸而後敗.」

21년 봄, 송宋나라가 녹상鹿上에서 동맹을 맺으면서 자신이 제후들의 맹주가 되겠노라 초楚나라에게 청하였다.
초나라에서는 이를 허락하였다.
그러자 공자 목이目夷가 말하였다.
"작은 나라가 맹주가 되겠다고 다투는 것은 재앙이 됩니다. 장차 송나라를 망치려 하십니까! 다행이라면 싸우다가 패하는 것 정도일 것입니다."

【宋】宋 襄公(玆父, 慈甫)을 가리킴. 齊 桓公이 僖公 17년에 죽고 中原에 霸者가 없어 이에 鄭나라가 우선 楚나라에게 의지하게 되었고, 초나라는 다시 陳, 蔡, 鄭과 齊에서 맹약을 맺게 됨. 이때부터 楚나라가 제후들로부터 지지력을 얻게 되었음. 이를 못마땅히 여긴 宋나라가 자신이 齊 桓公의 뒤를 이은 패자가 되겠노라 楚나라에게 요구한 것임. 司馬遷은《史記》에서 宋 襄公을 春秋五霸의 하나로 여겼음.
【目夷】宋 襄公의 庶兄. 자는 子魚. 양공이 욕심을 부리지 말 것을 간언하였음.《史記》宋世家에 "八年, 齊桓公卒, 宋欲爲盟會. 十二年春, 宋襄公爲鹿上之盟, 以求諸侯於楚, 楚人許之. 公子目夷諫曰:「小國爭盟, 禍也.」不聽. 秋, 諸侯會宋公盟于盂. 目夷曰:「禍其在此乎? 君欲已甚, 何以堪之!」於是楚執宋襄公以伐宋. 冬, 會于亳, 以釋宋公. 子魚曰:「禍猶未也.」十三年夏, 宋伐鄭. 子魚曰:「禍在此矣.」秋, 楚伐宋以救鄭. 襄公將戰, 子魚諫曰:「天之棄商久矣, 不可.」冬, 十一月, 襄公與楚成王戰于泓. 楚人未濟, 目夷曰:「彼衆我寡, 及其未濟擊之.」公不聽. 已濟未陳, 又曰:「可擊」公曰:「待其已陳.」陳成, 宋人擊之. 宋師大敗, 襄公傷股. 國人皆怨公. 公曰:「君子不困人於阨, 不鼓不成列.」子魚曰:「兵以

勝爲功, 何常言與! 必如公言, 卽奴事之耳, 又何戰爲?」楚成王已救鄭, 鄭享之; 去而取鄭二姬以歸. 叔瞻曰:「成王無禮, 其不沒乎? 爲禮卒於無別, 有以知其不遂霸也.」라 함.

※ 507(僖21-3)

夏, 大旱.

여름, 큰 가뭄이 들었다.

【大旱】《禮記》玉藻에 "至于八月不雨, 君不擧"라 하였고, 鄭玄 注에 "《春秋》之義, 周之春夏無雨, 未能成災. 至其秋秀實之時而無雨, 則雩. 雩而得之, 則書雩, 喜祀有益也; 雩而不得, 則書旱, 明災成也"라 함. 杜預 注에는 "雩不獲雨, 故書旱. 自夏及秋, 五稼皆不收也"라 함.

(傳)
夏, 大旱.
公欲焚巫·尪.
臧文仲曰:「非旱備也. 脩城郭·貶食·省用·務穡·勸分, 此其務也. 巫·尪何爲? 天欲殺之, 則如勿生; 若能爲旱, 焚之滋甚!」
公從之.
是歲也, 饑而不害.

여름, 노魯나라에 큰 가뭄이 들었다.
희공이 무巫·왕尪을 불태워 죽이려 하였다.
그러자 장문중臧文仲이 말하였다.
"그것은 가뭄에 대한 대비책이 아닙니다. 성곽을 수리하고, 음식을 줄이며,

비용을 아끼고, 검소함에 힘쓰고, 서로 나누어 먹도록 권장하십시오. 이것이 지금 당장 힘써야 할 일입니다. 무나 왕인들 어찌 하겠습니까? 하늘이 그를 죽이고자 한다면 태어나게 하지도 않았을 것입니다. 만약 그가 능히 가뭄이 들게 할 수 있는 자라면 그를 불태워 죽이고 나면 가뭄이 더욱 심해질 것입니다!」

희공이 그의 말을 따랐다.

이해에 기근이 들었지만 재해까지는 일어나지 않았다.

【巫·尫】'巫尫'을 하나로 보기도 하나 楊伯峻은 각기 다른 임무를 맡은 무당들로 보았음. 巫는 巫覡을 통틀어 일컫는 말이며, 尫은 꼽추의 殘疾者. 그들이 하늘로 얼굴을 들고 애걸할 때 빗방울이 코로 들어가 천하가 가뭄게 된다는 속설에 따라 그들을 태워 죽이려 한 것.《禮記》檀弓(下)에 "歲旱, 穆公召縣子而問然, 曰:「天久不雨, 吾欲暴尫, 而奚若?」曰:「天久不雨, 而暴人之疾子, 虐, 無乃不可與.」「然則吾欲暴巫, 而奚若?」曰:「天則不雨, 而望之愚婦人, 於以求之, 無乃已疏乎?」"라 하였고, 鄭玄의 注에 "尫者面向天, 覬天哀而雨之"라 함. 杜預 注에는 "瘠病之人, 其面上向, 俗謂天哀其病, 恐雨入其鼻, 故爲之旱, 是以公欲焚之"라 함.

【臧文仲】臧孫辰. 魯나라 대부. 臧孫達의 아들. 성은 臧孫, 이름은 辰. 仲은 字. 시호가 文이었음. 魯나라에서 賢大夫로 알려진 인물.《論語》에 여러 차례 등장함.

【脩城郭】백성에게 성곽을 수리하게 하고 그 대가로 식량을 지급해야 한다는 뜻. 孔穎達 疏에는 服虔의 설을 인용하여 "國家凶荒, 則無道之國乘而加兵, 故脩城郭爲守備也"라 하여 적의 침입을 막기 위한 것이라 하였으나, 沈欽韓의 〈補注〉에는 "民艱於食, 故修土功, 給其稍食, 亦救荒之策, 若《宋史》趙抃於越州下令修城, 使民食其力是也"라 함.

【貶食】《禮記》曲禮(下)에 "凶歲, 年穀不登, 君膳不祭肺, 馬不食穀, 馳道不除, 祭事不縣; 大夫不食粱, 士飮酒不樂"이라 함.

【務穡】'穡'은 '嗇'과 같음. 吝嗇할 정도로 검소함. 검소함에 힘씀. 杜預 注에 "嗇, 儉也"라 함. 그러나 '穡'을 본의대로 '稼穡'으로 보아 아무리 흉년이라도 농사에 여전히 힘써야 함을 뜻하는 것으로 풀이하기도 함.

【勸分】자신이 가진 것(식량)을 남에게 나누어 주도록 勸勉함.

❀ 508(僖21-4)

秋, 宋公·楚子·陳侯·蔡侯·鄭伯·許男·曹伯會于盂.
執宋公以伐宋.

가을, 송공宋公·초자楚子·진후陳侯·채후蔡侯·정백鄭伯·허남許男·조백曹伯이 우盂에서 만났다.
송공을 잡은 뒤 송나라를 쳤다.

【盂】宋나라 땅. 지금의 河南 睢縣 동남쪽 盂亭.《公羊傳》에는 '霍',《穀梁傳》에는 '雩'로 되어 있음.《史記》年表에 "襄公十二年, 召楚盟"이라 함.
【楚子】經文에 楚君을 '楚子'라 한 것은 이곳이 처음임.《史記》楚世家에 "三十三年, 宋襄公欲爲盟會, 召楚. 楚王怒曰:「召我, 我將好往襲辱之」遂行, 至盂, 遂執辱宋公, 已而歸之"라 함.
【執】《公羊傳》에 "孰執之? 楚子執之. 曷爲不言楚子執之? 不與夷狄之執中國也"라 하였고, 杜預 注에는 "不言楚執宋公者, 宋無德而爭盟, 爲諸侯所疾, 故總見衆國共執之文"이라 함.

⟨傳⟩
秋, 諸侯會宋公于盂.
子魚曰:「禍其在此乎! 君欲已甚, 其何以堪之?」
於是楚執宋公以伐宋.
冬, 會于薄以釋之, 子魚曰:「禍猶未也. 未足以懲君.」

가을, 제후들이 송宋 양공襄公을 우盂에서 만났다.
자어子魚가 말하였다.
"화근은 바로 여기에서 시작되는가? 임금의 욕심이 너무 심하니 제후들이 어찌 참아내겠는가?"

이에 초楚나라가 양공을 포로로 잡고 송나라를 친 것이다.

겨울, 박薄에서 제후들과 모임을 가진 뒤 풀어주자 자어는 다시 이렇게 말하였다.

"재앙이 아직 끝난 것이 아니다. 임금을 이 정도로 응징하는 것으로는 아직 충분하지 않기 때문이다."

【子魚】公子 目夷. 宋 襄公(妓父)의 庶兄.《公羊傳》에는 "宋公與楚子期以乘車之會. 公子目夷諫曰:「楚, 夷國也, 彊而無義, 請君以兵車之會往.」宋公曰:「不可. 吾與之約以乘車之會, 自我爲之, 自我墮之, 曰: 不可.」終以乘車之會往. 楚人果伏兵車, 執宋公, 以伐宋. 宋公謂公子目夷曰:「子歸守國矣! 國, 子之國也. 吾不從子之言以至乎此.」公子目夷復曰:「君雖不言國, 國, 固臣之國也.」於是歸設守械而守國. 楚人謂宋人曰:「子不與我國, 吾將殺子君矣.」宋人應之曰:「吾賴社稷之神靈, 吾國已有君矣.」楚人知雖殺宋公, 猶不得宋國, 於是釋宋公. 宋公釋乎執, 走之衛. 公子目夷復曰:「國爲君守之, 君何爲不入?」然後逆襄公歸"라 함.

【薄】'亳'과 같음. 宋나라 땅. 지금의 河南 商丘 서북쪽. 고대 殷(商)나라가 일시 도읍으로 삼았던 곳. 宋나라는 商의 후손이었음.

※ 509(僖21-5)

冬, 公伐邾.

겨울, 공이 주邾나라를 쳤다.

【公伐邾】이는 邾나라가 須句國을 멸망시켰기 때문임.
＊無傳

※ 510(僖21-6)

　楚人使宜申來獻捷.

　초楚나라가 의신宜申을 노魯나라에 보내어 전리품을 바쳤다.

【宜申】楚나라 대부 鬪宜申.
【獻捷】楚나라가 宋나라를 쳐서 얻은 전리품을 바쳐옴.
＊無傳

※ 511(僖21-7)

　十有二月癸丑, 公會諸侯盟于薄, 釋宋公.

　12월 계축날, 공이 제후들과 만나 박薄에서 동맹을 맺고 송공宋公을 풀어 주었다.

【癸丑】12월 10일.
【薄】亳. 지금의 河南 商丘縣 서북쪽. 魯나라는 盂之會에는 참여하지 않았으나 이곳 薄之會에는 참여함.

㊉
任·宿·須句·顓臾, 風姓也, 實司太皞與有濟之祀, 以服事諸夏.
邾人滅須句, 須句子來奔, 因成風也.
成風爲之言於公曰:「崇明祀, 保小寡, 周禮也; 蠻夷猾夏, 周禍也.
若封須句, 是崇皞·濟而脩祀, 紓禍也.」

임任·숙宿·수구須句·전유顓臾는 모두 풍성風姓의 나라들로서 그 조상 태호太皥와 제수濟水의 제사를 맡아 지내면서 중원의 제후들에게 복종하여 섬겨왔다.

그런데 주邾나라가 수구를 멸망시키자 수구의 임금이 노 희공의 친모인 성풍成風과의 인연을 믿고 노나라로 도망왔다.

성풍이 그를 위해 희공에게 이렇게 말하였다.

"신령에 대한 제사를 숭상하고, 작고 약한 나라를 돕는 것이 주周나라의 예禮라오. 만이蠻夷가 중국을 어지럽히는 것은 주나라에게는 재앙이라오. 만약 수구나라를 다시 일으킨다면 이는 태호와 제수의 신을 숭상하여 제사를 지내는 것과 같으니 이로써 재앙을 덜도록 하시오."

【任】지금의 山東 濟寧市에 있던 나라.
【宿】지금의 山東 東平縣 동쪽. 隱公 원년을 볼 것.
【須句】지금의 山東 須昌縣 서북쪽.《公羊傳》에는 '須朐'로 되어 있으며, 杜預 注에 "須句, 在東平須昌縣西北"이라 함.
【顓臾】魯나라의 附庸國. 지금의 山東 費縣 서북쪽 顓臾城. 이상 네 나라 모두 太皥 伏羲氏의 후손으로 風姓이었음.《論語》季氏篇에 "季氏將伐顓臾. 冉有·季路見於孔子曰:「季氏將有事於顓臾.」孔子曰:「求! 無乃爾是過與? 夫顓臾, 昔者, 先王以爲東蒙主, 且在邦域之中矣, 是社稷之臣也. 何以伐爲?」"라 함.
【太皥】중국의 시조 伏羲氏. 風姓. 伏戲·宓羲·庖犧·炮犧 등으로도 표기함.
【有濟】山東을 흐르는 濟水의 水神.〈正義〉에 "四國封近於濟, 故世祀之"라 함.
【成風】成風은 須句나라에서 시집왔으며 魯 僖公의 親母.
【蠻夷猾華】'夏'는 諸夏. 中原을 뜻함.《尙書》舜典에 "帝曰:「皐陶, 蠻夷猾夏, 寇賊姦宄, 汝作士, 五刑有服, 五服三就, 五流有宅, 五宅三居, 惟明克允.」"이라 함.
【紓禍】'紓'는 '느슨하게 하다, 덜다, 줄이다'의 뜻.

085. 僖公 22年(B.C.638) 癸未

周	襄王(姬鄭) 15년	齊	孝公(昭) 5년	晉	惠公(夷吾) 13년	衛	文公(燬) 22년
蔡	莊公(甲午) 8년	鄭	文公(捷) 35년	曹	共公(襄) 15년	陳	穆公(款) 10년
杞	成公 17년	宋	襄公(玆父) 13년	秦	穆公(任好) 22년	楚	成王(頵) 34년
許	僖公(業) 18년						

※ 512(僖22-1)

二十有二年春, 公伐邾, 取須句.

22년 봄, 공이 주邾나라를 쳐서 수구須句를 취하였다.

【邾·須句】《公羊傳》에는 '邾'는 '邾婁', '須句'는 '須朐'로 되어 있음.

㊉
二十二年春, 伐邾, 取須句, 反其君焉, 禮也.

22년 봄, 희공이 주邾나라를 쳐서 수구須句를 다시 찾아 수구의 군주가 돌아갈 수 있도록 해 주었는데 이는 예에 맞는 일이었다.

【禮】앞서 成風이 말한 '撫恤寡小'의 덕을 베푼 것임을 말함.

㊚
三月, 鄭伯如楚.

3월, 정鄭나라 군주가 초楚나라에 갔다.

【鄭伯】당시 鄭나라 임금은 文公(捷)이었음.

※ 513(僖22-2)
夏, 宋公·衛侯·許男·滕子伐鄭.

여름, 송공宋公·위후衛侯·허남許男·등자滕子가 정鄭나라를 쳤다.

【伐鄭】宋 襄公이 패자를 자처하고 있음에도 鄭나라가 楚나라와 가까워지는 것에 불만을 품고 鄭나라를 친 것.

㊚
夏, 宋公伐鄭.
子魚曰:「所謂禍在此矣.」

여름, 송宋 양공襄公이 정鄭나라를 치자 자어子魚가 말하였다.
"내가 말했던 재앙은 여기에서 비롯되리라."

【子魚】宋나라 대부. 襄公의 庶兄 目夷.
【禍】楚나라가 벼르고 있는데도 鄭나라를 치면 결국 초나라의 공격을 받게 될 것임을 말한 것임.

㊅

初, 平王之東遷也, 辛有適伊川, 見被髮而祭于野者, 曰:「不及百年, 此其戎乎! 其禮先亡矣.」
秋, 秦・晉遷陸渾之戎于伊川.

당초, 주周 평왕平王이 동쪽 낙양洛陽으로 옮겼을 때, 대부 신유辛有가 이천伊川에 갔더니 머리를 풀어헤친 채 들판에서 제사를 지내는 사람을 보게 되어 신유는 이렇게 말하였다.
"백 년이 이르기 전에 이 땅은 융족戎族이 차지하려나! 그보다 앞서 중국의 예禮가 먼저 없어지게 되리라."
가을, 진秦나라와 진晉나라가 육혼陸渾의 융을 이천으로 이주시켰다.

【平王東遷】西周(鎬京)가 幽王 때 망하자 太子 宜臼가 B.C.770년 동쪽 洛邑으로 옮겨 주 왕실을 다시 일으켜 東周가 됨. 이가 東周 첫 임금 平王임.
【辛有】平王의 신하. 옮겨갈 곳을 먼저 알아보고자 洛陽 근처 伊川을 답사한 것. 그의 둘째 아들이 晉나라에 가서 董史가 됨. 昭公 15년을 볼 것.
【伊川】伊水, 伊河. 河南 嵩縣과 伊川縣 사이를 흐르는 물로 洛陽과 가까움.
【被髮】오랑캐 풍속. 披髮과 같음. 《論語》憲問篇에 "微管仲, 吾其被髮左衽矣"라 함.
【禮】中原 諸夏의 문명을 뜻함.
【陸渾】지금의 河南 嵩縣. 이곳의 戎族은 允姓으로 원래 甘肅 安西縣 서남 瓜州城에 살고 있었음.

㊅

晉大子圉爲質於秦, 將逃歸, 謂嬴氏曰:「與子歸乎?」
對曰:「子, 晉大子, 而辱於秦. 子之欲歸, 不亦宜乎? 寡君之使婢子侍執巾櫛, 以固子也. 從子而歸, 弃君命也. 不敢從. 亦不敢言.」
遂逃歸.

진晉나라 태자 어圉가 진秦나라에 인질로 있다가 장차 도망쳐 귀국하고자 부인 영씨嬴氏에게 말하였다.

"당신도 함께 돌아가겠소?"

영씨가 대답하였다.

"당신은 진晉나라 태자면서 진秦나라에서 곤욕을 치르고 있습니다. 당신이 돌아가려 하시는 것은 당연한 것이 아니겠습니까? 우리 임금께서 저로 하여금 수건과 빗을 들고 당신을 시중들게 하신 것은 당신을 붙들어 두기 위함입니다. 당신을 따라가는 것은 우리 임금의 명령을 저버리는 일이니 감히 따라갈 수는 없으나 그렇다고 감히 발설하지도 않겠습니다."

마침내 태자는 도망하여 귀국하였다.

【太子圉】晉 惠公의 태자. 뒤에 懷公으로 올랐으나 즉시 重耳(文公)에게 高梁에서 죽음을 당함. 僖公 17년을 볼 것.
【嬴氏】懷嬴. 秦 穆公의 딸. 태자 圉가 秦나라에 인질로 있을 때 穆公이 자신의 딸을 주어 그의 아내로 삼은 것. 《史記》晉世家에 "十三年, 晉惠公病, 內有數子. 大子圉曰:「吾母家在梁, 梁今秦滅之, 我外輕於秦而內無援於國. 君卽不起, 病大夫輕更立他公子.」乃謀與其妻俱亡歸"라 함.
【婢子】부인이 자신을 낮추어 부르는 칭호. 《禮記》曲禮(下)에 "自世婦以下自稱曰婢子"라 함.
【巾櫛】부인이 남편을 모심을 뜻함. 수건과 빗.

⑬

富辰言於王曰:「請召大叔.《詩》曰:『協比其鄰, 昏姻孔云.』吾兄弟之不協, 焉能怨諸侯之不睦?」

王說.

王子帶自齊復歸于京師, 王召之也.

주周나라 대부 부진富辰이 양왕襄王에게 건의하였다.

"태숙大叔을 불러들이시길 청합니다. 《시》에 '이웃과 서로 화합하여 인척과 통하듯이 하라'라 하였습니다. 그런데 자신의 형제와 화합하지 못하면서 어찌 제후들이 서로 화목하게 지내지 않는다고 탓할 수 있겠습니까?"
왕은 기꺼워하였다.
이리하여 왕자 대帶가 제齊나라로부터 경사京師로 돌아왔으니 이는 왕이 불러들였기 때문이다.

【富辰】周나라 대부.
【王】周 襄王. 姬鄭. B.C.651~619년까지 33년간 재위함.
【大叔】周나라 왕자 帶. 僖公 12년 齊나라로 도망하였던 인물. '大'는 '太'와 같으며 '태'로 읽음.
【詩】《詩經》小雅 正月篇에 "彼有旨酒, 又有嘉殽. 洽比其鄰, 昏姻孔云. 念我獨兮, 憂心慇慇. 佌佌彼有屋, 蔌蔌方有穀. 民今之無祿, 天夭是椓. 哿矣富人, 哀此惸獨"이라 하여 '協比'는 '洽比'로 되어 있음.

※ 514(僖22-3)

秋八月丁未, 及邾人戰于升陘.

가을 8월 정미날, 주邾나라와 승형升陘에서 싸웠다.

【丁未】8월 8일.
【升陘】魯나라 땅. 지금의 山東 曲阜縣 서남쪽.

傳
邾人以須句故出師.
公卑邾, 不設備而禦之.

臧文仲曰:「國無小, 不可易也. 無備, 雖眾, 不可恃也.《詩》曰:
『戰戰兢兢, 如臨深淵, 如履薄冰.』又曰:『敬之敬之! 天惟顯思, 命不
易哉!』先王之明德, 猶無不難也, 無不懼也, 況我小國乎? 君其無
謂邾小. 蠭蠆有毒, 而況國乎!」
弗聽.
八月丁未, 公及邾師戰于升陘, 我師敗績.
邾人獲公冑, 縣諸魚門.

주邾나라가 수구須句나라의 일로 노나라로 출병하였다.
희공은 주나라를 깔보아 방비防備를 제대로 갖추지 않고 막으려 하였다.
장문중臧文仲이 말하였다.
"나라에서는 크고 작음에 관계없이 얕잡아 보아선 안 됩니다. 방비가 없으면 비록 무리가 많다 해도 기댈 수 없습니다.《시》에 '두려워 벌벌 떨듯이 하고 깊은 못가에 서 있듯이, 얇은 얼음을 밟듯이 하라'라 하였습니다. 또 '삼가고 삼가도록 하라! 하늘이 밝으니 천명을 어길 수 없느니라!'라 하였습니다. 선왕의 밝은 덕은 어느 하나 두렵게 여기지 않을 것이 없었습니다. 하물며 우리는 작은 나라이니 더 말할 나위가 있겠습니까? 임금께서는 주나라가 작다고 얕보시면 안 됩니다. 벌이나 전갈 같은 것들도 독毒을 지니고 있는데 하물며 나라라면 더 말할 것이 있겠습니까?"
희공은 그 말을 듣지 않았다.
8월 정미날, 공은 주나라와 승형升陘에서 싸웠으나 우리 군사가 크게 패하였다.
주나라가 희공의 투구를 얻어 이를 자신의 어문魚門에 걸어두었다.

【須句故】僖公 21년 등을 참조할 것.
【臧文仲】臧孫辰. 魯나라 대부. 臧孫達의 아들. 성은 臧孫, 이름은 辰. 仲은 字. 시호가 文이었음. 魯나라에서 賢大夫로 알려진 인물.《論語》에 여러 차례 등장함.
【詩】《詩經》小雅〈小旻篇〉에 "國雖靡止, 或聖或否. 民雖靡膴, 或哲或謀, 或肅或艾. 如彼泉流, 無淪胥以敗. 不敢暴虎, 不敢馮河. 人知其一, 莫知其它. 戰戰

兢兢, 如臨深淵, 如履薄冰"이라 하였고, 周頌 〈敬之篇〉에는 "敬之敬之, 天維顯思, 命不易哉. 無曰高高在上, 陟降厥士, 日監在玆. 維予小子, 不聰敬止. 日就月將, 學有緝熙于光明. 佛時仔肩, 示我顯德行"이라 함.
【蠭蠆】 '蠭'은 '蜂'과 같음. 벌. '蠆'는 '채'로 읽으며 전갈. 모두 毒蟲을 뜻함.
【丁未】 8월 8일.
【敗績】 全軍이 대패하였을 때 쓰는 말. 莊公 11년 傳에 "凡師, 敵未陳曰敗某師, 皆陳曰戰, 大崩曰敗績"이라 함.
【冑】 투구. 盔
【縣】 '懸'과 같음. '달아매다'의 뜻.
【魚門】 주나라 도성의 문 이름. 《禮記》 檀弓(上)에 "邾婁復之以矢, 蓋自戰於升陘始也"라 하였고, 鄭玄 注에 "戰於升陘, 魯僖二十二年秋也. 時師雖勝, 死傷亦甚, 無衣可以招魂"이라 함.

㊉

楚人伐宋以救鄭.
宋公將戰, 大司馬固諫曰:「天之弃商久矣, 君將興之, 弗可赦也已.」
弗聽.

초楚나라가 송宋나라를 쳐서 정鄭나라를 구하였다.
송宋 양공襄公이 장차 싸움을 벌이려 하자 대사마大司馬 고固가 간하였다.
"하늘이 상(商(殷), 宋)나라를 버린 지 오래되었습니다. 임금께서 다시 일으키려 해도 하늘이 용서하지 않을 것입니다."
양공은 그 말을 듣지 않았다.

【大司馬固】 莊公의 손자. 公孫固. 《史記》 宋世家 〈正義〉에는 《世本》을 인용하여 "宋莊公孫名固, 爲大司馬"라 하였고, 《國語》 晉語(4)에도 公孫固가 大司馬가 되었다 하였음.
【天之弃商久矣】 宋은 周나라에 의해 멸망당한 商(殷)의 후예이며 흔히 宋을 殷(商)으로 대신 부르기도 함. 杜預 注에 "言君興天所弃, 必不可, 不如赦楚勿與戰"이라 함.

515(僖22-4)

冬十有一月己巳朔, 宋公及楚人戰于泓, 宋師敗績.

겨울 11월 기사날 초하루, 송宋 양공襄公이 초楚나라와 홍泓에서 싸웠으나 송나라 군사가 크게 패하였다.

【泓】泓水. 지금의 河南 柘城縣을 흐르는 渙水의 지류. 지금은 묻히고 없다 함.
【敗績】全軍이 대패하였을 때 쓰는 말. 莊公 11년 傳에 "凡師, 敵未陳曰敗某師, 皆陳曰戰, 大崩曰敗績"이라 함.

(傳)
冬十一月己巳朔, 宋公及楚人戰于泓.
宋人旣成列, 楚人未旣濟.
司馬曰:「彼衆我寡, 及其未旣濟也, 請擊之.」
公曰:「不可.」
旣濟而未成列, 又以告.
公曰:「未可.」
旣陳而後擊之, 宋師敗績.
公傷股, 門官殲焉.
國人皆咎公.
公曰:「君子不重傷, 不禽二毛. 古之爲軍也, 不以阻隘也. 寡人雖亡國之餘, 不鼓不成列.」
子魚曰:「君未知戰. 勍敵之人, 隘而不列, 天贊我也; 阻而鼓之, 不亦可乎? 猶有懼焉. 且今之勍者, 皆吾敵也. 雖及胡耇, 獲則取之, 何有於二毛? 明恥·敎戰, 求殺敵也. 傷未及死, 如何勿重? 若愛重傷, 則如勿傷; 愛其二毛, 則如服焉. 三軍以利用也, 金鼓以聲氣也. 利而用之, 阻隘可也; 聲盛致志, 鼓儳可也.」

겨울 11월 기사날 초하루, 송宋 양공襄公이 초楚나라와 홍수泓水에서 싸웠다.

　　그때 송나라는 이미 진열을 가다듬어 전투태세를 갖추었으나 초나라는 강을 채 건너지 못하고 있었다.

　　사마司馬가 말하였다.

　　"저들은 많고 우리는 수가 적으니 저들이 아직 건너지 못하고 있을 때 공격하시길 청합니다."

　　그러자 양공이 말하였다.

　　"안 되오."

　　이윽고 초나라가 강을 다 건넜으나 아직 진열을 갖추지 못하고 있을 때 대사마가 다시 공격할 것을 청하였다.

　　그러자 양공은 말하였다.

　　"아직 안 되오."

　　초나라 군사가 진열을 다 갖춘 다음 공격하였으나 송나라는 크게 패하고 말았다.

　　양공은 넓적다리에 부상을 입었으며 문을 지키던 호위병은 모두 섬멸당하고 말았다.

　　송나라 사람들은 모두가 양공을 탓하였다.

　　양공이 말하였다.

　　"군자는 부상당한 자를 거듭 공격하지 않고, 반백半白이 된 늙은이는 포로로 잡지 않는 법이오. 옛날에는 군인이 되어 적의 불리한 때를 틈타 이기려 들지 않았소. 과인이 비록 멸망한 나라의 후손이긴 하나 진열을 갖추지 않은 적을 향해 공격의 북을 울릴 수는 없었소."

　　자어子魚가 말하였다.

　　"임금께서는 전투에 대해 알지 못합니다. 강한 적이 불리한 조건에 진열도 갖추지 못하였다는 것은 하늘이 우리를 돕는다는 뜻입니다. 그러니 적이 불리할 때 진격의 북을 치는 것이 옳지 않습니까? 그래도 오히려 우리가 이길 수 있을지 걱정이 되는 것입니다. 또한 지금 적은 강한 자들이며 모두가 우리의 적입니다. 비록 팔구십 먹은 늙은이라 해도 잡을 수 있으면

잡아야 합니다. 그런데 어찌 반백을 구분하겠습니까? 군사들에게 부끄러움을 알게 하고 싸우는 법을 가르치는 것은 적을 죽이길 요구하기 때문입니다. 상대가 부상을 입어 아직 죽지 않았다고 어찌 거듭 공격을 하지 않을 수 있습니까? 만약 중상을 입은 자를 가엽게 여긴다면 그들이 상해를 입지 않도록 해야 하며, 반백이 된 자가 불쌍하다면 차라리 적에게 항복하는 편이 낫지요. 삼군三軍이란 유리한 방법을 활용하는 것이요, 징과 북을 치는 것은 사기를 오르도록 하기 위함입니다. 유리한 방법을 이용하여 싸우려면 적이 불리할 때 쳐야 합니다. 징과 북소리가 크게 울리면 투지가 오르게 마련이니 적이 어수선할 때 진격의 북을 치는 것이 옳습니다."

【司馬】宋 襄公의 庶兄인 公子 目夷(子魚). 본 장의 일은 《史記》에서 '宋襄之仁'의 대표적인 사례로 거론하고 있음. 《公羊傳》에 "宋公與楚人期戰于泓之陽, 楚人濟泓而來, 有司復曰:「請迨其未畢濟而擊之」宋公曰:「不可. 吾聞之也, 君子不厄人. 吾雖喪國之餘, 寡人不忍行也.」旣濟, 未畢陳, 有司復曰:「請迨其未畢陳而擊之」宋公曰:「不可. 吾聞之也, 君子不鼓不成列.」已陳, 然後襄公鼓之, 宋師大敗"라 하였고, 《史記》宋世家에는 "冬, 十一月, 襄公與楚成王戰于泓. 楚人未濟, 目夷曰:「彼衆我寡, 及其未濟擊之」公不聽. 已濟未陳, 又曰:「可擊」公曰:「待其已陳.」陳成, 宋人擊之. 宋師大敗, 襄公傷股. 國人皆怨公. 公曰:「君子不困人於阨, 不鼓不成列.」子魚曰:「兵以勝爲功, 何常言與! 必如公言, 卽奴事之耳, 又何戰爲?」楚成王已救鄭, 鄭享之; 去而取鄭二姬以歸. 叔瞻曰:「成王無禮, 其不沒乎? 爲禮卒於無別, 有以知其不遂霸也.」"라 함.
【門官】문을 지키는 관리. 호위병.
【重傷】이미 상처를 입은 적을 다시 공격함.
【不禽二毛】'禽'은 '擒'과 같음. '二毛'는 머리털 색깔이 두 가지인 사람. 즉 노인을 가리킴. '半白, 斑白, 頒白'의 뜻. 《穀梁傳》에 "古者不重創, 不禽二毛"라 하였고, 《淮南子》汜論訓에도 "古之伐國, 不殺黃口, 不獲二毛, 於古爲義, 於今爲笑"라 함.
【阻隘】험하고 좁은 지형으로 불리한 조건을 말함. 杜預 注에 "不因阻隘以求勝"이라 함.
【亡國之餘】宋나라는 망한 殷나라의 후예임을 말함.
【勍敵】'勍'은 '勁, 强'과 같음.

【胡耇】 80~90세 늙은이. 《周書》諡法에 "彌年壽考曰胡"라 하였고 《爾雅》에는 "耇, 壽也"라 함.
【三軍】 송나라는 三軍을 가질 수 있었음.

㊉
丙子晨, 鄭文夫人芊氏·姜氏勞楚子於柯澤.
楚子使師縉示之俘馘.
君子曰:「非禮也. 婦人送迎不出門, 見兄弟不踰閾, 戎事不邇女器.」
丁丑, 楚子入饗于鄭, 九獻, 庭實旅百, 加籩豆六品.
饗畢, 夜出, 文芊送于軍.
取鄭二姬以歸.
叔詹曰:「楚王其不沒乎! 爲禮卒於無別. 無別不可謂禮, 將何以沒?」
諸侯是以知其不遂霸也.

병자날 새벽, 정鄭 문공文公의 부인 미씨芊氏와 강씨姜氏가 가택柯澤에서 초楚 성왕成王을 위로하였다.
초 성왕은 악사樂師 진縉으로 하여금 정나라 군사 포로의 시신에서 잘라낸 귀를 부인들에게 보여주도록 하였다.
군자가 말하였다.
"이는 예가 아니다. 부인은 사람을 보내고 맞이할 때 문을 나서지 않는 법이다. 형제를 만날 때도 문지방을 넘지 않는다. 군사와 관련된 일의 물건은 여인에게 가까이 보여주지 않는 법이다."
정축날, 초 성왕이 정나라 도성에 들어가 대접을 받을 때 구헌九獻의 예를 갖추었고 뜰에는 1백 가지의 예물을 늘어놓았으며 잔칫상에는 변두邊豆에 여섯 가지 음식을 가득히 올렸다.
잔치가 끝나고 밤이 되어 초 성왕이 떠나려 하자 정 문공의 부인 문미文芊가 그를 군영까지 바래다주었다.

이때 초나라 군주는 정나라의 두 공녀公女를 함께 데리고 돌아갔다.

정나라 대부 숙첨叔詹이 말하였다.

"초 성왕은 좋은 죽음을 맞이하지 못할 것이다! 예를 마침에 남녀구별을 하지 않았다. 남녀구별이 없는 것은 예라 이를 수가 없으니 장차 어찌 명대로 살겠는가?"

제후들은 이로써 그가 패자가 될 수 없음을 알게 되었다.

【丙子】11월 8일.

【鄭文夫人】鄭나라 文公의 부인.

【羋氏】'羋'는 楚나라 성씨. 초나라 출신이었음. 文公의 부인이며 羋姓이므로 그를 '文羋'라 부름.

【姜氏】齊나라 출신의 文公 부인. 姜은 제나라 성씨.

【柯澤】정나라 땅. 지금의 河南 新鄭縣 동남.

【師縉】초나라의 樂師. '師'는 악사(장님)의 이름 앞에 붙이는 접두어. '縉'은 그의 이름. 〈正義〉에 "書傳所言師曠·師曹·師蠲之類, 皆是樂師, 知此師縉亦樂師也"라 함.

【馘】'괵'으로 읽으며 적병의 시신이나 포로의 왼쪽 귀를 잘라 전공으로 삼은 것.

【戎事】전쟁에 관한 일.

【丁丑】11월 9일.

【九獻】원래 周나라 上公을 대접할 때 술을 아홉 번 따라 올리는 예.

【旅百】백 가지 물건. 예물. 장공 22년을 볼 것.

【籩豆】잔칫상. 음식상.

【鄭二姬】文羋의 두 딸. 혹은 姬姓을 가진 정나라의 두 公女라고도 함.

【叔詹】鄭나라 대부. 鄭詹. 《史記》 宋世家와 《公羊傳》에는 '叔瞻'으로 되어 있음.

【不沒】제 명에 죽지 못함. 장수하지 못함. 횡액을 만나 죽을 것임을 말함.

【無別】남녀 사이의 구별을 제대로 지키지 않음. 《史記》 宋世家에 "楚成王已救鄭, 鄭享之; 去而取鄭二姬以歸. 叔瞻曰:「成王無禮, 其不沒乎? 爲禮卒於無別, 有以知其不遂霸也.」"라 함.

086. 僖公 23年(B.C.637) 甲申

周	襄王(姬鄭) 16년	齊	孝公(昭) 6년	晉	惠公(夷吾) 14년	衛	文公(燬) 23년
蔡	莊公(甲午) 9년	鄭	文公(捷) 36년	曹	共公(襄) 16년	陳	穆公(款) 11년
杞	成公 18년	宋	襄公(玆父) 14년	秦	穆公(任好) 23년	楚	成王(頵) 35년
許	僖公(業) 19년						

※ 516(僖23-1)

二十有三年春, 齊侯伐宋, 圍緡.

23년 봄, 제齊 효공孝公이 송宋나라를 쳐 민緡을 포위하였다.

【齊侯】당시 齊나라 군주는 孝公(姜潘)이었음.
【緡】지금의 山東 金鄕縣 동쪽 緡城阜.《穀梁傳》에는 '閔'으로 되어 있음. 緡은 본래 고대 小國으로 昭公 4년 傳에 "有緡叛之"라 하였음.

傳
二十三年春, 齊侯伐宋, 圍緡, 以討其不與盟于齊也.

23년 봄, 제후齊侯가 송宋나라를 쳐서 민緡을 포위한 것은 제나라에서 제후들이 동맹을 맺을 때 송나라가 참여하지 않은 것을 성토하기 위한 것이었다.

【不與盟于齊】僖公 19년 제후들이 齊나라에 모여 齊 桓公의 덕을 이어갈 것을 합의할 때 宋 襄公은 참여하지 않았으며, 도리어 僖公 21년 송 양공이 齊侯를 鹿上으로 불러 동맹을 맺고자 했던 일을 불쾌하게 여긴 것임.

※ 517(僖23-2)
夏五月庚寅, 宋公茲父卒.

여름 5월 경인날, 송공宋公 자보茲父가 죽었다.

【庚寅】5월 25일.
【茲父】宋 襄公의 이름. B.C.650~637년까지 14년간 재위하였으며 패자가 되고자 안쓰럽게 고생했던 군주.《史記》宋世家에는 '慈甫'로,《公羊傳》에는 '慈父'로 표기하였으며 司馬遷은 그를 春秋五霸의 하나로 여겼음.

㊛
夏五月, 宋襄公卒, 傷於泓故也.

여름 5월, 송宋 양공襄公이 죽은 것은 홍수泓水에서 일어난 싸움에서 부상을 입은 것 때문이었다.

【泓】宋襄之仁의 고사를 낳은 楚나라와 泓水의 싸움에서 패하고 넓적다리에 부상을 입었음. 僖公 22년의 經文 및 傳文을 참조할 것.《韓非子》外儲說左上에 "公傷股, 三日而死"라 하였으나 내용에 맞지 않음.

518(僖23-3)

秋, 楚人伐陳.

가을, 초楚나라가 진陳나라를 쳤다.

【伐陳】陳나라가 宋나라와 가까이하며 楚나라를 멀리한 이유임.

傳
秋, 楚成得臣帥師伐陳, 討其貳於宋也.
遂取焦·夷, 城頓而還.
子文以爲之功, 使爲令尹.
叔伯曰:「子若國何?」
對曰:「吾以靖國也. 夫有大功而無貴仕, 其人能靖者與有幾?」

가을, 초楚나라 대부 성득신成得臣이 군사를 거느리고 가서 진陳나라를 친 것은 진나라가 두 마음을 품고 송宋나라에 의지하려 하였기에 토벌에 나선 것이다.

초나라는 마침내 초焦와 이夷를 빼앗고, 돈頓나라에는 성을 쌓은 뒤 돌아갔다.

조나라 영윤令尹 자문子文이 그 공적을 높이 기려 성득신에게 영윤 자리를 양보하려 하였다.

대부 숙백叔伯이 말하였다.

"당신은 나라를 어떻게 하려는 거요?"

자문이 대답하였다.

"나는 나라를 평온하게 하려는 것이오. 무릇 큰 공을 세웠는데도 높은 자리를 주지 않으면 그렇게 하고도 능히 나라를 평온하게 한 자가 몇 되겠소?"

【成得臣】楚나라 대부 子玉. 楚나라 슈尹이었음.
【焦·夷】'焦'는 陳나라 땅. 지금의 安徽 亳縣. 이 역시 진나라 읍으로 杜預 注에는 "夷, 一名城父라 하였으며 亳縣 동남쪽.
【頓】지금의 河南 商水縣 동남쪽에 있던 姬姓의 작은 제후국.
【子文】鬪子文. 鬪穀於菟. 당시 초나라 영윤.
【叔伯】초나라 대부 蒍呂臣. 杜預 注에 "叔伯, 楚大夫蒍呂臣也, 以爲子玉不任 슈尹"이라 함.

㊉

九月, 晉惠公卒.

懷公立, 命:「無從亡人, 期, 期而不至, 無赦.」

狐突之子毛及偃從重耳在秦, 弗召.

冬, 懷公執狐突, 曰:「子來則免.」

對曰:「子之能仕, 父敎之忠, 古之制也. 策名·委質, 貳乃避也. 今臣之子, 名在重耳, 有年數矣. 若又召之, 敎之貳也. 父敎子貳, 何以事君? 刑之不濫, 君之明也, 臣之願也. 淫刑以逞, 誰則無罪? 臣聞命矣.」

乃殺之.

卜偃稱疾不出, 曰:「〈周書〉有之:『乃大明服.』己則不明, 而殺人以逞, 不亦難乎? 民不見德, 而唯戮是聞, 其何後之有?」

9월, 진晉 혜공惠公이 죽었다.

회공懷公이 임금에 올라 이렇게 명을 내렸다.

"다른 나라로 망명 중인 중이를 따라가지 말라. 정해진 날까지 돌아오지 않는다면 용서하지 않을 것이다."

호돌狐突의 아들 호모狐毛와 호언狐偃은 공자 중이重耳를 따라 진秦나라에 있었는데 호돌은 이 두 아들을 부르지 않았다.

겨울, 회공이 호돌을 잡아 이렇게 말하였다.

"그대 아들들이 돌아온다면 죽음을 면하게 해주겠다."

호돌이 대답하였다.

"자식이 능히 벼슬에 나설 때가 되면 아버지는 충성을 가르치는 것이 예로부터의 법도입니다. 자기 이름을 신하의 간책簡策에 올리고 예물로 맹세하여 섬기면서 두 마음을 갖는다면 이는 죄가 됩니다. 지금 저의 아들들은 그 이름을 중이의 간책에 올린 지 여러 해가 되었습니다. 그런데 만약 다시 불러들인다면 자식들에게 두 마음을 갖도록 가르치는 것이 됩니다. 아버지로서 자식에게 두 마음을 갖도록 가르친다면 그들이 어찌 임금을 섬기겠습니까? 형벌을 남용하지 않는 것은 임금으로서 명석한 지혜이며 이는 제가 바라는 것입니다. 형벌을 마구 내려 무엇이든지 죄로 밝혀내고자 한다면 누군들 죄가 없겠습니까? 저는 명령을 잘 들었습니다."

회공은 호돌을 죽이고 말았다.

복언卜偃은 병을 핑계로 조정에 나가지 않은 채 이렇게 말하였다.

"《주서周書》에 '임금이 모든 일을 밝게 처리하면 백성은 알아서 복종한다'라 하였다. 임금 자신은 명확하지 못하면서 죄 없는 사람을 죽여 마음대로 한다면 백성들로 하여금 자신을 따르게 하는 것이 어렵지 않겠는가? 백성이 임금의 덕을 보지 못하고, 단지 죄 없는 사람을 살육하였다는 이야기만 듣는다면 그 어찌 후손이 잘 이어나갈 수 있겠는가?"

【惠公】獻公과 驪姬의 핍박으로 망명하였다가 군주가 된 夷吾. B.C.650~637년까지 14년간 재위함.

【懷公立】懷公은 太子 圉. 惠公의 아들. 惠公이 죽고 왕위에 올랐으나 高梁에서 重耳에게 죽음을 당하여 정식 왕이 되지 못함. 그 뒤를 文公(重耳)이 이음. 각본에는 '立'자가 없음. 王引之의 〈述聞〉에 "懷公下脫一'立'字, 則與上句不相承.《太平御覽》人事部五十九, 治道部二兩引此文, 皆作「懷公立, 命無從亡人」, 則宋初本尙有未脫'立'字者"라 함.《史記》晉世家에 "十四年九月, 惠公卒, 太子圉立, 是爲懷公"이라 함.

【亡人】다른 나라로 亡命한 사람. 공자 重耳.

【狐突】公子 重耳의 외조부.

【毛】狐突의 아들 狐毛. 重耳의 외삼촌.

【偃】狐偃. 역시 狐突의 아들. 重耳의 외삼촌.
【策名】竹簡에 그 이름을 적음.
【貳乃辟也】두 마음을 가진다면 이는 죄를 짓는 것임.《國語》晉語(9)에 "臣聞之: 委質爲臣, 無有二心; 爲質而策死, 古之法也"라 함.
【卜偃】당시 晉나라 점술가. 郭偃.
【周書】《書經》康誥篇에 "王曰:「嗚呼! 封. 有敍, 時乃大明服, 惟民其勑懋和. 若有疾, 惟民其畢棄咎, 若保赤子, 惟民其康乂. 非汝封刑人殺人, 無或刑人殺人. 非汝封又曰劓刵人, 無或劓刵人.」"이라 함.
【其何後之有?】杜預 注에 "言懷公必無後於晉, 爲二十四年殺懷公張本"이라 함.

※ 519(僖23-4)

冬十有一月, 杞子卒.

겨울 11월, 기자杞子가 죽었다.

【杞子】杞 成公. 杞나라 군주. 子爵. 이름은 王臣. 杞는 원래 姒姓의 제후국으로 周 武王이 夏禹의 후손 東樓公을 杞에 봉하여 雍丘에 살도록 하였음. 지금의 山東 安邱縣 동북쪽 杞城鎭.《史記》杞世家 集解에《世本》을 인용하여 "(德公) 立十八年, 生成公及桓公. 成公立十八年"이라 함.

(傳)
十一月, 杞成公卒.
書曰「子」, 杞, 夷也.
不書名, 未同盟也.
凡諸侯同盟, 死則赴以名, 禮也.
赴以名, 則亦書之, 不然則否, 辟不敏也.

11월, 기杞 성공成公이 죽었다.

경經에 자작子爵이라고 쓴 것은 오랑캐의 예를 좇았기 때문이다.

경에 그의 이름을 쓰지 않은 것은 기나라가 노나라와 동맹을 맺지 않은 관계였기 때문이었다.

무릇 동맹을 맺고 있던 제후가 죽으면 그 이름을 밝혀 부고하는 것이 예다.

그 경우에는 이를 기록하며, 그렇지 않을 경우에는 기록하지 않는 것이니 이는 부정확함을 피하기 위함이다.

【杞, 夷也】기나라는 이민족이 아니었지만 그 예를 제대로 갖추지 못하였음을 말함.
【不敏】'정확하지 않다'의 뜻. 명분을 제대로 밝히지 못할까 염려한 것. 杜預 注에 "敏, 猶審也"라 함.

傳

晉公子重耳之及於難也, 晉人伐諸蒲城.

蒲城人欲戰, 重耳不可, 曰:「保君父之命而享其生祿, 於是乎得人. 有人而校, 罪莫大焉. 吾其奔也.」

遂奔狄.

從者狐偃·趙衰·顚頡·魏武子·司空季子.

狄人伐廧咎如, 獲其二女, 叔隗·季隗, 納諸公子.

公子取季隗, 生伯儵·叔劉, 以叔隗妻趙衰, 生盾.

將適齊, 謂季隗曰:「待我二十五年, 不來而後嫁.」

對曰:「我二十五年矣, 又如是而嫁, 則就木焉. 請待子.」

處狄十二年而行.

過衛, 衛文公不禮焉.

出於五鹿, 乞食於野人, 野人與之塊.

公子怒, 欲鞭之.

子犯曰:「天賜也.」

稽首受而載之.

及齊, 齊桓公妻之, 有馬二十乘.

公子安之.

從者以爲不可.

將行, 謀於桑下.

蠶妾在其上, 以告姜氏.

姜氏殺之, 而謂公子曰:「子有四方之志, 其聞之者, 吾殺之矣.」

公子曰:「無之.」

姜曰:「行也! 懷與安, 實敗名.」

公子不可.

姜與子犯謀, 醉而遣之.

醒, 以戈逐子犯.

及曹, 曹共公聞其駢脅, 欲觀其裸, 浴, 薄而觀之.

僖負羈之妻曰:「吾觀晉公子之從者, 皆足以相國. 若以相, 夫子必反其國. 反其國, 必得志於諸侯. 得志於諸侯, 而誅無禮, 曹其首也. 子盍蚤自貳焉!」

乃饋盤飧, 寘璧焉.

公子受飧反璧.

及宋, 宋襄公贈之以馬二十乘.

及鄭, 鄭文公亦不禮焉.

叔詹諫曰:「臣聞天之所啓, 人弗及也. 晉公子有三焉, 天其或者將建諸, 君其禮焉! 男女同姓, 其生不蕃. 晉公子, 姬出也, 而至於今, 一也. 離外之患, 而天不靖晉國, 殆將啓之, 二也. 有三士, 足以上人, 而從之, 三也. 晉·鄭同儕, 其過子弟固將禮焉, 況天之所啓乎!」

弗聽.

及楚, 楚子饗之, 曰:「公子若反晉國, 則何以報不穀?」

對曰:「子·女·玉·帛, 則君有之; 羽·毛·齒·革, 則君地生焉. 其波及晉國者, 君之餘也; 其何以報君?」

曰:「雖然, 何以報我?」
對曰:「若以君之靈, 得反晉國. 晉·楚治兵, 遇于中原, 其辟君三舍. 若不獲命, 其左執鞭弭, 右屬櫜鞬, 以與君周旋.」
子玉請殺之.
楚子曰:「晉公子廣而儉, 文而有禮. 其從者肅而寬, 忠而能力. 晉侯無親, 外內惡之. 吾聞姬姓唐叔之後, 其後衰者也, 其將由晉公子乎! 天將興之, 誰能廢之? 違天, 必有大咎.」
乃送諸秦.
秦伯納女五人, 懷嬴與焉.
奉匜沃盥, 既而揮之.
怒, 曰:「秦·晉, 匹也, 何以卑我?」
公子懼, 降服而囚.
他日, 公享之.
子犯曰:「吾不如衰之文也, 請使衰從.」
公子賦〈河水〉, 公賦〈六月〉.
趙衰曰:「重耳拜賜!」
公子降, 拜, 稽首, 公降階一級而辭焉.
衰曰:「君稱所以佐天子者命重耳, 重耳敢不拜?」

진晉나라 공자 중이重耳에게 여희驪姬의 환난이 닥쳤을 때 진나라에서 그가 있는 포성蒲城을 쳤다.

이에 포성 사람들이 싸우려 하자 중이는 안 된다고 하며 이렇게 말하였다.

"군부君父의 명령을 잘 지켜 그 녹으로 살았기에 이렇게 많은 사람을 얻게 된 것이오. 그런데 지금 이 사람들을 이끌고 맞서 싸운다면 그보다 큰 죄가 없소. 내가 도망가면 그뿐이오."

그리고는 적狄 땅으로 도망하였다.

그를 따라 나선 자는 호언狐偃·조최趙衰·전힐顚頡·위무자魏武子·사공계자司空季子 등이었다.

적인이 장구여廧咎如를 치고, 그 두 딸 숙외叔隗와 계외季隗를 잡아와 공자 중이에게 바쳤다.

공자는 계외를 아내로 삼아 백숙伯儵과 숙류叔劉를 낳았고, 숙외는 조최에게 아내로 주어 조돈趙盾을 낳았다.

중이는 장차 제齊나라로 가려고 계외에게 말하였다.

"나를 기다리다가 25년간 돌아오지 않으면 개가하시오."

계외가 대답하였다.

"저는 25세입니다. 그런데 다시 25년이 흐른 다음 시집을 간다면 그때는 관棺 속으로 들어갈 나이입니다. 청컨대 그대를 기다리겠습니다."

중이는 이렇게 적 땅에서 12년을 있다가 떠났다.

그가 위衛나라를 지날 때, 위 문공文公이 그를 예우하지 않았다.

그리하여 위나라를 떠나 오록五鹿에 이르렀을 때는 농부에게 먹을 것을 구걸하였더니 농부는 그에게 흙덩이를 주는 것이었다.

공자가 노하여 매질을 하려 하였다.

그러자 자범子犯이 이렇게 말하였다.

"하늘이 하사하신 것입니다."

그래서 머리를 조아리며 그 흙덩이를 받아 수레에 실었다.

제齊나라에 이르자 제 환공桓公은 딸을 아내로 삼게 하고 말 20승도 주었다.

공자가 그곳에 안주하려 하자 그를 따르던 이들은 안 된다고 여겼다.

그리하여 장차 떠나고자 뽕나무 밑에 모여 이에 대해 논의를 하고 있었다.

그때 누에치는 여인이 그 위에 있다가 그 이야기를 듣고는 공자의 아내 강씨姜氏에게 일러바쳤다.

강씨는 그 여인을 죽이고 공자에게 이렇게 말하였다.

"당신은 천하를 다스릴 마음을 품고 있습니다. 떠나기 위해 모의하는 것을 엿들은 이를 제가 죽였습니다."

공자가 말하였다.

"그럴 마음 없소."

강씨가 말하였다.

"떠나십시오! 처자식에 연연하며 안주하려 하다가는 그 명성을 이루지 못합니다."

공자는 안 된다고 하였다.

그러자 강씨는 자범子犯과 책략을 꾸며 공자를 술에 취하게 한 뒤 떠나보냈다.

술이 깬 공자는 창을 들고 자범을 뒤쫓았다.

조曹나라에 이르자 조 공공共公은 중이의 갈비뼈가 서로 붙어 있다는 말을 들은 지라 그가 옷 벗은 모습을 보려고 중이가 목욕을 할 때 가까이 다가가 이를 살펴보았다.

조나라 대부 희부기僖負羈의 아내가 남편에게 말하였다.

"제가 진晉나라 공자를 따르는 이들을 보니 모두 상국相國이 되기에 족한 인물들입니다. 만약 그들이 공자를 돕는다면 공자는 틀림없이 자기 나라로 돌아가게 될 것입니다. 그가 돌아간다면 틀림없이 제후들 가운데 패자가 되고자 하는 뜻을 품을 것입니다. 그리고 제후들의 패자가 되면 무례하게 굴었던 자들을 주벌할 것이며, 그럴 경우 우리 조나라가 가장 먼저 당할 것입니다. 그런데 당신은 어찌 서둘러 다른 이들과 다른 태도를 보이지 않습니까!"

이에 희부기는 쟁반에 저녁밥을 담아 보내면서 그 안에 구슬을 넣었다.

그러나 공자는 음식만 받고 구슬은 돌려보냈다.

송宋나라에 이르자, 송 양공襄公은 그에게 말 20승을 주었다.

정鄭나라에 이르자, 정 문공文公은 그를 예로써 대접하지 않았다.

정나라 대부 숙첨叔詹이 문공에게 이렇게 간언하였다.

"제가 듣기로 하늘이 길을 열어주는 이는 다른 사람이 어찌지 못한다 하더이다. 진나라 공자 중이에게 세 가지가 있어 하늘이 장차 그를 진나라 군주로 세울지도 모릅니다. 임금께서는 그를 예우하십시오! 남녀가 같은 성姓이면 그 자식들이 번영하지 못한다고 하였지만 공자 중이는 희씨姬氏가 낳았지만 지금까지 무사히 살아있으니 이게 그 첫 번째입니다. 그가 외국을 떠돌며 어렵게 지내는 동안 하늘이 진나라를 평온하게 하지 않고 있으니 이는 거의 장래 그에게 길을 열어 주려 하는 것이니 이것이 두 번째입니다. 세 명의 사士들이 족히 남보다 뛰어나며 이들이 그를 따르고 있으니 이것이 그 세 번째입니다. 진나라와 우리 정나라는 같은 성을 가진 동족입니다. 따라서 우리나라를 거쳐 가는 자라면 그 나라의 자제일지라도 예우해야 하거늘 하물며 하늘이 길을 인도하는 자에게는 더 말할 나위가 있겠습니까!"

그러나 문공은 그의 말을 듣지 않았다.

초楚나라에 이르자 초 성왕成王이 잔치를 베풀어 대접하면서 말하였다.

"공자께서 만약 진나라로 돌아간다면 나에게 어떤 보답을 하겠소?"

중이가 대답하였다.

"미녀나 옥, 비단 같은 것이라면 임금께서는 이미 가지고 계실 테고, 좋은 깃털·모피·상아·가죽들도 임금의 땅에서 생산됩니다. 그것들이 진나라까지 미친다고 해도 임금께서 쓰고 남은 것일 테니 무엇으로 임금께 보답할 수 있을까요?"

초 성왕이 말하였다.

"비록 그렇다고 할지라도 보답할 무엇인가는 있지 않겠소?"

중이가 대답하였다.

"만약 군주의 도움으로 진나라에 돌아가 왕위에 오른다면 진나라와 초나라가 군사를 이끌고 중원中原에서 마주쳐 싸우게 될 경우, 제가 군주를 90리를 물러나 피해 드리겠습니다. 만약 그 때 군주께서 싸움을 그치자는 명을 내리시지 않는다면, 그때는 왼손에 편미鞭弭를 들고, 오른손에 고건櫜鞬을 든 채 군주를 향해 되돌아서서 싸우겠습니다."

초나라 영윤 자옥子玉이 중이를 죽여 없애자고 청하였다.

초 성왕이 말하였다.

"진나라 공자는 도량이 넓고 검소하며 문아하면서도 예를 갖추었소. 그를 따르는 이들은 정숙하고 너그러우며 충성스럽고 능력도 있소. 그런데 지금 진나라 혜공惠公은 가까운 자가 없어 나라 안팎으로 고통을 당하고 있소. 내가 듣기로 희성姬姓을 가진 나라 중에 당숙唐叔의 후예가 가장 늦게 쇠하리라 하였소. 바로 장차 중이로 말미암아 그렇게 될 거이오! 하늘이 앞으로 그를 흥하게 하려는데 누가 능히 그를 폐할 수 있겠소? 하늘의 뜻을 어기면 반드시 큰 재앙이 있는 것이라오."

그리하여 그를 진秦나라로 보내주었다.

진 목공穆公은 공자 중이에게 공녀公女 다섯을 주었는데 거기엔 회영懷嬴도 있었다.

회영이 주전자를 들고 중이가 손을 씻도록 대야에 물을 부어주자 중이가 손을 씻은 뒤 손을 털어 물을 뿌리는 것이었다.

회영이 화를 내며 말하였다.

"진秦나라와 진晉나라는 동등한 나라인데 어찌하여 저를 업신여기십니까?"

그러자 공자는 두려워하며 옷을 벗고 그 앞에 꿇어앉아 죄인처럼 빌었다.

어느 날, 진 목공이 중이를 위해 잔치를 베풀었다.

자범이 말하였다.

"저는 조최만큼 문장에 뛰어나지 않습니다. 그러니 조최를 대동하고 가십시오."

잔치에서 공자가 〈하수河水〉의 시를 읊자 진 목공은 〈유월六月〉의 시를 읊었다.

조최가 말하였다.

"중이께서는 절을 하고 술잔을 받으십시오!"

중이가 뜰로 내려가 절을 하고 머리를 조아리자 목공이 당상堂上에서 한 계단 내려가 절 받기를 사양하였다.

조최가 말하였다.

"군주께서 천자를 도울 자로서 중이를 지명하셨으니 중이로서 감히 절을 하지 않을 수 있겠습니까?"

【重耳之及於難】獻公과 驪姬의 미움으로 태자 申生이 자결하고 重耳는 蒲로, 夷吾는 屈로 두 공자가 몸을 피한 사건.
【蒲城】重耳가 도망하여 피하고 있던 곳. 지금의 山西 隰縣. 僖公 5년을 볼 것.
【奔狄】《史記》晉世家에 "狄, 其母國也. 是時重耳年四十三"이라 함.
【狐偃】狐突의 아들. 重耳의 외삼촌으로 '咎犯'으로도 부름.
【趙衰】'조최'로 읽음. 字는 子餘. 趙夙의 아우이며 重耳를 모신 대부. 趙盾, 趙同, 趙括의 아버지이며 시호는 成子. 趙成子로도 부름. 그 후손이 戰國시대 趙나라를 세움.
【顚頡】重耳를 따라나섰던 대부.

【魏武子】魏犨. 畢萬의 아들.《史記》晉世家에 "晉文公重耳自少好士, 年十七, 有賢士五人, 曰趙衰, 好偃咎犯, 文公舅也, 賈佗, 先軫, 魏武子. 從此五士, 其餘不名者數十人, 至狄"이라 함.

【司空季子】司空 벼슬을 지내던 이의 막내아들. 曰季. 胥臣.

【廧咎如】赤狄의 한 종족으로 지금의 山西 太原 일대에 살던 隗姓(媿姓)의 족속. 杜預 注에 "廧咎如, 赤狄之別種也"라 함.

【叔隗】포로가 된 장구여 赤狄의 여인으로 趙衰의 아내가 되어 趙盾을 낳음.

【季隗】叔隗의 여동생. 역시 赤狄 여인으로 重耳의 아내가 되어 伯儵과 叔劉를 낳음.《史記》晉世家에 "以長女妻重耳, 以少女妻趙衰"라 함.

【伯儵·叔劉】重耳와 赤狄 여인 季隗 사이에 난 두 아들. '伯儵'은 '伯儵'으로도 표기함.

【盾】趙盾. 趙衰와 叔隗 사이에 난 아들. '盾'은 '돈'으로 읽으며 趙宣子. 晉나라 충신이 되었으며 그 후손이 戰國시대 趙나라를 일으킴.

【就木】'木'은 '棺'을 뜻함. 25세에 다시 25년을 기다린다면 죽어 관 속으로 들어가게 된다는 뜻.

【處狄十二年】중이는 僖公 5년(B.C.655), 즉 晉 獻公 22년에 망명에 나서 僖公 16년(B.C.644)에 狄을 떠나 모두 12년을 머물렀음.

【衛文公】衛나라 文公. B.C.659~635년까지 25년간 재위함.《史記》衛世家에 "十六年, 晉公子重耳過, 無禮"라 함.

【五鹿】衛나라 땅. 지금의 河南 濮阳县 남쪽. 혹 河北 大名縣 동쪽이라고도 함.

【子犯】狐偃의 자字. 重耳의 외삼촌이며 대부. 舅犯.

【齊桓公】당시 제후들의 패자. 小白. B.C.685~643년까지 43년간 재위함.

【二十乘】전차 20승. 1승은 네 필 말. 따라서 말 80마리.

【曹共公】당시 曹나라 군주. 이름은 讓. B.C.652~618년까지 35년간 재위함.《史記》曹世家에 "共公十六年, 初, 晉公子重耳其亡過曹, 曹君無禮, 欲觀其駢脅. 釐負羈諫, 不聽, 私善於重耳"라 함.

【駢脅】옆구리 肋骨이 붙어 있음.

【薄而觀之】'薄'은 '迫'과 같음. 아주 가까이 다가가서 살펴봄.

【僖負羈】曹나라 대부.《史記》에는 '釐負羈'로 되어 있음. 僖公 28년의 傳文을 볼 것. 이 고사는《列女傳》仁智傳「曹僖氏妻」에 "曹大夫僖負羈之妻也. 晉公子重耳亡, 過曹, 恭公不禮焉. 聞其駢脅, 近其舍, 伺其將浴, 設微薄而觀之. 負羈之妻言於夫曰:「吾觀晉公子, 其從者三人, 皆國相也. 以此三人者皆善, 戮力以

輔人, 必得晉國, 若得反國, 必霸諸侯, 而討無禮, 曹必爲首. 若曹有難, 子必不免, 子胡不早自貳焉? 且吾聞之: 不知其子者視其父, 不知其君者視其所使. 今其從者皆卿相之僕也, 則其君必霸王之主也. 若加禮焉, 必能報施矣; 若有罪焉, 必能討過. 子不早圖, 禍至不久矣.」負羈乃遺之壺飱, 加璧其上. 公子受飱反璧. 及公子反國伐曹, 乃表負羈之閭, 令兵士無敢入, 士民之扶老攜弱而赴其閭者, 門外成市. 君子謂:「僖氏之妻能遠識.」《詩》云:『旣明且哲, 以保其身.』此之謂也. 頌曰:『僖氏之妻, 厥志孔白. 見晉公子, 知其興作. 使夫饋飱, 且以自託. 文伐曹國, 卒獨見釋.』」이라 하여 자세히 실려 있음.

【盍蚤自貳】'盍'은 '何不'의 合音字. '蚤'는 '早'와 같음. '貳'는 '異'와 같음. '어찌 미리 서둘러 다른 사람과 다른 태도로써 스스로 중이를 예우하지 않는가?'의 뜻.

【宋襄公】'宋襄之仁'의 고사를 낳은 송나라 군주. 이름은 玆父(慈甫).《史記》宋世家에 "是年, 晉公子重耳過宋, 襄公以傷於楚, 欲得晉援, 厚禮重耳以馬二十乘"이라 함.

【鄭文公】鄭나라 군주. 이름은 捷. B.C.672~628년까지 45년간 재위함.

【叔詹】鄭나라 대부. 鄭詹.《史記》宋世家와《公羊傳》에는 '叔瞻'으로 되어 있음.

【姬出也】重耳의 어머니는 大戎 狐姬로 姬氏였음. 莊公 28년을 볼 것.

【三士】杜預 注에 狐偃·趙衰·賈佗라 함.

【楚子】楚 成王. 子爵. B.C.671~626년까지 46년간 재위함.

【不穀】군주가 자신을 낮추어 부르는 칭호. 寡人과 같음.《老子》(39)에 "故貴以賤爲本, 高以下爲基. 是以侯王自謂孤·寡·不穀, 此非以賤爲本邪? 非歟?"라 함.

【三舍】1舍는 30里. 군사의 하루 행군 거리라 함. 莊公 3년에 "凡師一宿爲舍"라 함.

【鞭弭】鞭은 채찍, 弭는 弓套. 전쟁의 무기.《爾雅》釋器에 "弓, 有緣者謂之弓, 無緣者謂之弭"라 함.

【櫜鞬】櫜는 병기를 담는 기구. 鞬은 말 위에서 활을 겨누는 기구.

【子玉】成得臣. 초나라 대부이며 令尹.

【懷嬴】晉 懷公의 처 嬴氏. 子圉와 함께 달아나고자 했던 嬴氏. 文公에게 시집간 뒤에 辰嬴으로 불림. 文公 6년을 볼 것. 그러나《國語》晉語(4) 韋昭 注에 "賈侍中云: 嬴氏, 秦穆公女文嬴也. 或云, 夫人辰嬴. 傳云「辰嬴賤, 班在九人」, 非夫人也, 賈得之矣"라 함.

【奉匜沃盥】'匜'는 손을 씻을 때 물을 부어주는 물 주전자. '沃盥'은 주전자 물을 부어 세수를 돕고 모심.《禮記》內則에 "進盥, 少者奉槃, 長者奉水, 請沃盥"이라 함.

【降服而囚】옷을 벗고 죄인임을 자처함. 杜預 注에 "去上服, 自拘囚以謝之"라 함.
【河水】《詩經》小雅. 하수가 바다로 흘러들어 복종한다는 내용. 전해지지 않는 逸詩. 그러나 〈沔水〉의 시를 이 〈河水〉로 보기도 함. 杜預 注에 "河水, 逸詩, 義取河水朝宗于海. 海喩秦"이라 하였으나,《國語》晉語(4) 韋昭 注에 "河當作沔, 字相似誤也. 其詩曰:「沔彼流水, 朝宗于海」言己反國, 當朝事秦"이라 함.
【六月】《詩經》小雅. 尹吉輔가 周나라 宣王을 도와 玁狁을 정벌한 것을 칭송한 시. 이 시로 秦 穆公은 重耳가 晉나라로 돌아가 보위에 오르고 천자를 돕게 될 것이라고 암시한 것. "六月棲棲, 戎車旣飭. 四牡騤騤, 載是常服. 玁狁孔熾, 我是用急. 王于出征, 以匡王國. 比物四驪, 閑之維則. 維此六月, 旣成我服. 我服旣成, 于三十里. 王于出征, 以佐天子. 四牡脩廣, 其大有顒. 薄伐玁狁, 以奏膚功. 有嚴有翼, 共武之服. 共武之服, 以定王國. 玁狁匪茹, 整居焦穫. 侵鎬及方, 至于涇陽. 織文鳥章, 白旆央央. 元戎十乘, 以先啓行. 戎車旣安, 如輊如軒. 四牡旣佶, 旣佶且閑. 薄伐玁狁, 至于大原. 文武吉甫, 萬邦爲憲. 吉甫燕喜, 旣多受祉. 來歸自鎬, 我行永久. 飮御諸友, 炰鼈膾鯉. 侯誰在矣, 張仲孝友"라 함.《國語》晉語(4) 韋昭 注에 "小雅六月道尹吉甫佐宣王征伐, 復文武之業. 其詩云:「王于出征, 以匡王國」其二章曰:「以佐天子」三章曰:「共武之服, 以定王國」此言重耳爲君, 必霸諸侯, 以匡佐天子"라 함.
【拜賜】절하여 秦 穆公의 은혜에 사례함.

087. 僖公 24年(B.C.636) 乙酉

周	襄王(姬鄭) 17년	齊	孝公(昭) 7년	晉	文公(重耳) 원년	衛	文公(燬) 24년
蔡	莊公(甲午) 10년	鄭	文公(捷) 37년	曹	共公(襄) 17년	陳	穆公(款) 12년
杞	桓公(姑容) 원년	宋	成公(王臣) 원년	秦	穆公(任好) 24년	楚	成王(頵) 36년
許	僖公(業) 20년						

● 520(僖24-1)

二十有四年春王正月.

24년 봄 주력 정월.

傳
二十四年春王正月, 秦伯納之.
不書, 不告入也.
及河, 子犯以璧授公子, 曰:「臣負羈紲從君巡於天下, 臣之罪甚多矣, 臣猶知之, 而況君乎? 請由此亡.」
公子曰:「所不與舅氏同心者, 有如白水!」
投其璧于河.
濟河, 圍令狐, 入桑泉, 取白衰.

二月甲午, 晉師軍于廬柳.

秦伯使公子縶如晉師, 師退, 軍于郇.

辛丑, 狐偃及秦·晉之大夫盟于郇.

壬寅, 公子入于晉師.

丙午, 入于曲沃.

丁未, 朝于武宮.

戊申, 使殺懷公于高梁.

不書, 亦不告也.

呂·郤畏偪, 將焚公宮而弒晉侯.

寺人披請見.

公使讓之, 且辭焉, 曰:「蒲城之役, 君命一宿, 女卽至. 其後余從狄君以田渭濱, 女爲惠公來求殺余, 命女三宿, 女中宿至. 雖有君命, 何其速也? 夫袪猶在. 女其行乎!」

對曰:「臣謂君之入也, 其知之矣. 若猶未也, 又將及難. 君命無二, 古之制也. 除君之惡, 唯力是視. 蒲人·狄人, 余何有焉? 今君卽位, 其無蒲·狄乎! 齊桓公置射鉤, 而使管仲相. 君若易之, 何辱命焉? 行者甚衆, 豈唯刑臣?」

公見之, 以難告.

三月, 晉侯潛會秦伯于王城.

己丑晦, 公宮火.

瑕甥·郤芮不獲公, 乃如河上, 秦伯誘而殺之.

晉侯逆夫人嬴氏以歸.

秦伯送衛於晉三千人, 實紀綱之僕.

初, 晉侯之豎頭須, 守藏者也, 其出也, 竊藏以逃, 盡用以求納之.

及入, 求見.

公辭焉以沐.

謂僕人曰:「沐則心覆, 心覆則圖反, 宜吾不得見也. 居者爲社稷之守, 行者爲羈絏之僕, 其亦可也, 何必罪居者? 國君而讎匹夫, 懼者甚衆矣.」

僕人以告, 公遽見之.
狄人歸季隗于晉, 而請其二子.
文公妻趙衰, 生原同·屛括·樓嬰.
趙姬請逆盾與其母, 子餘辭.
姬曰:「得寵而忘舊, 何以使人? 必逆之!」
固請, 許之.
來, 以盾爲才, 固請于公, 以爲嫡子, 而使其三子下之; 以叔隗爲內子, 而己下之.

24년 봄 주력 정월, 진秦 목공穆公이 중이를 진晉나라로 들여보냈다.

경經에 이 일을 쓰지 않은 것은 진晉나라가 이 사실을 노나라에 알리지 않았기 때문이었다.

중이 일행이 하수河水에 이르렀을 때, 자범子犯이 지니고 있던 구슬을 중이에게 주며 이렇게 말하였다.

"저는 말고삐를 짊어지고 그대를 따라 천하를 돌아다니는 동안 저지른 죄가 심히 많습니다. 제가 이를 잘 알고 있는데 하물며 군주께서 모르시겠습니까? 그러니 저는 여기서 달아나겠습니다."

공자가 말하였다.

"내가 외숙과 같은 마음이 아니었다면 저 백수白水에 대고 맹세하겠습니다!"

그리고 그 구슬을 하수에 던져버렸다.

이들은 하수를 건너 영호令狐를 포위하고 상천桑泉에 들어가 구쇠臼衰도 점령하였다.

2월 갑오날, 진晉나라 군사가 여류廬柳에 진을 쳤다.

그러자 진 목공이 공자 집縶을 진나라 군영軍營으로 보내어 자신들의 뜻에 따르도록 하자 진晉나라 군사는 물러나 순郇에 진을 쳤다.

신축날, 호언狐偃이 진秦나라·진晉나라 대부들과 순 땅에서 맹약을 맺었다.

임인날, 공자가 진晉나라 군영에 들어갔다.

병오날, 곡옥曲沃으로 들어갔다.

정미날, 무궁武宮을 참배하였다.

무신날, 사람을 보내어 회공懷公을 고량高粱에서 죽였다.

경에 이를 기록하지 않은 것 역시 이를 노나라에게 알려오지 않았기 때문이다.

여생呂甥과 극예郤芮는 핍박을 받게 될 것을 두려워하여 장차 문공文公(重耳)의 궁궐을 불태워 그를 죽이고자 하였다.

그러자 시인寺人 피披가 이를 알고 중이에게 알현을 요청하였다.

중이가 사람을 보내어 거절하며 아울러 이렇게 꾸짖도록 하였다.

"포성蒲城의 싸움 때 임금께서 하룻밤을 묵은 뒤 공격하라는 명령을 내렸었는데도 너는 그날 공격하였다. 그 뒤 내가 적狄나라 임금과 위수渭水가에서 사냥하고 있을 때도 너는 혜공惠公(夷吾)을 위해 나를 찾아와 죽이려 하였다. 혜공은 너에게 사흘을 묵은 다음 출발하도록 명하였는데, 너는 그 중간에 이미 나를 죽이겠노라 달려왔다. 비록 임금의 명령이었다고는 하나 어찌 그리도 나를 급히 죽이려 하였느냐? 그때 네가 베어 낸 옷소매가 아직도 있다. 그러니 너는 어서 사라지거라!"

시인 피가 대답하였다.

"저는 군주께서 귀국하셨기에 그 이유를 다 알고 계신 줄로 여겼습니다. 만약 여전히 모르셨다면 장래 또다시 어려움을 겪게 되실 것입니다. 임금의 명령에 대해서는 두 마음을 갖지 않아야 한다는 것은 예로부터의 법입니다. 자신이 모시고 있는 임금에게 화를 불러올 자를 없애는 일에 대해서는 다만 힘을 다 바치는 것입니다. 포蒲와 적狄에 살던 사람이 저에게 무슨 상관이 있겠습니까? 지금은 군주께서 즉위하셨지만 포와 적에서 있었던 일이 다시는 없으리라 할 수 있겠습니까? 제齊 환공桓公은 관중管仲이 활로 자신을 쏘아 허리띠의 고리를 맞춘 일이 있었는데도 그 관중을 재상으로 삼았습니다. 임금께서 만약 이를 바꾸어 생각해 보신다면 어찌 머뭇거리며 일찍 출발하지 않고 임금의 명령을 욕되게 하겠습니까? 그렇게 급히 출발했을 사람이 무척 많았을 것입니다. 어찌 저 형신刑臣뿐이었겠습니까?"

이에 중이는 그를 만나 주었고, 시인 피는 역모 사실을 알려주었다.

3월, 중이가 몰래 진 목공과 왕성王城에서 만나고자 궁궐을 비웠다.

기축날 그믐밤, 중이의 궁궐에 불이 났다.

하생瑕甥과 극예는 문공 중이를 잡지 못하자 하상河上으로 달아났으나 진 목공은 그들을 유인하여 죽여버렸다.

문공은 영씨嬴氏를 부인으로 맞이하여 귀국하였다.

이때 진 목공이 이들을 호위하기 위해 3천 명을 보내주었다. 실로 훈련이 잘 되고 기강이 잡힌 노복들이었다.

당초, 진晉나라 임금의 내관 두수頭須는 창고를 지키던 자였는데 중이가 망명길을 떠나자 그는 창고의 재물을 훔쳐 달아나 그것들을 써서 중이가 귀국할 수 있도록 각 나라에 뿌리고 다녔다.

그리고 문공이 귀국하자 두수는 문공을 만나기를 청하였다.

문공은 머리를 감는 중이라며 사절하였다.

두수는 문공의 종복에게 이렇게 말하였다.

"머리를 감을 때는 심장이 뒤집어지고, 심장이 뒤집어지면 생각도 뒤집히는 법. 그러니 내가 만나 뵐 수 없는 것도 당연한 일이겠지. 나라 안에 있던 사람들은 사직을 지켰고, 군주를 따라간 사람들은 말고삐를 잡고 다니며 종노릇을 한 것이지. 다들 옳은 일을 한 것인데 어찌 오로지 나라 안에 있던 사람들에게만은 죄를 뒤집어씌우는 것인가? 한 나라의 군주가 되어 일개 필부를 원수로 여기신다면 두려워할 사람이 무척 많을 것이다."

종복이 두수의 말을 고하자 문공은 급히 그를 만나보았다.

적狄나라에서 계외季隗를 진나라로 보내며 계외의 두 아들은 적 땅에서 기르게 해줄 것을 청하였다.

문공은 자신의 딸을 조최趙衰의 아내로 주어 원동原同·병괄屛括·누영樓嬰을 낳았다.

조희趙姬가 조최의 아들 조돈趙盾과 그의 어머니 숙외叔隗를 데려올 것을 청하였으나 자여子餘가 거절하였다.

그러자 조희가 말하였다.

"총애하는 사람을 얻었다고 옛사람을 잊는다면 어찌 백성이 부릴 수 있겠습니까? 반드시 그들을 맞이해 와야 합니다!"

이렇게 거듭 청하자 조최가 허락하여 그들이 진나라로 왔다.

조희는 조돈에게 재능이 있다며 문공에게 여러 차례 청하여 그를 적자嫡子로 삼도록 하고, 자신의 세 아들은 조돈의 밑에 두었으며, 조최에게는 숙외를 내자內子로 삼도록 하고 자신은 그 아랫사람이 되었다.

【秦伯納之】秦 穆公이 重耳를 晉나라의 왕으로 오를 수 있도록 귀국시켜 줌.
【子犯】狐偃의 字. 重耳의 외삼촌이며 대부. 그 때문에 舅犯으로도 불림.
【羈絏】굴레와 말고삐. 중이의 망명에 온갖 고생으로 보살피며 따랐음을 말함.
【由此亡】'이러한 이유로 자신은 여기에서 그대와 헤어져 도망가겠다'는 뜻.
【舅氏】외삼촌임을 말함. 舅犯, 子犯, 狐偃. 이상의 고사는 《韓非子》外儲說左上에도 자세히 실려 있으며,《說苑》復恩篇에는 "晉文公入國, 至於河, 令棄籩豆茵席, 顔色黎黑, 手足胼胝者在後, 咎犯聞之, 中夜而哭. 文公曰:「吾亡也十有九年矣, 今將反國, 夫子不喜而哭, 何也? 其不欲吾反國乎?」對曰:「籩豆茵席, 所以官者也, 而棄之; 顔色黎黑, 手足胼胝, 所以執勞苦, 而皆後之; 臣聞國君蔽士, 無所取忠臣; 大夫蔽遊, 無所取忠友; 今至於國, 臣在所蔽之中矣, 不勝其哀, 故哭也.」文公曰:「禍福利害, 不與咎氏同之者, 有如白水.」祝之, 乃沈璧而盟"이라 함.
【令狐】지금의 山西 猗氏縣.
【桑泉】지금의 山西 臨晉縣 동쪽.
【臼衰】지금의 山西 解縣 서북쪽 臼城.《國語》晉語(4)에 "公子濟河, 召令狐, 臼衰, 桑泉, 皆降"이라 함.
【二月甲午】2월에는 甲午날이 없었음.
【廬柳】지금의 山西 猗氏縣 북쪽 廬柳城.
【郇】원래 희성의 제후국. 뒤에 晉나라에게 망함. 지금의 山西 猗氏縣 서남쪽.
【辛丑】2월 11일.
【壬寅】2월 12일.
【丙午】2월 16일.
【丁未】2월 17일.
【武宮】晉 武公 사당. 王引之는 이 구절은 '丁未入於絳, 朝于武宮'이라 하여 武宮은 絳에 있었으며 曲沃에 있지 않아 반드시 絳에 들러야 武宮에 참배할 수 있다 하였음.
【戊申】2월 18일.

【懷公】晉나라 태자 圉. 秦나라 인질이 되어 고모 穆姬에게 의지하였다가 6년 뒤 晉나라로 도망쳐 돌아왔음. 그 이듬해 아버지 惠公(夷吾)이 죽고 懷公이 되었으나 곧바로 高粱에서 重耳에게 죽음을 당함.

【高粱】晉나라 땅. 지금의 山西 洪洞縣 남쪽과 臨汾縣 동북쪽.

【呂·郤】呂甥과 郤芮. 모두 晉 惠公의 구신.

【寺人披】寺人은 太監. 內侍의 우두머리. '披'는 그의 이름. 《國語》晉語(4)와 《史記》晉世家에는 모두 勃鞮로 되어 있으며 晉語(4)에는 '伯楚'로도 되어 있고 韋昭 注에는 伯楚는 披의 字라 하였음. 그런가 하면 晉語(2)와 《列女傳》에는 '閽楚'로 되어 있음. 僖公 5년을 볼 것.

【蒲城之役】重耳가 일찍이 獻公과 驪姬의 핍박으로 蒲城으로 달아나자 獻公이 사람을 보내어 重耳를 토벌하도록 하였던 일. 그 일로 중이는 전투를 피해 망명길에 올랐음. 그때 임무를 맡았던 자가 바로 寺人 披였음.

【惠公】重耳의 아우. 夷吾. 屈로 도망을 갔다가 뒤에 중이에 앞서 진나라 왕위에 오름. B.C.650~637년까지 14년간 재위하고 그 뒤를 惠公(太子 圉)이 이었으나 重耳는 이를 高粱에서 죽이고 자신이 왕위에 오른 것임.

【其知之矣】신하된 자로서 왕명을 충실히 따르는 것이 도리임을 알았을 것이라는 뜻. 즉 왕의 도리를 익힌 다음 귀국한 것으로 알았다는 뜻.

【射鉤】齊 桓公(小白)이 莒나라로 망명하였다가 왕이 되고자 급히 귀국할 때 公子 糾를 모시던 管仲이 중간에 숨어 기다리다가 소백을 죽이고자 활을 쏘았으나 허리띠 고리를 맞추어 소백은 죽은 척하고 지름길로 돌아와 먼저 왕위에 오름. 그 뒤 원수 관중을 등용하여 패자가 된 고사를 말함.

【刑臣】宮刑을 받은 신하. 寺人 피 자신을 말함. 내시의 우두머리이므로 이미 궁형을 받았던 인물임을 자처한 것.

【河上】黃河 연안 지역.

【嬴氏】重耳가 진나라에 있을 때 秦 穆公의 딸을 아내로 맞았던 여인 文嬴. 혹 辰嬴이라고도 함. 그러나 《國語》晉語(4) 韋昭 注에 "賈侍中云: 嬴氏, 秦穆公女文嬴也. 或云, 夫人辰嬴. 傳云「辰嬴賤, 班在九人」, 非夫人也, 賈得之矣"라 함.

【紀綱之僕】훈련이 잘된 노복들.

【豎頭須】'豎頭須'로도 표기하며 豎는 內官. '頭須'는 그의 이름. 《國語》晉語(4)에 "文公之出也, 豎頭須, 守藏者也, 不從. 公入, 乃求見, 公辭焉以沐. 謂謁者曰:「沐則心覆, 心覆則圖反, 宜吾不得見也. 從者爲羈絏之僕, 居者爲社稷之守, 何必罪居者! 國君而讎匹夫, 懼者衆矣.」謁者以告, 公遽見之"라 하였으나 《韓詩外傳》(10)

에는 "晉文公重耳亡, 過曹, 里鳧須從, 因盜重耳資而亡. 重耳無糧, 餒不能行, 子推割股肉以食重耳, 然後能行. 及重耳反國, 國中多不附重耳者. 於是里鳧須造見, 曰: 「臣能安晉國」. 文公使人應之曰: 「子尙何面目來見寡人, 欲安晉也?」 里鳧須曰: 「君沐邪?」 使者曰: 「否」. 里鳧須曰: 「臣聞沐者其心倒, 心倒者其言悖. 今君不沐, 何言之悖也?」 使者以聞, 文公見之. 里鳧須仰首曰: 「離國久, 臣民多過君; 君反國, 而民皆自危. 里鳧須又襲竭君之資, 避於深山, 而君以餒. 介子推割股, 天下莫不聞. 臣之爲賊亦大矣. 罪至十族, 未足塞責. 然君誠赦之罪, 與驂乘, 遊於國中, 百姓見之, 必知不念舊惡, 人自安矣」. 於是文公大悅, 從其計, 使驂乘於國中, 百姓見之, 皆曰: 「夫里鳧須且不誅而驂乘, 吾何懼也?」 是以晉國大寧. 故書云: 『文王卑服, 卽康功田功』. 若里鳧須罪無赦者也. 《詩》曰: 『濟濟多士, 文王以寧』"라 하였고, 《新序》雜事(5)에도 "里鳧須, 晉公子重耳之守府者也. 公子重耳出亡於晉, 里鳧須竊其寶貨而逃. 公子重耳反國, 立爲君, 鳧須造門願見, 文公方沐, 其謁者復, 文公握髮而應之曰: 「吾鳧須邪?」 曰: 「然」. 「謂鳧須, 若猶有以面目而復見我乎?」 謁者謂里鳧須. 鳧須對曰: 「臣聞之沐者其心覆, 心覆者言悖, 君意沐邪? 何悖也?」 謁者復文公, 見之: 「若竊我貨寶而逃, 我謂汝猶有面目而見我邪? 汝曰: 『君何悖也?』是何也?」 鳧須曰: 「然. 君反國, 國之半不自安也, 君寧棄國之半乎? 其寧有全晉乎?」 文公曰: 「何謂也?」 鳧須曰: 「得罪於君者, 莫大於鳧須矣, 君謂赦鳧須, 顯出以爲右, 如鳧須之罪重也, 君猶赦之, 況有輕於鳧須者乎?」 文公曰: 「聞命矣」. 遂赦之, 明日出行國, 使爲右, 翕然晉國皆安. 語曰: 『桓公任其賊, 而文公用其盜』. 故曰: 『明主任計不任怒, 闇主任怒不任計. 計勝怒者强, 怒勝計者亡』. 此之謂也"라 하였으며, 《漢書》〈丙吉傳〉顔師古 注에는 "韓詩外傳云: 晉公子重耳之亡也, 過曹, 里鳧須以從, 因盜其資而逃. 重耳無糧, 餒不能行, 介子推割其股肉以食重耳, 然後能行也"라 하여 모두 '里鳧須'로 되어 있음.

【以求納之】頭須가 훔친 보물을 제후들에게 뿌리며 중이의 귀국을 각방으로 주선함.

【季隗】重耳가 狄나라에 망명 중일 때 廧咎如(赤狄의 한 종족으로 隗姓)의 포로인 두 여인을 그들이 중이에게 바쳤으나 언니(叔隗)는 趙衰에게 주어 趙盾을 낳았고 그 여동생 계외는 重耳의 아내가 되어 伯儵과 叔劉를 낳음. 僖公 23년 傳을 볼 것.

【請其二子】伯儵과 叔劉를 가리키며 그들을 적 땅에서 그대로 기르겠다고 요청한 것.

【原同, 屛括, 樓嬰】文公의 딸 趙姬와 趙衰 사이에 난 세 아들. 趙同, 趙括, 趙嬰.

原, 屛, 樓는 뒤에 그들이 받은 식읍 지명.

【趙姬】文公의 딸로서 趙衰의 아내가 되어 同, 括, 嬰을 낳은 여인.

【盾與其母】趙衰가 文公(重耳)을 따라 狄나라에 있을 때 廧咎如의 포로로 데려온 여인 중 언니 叔隗를 아내로 맞아 그 사이에 난 아들 조돈(趙盾). 趙姬에게는 남편 趙衰의 전처와 그 소생이었는데 오히려 이들을 보호하고 감싸며 섬기고자 한 것.《史記》趙世家에 "初, 重耳在晉時, 趙衰妻亦生趙同·趙括·趙嬰齊. 趙衰旣反晉, 晉之妻固要迎翟妻, 而以其子盾爲適嗣, 晉妻三子皆下事之"라 함.

【子餘】趙衰. 字는 子餘. 趙夙의 아우이며 重耳를 모신 대부.

【內子】正室. 오히려 叔隗를 정부인으로 인정함.《禮記》曾子問의 鄭玄 注에 "內子, 大夫妻也"라 하였고, 雜記의 注에는 "內子, 卿之適妻也"라 함. 이상의 내용은 《列女傳》賢明傳「晉趙衰妻」에 "晉趙衰妻者, 晉文公之女也, 號趙姬. 初, 文公爲公子時, 與趙衰奔狄, 狄人入其二女叔隗·季隗於公子, 公以叔隗妻趙衰, 生盾. 及反國, 文公以其女趙姬妻趙衰, 生原同·屛括·樓嬰. 趙姬請迎盾與其母而納之, 趙衰辭而不敢. 姬曰:「不可. 夫得寵而忘舊, 舍義; 好新而嫚故, 無恩; 與人勤於隘厄, 富貴而不顧, 無禮, 君棄此三者, 何以使人? 雖妾亦無以侍執巾櫛.《詩》不云乎?『采葑采菲, 無以下體, 德音莫違, 及爾同死.』與人同寒苦, 雖有小過, 猶與之同死而不去, 況於安新忘舊乎? 又曰:『讌爾新婚, 不我屑以.』蓋傷之也. 君其逆之, 無以新廢舊.」趙衰許諾, 乃逆叔隗與盾. 來, 姬以盾爲賢, 請立爲嫡子, 使三子下之. 以叔隗爲內婦, 姬親下之. 及盾爲正卿, 思趙姬之讓恩, 請以姬之中子屛括爲公族大夫, 曰:「君姬氏之愛子也. 微君姬氏, 則臣狄人也, 何以至此?」成公許之, 屛括遂以其族爲公族大夫. 君子謂:「趙姬恭而有讓.」《詩》曰:『溫溫恭人, 維德之基.』趙姬之謂也. 頌曰:『趙衰姬氏, 制行分明, 身雖尊貴, 不妒偏房. 躬事叔隗, 子盾爲嗣, 君子美之, 厥行孔備.』"라 하여 자세히 실려 있음.

㊋

晉侯賞從亡者, 介之推不言祿, 祿亦弗及.

推曰:「獻公之子九人, 唯君在矣. 惠·懷無親, 外內棄之. 天未絶晉, 必將有主. 主晉祀者, 非君而誰? 天實置之, 而二三子以爲己力, 不亦誣乎? 竊人之財, 猶謂之盜, 況貪天之功以爲己力乎? 下義其罪, 上賞其姦; 上下相蒙, 難與處矣.」

其母曰:「盍亦求之? 以死, 誰懟?」
對曰:「尤而效之, 罪又甚焉! 且出怨言, 不食其食.」
其母曰:「亦使知之, 若何?」
對曰:「言, 身之文也. 身將隱, 焉用文之? 是求顯也.」
其母曰:「能如是乎? 與女偕隱.」
遂隱而死. 晉侯求之不獲.
以緜上爲之田, 曰:「以志吾過, 且旌善人!」

    진晉 문공文公이 망명할 때 자신을 따르던 이들에게 상을 내릴 때 개지추介之推는 상을 내려달라는 말을 하지 않았고 역시 그에게는 녹祿이 주어지지 않았다.
    개지추가 말하였다.
    "헌공獻公의 아드님은 아홉 분이었지만 이제는 오직 임금 한 분만 계시게 되었습니다. 혜공惠公·회공懷公에게는 가까운 자가 없었고, 나라 안팎이 모두 그분들을 버렸습니다. 그런데도 하늘이 진나라의 맥을 끊지 않은 것은 틀림없이 훗날에 진나라의 주인이 있을 것이기 때문이었습니다. 진나라의 제사를 맡으실 분이 지금의 문공이 아니고 누구겠습니까? 하늘이 실로 이를 맡기신 것인데, 두세 녀석들은 모두가 자신들의 공이라 하고 있으니 역시 자신들을 속이고 있는 것이 아니겠습니까? 남의 재물을 훔치면 도둑이라 하는데 하물며 하늘의 공을 탐내어 자신의 공이라고 할 수 있겠습니까? 신하된 자는 자신의 죄를 의義라 하고, 임금은 그 간사한 자들에게 상을 내리면서 위아래가 서로 속이고 있으니 이러한 자들과 함께 하기가 어렵습니다."
    그의 어머니가 말하였다.
    "어찌하여 상을 내려 달라고 청하지 않느냐? 이대로 죽는다면 누구를 원망하겠느냐?"
    개지추가 대답하였다.
    "남을 탓하면서 그것을 본받는다면 죄가 얼마나 더 크겠습니까! 게다가 그들을 원망하는 말을 한 이상 그 녹은 먹지 않을 것입니다."

어머니가 말하였다.

"그래도 역시 군주로 하여금 알도록 하는 것이 어떻겠느냐?"

개지추가 대답하였다.

"말이란 자신을 수식하는 무늬와 같습니다. 장차 몸을 숨기려는 마당에 어찌 말로써 몸을 꾸미겠습니까? 이는 자신을 드러내고자 하는 것입니다."

그의 어머니가 말하였다.

"정말 그렇게 할 수 있겠느냐? 그렇다면 나도 너와 함께 숨어 살겠다."

마침내 두 사람은 숨어 살다가 죽었다.

문공이 그를 찾으려 하였으나 찾을 수 없었다.

그래서 면상綿上 땅을 제전祭田으로 삼아 주면서 이렇게 말하였다.

"이로써 나의 과실을 기록하고 또한 훌륭한 사람을 표창하노라!"

【介之推】介推. 성은 介, 이름은 推. '介子推'로도 널리 알려져 있으며 文公을 따라 망명길을 도왔던 인물. 특히 다른 기록에는 문공이 망명 중 주려 죽을 지경에 이르자 개자추는 자신의 허벅지 살을 몰래 베어 바쳤다고도 하며, 뒤에 縣山(綿山)에 숨어 살 때 그를 찾고자 불을 질렀으나 그래도 나오지 않고 타죽어 '寒食'의 고사를 낳은 인물로 널리 알려짐. 지금의 山西 介休市 남동쪽 綿山(介山)에 그의 사당이 있음. 한편《說苑》復恩篇에는 "介子推曰:「獻公之子九人, 唯君在耳, 天未絶晉, 必將有主, 主晉祀者非君而何? 唯二三子者, 以爲己力, 不亦誣乎?」文公卽位, 賞不及推, 推母謂曰:「盍亦求之?」推曰:「尤而效之, 罪又甚焉. 且出怨言, 不食其食.」其母曰:「亦使知之.」推:「言, 身之文也; 身將隱, 安用文?」其母曰:「能如是, 與若俱隱.」至死不復見推, 從者憐之 乃懸書宮門曰:『有龍矯矯, 頃失其所, 五蛇從之, 周徧天下, 龍饑無食, 一蛇割股, 龍反其淵, 安其壤土, 四蛇入穴, 皆有處所, 一蛇無穴, 號於中野.』文公出見書曰:「嗟! 此介子推也. 吾方憂王室, 未圖其功.」使人召之則亡. 遂求其所在, 聞其入綿上山中. 於是文公表綿上山中而封之, 以爲介推田, 號曰介山"이라 하였으며,《呂氏春秋》介立篇에도 "晉文公反國, 介子推不肯受賞, 自爲賦詩曰:『有龍于飛, 周徧天下, 五蛇從之, 爲之丞輔. 龍反其鄕, 得其處所, 四蛇從之, 得其露雨, 一蛇羞之, 橋死於中野.』懸書公門而伏於山下. 文公聞之曰:「嘻! 此必介子推也.」避舍變服, 令士庶人曰:「有能得介子推者, 爵上卿, 田百萬.」或遇之山中, 負釜蓋簦, 問焉. 曰:「請問介子推安在?」應之曰:「夫介之推苟不欲見而欲隱, 吾獨

焉知之.」遂肯而行, 終身不見"이라 하였고,《史記》晉世家에는 "晉初定, 欲發兵, 恐他亂起, 是以賞從亡者未至隱者介子推. 介子推不言祿, 祿亦不及. 推曰:「獻公子九人, 唯君在矣. 惠·懷無親, 外內棄之, 天未絶晉, 必將有主, 主晉祀者, 非君而誰. 天實開之, 二三子以爲己力, 不亦誣乎? 竊人之財, 猶曰是盜, 況貪天之功以爲己力乎? 下冒其罪, 上賞其姦, 上下相蒙, 難與處矣!」其母曰:「盍亦求之, 以死誰懟?」對曰:「尤而效之, 罪有甚焉. 且出怨言, 不食其祿.」母曰:「亦使知之, 若何?」對曰:「言, 身之文也, 身將隱, 安用文之, 文之, 是求顯也.」其母曰:「能如此乎? 與汝偕隱.」至死不復見. 介子推從者憐之, 乃懸書宮門曰:「龍欲上天, 五蛇爲輔, 龍已升雲, 四蛇各入其宇, 一蛇獨怨, 終不見處所.」文公出, 見其書曰:「此介子推也, 吾方憂王室, 未圖其功.」使人召之, 則亡. 遂求所在, 聞其入緜上山中. 於是文公環緜上山中而封之, 以爲介推田, 號曰: 介山,「以記吾過, 且旌善人.」"이라 하였으며《新序》節士(上)에는 "晉文公反國, 酌士大夫酒, 召咎犯而將之, 召艾陵而相之, 授田百萬. 介子推無爵齒而就位, 觴三行, 介子推奉觴而起曰:「有龍矯矯, 將失其所, 有蛇從之, 周流天下. 龍旣入深淵, 得其安所, 脂盡乾, 獨不得甘雨. 此何謂也?」文公曰:「嘻, 是寡人之過也! 吾爲子爵與, 待旦之朝也; 吾爲子田與, 河東陽之間.」介子推曰:「推聞君子之道, 謁而得位, 道士不居也, 爭而得財, 廉士不受也.」文公曰:「使我得反國者子也, 吾將以成子之名.」介子推曰:「推聞君子之道, 爲人子而不能承其父者, 則不敢當其後; 爲人臣而不見察於其君者, 則不敢立於其朝. 然推亦無索於天下矣.」遂去而之介山之上. 文公使人求之, 不得, 爲之避寢三月, 號呼朞年. 詩曰:『逝將去汝, 適彼樂郊, 適彼樂郊, 誰之永號』此之謂也. 文公待之不肯出, 求之不能待, 以謂焚其山宜出. 及焚其山, 遂不出而焚死"라 함. 그리고《十八史略》(1)에도 "後世至文公, 霸諸侯. 文公名重耳, 獻公之次子也. 獻公嬖於驪姬, 殺太子申生, 而伐重耳於蒲. 重耳出奔, 十九年而後反國. 嘗餒於曹, 介子推割股以食之. 及歸賞從亡者, 狐偃·趙衰·顚頡·魏犫, 而不及子推. 子推之從者, 懸書宮門曰:『有龍矯矯, 頃失其所. 五蛇從之, 周流天下. 龍饑乏食, 一蛇刲股. 龍返於淵, 安其壤土. 四蛇入穴, 皆有處處. 一蛇無穴, 號于中野』公曰:「噫! 寡人之過也.」使人求之, 不得. 隱緜上山中, 焚其山, 子推死焉. 後人爲之寒食. 文公環緜上田封之, 號曰介山"이라 하였으며, 그 외《淮南子》說山訓,《潛夫論》遏利篇 등에 널리 전하고 있음. 한편 이 고사는 뒤에 演變되어《荊楚歲時記》(1)에는 "去冬節一百五日卽有疾風甚雨, 謂之寒食, 禁火三日, …… 琴操曰: 晉文公與介子綏俱亡, 子綏割股以啖文公, 文公復國, 子綏獨無所得, 子綏作龍蛇之歌而隱, 文公求之,

不肯出, 乃燔左右木, 子綏抱木而死. 文公哀之, 令人五月五日不得擧火. ……云寒食斷火起於子推, 琴操所云子綏, 卽推也, 又云五月五日與今有異, 皆因流俗傳, 據《左傳》及《史記》並無介子推被焚之事"라 하여 '寒食'과 연관된 기원으로 널리 인용되고 있음.

【祿】祿位. 논공행상을 거쳐 공로에 따라 賞이나 地位를 내려줌을 말함.

【下義其罪】아랫사람으로서 자신이 지은 죄를 도리어 의로운 일을 했노라 여김.

【上下相蒙】윗사람과 아랫사람이 서로를 속임.

【縣上】지금의 山西 介休縣 남동쪽 綿山. 뒤에 介子推로 인해 介山으로도 부름.

【田】祭田. 祭禮 등에 소요되는 비용을 마련하기 위해 설정된 토지. 여기서는 개자추가 불에 타 죽고 나서 그의 제사를 이어가도록 하였음을 말함.

㊉

鄭之入滑也, 滑人聽命.

師還, 又卽衛.

鄭公子士‧洩堵兪彌帥師伐滑.

王使伯服‧游孫伯如鄭請滑.

鄭伯怨惠王之入而不與厲公爵也, 又怨襄王之與衛滑也.

故不聽王命, 而執二子.

王怒, 將以狄伐鄭.

富辰諫曰:「不可. 臣聞之:『大上以德撫民, 其次親親, 以相及也.』昔周公弔二叔之不咸, 故封建親戚以蕃屛周. 管‧蔡‧郕‧霍‧魯‧衛‧毛‧聃‧郜‧雍‧曹‧滕‧畢‧原‧酆‧郇, 文之昭也. 邘‧晉‧應‧韓, 武之穆也. 凡‧蔣‧邢‧茅‧胙‧祭, 周公胤也. 召穆公思周德之不類, 故糾合宗族于成周而作《詩》, 曰:『常棣之華, 鄂不韡韡. 凡今之人, 莫如兄弟.』其四章曰:『兄弟鬩于牆, 外禦其侮.』如是, 則兄弟雖有小忿, 不廢懿親. 今天子不忍小忿以弃鄭親, 其若之何? 庸勳‧親親‧暱近‧尊賢, 德之大者也. 卽聾‧從昧‧與頑‧用嚚, 姦之大者也. 弃德‧

崇姦, 禍之大者也. 鄭有平·惠之勳, 又有厲·宣之親, 弃嬖寵而用三良, 於諸姬爲近, 四德具矣. 耳不聽五聲之和爲聾, 目不別五色之章爲昧, 心不則德義之經爲頑, 口不道忠信之言爲嚚. 狄皆則之, 四姦具矣. 周之有懿德也, 猶曰『莫如兄弟』, 故封建之. 其懷柔天下也, 猶懼有外侮; 扞禦侮者, 莫如親親, 故以親屛周. 召穆公亦云. 今周德旣衰, 於是乎又渝周·召, 以從諸姦, 無乃不可乎? 民未忘禍, 王又興之, 其若文·武何?」

王弗聽, 使頹叔·桃子出狄師.

정鄭나라가 활滑나라로 쳐들어가자 활나라 사람이 정나라 명령을 따르기로 하였다.

그러나 정나라 군사가 귀환하자 그들은 다시 위衛나라와 가까이 지냈다.

이에 정나라 공자 사士와 대부 설도유미泄堵兪彌가 군사를 거느리고 활나라를 쳤다.

그러자 주周나라 천자가 대부 백복伯服과 유손백游孫伯을 정나라로 보내어 활나라를 치지 말 것을 요청하게 하였다.

정鄭 문공文公은 이전에 주周 혜왕惠王이 정鄭 여공厲公의 도움으로 경사京師에 들어갔으면서도 여공에게 청동 술잔을 하사하지 않았던 일을 원망하고 있었으며, 주周 양왕襄王에 이르러서는 위나라와 활나라 편을 들고 있는 것에 대해서도 원망을 품고 있었다.

그 때문에 천자의 명을 듣지 않았을 뿐만 아니라 도리어 백복과 유손백을 붙들어 놓았다.

천자는 화를 내며 적狄나라의 힘을 빌려 정나라를 치려 하였다.

그러자 대부 부진富辰이 이렇게 간언하였다.

"안 됩니다. 제가 듣기로 '훌륭한 군주는 덕으로 백성을 어루만지며, 그 다음 군주는 가까운 이들을 친히 여김으로써 서로가 친해지게 지낸다'라 하였습니다. 옛날 주공周公께서는 두 숙부가 제대로 수를 누리지 못함을 안타깝게 여겨 그 때문에 친척을 제후국의 군주로 봉하여 주나라의 울타리로 삼아 지키게 하였습니다. 관管·채蔡·성郕·곽霍·노魯·위衛·모毛·

남聃·고郜·옹雍·조曹·등滕·필畢·원原·풍酆·순郇 등은 문왕文王의 아들들을 봉한 나라이며, 우邘·진晉·응應·한韓 등은 무왕武王의 아들을 봉한 나라이며, 범凡·장蔣·형邢·모茅·조胙·채祭 등은 주공周公의 자손을 봉한 나라들입니다. 소목공召穆公께서는 주 왕실의 덕이 제대로 펴나기 못함을 걱정하셨습니다. 그 때문에 종족들을 성주成周에 모아놓고 《시詩》를 지어 '산앵두나무꽃 화려하여 그 꽃받침까지 위위韡韡하구나. 무릇 지금 사람들 중에 형제만 한 이는 없으리라'라고 읊었습니다. 또 그 제4장에는 '형제가 담장 안에서 싸우다가도 밖으로부터 모욕을 주는 자가 있으면 함께 막아내는 법'이라 하였습니다. 이처럼 형제란 비록 작은 서운함이 있더라도 그 두터운 친분을 저버릴 수 없는 것입니다. 지금 천자께서 작은 분함을 참지 못하고 정나라와의 친분을 저버리신다면 어떻게 되겠습니까? 공훈이 있는 자를 등용하고 친척을 친히 여기며, 가까운 자를 사랑하고, 어진 이를 존경하는 것은 덕 가운데 가장 큰 것입니다. 귀머거리를 가까이한다거나, 몽매한 자를 따른다거나, 완고한 자의 편을 든다거나, 거짓말 하는 자를 등용하는 것 등은 간악함 가운데 가장 큰 것입니다. 덕을 버리고 간악한 것을 숭상하는 것은 화禍 가운데 가장 큰 것입니다. 정나라는 평왕平王과 혜왕惠王 때에 공을 세웠고, 게다가 그 시조始祖가 여왕厲王·신왕宣王과는 친척관계입니다. 폐신과 총신들을 제거하고 세 명의 어진 인재를 등용하였으며 여러 희성姬姓의 제후들 가운데에서도 가까이 해야 할 나라로서 이 네 가지 덕도 모두 갖추고 있습니다. 귀로 오음五音의 화음을 듣지 못하는 것을 일러 농聾이라 하고, 눈으로 오색五色의 문양을 변별하지 못하는 것을 일러 매昧라 하며, 마음으로 덕德과 의義의 근본을 본받지 못하는 것을 일러 완頑이라 하며, 입으로 충신忠信한 말을 하지 못하는 것을 일러 은嚚이라 합니다. 적狄은 이런 것들을 모두 좇아 이 네 가지 간악함을 갖추고 있습니다. 주나라에 훌륭한 덕이 있었는데도 오히려 '형제만 한 이가 없도다'라고 말하였습니다. 그 때문에 친척들을 제후로 봉한 것입니다. 그것은 천하를 품고 복종시키면서도 오히려 밖으로부터의 모욕이 있을까 두려워하였기 때문입니다. 밖으로부터의 모욕을 막아내는 데는 친척과 친하게 지내는 것보다 나은 것이 없기 때문에 친척의 나라들로써 주나라를 막아주는 병풍으로 삼은 것입니다. 소목공이 시에도 역시 이런 것을 거론한 것입니다. 지금 주 왕실의 덕이 이미 쇠하고 있는데 이제 더욱이 주공周公과 소공召公이 세운 것들까지 바꾸면서 간악한 자들을 좇고자 하신다면 옳지 못한 일이 아니겠습니까? 백성이 아직도 지난날의 재앙을 잊지 못하고 있는데, 천자께서 또다시 화를 일으키시면 장차 문왕文王과 무왕武王을 어찌 보시렵니까?"

양왕은 말을 듣지 않고, 대부 퇴숙頹叔과 도자桃子로 하여금 적狄의 군사로써 출군하도록 하였다.

【鄭】 당시 鄭나라 군주는 文公.
【滑】 姬姓의 제후국. 지금의 河南 偃師縣 남쪽. 杜預 注에 "入滑在二十年"이라 함.
【衛】 당시 衛나라 군주는 文公.
【士】 鄭나라 公子. 20년의 傳을 볼 것.
【洩堵兪彌】 鄭나라 대부. 洩堵寇, 洩堵彌로도 불림.
【王】 주 왕실의 천자. 당시 주나라는 襄王(姬鄭)이었음.
【伯服】 주 왕실의 卿士.《史記》鄭世家에는 '伯輔'로 되어 있고 周本紀에는 '伯服' 으로 되어 있음.
【游孫伯】 주나라 대부.
【請滑】 정나라에게 활나라를 치지 말 것을 요청함.
【惠王】 주나라 왕. 姬閬(姬閒). B.C.676~652년까지 25년간 재위하였으며 그 뒤를 襄王이 이음. 鄭 厲公이 그를 成周로 호송하여 복위시켜 주었으나 그에게 靑銅 爵을 하사하지 않은 사건은 莊公 21년을 볼 것.《史記》鄭世家에 "鄭文公怨 惠王之亡在櫟, 而文公父厲公入之, 而惠王不賜厲公爵祿"이라 함.
【厲公】 鄭나라 군주. B.C.700~697년까지 4년간 재위하다가 다시 B.C.679~673년 까지 복위하여 모두 11년간 재위함.
【襄王】 姬鄭. 周나라 천자. B.C.651~619년까지 33년간 재위함.
【二子】 伯服과 游孫伯.
【富辰】 周나라 대부.
【大上】 '태상'으로 읽으며 지극히 높은 덕을 가진 자(왕, 임금, 군주).
【周公】 姬旦. 文王의 아들이며 武王의 아우. 周나라 전장제도를 제정한 聖人. 아울러 두 아우 管叔과 蔡叔이 武庚을 끼고 반란을 일으키자 東征하여 안정

시킨 다음 封建制度를 확립하기도 하였음. 魯(曲阜)에 봉지를 받아 노나라의 시조가 됨.《史記》周本紀 및 魯周公世家 참조.

【二叔】周公의 동생 管叔과 蔡叔.

【管】姬姓의 제후국. 지금의 河南 鄭縣.《史記》管蔡世家에 "武王克殷紂, 平天下, 封功臣昆弟. 於是封叔鮮於管. …管叔鮮作亂誅死, 無後"라 함.

【蔡】武王이 아우 蔡叔을 봉했던 나라. 隱公 4년을 볼 것.

【郕】隱公 5년을 볼 것.

【霍】閔公 원년을 볼 것.

【毛】文王이 아들 毛叔鄭을 봉했던 나라. 지금의 河南 宜陽縣.

【聃】지금의 河南 新鄭縣 동쪽. '聃'은 '冉'과 같으며 反切로 '乃甘反', '남'으로 읽음.《史記》管蔡世家에 "武王旣崩, 成王少, 周公旦專王室. 封季載於冉"이라 함.

【郜】桓公 2년을 볼 것.

【雍】文王의 13번째 아들 雍伯을 봉했던 나라. 지금의 河南 修武縣 서쪽.

【畢】지금의 陝西 咸陽縣 북쪽. 閔公 원년 畢萬의 주를 볼 것.

【原】莊公 18년과 隱公 11년을 볼 것.

【酆】'豐'으로도 표기하며 지금의 陝西 鄠縣 동쪽. 원래 商나라 崇侯 虎의 땅. 文王이 멸하고 豐邑을 세워 아들에게 주고 酆侯로 봉함.

【郇】지금의 山西 臨猗縣 서남.《詩經》曹風 下泉에 "郇伯勞之"라 한 인물이 있음.

【文之昭也】宗廟에 神主를 모시는 차례에 따른 호칭. 文王이 穆, 그 아들들은 昭에 해당됨. 僖公 5년 주를 참조할 것.

【邗】姬姓의 제후국. 지금의 河南 沁陽縣 서북쪽. 武王이 둘째 아들 邗叔을 봉했던 나라.

【應】지금의 河南 魯山縣 동쪽. 무왕이 넷째 아들을 봉했던 나라.

【韓】지금의 陝西 韓城縣 남쪽. 그러나 지금의 河北 固安縣 동남 韓寨營이라고도 함.

【武之穆也】宗廟에 神主를 모시는 차례에 따른 호칭. 武王은 昭이며 그 아들들은 穆에 해당됨.

【凡】나라 이름. 隱公 7년을 볼 것.

【蔣】지금의 河南 固始縣 서쪽. 주공의 셋째아들 伯齡을 봉했던 나라.

【邢】隱公 4년을 볼 것.

【茅】지금의 山東 金鄕縣 서북쪽. 茅伯이 받았던 나라.

【胙】지금의 河南 延津縣 동북쪽 胙城.

【祭】지금의 河北 長垣縣 동북쪽. '채'(側界反)로 읽음. 周公의 다섯째 아들을

봉했던 나라.

【周公之胤也】周公의 적장자 世系.

【召穆公】주나라 경사 召虎.

【成周】洛邑(洛陽)의 다른 이름.《說苑》修文篇에 "春秋曰:『天王入于成周』傳曰:「成周者何? 東周也.」"라 함.

【作詩】《詩經》 小雅 常棣篇에 "常棣之華, 鄂不韡韡. 凡今之人, 莫如兄弟. 死喪之威, 兄弟孔懷. 原隰裒矣, 兄弟求矣. 脊令在原, 兄弟急難. 每有良朋, 況也永歎. 兄弟鬩于牆, 外禦其務. 每有良朋, 烝也無戎. 喪亂旣平, 旣安且寧. 雖有兄弟, 不如友生. 儐爾籩豆, 飮酒之飫. 兄弟旣具, 和樂且孺. 妻子好合, 如鼓瑟琴. 兄弟旣翕, 和樂且湛. 宜爾室家, 樂爾妻帑. 是究是圖, 亶其然乎!"라 함. '常棣'는 棠棣와 같으며 산앵두나무. '鄂不'은 萼跗. 꽃받침.

【平惠之勳】周 平王이 京師를 鎬에서 洛邑으로 옮길 때 鄭나라가 이를 도와주었으며 周 惠王이 왕자 頹에 의해 쫓겨났다가 정나라의 도움으로 복위되는 등 모두 정나라의 도움을 받았음. 平王(姬宜臼)은 동주 첫 임금으로 B.C.770~720년까지 51년간 재위함. 惠王(姬閬)은 B.C.676~652년까지 25년간 재위함. 杜預 注에 "平王東遷, 晉鄭是依; 惠王出奔, 虢鄭納之, 是其勳也"라 함.

【厲宣之親】처음 정나라를 봉지로 받은 桓公(姬友)은 周 厲王의 아들이며 周 宣王의 외삼촌이었음. 周 厲王(姬宮湦)은 서주 마지막 왕으로 B.C.781~771년까지 11년간 재위하였으며 宣王(姬靜)은 B.C.827~782년까지 46년간 재위함. 杜預 注에 "鄭始封之祖桓公友, 周厲王之子, 宣王之母弟"라 함.

【弃嬖寵】嬖臣과 寵子를 죽여 없앰. 鄭나라는 僖公 7년 폐신 申侯를 죽였으며 16년에는 寵子 子華를 처단함. 杜預 注에 "七年殺嬖臣申侯, 十六年殺寵子子華也"라 함.

【三良】叔詹·堵叔·師叔. 杜預 注에 "三良, 叔詹, 堵叔, 師叔"이라 함.

【五聲】宮·商·角·徵·羽의 五音.

【五色】靑·黃·赤·白·黑.

【扞禦】防禦. 막아냄.

【渝周·召】'渝'는 '變'과 같음. '周'는 周公. '召'는 召公. 周公(姬旦)과 召公(姬奭)이 형제 사이의 돈독한 도리를 실천한 것을 변질시킴.

【民未忘禍】杜預 注에 "前有子頹之亂, 中有叔帶召狄, 故曰民未忘禍"라 함.

【頹叔·桃子】모두 周나라 대부. '桃子'는 '姚子'로도 표기함.

※ 521(僖24-2)

夏, 狄伐鄭.

여름, 적狄이 정鄭나라를 쳤다.

傳

夏, 狄伐鄭, 取櫟.
王德狄人, 將以其女爲后.
富辰諫曰:「不可. 臣聞之曰:『報者倦矣, 施者未厭.』狄固貪惏, 王又啓之. 女德無極, 婦怨無終, 狄必爲患.」
王又弗聽.
初, 甘昭公有寵於惠后, 惠后將立之, 未及而卒.
昭公奔齊, 王復之, 又通於隗氏, 王替隗氏.
頹叔·桃子曰:「我實使狄, 狄其怨我.」
遂奉大叔以狄師攻王.
王御士將禦之, 王曰:「先后其謂我何? 寧使諸侯圖之.」
王遂出, 及坎欿, 國人納之.
秋, 頹叔·桃子奉大叔以狄師伐周, 大敗周師, 獲周公忌父·原伯·毛伯·富辰. 王出適鄭, 處于氾.
大叔以隗氏居于溫.

여름, 적狄이 정鄭나라를 쳐서 역櫟 땅을 빼앗았다.
양왕襄王이 적 사람에게 은덕을 베풀어 장차 그의 딸을 왕후로 삼으려 하였다.
그러자 부진富辰이 이렇게 간언하였다.
"안 됩니다. 제가 듣기로 '보답하는 자가 피로에 지쳐도 보답을 받는 자는 만족하지 못한다'라 하였습니다. 적은 진실로 탐욕이 많은데 왕께서 그 탐욕의 길을 열어주고 계시는 것입니다. 그리고 여자의 소망이란 끝이 없고,

총애를 잃고 난 다음에는 원망이 끝이 없는 법입니다. 적은 틀림없이 걱정거리가 될 것입니다."

왕은 다시 이 말을 듣지 않았다.

당초, 감소공甘昭公은 어머니 혜후惠后의 총애를 받아 혜후는 장차 그를 왕으로 세우려 하였으나 뜻을 이루지 못한 채 죽었다.

소공이 제齊나라로 달아나 있을 때 양왕이 그를 불러들였지만 소공이 왕후 외씨隗氏와 정을 통하자 양왕은 외씨를 왕후 자리에서 폐였다.

그러자 퇴숙頹叔과 도자桃子가 말하였다.

"우리가 적군狄軍을 부려서 썼으니 적은 우리를 원망할 것이다."

그리고는 마침내 태숙大叔을 받들고 적 군사를 거느려 왕을 공격하였다. 왕의 위사衛士들이 이에 맞서서 반항하려 하자 천자가 말하였다.

"돌아가신 선후先后께서 나를 뭐라고 하시겠느냐? 차라리 제후들로 하여금 도모하도록 하여라."

양왕이 드디어 그곳을 빠져나가 감감坎欲에 이르자 주나라 사람들이 왕을 받아들였다.

가을, 퇴숙·도자가 태숙을 받들고 적나라 군사로써 주나라를 공격하여 주나라 군사를 대패시키고, 주공周公 기보忌父·원백原伯·모백毛伯·부진을 포로로 잡자 왕은 달아나 정나라 범氾에 머물렀다.

태숙은 외씨를 데리고 온溫에 머물렀다.

【櫟】정나라 땅. 지금의 河南 禹縣. 桓公 15년을 볼 것.《史記》鄭世家에 "王怒, 與翟人伐鄭, 弗克"이라 하여 본문 내용과 약간의 차이가 있음.
【王德狄人】襄王이 狄나라에게 고맙게 여김.
【其女爲后】狄나라 출신의 襄王 부인을 王后로 오르게 함.
【富辰】周나라 경사. 이상의 이야기는《國語》周語(中)에도 실려 있음.
【貪惏】'탐람'으로 읽으며 '貪婪'과 같음. 심하게 탐심을 부림. 疊韻連綿語.
【甘昭公】惠王의 아들이며 襄王의 아우 王子 帶. 甘은 왕자 帶의 封國으로 지금의 河南 洛陽縣 서남쪽.
【惠后】周 惠王의 王后. 襄王과 叔帶의 모친.
【昭公奔齊】昭公(子帶)이 齊나라로 도망간 것은 僖公 12년의 傳文을 볼 것.

【隗氏】狄后. 狄 군주의 딸로 襄王에게 시집와 王后에 올랐으나 甘昭公과 사통하여 폐위되었음. 狄은 隗姓이었음.
【替】왕후로 봉했던 狄后를 다시 폐위시킴.
【頹叔·桃子】둘 모두 周나라 대부.
【大叔】'태숙'으로 읽으며 叔帶. 왕자 帶, 甘昭公.
【御士】衛士. 주나라 조정의 公과 卿의 자제들이 맡고 있었음.
【先后】주 혜왕의 왕후인 惠后를 가리킴. 양왕와 숙대의 어머니. '두 형제가 싸우는 것을 저승의 어머니가 보고 어떻게 여기겠는가?'의 뜻.
【坎欿】주나라 직영지. 지금의 河南 鞏縣 동남쪽.
【國人】춘추시대 '國人'은 나라의 귀족들을 가리키는 말이었음.
【周公忌父·原伯·毛伯】모두 襄王의 대신들.
【氾】鄭나라 땅. 지금의 河南 襄城縣 남쪽.
【溫】周나라 땅. 지금의 河南 溫縣 서남쪽. 隱公 11년을 볼 것.

傳
鄭子華之弟子臧出奔宋, 好聚鷸冠.
鄭伯聞而惡之, 使盜誘之.
八月, 盜殺之于陳·宋之間.
君子曰:「服之不衷, 身之災也.《詩》曰:『彼己之子, 不稱其服.』子臧之服, 不稱也夫!《詩》曰:『自詒伊慼』, 其子臧之謂矣.〈夏書〉曰:『地平天成』, 稱也.」

정鄭나라 공자 자화子華의 아우 자장子臧은 송宋나라에 망명해 있으면서 그는 황새 깃털을 모아 꾸민 모자를 좋아하였다.
정 문공文公은 이를 듣고 그를 미워한 나머지 도적으로 하여금 그를 유인해 내도록 하였다.
8월, 그 도적이 진陳나라와 송나라의 경계에서 그를 죽였다.
군자가 말하였다.
"옷이 걸맞지 않으면 몸의 재앙이 된다.《시》에 '저 사람들 입은 옷,

어울리지가 않는구나'라고 하였다. 바로 자장의 옷차림이 그 신분에 맞지 않았도다! 《시》에 '스스로 근심을 만들고 있네'라 하였는데 이는 자장과 같은 경우를 두고 말한 것이다. 〈하서夏書〉에는 '땅이 평안해야 하늘이 그 뜻을 이룬다'라 하였으니 이는 모든 것이 걸맞아야 함을 이른 것이다."

- 【子華】鄭나라 공자 子華는 僖公 16년 피살되었으며 그 때문에 그의 아우 子臧이 宋나라로 도망가 망명 중이었음.
- 【子臧】子華의 아우. 宣公 3년 傳에 "文公報鄭子之妃曰陳嬀, 生子華·子臧, 子臧得罪而出"이라 함.
- 【鄭伯】당시 정나라 군주는 文公이었음.
- 【鷸】涉禽類의 새 이름. 《戰國策》 燕策의 '鷸蚌之爭'(漁父之利)의 철새로 《說文》에 "鷸, 知天將雨鳥也"라 함.
- 【彼己之子】《詩經》 曹風 侯人篇에 "彼候人兮, 何戈與祋. 彼其之子, 三百赤芾. 維鵜在梁, 不濡其翼. 彼其之子, 不稱其服. 維鵜在梁, 不濡其咮. 彼其之子, 不遂其媾. 薈兮蔚兮, 南山朝隮. 婉兮孌兮, 季女斯飢"라 하여 '己'는 '其'로 되어 있음.
- 【自詒伊慼】《詩經》 小雅 小明篇에 "昔我往矣, 日月方奧. 曷云其還, 政事愈蹙. 歲聿云莫, 采蕭穫菽. 心之憂矣, 自詒伊戚. 念彼共人, 興言出宿. 起不懷歸, 畏此反覆"이라 하여 '慼'자는 '戚'으로 되어 있으며, 邶風 雄雉篇에는 "雄雉于飛, 泄泄其羽. 我之懷矣, 自詒伊阻. 雄雉于飛, 下上其音. 展矣君子, 實勞我心. 瞻彼日月, 悠悠我思. 道之云遠, 曷云能來. 百爾君子, 不知德行. 不忮不求, 何用不臧"이라 하여 '慼'자가 '阻'로 되어 있음.
- 【夏書】원래 逸書. 그러나 지금의 《僞古文尙書》 夏書 大禹謨篇에 "帝曰:「兪. 地平天成, 六府三事允治, 萬世永賴, 時乃功.」"이라 함.

㊅

宋及楚平, 宋成公如楚.

還, 入於鄭.

鄭伯將享之, 問禮於皇武子.

對曰:「宋, 先代之後也, 於周爲客. 天子有事, 膰焉; 有喪, 拜焉. 豐厚可也.」
鄭伯從之, 享宋公, 有加, 禮也.

송宋나라와 초楚나라가 화평을 이루어 송 성공成公이 초나라에 갔다.
돌아가는 길에 정鄭나라에 들렀다.
정鄭 문공文公은 그에게 잔치를 베풀어 주고자 황무자皇武子에게 어떠한 예로 해야 할지 물었다.
황무자가 답하였다.
"송나라는 선대先代 은殷(商)나라의 후예입니다. 주周나라에 있어서는 손님입니다. 그래서 천자께서도 제사를 지낸 다음에는 제육祭肉 번膰을 보내시고, 상을 당해 송공이 조문하면 답배를 하는 것입니다. 풍부한 잔치로 대접하는 것이 맞습니다."
정 문공이 그 말을 따라 송 성공을 대접하면서 음식을 더 많이 올렸으니 이는 예에 맞는 일이었다.

【宋成公】 당시 송나라 군주. 襄公(玆父)의 뒤를 이어 왕위에 오름. B.C.636~620년까지 17년간 재위함.
【鄭伯】 당시 정나라 군주는 鄭 文公이었음.
【皇武子】 鄭나라 대부.
【於周爲客】 주 왕실에서는 殷나라의 후예인 宋나라와 夏나라의 후손인 杞나라를 손님처럼 특별하게 대우하였음.
【膰】 '燔'으로도 표기하며 제사상에 올린 구운 고기. '胙'와 같음. 종묘 제사에 익히지 않은 것을 '脈', 익힌 것을 '燔'(膰)이라 함. 이를 경사, 경대부, 제후들에게 나누어주는 것이 당시 관례였음.

※ 522(僖24-3)

秋七月.

가을 7월.

※ 523(僖24-4)

冬, 天王出居于鄭.

겨울, 천왕이 주周나라에서 나와 정鄭나라에서 머물렀다.

【天王】周나라 天子. 襄王(姬鄭). 杜預 注에 "襄王也. 天子以天下爲家, 故所在稱居"라 하였고, 孔穎達 疏에는 "出去實出奔也. 出謂出畿內, 居若移居然"이라 함.

㉮
冬, 王使來告難, 曰:「不穀不德, 得罪于母弟之寵子帶, 鄙在鄭地氾, 敢告叔父.」
臧文仲對曰:「天子蒙塵于外, 敢不奔問官守?」
王使簡師父告于晉, 使左鄢父告于秦.
天子無出, 書曰『天王出居于鄭』, 辟母弟之難也.
天子凶服·降名, 禮也.

겨울, 주周 양왕襄王이 노魯나라에 사람을 보내 본국에 난이 있었음을 알려왔다.
"제가 부덕한 탓에 어머니께서 총애하셨던 아들 아우 대帶에게 죄를 지어 지금 정鄭나라 변경의 범氾 땅에 있으니 감히 숙부叔父께 고하오."
장문중臧文仲이 대답하였다.

"천자께서 난리를 피하여 바깥에 계시는데 감히 달려가 관수官守에게 문안하지 않을 수 있겠습니까?"

양왕은 대부 간사보簡師父를 진晉나라에 보내어 난이 일어났음을 알리도록 하고 대부 좌언보左鄢父에게는 진秦나라에 알리도록 하였다.

천자는 천하가 그의 것이므로 나라 밖으로 나간다는 말은 있을 수 없는데도 경經에 '천왕이 밖으로 나가 정나라에 머물렀다'라고 기록한 것은 친동생이 일으킨 난리를 피해야 하였기 때문이다.

천자가 상복喪服을 입고 명칭을 낮추어 '불곡'이라 한 것은 예에 맞는 것이다.

【難】周 襄王이 狄人을 끌어들여 鄭나라를 치고 狄后를 왕후로 봉하자 甘昭公(子帶)이 난을 일으킨 사건. 僖公 24년의 傳文을 볼 것.
【不穀】곡식도 제대로 익게 할 능력이 없는 사람이란 뜻으로 왕이 자신을 낮추어 부르는 칭호. 寡人과 같음. 《老子》(39)에 "故貴以賤爲本, 高以下爲基. 是以侯王自謂孤·寡·不穀, 此非以賤爲本邪? 非歟?"라 함.
【母之寵子帶】어머니 惠后가 아끼고 사랑하던 아우 子帶(姬帶). 襄王(姬鄭)과는 친형제였음. 앞장 참조.
【叔父】천자가 同姓의 諸侯를 부를 때 쓰는 호칭. 《禮記》 曲禮에 "天子謂同姓諸侯曰伯父"라 하였으며 伯父, 叔父는 최초 봉지를 받을 때 관계를 그대로 인습하여 불러 차이가 있는 것임. 魯나라는 周公이 시조이며 당시 周公은 武王의 아우였으므로 노나라 군주에 대해서는 영원히 '叔父'라 부르게 된 것임.
【蒙塵】'먼지를 뒤집어쓰다'의 뜻으로 왕이 난리를 피해 밖으로 나감을 말함.
【官守】주나라의 각 관리들.
【簡師父·左鄢父】모두 周나라의 卿士.
【天子無出】"普天之下, 莫非王土"라 하여 천하는 왕(천자)의 땅이므로 "왕이 밖으로 나간다"는 말은 있을 수 없음. 《禮記》 曲禮(下)에 "天子不言出"이라 함.
【凶服】喪服. 자신이 죄인임을 드러낸 것.
【降名】자신의 이름을 깎아내림. 周 襄王이 자신을 '不穀'이라 칭한 것을 말함.

⑲
鄭伯與孔將鉏·石甲父·侯宣多省視官具于氾, 而後聽其私政, 禮也.

정鄭 문공文公이 대부 공장서孔將鉏·석갑보石甲父·후선다侯宣多와 함께 범氾으로 가서 관리들과 일용 기구들을 살펴드리고 나서, 양왕이 정 문공으로부터 정나라 정사政事에 대한 보고를 받았으니 이는 예에 맞는 일이었다.

【鄭伯】鄭 文公.
【孔將鉏·石甲父·侯宣多】鄭 文公이 襄王을 뵙기 위해 대동하고 간 정나라 대부들. 石甲父는 宣公 3년의 石癸를 가리킴.
【聽其私政】천자이므로 襄王은 비록 蒙塵을 왔으나 巡狩할 때처럼 政事에 대한 보고를 받은 것임.《戰國策》趙策(3)에 "天子巡狩, 諸侯辟舍, 納筦鍵, 攝衽抱几, 視膳於堂下. 天子已食, 退而聽朝也"라 하였고, 賈誼《新書》禮篇에는 "禮, 天子適諸侯之宮, 諸侯不敢自阼階. 阼階者, 主之階也. 天子適諸侯, 諸侯不敢有宮, 不敢爲主人, 禮也"라 함.

⑲
衛人將伐邢, 禮至曰:「不得其守, 國不可得也. 我請昆弟仕焉.」
乃往, 得仕.

위衛나라가 장차 형邢나라를 치려 하자 대부 예지禮至가 말하였다.
"형나라를 지켜낼 만한 이를 얻지 못하면 형나라를 차지할 수 없습니다. 청컨대 저희 형제가 형나라에 가서 벼슬을 하도록 하겠습니다."
이에 형나라에 가서 그 나라 벼슬을 얻게 되었다.

【禮至】衛나라 대부.
【不得其守】衛나라를 위해 그 나라를 다스릴 경대부나 벼슬, 관리.
【昆弟】형제를 뜻함. 한편 본 장은 다음 해 "春, 衛人伐邢"과 연결된 것이었으나 뒷사람이 분리한 것이라 함.

524(僖24-5)

晉侯夷吾卒.

진후晉侯 이오夷吾가 죽었다.

【夷吾】晉 惠公. 重耳의 아우이며 獻公과 驪姬의 난으로 국외로 피신하였다가 獻公이 죽자 重耳(文公)에 앞서 왕위에 오른 군주. B.C.650~637년까지 14년간 재위함. 원래 지난해 9월에 죽었으나 이해 겨울에 기록한 것에 대해 杜預 注에는 "文公定位而後告"라 하였으나 顧炎武의 〈補正〉에는 "疑此錯簡, 當在 二十三年之冬"이라 반박함.

088. 僖公 25年(B.C.635) 丙戌

周	襄王(姬鄭) 18년	齊	孝公(昭) 8년	晉	文公(重耳) 2년	衛	文公(燬) 25년
蔡	莊公(甲午) 11년	鄭	文公(捷) 38년	曹	共公(襄) 18년	陳	穆公(款) 13년
杞	桓公(姑容) 2년	宋	成公(王臣) 2년	秦	穆公(任好) 25년	楚	成王(頵) 37년
許	僖公(業) 21년						

※ 525(僖25-1)

二十有五年春王正月, 丙午, 衛侯燬滅邢.

25년 봄 주력 정월 병오날, 위후衛侯 훼燬가 형邢나라를 멸망시켰다.

【丙午】정월 20일.
【燬】衛 文公의 이름. 文公은 B.C.659~635 25년간 재위함. 다른 기록에는 이름을 '燬'라 하였음.

㊉
二十五年春, 衛人伐邢, 二禮從國子巡城, 掖以赴外, 殺之.
正月丙午, 衛侯燬滅邢.
同姓也, 故名.
禮至爲銘曰:「余掖殺國子, 莫余敢止.」

25년 봄, 위衛나라가 형邢나라를 칠 때 예지禮至 형제가 형나라 국자國子를 따라 성을 순행하다가 좌우에서 그의 겨드랑이를 끼고 성 밖으로 끌어내어 죽였다.
　정월 병오날, 위나라 군주가 훼燬가 형나라를 멸망시켰다.
　위나라와 형나라는 동성同姓이었으므로 그 때문에 그 이름을 쓴 것이다.
　예지는 스스로 명문銘文을 지어 '내가 국자를 겨드랑이에 끼워 끌어내 죽일 때 감히 나를 말리며 막는 자가 없더라'라고 새겼다.

【二禮】禮至 두 형제.
【丙午】정월 20일.
【同姓】衛나라와 邢나라는 같은 姬姓이었음. 그 때문에 이를 옳지 않게 여겨 이름을 밝힌 것임. 《公羊傳》에 "衛侯燬何以名? 絶. 曷爲絶之? 滅同姓也"라 하였고, 《穀梁傳》에는 "燬之名何也? 不正其伐本而滅同姓也"라 함.
【銘】銘文. 金石이나 器物 따위에 새겨 넣는 글.

㊁
秦伯師於河上, 將納王.
　狐偃言於晉侯曰:「求諸侯, 莫如勤王. 諸侯信之, 且大義也. 繼文之業, 而信宣於諸侯, 今爲可矣.」
　使卜偃卜之, 曰:「吉. 遇黃帝戰于阪泉之兆.」
　公曰:「吾不堪也.」
　對曰:「周禮未改, 今之王, 古之帝也.」
　公曰:「筮之!」
　筮之, 遇大有☰之睽☱, 曰:「吉. 遇『公用享于天子』之卦. 戰克而王饗, 吉孰大焉? 且是卦也, 天爲澤以當日, 天子降心以逆公, 不亦可乎? 大有去睽而復, 亦其所也.」
　晉侯辭秦師而下.
　三月甲辰, 次于陽樊, 右師圍溫, 左師逆王.
　夏四月丁巳, 王入于王城.

取大叔于溫, 殺之于隱城.
戊午, 晉侯朝王.
王饗醴, 命之宥.
請隧, 弗許, 曰:「王章也. 未有代德, 而有二王, 亦叔父之所惡也.」
與之陽樊·溫·原·欑茅之田.
晉於是始啓南陽.
陽樊不服, 圍之.
倉葛呼曰:「德以柔中國, 刑以威四夷, 宜吾不敢服也. 此, 誰非王之親姻, 其俘之也?」
乃出其民.

진秦 목공穆公이 하상河上에 군사를 보내어 장차 천자 양왕襄王을 귀국시키려 하였다.
그러자 호언狐偃이 진晉 문공文公에게 이렇게 말하였다.
"제후들이 따르기를 바라신다면 천자께 충성을 다하느니만 못합니다. 제후들로부터 믿음을 사는 것은 대의大義이기도 합니다. 문후文侯의 업적을 계승하고 제후들에게는 신의를 널리 펴기에는 지금이 좋습니다."
진 문공이 복언卜偃에게 거북점을 치게 하자 그가 말하였다.
"길합니다. 옛날 황제黃帝의 판천阪泉 싸움에서와 같은 점괘가 나왔습니다."
문공이 말하였다.
"나는 감당할 수 없소."
복언이 대답하였다.
"주나라의 예도가 아직 바뀌지 않았으니 지금의 왕은 옛날의 황제와 같습니다."
문공이 말하였다.
"시초점을 쳐보아라!"
시초점을 쳐서 〈대유괘大有卦〉가 〈규괘睽卦〉로 변하자 복언이 말하였다.
"길합니다. '제후가 천자의 잔치에 초대될 점괘'가 나왔습니다. 싸움에 이기고 천자에게는 대접받을 것이니 이보다 더 큰 길조가 어디 있겠습니까?

또한 이 점괘는 하늘이 변하여 못이 되어 태양을 마주하고 있습니다. 천자가 자신의 뜻을 낮추고 제후를 맞이하니 이 또한 좋지 않습니까? 〈대유괘〉가 〈규괘〉를 버렸다가 다시 돌아오는 것이니 역시 그러합니다."

문공은 진秦나라 군사를 물러가도록 하고 자신이 군사를 이끌고 하수河水를 따라 내려갔다.

3월 갑진날, 양번陽樊에 주둔하여 우군右軍은 온溫을 포위하고 좌군左軍은 천자를 맞이하였다.

여름 4월 정사날, 양왕襄王이 왕성王城에 입성하였다.

그리고 태숙大叔을 온溫에서 잡아 습성隰城에서 죽였다.

무오날, 진晉 문공文公이 양왕에게 문안하였다.

그러자 천자가 단술을 대접하고 예물로써 잔치 분위기를 더하도록 하였다.

문공이 수도隧道를 마련할 수 있도록 해 줄 것을 청하자 양왕이 허락하지 않으면서 이렇게 말하였다.

"천자의 전장典章 제도요. 아직 주나라를 대신해 천하를 다스릴 덕 있는 이가 없는데 두 명의 천자가 있게 되면 숙부叔父 역시 싫어할 것이오."

이에 양번襄樊·온溫·원原·찬모欑茅의 봉토를 하사하였다.

진나라는 이에 비로소 남양南陽으로 영토를 넓힐 수 있었다.

그러나 양번이 진나라에 복종하지 않아 그곳을 포위하였다.

양번의 창갈蒼葛이 큰소리로 말하였다.

"중원은 덕으로 회유懷柔하고, 사이四夷는 형벌로써 위협하는 것이니 마땅히 우리는 감히 복종할 수 없소. 여기 누가 천자의 친인척이 아니기에 포로로 한다는 것이오?"

이에 성 안 사람들을 다른 곳으로 내보내고 땅만 차지하였다.

【秦伯】당시 秦나라 군주는 穆公. 春秋五霸의 하나.
【河上】秦나라가 귀국을 도와주겠다고 하여 河水가에서 이들을 기다림.《史記》 年表에 "秦穆公二十五年, 欲納王, 軍河上"이라 함.
【王】周 襄王. 공자 帶와의 갈등으로 난을 만나 氾땅에 피해 있었음.
【狐偃】晉 文公의 신하. 子犯. 舅犯.

【晉侯】당시 晉나라 군주는 文公(重耳). 이때 文公은 즉위한 지 2년째였으며 이러한 덕행으로 春秋五霸에 오름.
【勤王】王(天子)을 극진히 모심.
【文之業】晉 文公의 선대인 文侯가 周 平王의 천도를 도와 진나라가 부흥하기 시작하였으며 천자를 도왔던 옛날의 아름다운 사례를 다시 실행함.
【卜偃】晉나라의 유명한 점술가.
【卜】거북껍질로 치는 점.
【黃帝戰于阪泉】黃帝 軒轅氏가 炎帝 神農氏와 阪泉에서 싸워 이긴 上古時代의 전투. 阪泉은 지금의 河北 涿鹿縣으로 보고 있음. 《大戴禮記》 五帝德에 "黃帝與赤帝戰於阪泉之野, 三戰而得行其志"라 하였고, 《逸周書》 嘗麥篇에는 "蚩尤爲赤帝臣, 逐帝, 赤帝乃說於黃帝, 集蚩尤"라 하였으며, 《國語》 晉語(4)에는 "昔少典娶於有蟜氏, 生黃帝·炎帝. 黃帝以姬水成, 炎帝以姜水成, 成而異德, 故黃帝爲姬, 炎帝爲姜, 二帝用師以相濟也"라 하였으며, 《史記》 五帝本紀에는 "炎帝欲侵陵諸侯, 諸侯咸歸軒轅, 軒轅乃修德振兵, 以與炎帝戰於阪泉之野. 三戰, 然後得其志"라 하여 각기 다름.
【筮】蓍草로 치는 점.
【大有】《周易》14번째 괘. 火天大有(乾下離上)로 되어 있으며 "大有: 元亨. 象曰:「大有」, 柔得尊位大中, 而上下應之, 曰大有. 其德剛健而文明, 應乎天而時行; 是以元亨. 象曰: 火在天上,「大有」; 君子以遏惡揚善, 順天休命. 初九, 无交害, 匪咎; 艱則无咎. 象曰: 大有初九, 无交害也. 九二, 大車以載, 有攸往, 无咎. 象曰:「大車以載」, 積中不敗也. 九三, 公用亨于天子, 小人弗克. 象曰: 公用亨于天子, 小人害也. 九四, 匪其彭, 无咎. 象曰:「匪其彭无咎」, 明辨晢也. 六五, 厥孚交如, 威如, 吉. 象曰:「厥孚交如」, 信以發志也;「威如之吉」, 易而无備也. 上九, 自天祐之, 吉, 无不利. 象曰: 大有上吉, 自天祐也"라 함.
【睽】《周易》38번째 괘. 火澤睽(兌下離上)로 구성되어 있으며 "睽: 小事吉. 象曰: 睽, 火動而上, 澤動而下; 二女同居, 其志不同行. 說而麗乎明, 柔進而上行, 得中而應乎剛, 是以小事吉. 天地睽而其事同也, 男女睽而其志通也, 萬物睽而其事類也. 睽之時用大矣哉! 象曰: 上火下澤, 睽; 君子以同而異. 初九, 悔亡; 喪馬, 勿逐自復; 見惡人, 元咎. 象曰:「見惡人」, 以辟咎也. 九二, 遇主于巷, 无咎. 象曰:「遇主于巷」, 未失道也. 六三, 見輿曳, 其牛掣; 其人天且劓. 无初有終. 象曰:「見輿曳」, 位不當也;「无初有終」, 遇剛也. 九四, 睽孤, 遇元夫, 交孚, 厲无咎. 象曰:「交孚无咎」, 志行也. 六五, 悔亡, 厥宗噬膚, 往何咎? 象曰:「厥宗噬膚」, 往有慶也.

上九, 睽孤, 見豕負塗, 載鬼一車, 先張之弧, 後說之弧; 匪寇, 婚媾; 往遇雨則吉. 象曰:「遇雨之吉」, 羣疑亡也"라 함.
【公用享于天子】大有卦 九三의 爻辭.
【下】晉나라는 河水의 상류이며 지류인 汾水에 있어 강을 따라 내려가야 襄王이 있는 河上에 닿을 수 있었음. 《史記》秦本紀에 "秦穆公將兵助晉文公入襄王, 殺王弟帶"라 하였고, 《國語》晉語(4)에는 "乃行賂於草中之戎與麗土之狄以啓東道"라 함.
【甲辰】3월 19일.
【次】군사가 주둔함을 뜻함. 莊公 3년 傳에 "凡師, 一宿爲舍, 再宿爲信, 過信爲次"라 함.
【陽樊】지금의 河南 濟源縣 동남쪽.
【右師·左軍】당시 晉나라는 左右 二軍을 둘 수 있었음.
【溫】지금의 河南 溫縣. 大叔(公子 帶)이 점거하고 있던 곳임.
【丁巳】4월 3일.
【隰城】隱公 11년의 隰郕의 습. 지금의 河南 武陟縣. 《國語》晉語(4)에 "(文公)二年春, 公以二軍下, 次於陽樊. 右師取昭叔於溫, 殺之於隰城. 左師迎王於鄭. 王入於成周, 遂定之於郟"이라 함.
【丁巳】4월 3일.
【溫】大叔(子帶)이 점거하고 있었음.
【隰城】周나라 땅. 지금의 河南 武陟縣 서남.
【戊午】4월 4일.
【命之宥】'宥'는 '助'의 뜻. 예물을 내려 잔치 분위기를 더 띄우도록 함.
【隧】墓道. 무덤 안으로 통하는 길. 당시에는 천자만이 묘도를 깔 수 있었음. 晉 文公이 이를 자신이 죽은 다음에도 그처럼 할 수 있도록 허락해 줄 것을 요청한 것.
【王章】천자의 典章 제도.
【代德】천하를 다스릴 덕의 교체. 周나라를 대신하여 다시 천하를 다스릴 정통 왕조가 나타난 것이 아니라는 뜻.
【叔父】진 문공을 일컫는 말. 원래 '叔父'는 천자가 同姓의 諸侯를 부를 때 쓰는 호칭. 《禮記》曲禮에 "天子謂同姓諸侯曰伯父"라 하였으며 伯父, 叔父는 최초 봉지를 받을 때 관계를 그대로 인습하여 불러 차이가 있는 것임.
【原】原은 원래 희성의 작은 제후국이었음.

【欑茅】杜預는 欑茅를 하나의 지명으로 보았으나 《括地志》와 《一統志》에는 각기 다른 두 지명으로 보았음. '欑'은 周나라 땅으로 지금의 河南 修武縣 서북. '茅'는 河南 獲嘉縣 동북.
【南陽】황하의 북쪽에서 太行山의 남쪽.
【倉葛】陽樊을 지키던 사람.
【德以柔中國】中國은 中原을 뜻함. 中原은 덕으로써 감복시켜야 할 대상인데 晉 文公이 무력과 위세로써 陽樊을 차지하자 그의 영토가 되기를 거부한 것임.
【親姻】《國語》晉語(4)에 "陽人有夏商之嗣典, 有周室之師旅, 樊仲之官守焉. 其非官守, 則皆王之父兄甥舅也"라 함.
【俘】포로. 여기서는 자신들의 의사에 관계없이 그 땅을 차지함을 뜻함.

※ 526(僖25-2)

夏四月癸酉, 衛侯燬卒.

여름 4월 계유날, 위후衛侯 훼燬가 죽었다.

【癸酉】4월 19일.
【燬】衛 文公. 혹 일부 기록에는 이름을 '煅'으로 표기하였음. B.C.659~635년까지 25년간 재위하고 이때에 죽음. 魯나라와 5차례 동맹을 맺어 그 때문에 이름을 밝혀 기록한 것임.
＊無傳

※ 527(僖25-3)

宋蕩伯姬來逆婦.

송宋나라 탕백희蕩伯姬가 와서 며느리를 맞이하였다.

【蕩伯姬】魯 僖公의 딸로 宋나라 대부 蕩氏에게 시집을 간 여인. 杜預 注에 "伯姬, 魯女爲宋大夫蕩氏妻也. 自爲其子來逆稱婦, 故存之辭. 婦人越竟(境)迎婦, 非禮, 故書"라 함.
＊無傳

528(僖25-4)

宋殺其大夫.

송宋나라가 그 대부를 죽였다.

【大夫】宋나라가 죄 없는 대부를 죽였으므로 그 대부의 이름을 밝히지 않은 것이라 함. 杜預 注에 "其事則未聞"이라 함.
＊無傳

529(僖25-5)

秋, 楚人圍陳, 納頓子于頓.

가을, 초楚나라가 진陳나라를 포위하고 돈자頓子를 돈나라로 들여보냈다.

【頓】姬姓의 제후국. 지금의 河南 商水縣 동남.
【頓子】頓나라 군주. 子爵. 杜預 注에 "頓子迫於陳而出奔楚, 故楚圍陳以納頓子. 不言遂, 明一事也"라 함.

⑰

秋, 秦·晉伐鄀, 楚鬪克·屈禦寇以申·息之師戍商密.
秦人過析, 隈入而係輿人, 以圍商密, 昏而傅焉.
宵, 坎血加書, 僞與子儀·子邊盟者.
商密人懼, 曰:「秦取析矣! 戍人反矣!」
乃降秦師.
秦師囚申公子儀·息公子邊以歸.
楚令尹子玉追秦師, 弗及.
遂圍陳, 納頓子于頓.

가을, 진秦나라와 진晉나라가 약鄀나라를 치자 초楚나라 투극鬪克과 굴어구屈禦寇가 신申과 식息 두 읍의 군사를 거느리고 와서 약나라 도성 상밀商密을 지켰다.

진秦나라가 초나라 석析 땅을 통과하면서 몰래 구석으로 들어가 나무하던 이들을 묶어 상밀을 포위하고 날이 저물 무렵에 성 밑 가까이에 이르렀다.

밤이 되자 구덩이를 파서 피를 뿌리고, 그 위에 맹세문을 놓아 두어 자의子儀와 자변子邊이 항복을 맹서한 것처럼 꾸몄다.

이를 본 상밀 사람들이 겁을 내며 이렇게 말하였다.

"진秦나라가 석析을 빼앗았구나! 상밀을 지키던 자들이 배반하였구나!"

그리고는 진秦나라 군사에게 항복하였다.

진秦나라 군사가 신공申公 자의와 식공息公 자변을 포로로 잡아 데리고 돌아갔다.

초나라 영윤令尹 자옥子玉이 진秦나라 군사를 뒤쫓았으나 잡지 못하였다.

이에 드디어 진陳나라를 포위하고 그 나라로 달아났던 돈頓나라 군주를 돈나라로 들여보냈던 것이다.

【鄀】秦나라와 楚나라 사이에 있었던 작은 제후국으로 지금의 河南 內鄕縣 서남쪽.

【鬪克】申邑의 우두머리 申公. 字는 子儀.
【屈禦寇】息邑의 우두머리 息公. 자는 子邊.
【商密】鄀나라 도성. 지금의 河南 內鄕縣.
【析】초나라 땅 이름. 혹 '犲'로도 표기함. 지금의 河南 內鄕縣과 淅川縣 서북쪽 경계.
【隈入而係輿人】析 땅의 굽이를 돌아 들어와 나무를 하던 이들을 묶어 포로인 양 위장함.
【傅】가까이 붙음. 성을 타고 오름.
【坎血加書】구덩이를 파서 희생을 잡아 맹세한 것처럼 그 피를 뿌리고 그 위에 맹세한 문서를 놓아둠.
【戍人】商密을 지키던 子儀(申公)와 子邊(息公).

✸ 530(僖25-6)

葬衛文公.

위衛 문공文公의 장례를 치렀다.

【衛文公】衛나라 군주 燬. 일부 본에는 이름을 '煅'이라 표기하였음. B.C.659~635년까지 25년간 재위하고 전해에 죽어 이때에 장례를 치른 것.
＊無傳

(傳)
冬, 晉侯圍原, 命三日之糧.
原不降, 命去之.
諜出, 曰:「原將降矣.」
軍吏曰:「請待之.」
公曰:「信, 國之寶也, 民之所庇也. 得原失信, 何以庇之? 所亡滋多.」

退一舍而原降.
遷原伯貫于冀.
趙衰爲原大夫, 狐溱爲溫大夫.

　　겨울, 진晉 문공文公이 원原을 포위하고 사흘 분의 양식만 준비하도록 명하였다.
　　그런데 사흘이 되어도 항복하지 않자 물러나 떠날 것을 명하였다.
　　그러자 원을 살피고 온 첩자가 나서며 말하였다.
　　"원 사람들이 장차 항복하려 하고 있습니다!"
　　그러자 군리軍吏도 이렇게 말하였다.
　　"좀 더 기다리시기를 청합니다."
　　문공이 말하였다.
　　"신의는 치국治國의 보배요, 백성들은 이로써 비호를 받는 것이다. 원을 얻는 대신 신의를 잃는다면 어떻게 백성을 비호할 수 있겠는가? 잃는 것이 더 많을 것이다."
　　그리고 30리를 물러나자 원이 항복하였다.
　　이에 원백原伯 관貫을 기冀 땅으로 옮겼다.
　　조최趙衰를 원의 대부로 삼고 호진狐溱을 온溫의 대부로 삼았다.

【晉侯】晉 文公 重耳. 春秋五霸의 하나.
【軍吏】군사의 관리.
【原伯貫】원 땅을 지키던 대부. 貫은 그의 이름.
【冀】지금의 山西 河津縣 동북쪽.
【趙衰】'조최'로 읽음. 字는 子餘. 趙夙의 아우이며 重耳를 모신 대부. 趙盾, 趙同, 趙括의 아버지이며 시호는 成子. 趙成子로도 부름. 그 후손이 戰國時代 趙나라를 세움.
【狐溱】晉 文公의 신하. 狐毛의 아들. 이상의 고사는 《國語》晉語(4)에 "文公伐原, 令以三日之糧. 三日而原不降, 公令疏軍而去之. 諜出曰:「原不過一二日矣!」軍吏以告, 公曰:「得原而失信, 何以使人? 夫信, 民之所庇也, 不可失.」乃去之, 及孟門, 而原請降"이라 하였으며, 《淮南子》道應訓에는 "晉文公伐原, 與大夫期三日,

三日而原不降. 文公令去之, 軍吏曰:「原不過一二日將降矣.」君曰:「吾不知原三日而不可得下也. 以與大夫期, 盡而不罷失信, 得原吾弗爲也.」原人聞之, 曰:「有君若此, 可弗降也.」遂降, 溫人聞亦請降. 故老子曰:「窈兮冥兮, 其中有精.」其精甚眞, 其中有信. 故美言可以市尊, 美行可以加人"이라 하였고 《新序》 雜事(4)에도 "晉文公伐原, 與大夫期五日, 五日而原不降, 文公令去之. 吏曰:「原不過三日, 將降矣, 君不如待之.」君曰:「得原失信, 吾不爲也.」原人聞之, 曰:「有君義若此, 不可不降也.」遂降. 溫人聞之, 亦請降. 故曰:「伐原而溫降.」此之謂也. 於是諸侯歸之, 遂侵曹伐衛, 爲踐土之會・溫之盟. 後南破強楚, 尊事周室, 遂成霸功, 上次齊桓, 本信由伐原也"라 함. 한편 《韓非子》 外儲說 左上에도 "晉文公攻原, 裹十日糧. 遂與大夫期十日. 至原十日而原不下. 擊金而退, 罷兵而去. 士有從原中出者曰:「原三日卽下矣.」群臣左右諫曰:「夫原之食竭力盡矣. 君姑待之.」公曰:「吾與士期十日, 不去, 是亡吾信也. 得原失信, 吾不爲也.」遂罷兵而去. 原人聞曰:「有君如彼其信也, 可無歸乎?」乃降公. 衛人聞曰:「有君如彼其信也, 可無從乎?」乃降公. 孔子聞而記之曰:「攻原得衛者, 信也.」"라 하였으며, 《呂氏春秋》 爲欲篇에는 "晉文公伐原, 與士期七日而原不下. 命去之. 謀士言曰:「原將下矣.」師吏請待之. 公曰:「信, 國之寶也. 得原失寶, 吾不爲也.」遂去之. 明年復伐原, 與士期必得原然後反. 原人聞之, 乃下. 衛人聞之, 以文公之信爲至矣. 乃歸文公. 故曰:「攻原得衛者, 此之謂也.」文公非不欲得原也, 以不信得言, 不若勿得也. 必誠信以得之, 歸之者非獨衛也. 文公可謂知求欲矣"라 하여 널리 실려 있음. 그 밖에 《韓詩外傳》(2)와 《資治通鑑》 周顯王五十年에도 관련 기록이 있음.

※ **531(僖25-7)**

冬十有二月癸亥, 公會衛子・莒慶盟于洮.

겨울 12월 계해날, 희공이 위자衛子・거경莒慶과 만나 도洮에서 동맹을 맺었다.

【癸亥】12월 12일.

【衛子】당시 새로 군주에 오른 위나라 임금. 衛 文公의 아들. 成公. 杜預 注에
"文公旣葬, 成公不稱爵者, 述父之志, 降名從未成君, 故書子以善之"라 함.
【莒慶】莒나라 대부. 莊公 27년을 볼 것.
【洮】노나라 땅. 지금의 山東 泗水縣. '도'로 읽음. 〈正義〉에 '洮, 吐刀反'이라 함.

㊞

衛人平莒于我, 十二月, 盟于洮, 修衛文公之好, 且及莒平也.

위衛나라가 거莒나라와 우리 노나라를 화평하게 하여 그 때문에 12월, 도洮에서 동맹을 맺은 것이며, 이는 위衛 문공文公 때의 우호관계를 다지고 나아가 거나라와 화평하게 지내기 위해서였다.

【平莒于我】莒나라는 僖公 원년 酈之役으로 인해 魯나라에 원한을 가지고 있었으며 이때 衛나라의 주선으로 화평을 이루게 된 것임. 酈之役은 僖公 원년을 볼 것.
【衛文公】成公(鄭)의 아버지. 이름은 燬. B.C.659~635년까지 25년간 재위하고 그 뒤를 成公이 이음.

㊞

晉侯問原守於寺人勃鞮, 對曰:「昔趙衰以壺飧從, 徑, 餒而弗食.」故使處原.

진晉나라 군주가 원原을 지킬 사람에 대해 시인侍人 발제勃鞮에게 물었더니 그는 이렇게 답하는 것이었다.

"지난날, 조최趙衰는 밥이 든 항아리를 들고 군주를 뒤따르다가 뒤처지게 되어 지름길로 가면서 배가 고팠지만 그것을 먹지 않았습니다."

그 때문에 조최를 원의 대부로 삼은 것이다.

【晉侯】晉 文公 重耳.
【原】文公이 3일의 군량만으로 점령했던 땅.
【寺人】太監. 內侍의 우두머리.
【勃鞮】寺人 披.《後漢書》宦者傳에 "其能者則勃貂管蘇, 有功于楚晉"이라 하였고, 注에 "勃貂則寺人披, 一名勃鞮, 字伯楚"라 함. 한편《韓非子》外儲說 左下에는 "晉文公出亡, 箕鄭挈壺飱而從, 迷而失道, 與公相失, 饑而道泣, 寢餓而不敢食"이라 함.
【使處原】趙衰를 原의 대부로 삼은 것은 僖公 25년을 볼 것.

089. 僖公 26年(B.C.634) 丁亥

周	襄王(姬鄭) 19년	齊	孝公(昭) 9년	晉	文公(重耳) 3년	衛	成公(鄭) 원년
蔡	莊公(甲午) 12년	鄭	文公(捷) 39년	曹	共公(襄) 19년	陳	穆公(款) 14년
杞	桓公(姑容) 3년	宋	成公(王臣) 3년	秦	穆公(任好) 26년	楚	成王(頵) 38년
許	僖公(業) 22년						

※ 532(僖26-1)

二十有六年春王正月, 己未, 公會莒子·衛甯速盟于向.

26년 봄 주력 정월 기미날, 공이 거자莒子와 위衛나라 영속甯速을 만나 상向에서 동맹을 맺었다.

【己未】 정월 9일.
【甯速】 衛나라 대부 甯莊子.《公羊傳》에는 '甯遬'으로도 되어 있음.
【向】 莒나라 땅. 지금의 山東 莒縣 남쪽. 隱公 2년을 볼 것.

傳

二十六年春王正月, 公會莒茲丕公·甯莊子盟于向, 尋洮之盟也.

26년 봄 주력 정월, 공이 거莒나라 군주 자비공玆丕公과 위衛나라 영장자甯莊子와 만나 상向에서 동맹을 맺은 것은 도洮에서 맺었던 동맹을 다지기 위한 것이었다.

【玆丕公】莒나라 군주의 칭호. 거나라는 諡號가 없었음. 杜預 注에 "莒夷無諡, 以號爲稱"이라 함.
【甯莊子】甯速(甯遫).
【洮之盟】僖公 25년을 참조할 것.

※ 533(僖26-2)
齊人侵我西鄙, 公追齊師, 至酅, 不及.

제齊나라가 우리 노나라 서쪽 변경을 침공하자 공이 제나라 군사를 추격해 휴酅에까지 이르렀으나 잡지 못하였다.

【齊】당시 齊나라 군주는 孝公(昭)이었음.
【酅】齊나라 땅. 지금의 山東 東阿縣 서남쪽. 《公羊傳》과 《穀梁傳》에는 '巂'로 되어 있음.

傳
齊師侵我西鄙, 討是二盟也.

제齊나라 군사가 우리 노나라의 서쪽 변방을 침공한 것은 두 번의 동맹을 성토하기 위한 것이었다.

【二盟】魯·莒·衛나라들이 洮와 向에서 맺은 두 차례 동맹. 洮盟과 向盟.

● 534(僖26-3)

夏, 齊人伐我北鄙.

여름, 제齊나라가 우리 노나라 북쪽 변경을 쳤다.

【北鄙】《國語》齊語와 《管子》小匡篇에 齊 桓公 때의 국경을 "正其封疆, 地南至於岱陰"이라 하여 岱(泰山)를 경계로 하였음.

● 535(僖26-4)

衛人伐齊.

위衛나라가 제齊나라를 쳤다.

㊉
夏, 齊孝公伐我北鄙, 衛人伐齊, 洮之盟故也.
公使展喜犒師, 使受命于展禽.
齊侯未入竟, 展喜從之, 曰:「寡君聞君親擧玉趾, 將辱於敝邑, 使下臣犒執事.」
齊侯曰:「魯人恐乎?」
對曰:「小人恐矣, 君子則否.」
齊侯曰:「室如縣罄, 野無靑草, 何恃而不恐?」
對曰:「恃先王之命. 昔周公·大公股肱周室, 夾輔成王. 成王勞之, 而賜之盟, 曰:『世世子孫無相害也!』載在盟府, 大師職之. 桓公是以糾合諸侯, 而謀其不協, 彌縫其闕, 而匡救其災, 昭舊職也. 及君卽位, 諸侯之望曰:『其率桓之功!』我敝邑用是不敢保聚, 曰:『豈其嗣世九年, 而弃命廢職? 其若先君何? 君必不然.』恃此以不恐.」
　齊侯乃還.

　여름, 제齊 효공孝公이 우리 노나라 북쪽 변방을 치자 위衛나라가 제나라를 친 것은 도洮에서의 동맹에 의한 것이었다.
　희공은 전희展喜로 하여금 제나라 군사를 음식으로 대접하도록 하면서 대부 전금展禽의 명을 따르도록 하였다.
　제 효공이 아직 노나라 국경 안으로 들어오기 전, 전희가 나아가 그 일을 처리하면서 효공에게 이렇게 말하였다.
　"우리 임금께서 귀하께서 친히 옥지玉趾를 움직여 우리나라에 오셨음을 들으시고, 하신下臣으로 하여금 군주를 모시는 관리들을 대접하도록 하셨습니다."
　제 효공이 말하였다.
　"노나라 사람들이 두려워하고 있소?"
　전희가 대답하였다.
　"소인들이야 두려워하고 있지만 군자들은 그렇지 않습니다."
　효공이 말하였다.
　"집집마다 경磬을 매단 듯 텅 비어 있고, 들에는 푸른 풀 한 포기 없는데도 무엇을 믿고 두려워하지 않는다는 것이오?"
　전희가 대답하였다.
　"선왕의 명을 믿기 때문입니다. 옛날에 주공周公과 태공大公께서는 주나라 왕실의 고굉股肱의 신하로서 성왕成王을 곁에서 함께 도우셨습니다. 성왕께서는 두 분을 위로하시어 이렇게 맹세의 말을 하셨었지요. '세세토록 두 나라 자손은 서로 해치는 일이 없도록 하라.' 이를 기록한 문서가 맹부盟府에 있고 태사大師가 맡아 관리하고 있습니다. 제齊 환공桓公께서도 그로써 제후들을 규합하여 제후들 사이에 불화가 있으면 이를 급히 해결하셨으며 널리 제후국의 재앙을 구원하셔서 태공으로부터 받은 직무를 밝히셨습니다. 임금께서 즉위하실 즈음에 제후들은 이를 기대하며 '환공의 공적을 따르실 것이다'라고 하였습니다. 그래서 우리나라가 감히 군졸을 모아 성을 지키는 일을 하지 않았던 것입니다. 또 '왕위를 이어받은 지 9년밖에 되지 않았는데 어찌 천자의 명을 멀리하고 선조의 맡은 폐기하겠는가? 그렇게 한다면 선군에게 무슨 면목이 서겠는가? 제나라 군주는 틀림없이 그렇게 하지 않을 것이다'라고 하였습니다. 이를 믿고 두려워하지 않는 것입니다."

이에 제 효공은 군사를 되돌렸다.

【齊孝公】齊나라 군주. 齊 桓公(小白)의 아들. 이름은 姜昭. B.C.642~633년까지 10년간 재위함.

【展喜】魯나라 대부. 乙喜. 公子 展의 후손. 展禽의 아들. 자는 張, 張侯로도 불림.

【犒師】犒饋. 군사에게 음식 등으로 위로함을 뜻함.《國語》魯語(上)에 "齊孝公來伐, 臧文仲欲以辭告病焉, 問於展禽. 展禽使乙喜以膏沐犒師"라 함.

【展禽】柳下惠. 禽은 字, 이름은 獲, 시호는 惠. 채읍은 柳下. 그 때문에 柳下惠 또는 柳下季로 불림.

【竟】'境'과 같음.

【玉趾】임금의 발이나 발걸음을 높여 이르는 말.

【敝邑】자신의 나라를 낮추어 부르는 말.

【下臣】신하가 자기를 낮추어 이르는 말.

【縣罄】'縣'은 '懸'과 같음. '罄'은 텅 빈 상태. 곡식을 매달아 놓아야 할 곳에 아무 것도 매달려 있지 않음. 먹을 것이 없음을 말함. 阮元의 〈校勘記〉에 "罄有房室中空之象, 室無資糧, 故曰如縣罄也"라 함.

【周公】周公(姬旦). 文王의 아들이며 武王의 아우로서 成王(姬誦)이 어려 이를 보필하였으며 뒤에 魯나라의 시조가 됨.

【大公】太公. 姜子牙. 姜太公. 呂尙. 武王을 도와 殷의 紂를 멸하고 齊나라의 시조가 됨. 둘 모두 주나라 초기 무왕을 도운 股肱之臣들로 함께 각기 魯나라와 齊나라를 봉지로 받았으며 後世 서로 친히 지낼 것을 부탁받고 아울러 둘 모두 스스로 굳게 맹약을 하였었음.

【成王】姬誦. 武王의 아들이며 어려서 왕위에 올라 周公의 보필을 받음.

【盟府】맹약의 문서 따위를 보관하는 書庫.

【大師】太師. 文書를 관리하는 직책. 杜預 注에 "大公爲大師, 兼主司盟之官"이라 함.

【桓公】齊 桓公. 최초로 春秋五霸의 수장이 되어 제후들을 이끌고 尊王攘夷의 임무를 수행함. 孝公의 아버지.
【彌縫其闕】그 빠진 부분을 급한 대로 기워 새지 않도록 함.
【保聚】병력을 모아 성을 지킴.
【九年】이해는 齊 孝公이 즉위한 지 9년째였음.

❈ 536(僖26-5)

公子遂如楚乞師.

공자 수遂가 초楚나라에서 군사를 빌려 왔다.

【遂】魯나라의 公子 東門襄仲. 襄仲, 東門遂, 仲遂, 東門氏 등으로 불리며 莊公의 아들.

㊉
東門襄仲·臧文仲如楚乞師.
臧孫見子玉而道之伐齊·宋, 以其不臣也.

노나라 동문양중東門襄仲(遂)과 장문중臧文仲이 초楚나라에 가서 출군을 청하였다.
그때 장손臧孫은 초나라 자옥子玉을 만나 제齊나라와 송宋나라가 초나라를 섬기지 않으니 정벌하라고 유도하였다.

【東門襄仲】노나라 공자 遂. 東門은 살던 곳이 姓氏가 된 것이며 '襄'은 시호, 仲은 태어난 순서에 따른 字. 東門遂, 仲遂로도 불림.
【臧文仲】臧孫辰. 魯나라 대부. 臧孫達의 아들. 성은 臧孫, 이름은 辰. 仲은 字.

시호가 文이었음. 魯나라에서 賢大夫로 알려진 인물. 《論語》에 여러 차례 등장함.
【乞師】 군사를 빌려옴. 구원병을 청하여 옴.
【子玉】 당시 楚나라 令尹 成得臣.
【道】 '導'와 같음.
【不臣】 齊나라와 宋나라가 천자국 周나라에 대하여 예절을 지키지 않음.

❋ 537(僖26-6)

秋, 楚人滅夔, 以夔子歸.

가을, 초楚나라가 기夔나라를 멸망시키고 기자夔子를 데리고 돌아갔다.

【夔】 夔는 楚나라와 조상이 같은 羋姓의 나라. 子爵. 지금의 四川 巫山縣 남쪽. 《公羊傳》에는 '隗'로 되어 있으며 혹 '歸'로 표기하기도 함.
【子】 자작이 아님. 《禮記》 曲禮(下)에 "其在東夷, 西戎, 北狄, 南蠻, 雖大曰子. 自稱 曰王老"라 함.

傳
夔子不祀祝融與鬻熊, 楚人讓之.
對曰:「我先王熊摯有疾, 鬼神弗赦, 而自竄于夔, 吾是以失楚, 又何 祀焉?」
秋, 楚成得臣·鬪宜申帥師滅夔, 以夔子歸.

기夔나라 군주가 축융祝融과 육웅鬻熊의 제사를 지내지 않자 초楚나라가 이를 꾸짖었다.
그러자 그들은 이렇게 대답하는 것이었다.
"우리 선왕 웅지熊摯는 병이 나서 귀신에게 빌었지만 들어 주지 않아 스스로

기夔 땅으로 피해 숨어들어왔던 것입니다. 우리가 이 때문에 초나라를 잃었는데 또 어째서 제사를 지내야 한다는 것인가?"

이 때문에 가을, 초나라 성득신成得臣과 투의신鬪宜申이 군사를 거느리고 기나라를 멸한 다음 기나라 군주를 데리고 돌아간 것이다.

【祝融】 남방 씨족의 공동 시조. 고대 화정을 지냈음.
【鬻熊】 祝融의 후손으로 초나라와 夔나라의 공동 선대. 《史記》 楚世家에 의하면 楚나라의 선조는 顓頊 高陽氏에게서 발원하였으며 高陽이 稱을, 稱이 卷章을, 卷章이 重黎를 낳았으며 重黎가 帝嚳 高辛氏의 火正이 되어 많은 공을 세워 그를 祝融에 명하였음. 그 뒤 吳回가 鬻終을, 鬻終이 여섯 아들을 낳았으며 막내가 季連으로 羋姓을 얻어 楚나라에게 이어짐. 周 文王 때 季連의 후손으로 鬻熊이 있었다 함.
【熊摯】 摯紅. 초나라 군주 熊渠의 아들로 夔나라의 선대 임금. 《史記》 楚世家에 "熊渠生子三人, 當周夷王之時, 王室微, 諸侯或不朝, 相伐. 熊渠甚得江漢間民和, 乃立長子康爲句亶王, 中子紅爲鄂王, 少子執疵爲越章王. 熊渠卒, 子熊摯紅立. 摯紅卒, 其弟弑而代立, 曰熊延"이라 함.
【自竄于夔】 초나라를 버리고 夔 땅으로 숨어 들어와 작은 나라를 세움. 이 때문에 큰 초나라 군주 자리를 버리게 된 것임. 따라서 조상 제사를 지내지 않고자 하였던 것임. 《史記》 楚世家 索隱에 譙周의 《古史考》를 인용하여 "熊渠卒, 子熊翔立. 卒, 長子摯有疾, 少子熊延立"이라 하였고, 〈正義〉에는 《樂緯》의 宋均 注를 인용하여 "熊渠嫡嗣曰熊摯, 有惡疾, 不得爲後, 別居于夔, 爲楚附庸, 後王命夔子也"라 함.
【成得臣】 초나라 令尹 子玉.
【鬪宜申】 초나라 대부 司馬子西.

※ 538(僖26-7)

冬, 楚人伐宋, 圍緡.
公以楚師伐齊, 取穀.

겨울, 초楚나라가 송宋나라를 쳐 민緡을 포위하였다.
희공은 초나라 군사로써 제齊나라를 쳐 곡穀을 취하였다.

【緡】宋나라 땅. 지금의 山東 金鄕縣 동북. 《穀梁傳》에는 '閔'으로 되어 있음.
【穀】齊나라 땅. 지금의 山東 東阿縣. 莊公 7년을 볼 것.

㉧
宋以其善於晉侯也, 叛楚卽晉.
冬, 楚令尹子玉·司馬子西帥師伐宋, 圍緡.
公以楚師伐齊, 取穀.
凡師, 能左右之曰以.
寘桓公子雍於穀, 易牙奉之以爲魯援, 楚申公叔侯戍之.
桓公之子七人, 爲七大夫於楚.

송宋나라는 진晉 문공文公 때 사이가 좋아져 초楚나라를 배반하고 진나라 편이 되어 있었다.
겨울, 초나라 영윤 자옥子玉과 사마자서司馬子西가 군사를 이끌고 송나라를 쳐서 민緡을 포위하였고 희공은 초나라 군사를 거느리고 제나라를 쳐서 곡穀 땅을 빼앗았다.
무릇 다른 나라의 군사를 좌지우지할 수 있음을 '이以'라고 한다.
제齊 환공桓公의 아들 옹雍을 곡穀에 배치하자 제나라 역아易牙가 그를 받들고 노나라를 돕고 있었으며, 초나라 대부 신공申公 숙후叔侯가 이를 수비하고 있었다.
이에 제 환공의 아들 일곱 모두가 초나라의 대부가 되었다.

【善於晉侯】〈年表〉에 "宋成公三年, 倍楚, 親晉"이라 함. 지난날 晉 文公(重耳)이 망명할 때 宋 襄公이 그에게 수레 20승을 주어 환심을 사 두었었음. 僖公 23년 傳을 참조할 것.

【易牙】易牙는 齊 桓公의 寺人(太監). 公子 雍을 받들고 제나라에서 난을 일으켰 었음. 17년 傳을 볼 것.
【雍】杜預 注에 "雍本與孝公爭立, 故使居穀以偪齊"라 함.
【申公叔侯】楚나라 대부. 이름은 叔侯. 杜預 注에 "爲二十八年楚子使申叔去穀 張本"이라 함.
【七子】齊 桓公의 일곱 아들. 모두 조국을 배반하고 楚나라에서 대부의 벼슬을 하고 있었음. 杜預 注에 "爲孝公不能撫公族"이라 하였고, 《史記》 楚世家에는 "(成王)三十九年, 魯僖公來請兵以伐齊, 楚使申侯將兵伐齊, 取穀, 置齊桓公子雍焉. 齊桓公七子皆奔楚, 楚盡以爲上大夫"라 하였음.

※ 539(僖26-8)

公至自伐齊.

공이 제齊나라 정벌에서 돌아왔다.

＊無傳

090. 僖公 27年(B.C.633) 戊子

周	襄王(姬鄭) 20년	齊	孝公(昭) 10년	晉	文公(重耳) 4년	衛	成公(鄭) 2년
蔡	莊公(甲午) 13년	鄭	文公(捷) 40년	曹	共公(襄) 20년	陳	穆公(款) 15년
杞	桓公(姑容) 4년	宋	成公(王臣) 4년	秦	穆公(任好) 27년	楚	成王(頵) 39년
許	僖公(業) 23년						

❋ 540(僖27-1)

十有七年春, 杞子來朝.

27년 봄, 기자杞子가 와서 문안하였다.

【杞】 원래 姒姓의 제후국으로 周 武王이 夏禹의 후손 東樓公을 杞에 봉하여 雍丘에 살도록 하였음. 지금의 山東 安丘縣 동북쪽 杞城鎭.
【杞子】 당시 杞나라 군주는 桓公이었음.

㋀
二十七年春, 杞桓公來朝.
用夷禮, 故曰子.
公卑杞, 杞不共也.

27년 봄, 기杞나라 환공桓公이 찾아와 문안하며 이민족의 예법으로 행하였다.
그 때문에 자작이라 낮춰 부른 것이다.
공이 기나라 군주를 낮추어 본 것은 그가 공손하지 않았기 때문이다.

【夷禮】 杞나라는 원래 中原 夏族의 후대였으나 東夷族과 잡거하여 禮가 변한 것임.
【故曰子】 원래 伯爵으로 '杞伯'이라 불러야 하나 이 일로 인해 '杞子'로 표기하여 子爵으로 낮추어 기록한 것임.
【共】 '恭'과 같음.

※ 541(僖27-2)

夏六月庚寅, 齊侯昭卒.

여름 6월 경인날, 제후齊侯 소昭가 죽었다.

【庚寅】 6월 18일.
【齊侯昭】 齊 孝公. 姜昭. 齊 桓公의 아들. B.C.642~633년까지 10년간 재위하고 이때에 죽음. 그 뒤를 昭公(潘)이 이음. 《史記》 齊世家에 "十年, 孝公卒. 孝公弟潘因衛公子開方殺孝公子而立潘, 是爲昭公. 昭公, 桓公子也, 其母曰葛嬴"이라 함.

傳
夏, 齊孝公卒.
有齊怨, 不廢喪紀, 禮也.

여름, 제齊 효공孝公이 죽었다.
노나라는 제나라에 원한이 있었음에도 상제喪祭의 법도를 버리지 않은 것은 예에 맞는 일이었다.

【齊怨】僖公 26년 齊나라가 다시 魯나라를 침범한 일. 僖公 28년 經文을 참조할 것.
【喪紀】諸侯 사이 상을 당했을 때 賻儀의 여러 가지 예법. 喪事의 總名. 孔穎達 疏에 "《周禮》小司徒: 「掌喪紀之禁令.」 庖人: 「掌喪紀之庶羞.」 樂記曰: 「衰麻哭泣, 所以節喪紀也.」 言喪紀者多矣. 喪紀者, 喪事之總名"이라 함.

❋ 542(僖27-3)

秋八月乙未, 葬齊孝公.

가을 8월 을미날, 제齊 효공孝公의 장례를 치렀다.

【乙未】8월 24일. 諸侯는 5월장이나 3월장으로 치른 것임.
＊無傳

❋ 543(僖27-4)

乙巳, 公子遂帥師入杞.

을사날, 공자公子 수遂가 군사를 이끌고 기杞나라로 들어갔다.

【乙巳】9월 4일. 史官이 月을 빠뜨린 것임.
【公子遂】齊나라 공자 이름. 仲遂, 東門遂.
【入】杜預 注에 "弗地曰入"이라 함.
【杞】원래 姒姓의 제후국으로 周 武王이 夏禹의 후손 東樓公을 杞에 봉하여 雍丘에 살도록 하였음. 지금의 山東 安丘縣 동북쪽 杞城鎭.

傳
秋, 入杞, 責無禮也.

가을, 기杞나라로 쳐들어간 것은 무례함을 꾸짖기 위함이었다.

【無禮】노나라에 대하여 이법의 예를 행하였으며 不敬의 예를 저지른 것. 僖公 27년 傳을 참조할 것.

※ 544(僖27-5)
冬, 楚人·陳侯·蔡侯·鄭伯·許男圍宋.

겨울, 초인楚人·진후陳侯·채후蔡侯·정백鄭伯·허남許男이 송宋나라를 포위하였다.

【楚人】《史記》年表에 "(成王)三十九年使子玉伐宋"이라 함.

傳
楚子將圍宋, 使子文治兵於睽, 終朝而畢, 不戮一人.
子玉復治兵於蒍, 終日而畢, 鞭七人, 貫三人之耳.
國老皆賀子文, 子文飮之酒.
蒍賈尙幼, 後至, 不賀.
子文問之, 對曰:「不知所賀. 子之傳政於子玉, 曰:『以靖國也.』靖諸內而敗諸外, 所獲幾何? 子玉之敗, 子之擧也. 擧以敗國, 將何賀焉? 子玉剛而無禮, 不可以治民, 過三百乘, 其不能以入矣. 苟入而賀, 何後之有?」
冬, 楚子及諸侯圍宋.

宋公孫固如晉告急, 先軫曰:「報施‧救患, 取威‧定霸, 於是乎在矣.」

狐偃曰:「楚始得曹, 而新昏於衛, 若伐曹‧衛, 楚必救之, 則齊‧宋免矣.」

於是乎蒐于被廬, 作三軍, 謀元帥.

趙衰曰:「郤縠可. 臣亟聞其言矣, 說禮樂而敦詩書. 詩書, 義之府也; 禮樂, 德之則也; 德‧義, 利之本也. 〈夏書〉曰:『賦納以言, 明試以功, 車服以庸.』君其試之!」

乃使郤縠將中軍, 郤溱佐之.

使狐偃將上軍, 讓於狐毛, 而佐之.

命趙衰爲卿, 讓於欒枝‧先軫.

使欒枝將下軍, 先軫佐之.

荀林父御戎, 魏犨爲右.

晉侯始入而教其民, 二年, 欲用之.

子犯曰:「民未知義, 未安其居.」

於是乎出定襄王, 入務利民, 民懷生矣, 將用之.

子犯曰:「民未知信, 未宣其用.」

於是乎伐原以示之信, 民易資者, 不求豐焉, 明徵其辭.

公曰:「可矣乎?」

子犯曰:「民未知禮, 未生其共.」

於是乎大蒐以示之禮, 作執秩以正其官.

民聽不惑, 而後用之.

出穀戍, 釋宋圍, 一戰而霸, 文之教也.

초楚 성왕成王이 장차 송宋나라를 포위하고자 자문子文으로 하여금 규睽에서 군사들을 훈련시키도록 하였더니 그는 아침 한나절이면 훈련을 마쳤으며 한 사람도 벌을 주는 법이 없었다.

자옥子玉 또한 위蔿에서 군사들을 훈련시키면서 그는 하루 종일 훈련을 시키되 7명을 매질을 하고 3명에게는 화살로 귀를 꿰는 벌을 주었다.

나라의 원로들이 모두 자문에게 하례하자 자문은 주연을 열어 술을 대접하였다.

그때 위가爲賈는 아직 어린 나이이면서 가장 나중에 도착하여 하례를 하지 않는 것이었다.

자문이 그 까닭을 묻자 위가는 이렇게 대답하였다.

"하례를 드려야 할 것이 무엇인지 모르겠습니다. 당신은 자옥에게 직무를 맡기면서 '나라를 평안하게 하도록 하라'라고 하였습니다. 나라가 평안하더라도 바깥에 나가 싸움에서 진다면 얻을 수 있는 것이 얼마나 되겠습니까? 자옥의 실패는 당신이 추천한 때문입니다. 이러한 추천으로 나라가 싸움에서 지게 될 것인데 무엇을 하례하라는 것입니까? 자옥은 굳세기만 할 뿐 무례하여 백성을 다스릴 수 없습니다. 그가 전차 3백 승 이상 거느리게 된다면 무사히 살아서 나라로 돌아올 수 없을 것입니다. 진실로 그가 무사히 돌아오고 나서 하례한다면 어찌 늦었다고 할 수 있겠습니까?"

겨울, 초 성왕이 제후들과 함께 군사를 거느리고 송나라를 포위하였다.

이에 송나라 공손고公孫固가 진晉나라로 가서 송나라의 위급을 알리자 선진先軫이 말하였다.

"지난날, 송 양공이 베푼 은혜를 갚고 그 나라의 환난을 구해줌으로써 위엄을 보여 패권을 장악할 수 있는 기회가 바로 지금에 있습니다."

호언狐偃이 말하였다.

"초나라는 이제 비로소 조曹나라의 지지를 얻었고, 새롭게 위衛나라와 혼인 관계도 맺었습니다. 만약 그 조나라와 위나라를 친다면 초나라로서는 틀림없이 그들을 구원하러 나서려 할 것입니다. 그러면 제齊나라와 송나라는 전쟁의 참화를 면하게 될 것입니다."

이에 군사를 피려被廬에 모이게 하여 군사 훈련을 하면서 삼군三軍을 편성하고, 원수元帥를 누구로 할 것인지 의논하였다.

조최趙衰가 말하였다.

"극곡郤穀이 적임자입니다. 저는 그가 하는 말을 자주 듣곤 하였습니다. 그는 예악禮樂을 좋아하고 시서詩書에 조예가 깊습니다. 시서는 의로움의 곳간이고 예악은 덕德의 법칙입니다. 이 덕의德義는 나라를 이롭게 하는 근본입니다. 〈하서夏書〉에 '그 의견을 듣고 그의 공로를 시험해 본 다음에 수레와

의복을 하사하여 권면한다'라 하였으니 군주께서 그를 시험해 보십시오."

이에 진 문공은 극곡으로 하여금 중군中軍을 거느리게 하고 극진郤溱에게 그를 보좌토록 하였다.

그리고 호언에게 상군上軍을 거느리도록 하였더니 그는 호모狐毛에게 양보한 뒤 자신은 그를 보좌하였다.

조최를 경卿으로 삼자 그는 난지欒枝와 선진에게 양보하였다.

그리하여 난지에게 하군下軍을 이끌도록 하고 선진이 이를 보좌하도록 하였다.

순림보荀林父는 군주의 전차를 조종하고 위주魏犨는 오른쪽을 담당하였다.

진 문공이 비로소 나라로 들어가 왕위에 올라 2년 동안 백성을 가르친 다음 전쟁에서 이용하려 하였다.

그러자 자범子犯이 말하였다.

"백성이 아직 의義를 모를뿐더러 생활도 아직 안정되지 않았습니다."

그리하여 진 문공은 밖으로는 주周 양왕襄王을 도와 보위를 안정시키고, 안으로는 백성들이 이익을 누릴 수 있는 일에 힘을 쏟았다. 백성들 생활이 편해지자 문공이 다시 백성을 거느리고 싸우려 하였다.

자범이 말하였다.

"백성이 아직 신信을 알지 못하니 아직 그런 명을 내려 부릴 단계가 아닙니다."

이에 문공이 원原을 치는 일로써 믿음이 무엇인지 보여주자 백성들은 물자를 교역하면서 자신만의 풍부한 이득을 취하려 하지 않게 되었고 약속한 말은 명확히 지켜내는 것이었다.

진 문공이 말하였다.

"이제는 되겠는가?"

자범이 말하였다.

"백성이 아직 예禮를 알지 못하여 공경심이 우러나지 않습니다."

그리하여 크게 열병식의 훈련으로써 예를 보여주고 관작官爵과 녹봉을 제정하여 관직을 정확히 하였다. 이에 백성들은 명령을 듣고 의혹을 품지 않게 되었으며 그런 다음에 이들을 사용하였다.

그리하여 곡(穀)을 지키고 있던 초나라 군사를 몰아내고 송나라 포위를 풀어주었다. 초나라와의 이 일전—戰으로 진나라는 패자가 되었으니 이는 진 문공의 교화에 의한 것이었다.

【楚成王】이때는 成王 39년째임.
【子文】鬪子文. 鬪穀於菟. 당시 令尹을 지냈으며 군사 훈련을 맡고 있었음.
【睽】楚나라 읍. 지금의 湖北 江陵縣. 당시 초나라 수도 郢 부근.
【子玉】子文의 뒤를 이어 영윤의 직책을 맡은 楚나라 大臣. 成得臣.
【蔿】睽 부근의 군사 훈련장.
【貫耳】훈련에 실수가 있는 자의 귀를 화살로 꿰는 형벌.
【國老】나라의 원로들. 초나라 경대부들. 나이가 많아 致仕하고 물러난 대신들.
【蔿賈】楚나라 대부. 자는 伯嬴. 孫叔敖의 아버지. 文公 16년, 宣公 원년을 볼 것.
【靖國】나라를 평안히 함.
【三百乘】그에게 너무 많은 군사를 주었다가는 나라가 망할 것임.《司馬法》에 "三百乘爲二萬二千五百人"이라 함.
【公孫固】宋나라 卿士. 宋 莊公의 손자.
【先軫】晉나라 신하. 晉나라 下軍을 맡았던 原軫. 先丹木의 아들.
【報施】지난날 송나라가 도와주었던 은혜를 이 기회에 보답함.
【新昏】'昏'은 '婚'과 같음. 초나라가 처음으로 衛나라와 혼인관계를 맺음.
【齊宋免矣】僖公 26년 楚나라가 穀을 취하여 지키면서 제나라가 압박을 받고 있었고 송나라는 이번에 포위를 당하고 있으나 지금 이 기회에 그러한 재난에서 벗어날 수 있음.
【蒐】원래 천자의 봄 사냥으로 그 기회에 군사훈련을 겸하는 것. 여기서는 군사 훈련을 뜻함.《司馬法》仁本篇에 "故國雖大, 好戰必亡; 天下雖安, 忘戰必危. 天下旣平, 天下大愷, 春蒐秋獮; 諸侯春振旅, 秋治兵, 所以不忘戰也"라 함.
【被廬】晉나라 땅. 晉陽 동남쪽.
【三軍】晉나라는 獻公 때 二軍을 편성할 수 있었고 이때에 이르러 비로소 三軍을 편성할 수 있었음.
【夏書】《書經》虞書 舜典에 "五載一巡守, 羣后四朝, 敷奏以言, 明試以功, 車服以庸"이라 함.
【郤縠】晉나라 대부 郤芮의 아들.

【郤溱】 郤縠의 族人.
【狐毛】 狐突의 아들이며 重耳의 외삼촌. 狐偃의 형.
【趙衰】 '조최'로 읽음. 字는 子餘. 趙夙의 아우이며 重耳를 모신 대부. 趙盾, 趙同, 趙括의 아버지이며 시호는 成子. 趙成子로도 부름. 그 후손이 戰國시대 趙나라를 세움.
【欒枝】 晉나라 대부. 欒賓의 손자. 欒貞子로도 불림.
【荀林父】 中行桓子. 晉나라 대부.
【魏犨】 晉나라 대부. 魏武子. 23년을 볼 것.
【定襄王】 晉 文公이 周나라 천자 襄王의 지위를 안정시켜줌. 僖公 25년의 일.
【懷生】 삶에 대한 희망을 품음.
【伐原】 사흘만의 식량으로 原을 정벌하면서 지켰던 약속의 일화. 僖公 25년의 傳文을 참조할 것.
【明徵其辭】 개인끼리 약속한 말도 명확하게 지켜 믿음이 무엇인지 실천에 옮기는 풍조가 됨.
【未生其共】 '共'은 '恭'과 같음.
【執秩】 爵秩과 같음. 작위와 벼슬의 높낮이.
【出穀戍】 楚 成王이 穀 땅을 지키고 있던 申叔으로 하여금 물러나게 함.
【釋宋圍】 楚 成王이 子玉으로 하여금 宋나라 포위를 풀고 물러나도록 함.
【文之敎】 이는 晉 文公의 敎化로 인해 이루어진 것이라는 뜻.

❋ 545(僖27-6)

十有二月甲戌, 公會諸侯, 盟于宋.

12월 갑술날, 공이 제후들과 송宋나라에서 동맹을 맺었다.

【甲戌】 12월 5일.
【諸侯】 楚子, 晉侯, 蔡侯, 鄭伯, 許男 등이며 宋나라는 포위를 당하여 직접 이 맹약에 참여하지 못하였다 함.
　＊無傳

091. 僖公 28年(B.C.632) 己丑

周	襄王(姬鄭) 21년	齊	昭公(潘) 원년	晉	文公(重耳) 5년	衛	成公(鄭) 3년
蔡	莊公(甲午) 14년	鄭	文公(捷) 41년	曹	共公(襄) 21년	陳	穆公(款) 16년
杞	桓公(姑容) 5년	宋	成公(王臣) 5년	秦	穆公(任好) 28년	楚	成王(頵) 40년
許	僖公(業) 24년						

❈ 546(僖28-1)

二十有八年春, 晉侯侵曹, 晉侯伐衛.

28년 봄, 진후晉侯가 조曹나라를 쳐들어갔으며, 진후가 위衛나라를 쳤다.

【晉侯】晉 文公 重耳. 당시 재위 5년째였음. 春秋五霸의 하나.

傳
二十八年春, 晉侯將伐曹, 假道于衛.
衛人弗許.
還, 自南河濟, 侵曹·伐衛.
正月戊申, 取五鹿.
二月, 晉郤縠卒.
原軫將中軍, 胥臣佐下軍, 上德也.

晉侯·齊侯盟于斂盂.
衛侯請盟, 晉人弗許.
衛侯欲與楚, 國人不欲, 故出其君, 以說于晉.
衛侯出居于襄牛.

28년 봄, 진晉 문공文公이 장차 조曹나라를 치고자 위衛나라에 길을 빌려 달라고 하였다.

위나라 사람이 이를 허락하지 않았다.

이에 진나라 군사는 길을 돌아 남쪽으로 내려간 뒤 황하黃河를 건너 조나라를 치고 위나라를 쳤다.

정월 무신날, 오록五鹿을 빼앗았다.

2월, 진나라 원수元帥 극곡郤縠이 죽었다.

이에 원진原軫이 중군中軍을 거느리고, 서신胥臣이 하군下軍을 이끄는 부장을 삼았는데 이는 상덕上德을 우선으로 쳤기 때문이다.

진 문공과 제齊 소공昭公이 염우斂盂에서 동맹을 맺었다.

위衛 성공成公이 함께 동맹을 맺을 것을 청하였지만 진나라가 이를 허락하지 않았다.

이에 위 성공은 초나라 편이 되었으나 위나라 조정에서는 이를 원하지 않아 그 때문에 위나라에서는 성공을 쫓아내고 진晉나라의 환심을 샀다.

위 성공은 도성에서 나와 양우襄牛에 거처하게 되었다.

【假道】曹나라는 지금의 山東 定陶縣이 도읍이었고, 衛나라 도읍 楚丘는 지금의 河南 滑縣이었음.

【自南河濟】《水經注》에는 "河水又逕東燕城故城, 河水于是有棘津之名, 又謂之石濟, 故南津也.《春秋》僖公二十八年 '還自南河濟', 卽此"라 하였고, 江永은 "棘津在今河南汲縣南七里, 爲有名之津濟處"라 함.《史記》衛世家에 "成公三年, 晉欲假道於衛救宋, 成公不許. 晉更從南河道, 救宋"이라 함.

【戊申】1월 11일.

【五鹿】衛나라 땅. 지금의 河南 濮陽縣 남쪽.《國語》晉語(4)에 "取五鹿, 先軫之謀也. 郤縠卒, 使先軫之代. 胥臣佐下軍"이라 함.

【郤縠】 晉나라 대부. 郤芮의 아들.
【原軫】 先軫. 先且居의 아버지이며 下軍을 맡았던 將令.
【胥臣】 司空季子. 臼季.
【上德】 덕이 높은 것.
【斂盂】 衛나라 땅. 지금의 河南 濮阳县 동남쪽 斂盂聚.
【襄牛】 衛나라 땅. 河南 睢縣 또는 山東 濮縣.

※ 547(僖28-2)

公子買戍衛, 不卒戍, 刺之.

공자公子 매買가 위衛나라를 지켰으나 제대로 지키지 못함을 꾸짖어 그를 죽였다.

【公子買】 字는 子叢.
【刺之】 잘못을 꾸짖어 그를 죽인 것임. 杜預 注에 "內殺大夫皆書刺"라 하였고 《說文》에는 "君殺大夫曰刺, 刺, 直傷也"라 함.

(傳)
公子買戍衛, 楚人救衛, 不克.
公懼於晉, 殺子叢以說焉, 謂楚人曰:「不卒戍也.」

노나라 공자 매買가 위衛나라를 지키자 초楚나라가 진晉나라로부터 위나라를 구하고자 하였으나 이기지 못하였다.
노 희공은 진나라를 두려워하여 자총子叢을 죽여 설득하면서 대신 초나라에게는 이렇게 말하였다.
"그가 수비의 임무를 다하지 못하였기 때문이었습니다."

【公懼於晉】僖公이 晉 文公의 위세에 눌려 두려워하였음.
【子叢】公子 買의 자. 杜預 注에 "詐告楚人, 言子叢不終戍事而歸, 故殺之"라 함.

❋ 548(僖28-3)

楚人救衛.

초楚나라가 위衛나라를 구하였다.

❋ 549(僖28-4)

三月丙午, 晉侯入曹, 執曹伯, 畀宋人.

3월 병오날, 진晉 문공文公이 조曹나라로 들어가 조백曹伯을 잡아 송宋나라에 넘겼다.

【丙午】3월 8일.
【晉侯】晉 文公(重耳).
【曹伯】당시 曹나라 군주는 公共(襄)이었음.
【畀】'넘겨주다, 인도하다'의 뜻.

❋ 550(僖28-5)

夏四月己巳, 晉侯·齊師·宋師·秦師及楚人戰于城濮, 楚師敗績.

여름 4월 기사날, 진후晉侯가 제齊나라·송宋나라·진秦나라 군사와 함께 초楚나라와 성복城濮에서 싸워 초나라 군사가 크게 패하였다.

【己巳】 4월 2일.
【晉侯】 晉侯는 晉 文公 重耳. 당시 齊 昭公은 막 즉위한 해였으며 宋 成公, 秦 穆公 등이 이 전투에 晉나라와 연합하였었음.
【城濮】 지금의 河南 陳留縣 또는 山東 濮縣의 남쪽. 이 전투를 '城濮之戰'이라 하며 이는 春秋시대 가장 큰 전투로 널리 알려져 있음. 莊公 27년을 볼 것.
【敗績】 全軍이 대패하였을 때 쓰는 말. 莊公 11년 傳에 "凡師, 敵未陳曰敗某師, 皆陳曰戰, 大崩曰敗績"이라 함.

傳
晉侯圍曹, 門焉, 多死.
曹人尸諸城上, 晉侯患之, 聽輿人之謀, 曰:「稱舍於墓.」
師遷焉.
曹人兇懼, 爲其所得者, 棺而出之.
因其兇也而攻之.
三月丙午, 入曹, 數之以其不用僖負羈, 而乘軒者三百人也, 且曰: 「獻狀.」
令無入僖負羈之宮, 而免其族, 報施也.
魏犨, 顚頡怒, 曰:「勞之不圖, 報於何有?」
爇僖負羈氏.
魏犨傷於胸.
公欲殺之, 而愛其材, 使問, 且視之, 病, 將殺之.
魏犨束胸見使者, 曰:「以君之靈, 不有寧也!」
距躍三百, 曲踊三百.
乃舍之, 殺顚頡以徇于師, 立舟之僑以爲戎右.
宋人使門尹般如晉師告急.

公曰:「宋人告急, 舍之則絶, 告楚不許. 我欲戰矣, 齊·秦未可, 若之何?」
先軫曰:「使宋舍我而賂齊·秦, 藉之告楚. 我執曹君, 而分曹·衛之田以賜宋人. 楚愛曹·衛, 必不許也. 喜賂怒頑, 能無戰乎?」
公說, 執曹伯, 分曹·衛之田以畀宋人.
楚子入居于申, 使申叔去穀, 使子玉去宋, 曰:「無從晉師! 晉侯在外, 十九年矣, 而果得晉國. 險阻艱難, 備嘗之矣; 民之情僞, 盡知之矣. 天假之年, 而除其害, 天之所置, 其可廢乎?《軍志》曰:『允當則歸.』又曰:『知難而退.』又曰:『有德不可敵.』此三志者, 晉之謂矣.」
子玉使伯棼請戰, 曰:「非敢必有功也, 願以間執讒慝之口.」
王怒, 少與之師, 唯西廣·東宮與若敖之六卒實從之.
子玉使宛春告於晉師曰:「請復衛侯而封曹, 臣亦釋宋之圍.」
子犯曰:「子玉無禮哉! 君取一, 臣取二, 不可失矣.」
先軫曰:「子與之! 定人之謂禮, 楚一言而定三國, 我一言而亡之. 我則無禮, 何以戰乎? 不許楚言, 是弃宋也; 救而弃之, 謂諸侯何? 楚有三施, 我有三怨, 怨讎已多, 將何以戰? 不如私許復曹·衛以攜之, 執宛春以怒楚, 旣戰而後圖之.」
公說, 乃拘宛春於衛, 且私許復曹·衛, 曹·衛告絶於楚.
子玉怒, 從晉師. 晉師退.
軍吏曰:「以君辟臣, 辱也; 且楚師老矣, 何故退?」
子犯曰:「師直爲壯, 曲爲老, 豈在久乎? 微楚之惠不及此, 退三舍辟之, 所以報也. 背惠食言, 以亢其讎, 我曲楚直, 其衆素飽, 不可謂老. 我退而楚還, 我將何求? 若其不還, 君退·臣犯, 曲在彼矣.」
退三舍, 楚衆欲止, 子玉不可.
夏四月戊辰, 晉侯·宋公, 齊國歸父·崔夭·秦小子憖次于城濮.
楚師背酅而舍, 晉侯患之.
聽輿人之誦, 曰:「原田每每, 舍其舊而新是謀.」
公疑焉, 子犯曰:「戰也! 戰而捷, 必得諸侯. 若其不捷, 表裏山河, 必無害也.」

公曰:「若楚惠何?」

欒貞子曰:「漢陽諸姬, 楚實盡之. 思小惠而忘大恥, 不如戰也.」

晉侯夢與楚子搏, 楚子伏己而盬其腦, 是以懼.

子犯曰:「吉. 我得天, 楚伏其罪, 吾且柔之矣.」

子玉使鬭勃請戰, 曰:「請與君之士戲, 君馮軾而觀之, 得臣與寓目焉.」

晉侯使欒枝對曰:「寡君聞命矣. 楚君之惠, 未之敢忘, 是以在此. 為大夫退, 其敢當君乎? 既不獲命矣, 敢煩大夫, 謂二三子:『戒爾車乘, 敬爾君事, 詰朝將見!』」

晉車七百乘, 韅·靷·鞅·靽.

晉侯登有莘之虛以觀師, 曰:「少長有禮, 其可用也.」

遂伐其木, 以益其兵.

己巳, 晉師陳于莘北, 胥臣以下軍之佐當陳·蔡.

子玉以若敖之六卒將中軍, 曰:「今日必無晉矣!」

子西將左, 子上將右.

胥臣蒙馬以虎皮, 先犯陳·蔡. 陳·蔡奔, 楚右師潰.

狐毛設二旆而退之, 欒枝使輿曳柴而偽遁, 楚師馳之, 原軫·郤溱以中軍公族橫擊之.

狐毛·狐偃以上軍夾攻子西, 楚左師潰. 楚師敗績.

子玉收其卒而止, 故不敗.

晉師三日館穀, 及癸酉而還.

甲午, 至于衡雍, 作王宮于踐土.

鄉役之三月, 鄭伯如楚致其師.

為楚師既敗而懼, 使子人九行成于晉.

晉欒枝入盟鄭伯.

五月丙午, 晉侯及鄭伯盟于衡雍.

丁未, 獻楚俘于王, 駟介百乘, 徒兵千.

鄭伯傅王, 用平禮也.

己酉, 王享醴, 命晉侯宥.

王命尹氏及王子虎·內史叔興父策命晉侯爲侯伯, 賜之大輅之服·戎輅之服, 彤弓一·彤矢百, 旅弓矢千, 秬鬯一卣, 虎賁三百人, 曰:「王謂叔父:『敬服王命, 以綏四國, 糾逖王慝.』」

晉侯三辭, 從命, 曰:「重耳敢再拜稽首, 奉揚天子之丕顯休命.」

受策以出.

出入三覲.

진晉 문공文公이 조曹나라를 포위하고 도성의 성문을 공격하다가 많은 사상자가 발생하였다.

조나라 사람은 진나라 군사들의 주검을 모두 성벽 위에 늘어놓자 문공은 걱정하다가 여러 사람의 의견을 듣고 의논 끝에 이렇게 말하였다.

"똑같이 조나라 묘지 위에 군영을 치기로 한다."

군사가 묘지로 옮겨갔다.

그러자 조나라 사람이 두려워하며 성벽 위에 늘어놓았던 시신을 거두어 관에 넣어 성 밖으로 내보냈다.

진나라는 그들이 두려움에 떠는 기회를 이용하여 공격을 감행하였다.

3월 병오날, 조나라 도성으로 들어가 희부기僖負羈를 등용시키지도 않은 것과 초헌軺軒을 타고 다니는 무능한 자들이 3백 명이나 있는 것을 꾸짖으며 이렇게 말하였다.

"그 대부들의 기록을 낱낱이 적어 올려라."

그리고 그들로 하여금 희부기의 집으로는 들어가지 못하도록 명을 내렸는데 이는 그 가족이 해를 입지 않도록 하여 지난날의 은혜를 갚기 위한 것이었다.

그러자 위주魏犨와 전힐顚頡이 화를 내며 말하였다.

"우리들의 노고에 대해서는 보답하려 하지 않으면서 어찌 그런 일에는 보답하려 하십니까?"

그리고는 희부기의 집을 불태워 버렸다.

이때 위주가 가슴에 상처를 입었다.

문공이 그를 죽이려다가 그의 재주를 아까워하여 사람을 보내어 위문토록 하고 살펴보아 병이 심하면 죽이려 하였다.

위주는 가슴을 싸맨 채 사자를 보자 이렇게 말하였다.

"군주의 영험한 덕이 있는데 어찌 안녕하지 못할 리가 있겠소!"

그리고 나서 멀리뛰기를 세 번, 펄쩍 뛰어오르기를 세 번씩이나 힘껏 하는 것이었다.

그리하여 그는 살려주고 대신 전힐은 죽여 그 시신을 군사들에게 보여주고는 위주 대신 주지교舟之僑를 문공의 전차 오른쪽을 보위하도록 세웠다.

송宋나라 사람이 문윤반門尹般을 진晉나라 군영으로 보내어 위급함을 알렸다.

문공은 이렇게 말하였다.

"송나라 사람이 위급을 알려왔다. 이를 모른 체했다가는 교류가 끊어질 것이요 초나라에게 화친을 청한다 해도 허락하지 않을 것이다. 나는 초나라와 싸우고자 하나 제나라와 진秦나라가 반대할 것이니 어찌하면 좋겠는가?"

선진先軫이 말하였다.

"송나라로 하여금 우리나라를 버리고 대신 제나라와 진秦나라에게 뇌물을 주어 초나라와의 화친을 위해 힘써 달라고 청하도록 하십시오. 그동안 우리는 조曹 공공共公을 잡고 조나라와 위衛나라 땅을 나누어 송나라에게 주는 것입니다. 그러면 조·위와 친한 초나라는 틀림없이 화친을 허락하지 않을 것입니다. 그러나 제나라와 진秦나라는 뇌물을 받고 싶어 할 것이며 동시에 초나라의 완고한 태도에 노하게 될 것입니다. 이렇게 되면 어찌 싸우지 않을 수 있겠습니까?"

진 문공이 기꺼워하며 조 공공을 잡아들인 다음, 조나라·위나라 땅을 나누어 송나라에게 넘겨주었다.

초楚 성왕成王은 초나라로 돌아가 신申 땅에 머물면서 신숙申叔으로 하여금 곡穀 땅에서 물러나도록 하고, 자옥子玉에게는 송나라의 포위를 풀어주도록 하면서 이렇게 말하였다.

"진晉나라 군사와 맞서지 말라! 진 문공은 19년을 국외에 망명하고 나서 과연 나라를 얻었다. 온갖 험하고 어려운 고난을 모두 맛보았으니 백성의 진정과 거짓을 모두 알고 있다. 하늘은 그에게 오래 살 수 있도록 시간을 주었고 그를 해치는 자를 없애줄 것이다. 하늘이 군주로 삼은 자를 어찌 없앨 수 있겠는가?《군지軍志》에 '적이 이치에 맞으면 싸우지 말고 되돌아서야 한다'라 하였고, 또 '적을 이기기 어렵다는 것을 알았다면 물러나야 한다'라 하였으며, 또 '덕이 있는 자에게는 맞서지 말라'라 하였다. 이 세 가지는 바로 진나라를 두고 이른 말이다."

그럼에도 자옥은 부장 백분伯棼을 보내어 진 문공에게 싸움을 청하며 이렇게 말하도록 하였다.

"감히 꼭 공을 세우자는 것이 아니지만 저를 헐뜯어 고자질하였던 악한 자의 입을 막을 수 있었으면 할 뿐이오."

초 성왕이 노하여 할 수 없이 우선 적은 수의 병력만 내주어 단지 서광군西廣軍과 동궁군東宮軍, 그리고 자옥의 약오군若敖軍 6백 명만이 실제로 그를 따르게 되었다.

자옥이 완춘宛春으로 하여금 진晉나라 군영에 가서 이렇게 말하도록 하였다.

"위나라 군주를 돌려보내고, 조나라를 존속存續시켜 줄 것을 청합니다. 그러면 저 또한 송나라 포위를 풀겠습니다."

자범子犯이 진 문공에게 말하였다.

"자옥의 무례함이여! 군주께서는 군주로서 송나라 포위를 풀어주라는 한 가지를 요구하셨는데, 한갓 초나라 신하인 그는 두 가지를 요구하고 있다니요. 초나라를 칠 수 있는 이런 기회를 놓칠 수 없습니다."

선진이 말하였다.

"그대께서는 그의 의견을 따르십시오. 남을 안정시키는 것을 일러 예禮라고 합니다. 초나라는 말 한 마디로 세 나라를 안정시키려하는데 우리가 거절한다는 한 마디 말에 세 나라가 망하게 됩니다. 그렇게 되면 우리가 무례한 것이 됩니다. 그렇게 하고서 어찌 싸울 수 있겠습니까? 초나라의 요청을 허락하지 않는 것은 송나라를 버리는 것이 됩니다. 구한다고 해 놓고 버리면 제후들에게 어떤 말을 살 수 있겠습니까? 초나라는 세 나라에 은혜를 베푸는 것이 되지만 우리는 세 나라에게 원망을 사게 됩니다. 이렇게 원수를 많이 만들어 놓고 장차 어찌 싸울 수 있겠습니까? 은밀히 조나라와 위나라를 복구시켜 초나라와 떼어놓고, 완춘宛春을 잡아 초나라를 노하게 한 다음 이윽고 전투를 벌인 이후에 뒷일을 도모하느니만 못합니다."

문공이 기꺼워하며 이에 위나라에서 완춘을 잡은 다음 몰래 조나라와 위나라를 존속시켜주겠노라 허락하자 조나라와 위나라는 초나라와 관계를 끊겠다고 초나라에게 통고하였다.

자옥이 노하여 진나라 군사를 뒤쫓아 공격하자 진나라 군사가 뒤로 물러났다.

그러자 진나라 군리軍吏가 문공에게 말하였다.

"임금으로서 신하의 군사를 피하는 것은 치욕입니다. 게다가 초나라 군사는 출군한 지 오래되어 피로한 상태인데 무슨 이유로 물러서는 것입니까?"

자범이 말하였다.

"군사는 명분이 올바르면 사기가 올라 강해지고, 바르지 않으면 쇠약해진다오. 어찌 오래되었다고 쇠약하다는 것이오? 게다가 초 성왕의 은혜가 없었다면 지금 오늘이 있을 수 없었을 것이오. 삼사三舍를 물러나 초나라 군사를 피하는 것은 그때의 은혜에 보답하는 것이라오. 은혜를 배반하고 식언을 한 채 원수가 되어 싸운다면 이는 우리는 굽은 것이 되고 초나라는 곧은 것이 되는 것이오. 그리고 초나라 군사는 평소에 배불리 먹으니 지쳤다고 할 수도 없소. 우리가 물러나고 초나라 군사도 돌아간다면 무엇을 더 바라겠소? 만약 저들이 되돌아가지 않는다면 이는 임금이 물러났는데도 한갓 신하로서 위배하는 것이니 그때는 도리에 어긋남은 저쪽에 있게 되는 것이라오."

진나라 군사가 삼사三舍를 물러나자 초나라 군사가 추격을 멈추고자 하였지만 자옥이 반대하였다.

여름 4월 무진날, 진 문공과 송 성공, 그리고 제나라 국귀보國歸父와 최요崔夭·진秦나라 작은 공자 은憖이 성복城濮에 머물러 진을 쳤다.

초나라 군사가 휴鄦 땅을 등지고 진영을 설치하자 진 문공이 초나라가 유리한 지형에 있음을 알고 걱정하였다.

그러다가 군졸들이 이렇게 읊는 말을 들었다.

"들판에 풀이 무성하니 그 묵은 것들을 뽑아버리고 새 씨앗을 뿌리리라."

문공이 이상하게 여기자 자범이 말하였다.

"싸워야 합니다! 싸워 이기면 반드시 제후들을 얻을 수 있을 것입니다. 만약 이기지 못하더라도 우리나라는 안팎으로 산과 물이 둘러쳐 있어 틀림없이 손해는 입지는 않을 것입니다."

문공이 말하였다.

"그러면 초나라에서 받았던 은혜는 어쩌면 좋겠는가?"

난정자欒貞子가 말하였다.

"한수漢水 북쪽에 있던 희성姬姓의 나라들은 초나라가 모두 멸망시켰습니다. 지난날의 작은 은혜만 생각하고 큰 수치를 잊으시고 계시는군요. 싸우느니만 못합니다."

진 문공이 초나라 임금과 치고 박고 싸우는 꿈을 꾸었는데 초나라 임금이 자기를 쓰러뜨리더니 몸 위에 올라타 그의 뇌腦를 핥는 꿈이었으며 문공은 이로써 두려워하였다.

그러자 자범이 말하였다.

"길합니다. 우리는 하늘의 도움을 얻고 초나라 임금은 자신의 죄를 인정할 것이며 임금께서는 그를 부드럽게 다룰 수 있게 될 것입니다."

그러자 초나라 자옥이 투발鬪勃로 하여금 싸움을 청하도록 하며 말하게 하였다.

"청컨대 군주의 병사들과 놀이를 하고자 합니다. 군주께서는 수레 앞 가로막이 나무에 기대어 관람하시지요. 우리 득신得臣(子玉)께서도 함께 구경할 것입니다."

진 문공이 난지欒枝로 하여금 이렇게 대답하도록 하였다.

"우리 임금께서 그대가 한 말을 잘 들었소. 초나라 임금에게 입은 지난날의 은혜를 감히 잊지 못하여 그 때문에 여기에 있게 된 것이오. 초나라 대부 정도임에도 물러나 주었는데 어찌 감히 그대의 임금과 싸우겠소? 아직도 퇴각하라는 명령을 받지 못하였으니 감히 그대 대부께서는 번거롭지만 그대 장수들에게 이렇게 말을 전해주시오. '그대들의 전차를 잘 정비하고, 그대들 군주를 위해 일을 공경히 처리하라. 내일 아침 서로 만나게 될 것이다!'라고 말이오."

진晉나라는 전차는 7백 승에 현鞙, 인靷, 앙鞅, 반靽을 갖추었다.

진 문공은 유신有莘의 옛터에 올라가 군사들을 살펴보며 이렇게 말하였다. "젊은이와 연장자가 예법에 맞게 대오를 갖추고 있으니 쓸 만하구나."

드디어 나무를 베어 무기를 더 만들어 보태었다.

기사날, 진晉나라 군사는 신莘 북쪽에 진지를 설치하고는 서신胥臣이 하군下軍의 부장副將을 맡아 진陳나라·채蔡나라 군사와 맞섰다.

초나라 자옥은 약오군若敖軍 6백 명의 중군中軍을 거느린 대장으로서 이렇게 말하였다.

"오늘은 틀림없이 진나라가 없어지고 말 것이로다!"

초나라 자서子西는 좌군左軍의 대장이 되고, 자상子上은 우군右軍의 대장이 되었다.

서신이 자신의 말에 호랑이 가죽을 덮어씌우고 먼저 진나라와 채나라 군사를 공격하여 진·채 두 나라 군사가 흩어져 달아나자 초나라 우군도 잇따라 무너졌다.

진나라 호모狐毛가 두 개의 깃발을 세우고 물러나는 척하고, 난지는 수레로 하여금 섶을 끌고 다니게 해 먼지를 일으켜 달아나는 것처럼 위장하여 초나라 군사가 그 뒤를 쫓아 공격해오자 원진原軫과 극진郤溱이 중군中軍의 군주 친위대로써 옆으로 치고 들어갔다.

호모와 호언狐偃이 상군上軍으로 초나라 자서의 군사를 협공하자 초나라 좌군도 무너져 마침내 초나라는 크게 패하고 말았다.

자옥은 병졸들을 수습하고 멈추어 있던 터라 그 때문에 그의 군사는 무사하였다.

진나라 군사는 사흘을 머물며 초나라 군사가 쌓아두었던 식량을 사용하고 계유날에 돌아왔다.

갑오날, 형옹衡雍에 이르러 천자의 행차를 위해 천토踐土에 행궁을 지었다.

진나라가 초나라와 싸우기 전인 지난 3월, 정鄭 문공文公은 초나라에 갔다가 초나라를 위해 군사를 내주었었다.

그런데 초나라가 패하자 두려워 대부 자인구子人九를 보내어 진나라에게 화친을 청하도록 하였다.

그리하여 진나라 난지가 정나라로 들어가 정 문공과 맹약을 맺었다.

5월 병오날, 진 문공과 정 문공이 형옹에서 맹약을 맺었다.

정미날, 초나라로부터 빼앗은 것을 천자에게 바쳤는데 무장한 말이 끄는 전차 1백 대와 보병步兵 1천 명이었다.

그때 정 문공이 천자를 보좌하였는데, 이전 평왕平王이 진晉 문후文侯에게 하던 예식을 따랐다.

기유날, 천자가 잔치를 베풀고 진 문공에게 술을 권하였다.

천자는 윤씨尹氏와 왕자王子 호虎, 내사內史 숙흥보叔興父에게 명하여, 진 문공을 제후의 패자霸者인 후백侯伯으로 임명하고, 아울러 대로大輅의 복장, 융로戎輅의 복장에 붉은 활 1개·붉은 화살 1백 개·검은 활 10개·검은 화살 1천 개·거창주秬鬯酒 한 통·호분虎賁 3백 명을 하사하며 이렇게 말하였다.

"천자로서 숙부에게 말하노니 '천자의 명에 순순히 따라 사방의 나라들을 편안케 하고, 천자에게 악한 짓 하는 이들을 바로 잡아주시오.'"

진 문공은 세 번 사양하고 난 뒤 명을 받들며 말하였다.

"저(重耳)는 감히 머리를 조아리며 두 번 절합니다. 천자의 크고 밝으며 아름다운 널리 드날리도록 명을 받들겠나이다."

그리하여 천자의 책명을 받고 자리에서 물러났다.

그는 세 차례 드나들며 천자를 알현하였다.

【晉侯】晉 文公(重耳)의 재위 5년째임. 이 城濮之戰의 일로 文公은 周 襄王으로부터 정식 霸者로 인정을 받았으며 진나라와 초나라의 이 城濮之戰은 春秋시대 가장 큰 전투였으며 南方 楚나라의 中原 진출을 좌절시켜 전체 판도가 안정되는 결과를 가져왔음.
【曹】당시 曹나라는 共公(襄) 21년째였음.
【門焉】城門을 공격함. 門은 動詞.
【輿人】衆人과 같음. 많은 사람들.
【稱舍於墓】'稱'은 曹나라가 자신들 군사 시신을 성벽에 늘어놓은 일에 맞서 똑같이 조나라 묘지에 군사를 주둔시켜 그 묘를 훼손할 것임을 암시하여 겁을 주겠다는 뜻.

【三月丙午】3월 10일.
【數】'따지다, 문책하다'의 뜻.
【僖負羈】曹나라 대부. 晉 文公 重耳가 曹나라에 망명 중일 때 아내의 건의를 듣고 문공에게 음식과 구슬을 바치는 등 호의를 보였던 인물.《韓非子》에는 '釐負羈'로 되어 있음. 僖公 23년의 傳文을 볼 것. 그의 은혜를 갚기 위해 조나라에 그를 등용할 것을 요구하였으나 조나라에서는 그를 등용하지 않아 문공이 이를 문책한 것.《韓非子》十過篇에 "又令人告釐負羈曰:「軍旅薄城, 吾知子不違也, 其表子之閭! 寡人將以爲令, 令軍勿敢犯.」曹人聞之, 率其親戚而保釐負羈之閭者七百餘家"라 함.
【乘軒】'軒'은 대부들이 타는 수레. 여기서는 대부들이 너무 많음을 질책한 것.
【獻狀】대부들의 임명에 관한 기록과 서류를 모두 바치도록 함.
【魏犨·顚頡】文公이 망명할 때 따라다녔던 인물로 자신들이 제대로 그 공로를 보상받지 못하여 늘 불만을 품고 있었음.
【爇】'불사르다'의 뜻.
【距躍三百, 曲踊三百】'百'은 '陌'과 같으며 '맥'으로 읽음. 數量詞 '번'과 같음. 세 번을 멀리 뛰고 세 번을 높이 뜀. 注에 "百, 音陌. 下放此"라 함. 杜預는 "百, 猶勵也"라 하였고, 疏에 "杜言百猶勵, 亦不知勵何所謂. 蓋復訓勵爲勉, 言每跳皆勉力爲之"라 하여 '勵'의 뜻은 알 수 없으나 매번 뛸 때마다 온 힘을 다함을 뜻하는 것으로 보았음.
【舟之僑】虢國의 신하. 閔公 2년 虢國의 임금이 무도함을 보고 晉나라로 망명함. 閔公 2년을 볼 것.
【殺顚頡】《商君書》賞刑篇에 "晉文公將欲明刑, 以親百姓, 於是合齊侯大夫於侍千宮. 顚頡後至, 吏請罪. 君曰:「用事焉.」吏遂斬顚頡之脊以徇. 晉國之士稽焉皆懼, 曰:「顚頡之有寵也, 斷以徇, 況於我乎?」"라 하였고,《韓非子》外儲說 右上에도 같음.
【門尹般】송나라 대부. 門尹은 문지기의 우두머리. 이름은 般. 당시 宋나라는 成公 5년째였음.《國語》晉語(4)에는 '門尹班'으로 되어 있음.
【先軫】晉나라 신하. 晉나라 下軍을 맡았던 原軫. 先且居의 아버지.
【曹·衛】당시 曹나라는 曹 共公 21년째, 衛나라는 衛 成公 3년째였음.
【喜賂怒頑】뇌물은 받고 싶어하면서 楚나라의 완고함에 대해서는 화를 냄.
【以畀宋人】'畀'는 '與'와 같음.《史記》晉世家에 "楚圍宋, 宋復告急晉. 文公欲救, 則攻楚, 爲楚嘗有德, 不欲伐也. 欲釋兵, 宋又嘗有德於晉, 患之. 先軫曰:「執曹伯,

分曹衛地以與宋, 楚急曹衛, 其勢宜釋宋.」於是文公從之"라 함.

【楚子】 당시 楚나라는 穆王 2년째였음.

【申】 方城에 있던 지명. 申은 원래 姜姓의 나라로 지금의 河南 南陽縣 북쪽. 楚나라에게 망한 뒤 方城에 편입되었음.

【申叔去穀】 申叔이 지키고 있던 穀城의 포위를 풀고 물러서도록 함. 僖公 26년의 經文 및 27년의 傳文을 참조할 것.

【子玉】 成得臣. 楚나라 대부이며 당시 令尹이었음.

【十九年】 晉 文公 重耳는 驪姬의 핍박으로 망명길에 나서 19년 만에 돌아와 왕위에 올랐음.

【險阻艱難】 晉 文公은 세상의 위험과 고난, 고생과 난리 등 온갖 어려움을 모두 겪은 인물임을 말함.

【天假之年】 하늘이 그에게 나이를 빌려줌. 죽지 않고 살아 있도록 함. 중이가 19년 망명 중 헌공의 아들 9명은 모두 죽었으나 문공만이 살아남아 惠公과 呂甥, 郤芮 등을 제거하고 진나라를 이어받았음.

【軍志】 고대의 兵書.

【知難而退】 《吳子》 料敵篇에 "有不占而避之者六: 一曰: 土地廣大, 人民富衆. 二曰: 上愛其下, 惠施流布. 三曰: 賞信刑察, 發必得時. 四曰: 陳功居列, 任賢使能. 五曰: 師徒之衆, 兵甲之精. 六曰: 四鄰之助, 大國之援. 凡此不如敵人, 避之勿疑. 所謂見可而進, 知難而退也"라 함

【伯棼】 鬪伯比의 손자 鬪椒(鬪越椒). 자는 子越.

【閒執讒慝之口】 나(子玉)를 헐뜯는 자를 잡아 입을 막고자 함. 이전에 蔿賈는 子玉을 두고 그가 전차 3백 乘 이상을 거느리면 무사히 돌아오지 못할 것이라고 말하여 그로부터의 악담을 갚고자 함. 僖公 27년의 傳文을 볼 것.

【西廣】 초나라는 군사를 左廣과 右廣으로 나누었음. 西廣은 右廣의 군사를 말함.

【東宮】 太子宮을 지키는 군사. 태자가 지휘하는 부대.《國語》楚語(上)에 "及城濮之役, 唯子玉欲之, 與王心違, 故唯東宮與西廣寔來"라 함.

【若敖】 원래 若敖는 子玉의 祖父. 뒤에 군사 이름으로 쓰게 됨.

【宛春】 楚나라 대부.

【子犯】 狐偃의 자字. 重耳의 외삼촌이며 대부.

【君取一, 臣取二】 '君'은 晉 文公을, '臣'은 子玉을 지칭함. 한 나라의 군주인 文公은 단 하나 宋나라 포위를 풀 것을 요구하고 있으나 한갓 楚나라 신하인 子玉은 문공에게 衛侯를 복위시키고 曹君을 그대로 봉할 것 등 두 가지를 요구함.

【子與之】여기서 '子'는 子犯을 가리킴.
【定三國】초나라 말대로라면 衛, 曹, 宋 세 나라를 안정시키는 것이 됨.
【一言而亡之】우리의 말대로라면 세 나라를 모두 망하게 하는 논리가 됨.
【三施】초나라는 마치 衛, 曹, 宋 세 나라에게 은혜를 베푸는 것과 같아짐.
【攜之】'攜'는 이간시킴. 注에 "攜, 離也. 離間曹衛與楚之同盟"이라 함. 《史記》 晉世家에는 '誘'로 되어 있음.
【執宛春以怒楚】楚나라 사신 宛春을 잡아두어 초나라로 하여금 화를 내도록 함.
【以君辟臣】임금(文公)이 신하(子玉)를 피하는 것은 치욕이 됨. '辟'는 '避'와 같음.
【曲爲老】옳지 못한 명분으로 전쟁을 하면 그 병사들이 쉽게 사기를 잃음. 로는 衰老, 罷老의 뜻.
【微楚之惠】'微'는 '아니었더라면'의 뜻. '초나라가 진 문공에게 베푼 은혜가 없었더라면'의 뜻.
【退三舍】'舍'는 군사의 하루 행진 거리. 대체로 30리로 보고 있음. 따라서 90리 정도를 먼저 물러서 퇴각함. 이는 晉 文公 重耳가 망명 중 楚나라에 들렀을 때 楚 成王이 잔치를 베풀며 어떻게 은혜를 갚을 것인가를 묻자 중이가 만약 초나라와 싸움이 벌어진다면 자신이 '三舍 정도 물러나 주겠노라' 약속했던 일을 말함. 23년 傳을 볼 것.
【四月戊辰】4월 초하루.
【國歸父·崔夭】모두가 齊나라 대부.
【秦小子憖】秦 穆公의 작은아들.
【次】군사가 주둔함을 뜻함. 莊公 3년 傳에 "凡師, 一宿爲舍, 再宿爲信, 過信爲次"라 함.
【城濮】衛나라 땅. 濮水가 근처를 지남. 지금의 山東 濮縣 동남쪽 臨濮集. 이 城濮之戰은 春秋시대 가장 큰 전투였음.
【鄐】衛나라 땅. 지금의 山東 濮縣. 구릉지대로 되어 있어 진지를 설치할 경우 전투에 매우 유리함. 그러나 楊伯峻은 지명으로 보지 않고 "丘陵險阻者, 楚師憑險而軍也"라 함.
【原田每每】原田은 들판의 논밭이고, 每每는 풀이 무성함을 말함.
【舍其舊而新是謀】낡은 것을 버리고, 새로운 도모하라는 뜻을 지님. 초나라의 옛 은혜는 잊고 새로운 功業을 이루어야 한다는 뜻.
【表裏山河】晉나라는 밖으로는 河水가 둘러쳐져 있고 그 안에는 太行山이 있어 어떤 傷害도 입지 않을 것이라는 뜻. 杜預 注에 "晉國外河而內山"이라 함.

【欒貞子】欒枝. 欒賓의 손자. 貞子는 시호.

【漢陽諸姬】漢水 이북의 여러 姬姓 제후국. 晉나라도 역시 희성이었으며 이는 周나라 同姓 제후국들이었음. '陽'은 '山南江北曰陽'이라 함.

【小惠大恥】'小惠'는 옛날 문공이 망명 중 초나라에 들렀을 때 입은 작은 은혜를 말하며 '大恥'는 漢水 이북 姬姓 제후국이 모두 초나라에게 망한 것을 말함. '恥'는 '耻'로도 표기함.

【鹽其腦】'鹽'는 동사로 '핥다'의 뜻. 楚 成王이 자신을 올라타고 그의 뇌의 피를 핥는 꿈을 꿈. 그러나 이 꿈에 대하여 《論衡》異虛篇에는 "晉文公將與楚成王戰於城濮. 彗星出楚, 楚操其柄. 以問咎犯, 咎犯對曰:「以彗鬪, 倒之者勝.」"이라 하여 본문과 다름.

【楚伏其罪】초나라 군주가 진나라 군주를 깔고 앉은 모양이 죄를 짓고 벌을 받는 시늉이라 하여, 복죄(죄를 순순히 인정함)할 징조라는 뜻으로 풀이한 것.

【柔之矣】晉 文公이 楚 成王의 마음을 설복시켜 회유한다는 뜻임. 杜預 注에 "腦所以柔物"이라 함.

【鬪勃】子上. 초나라 장수이며 子玉(成得臣)의 부하.

【馮軾】'馮'은 '憑'과 같음. '軾'은 수레 앞의 횡목으로 이를 잡고 구경하거나 예를 표함.

【得臣】子玉. 成得臣. 당시 초나라 令尹.

【寓目】눈을 붙임. 구경함.

【欒枝】晉나라 대부. 欒賓의 손자. 欒貞子로도 불림.

【敢煩大夫】감히 그대를 번거롭게 함. 大夫는 鬪勃을 가리킴.

【謂二三子】'그대 초나라 장수들에게 다음과 같이 일러 달라'의 뜻.

【戒爾車乘】'그대의 전투용 수레를 잘 갖추어 싸울 준비를 하라'의 뜻. '爾'는 人稱代名詞로 '너, 너희'. 백화어 '你'와 같음.

【詰朝】이튿날 아침. 내일 아침.

【鞲靷鞅靽】말의 등과 가슴, 배와 꼬리를 둘러매는 가죽 끈. 그만큼 철저하게 준비를 갖췄음을 뜻함.

【有莘之虛】有莘은 고대 有莘氏 부락이 세웠던 나라 이름. '虛'는 '墟'와 같음. 遺墟址. 지금의 山東 曹縣. 杜預 注에 "有莘古國名"이라 하였고, 《續山東考古錄》에 "莘國故城在曹縣北十八里, 今莘仲集. 《孟子》'伊尹耕於有莘之野', 《春秋》'城濮之戰', '晉侯登有莘之墟', 又'晉師陳於莘北', 均在此"라 함.

【少長有禮】젊은이가 앞에 서고, 늙은이가 뒤에 서는 것이 예법에 맞음. 軍紀에 하급자가 앞서고 상급자는 뒤에 서는 것을 가리킴.

【己巳】 4월 2일.

【胥臣】 司空季子. 臼季. 司空 벼슬을 지내던 이의 막내아들.

【子西】 鬪宜申. 초나라 장수. 진영의 왼쪽을 맡음.

【子上】 鬪勃. 초나라 장수. 전투 대열의 오른쪽을 맡음.

【狐毛】 狐突의 아들이며 重耳의 외삼촌. 狐偃의 형.

【原軫】 先軫. 晉나라 대부. 선차거의 아버지. 軫나라 下軍을 맡았던 將令.

【郤溱】 晉나라 大夫. 郤縠의 族人.

【公族】 공족 출신으로 이뤄진 군주 직속 친위대.

【狐偃】 자는 子犯. 重耳의 외삼촌이며 대부.

【穀】 초나라 군사들이 쌓아두었던 군량미를 사용함.

【衡雍】 정나라 땅. 《彙纂》에 "今河南廣武縣西北五里有衡雍城"이라 함.

【王宮】 당시 천자는 襄王(姬鄭)으로 재위 20년째였음. 晉 文公을 패자로 명하기 위해 오자 그를 위해 行宮을 지은 것.

【踐土】 鄭나라의 지명. 지금의 河南 廣武縣 동북.

【鄕役之三月】 城濮에서의 싸움은 4월에 있었으며 그로부터 석 달 전. '鄕'은 '曏'과 같음. '지난'의 뜻.

【致其師】 孔穎達 疏에 "致其師者, 致其鄭國之師. 許以佐楚也. 戰時雖無鄭師, 要本心佐楚, 故旣敗而懼"라 하였고, 《史記》 鄭世家에는 "四十一年, 助楚擊晉. 自晉文之過無禮, 故背晉助楚"라 하였으며, 晉世家에는 "初, 鄭助楚, 楚敗, 懼, 使人請盟晉侯"라 함.

【子人九】 姓은 子人, 이름은 九. 鄭나라 대부.

【丙午】 5월 9일.

【丁未】 5월 10일.

【馴介百乘】 馴介는 무장한 말. 사개가 딸린 1백 승의 전차이므로 모두 4백 마리의 무장한 말을 가리킴.

【平禮】 지난날 晉 文侯가 戎에게 빼앗은 전리품을 周 平王에게 바칠 때, 鄭 武公이 천자의 시중을 들었었음. 그 때문에 그때의 예식을 따랐다고 한 것임.

【己酉】 5월 12일.

【大輅之服】 大輅는 金輅라고도 하며 금으로 장식한 큰 수레. 《禮記》 樂記에 "所謂大輅者, 天子之車也, 則所以贈諸侯也"라 함.

【戎輅】 戎車. 戰車. 전투용 수레.

【彤弓】 붉은색으로 장식한 활.

【旅弓】 '旅'는 '로'로 읽음. 검은색으로 윤이 나게 장식한 활.
【秬鬯】 검은 기장으로 만든 술. 고대 제사용으로 사용함. 鬱鬯酒.
【卣】 '유'로 읽으며 술을 담는 酒器.
【虎賁】 원래 周나라 왕을 호위하는 親衛隊 군사. '虎奔'으로도 표기함.
【叔父】 晉나라는 고대 周 成王이 아우를 봉한 제후국으로 그 때문에 천자가 文公을 '叔父'라 부른 것. 僖公 9년을 볼 것.
【丕顯休命】 '丕'는 '大'. '顯'은 드러남. '休'는 '美'. '命'은 천자의 명령.
【三觀】 세 번 천자를 朝覲함. 杜預 注에 "出入猶去來也, 從來至去, 凡三見王也"라 함. 그러나 明代 邵寶의 《左觿》에는 "始至而見, 一覲也; 享醴再策, 二覲也; 去而辭, 三覲也"라 함.

❋ 551(僖28-6)

楚殺其大夫得臣.

초楚나라가 그 대부 득신得臣을 죽였다.

【得臣】 成得臣. 楚나라 대부 子玉. 楚나라 令尹이었음. 楚 成王이 그에게 晉 文公과 맞서지 말 것을 명하였으나 이를 어기고 싸움을 벌여 城濮之戰의 대패를 초래하여 이에 대한 책임을 물어 죽음에 이르도록 한 것임.

⟨傳⟩
初, 楚子玉自爲瓊弁‧玉纓, 未之服也.
先戰, 夢河神謂己曰:「畀余! 余賜女孟諸之麋.」
弗致也.
大心與子西使榮黃諫, 弗聽.
榮季曰:「死而利國, 猶或爲之, 況瓊玉乎? 是糞土也. 而可以濟師, 將何愛焉?」

弗聽.
出, 告二子曰:「非神敗令尹, 令尹其不勤民, 實自敗也.」
既敗, 王使謂之曰:「大夫若入, 其若申·息之老何?」
子西·孫伯曰:「得臣將死. 二臣止之, 曰:『君其將以爲戮.』」
及連穀而死.
晉侯聞之而後喜可知也, 曰:「莫余毒也已. 蒍呂臣實爲令尹, 奉己而已, 不在民矣.」

당초, 초楚나라 자옥子玉은 붉은 옥으로 꾸민 가죽 관冠과 옥이 달린 관끈을 만들었으나 미처 쓰지는 않고 있었다.
그런데 진晉나라와의 성복城濮 싸움이 있기 전날 밤 꿈에 하신河神이 그에게 이렇게 말하는 것이었다.
"그것을 내게 넘겨라! 그러면 내가 너에게 맹제孟諸의 미麋 땅을 주겠노라."
그러나 그는 그것을 신에게 주지 않았다.
이를 들은 자옥의 아들인 대심大心과 대부 자서子西가 대부 영황榮黃으로 하여금 간하게 하였지만 자옥은 듣지 않았다.
영계榮季가 말하였다.
"죽어서 국가에 이익이 된다면 혹 그러한 죽음을 택하기도 하는데 하물며 구슬로 만든 것쯤이야 어찌 그만 하겠습니까? 이는 분토糞土와 같은 것입니다. 이것으로 우리 군사가 이기게 된다면 어찌 그것이 아까운 것이겠습니까?"
그래도 그는 듣지 않았다.
영황이 밖으로 나와 두 사람에게 말하였다.
"신神이 영윤令尹을 패배시키는 것이 아니라 영윤께서 백성을 위해 힘쓰지 않으니 실은 스스로 패배하는 것입니다."
이윽고 싸움에 패하자 초 성왕成王이 사람을 보내어 자옥에게 이렇게 일렀다.
"대부가 만일 나라로 돌아온다면 신申·식息 땅의 부로父老들을 어찌 대할 수 있겠소?"

자서와 손백孫伯이 말하였다.

"득신得臣은 장차 죽으려 하였는데, 저희 둘이 '군주께서 행위를 따져 벌을 내려주실 것입니다'라고 말렸습니다."

자옥은 연곡連穀 땅에 이를 때까지 임금의 사면령이 오지 않자 목숨을 끊고 말았다.

진 문공文公이 이를 듣고 그럴 줄 알았다는 듯이 기쁜 기색을 드러내며 말하였다.

"이것으로써 나를 괴롭힐 자가 없어졌구나. 위여신蔿呂臣이 초나라 영윤이 될 것이며 그는 제 몸만 보전할 뿐 백성에게는 뜻을 두지 않을 것이다."

【子玉】成得臣. 초나라 대부이며 楚 成王의 令尹이었음.
【河神】河水의 신.
【畀余】'畀'는 '넘겨주다'의 뜻.
【孟諸之麋】宋나라 땅. 지금의 河南 虞城縣 서북쪽. 麋는 물가 주변의 땅. '湄'와 같음. 혹은 水草라고도 함. 宋 昭公이 사냥을 가다가 죽은 곳이기도 함. 文公 16년 傳文을 참조할 것.
【大心】成大心. 子玉(成得臣)의 아들. 孫伯.
【子西】司馬子西. 子玉의 族人.
【榮黃】榮季. 이름은 黃. 자는 季.
【濟師】군사를 구제함. 즉 전투에서 승리함.
【申息之老】楚나라의 두 읍 이름. 申邑과 息邑. 두 고을 사람들을 많이 징병하였음. 여기서는 스스로 자결하라는 뜻을 담고 있음.
【孫伯】大心. 子玉의 아들.
【連穀】楚나라 땅 이름. 지금의 河南 方城縣 동쪽. 杜預 注에 "至連穀, 王無赦命, 故自殺也"라 함.
【喜可知】그럴 줄 알았음을 기뻐한 것. 杜預 注에 "喜見於顔色"이라 함.
【蔿呂臣】초나라 대부. 23년에 보이는 叔伯. 이상의 내용은 《史記》 晉世家에 자세히 실려 있음.

❋ 552僖28-7)

衛侯出奔楚.

위후衛侯가 초楚나라로 달아났다.

【衛侯】당시 衛나라 군주는 成公(鄭)으로 재위 3년째였음. 《禮記》祭統 孔悝의 〈鼎銘〉에 "乃祖莊叔, 左右成公, 成公乃命莊叔隨難于漢陽"은 이를 기록한 것이라 함. 城濮之戰에서 楚나라가 晉나라에게 패하자 겁을 먹고 楚나라로 달아난 것임.

㊉
衛侯聞楚師敗, 懼, 出奔楚, 遂適陳, 使元咺奉叔武以受盟.
癸亥, 王子虎盟諸侯于王庭, 要言曰:「皆獎王室, 無相害也! 有渝此盟, 明神殛之, 俾隊其師, 無克祚國, 及而玄孫, 無有老幼.」
君子謂:「是盟也信, 謂晉於是役也, 能以德攻.」

위衛 성공成公이 초楚나라가 패하였다는 소식을 듣고 두려워하며 초나라로 달아났다가 드디어 진陳나라로 가면서 원훤元咺으로 하여금 자신의 동생 숙무叔武를 받들고 진晉나라로 가서 진 문공이 제후들과 한 맹서를 받아들이게 하였다.

계해날, 왕자 호虎가 제후들과 함께 왕궁의 뜰에서 동맹을 맺고 이렇게 맹세의 말을 하였다.

"제후들은 함께 왕실을 돕고 서로 해치는 일이 없도록 하시오! 이 맹약을 어기는 자가 있으면 밝은 신神이 그를 죽이고, 그의 군사를 잃게 하며, 나라를 보전할 수 없게 할 것이며 먼 자손에 이르기까지 노유老幼에 관계없이 그렇게 될 것이오."

군자가 말하였다.

"이 맹서는 신의에 따른 것이었디. 진晉나라는 이 싸움에서 능히 덕으로써 공격하였다 말할 수 있을 것이다."

【衛侯】衛 成公(鄭). 楚나라 편을 들었다가 楚 成王이 晉 文公에게 패하자 겁을 먹고 피해 다닌 것.
【適陳】《史記》衛世家에 "晉文公重耳伐衛, 分其地予宋, 討前過無禮及不救宋患也. 衛成公遂出犇陳"이라 함.
【元咺】衛나라 대부.
【叔武】衛 成公의 아우. 임금이 피해 다른 나라로 가자 잠시 국정을 맡음.
【癸亥】5월 26일. 經文에는 癸丑(5월 18일)이라 하였음.
【王子虎】周 襄王의 아들. 踐土의 맹약을 주관함.
【王庭】踐土에 세운 행궁의 뜰.
【渝】달라짐. 맹약을 어김. '渝'는 '變'의 뜻.
【隊】'墜'와 같음. 추락함. 무너짐.
【是役】'役'은 '戰役'과 같음. 晉 文公이 치른 城濮之戰을 가리킴. 본 장은 원래 "初, 楚子玉自爲瓊弁·玉纓, 未之服也" 앞에 있으나 경문의 내용에 맞추어 뒤로 옮김.

※ 553(僖 28-8)

　　五月癸丑, 公會晉侯·諸侯·宋公·蔡侯·鄭伯·衛子·莒子, 盟于踐土.

　　5월 계축날, 공이 진후晉侯·제후齊侯·송공宋公·채후蔡侯·정백鄭伯·위자衛子·거자莒子와 천토踐土에서 동맹을 맺었다.

【癸丑】5월 16일.
【踐土】지금의 河南 廣武縣 동북, 혹 지금의 河南 滎澤縣 서북쪽이라고도 함. 杜預 注에 "王子虎臨盟, 不同歃, 故不書"라 함.

※ 554(僖28-9)

陳侯如會.

진후陳侯가 모임에 갔다.

【陳侯】 당시 陳나라 군주는 穆公(款). 마지막 해인 재위 16년임. 처음 초나라 편을 들었다가 진 문공이 승리하자 급히 서둘러 회맹에 갔으나 늦었음. 그 때문에 '如會'라 한 것임. '如'는 '適'(가다)과 같음.
＊無傳

※ 555(僖28-10)

公朝于王所.

공이 왕王이 거처하는 곳에 가서 문안하였다.

【王所】 천자 襄王이 머물고 있는 곳. 즉 踐土의 행궁. 魯 僖公이 그곳으로 가서 천자를 알현함. 杜預 注에 "王在踐土, 非京師, 故曰王所也"라 함.
＊無傳

※ 556(僖28-11)

六月, 衛侯鄭自楚復歸于衛. 衛元咺出奔晉.

6월, 위후衛侯 정鄭이 초楚나라로부터 위나라로 귀국하자 위나라 원훤元咺이 진晉나라로 달아났다.

【衛侯】衛나라 군주 成公. 이름은 鄭.
【元咺】衛나라 대부. 成公이 다른 나라로 몸을 피하면서 아우 叔武를 받들고 국정을 보살피도록 위촉을 받았던 인물.

㊝
或訴元咺於衛侯曰:「立叔武矣.」
其子角從公, 公使殺之.
咺不廢命, 奉夷叔以入守.
六月, 晉人復衛侯.
甯武子與衛人盟于宛濮, 曰:「天禍衛國, 君臣不協, 以及此憂也. 今天誘其衷, 使皆降心以相從也. 不有居者, 誰守社稷? 不有行者, 誰扞牧圉? 不協之故, 用昭乞盟于爾大神以誘天衷. 自今日以往, 旣盟之後, 行者無保其力, 居者無懼其罪. 有渝此盟, 以相及也. 明神先君, 是糾是殛.」
國人聞此盟也, 而後不貳.
衛侯先期入, 甯子先, 長牂守門, 以爲使也, 與之乘而入.
公子歂犬·華仲前驅.
叔武將沐, 聞君至, 喜, 捉髮走出, 前驅射而殺之.
公知其無罪也, 枕之股而哭之.
歂犬走出, 公使殺之.
元咺出奔晉.

어떤 이가 위衛 성공成公에게 원훤元咺을 이렇게 참소하였다.
"원훤이 숙무叔武를 임금으로 옹립하였습니다."
원훤의 아들 원각元角은 성공을 따르고 있었던 터라 군주가 사람을 시켜 원각을 죽이도록 하였다.
그러나 원훤은 임금의 명을 어기지 않고 이숙夷叔을 받들어 도읍에 들어가 나라를 지키고 있었다.

6월, 진晉나라가 위 성공을 돌려보냈다.

그러자 대부 영무자甯武子가 위나라 사람들과 완복宛濮에서 맹서하며 이렇게 말하였다.

"하늘이 위나라에 재앙을 내렸다. 임금과 신하가 화합하지 못하여 이런 근심을 당하게 된 것이다. 이제 하늘이 위나라 사람들 마음을 바르게 하여 모두로 하여금 마음을 낮추어 서로 순종하도록 하였다. 나라에 남아있는 사람들이 없었다면 누가 사직을 지켰을 것이며, 임금을 따라나선 이들이 없었다면 누가 임금을 위해 그 말을 길러 먹여주었겠는가? 서로 협심하지 않았으므로 너희 신에게 맹서하여 하늘의 깊은 마음으로 이끌어 주실 것을 비는 것이다. 오늘 이후로는 이미 맹세를 한 만큼 임금을 따라나섰던 사람들은 그 노고를 뽐내지 말 것이며, 나라 안에 있던 사람들은 그것을 허물인 양 여겨 두려워하는 일이 없도록 하자. 이 맹세를 어겨 서로 미워한다면 밝은 신과 선군의 영혼이 그것을 바로잡고자 죽음을 내릴 것이다."

나라 사람들은 이 맹서를 들은 뒤로는 두 마음을 갖지 않게 되었다.

위 성공은 예정한 날짜보다 일찍 나라로 들어가면서 영무자를 먼저 들여보냈는데 대부 장장長牂이 성문을 지키고 있다가 임금이 보낸 사자일 것이라고 여겨 함께 수레를 타고 성 안으로 들어갔다.

공자 천견歂犬과 화중華仲이 대열의 앞장을 섰다.

숙무는 머리를 감으려다가 이를 듣고 기뻐하며 머리채를 그대로 움켜쥔 채 달려 나갔는데 대열 앞에 있던 천견이 활을 쏘아 숙무를 죽여 버렸다.

성공은 숙무에게는 죄가 없음을 알고 그의 머리를 무릎 위에 올려놓고 소리 내어 울었다.

천견이 달아나자 성공은 사람을 시켜 그를 죽여 버렸다.

이리하여 원훤이 진晉나라로 달아났던 것이다.

【元咺】 衛나라 대부. 成公이 다른 나라로 몸을 피하면서 아우 叔武를 받들고 국정을 보살피도록 위촉을 받았던 인물.

【叔武】 夷叔. 成公의 아우이며 성공이 국외로 몸을 피하였을 때 일시 국정을 보살핌. 夷叔은 叔武의 시호.

【角】元咺의 아들 元角. 성공을 따라 나섰으나 원훤이 叔武를 왕으로 세웠다는 말을 듣고 대신 그 아들을 죽인 것임.
【不廢命】아들이 죽음을 당했음에도 지난날 성공이 叔武(夷叔)를 받들고 나라를 보살피도록 했던 명령을 어기지 않음.
【甯武子】이름은 甯兪. 衛나라 대부.
【宛濮】衛나라 지명. 지금의 河北 長垣縣 서남쪽 宛亭.
【降心】독선과 선입견을 버리고 마음을 낮추어 겸손하게 서로 따름.
【誰扞牧圉】'누가 임금을 태우고 다니는 말을 기르고 관리하겠는가?'의 뜻.
【有渝此盟】'이 맹세를 위배하는 자가 있으면'의 뜻. '渝'는 '거스르다, 위배하다'의 뜻.
【以相及也】서로 악으로 대함. 杜預 注에 "以惡相及"이라 함.
【長牂】衛나라 대부. 성문을 지키고 있었음.
【歂犬】衛나라 대부이며 공자.
【華仲】역시 위나라 대부.
【捉髮】'握髮'과 같음. 머리를 감다 말고 그 머리를 쥔 채 움직임.《史記》魯世家에 "然我一沐三握髮, 一飯三吐哺"라 함.
【奔晉】元咺은 叔武가 죽게 된 원인이 '그를 임금으로 세웠다'는 참소가 자신으로 인해 생겼으며 사실 여부에 관계없이 이에 대한 두려움을 느낀 때문임. 그러나《公羊傳》에는 "文公逐衛侯而立叔武, 叔武辭立. 而他人立, 則恐衛侯之不得反也. 故於是己立, 然後爲踐土之會, 治, 反衛侯. 衛侯得反, 曰:「叔武簒我.」元咺争之曰:「叔武無罪.」終殺叔武, 元咺走而出"이라 하여 본 장의 내용과 다름.

557(僖28-12)

陳侯款卒.

진후陳侯 관款이 죽었다.

【款】陳 穆公의 이름. 陳 宣公(杵臼)의 뒤를 이어 B.C.647~632년까지 16년간 재위하고 이때에 생을 마침.
＊無傳

❋ 558(僖28-13)

秋, 杞伯姬來.

가을, 기백희杞伯姬가 왔다.

【杞】원래 姒姓의 제후국으로 周 武王이 夏禹의 후손 東樓公을 杞에 봉하여 雍丘에 살도록 하였음. 지금의 山東 安邱縣 동북쪽 杞城鎭.
【伯姬】魯 莊公의 딸이며 杞 成公의 부인. 莊公 25년 시집을 가서 이미 35년이 흐른 뒤에 魯나라에 친정나들이를 한 것임.
＊無傳

❋ 559(僖28-14)

公子遂如齊.

공자 수遂가 제齊나라에 갔다.

【公子遂】魯나라 공자. 東門襄仲, 仲遂. 東門遂.
＊無傳

㉔
城濮之戰, 晉中軍風于澤, 亡大旆之左旃.
祁瞞奸命, 司馬殺之, 以徇于諸侯, 使茅茷代之.
師還.
壬午, 濟河.
舟之僑先歸, 士會攝右.
秋七月丙申, 振旅, 愷以入于晉, 獻俘·授馘, 飲至·大賞, 徵會·討貳.

殺舟之僑以徇于國, 民於是大服.
君子謂:「文公其能刑矣, 三罪而民服.《詩》云『惠此中國, 以綏四方』, 不失賞刑之謂也.」

성복城濮의 싸움 도중 진晉나라 중군中軍은 소택지沼澤地에서 바람을 만나 대장大將의 깃발에 달았던 왼쪽 장식이 날아가 잃어버리고 말았다.
이는 기만祁瞞이 군령을 위반한 것으로서 사마司馬가 그를 죽여 제후들의 앞에 그 시신을 돌리며 보이게 한 뒤, 모패茅茷로 하여금 그 일을 대신하게 하였다.
그리고 군사가 환국하였다.
임오날, 황하를 건넜다.
주지교舟之僑가 제멋대로 먼저 돌아가자 사회士會가 그의 일을 대신하여 우군을 섭행하였다.
가을 7월 병신날, 대오를 정돈하고, 개선의 음악을 울리며 진나라 도성으로 들어가, 포로와 전리품, 적병에게서 잘라낸 귀의 개수를 세어 종묘에 바치고, 잔치를 베풀어 병사들에게 포상하였으며 제후들을 불러 모아 두 마음을 품은 자들을 토벌하기로 하였다.
주지교를 죽여 백성들에게 그 시체를 나라 안에 돌려 보이자 백성들이 크게 복종하였다.
군자가 말하였다.
"진晉 문공文公은 형벌을 유능하게 잘 내렸다. 세 사람을 처형하여 온 백성을 따르게 하였다.《시》에 '이 중국中國에 은혜를 베풀어 사방을 평온하게 하리'라 하였다. 이는 상과 벌을 내리는 데 있어 공정함을 잃지 않았음을 두고 한 말이다."

【風于澤】 소택지에서 바람을 만남. 杜預 注에 "牛馬因風而走, 皆失之"라 함. 그러나 孔穎達 疏에는 劉炫의 설을 인용하여 "放牛馬於澤, 遺失大旆左旃, 不失牛馬"라 하여 의견을 달리하고 있음.
【大旆之左旃】 '大旆'는 큰 깃발. 대장기. '左旃'은 깃발 위쪽에 달아맨 장식.

【祁瞞】군마와 깃발을 담당한 군관 이름.
【奸命】군법을 어김. 자신의 임무를 다하지 못하여 처벌을 받을 죄를 지음.
【茅茷】'모패'로 읽으며 인명. 晉나라 대부.
【壬午】6월 16일.
【舟之僑】虢國의 신하. 閔公 2년 虢國의 임금이 무도함을 보고 晉나라로 망명했던 인물. 閔公 2년의 傳文을 참조할 것. 그러나 이때 제멋대로 먼저 귀국하여 군법을 어긴 죄로 죽음을 당함.
【士會】晉나라 대부. 隨季, 士季, 范會, 隨會 등 여러 이름으로 불림. 士蔿의 손자이며 士穀과 형제. 隨땅을 채읍으로 하여 '隨會', 혹 '隨武子'라고도 불렀으며 다시 范땅을 채읍으로 하여 '范武子'로도 불림. 한때 秦나라로 망명하는 등 우여곡절을 겪기도 함. 그 후손이 뒤에 晉나라 六卿의 하나인 范氏로 발전함.
【秋七月丙申】7월 2일.
【愷】전투에서 승리하고 개선할 때의 음악. '凱'와 같음. 凱旋曲.
【馘】'괵'으로 읽으며 전투에서 首級을 계산하기 위해 적병의 귀를 잘라 이를 근거로 상을 내렸음.
【徵會】溫에서의 회맹을 준비하기 위해 제후들을 부른 것이라 함.
【三罪】顚頡·祁瞞·舟之僑 세 사람을 처형한 것.
【詩】《詩經》大雅 民勞篇에 "民亦勞止, 汔可小康. 惠此中國, 以綏四方. 無縱詭隨, 以謹無良. 式遏寇虐, 憯不畏明. 柔遠能邇, 以定我王. 民亦勞止, 汔可小休. 惠此中國, 以爲民逑. 無縱詭隨, 以謹惛怓. 式遏寇虐, 無俾民憂. 無棄爾勞, 以爲王休. 民亦勞止, 汔可小息. 惠此京師, 以綏四國. 無縱詭隨, 以謹罔極. 式遏寇虐, 無俾作慝. 敬愼威儀, 以近有德"이라 함.
【中國】中原의 다른 말.

※ 560(僖28-15)

冬, 公會晉侯·齊侯·宋公·蔡侯·鄭伯·陳子·莒子·邾人·秦人于溫.

겨울, 공이 진후晉侯·제후齊侯·송공宋公·채후蔡侯·정백鄭伯·진자陳子·거자莒子·주인邾人·진인秦人과 온溫에서 만났다.

【晉侯】晉 文公(重耳) 5년.
【齊侯】昭公(潘) 元年. 그러나 《穀梁傳》에는 齊侯가 들어 있지 않음.
【宋公】成公 5년.
【蔡侯】莊侯 14년.
【鄭伯】文公 41년.
【陳子】穆公(款) 16년.
【秦人】穆公 28년.
【溫】지금의 河南 溫縣.

㊉
冬, 會于溫, 討不服也.

겨울, 온溫에서 모임을 가진 것은 진晉나라에 복종하지 않는 나라를 치기 위해서였다.

【不服】晉 文公이 패자가 된 만큼 국제 질서를 바로잡기 위한 것이었음. 杜預 注에 "討衛·許"라 함.

㊉
衛侯與元咺訟, 甯武子爲輔, 鍼莊子爲坐, 士榮爲大士.
衛侯不勝.
殺士榮, 刖鍼莊子, 謂甯兪忠而免之.
執衛侯, 歸之于京師, 寘諸深室.
甯子職納橐饘焉.
元咺歸于衛, 立公子瑕.

위衛 성공成公과 원훤元咺이 숙무를 죽인 일로 진 문공 앞에서 송사가 벌어져, 영무자甯武子가 보좌하였으며 침장자鍼莊子가 좌坐, 사영士榮은 대사

大士가 되었다.

위 성공이 재판에서 이기지 못하였다.

진 문공은 사영을 죽이고, 짐장자에게는 발뒤꿈치를 자르는 형을 내렸으나, 영유甯兪(甯武子)는 충성을 다했다 여겨 죄를 면해 주었다.

그리고 위 성공을 잡아들여 경사京師로 보내어 깊은 방에 가두었다.

영무자가 군주를 따라가 탁전橐饘을 받아 수발하는 일을 맡았다.

원훤은 위나라로 돌아가 공자 하瑕를 옹립하였다.

【衛侯】당시 衛 成公 재위 3년째임.
【元咺】成公의 부탁으로 叔武를 도와 衛나라 국정을 보살폈으나 성공이 귀국하자 晉나라로 달아났던 인물.
【甯武子】甯兪. 衛나라 대부.
【輔】위 성공을 대신하여 재판에 나간 鍼莊子의 보좌역. 군주의 대리인보다 먼저 말한 것은 당시 영무자가 대리인인 짐장자보다 지위가 높았기 때문이었음. 당시 임금이 재판에 나갈 일이 있을 경우 가까운 신하를 대신 내보내는 것이 관례였음.
【鍼莊子】衛나라 대부. '鍼'은 주에 "鍼, 音斟"이라 하여 '짐'으로 읽음. 혹 '감'으로도 읽음.
【坐】재판에서의 대리인.
【士榮】역시 衛나라 대부.
【大士】변호인.
【京師】천자가 있는 주나라 도읍 洛邑.
【寘】'置'와 같음. 수감함.
【深室】감옥.
【橐饘】전대와 죽. 衛 成公이 深室에 갇혀 있을 때 먹고 입을 것을 가리킴.
【公子瑕】公子 適. 杜預 注에 "瑕, 謂公子適也"라 하였고, 《史記》年表에 "衛成公 三年, 立公子瑕"라 함.

❋ 561(僖28-16)

天王狩于河陽.

천자가 하양河陽을 순수巡狩하였다.

【天子】周 襄王(姬鄭) 재위 20년째임.
【河陽】晉나라 땅. 지금의 河南 孟縣 서쪽.
【狩】천자가 제후국을 巡察하는 것.《穀梁傳》에는 '守'로 되어 있음.

㊁
是會也, 晉侯召王, 以諸侯見, 且使王狩.
仲尼曰:「以臣召君, 不可以訓. 故書曰『天王狩于河陽』, 言非其地也, 且明德也.」

온溫에서의 이 모임에 진晉 문공文公은 천자를 초청한 뒤, 제후들을 거느리고 알현하였으며 천자로 하여금 사냥하게 하였다.
중니仲尼는 이렇게 말하였다.
"신하의 신분으로 임금을 부르는 것은 후세 사람에게 본보기가 될 수 없다."
그래서 경經에 "천자가 하양河陽에서 사냥하였다"라고 쓴 것이다.
이것은 그곳이 천자가 사냥할 땅이 아니었음을 말한 것이며, 아울러 덕을 밝히고자 한 것이다.

【狩】《爾雅》釋天에 "冬獵爲狩"라 하였고,《史記》晉世家에 "冬, 晉侯會諸侯於溫, 欲率之朝周, 力未能, 恐其有畔者, 乃使人言周襄王狩于河陽. 壬申, 遂率諸侯朝王於踐土"라 함.
【仲尼】孔子. 孔丘.

【明德】晉 文公이 천자를 부른 것은 예에 어긋난 것으로서 이를 감추고 그가 천자를 정성껏 위한 功德을 보이려 한 것임. 《史記》 晉世家에 "公子讀史記之文公, 曰「諸侯無召王」·「王狩河陽」者, 《春秋》諱之也"라 하였고, 周本紀에는 "晉文公召襄王, 襄王會之河陽·踐土, 諸侯畢朝, 書諱曰:「天王狩于河陽.」"이라 하였으며, 孔子世家에도 "踐土之會實召周天子, 而《春秋》諱之曰「天王狩于河陽」, 推此類以繩當世"라 함.

✳ 562(僖28-17)

壬申, 公朝于王所.

임신날, 희공이 왕소王所에서 문안하였다.

【壬申】 10월 7일.
【王所】 천자가 거처하고 있는 곳.

✳ 563(僖28-18)

晉人執衛侯, 歸之于京師.
衛元咺自晉復歸于衛.

진晉나라가 위후衛侯를 잡아 경사京師로 돌려보냈다.
위나라 원훤元咺이 진晉나라로부터 위나라로 되돌아갔다.

【衛侯】 衛 成公. 이 사건은 僖公 28년을 볼 것.

❋ 564(僖28-19)

諸侯遂圍許.

제후들이 마침내 허許나라를 포위하였다.

【許】姜姓. 周 武王이 그 苗裔 文叔을 許에 봉함. 지금의 河南 許昌市 동쪽

❋ 565(僖28-20)

曹伯襄復歸于曹, 遂會諸侯圍許.

조백曹伯 양襄이 다시 조나라로 되돌아가자 마침내 제후들이 모여 허許나라를 포위하였다.

【曹伯】당시 曹나라 군주는 共公(襄)으로 재위 21년째였음.

㊧
丁丑, 諸侯圍許.

정축날, 제후들이 허許나라를 포위하였다.

【丁丑】10월 12일.
【圍許】《說苑》敬愼篇에 "文公於是霸功立, 期志意得, 湯武之心作, 而忘其衆. 一年用三師, 且弗休息, 遂進而圍虛, 兵亟弊, 不能服, 罷諸侯而歸"라 하여 성공하지 못한 채 돌아간 것으로 되어있음.

傳

晉侯有疾, 曹伯之豎侯獳貨筮史, 使曰:「以曹爲解, 齊桓公爲會而封異姓, 今君爲會而滅同姓. 曹叔振鐸, 文之昭也; 先君唐叔, 武之穆也. 且合諸侯而滅兄弟, 非禮也; 與衛偕命, 而不與偕復, 非信也; 同罪異罰, 非刑也. 禮以行義, 信以守禮, 刑以正邪. 舍此三者, 君將若之何?」

公說, 復曹伯, 遂會諸侯于許.

진晉 문공文公이 병이 나자 조曹 공공共公의 환관 후누侯獳가 진나라 서사筮史를 매수하여 진 문공에게 이렇게 말하도록 하였다.

"군주의 병환은 조나라를 멸망시켰기 때문입니다. 제齊 환공桓公은 제후들과 만나면서 이성異姓이 다른 나라까지도 일으켜 세워주었습니다. 그런데 지금 군주께서는 회맹에서 같은 동성同姓의 나라까지도 멸망시키고 있습니다. 조나라 시조 숙진탁叔振鐸은 주周 문왕文王의 아들로서 소昭의 위치에 위패를 모시며, 진나라의 시조 당숙唐叔은 무왕武王의 아들로서 목穆의 위치에 위패를 모십니다. 게다가 제후들의 힘을 모아 형제 나라를 멸망시키는 것은 '예禮'가 아니며, 이전에 위나라와 더불어 복구시켜주겠노라 명을 내리셔놓고 위나라는 복구해 주면서 조나라는 복구시키지 않은 것은 '신信'이 아니며, 똑같은 죄를 두고 다른 벌을 내리시는 것은 '형刑'이 아닙니다. 예는 의義를 행하는 것이요, 신은 예를 지키는 것이며, 형은 사악함을 바로잡는 것입니다. 이 세 가지를 버려두시고 군주께서는 앞으로 어떻게 일을 할 수 있겠습니까?"

문공은 기꺼워하며 조 공공을 다시 복귀시켜 허나라에서의 회맹에 그를 참여시켰다.

【晉侯】晉 文公. 당시의 패자.
【曹伯】曹 共公.
【豎】원래 심부름꾼을 말함. 여기서는 曹 共公의 환관.

【侯獳】 曹나라 환관(豎)의 이름.
【貨】 뇌물을 주어 매수함.
【筮史】 晉나라의 점복을 맡은 관리.
【以曹爲解】 曹나라 때문에 병이 난 것으로 풀이함. 解는 해설의 뜻. 晉나라 점복관이 侯獳에게 매수당하여 晉 文公에게 점괘를 풀이한 것. 楊伯峻 注에는 이 구절을 인용문으로 보지 않고 풀이말로 보았음.
【齊桓公】 齊나라 小白. 春秋五霸의 수장. 제나라는 姜氏였으나 邢나라와 衛나라를 다시 일으켜 세워주었으며 이들은 제나라와 다른 성씨였음.
【叔振鐸】 周 文王의 아들로 처음 曹나라에 봉해져 조나라의 시조가 됨.
【唐叔】 周 武王의 아들이며 成王의 아우로 처음 唐에 봉해져 뒤에 晉나라의 시조가 됨.
【昭穆】 고대 宗法制度로서 宗廟에 위패를 배열하는 규정. 始祖는 중앙에, 二世 이후 짝수 선조는 왼쪽에 배치하며 이를 '昭'라 함. 그리고 三世 이후 홀수의 선조는 오른쪽에 배치하며 이를 '穆'이라 함.《孔子家語》問禮篇에 "宗廟之序. 品其犧牲, 設其豕腊, 修其歲時, 以敬其祭祀, 別其親疏, 序其昭穆"이라 함.
【與衛偕命】 晉 文公이 城濮之戰 때 사사롭게 전쟁이 승리하면 曹나라와 衛나라를 다시 일으켜 임금 자리를 복위시켜 나라를 다시 세워줄 것임을 약속을 하였었음. 그런데 衛나라는 약속대로 복위시켰으나 曹나라는 회복시켜주지 않고 있었음.
【三者】 禮, 信, 刑.
【遂會諸侯于許】 드디어 조 공공으로 하여금 허나라 포위의 회맹에 참여하도록 함.

㊟
晉侯作三行以禦狄.
荀林父將中行, 屠擊將右行, 先蔑將左行.

진晉 문공文公은 삼항三行의 보병 부대로써 적狄을 방어하였다.
    순림보荀林父가 중항中行의 대장이 되고 도격屠擊은 우항右行, 선멸先蔑이 좌항左行의 대장이 되었다.

【三行】 이미 전차 부대를 중심으로 한 三軍이 있었으나, 文公은 이름을 달리하여 三行의 보병 부대를 창설함. '行'은 '항'으로 읽음. '줄, 항렬'의 뜻.《史記》晉世家에 "於是晉始作三行, 荀林父將中行, 先縠將右行, 先蔑將左行"이라 함.
【狄】 북쪽의 이민족. 匈奴의 전신.
【荀林父】 中行桓子. 晉나라 대부. 그 후손이 뒤에 晉나라 六卿의 하나인 中行氏로 발전함.
【屠擊】 인명. 진나라 대부. 右行將.《史記》에는 先縠이 맡은 것으로 되어 있음.
【先蔑】 인명. 진나라 대부. 左行將.《公羊傳》文公 7년에는 '先眜'로 되어 있음.

092. 僖公 29年(B.C.631) 庚寅

周	襄王(姬鄭) 22년	齊	昭公(潘) 2년	晉	文公(重耳) 6년	衛	成公(鄭) 4년
蔡	莊公(甲午) 15년	鄭	文公(捷) 42년	曹	共公(襄) 22년	陳	共公(朔) 원년
杞	桓公(姑容) 6년	宋	成公(王臣) 6년	秦	穆公(任好) 29년	楚	成王(頵) 41년
許	僖公(業) 25년						

✽ 566(僖29-1)

二十有九年春, 介葛盧來.

29년 봄, 개介나라의 갈로葛盧가 왔다.

【介葛盧】 '介'는 나라 이름. '葛盧'는 그 나라의 군주 이름. 동물이나 짐승의 울음을 듣고 그 뜻을 풀이할 수 있었다 함. '介'는 東夷國의 하나로《彙纂》에 "今山東膠縣西南七十里有黔陬城, 卽古介國也"라 함. '葛盧'는 산 이름에서 유래된 것이라 함. 章炳麟은 "《管子》地數篇云「葛盧之山發而出水, 金從之, 蚩尤受而制之, 以爲劍鎧矛戟」, 然則介君取山爲名"이라 함.

㊛
二十九年春, 介葛盧來朝, 舍于昌衍之上.
公在會, 饋之芻·米, 禮也.

29년 봄, 개介나라 갈로葛盧가 찾아와 문안하자 그를 창연昌衍 위에 머물도록 하였다.
마침 노 희공은 제후들의 모임에 가 있었으나, 그에게 말의 꼴과 식량을 제공한 것은 예의에 맞는 일이었다.

【介葛盧】원본에는 '介'자가 없이 '葛盧'로만 되어 있으나 阮元의 〈校勘記〉에 "石經·宋本·淳熙本·岳本·纂圖本·監本·毛本, '春'下有'介'字, 是也"라 함.
【昌衍】昌平山. 지금의 山東 曲阜縣 동남쪽에 있던 昌平城.
【公在會】魯 僖公이 翟泉의 회맹에 참가 중이어서 국내에 없었음.

※ 567(僖29-2)

公至自圍許.

공이 허許나라 포위를 마치고 돌아왔다.

【衛許】지난해 僖公이 許나라 도성을 포위하며 제후들과 회합한 일을 마치고 철군하여 귀환함.
＊無傳

※ 568(僖29-3)

夏六月, 會王人·晉人·宋人·齊人·陳人·蔡人·秦人盟于翟泉.

여름 6월, 왕인王人·진인晉人·송인宋人·제인齊人·진인陳人·채인蔡人·진인秦人이 적천翟泉에 모여 동맹을 맺었다.

【翟泉】狄泉으로도 표기하며 杜預 注에 "翟泉, 今洛陽城內大倉西南之水也"라 하였고, 《彙纂》에 "在今河南洛陽縣東北二十五里, 故洛陽城中"이라 하여 東周 도읍 궁성에 있던 지명.

㊉

夏, 公會王子虎·晉狐偃·宋公孫固·齊國歸父·陳轅濤塗·秦小子憖盟于翟泉, 尋踐土之盟, 且謀伐鄭也.
卿不書, 罪之也.
在禮, 卿不會公侯, 會伯子男可也.

여름, 공이 왕자 호虎·진晉나라 호언狐偃·송나라 공손고公孫固·제나라 국귀보國歸父·진陳나라 원도도轅濤塗·진秦나라 군주 작은아들 은憖과 적천翟泉에서 동맹을 맺었다. 이것은 전에 천토踐土에서의 맹약을 확인하고, 또 정鄭나라 정벌을 모의하기 위해서였다.

경經에 모임에 참석한 각 나라 경卿들의 이름을 적지 않은 것은 모임에 경을 보낸 것은 잘못된 것으로 여겼기 때문이다.

예禮에 따르면 제후국의 경은 공후公侯의 작위를 가진 이들과는 모일 수 없고, 백작·자작·남작과는 함께 할 수 있다.

【王子虎】周나라 왕자. 이름은 虎.
【狐偃】晉나라 대부. 重耳의 외삼촌이며 子犯, 舅犯으로도 불림. 狐突의 아들.
【公孫固】宋나라 卿士. 宋 莊公의 손자.
【國歸父】齊나라 대부. 國은 齊나라의 大姓이었음.
【轅濤塗】陳나라 대부. 轅宣仲. 齊 桓公에게 미움을 받아 붙잡혔던 인물. 僖公 4년 經文 및 傳文을 참조할 것.
【小子憖】秦 穆公의 작은아들. 가장 늦게 도착하여 그 때문에 蔡나라 다음에 이름을 기록한 것임.
【踐土】鄭나라의 지명. 지금의 河南 廣武縣 동북. 踐土之盟은 僖公 28년 經文을 볼 것.

【伐鄭】鄭나라를 칠 계획을 세움. 이는 이듬해 晉, 秦이 鄭나라 포위를 위한 사전 모의였음.
【卿不書】이 모임에 각 나라 卿들이 모였으나 經文에 그들 이름을 적지 않았음을 말함.
【伯子男】周代 五爵 公侯伯子男의 등급 중 伯子男만이 각국 卿 벼슬과 함께 회맹에 참가할 수는 있었음.

❋ 569(僖29-4)

秋, 大雨雹.

가을, 큰 우박이 내렸다.

【雨】動詞. '내리다, 쏟아지다'의 뜻.
【雹】'박'으로 읽으며 우박이 내려 재앙을 이룸.

傳

秋, 大雨雹, 爲災也.

가을, 큰 우박이 내려 재앙을 입었다.

❋ 570(僖29-5)

冬, 介葛盧來.

겨울, 개介나라의 갈로葛盧가 왔다.

【介葛盧】봄에 僖公을 만나러 왔으나 僖公이 마침 翟泉 회맹에 참가 중이어서 만나지 못하자 다시 찾아온 것임. 앞쪽의 經文 및 傳文 참조.

⟨傳⟩
冬, 介葛盧來, 以未見公故, 復來朝.
禮之, 加燕好.
介葛盧聞牛鳴, 曰:「是生三犧, 皆用之矣. 其音云.」
問之而信.

겨울, 개介나라 갈로葛盧가 찾아온 것은 이전에 왔다가 공을 만나지 못해 다시 문안하러 온 것이다.
이에 예우를 갖추어 잔치를 베풀고 선물도 더 주었다.
그때 개 갈로가 소가 우는 소리를 듣고 이렇게 말하였다.
"저 소는 새끼를 세 마리 낳았는데 그것들이 다 제사의 희생犧牲이 되었군요. 우는 소리는 그것을 말하고 있는 것입니다."
그리하여 그것에 대해 알아보았더니 과연 그의 말대로였다.

【燕好】'燕'은 잔치, '好'는 선물을 말함. 杜預 注에 "燕, 燕禮也. 好, 好貨也. 一歲再來, 故加之"라 함.
【信】그의 말과 같았음. 이 일로 개갈로는 짐승과 가축의 울음 뜻을 아는 자로 널리 인용됨.

093. 僖公 30年(B.C.630) 辛卯

周	襄王(姬鄭) 23년	齊	昭公(潘) 3년	晉	文公(重耳) 7년	衛	成公(鄭) 5년
蔡	莊公(甲午) 16년	鄭	文公(捷) 43년	曹	共公(襄) 23년	陳	共公(朔) 2년
杞	桓公(姑容) 7년	宋	成公(王臣) 7년	秦	穆公(任好) 30년	楚	成王(頵) 42년
許	僖公(業) 26년						

❈ 571(僖30-1)

三十年春王正月.

30년 봄 주력 정월.

❈ 572(僖30-2)

夏, 狄侵齊.

여름, 적狄이 제齊나라를 침범하였다.

㊁
三十年春, 晉人侵鄭, 以觀其可攻與否.
狄間晉之有鄭虞也, 夏, 狄侵齊.

30년 봄, 진晉나라가 정鄭나라로 쳐들어가 정나라를 공격할 수 있는지의 여부를 살펴보았다.
그때 적狄은 진나라가 정나라를 두고 우려하는 틈을 타서 여름에 제齊나라를 침범한 것이다.

【狄侵齊】齊나라는 晉나라의 연합국이었으므로 齊나라를 치면 晉나라가 齊나라를 구원할 겨를이 없을 것으로 여긴 것.
【間】틈을 노림.

❋ 573(僖30-3)

秋, 衛殺其大夫元咺及公子瑕.
衛侯鄭歸于衛.

가을, 위衛나라가 그 대부 원훤元咺과 공자 하瑕를 죽였다.
위후衛侯 정鄭이 위나라로 돌아왔다.

【元咺】衛나라 대부. 成公이 다른 나라로 몸을 피하면서 아우 叔武를 받들고 국정을 보살피도록 위촉했던 인물. 아들 元角도 衛 成公에게 죽음을 당하자 晉나라로 망명하였었음. 僖公 28년의 傳文 등을 볼 것.
【孔子瑕】衛나라 公子 適. 杜預 注에 "瑕, 謂公子適也"라 함. 元咺에 의해 군주로 옹립되었으나 衛 成公에 의해 이때에 죽음을 당함. 僖公 28년의 傳을 볼 것.
【衛侯】衛 成公. 이름은 鄭. B.C.634~600년까지 35년간 재위함.

㊉

晉侯使醫衍酖衛侯.
甯兪貨醫, 使薄其酖, 不死.
公爲之請, 納玉於王與晉侯, 皆十瑴, 王許之.
秋, 乃釋衛侯.
衛侯使賂周歂·冶廑曰:「苟能納我, 吾使爾爲卿.」
周·冶殺元咺及子適·子儀.
公入, 祀先君, 周·冶旣服, 將命.
周歂先入, 及門, 遇疾而死.
冶廑辭卿.

　　진晉 문공文公이 의원醫員 연衍으로 하여금 위衛 성공成公에게 짐주酖酒를 먹여 죽이도록 하였다.
　　그러자 영유甯兪가 의원을 매수하여 짐주를 약하게 만들게 하여 위 성공은 죽음을 면하게 되었다.
　　노 희공이 위 성공을 위해 용서해줄 것을 청하며 천자 양왕襄王과 진 문공에게 모두 열 쌍씩의 옥을 바치자 천자 양왕이 이를 허락하였다.
　　가을, 위 성공이 풀려났다.
　　위 성공이 사람을 시켜 신하 주천周歂과 야근冶廑에게 뇌물을 주며 이렇게 말을 하도록 하였다.
　　"진실로 능히 나를 군주로서 받아들여 준다면 내 너희를 경卿으로 삼으리라."
　　이에 주천과 야근은 원훤元咺과 자적子適, 그 동생 자의子儀를 죽였다.
　　성공이 귀국하여 들어와 선군에게 제사를 드리자 주천과 야근은 미리 경의 복장을 하고 종묘에서 임명을 받기를 기다리고 있었다.
　　주천이 먼저 들어가서 종묘 문에 이르자 갑자기 병이 나서 죽었다.
　　그러자 야근은 경 벼슬 받기를 사양하였다.

【晉侯】晉 文公 重耳. 이해는 文公 재위 7년째였음.
【衍】文公의 주치의 醫員 이름.

【衛侯】衛 成公(鄭).
【酖】'鴆'으로도 표기하며 毒鳥. 그 깃을 뽑아 술을 젓기만 하여도 사람을 죽일 수 있다 함. 흔히 독살용으로 사용함.《史記》衛世家에 "晉使人鴆衛成公, 成公私於周主鴆, 令薄, 不得死"라 함. 한편〈年表〉에는 "晉文公七年, 聽周歸衛成公"이라 하였고,《國語》魯語(上)에는 "溫之會, 晉人執衛成公歸之于周, 使醫鴆之, 不死, 醫亦不誅. 臧文仲言於僖公曰:「夫衛君殆無罪矣. 刑五而已, 無有隱者, 隱乃諱也. 大刑用甲兵, 其次用斧鉞; 中刑用刀鋸, 其次用鑽笮; 薄刑用鞭扑, 以威民也. 故大者陳之原野, 小者致之市朝, 五刑三次, 是無隱也. 今晉人鴆衛侯不死, 亦不討使者, 諱而惡殺之也. 有諸侯之請, 必免之. 臣聞之: 班相恤也, 故能有親. 夫諸侯之患, 諸侯恤之, 所以訓民也. 君盍請衛君以示親於諸侯, 具以動晉? 夫晉新得諸侯, 使亦曰:『魯不棄其親, 其亦不可以惡.』」公說, 行玉二十瑴, 乃免衛侯. 自是晉聘於魯, 加於諸侯一等, 爵同, 厚其好貨. 衛侯聞其臧文仲之爲也, 使納賂焉. 辭曰:「外臣之言不越境, 不敢及君.」"이라 하여 臧文仲이 말한 것으로 되어 있음.
【甯俞】甯武子. 이름은 甯俞. 衛나라 대부.
【貨】재물이나 돈을 주어 매수함.
【王】당시 주나라 천자 襄王.
【瑴】'珏'과 같음. 玉을 한 쌍씩 세는 단위.
【周歂·冶廑】두 사람 모두 衛나라 대부.
【元咺】衛나라 대부. 衛 成公에게 미움을 받아 晉나라로 망명하였음.
【子適】孔子 瑕. 杜預 注에 "瑕, 謂公子適也"라 함.
【子儀】子適의 同母弟.《史記》衛世家에는 "已而周爲請晉文公, 卒入之衛, 而誅元咺, 衛君瑕出犇"이라 하여 본 장의 내용과 다름.
【將命】종묘에서 임명장 받기를 기다림.
【遇疾】병이 남.
【辭卿】杜預 注에 "見周歂死而懼"라 함.

※ 574(僖30-4)

晉人·秦人圍鄭.

진인晉人·진인秦人이 정鄭나라를 포위하였다.

【圍鄭】이는 이미 모의된 것으로서 僖公 29년의 經을 볼 것.

傳
九月甲午, 晉侯·秦伯圍鄭, 以其無禮於晉, 且貳於楚也.
晉軍函陵, 秦軍氾南.
佚之狐言於鄭伯曰:「國危矣, 若使燭之武見秦君, 師必退.」
公從之.
辭曰:「臣之壯也, 猶不如人; 今老矣, 無能爲也已.」
公曰:「吾不能早用子, 今急而求子, 是寡人之過也. 然鄭亡, 子亦有不利焉.」
許之.
夜, 縋而出, 見秦伯曰:「秦·晉圍鄭, 鄭旣知亡矣. 若亡鄭而有益於君, 敢以煩執事. 越國以鄙遠, 君知其難也, 焉用亡鄭以陪鄰? 鄰之厚, 君之薄也. 若舍鄭以爲東道主, 行李之往來, 共其乏困, 君亦無所害. 且君嘗爲晉君賜矣, 許君焦·瑕, 朝濟而夕設版焉, 君之所知也. 夫晉, 何厭之有? 旣東封鄭, 又欲肆其西封. 不闕秦, 將焉取之? 闕秦以利晉, 唯君圖之.」
秦伯說, 與鄭人盟, 使杞子·逢孫·楊孫戍之, 乃還.
子犯謂擊之.
公曰:「不可. 微夫人之力不及此. 因人之力而敝之, 不仁; 失其所與, 不知; 以亂易整, 不武. 吾其還也.」
亦去之.
初, 鄭公子蘭出奔晉, 從於晉侯伐鄭, 請無與圍鄭.
許之, 使待命于東.
鄭石甲父·侯宣多逆以爲大子, 以求成于晉, 晉人許之.

9월 갑오날, 진晉 문공文公과 진秦 목공穆公이 정鄭나라를 포위한 것은 정 문공文公이 진 문공에게 무례하게 굴었던 적이 있으며, 게다가 두 마음을 품고 초楚나라에 빌붙었기 때문이었다.

그때, 진晉나라 군사가 함릉函陵에 진을 치고, 진秦나라 군사는 범남氾南에 진을 치고 있었다.

정나라 대부 일지호佚之狐가 정鄭 성공成公에게 말하였다.

"나라가 위태롭습니다. 만약 촉지무燭之武로 하여금 진秦 목공을 만나게 한다면 군사들이 틀림없이 퇴각할 것입니다."

정 문공이 그의 말을 따랐다.

그러나 촉지무가 이렇게 사양하는 것이었다.

"저는 한창 때도 남만 못하였는데 지금은 늙기까지 하였으니 그 일을 해낼 수가 없습니다."

정 문공이 말하였다.

"내가 일찍이 그대를 등용하지 못하다가 지금 다급하게 되어서야 그대에게 청하고 있으니 이는 과인의 잘못이오. 그러나 정나라가 망하면 그대에게도 역시 이로울 것이 없소."

이에 촉지무가 승낙하였다.

밤이 되자 그는 밧줄에 매달린 채 성을 빠져나가 진秦 목공을 만나 이렇게 말하였다.

"진秦나라와 진晉나라가 우리 정나라를 포위하고 있으니 우리 정나라는 이윽고 망할 것임을 알고 있습니다. 만약 우리 정나라가 망하여 임금께 이롭다면 감히 군주의 신하들을 번거롭게도 시켜도 될 것입니다. 그러나 진晉나라를 영토를 뛰어넘어 먼 우리 정나라를 차지한다는 것이 어려울 것임은 임금께서도 잘 아실 것입니다. 어찌 정나라를 멸망시켜 이웃 진晉나라의 힘을 키워주려 하십니까? 이웃의 힘이 커지면 그대의 힘은 약해지는 것입니다. 만약 정나라를 그대로 두어 동도東道의 주主로 삼으시고, 사신의 왕래에 모자란 물자를 정나라로 하여금 공급하도록 하신다면 임금께서도 역시 손해날 일은 없을 것입니다. 게다가 임금께서는 이전에 진晉나라 임금에게 은혜를 베푸신 적이 있습니다. 그때 그 임금이 초焦와 하瑕 두 고을을 바치겠다고 해놓고는 아침에 황하를 건너 돌아가서는 저녁에 성을 쌓아 그대 나라를 적으로 여겨 방어 설치를 한 것을 임금께서도 잘 알고 계실 것입니다. 무릇 진晉나라가 어찌 싫증을 내겠습니까? 이윽고 동쪽으로 우리 정나라를 봉하여 변방으로 삼고 나면 또 서쪽으로 땅을 넓히려 욕심을 부릴 것입니다. 진秦나라를 약화시키지 않고서야 장차 어찌 서쪽 땅을 취할 수 있겠습니까? 진秦나라를 약화시키고 진晉나라를 이롭게 하는 일을 오직 임금께서는 잘 헤아려주십시오."

진 목공은 기꺼워하며 정나라와 맹약을 맺고 기자杞子·봉손逢孫·양손揚孫으로 하여금 정나라를 지키게 한 뒤 자신은 이에 군사를 퇴각시켰다.

진나라 자범子犯이 이를 칠 것을 청하였다.

그러자 진 문공이 말하였다.

"안 되오. 저들의 도움이 아니었더라면 나는 여기에 이르지도 못하였을 것이오. 남의 힘을 빌렸다가 그를 해치는 것은 인仁이 아니며, 우리 편을 잃는 것은 지知가 아니며, 잘 정리된 것을 혼란으로 바꾸는 것은 무武가 아니오. 나는 돌아가겠소."

그리하여 진 문공 역시 정나라를 떠났다.

당초, 정나라 공자 난蘭은 진晉나라로 도망가 있었는데 그는 진 문공을 따라 정나라 정벌에 나섰을 때 자신은 정나라 포위에는 참여하지 않겠다고 청하였다.

문공은 이를 허락하고 그를 동쪽 땅에서 명령을 기다리도록 하였었다.

정나라 대부 석갑보石甲父와 후선다侯宣多가 공자 난을 맞이하여 태자로 삼고, 진나라에 화친을 청하자 진나라에서는 이를 허락하였다.

【甲午】 9월 13일. 이 이야기는 《新序》善謀篇(上)에 "晉文公·秦穆公共圍鄭, 以其無禮而附於楚. 鄭大夫佚之狐言於鄭君曰:「若使燭之武見秦君, 圍必解.」鄭君從之, 召燭之武, 使之. 辭曰:「臣之壯也, 猶不如人. 今老矣, 無能爲也.」鄭君曰:「吾不能蚤用子, 今急而求子, 是寡人之過也. 然鄭亡, 子亦有不利焉.」燭之武許諾. 夜出, 見秦君曰:「秦晉圍鄭, 鄭知亡矣. 若亡而有益於君, 敢以煩執事. 鄭在晉之東, 秦在晉之西, 越晉而取鄭, 君知其難也, 焉用亡鄭以陪晉? 晉, 秦之鄰也, 鄰之强, 君之憂也. 若舍鄭以爲東道主, 行李之往來, 共其資糧, 亦無所害. 且君立晉君, 晉君許君焦·瑕, 朝得入, 而夕設版而畫界焉, 君之所知也. 夫晉何厭之有? 旣東取鄭, 又欲廣其西境, 不闕秦, 將焉取之? 闕秦而利晉, 願君圖之.」秦君說, 引兵

而還. 晉咎犯請擊之, 文公曰:「不可, 微夫人之力不能弊鄭, 因人之力以弊之, 不仁; 失其所與, 不知; 以亂易整, 不武. 吾其還矣.」亦去, 鄭圍遂解. 燭之武可謂善謀, 一言存鄭而安秦. 鄭君不蚤用善謀, 所以削國也. 困而覺焉, 所以得存"이라 하여 자세히 실려 있음.

【晉侯】晉 文公 重耳. 당시의 패자.

【秦伯】秦 穆公. 晉 文公을 이어 뒤에 春秋五霸의 하나가 됨.

【無禮於晉】일찍이 公子 重耳가 망명 중에 정나라에 들렀을 때 당시 鄭 文公이 무례하게 굴었음. 僖公 23년 傳文을 볼 것.

【貳於楚】僖公 28년 傳文을 볼 것. 한편《史記》鄭世家에 "(文公)四十一年, 助楚擊晉. 自晉文公之過無禮, 故背晉助楚. 四十三年晉文公與秦穆公共圍鄭, 討其助楚攻晉者及文公過時之無禮也"라 함.

【函陵】鄭나라 땅 이름. 지금의 河南 新鄭縣 북쪽.《河南通志》에 "在今河南新鄭縣北十三里, 山形如函, 故名函陵"이라 함.

【氾南】氾은 鄭나라 물 이름. 지금의 河南 中牟縣 남쪽.《一統志》에 "在今河南中牟縣南三十里, 一稱東氾, 所以別於南氾也"라 함.

【佚之狐】鄭나라 대부.

【鄭伯】당시 鄭나라 군주는 文公(捷)이었음. B.C.672~268년까지 45년간 재위함.

【燭之武】鄭나라 대부.《水經注》洧水에 "南歷燭城西, 卽鄭大夫燭之武邑也"라 하여 채읍 燭을 성씨로 삼은 것.

【越國以鄙遠】이웃나라(晉)를 뛰어넘어 아주 멀리 있는 鄭나라를 차지하려 함.

【東道主】동쪽으로 가는 길을 안내하는 사람이라는 뜻. 정나라가 秦나라를 위해 동쪽 길에서 안내하고 접대하는 책임을 다하겠다고 하는 것임.

【行李】使臣. '行理'로도 표기하며 주에 "行李, 古代專用司外交之官, 行人之官也"라 함. 昭公 13년 傳에 "行理之命無日不至"라 함.

【晉君賜矣】여기서의 임금은 진 문공 전 군주였던 惠公(夷吾)을 가리킴. 文公(重耳)처럼 망명 중 진나라에 들렀을 때 자신을 晉나라 임금으로 세워주면 은혜를 갚겠다고 하여 秦나라가 그를 들여보내어 임금으로 세워주었음.

【焦・瑕】晉나라 땅 이름. 지금의 河南 三門峽. 惠公이 秦나라에게 주기로 했던 두 고을. 그러나 惠公은 귀국하자 이를 주지 않았을 뿐 아니라 즉시 秦나라를 방어할 시설을 만들었음.

【闕秦】秦나라를 약화시킴.

【杞子】秦나라 대부.

【逢孫】秦나라 대부. '逢孫'은 '방손'으로도 읽어 '逢孫'이 아닌가 하며 複姓의 성씨로 여기고 있음.
【楊孫】秦나라 대부. 역시 複姓의 성씨로 여기기도 함.
【戍之】《史記》鄭世家에는 이 과정에 "初, 鄭文公有三夫人, 寵子五人, 皆以罪蚤死. 公怒, 溉逐群公子. 子蘭奔晉, 從晉文公圍鄭. 時蘭事晉文公甚謹, 愛幸之, 乃私於晉, 以求入鄭爲太子. 晉於是欲得叔詹爲僇. 鄭文公恐, 不敢謂叔詹言. 詹聞, 言於鄭君曰:「臣謂君, 君不聽臣, 晉卒爲患. 然晉所以圍鄭, 以詹, 詹死而赦鄭國, 詹之願也.」乃自殺. 鄭人以詹尸與晉. 晉文公曰:「必欲一見鄭君, 辱之而去.」鄭人患之, 乃使人私於秦曰:「破鄭益晉, 非秦之利也.」秦兵罷"의 내용이 더 첨가되어 있음.
【公子蘭】정나라 公子. 文公의 뒤를 이어 穆公이 되어 B.C.627~606년까지 22년간 재위함.
【待命于東】'東'은 晉나라의 동쪽, 즉 鄭나라의 서쪽.
【石甲父·侯宣多】모두 鄭나라 대부. 石甲父는 宣公 3년의 石癸. 侯宣多는 文公 17년에 "寡君卽位三年, 敝邑以侯宣多之難, 十一月, 克滅侯宣多"라 한 장본인임.
【求成】和解를 청함을 말함.《史記》鄭世家에 "初, 鄭文公有三夫人, 寵子五人, 皆以罪蚤死. 公怒, 溉逐群公子. 子蘭奔晉, 從晉文公圍鄭. 時蘭事晉文公甚謹, 愛幸之, 乃私於晉, 以求入鄭爲太子. 晉於是欲得叔詹爲僇. 鄭文公恐, 不敢謂叔詹言. 詹聞, 言於鄭君曰:「臣謂君, 君不聽臣, 晉卒爲患. 然晉所以圍鄭, 以詹, 詹死而赦鄭國, 詹之願也.」乃自殺. 鄭人以詹尸與晉. 晉文公曰:「必欲一見鄭君, 辱之而去.」鄭人患之, 乃使人私於秦曰:「破鄭益晉, 非秦之利也.」秦兵罷. 晉文公欲入蘭爲太子, 以告鄭. 鄭大夫石癸曰:「吾聞姞姓乃后稷之元妃, 其後當有興者. 子蘭母, 其後也. 且夫人子盡已死, 餘庶子無如蘭賢. 今圍急, 晉以爲請, 利孰大焉!」遂許晉, 與盟, 而卒立子蘭爲太子, 晉兵乃罷去"라 함.

575(僖30-5)

介人侵蕭.

개인介人이 소蕭로 쳐들어갔다.

【介】東夷國의 하나로 葛盧가 군주로 있던 작은 나라. 《彙纂》에 "今山東膠縣西南七十里有黔陬城, 卽古介國也"라 함.
【蕭】나라 이름. 구체적 위치는 알 수 없음. 莊公 12년을 볼 것. 《春秋左傳詞典》에 "宋邑, 今安徽蕭縣西北"이라 함.
＊無傳

※ 576(僖30-6)

冬, 天王使宰周公來聘.

겨울, 천자가 재宰 주공周公을 보내 빙문하게 하였다.

【宰】天子인 周나라 왕실의 冢宰.
【周公】周 王室 三公의 하나이며 이름은 閱.

㊀

冬, 王使周公閱來聘, 饗有昌歜·白黑·形鹽.
辭曰:「國君, 文足昭也, 武可畏也, 則有備物之饗, 以象其德; 薦五味, 羞嘉穀, 鹽虎形, 以獻其功. 吾何以堪之?」

겨울, 천자가 주공周公 열閱로 하여금 노나라를 빙문하도록 하자 노나라에서 그를 위해 잔치를 베풀면서 창잠昌歜·백흑白黑의 볶은 쌀과 기장, 그리고 형염形鹽을 잔치 상에 차려놓았다.
그러자 그는 이렇게 사양하는 것이었다.
"나라의 임금이라면 문文으로써 족히 자신을 밝히는 것이며, 무武는 외경심을 불러일으키는 것입니다. 그렇다면 연회에 갖춘 물건들은 그 덕을 상징하는 것이며, 다섯 가지 맛난 음식과 맛 좋은 곡식으로 만든 것들,

호랑이 형상의 소금 등은 그 공功을 상징하는 것입니다. 제가 어찌 이를 감당할 수 있겠습니까?"

【閺】宰周公. 주나라 왕실 卿士의 이름.
【昌歜】'歜'은 '잠'(蕺)으로 읽도록 되어 있음. 昌蒲(菖蒲)의 뿌리를 잘라 만든 절인 음식으로 '昌本' 혹 '蒲菹'라고도 함.
【白黑形鹽】白은 볶은 쌀, 黑은 볶은 기장. 形鹽은 호랑이 형상의 소금이라 함. 注에 "形鹽, 鹽形似虎者"라 함.
【薦·羞】주에 "薦, 羞, 皆進也"라 함. '羞'는 '饈'와 같음.
【五味】달고 시고 맵고 짜고 쓴 다섯 가지 맛. 여러 가지 맛의 음식.
【獻】'儀'와 같음. 상징함. 章炳麟은 "此獻與象同意. 讀當如儀. 〈周語〉云'上不象天而下不儀地', 是儀象同擧之證也"라 함.
【吾何以堪之】"자신은 그와 같은 덕과 공이 없는데 어찌 이러한 큰 음식상을 받을 수 있겠는가?"의 뜻.

※ 577(僖30-7)

公子遂如京師, 遂如晉.

공자 수遂가 경사京師에 갔다가 드디어 진晉나라로 갔다.

【公子遂】魯나라 공자. 僖公의 둘째 아들. 東門襄仲.
【京師】주나라 천자의 도읍인 洛陽.
【遂如晉】여기서 '遂'는 공자 '遂'의 이름이 아니며 지리적 위치로 魯나라에서 晉나라를 갈 경우 천자의 도읍 洛陽을 거쳐 가야 하므로 먼저 낙양에 들러 천자를 뵙고 命을 받아 드디어 晉나라로 간 것이며 晉나라는 처음 가는 길이었음을 표현한 것. 杜預 注에 "如京師, 報宰周公"이라 함.

㊤
東門襄仲將聘于周, 遂初聘于晉.

동문양중東門襄仲이 주周나라를 빙문하러 갔다가 드디어 처음으로 진晉나라를 빙문하게 되었다.

【東門襄仲】魯나라 公子 遂.
【初】杜預 注에 "自入春秋, 魯始聘晉, 故曰初"라 함.

094. 僖公 31年(B.C.629) 壬辰

周	襄王(姬鄭) 24년	齊	昭公(潘) 4년	晉	文公(重耳) 8년	衛	成公(鄭) 6년
蔡	莊公(甲午) 17년	鄭	文公(捷) 44년	曹	共公(襄) 24년	陳	共公(朔) 3년
杞	桓公(姑容) 8년	宋	成公(王臣) 8년	秦	穆公(任好) 31년	楚	成王(頵) 43년
許	僖公(業) 27년						

✽ 578(僖31-1)

三十有一年春, 取濟西田.

31년 봄, 제서濟西의 땅을 취하였다.

【濟西】濟水의 서쪽 농토. 莊公 28년을 볼 것.

✽ 579(僖31-2)

公子遂如晉.

공자 수遂가 진晉나라에 갔다.

【公子遂】지난해 겨울 京師를 거쳐 이때에 晉나라에 도착하였음을 말함.

㊀

三十一年春, 取濟西田, 分曹地也.
使臧文仲往, 宿於重館.
重館人告曰:「晉新得諸侯; 必親其共. 不速行, 將無及也.」
從之.
分曹地, 自洮以南, 東傅于濟, 盡曹地也.

31년 봄, 제수濟水 서쪽의 땅을 얻은 것은 조曹나라 땅을 나눠 받은 것이다.
장문중臧文仲으로 하여금 땅을 받으러 가게 하였는데, 그는 중重 땅의 객관에서 숙박하게 되었다.
그때 객관 사람이 그에게 말하였다.
"진晉나라는 새롭게 제후들을 얻었으니 틀림없이 공손한 나라를 가까이 할 것입니다. 그러니 빨리 가지 않는다면 땅을 나눠 받지 못할 것입니다."
장문중은 그 말대로 하였다.
이리하여 조나라 땅을 분배받는 데 있어 노나라는 도수洮水의 남쪽으로부터 동쪽으로는 제수에 이르기까지의 조나라 땅을 모두 받았다.

【分曹地】杜預 注에 "二十八年晉文討曹分其地, 竟界未定, 至是乃以賜諸侯"라 함. 《國語》魯語(上)에 "晉文公解曹地以分諸侯, 僖公使臧文仲往, 宿於重館. 重館人告曰:「晉始伯而欲固諸侯, 故解有罪之地以分諸侯. 諸侯莫不望分而欲親晉, 皆將爭先. 晉不以固班, 亦必親先者, 吾子不可以不速行. 魯之班長而又先, 諸侯其誰望之? 若少安, 恐無及也.」從之, 獲地於諸侯爲多. 反, 旣復命, 爲之請曰:「地之多也, 重館人之力也. 臣聞之曰:『善有章, 雖賤賞也; 惡有釁, 雖貴罰也.』今一言而辟境, 其章大矣, 請賞之.」乃出而爵之"라 함.
【臧文仲】臧孫辰. 魯나라 대부. 臧孫達의 아들. 성은 臧孫, 이름은 辰. 仲은 字. 시호가 文이었음. 魯나라에서 賢大夫로 알려진 인물.《論語》에 여러 차례 등장함.
【重】노나라 땅 이름. 지금의 山東 魚臺縣 서쪽.
【館】客舍. 客館. 候館.《周禮》地官 遺人에 "凡國野之道, 十里有廬, 廬有飮食; 三十里有宿, 宿有路室, 路室有委; 五十里有市, 市有候館, 候館有積"이라 함.
【洮】'도'로 읽으며 물 이름.

㊅
襄仲如晉, 拜曹田也.

동문양중東門襄仲이 진晉나라에 가서 조曹나라 땅을 나눠 준 일에 대해 고맙다고 하였다.

【東門襄仲】노나라 공자 遂.

❋ 580(僖31-3)
夏四月, 四卜郊, 不從, 乃免牲, 猶三望.

여름 4월, 교제郊祭를 지내고자 네 번 점을 쳤으나 제대로 점괘가 나오지 않아 희생을 풀어주고 다만 삼망三望을 행하였다.

【四卜】《禮記》曲禮(卜)에 "卜筮不過三"이라 하였고, 《公羊傳》에는 "三卜, 禮也; 四卜, 非禮也"라 함.
【郊】사방 교외에서 천신에게 올리는 제사.
【不從】따를 만한 점괘가 나오지 않음.
【三望】望祭. 세후로써 자신의 경내 산천에 올리는 제사. 세 곳을 택하여 제사를 올렸음을 말함. 杜預 注에 "三望, 分野之星, 國中山川"이라 함.

㊅
夏四月, 四卜郊, 不從, 乃免牲, 非禮也.
猶三望, 亦非禮也.
禮不卜常祀, 而卜其牲·日. 牛卜日曰牲.
牲成而卜郊, 上怠·慢也.

望, 郊之細也.
不郊, 亦無望可也.

여름 4월, 교제郊祭에 대해 네 번이나 점을 쳐 제대로 옳은 점괘가 나오지 않아 희생을 놓아주었으나 이는 예에 어긋나는 일이었다.
그러면서도 오히려 세 곳의 망제望祭를 지낸 것도 역시 예에 맞지 않다.
예에 따르면 매년 일상적인 제사에는 점을 치지 않으며 그 제사에 쓸 희생과 그 날짜만을 점치는 것이며, 희생으로 바칠 소가 그 제삿날에 알맞은가의 여부를 점쳐서 맞으면 그를 생牲이라 부른다.
생이 정해진 뒤 교제 날짜를 점친다는 것은 윗사람으로서의 태만과 거만함이다.
망제는 교제에 비해 작은 제사이다.
그러므로 교제를 지내지 않았으면 망제 또한 지내지 않아도 되는 것이다.

【牲】점을 친 다음 희생의 소를 결정함을 '牲'이라 함. 杜預 注에 "旣得吉日, 則牛改名曰牲"이라 하였고, 孔穎達 疏에는 "此言免牲, 是已得吉日, 牲旣成矣. 成七年 乃免牛, 是未得吉日, 牲未成也"라 함.

㊝
秋, 晉蒐于淸原, 作五軍以禦狄. 趙衰爲卿.

가을, 진晉나라는 청원淸原에서 군사 훈련을 하면서 오군五軍을 편성하여 적狄을 방어하였다.
조최趙衰가 경卿이 되었다.

【蒐】사냥과 함께 군사훈련을 하는 것. 원래 천자가 봄에 하는 사냥이며 가을에 하는 사냥은 獮(선)이라 함. 주나라 때는 춘추 사냥 때 흔히 열병을 하고 군사의 훈련 연습을 하였음.《司馬法》仁本篇에 "國雖大, 好戰必亡; 天下雖安, 忘戰

必危. 天下旣平, 天下大愷, 春蒐秋獼; 諸侯春振旅, 秋治兵, 所以不忘戰也"라 함. 《李衛公問對》에는 '蒐狩'로 되어있음
【淸原】 晉나라 땅 이름. 지금의 山西 稷山縣 동남쪽. 《一統志》에 "在稷山縣東南, 與聞喜縣壤地相接"이라 함.
【五軍】 이전에 삼항(三行)을 개편하여 기존의 三軍에 다시 新上軍·新下軍을 두어 五軍으로 함. 杜預 注에 "二十八年晉作三行, 今罷之, 更爲上下新軍也"라 함.
【趙衰】 '조쵀'로 읽음. 字는 子餘. 趙夙의 아우이며 重耳를 모신 대부. 趙盾, 趙同, 趙括의 아버지이며 시호는 成子. 趙成子로도 부름. 그 후손이 戰國시대 趙나라를 세움. 《國語》 晉語(4)에 "狐毛卒, 使趙衰代之, 辭曰:「城濮之役, 先且居之佐軍也善, 軍伐有賞, 善君有賞, 能其官有賞. 且居有三賞, 不可廢也. 且臣之倫, 箕鄭·胥嬰·先都在」 乃使先且居將上軍. 公曰:「趙衰三讓. 其所讓, 皆社稷之衛也. 廢讓, 是廢德也.」 以趙衰之故, 蒐于淸原, 作五軍. 使趙衰將新上軍, 箕鄭佐之; 胥嬰將新下軍, 先都佐之"라 함.

※ 581(僖31-4)

秋七月.

가을 7월.

※ 582(僖31-5)

冬, 杞伯姬來求婦.

겨울, 기백희杞伯姬가 와서 며느리를 구하였다.

【杞】 원래 姒姓의 제후국으로 周 武王이 夏禹의 후손 東樓公을 杞에 봉하여 雍丘에 살도록 하였음. 지금의 山東 安邱縣 동북쪽 杞城鎭.

5. 〈僖公 31年〉 963

【伯姬】魯 襄公의 딸로 杞나라 군주에게 시집을 갔었음. 伯은 맏이. 姬는 노나라 성씨임을 표시한 옛날의 여인 칭호법.
【求婦】杜預 注에 "自爲其子成昏"이라 함.
＊無傳

● 583(僖31-6)

狄圍衛.
十有二月, 衛遷于帝丘.

적狄이 위衛나라를 포위하였다.
12월, 위나라가 도읍을 제구帝丘로 옮겼다.

【衛】당시 衛나라는 成公(鄭)으로 재위 6년째였음.
【帝丘】상고시대 顓頊이 도읍으로 삼았던 곳. 지금의 河南 濮陽縣 서남쪽.《太平寰宇記》에 "衛自文公徙楚丘, 凡三十餘年, 其子成公遷都於此. 今河南濮陽縣西南三十里. 有顓頊城"이라 함.

(傳)
冬, 狄圍衛, 衛遷于帝丘, 卜曰三百年.
衛成公夢康叔曰:「相奪予享.」
公命祀相.
甯武子不可, 曰:「鬼神非其族類, 不歆其祀. 杞‧鄫何事? 相之不享於此久矣, 非衛之罪也, 不可以閒成王‧周公之命祀, 請改祀命.」

겨울, 적狄이 위衛나라를 포위하자 위나라는 도읍을 제구帝丘로 옮기면서 거북점을 쳤더니 3백 년은 이어질 것이라고 하였다.

위衛 성공成公의 꿈에 강숙康叔이 나타나 이렇게 말하였다.

"상相이 내 제사를 빼앗아 간다."

그리하여 성공이 상相에 대한 제사를 지내도록 명하였다.

그러자 영무자甯武子가 불가하다고 하면서 이렇게 말하였다.

"귀신은 그의 친족이 지내는 제사가 아니면 흠향하지 않습니다. 기杞나라와 증鄫나라가 어찌하여 섬기지 않겠습니까? 상이 이곳에서 제사를 받지 못한 것이 오래되긴 하였으나 우리 위나라의 죄가 아닙니다. 옛날 성왕成王과 주공周公께서 제사에 관해 내린 명을 어길 수 없으니 청컨대 상에게 제사를 지내라는 명령을 거두어 주십시오."

【三百年】孔穎達 疏에 "案《史記》衛世家及年表, 衛從此年以後歷十九君, 積四百三十年"이라 함.

【康叔】周 文王의 아들. 衛나라에 봉해져 衛나라 시조가 되었음.

【相】夏王 啓의 손자이며 中康의 아들. 帝丘에 살았었음.

【族類】성이 같은 혈속. 친족.

【杞·鄫】이 두 나라는 모두 姒姓의 제후국으로 夏族. 夏나라는 殷에게 망한 다음 다시 殷이 周에게 망하자 周 武王이 夏禹의 후손 東樓公을 杞에 봉하여 雍丘에 살도록 하였음. 지금의 山東 安邱縣 동북쪽 杞城鎭. 鄫나라는 지금의 山東 臨沂縣 서남쪽에 있었음. 이들이 모두 相의 후손이며 夏族 姒姓으로서 相의 세사를 지낼 의무가 있음을 말함.

【成王】西周 세 번째 임금. 姬誦. 武王의 아들이며 周公의 조카. 어려서 왕위에 올라 주공의 섭정을 받음.

【周公】姬旦. 文王의 아들이며 武王의 아우. 周나라 문물제도를 완비하였으며 儒家에서 聖人으로 추앙됨.

㊉

鄭洩駕惡公子瑕, 鄭伯亦惡之, 故公子瑕出奔楚.

정鄭나라 설가洩駕가 공자 하瑕를 미워하였고, 정鄭 문공文公 역시 그를 미워하자 공자 하瑕는 초楚나라로 달아났다.

【洩駕】鄭나라 대부. 隱公 5년의 洩駕와는 90년 차이가 있어 동명이인으로 보임.
【公子瑕】鄭 文公의 아들.
【鄭伯】당시 정나라 군주는 文公(捷)으로 재위 44년째였음.
【奔楚】杜預 注에 "傳爲納瑕張本"이라 함.

095. 僖公 32年(B.C.628) 癸巳

周	襄王(姬鄭) 25년	齊	昭公(潘) 5년	晉	文公(重耳) 9년	衛	成公(鄭) 7년
蔡	莊公(甲午) 18년	鄭	文公(捷) 45년	曹	共公(襄) 25년	陳	共公(朔) 4년
杞	桓公(姑容) 9년	宋	成公(王臣) 9년	秦	穆公(任好) 32년	楚	成王(頵) 44년
許	僖公(業) 28년						

※ 584(僖 32-1)

三十有二年春王正月.

32년 봄 주력 정월.

(傳)
三十二年春, 楚鬪章請平于晉, 晉陽處父報之, 晉·楚始通.

32년 봄, 초楚나라 대부 투장鬪章이 진晉나라에 화친을 청하자 진나라 대부 양처보陽處父가 응답하여 진나라와 초나라는 비로소 통호하게 되었다.

【鬪章】楚나라 大夫.
【請平于晉】城濮之戰으로 두 나라는 외교가 단절되었다가 이때에 비로소 통호하게 된 것임.

【陽處父】晉나라 대부.
【始通】杜預 注에 "晉·楚自春秋以來始交使命爲和同"이라 함.

❋ 585(僖32-2)

夏四月己丑, 鄭伯捷卒.

여름 4월 기축날, 정백鄭伯 첩捷이 죽었다.

【己丑】4월 15일.
【捷】鄭 文公의 이름. 일찍이 厲公의 뒤를 이어 B.C.672년에 왕위에 올라 이해 (B.C.628)까지 무려 45년간 재위하고 생을 마침. 그 뒤를 穆公(蘭)이 이음. 《公羊傳》에는 '接'으로 되어 있으며 《史記》年表에 "四十五年, 文公薨"이라 함.
＊無傳

❋ 586(僖32-3)

衛人侵狄.

秋, 衛人及狄盟.

위衛나라가 적狄을 침공하였다.
가을, 위나라가 적과 맹약을 맺기에 이르렀다.

㊉
夏, 狄有亂, 衛人侵狄, 狄請平焉.
秋, 衛人及狄盟.

여름, 적狄나라에 내란이 일어난 틈을 타 위衛나라가 적을 공격하자 적은 화친을 청하였다.

가을, 위나라가 적과 맹약을 맺기에 이르렀던 것이다.

【衛】당시 衛나라는 成公(鄭)의 재위 7년째였음.

※ 587(僖32-4)

冬十有二月己卯, 晉侯重耳卒.

겨울 12월 기묘날, 진후晉侯 중이重耳가 죽었다.

【己卯】12월 9일.
【晉侯】晉 文公 重耳. 獻公의 아들로 驪姬의 핍박을 피해 19년간 국외 망명을 거쳐 惠公(夷吾)을 몰아내고 돌아와 왕위에 올랐으며 楚나라와 城濮之戰의 승리로 인해 霸者가 된 입지적인 인물.《國語》晉語는 이 文公의 이야기를 매우 자세히게 다루고 있음. B.C.636~628년까지 비교적 짧은 9년간 재위함.

傳
冬, 晉文公卒.
庚辰, 將殯于曲沃.
出絳, 柩有聲如牛.
卜偃使大夫拜, 曰:「君命大事, 將有西師過軼我, 擊之, 必大捷焉.」
杞子自鄭使告于秦曰:「鄭人使我掌其北門之管, 若潛師以來, 國可得也.」
穆公訪諸蹇叔.
蹇叔曰:「勞師以襲遠, 非所聞也. 師勞力竭, 遠主備之, 無乃不可乎? 師之所爲, 鄭必知之, 勤而無所, 必有悖心. 且行千里, 其誰不知?」

公辭焉.

召孟明·西乞·白乙, 使出師于東門之外.

蹇叔哭之, 曰:「孟子! 吾見師之出而不見其入也!」

公使謂之曰:「爾何知? 中壽, 爾墓之木拱矣.」

蹇叔之子與師, 哭而送之, 曰:「晉人禦師必於殽, 殽有二陵焉. 其南陵, 夏后皋之墓也; 其北陵, 文王之所辟風雨也. 必死是間, 余收爾骨焉!」

秦師遂東.

겨울, 진晉 문공文公이 죽었다.

경진날, 진나라 옛 도읍인 곡옥曲沃에 빈소를 차리기로 하였다.

영구靈柩가 강絳을 출발할 때 소 울음소리 같은 것이 들렸다.

그러자 복언卜偃이 대부들에게 영구에 절을 하도록 하면서 이렇게 말하였다.

"군주께서 대사大事를 명하고 계십니다. 장차 서쪽의 군사가 우리나라를 지날 것입니다. 그 군사를 공격하면 틀림없이 크게 승리할 것입니다."

진秦나라 대부 기자杞子가 정鄭나라를 수비하고 있다가 진秦나라에 사람을 보내어 보고하였다.

"정나라 사람이 저에게 북문北門을 담당하게 하고 열쇠를 맡겼습니다. 만약 몰래 군사를 끌고 오시면 이 나라를 차지할 수 있을 것입니다."

진秦 목공穆公이 건숙蹇叔에게 이에 대하여 물었다.

건숙이 말하였다.

"피로에 지친 군사로써 먼 나라를 습격한다는 말은 들어본 적이 없습니다. 군사가 지쳐 힘을 다 소진하였고 먼 나라 군주는 이를 대비하고 있다면 불가한 일이 아니겠습니까? 우리 군사가 하려는 행동을 정나라가 틀림없이 알게 될 것입니다. 군사들은 힘을 쓰고도 얻는 것이 없게 되면 틀림없이 거역할 마음을 갖게 될 것입니다. 게다가 천 리나 되는 먼 길을 가는데 누가 모를 수 있겠습니까?"

목공은 건숙의 말을 듣지 않았다.

그리고 맹명孟明·서걸西乞·백을白乙을 불러 그들로 하여금 동문東門 밖에서 출발하도록 하였다.

  그러자 건숙이 소리 내어 울며 말하였다.

  "맹자孟子여! 나는 우리 군사가 출발하는 것은 보지만 그들이 귀환하는 것은 보지 못하겠구나!"

  목공이 사람을 시켜 그에게 이렇게 물었다.

  "그대가 무엇을 안단 말이오? 그쯤 중간 나이라면 그대의 묘 앞에 심은 나무가 한 아름은 되었을 텐데."

  건숙의 아들이 그 군사에 들어 있었는데 건숙은 울면서 아들을 보내며 말하였다.

  "진晉나라가 우리 군사를 막아설 곳은 틀림없이 효산殽山일 것이다. 효산에는 언덕이 둘이 있다. 남쪽 언덕은 하후夏后 고皐의 묘이며, 북쪽 언덕은 주周나라 문왕文王이 비바람을 피하였던 곳이다. 너는 틀림없이 그 사이에서 죽을 것이다. 내 너의 뼈를 거두어 주리라!"

  진秦나라 군사가 드디어 동쪽으로 출발하였다.

【庚辰】 12월 10일.
【殯】 고대 사람이 죽으면 조상의 종묘가 있는 곳에 빈소를 마련하였음.
【曲沃】 晉나라의 發祥地. 晉나라 宗廟가 있었음. 지금의 山西 聞喜縣 동북쪽.
【絳】 晉나라 도성. 지금의 山西 太平縣 남쪽 翼城縣 서쪽, 혹 侯馬市라고도 함.
【柩】《禮記》 曲禮(下)에 "在牀曰尸, 在棺曰柩"라 함.
【卜偃】 晉나라 유명한 점술가.
【大事】 전쟁이나 제사. 成公 13년 傳에 "國之大事, 在祀與戎"이라 함.
【過軼】 지나감. 거쳐서 통과함. '軼'은 隱公 9년 傳의 '侵軼'과 같은 뜻임.
【杞子】 秦나라 대부로 鄭나라를 지키고 있었음.
【北門之管】 북문의 열쇠. 秦나라가 쉽게 들어올 수 있음을 말함. '管'은 '管鍵', 筦鑰. 열쇠.
【穆公】 秦 穆公. 당시 穆公은 재위 32년째였으며 晉 文公의 뒤를 이어 春秋五霸의 하나가 됨.
【訪諸】 '訪'은 질문함. 상의함. '諸'(저)는 '之於'의 合音字.

【蹇叔】秦나라의 명석한 대부.《史記》秦本紀에 "五年, 晉獻公滅虞·虢, 虜虞君與其大夫百里傒, 以璧馬賂於虞故也. 旣虜百里傒, 以爲秦繆公夫人媵於秦. 百里傒亡秦走宛, 楚鄙人執之. 繆公聞百里傒賢, 欲重贖之, 恐楚人不與, 乃使人謂楚曰:「吾媵臣百里傒在焉, 請以五羖羊皮贖之」楚人遂許與之. 當是時, 百里傒年已七十餘. 繆公釋其囚, 與語國事. 謝曰:「臣亡國之臣, 何足問!」繆公曰:「虞君不用子, 故亡, 非子罪也.」固問, 語三日, 繆公大說, 授之國政, 號曰五羖大夫. 百里傒讓曰:「臣不及臣友蹇叔, 蹇叔賢而世莫知. 臣常游困於齊而乞食銍人, 蹇叔收臣. 臣因而欲事齊君無知, 蹇叔止臣, 臣得脫齊難, 遂之周. 周王子穨好牛, 臣以養牛干之. 及穨欲用臣, 蹇叔止臣, 臣去, 得不誅. 事虞君, 蹇叔止臣. 臣知虞君不用臣, 臣誠私利祿爵, 且留. 再用其言, 得脫, 一不用, 及虞君難: 是以知其賢.」於是繆公使人厚幣迎蹇叔, 以爲上大夫"라 함.

【襲遠】《呂氏春秋》悔過篇에 "昔秦繆公興師以襲鄭, 蹇叔諫曰:「不可. 臣聞之, 襲國邑, 以車不過百里, 以人不過三十里, 皆以其氣之趫與力之盛, 至, 是以犯敵能滅, 去之能速. 今行數千里·又絕諸侯之地以襲國, 臣不知其可也. 君其重圖之」繆公不聽也. 蹇叔送師於門外而哭曰:「師乎! 見其出而不見其入也.」蹇叔有子曰申與視, 與師偕行. 蹇叔謂其子曰:「晉若遏師必於殽. 女死不於南方之岸, 必於北方之岸, 爲吾尸女之易.」繆公聞之, 使人讓蹇叔曰:「寡人興師, 未知何如? 今哭而送之, 是哭吾師也.」蹇叔對曰:「臣不敢哭師也. 臣老矣, 有子二人, 皆與師行, 比其反也, 非彼死則臣必死矣, 是故哭.」"이라 함.

【遠主備之】멀리 있는 군주, 즉 鄭나라가 이를 대비하고 있음.

【無所】얻는 것이 없음.

【悖心】거역할 마음.

【孟明】秦나라의 장수. 百里孟明視. 百里奚의 아들. 성은 百里, 이름은 視, 자는 孟明.《史記》秦本紀에 "使百里傒子孟明視·蹇叔子西乞術及白乙丙將兵"이라 함.

【西乞·白乙】모두 秦나라의 유명한 장수들. 西乞은 西乞術, 白乙은 白乙丙.

【東門】鄭나라를 차지하려면 秦나라에서는 동쪽으로 출발하여 晉나라를 거쳐야 함.

【孟子】孟明視.

【中壽】中壽는 上·中·下의 三壽로 나누어 따진 나이. 孔穎達 疏에 "上壽百二十歲, 中壽百, 下壽八十"이라 함.

【拱】한 아름 정도의 굵기. 충분히 관을 짤 수 있을 정도로 자랐음. 죽을 때가 되었음을 비유한 것.

【殽】崤와 같음. 지금의 河南 洛寧縣 북쪽에서 澠池縣 서남쪽을 거쳐 陝縣 남쪽으로 뻗어 있는 산. 東殽山과 南殽山 두 봉우리가 있음. 고대 이 산의 동쪽을 山東이라 하였음.《河南府志》에 "殽有東西二山, 東殽在洛寧縣北二十里, 二陵在焉. 西殽在陝縣東南七十里. 兩殽相去三十五里, 古道穿二殽之間, 魏武帝西討巴漢, 惡其險而更開北道, 至今便之"라 함. 한편《尙書》秦誓篇 序의 疏에 "崤山險陀, 是晉之要道關塞也. 從秦嚮鄭, 路經晉之南境於河南之南崤關而東適鄭. 禮, 征伐朝聘, 過人之國, 必遣使假道. 晉以秦不假道, 故伐之"라 함.
【夏后皐】夏나라 桀王의 조부.《史記》夏本紀에 "孔甲崩, 子帝皐立. 帝皐崩, 子帝發立. 帝發崩, 子帝履癸立, 是爲桀"이라 함.
【文王】周 文王 姬發. 殷을 멸하고 周를 일으킨 聖王. 殷을 치러 갈 때 이곳에서 비바람을 피하였다 함.
【余收骨焉】네가 죽을 곳을 알고 있다는 뜻. 본 장은 다음 장과 연결된 것임.

096. 僖公 33年(B.C.627) 甲午

周	襄王(姬鄭) 26년	齊	昭公(潘) 6년	晉	襄公(驩) 원년	衛	成公(鄭) 8년
蔡	莊公(甲午) 19년	鄭	穆公(蘭) 원년	曹	共公(襄) 26년	陳	共公(朔) 5년
杞	桓公(姑容) 10년	宋	成公(王臣) 10년	秦	穆公(任好) 33년	楚	成王(頵) 45년
許	僖公(業) 29년						

※ 588(僖33-1)

三十有三年春王二月, 秦人入滑.

33년 봄 주력周曆 정월, 진秦나라가 활滑에 들어갔다.

【滑】姬姓의 제후국. 지금의 河南 偃師縣 남쪽에 있었음. 莊公 16년 및 僖公 20년을 볼 것. 秦나라가 정나라를 차지하고자 원정길에 滑나라를 지나게 되었음을 말함.

㊉

三十三年春, 秦師過周北門, 左右免冑而下, 超乘者三百乘.
王孫滿尙幼, 觀之, 言於王曰:「秦師輕而無禮, 必敗. 輕則寡謀, 無禮則脫. 入險而脫, 又不能謀, 能無敗乎?」

及滑, 鄭商人弦高將市於周, 遇之, 以乘韋先, 牛十二犒師, 曰:
「寡君聞吾子將步師出於敝邑, 敢犒從者. 不腆敝邑, 爲從者之淹, 居則
具一日之積, 行則備一夕之衛.」
且使遽告于鄭.
鄭穆公使視客館, 則束載·厲兵·秣馬矣.
使皇武子辭焉, 曰:「吾子淹久於敝邑, 唯是脯資·餼牽竭矣, 爲
吾子之將行也, 鄭之有原圃, 猶秦之有具囿也, 吾子取其麋鹿, 以間
敝邑, 若何?」
杞子奔齊, 逢孫·楊孫奔宋.
孟明曰:「鄭有備矣, 不可冀也. 攻之不克, 圍之不繼, 吾其還也.」
滅滑而還.

33년 봄, 진秦나라 군사가 주周나라 낙읍洛邑의 북문北門을 지날 때 좌우의 전사들이 천자 양왕襄王에게 경의를 표하기 위해 투구를 벗고 전차에서 내려 걷다가 다시 펄쩍 뛰어 올라타는데 이런 전차의 수가 3백 대나 되었다.

왕손만王孫滿은 아직 나이가 어렸지만 그 광경을 보고 주 양왕에게 말하였다.

"진秦나라 군사는 경솔하고 무례하니 틀림없이 패할 것입니다. 경솔하면 계략이 모자라고, 무례하면 거칠기 마련입니다. 위험한 싸움터에 들어가면서 행동이 거칠고, 게다가 계략까지 모자라다면 어찌 패하지 않을 수 있겠습니까?"

그들이 활滑에 이르렀을 때 정鄭나라 상인 현고弦高가 주周나라에 장사를 하러 가던 길에 진나라 군사를 마주치자 그는 먼저 무두질한 가죽 4장과 소 12마리로 군사들을 위문하면서 이렇게 말하였다.

"우리 임금께서 그대들이 보병을 거느리고 장차 우리 고을로 나섰다는 말을 듣고 감히 이렇게 위문하도록 하였습니다. 우리 고을은 넉넉하지는 않지만 군사가 오랫동안 행군해 오셨을 테니 머물러 계시면 하루분의 양식과 꼴을 구비하고 하룻밤 동안의 호위를 해드릴 준비는 되어 있습니다."

그리고는 사람을 시켜 급히 수레를 몰아 정鄭나라에 보고하도록 하였다.

정鄭 목공穆公이 사람을 보내어 자신의 나라에 와서 머물고 있던 진秦나라 대부들의 객관客館을 살펴보도록 하였더니 그들은 수레에 실을 짐을 묶고 무기를 손질하며 말에게 꼴을 먹이고 있는 것이었다.

그리하여 목공은 대부 황무자皇武子로 하여금 이렇게 말하도록 하였다.

"그대들이 오랫동안 우리나라에 머물러 이제 말린 고기와 비용, 양식과 가축 등이 모두 고갈되고 말았습니다. 그대들이 장차 길을 떠나고자 하시니 우리 정나라의 원포原圃는 그대 진나라의 구유具囿와 같습니다. 그러니 그대들은 원포에서 고라니와 사슴을 마음대로 사냥하여 식량으로 삼아 우리 마음을 편안히 해주십시오. 어떻습니까?"

그러자 기자杞子는 제齊나라로 달아나고 봉손逢孫과 양손揚孫은 송宋나라로 달아났다.

맹명孟明이 말하였다.

"정나라가 방비를 갖추고 있으니 승리를 바랄 수 없다. 공격한다 해도 이기지 못할 것이며, 포위한다고 해도 오랫동안 지속할 수가 없을 것이다. 나는 돌아가련다."

그리고는 대신 활나라를 멸망시키고는 돌아갔다.

【免胄而下】 천자국 주나라를 지나면서 천자에게 예를 표하기 위해 투구를 벗고 전차에서 잠깐 내렸다가 다시 오르며 용맹과 예를 함께 보이는 것. 《呂氏春秋》 悔過篇에 "師行過周, 王孫滿要門而窺之, 曰: 「嗚呼! 是師必有疵, 若無疵, 吾不復言道矣. 夫秦非他, 周室之建國也. 過天子之城, 宜櫜甲束兵, 左右皆下, 以爲天子禮. 今袀服回建, 左不軾, 而右之超乘者五百乘, 力則多矣, 然而寡禮, 安得無疵?」 師過周而東"이라 함.

【王孫滿】 주나라 대부. 혹 周나라 왕의 後孫으로 이름이 滿이라고도 함. 《通志》 氏族略(4)에 《英賢傳》을 인용하여 "周共王生圉, 圉曾孫滿"이라 함.

【脫】 '거칠다'의 뜻.

【弦高】 정나라 商人 이름. 본 장의 고사는 《呂氏春秋》 悔過篇에 "鄭賈人弦高·奚施將西市於周, 道遇秦師, 曰: 「嘻! 師所從來者遠矣, 此必襲鄭.」 遽使奚施歸告, 乃矯鄭伯之命以勞之, 曰: 「寡君固聞大國之將至久矣. 大國不至, 寡君與士卒竊

爲大國憂, 日無所與焉, 惟恐士卒罷弊與糧糧匱乏. 何其久也, 使人臣犒勞以璧, 膳以十二牛.」秦三帥對曰:「寡君之無使也, 使其三臣丙也·術也·視也於東邊候暗之道, 過是, 以迷惑陷入大國之地.」不敢固辭, 再拜稽首受之. 三帥乃懼而謀曰:「我行數千里·數絕諸侯之地以襲人, 未至而人已先知之矣, 此其備必已盛矣.」還師去之"라 하였으며《淮南子》人間訓에도 "秦穆公興師將以襲鄭, 蹇叔曰:「不可. 臣聞襲國者, 以車不過百里, 以人不過三十里, 爲其謀未及發泄也, 甲兵未及鈍弊也, 糧食未及乏絕也, 人民未及罷病也. 皆以其氣之高與其力之盛至, 是以犯適能威, 去之能速. 今行數千里, 又數絕諸侯之地 以襲國, 臣不知其可也. 君重圖之!」穆公不聽. 蹇叔送師, 衰絰而哭之. 師遂行, 過周而東. 鄭賈人弦高嬌鄭伯之命, 以十二牛勞秦師而賓之. 三帥乃懼而謀曰:「吾行數千里以襲人, 未至而人已知之, 其備必先成, 不可襲也.」還師而去. 當此之時, 晉文公適薨, 未葬, 先軫言於襄公曰:「昔吾先君與穆公交, 天下莫不聞, 諸侯莫不知. 今吾君薨未葬, 而不弔吾喪, 而不假道, 是死吾君而弱吾孤也. 請擊之!」襄公許諾. 先軫擧兵而與秦師遇於殽, 大破之, 擒其三帥以歸. 穆公聞之, 素服廟臨, 以說於衆. 故老子曰:「知而不知, 尙矣. 不知而知, 病也.」"라 하였으며 그 밖에《史記》秦本紀, 晉世家 등에 널리 실려 있음.

【乘韋】무두질한 가죽 4장. 乘은 숫자 4를 뜻함.
【犒師】'犒'는 '犒饋하다'의 뜻. 소를 삽아 군사들을 먹이며 위로하는 것.
【不腆】충분하지 못함.
【淹】'오래 머물다, 긴 시간 고생하다'의 뜻.
【遽】驛의 빠른 말. 혹 副詞로 '급히'의 뜻.
【鄭穆公】당시 정나라 군주. 이름은 蘭. 文公을 이어 즉위한 元年이었음.
【客館】秦나라 대부들이 鄭나라에 머물고 있던 숙소.
【束載·厲兵·秣馬】秦나라 군사들이 쳐들어오면 자신들이 인질로 잡힐 것을 두려워하여 곧 정나라를 떠날 준비를 서두르고 있음을 말함.
【皇武子】鄭나라 대부.
【脯資餼牽】'脯'는 말린 고기, '資'는 쌀떡, '餼'는 날고기, '牽'은 가축.
【原圃】짐승을 풀어 기르는 정나라 왕실 동산. 지금의 河南 中牟縣 서북쪽에 있었음.《水經注》에 "圃田澤, 西限長成, 東極官渡, 北佩渠水, 東西四十許里, 南北二十許里, 中有沙岡, 上下二十四圃"라 함.
【具圃】새와 짐승을 기르는 秦나라 동산. 지금의 陝西 鳳翔縣과 隴縣 서쪽에 걸쳐 있었음.

【以間敝邑】'間'은 '閒', '閑'과 같음. 悠閒함. 한가함. 마음을 편안히 함.
【杞子】秦나라 대부.
【逢孫·楊孫】모두 秦나라 대부. 僖公 30년의 傳文을 볼 것.
【孟明】秦나라의 장수. 百里孟明視. 百里奚의 아들. 성은 百里, 이름은 視, 자는 孟明. 鄭나라 공격에 나섰던 장수.

❋ 589(僖33-2)

齊侯使國歸父來聘.

제후齊侯가 국귀보國歸父를 보내어 빙문하도록 하였다.

【齊侯】당시 齊나라 군주는 昭公(潘)이었음.
【國歸父】齊나라 대부. 시호는 莊子. '國'은 제나라의 大姓.

㊙

齊國莊子來聘, 自郊勞至于贈賄, 禮成而加之以敏.
臧文仲言於公曰:「國子爲政, 齊猶有禮, 君其朝焉! 臣聞之:『服於有禮, 社稷之衛』也.」

제齊나라 국장자國莊子가 빙문을 와서, 그는 마중 행사인 교로郊勞에서부터 돌아갈 때 예물을 받는 증회贈賄에 이르기까지 모두가 예법에 맞았고 거기에 더하여 민첩하기까지 하였다.
장문중臧文仲이 희공僖公에게 말하였다.
"국장자가 정치를 하고 있어 제나라는 예법이 그대로 지켜지고 있습니다. 임금께서도 제나라를 찾아가십시오! 제가 듣기로 '예의 있는 자에게 복종하는 것은 사직을 보위하는 것'이라 하더이다."

【國莊子】國歸父. 莊子는 시호.
【郊勞】외빈이 왔을 때 30리 교외까지 나가 빈객을 맞이하고 먼 길을 왔음을 위로하는 의식.
【贈賄】빈객이 귀국할 때 비단·말 따위의 선물을 증정하는 의식.
【臧文仲】臧孫辰. 魯나라 대부. 臧孫達의 아들. 성은 臧孫, 이름은 辰. 仲은 字. 시호가 文이었음. 魯나라에서 賢大夫로 알려진 인물. 《論語》에 여러 차례 등장함.

※ 590(僖33-3)

夏四月辛巳, 晉人及姜戎敗秦師于殽.

여름 4월 신사날, 진晉나라가 강융姜戎과 함께 진秦나라 군사를 효殽에서 무찔렀다.

【辛巳】4월 13일.
【姜戎】晉나라 남부 지역. 지금의 山西 남부 일대에 분포했던 戎族. 襄公 14년 傳에 그 후손 戎子駒支가 "晉禦其上, 戎亢其下, 秦師不復, 我諸戎實然. 譬如捕鹿, 晉人角之, 諸戎掎之, 與晉踣之"라 한 말이 있음.
【敗秦師】秦나라가 鄭나라를 치고자 滑까지 갔다가 포기하고 되돌아가는 길에 晉나라와 姜戎에게 덜미를 잡힌 것.

※ 591(僖33-4)

癸巳, 葬晉文公.

계사날, 진晉 문공文公의 장례를 치렀다.

【癸巳】4월 25일.
【晉文公】重耳. 春秋五霸의 3번째 패자. B.C.636~628년까지 9년간 재위하고 지난해 겨울 12월에 죽어 이때에 장례를 치른 것. 僖公 32년의 經文을 참조할 것.

㊀

晉原軫曰:「秦違蹇叔, 而以貪勤民, 天奉我也. 奉不可失, 敵不可縱. 縱敵, 患生; 違天, 不祥. 必伐秦師!」

欒枝曰:「未報秦施, 而伐其師, 其爲死君乎?」

先軫曰:「秦不哀吾喪, 而伐吾同姓, 秦則無禮, 何施之爲?」吾聞之, 『一日縱敵, 數世之患也.』謀及子孫, 可謂死君乎!」

遂發命, 遽興姜戎.

子墨衰絰, 梁弘御戎, 萊駒爲右.

夏四月辛巳, 敗秦師于殽, 獲百里孟明視·西乞術·白乙丙以歸.

遂墨以葬文公, 晉於是始墨.

文嬴請三帥, 曰:「彼實構吾二君, 寡君若得而食之, 不厭, 君何辱討焉? 使歸就戮于秦, 以逞寡君之志, 若何?」

公許之.

先軫朝, 問秦囚.

公曰:「夫人請之, 吾舍之矣.」

先軫怒, 曰:「武夫力而拘諸原, 婦人暫而免諸國, 墮軍實而長寇讎, 亡無日矣!」

不顧而唾.

公使陽處父追之, 及諸河, 則在舟中矣.

釋左驂, 以公命贈孟明.

孟明稽首曰:「君之惠, 不以累臣釁鼓, 使歸就戮于秦, 寡君之以爲戮, 死且不朽. 若從君惠而免之, 三年將拜君賜.」

秦伯素服郊次, 鄉師而哭, 曰:「孤違蹇叔, 以辱二三子, 孤之罪也.」

不替孟明, 曰:「孤之過也, 大夫何罪? 且吾不以一眚掩大德.」

진晉나라 원진原軫이 말하였다.

"진秦나라는 건숙蹇叔의 말을 위배하며 탐욕으로 백성들을 노고롭게 하고 있습니다. 이것은 하늘이 우리를 돕는 것입니다. 이러한 기회를 놓칠 수가 없으며 적을 방종하게 내버려두어서도 안 됩니다. 적을 방종하게 버려두면 환난이 생기고, 하늘을 어기면 상서롭지 못합니다. 반드시 진나라 군사를 쳐야 합니다!"

그러자 난지欒枝가 말하였다.

"진나라가 베푼 은혜를 아직도 갚지 못하였는데 그 나라 군사를 친다니, 은혜를 받은 우리 임금께서 돌아가시고 없다고 그렇게 해도 된다는 것입니까?"

선진先軫(原軫)이 다시 말하였다.

"진나라는 우리가 국상國喪을 당하였을 때 슬퍼하지 않았고 도리어 우리와 동성同姓의 나라를 쳤습니다. 진나라라면 무례하기 짝이 없는데 무슨 은혜 따위를 생각한다는 것입니까? 내 듣기로 '하루만 적을 방치해도 몇 대를 두고 근심거리가 된다'라 하였습니다. 이는 자손들까지 염려하여 모책을 세우는 것인데 어찌 임금이 이미 돌아가셨기 때문이라고 할 수 있겠소!"

마침내 명이 내려져 급히 강융姜戎에서 군사를 징발하였다.

태자는 상복을 검게 물들여 입었고 대부 양홍梁弘이 군주의 전차를 조종하였으며, 내구萊駒는 그 오른쪽을 맡았다.

여름 4월 신사날, 진晉나라가 진秦나라 군사를 효殽에서 무찌르고 백리맹명시百里孟明視·서걸술西乞術·백을병白乙丙을 포로로 잡아 돌아갔다.

그리고 드디어 진晉 양공襄公은 검은 상복을 입고 문공文公의 장례를 치렀으며, 진나라는 이로부터 상복에 검은 물을 들여 입는 풍습이 시작되었다.

문영文嬴이 양공에게 진秦나라의 세 장수를 풀어줄 것을 청하면서 말하였다.

"그들은 실로 두 나라 임금을 이간질한 사람들이니 제 아버님이신 진秦나라 군주께서 그들을 잡아 씹어 먹어도 만족하지 못하실 것입니다. 그런데 임금께서 어찌 욕되게 직접 그들을 죽이려 하십니까? 그들을 진나라로 돌려보내어 그곳에서 죽이도록 하여 진나라 군주의 마음을 풀게 하는 것이 어떻겠습니까?"

양공이 이를 허락하였다.

선진이 군주를 조알하러 와서 진秦나라 포로에 대해서 묻자 양공이 말하였다.

"선군 부인의 청이 있어 내 그들을 풀어주었소."

선진은 화를 내며 이렇게 말하였다.

"무사들이 힘써 목숨을 걸고 들에서 잡은 것을 아낙네가 잠깐 사이에 남의 나라에 놓아주었다니 우리 군사의 실력을 훼손하여 원수를 강하게 하였군요. 나라가 망할 날이 멀지 않았습니다!"

그리고는 뒤도 돌아보지 않은 채 침을 뱉었다.

양공이 양처보陽處父로 하여금 놓아주었던 세 사람을 뒤쫓게 하여 하수河水에 이르렀더니 그들은 이미 배에 탄 채 강을 건너고 있었다.

양처보는 수레의 왼쪽 말을 풀어 양공이 맹명에게 하사하도록 명한 것이라면서 그를 유혹하였다.

그러자 맹명이 머리를 조아리며 이렇게 말하였다.

"그대 임금의 은혜로 우리는 북鼓을 피로 물들이지 않고 진秦나라로 돌아가 죽을 수 있게 되었소. 우리 임금께서 죽이신다면 죽더라도 썩지 않을 것이오. 만약 그대 임금의 은혜로 인해 죽음을 면하게 된다면 장차 3년 뒤에 군주께서 내리시는 하사품을 받으리다."

진秦 목공穆公은 소복을 입고 교외에 나가 머물러 돌아오는 군사를 맞이하고 울면서 이렇게 말하였다.

"내 건숙의 말을 위배하여 이렇게 그대들에게 치욕을 안기고 말았소. 이는 나의 잘못이오."

그리고 맹명의 관직을 바꾸지 않은 채 이렇게 말하였다.

"나의 과실이오. 대부가 무슨 죄가 있겠소? 나는 장차 한 번의 잘못으로 그대들의 큰 덕을 가리는 짓은 하지 않겠소."

【原軫】晉나라 대부. 先軫으로도 부름. 先且居의 아버지. 下軍을 맡았었음.
【蹇叔】秦나라 대부. 晉 文公이 죽은 틈을 이용하여 鄭나라를 치려 하자 건숙이 불가함을 간언하였으나 秦 穆公은 출정을 강행함. 僖公 32년 傳을 참조할 것.
【以貪勤民】탐욕을 채우려 백성을 노고롭게 勤勞를 시킴.

【欒枝】晉나라 대부. 欒賓의 손자. 欒貞子로도 불림.
【死君】돌아가신 晉 文公을 지칭함.
【吾喪】晉 文公의 죽음을 말함. 이때는 晉 襄公이 즉위한 원년이었음.
【伐吾同姓】秦나라가 姬姓의 滑나라를 친 것을 이름.
【姜戎】晉나라 남부 지역에 분포했던 戎族의 무리.
【子】太子. 뒤의 晉 襄公. 아직 晉 文公의 장례를 치르지 않아 喪中이므로 '子'라 한 것임.
【衰絰】'縗絰'과 같음. 喪服을 말함. 태자(뒤의 襄公)가 아버지 文公의 상중임에도 그대로 출전을 결심한 것.
【梁弘·萊駒】모두 晉나라 대부이며 장수. 원래 '萊'는 나라 이름.《通志》氏族略 (2)에 "萊氏以國爲氏, 晉有大夫萊駒"라 함.
【辛巳】4월 13일.
【百里孟明視·西乞術·白乙丙】원정에 나섰던 秦나라 장수들. 僖公 32년 傳을 볼 것.
【文嬴】秦 穆公의 딸로 晉 文公의 정실부인이며 晉 襄公의 嫡母. 文公 重耳가 망명 중 秦나라에 들렀을 때 秦 穆公이 아내로 주었었음.
【二君】秦나라와 晉나라 두 나라의 임금. 이들은 두 나라 임금 사이를 이간질 시킨 것이나 다름없는 자들이라 여긴 것.
【陽處父】晉나라 대부.
【左驂】수레를 끄는 왼쪽 말.
【釁鼓】사람을 죽인 다음 그 피를 북에 발라 죄상을 널리 알리는 것. '釁'은 '흔' 으로 읽음.
【死且不朽】비록 죽는다 해도 晉나라 임금에 대해서는 그 은혜를 잊지 않을 것임을 말함.
【秦伯】秦 穆公. 이때는 穆公의 재위 33년째였음.
【一眚】'眚'은 허물, 과실, 과오를 뜻함.《尙書》秦誓 序에 "秦穆公伐鄭, 晉襄公 帥師敗諸崤, 還歸作〈秦誓〉"라 하였고,《呂氏春秋》悔過篇에 "晉文公適薨, 未葬. 先軫言於襄公, 曰:「秦師不可不擊也, 臣請擊之」襄公曰:「先君薨, 尸在堂, 見秦 師利而因擊之, 無乃非爲人子之道歟?」先軫曰:「不弔吾喪, 不憂吾哀, 是死吾 君而弱其孤也. 若是而擊, 可大疆. 臣請擊之」襄公不得已而許之. 先軫遏秦師 於殽而擊之, 大敗之, 獲其三帥以歸. 繆公聞之, 素服廟臨, 以說於衆曰:「天不 爲秦國, 使寡人不用蹇叔之諫, 以至於此患.」此繆公非欲敗於殽也, 智不至也. 智不至則不信. 言之不信, 師之不反也從此生, 故不至之爲害大矣"라 함.

❈ 592(僖33-5)

狄侵齊.

적狄이 제齊나라를 침범하였다.

【狄侵齊】《史記》齊世家에 "六年, 翟侵齊. 晉文公卒, 秦兵敗于殽"라 함.

傳
狄侵齊, 因晉喪也.

적狄이 제齊나라를 침범한 것은 진晉나라가 상을 당한 틈을 이용한 것이었다.

【晉喪】晉 文公의 죽음을 말함. 문공이 패자였으므로 그가 죽자 그 힘의 공백을 이용한 것임.

❈ 593(僖33-6)

公伐邾, 取訾婁.

희공이 주邾나라를 쳐서 자루訾婁를 취하였다.

【訾婁】邾나라 읍. 지금의 山東 濟寧縣 근처.《穀梁傳》에는 '訾樓',《公羊傳》에는 '叢'으로 되어 있음.

❋ 594(僖33-7)

秋, 公子遂帥師伐邾.

가을, 공자 수遂가 군사를 이끌고 가서 주邾나라를 쳤다.

【遂】魯나라 公子 이름. 東門襄仲.

㊟
公伐邾, 取訾婁, 以報升陘之役.
邾人不設備.
秋, 襄仲復伐邾.

희공이 주邾나라를 쳐서 자루訾婁 땅을 빼앗은 것은 승형升陘 싸움에 대한 보복이었다.
그런데도 주나라는 아무런 방비를 하지 않고 있었다.
가을, 양중襄仲이 다시 주나라를 쳤다.

【升陘之役】僖公 22년에 있었던 升陘에서의 싸움. 升陘은 지금의 山東 曲阜縣 서남쪽. 僖公 22년의 經文 및 傳文을 볼 것.
【襄仲】東門襄仲. 魯나라 내신.

❋ 595(僖33-8)

晉人敗狄于箕.

진晉나라가 기箕에서 적狄을 패배시켰다.

【狄】狄은 북방 소수민족으로 匈奴의 전신. 여기서는 狄의 별종인 白狄을 가리킴. '翟'으로도 표기함.

【箕】지금의 山西 太谷縣 동남의 箕城. 江永은 "白狄居河西, 渡河而伐晉, 其地當近河. 成十三年傳云:『秦入我河縣, 焚我箕郜』是近河而有箕. 今山西隰州蒲縣東北有箕城, 晉敗白狄于箕, 當在此. 若太谷之箕, 去白狄遠, 當別是一地"라 함. 그러나 閻若璩는 山西 楡社縣이 箕城鎭이라 하였음.

⑲

狄伐晉, 及箕.

八月戊子, 晉侯敗狄于箕, 郤缺獲白狄子.

先軫曰:「匹夫逞志於君, 而無討, 敢不自討乎?」

免冑入狄師, 死焉.

狄人歸其元, 面如生.

初, 臼季使, 過冀, 見冀缺耨, 其妻饁之, 敬, 相待如賓.

與之歸, 言諸文公曰:「敬, 德之聚也. 能敬必有德. 德以治民, 君請用之! 臣聞之:『出門如賓, 承事如祭, 仁之則也.』」

公曰:「其父有罪, 可乎?」

對曰:「舜之罪也殛鯀, 其擧也興禹. 管敬仲, 桓之賊也, 實相以濟.〈康誥〉曰:『父不慈, 子不祗, 兄不友, 弟不共, 不相及也.』《詩》曰:『采葑采菲, 無以下體.』君取節焉可也.」

文公以爲下軍大夫.

反自箕, 襄公以三命命先且居將中軍, 以再命命先茅之縣賞胥臣, 曰:「擧郤缺, 子之功也.」

以一命命郤缺爲卿, 復與之冀, 亦未有軍行.

적狄이 진晉나라를 공격하여 기箕에 이르렀다.

8월 무자날, 진 양공襄公이 기에서 적을 패배시키고 극결郤缺이 백적白狄의 군주를 사로잡았다.

그러자 선진先軫이 말하였다.

"일개 필부로서 임금에게 멋대로 의견을 드러내며 거만하게 행동하였건만 군주께서는 나를 벌 하시지 않으셨다. 그러나 감히 내가 나 스스로를 꾸짖지 않을 수 있겠는가?"

그리고는 투구를 벗어던지고 적狄 군사로 뛰어 들어가 싸우다 죽었다.

적인이 그의 머리를 돌려보냈는데 그 얼굴이 마치 산 사람과 같았다.

당초, 구계臼季가 사신이 되어 기冀 땅을 지나다가 밭에서 김을 매고 있는 극결郤缺과 밥을 이고 오는 그의 아내를 보았다. 내외가 서로를 대하는 태도가 마치 손님을 대하는 것처럼 공경스러웠다.

구계는 극결을 데리고 돌아와 진晉 문공文公에게 이렇게 말하였다.

"공경은 여러 덕이 모여 나타나는 것입니다. 능히 공경을 다할 수 있는 사람은 틀림없이 덕이 있습니다. 덕으로써 백성을 다스리는 것이니 청컨대 군주께서는 이를 등용하시기 바랍니다. 제가 듣기로 '문을 나서 사람을 보면 손님같이 여기고 일을 맡으면 제사를 받들듯이 하는 것이 인仁의 법칙'이라 하였습니다."

문공이 말하였다.

"그의 아비가 죄를 지었는데 괜찮겠소?"

구계가 대답하였다.

"순舜임금은 죄를 물어 곤鯀을 죽였으나 인재를 등용하면서 곤의 아들 우禹를 썼습니다. 그리고 관경중管敬仲은 제나라 환공桓公을 해치려 한 적이 있었으나 환공이 그를 재상으로 등용하여 패업을 이루었습니다. 〈강고康誥〉에 '아비가 사식을 사랑하지 않고 자식이 어버이를 공경하지 않으며, 형이 동생과 우애하지 않고 동생이 형에게 공손하지 않는다 하더라도 형벌이 서로에게 미치게 하지는 않는다'라 하였습니다. 《시》에는 '채소를 뽑으면서 그 뿌리까지 뽑지는 말라'라 하였습니다. 임금께서는 그의 좋은 점만 취하시면 됩니다."

문공은 극결을 하군사부下軍大夫로 삼았다.

기箕의 싸움에서 돌아온 양공은 삼명三命으로써 선저거先且居를 중군中軍의 대장으로 임명하고, 재명再命으로써 선모先茅의 식읍을 서신胥臣(臼季)에게 상으로 주며 이렇게 말하였다.

"극결을 천거한 것은 그대의 공이었소."

그리고 일명一命으로 극결을 경卿으로 임명한 뒤 기 땅을 다시 주었으나 그가 지휘할 군사를 주지는 않았다.

【戊子】 8월 22일.
【郤缺】 晉나라 대부 郤芮의 아들.
【白狄子】 白狄의 군주. 지금의 陝西 延安縣 부근에 살았던 狄. '子'는 소수민족이나 四夷의 군주에게 붙이는 통상적인 호칭.
【先軫】 原軫. 先且居의 아버지.
【匹夫逞志於君】 晉 襄公이 文嬴의 말을 듣고 秦나라 세 장수를 풀어주자 이에 불만을 말하며 돌아보지도 않고 침을 뱉었던 사건을 괴로워한 것임.
【元】 '首'와 같음. 머리.
【臼季】 晉 文公 때부터의 대부. 司空季子. 胥臣. 臼는 식읍. 24년의 臼衰.
【冀】 지명. 지금의 山西 河津縣 동쪽 如賓鄕. 僖公 2년을 볼 것.
【冀缺】 郤缺. 冀 땅에 사는 郤缺이라는 뜻.
【饁】 '엽'으로 읽으며 밥을 가지고 와서 남편에게 먹여드림.
【出門如賓】 밖에서의 행동은 남을 대할 때 자신의 귀한 손님을 대하듯이 공경을 다함. 《論語》 顏淵篇에 "出門如見大賓, 使民如承大祭"라 함.
【其父有罪】 郤缺의 아버지 郤芮(冀芮)는 冀 땅을 차지하고 僖公 24년에 惠公의 일당이 되어 晉 文公을 불태워 죽이려 하다가 秦 穆公의 계략에 걸려 죽음을 당하였음.
【舜】 虞舜. 고대 제왕. 鯀에게 治水를 맡겼으나 실패하자 그를 죽이고 대신 그의 아들 禹를 등용하여 성공을 거둠.
【鯀】 우임금의 아버지. 舜의 신하로 치수를 맡았으나 실패하여 죽음을 당함.
【禹】 고대 夏王朝의 시조. 舜의 신하이며 鯀의 아들이었음. 치수사업에 성공하여 舜임금의 뒤를 이어 천하를 다스렸으며 중국 최초의 왕조 夏나라를 건국함.
【管敬仲】 管仲, 管子, 管夷吾. 齊나라 公子 糾를 따라 망명하였다가 糾를 왕으로 옹립하고자 귀국하는 길에 公子 小白(뒤에 桓公)의 무리가 오는 길목에 숨었다가 小白을 활로 쏘았으나 허리띠에 맞아 살아난 소백이 먼저 귀국하여 왕위에 오름. 이에 따라 원수가 되었으나 桓公은 도리어 鮑叔의 권유로 管仲을 재상으로 삼아 春秋五霸의 첫 패자가 됨.

【康誥】《書經》周書의 篇名으로 "王曰:「封. 元惡大憝, 矧惟不孝不友. 子弗祗服厥父事, 大傷厥考心, 于父不能字厥子, 乃疾厥子. 于弟弗念天顯, 乃弗克恭厥兄, 兄亦不念鞠子哀, 大不友于弟. 惟弔玆, 不于我政人得罪, 天惟與我民彝大泯亂, 曰乃其速由文王作罰, 刑玆無赦.」"라 하여 문장이 다름.
【詩】《詩經》風 邶風·谷風篇에 "習習谷風, 以陰以雨. 黽勉同心, 不宜有怒. 采葑采菲, 無以下體. 德音莫違, 及爾同死. 行道遲遲, 中心有違. 不遠伊邇, 薄送我畿. 誰謂荼苦, 其甘如薺. 宴爾新昏, 如兄如弟"라 함.
【下軍大夫】下軍大將과 部將 이외의 고위군관.
【三命】官員을 임명하는 최고 명령. 천자는 九命法을 썼으며 晉나라와 같은 큰 나라에서는 上卿과 중군 대장을 임명할 때 발령을 내리는 제도였음.
【先且居】先軫의 아들. 그의 아버지가 狄人의 敵中으로 뛰어들어 죽었으므로 그로 하여금 아버지의 뒤를 잇도록 中軍將軍에 임명한 것. '且'는 '저'로 읽음. 杜預 注에 "且居, 先軫之子. 其父死敵, 故進之"라 함.
【再命】천자는 中士를, 큰 나라는 下卿을 임명할 때의 제도.
【先茅】晉나라 대부. 그의 후손이 끊어져 그의 식읍을 胥臣(臼季)에게 주도록 한 것임. 杜預 注에 "先茅絶後, 故取其縣以賞胥臣"이라 함.
【一命】작은 나라의 경, 또는 下大夫를 임명할 때 내리는 명령.
【復與之冀】郤缺의 아버지 郤芮의 식읍이었던 冀 땅을 극결에게 다시 돌려줌.
【未有軍行】卿으로 삼기는 하였으나 군사지휘권을 주지는 않음. 杜預 注에 "雖登卽位, 未有軍列"이라 함.

※ 596(僖33-9)

冬十月, 公如齊.

겨울 10월, 희공이 제齊나라에 갔다.

【如齊】齊나라 國歸父가 왔을 때 臧文仲이 제나라에 한 번 갈 것을 권유하여 그 일을 실천에 옮긴 것이며 齊昭公을 만나 제나라가 狄의 침략을 받아 고통을 당한 것을 위로함. 僖公 32년 등을 볼 것.

❋ 597(僖33-10)

十有二月, 公至自齊.

12월, 공이 제齊나라에서 돌아왔다.

❋ 598(僖33-11)

乙巳, 公薨于小寢.

을사날, 희공이 소침小寢에서 훙거하였다.

【乙巳】12월 11일.
【公】魯 僖公. 莊公의 庶子이며 閔公의 형. 이름은 申. 어머니는 成風. B.C.660~627년까지 33년간 재위하고 이때 생을 마침. 諡法에 "小心畏忌曰僖"라 함.
【小寢】고대 천자나 제후가 머물던 正殿. 고대 천자에게는 正寢이 하나, 燕寢이 다섯 등 六寢이 있었으며, 제후에게는 正寢이 하나, 燕寢이 둘로 모두 三寢이 있었음. 正寢은 路寢, 혹은 大寢이라고도 하였으며 燕寢은 혹 小寢이라고도 하였음. 평소에는 燕寢에 거처하며 齋戒나 질병이 있을 경우 路寢에 거함. 그러나 杜預 注에는 小寢을 夫人의 침실로 보기도 하였으나 이는 오류라 함.

㊉
冬, 公如齊朝, 且弔有狄師也.
反, 薨于小寢, 卽安也.

겨울, 희공이 제齊나라로 가서 제 소공昭公을 만나고, 적狄에게 공격당한 것을 위로하였다.
공이 귀국하여 소침小寢에서 훙거하였으니 이는 편안히 생을 마쳤음을 말한다.

【弔】齊나라가 狄의 침략으로 고통을 당한 것을 위로함.
【小寢】燕安의 침소. 병이 들어 임종 때는 路寢에 있어야 하나 그럴 경황이 없어 小寢에서 죽은 것임.《禮記》玉藻에 "朝, 辨色始入. 君日出而視之, 退適路寢聽政. 使人視大夫, 大夫退, 然後適小侵釋服"이라 함.
【卽安】《禮記》喪大記에 "君夫人卒於路寢"이라 하여 임금은 물론 부인도 노침에서 죽음을 맞이하는 것을 가장 정상적으로 보았음.

❋ 599(僖33-12)

隕霜不殺草.
李梅實.

서리가 내렸으나 풀을 죽이지는 않았다.
오얏과 매실이 열렸다.

【隕霜】이곳의 기록은 12월이나 夏曆으로는 9월로 아직 서리가 내릴 수 없는 때였다 함. '隕'은 '實'과 같음.
【李梅實】역시 여름이 이미 지나 오얏이나 매실이 열릴 수 없는 때였음을 말함.《韓非子》內儲說(上)에는 "魯哀公問於仲尼曰:「《春秋》之記曰'冬十二月, 霣霜不殺菽.' 何爲記此?」仲尼對曰:「此言可以殺已不殺也. 夫宜殺而不殺, 桃李冬實. 天失道, 草木猶犯干之, 而況於人君乎?」라 함.
＊無傳

❋ 600(僖33-13)

晉人·陳人·鄭人伐許.

진인晉人·진인陳人·정인鄭人이 허許나라를 정벌하였다.

【許】姜姓. 周 武王이 그 苗裔 文叔을 許에 봉함. 지금의 河南 許昌市 동쪽.

傳

晉·陳·鄭伐許, 討其貳於楚也.

진晉, 진陳, 정鄭나라가 허許나라를 친 것은 허나라가 초楚나라를 따르며 두 마음을 가진 것을 성토하기 위한 것이었다.

【貳】두 마음을 가지고 있음. 동맹에 협조하지 않음.

傳

楚令尹子上侵陳·蔡. 陳·蔡成, 遂伐鄭, 將納公子瑕. 門于桔柣之門, 瑕覆于周氏之汪, 外僕髡屯禽之以獻. 文夫人斂而葬之鄶城之下.

초楚나라 영윤令尹인 자상子上은 진陳나라와 채蔡나라로 쳐들어가자 진·채 두 나라가 초나라와 화친을 맺고 마침내 정나라를 쳐서 정나라 공자 하瑕를 들여보내고자 하였다.

이들이 길질桔柣 성문까지 공격해 들어갔을 때 공자 하의 수레가 그곳 주씨周氏의 못에 빠져 엎어져 버렸다. 이에 밖에서 일하던 노비 곤둔髡屯이 그를 사로잡아 정나라에 바쳤다.

공자 하의 어머니 문부인文夫人은 그의 시신을 거두어 증성鄶城 밑에 묻었다.

【子上】楚나라 令尹 鬪勃.
【公子瑕】鄭 文公의 아들로 僖公 31년 楚나라로 도망하였음.
【桔柣】鄭나라 城門 이름. 莊公 28년을 볼 것.
【周氏之汪】연못 이름.
【髠屯】노비의 이름. 杜預 注에 "殺瑕以獻鄭伯"이라 함.
【文夫人】鄭 文公의 부인이며 공자 瑕의 어머니. 宣公 3년에 "文公報鄭子之妃曰陳嬀, 生子華‧子臧. 又娶于江, 生孔子士. 又娶于蘇, 生子瑕‧子兪彌"라 함.
【鄶城】지금의 河南 密縣 동북쪽 新鄭縣의 경계. 고대 妘姓의 鄶나라가 있던 곳.

㊀

晉陽處父侵蔡, 楚子上救之, 與晉師夾泜而軍.

陽子患之, 使謂子上曰:「吾聞之:『文不犯順, 武不違敵.』子若欲戰, 則吾退舍, 子濟而陳, 遲速唯命. 不然, 紓我. 老師費財, 亦無益也.」

乃駕以待.

子上欲涉, 大孫伯曰:「不可. 晉人無信, 半涉而薄我, 悔敗何及? 不如紓之.」

乃退舍.

陽子宣言曰:「楚師遁矣!」

遂歸, 楚師亦歸.

大子商臣譖子上曰:「受晉賂而辟之, 楚之恥也. 罪莫大焉.」

王殺子上.

진晉나라 양처보陽處父가 채蔡나라를 침공하자 초楚나라 영윤 자상子上이 구하러 나서서 진나라 군사와 치수泜水에서 맞섰다.

양처보는 걱정이 되어 사람을 자상에게 보내어 이렇게 말하게 하였다.

"내 듣기로 '문덕文德이 있는 자는 순리를 범하지 아니하며, 무덕武德을 가진 자는 적을 피하지 않는다'라 하였소. 그대가 만약 싸우고자 한다면 내가 일사一舍를 물러날 테니 그대는 물을 건너와서 진을 치시오. 늦건

빠르건 당신 뜻을 따르겠소. 그렇게 하지 않으면 내가 물을 건너게 해 주시오. 군사를 피로에 지치게 하고 물자를 낭비하는 것은 역시 이익이 되지 않는 일이오."

그리고 전차에 탄 채로 회답을 기다렸다.

자상이 물을 건너려 하자 대손백大孫伯이 말하였다.

"안 됩니다. 진晉나라 사람들은 믿을 수 없습니다. 우리가 반쯤 건넜을 때 압박해 온다면 패배를 뉘우친들 무슨 소용이 있겠습니까? 저들이 건너오도록 하느니만 못합니다."

이에 초나라 군사가 물러나 진을 쳤다.

그러자 양처보가 이렇게 선언하였다.

"초나라 군사가 달아났다!"

그러고는 곧 귀환하자 초나라 군사들도 역시 되돌아가 버렸다.

초나라 태자 상신商臣이 자상을 헐뜯으며 초楚 성왕成王에게 말하였다.

"진晉나라로부터 뇌물을 받고 싸움을 피하였으니 초나라의 수치입니다. 이보다 다 큰 죄가 없습니다."

이에 초 성왕은 자상을 죽여버렸다.

【陽處父】 晉나라 대부. 陽子.
【子上】 楚나라 令尹 鬪勃.
【泜】 滍水. 지금의 沙河. 河南 魯山縣에서 발원하여 동쪽으로 흘러 汝水와 합침. 《一統志》에 "源出今河南魯山縣南之堯山, 經寶豐葉縣之舞陽縣北之霍堰入汝水"라 함.
【舍】 30리. 고대 군사의 하루 行軍 거리.
【陳】 '陣'과 같음. 고대에 '陣'자는 없었으며 東晉 王羲之가 '陣'자를 만들어 그때부터 '陳'과 '陣'자의 구별이 있었다 함.
【紓】 허락함. 양보함. 화해함. 남의 의견을 들어줌.
【大孫伯】 成大心. 楚나라 대부 子玉의 아들.
【商臣】 초나라 태자 이름. '大子'는 '太子'와 같음. 楚 成王이 商臣을 태자로 삼고자 할 때 子上이 극력 반대하여 그 때문에 子上을 참훼한 것임. 商臣은 뒤에 成王(頵)을 시해하고 왕위에 올라 穆王이 됨. 文公 元年의 傳文을 볼 것.

【辟】'避'와 같음.
【恥】'恥'와 같음.
【楚王】楚 成王. B.C.671~626년까지 46년간 재위하였으며 이해는 재위 45년째였음. 이듬해 商臣(穆王)에게 시해당하여 생을 마침.

㊀
葬僖公緩, 作主, 非禮也.
凡君薨, 卒哭而祔, 祔而作主,
特祀於主, 烝·嘗·禘於廟.

희공僖公의 장례가 늦어졌으면서 신주를 만든 것은 예가 아니다.
무릇 임금이 훙거하면 졸곡卒哭을 하고 선조의 사당에 합사合祀해야 하며, 합사할 때에는 신주가 마련되어 있어야 한다.
새 군주는 특별히 침묘寢廟에서 제사를 지낸 다음 종묘宗廟에서는 증烝·상嘗·체禘의 제사를 지내는 것이다.

【葬僖公緩】이듬해인 文公 원년 4월에야 장례를 치르게 되어 그 장례가 늦어지고 있었으며 神主(位牌)조차도 文公 2년에 이르러서야 만든 것은 예에 맞지 않아 미리 傳에서 이 문제를 거론한 것임.
【卒哭】죽은 이후 哭의 예를 모두 끝냄.
【祔】조상의 宗廟에 신주를 합사함.
【烝嘗禘】三年喪이 끝난 뒤 종묘에서 지내는 제사. 烝은 冬祭, 嘗은 秋祭, 禘는 夏祭.《禮記》王制에 천자와 제후가 종묘에서 지내는 제사로는 礿(春祭)·禘(夏祭)·嘗(秋祭)·烝(冬祭)이 있다 하였음.

희공(僖公) 在位期間(33년: B.C.659~627년)

B.C.\國	周	齊	晉	衛	蔡	鄭	曹	陳	宋	秦	楚	燕	魯
	惠王	桓公	獻公	文公	穆公	文公	昭公	宣公	桓公	穆公	成王	莊公	僖公
659	18	27	18	1	16	14	3	34	23	1	13	32	1
658	19	28	19	2	17	15	4	35	24	2	14	33	2
657	20	29	20	3	18	16	5	36	25	3	15	襄公 1	3
656	21	30	21	4	19	17	6	37	26	4	16	2	4
655	22	31	22	5	20	18	7	38	27	5	17	3	5
654	23	32	23	6	21	19	8	39	28	6	18	4	6
653	24	33	24	7	22	20	9	40	29	7	19	5	7
652	25	34	25	8	23	21	共公 1	41	30	8	20	6	8
651	襄王 1	35	26	9	24	22	2	42	31	9	21	7	9
650	2	36	惠公 1	10	25	23	3	43	襄公 1	10	22	8	10
649	3	37	2	11	26	24	4	44	2	11	23	9	11
648	4	38	3	12	27	25	5	45	3	12	24	10	12
647	5	39	4	13	28	26	6	穆公 1	4	13	25	11	13
646	6	40	5	14	29	27	7	2	5	14	26	12	14
645	7	41	6	15	莊公 1	28	8	3	6	15	27	13	15
644	8	42	7	16	2	29	9	4	7	16	28	14	16
643	9	43	8	17	3	30	10	5	8	17	29	15	17
642	10	孝公 1	9	18	4	31	11	6	9	18	30	16	18
641	11	2	10	19	5	32	12	7	10	19	31	17	19
640	12	3	11	20	6	33	13	8	11	20	32	18	20
639	13	4	12	21	7	34	14	9	12	21	33	19	21
638	14	5	13	22	8	35	15	10	13	22	34	20	22
637	15	6	14	23	9	36	16	11	14	23	35	21	23
636	16	7	懷公 1	24	10	37	17	12	成公 1	24	36	22	24
635	17	8	文公 1	25	11	38	18	13	2	25	37	23	25
634	18	9	2	成公 1	12	39	19	14	3	26	38	24	26
633	19	10	3	2	13	40	20	15	4	27	39	25	27
632	20	昭公 1	4	3	14	41	21	16	5	28	40	26	28
631	21	2	5	4	15	42	22	共公 1	6	29	41	27	29
630	22	3	6	5	16	43	23	2	7	30	42	28	30
629	23	4	7	6	17	44	24	3	8	31	43	29	31

B.C. \ 國	周	齊	晉	衛	蔡	鄭	曹	陳	宋	秦	楚	燕	魯
628	24	5	8	7	18	45	25	4	9	32	44	30	32
627	25	6	襄公 1	8	19	穆公 1	26	5	10	33	45	31	33

※〈大事記〉(B.C.)

659: 狄 오랑캐, 邢나라를 치다. 魯나라 軍, 邾나라 軍을 敗退시키다.

658: 諸侯들, 衛나라를 위해 楚丘에 城을 쌓다.

657: 楚나라, 鄭나라를 치다. 諸侯들, 陽穀에 모이다.

656: 齊나라 桓公, 諸侯들의 軍士를 이끌고 蔡나라와 楚나라를 치다.

655: 晉나라 군주, 太子 申生을 죽이다. 晉나라, 虢나라를 滅亡시키다.

654: 諸侯들, 鄭나라를 치다. 楚나라, 許나라를 치다.

653: 齊나라, 鄭나라를 치다. 潤12月에 周 惠王 薨去하다.

652: 晉나라 里克, 狄을 치다. 宋나라 公子 魚, 군주 자리를 양보하다.

651: 齊나라 桓公, 葵丘에 諸侯들을 불러 모아 회맹하다.

650: 晉나라 惠公, 大夫 里克을 죽이다. 狄이 溫을 滅亡시키다.

649: 周 王子 帶, 戎을 불러들이다.

648: 楚나라, 黃을 멸망시키다. 周 王子 帶, 齊나라로 달아나다.

647: 秦나라, 晉나라 饑饉을 救하다.

646: 秦나라에 凶年이 들어 晉나라에 救援을 請했으나 응하지 않다.

645: 楚나라, 徐나라를 치다. 11月, 秦나라가 晉나라를 쳐서 晉나라 군주를 사로잡다. 齊나라 管仲이 죽다.

644: 諸侯들, 모임을 열다.

643: 齊나라 桓公이 죽자 公子들이 군주 자리를 다투다. 晉나라 太子 볼모로 秦나라로 가다.

642: 鄭나라 군주, 楚나라 군주를 찾아가다. 宋나라와 曹나라, 衛나라와 邾나라, 齊나라를 치다.

641: 宋나라, 曹나라를 치다. 秦나라, 梁나라를 멸망시키다.

640: 周나라 王子 帶, 周 洛邑으로 되돌아가다. 楚나라, 隨나라를 치다.

639: 楚나라 사람, 宋나라 군주를 잡았다가 놓아주다.

638: 晉나라, 陸渾의 戎族을 伊川 땅으로 옮기다. 魯나라, 邾나라를 치다.

637: 周王, 狄에게 鄭나라를 치게 하고 狄의 딸을 皇后로 삼다. 晉나라 僖公, 군주가 되어 狐突을 죽이다.

636: 晉나라 介子推, 달아나다. 周나라 襄王, 鄭나라로 달아나다.
635: 衛나라, 邢나라를 멸망시키다. 晉나라 군주, 周 王子 帶를 죽이고 襄王을 洛邑으로 모시다.
634: 楚나라, 夔나라를 멸망시키다.
633: 晉나라 文公, 霸者가 되다.
632: 晉나라와 楚나라, 城濮에서 싸워 楚나라가 크게 패하다.
631: 諸侯들, 翟泉에 모여 盟約을 맺다.
630: 衛나라 군주, 죽을 일에서 무사히 풀려나다.
629: 曹나라, 나라 땅을 분배하다.
628: 晉나라와 楚나라, 처음으로 통하다.
627: 晉나라와 秦나라가 郁에서 싸워 秦나라가 크게 지다.

6. 〈文公〉

◎ 魯 文公 在位期間(18년: B.C.626~609년)

僖公의 아들. 이름은 興. 閔公의 兄. 어머니는 聲姜. B.C.626~609년까지 18년간 재위함. 〈諡法〉에 "慈惠愛民曰文. 忠信接禮曰文"이라 함.

097. 文公 元年(B.C.626) 乙未

周	襄王(姬鄭) 27년	齊	昭公(潘) 7년	晉	襄公(驩) 2년	衛	成公(鄭) 9년
蔡	莊公(甲午) 20년	鄭	穆公(蘭) 2년	曹	共公(襄) 27년	陳	共公(朔) 6년
杞	桓公(姑容) 11년	宋	成公(王臣) 11년	秦	穆公(任好) 34년	楚	成王(頵) 46년
許	僖公(業) 30년						

❈ 601(文元-1)

元年春王正月, 公卽位.

원년 봄 주력周曆 정월, 문공文公이 즉위하였다.

【卽位】정식 즉위의 典禮를 치름. 춘추시대에는 先君의 장례 여부에 관계없이 이듬해 정월을 元年으로 삼아 즉위함. 《公羊傳》 文公 9년에 "不可一日無君. 緣終始之義, 一年不二君, 不可曠年無君"이라 함.
＊無傳

❈ 602(文元-2)

二月癸亥, 日有食之.

2월 계해, 일식이 있었다.

【二月】 2월 초하루였으나 '朔'자를 빠뜨린 것은 史官의 오류라 함.
【癸亥】 '癸亥朔'이어야 함.
＊無傳

✸ 603 (文元-3)

天王使叔服來會葬.

천왕이 숙복叔服을 보내어 장례에 참석하도록 하였다.

【天王】 당시 周나라 천자는 襄王 姬鄭으로 재위 26년째였음.
【叔服】 周나라 內史의 叔服.《公羊傳》何休 注에 '王子虎'라 하였으나 오류로 여겨짐.
【會葬】 僖公의 葬禮 행사에 참여함. 여기서는 죽은 다음 조문 기간에 보냈음을 말함. 孔穎達 疏에 "四年風氏薨, 五年王使榮叔歸含且賵, 召昭公來會葬, 傳曰禮也. 夫人之喪, 會葬爲禮, 知諸侯之喪, 天子使大夫會葬爲得也"라 함.

⟨傳⟩
元年春, 王使內史叔服來會葬.
公孫敖聞其能相人也, 見其二子焉.
叔服曰:「穀也食子, 難也收子. 穀也豐下, 必有後於魯國.」

원년 봄, 천자께서 내사內史 숙복叔服으로 하여금 장례에 참석하도록 하였다.
공손오公孫敖는 숙복이 사람의 관상觀相을 잘 본다는 말을 듣고 자신의 두 아들을 그에게 보였다.

숙복이 말하였다.

"큰아들 곡穀은 당신을 먹여 줄 것이고, 작은아들 난難은 당신의 죽은 시신을 거두어 줄 것입니다. 곡은 얼굴의 턱 부분이 풍만하니 틀림없이 그의 후손이 이 노나라에서 번성하게 될 것입니다."

【內史】周나라 벼슬.
【公孫敖】魯나라 대부. 公孫慶父의 아들. 孟穆伯, 公孫穆伯으로도 부름.
【穀】公孫敖의 큰아들 이름. 孟文伯. 《禮記》檀弓 疏에 《世本》을 인용하여 "慶父生穆伯敖, 敖生文伯穀"이라 하였으며 文伯 이하는 모두 魯나라의 경이 되어 孟氏라 불렀음.
【食子】그대의 제사를 받들어 모실 것임.
【難】공손오의 둘째 아들. 孟惠叔.
【豐下】얼굴의 아랫부분 턱이 네모 모양으로 넉넉한 형태. 觀相 用語. 흔히 '頤頷 豐滿'이라 함.

㊃
於是閏三月, 非禮也.
先王之正時也, 履端於始, 擧正於中, 歸餘於終.
履端於始, 序則不愆; 擧正於中, 民則不惑; 歸餘於終, 事則不悖.

이해에 노나라에서는 3월에 윤달을 두었으나 이는 예禮에 맞지 않았다.
선왕先王이 역법을 바르게 정할 때 그해의 첫날을 올바르게 정하고, 매월每月에 드는 중기中氣를 알맞게 끼워 넣었으며 계산하고 남는 날을 맨 나중에 모아 윤달로 하였다.
그해의 첫날을 올바르게 정하게 되면 사계절의 순서에 어긋남이 없고, 매월에 드는 중기를 알맞게 끼워 넣으면 백성들은 계절의 변화에 미혹함이 없게 되며, 매달 일수日數의 남는 날을 끝에 모아 윤달을 두면 사계절에 행하는 모든 일에 어긋남이 없게 되는 것이다.

【閏三月非禮】윤달은 전 임금인 僖公의 12월에 두어야 함을 말함.
【履端於始】한 해의 첫날을 올바르게 정함.
【舉正於中】매월에 드는 바른 계절 즉 中氣를 매월 중에 알맞게 끼워 넣음. 중기는 한 해를 12등분하는 分點으로, 雨水・春分・穀雨・小滿・夏至・大暑・處暑・秋分・霜降・小雪・冬至・大寒의 12節氣를 말함. 그렇게 해야 계절이 맞으며 혼란이 적어짐.
【歸餘於終】한 해를 열두 달로 나누고, 남는 일수를 모아 한 달이 채워지면 윤달을 둠.《左傳》에서의 윤달은 19년 七閏法으로서 반드시 12월의 뒤에 두는 것은 아니었음.《史記》曆書에 이 내용이 실려 있으나 약간 다름.

✹ 604(文元-4)

夏四月丁巳, 葬我君僖公.

여름 4월 정사날, 우리 노나라 임금 희공僖公의 장례를 치렀다.

【丁巳】4월 26일.
【葬】僖公 33년 맨 뒤에 이 문제를 다루고 있음. 僖公 33년의 傳文을 참조할 것.

㊉
夏四月丁巳, 葬僖公.

여름 4월 정사날, 희공의 장례를 치렀다.

【葬僖公】杜預 注에 "傳皆不虛載經文, 而此經孤見, 知僖公末年傳宜在此下"라 함.

※ 605(文元-5)

天王使毛伯來錫公命.

천왕이 모백毛伯으로 하여금 문공에게 제후의 명규命圭를 내려주도록 하였다.

【毛伯】周나라 卿士. 이름은 衛.
【錫】'賜'와 같음. 윗사람이 아랫사람에게 下賜하는 것. 〈阮刻本〉에는 '賜'로 되어 있음.
【命】命圭. 새로 왕위에 오른 제후국의 왕을 천자가 冊命하여 임명하는 圭笏.

㊁
王使毛伯衛來賜公命, 叔孫得臣如周拜.

천자가 모백 위衛로 하여금 문공에게 책명을 내리자 숙손득신叔孫得臣이 천자의 주周나라에 가서 감사의 예를 올렸다.

【叔孫得臣】魯나라 대부. 叔牙의 손자. 魯 文公의 신하. 莊叔으로도 불림.

※ 606(文元-6)

晉侯伐衛.

진晉 양공襄公이 위衛나라를 쳤다.

【晉侯】晉 襄公(驩). 재위 2년째였음.
【衛】당시 衛나라 군주는 成公(鄭)으로 재위 9년째였음. 杜預 注에 "晉襄公先告諸侯而伐衛, 雖大夫親伐, 而稱晉侯, 從告辭也"라 함.

㊁

晉文公之季年, 諸侯朝晉, 衛成公不朝, 使孔達侵鄭, 伐緜·訾及匡.
晉襄公旣祥, 使告於諸侯而伐衛, 及南陽.
先且居曰:「效尤, 禍也. 請君朝王, 臣從師.」
晉侯朝王於溫.
先且居·胥臣伐衛.
五月辛酉朔, 晉師圍戚.
六月戊戌, 取之, 獲孫昭子.
衛人使告於陳.
陳共公曰:「更伐之, 我辭之.」
衛孔達帥師伐晉.
君子以爲古.
古者, 越國而謀.

진晉 문공文公 말년 제후들이 진 문공을 찾아뵐 때, 위衛 성공成公은 가지 않고 대부 공달孔達로 하여금 정鄭나라를 치도록 하여 공달은 위나라 땅 면緜과 자訾 땅을 치고 광匡 땅에까지 이르렀다.

진晉 양공襄公은 1년의 소상小祥을 치르고 나서, 제후들에게 알려 위나라를 치도록 하여 남양南陽에 이르렀다.

그러자 선저거先且居가 양공에게 이렇게 말하였다.

"살못을 저지를 자를 본받다가는 재앙을 만납니다. 청컨대 임금께서는 천자를 찾아뵙도록 하십시오. 군사의 일은 제가 맡도록 하겠습니다."

이에 양공은 온溫 땅으로 가서 천자를 뵈었다.

선저거와 서신胥臣은 위나라를 쳤다.

5월 신유날 초하루, 진나라 군사가 척戚 땅을 포위하였다.

6월 무술날, 그 땅을 점령하고 손소자孫昭子를 사로잡았다.

그러자 위나라에서는 사신을 보내어 진陳나라에 이를 알렸다.

진陳 공공共公은 이렇게 말하였다.

"위衛나라가 다시 진晉나라를 치면 그때 내가 중간에서 진나라와 화해를 주선해 주겠소."

그리하여 위나라의 공달이 군사를 이끌고 진나라를 쳤다.

이를 두고 군자는 진陳나라는 옛 법에 맞게 일을 처리하였다고 여겼다. 옛 법에는 이러한 경우 나라를 뛰어넘어 멀리에서 모책을 세우는 것이기 때문이다.

【晉文公】重耳. 晉 襄公의 아버지. 당시 霸者로써 다른 제후국들이 그에게 복종하고 있었음.

【季年】 말년. 文公은 B.C.628년(魯 僖公 32)에 죽었음.

【衛成公】 이름은 鄭. B.C.634~600년까지 35년간 재위함.

【孔達】 衛나라 대부. 《禮記》 祭統 正義에 《世本》을 인용하여 "孔莊叔達生得閭叔穀, 穀生成叔烝鉏, 鉏生頃叔羅, 羅生昭叔起, 起生文叔圉, 圉生悝"라 함.

【緜・訾・匡】 鄭나라 지명. 지금의 河北 長垣縣 서남쪽. '緜'은 '綿'으로도 표기함. 江永은 "緜訾, 當與匡接近"이라 하였고, 《水經注》에는 "濮水, 又東逕匡城北, 公子去衛適陳, 遇難於匡者也"라 하였음. 한편 《一統志》에는 "今河北長垣縣西南十五里"라 함.

【祥】 小祥. 1주기의 제사. 2주기의 제사는 大祥. 《儀禮》 疏에 "自祔以後十三月小祥"이라 함.

【南陽】 衛나라 지명. 지금의 河南省 남쪽 땅.

【先且居】 晉나라 대부. 先軫(原軫)의 아들. 그의 아버지가 狄人의 敵中으로 뛰어들어 용감하게 죽자 아버지의 뒤를 이어 中軍將軍에 오름. '且'는 '저'로 읽음.

【效尤】 못된 사람이라고 나무라는 대상의 행동을 본받음. 衛나라가 찾아오지 않음을 꾸짖으면서, 자신은 주나라 천자를 찾아뵙지 않은 것은 잘못임을 지적한 것.

【王】 당시 주나라 천자는 襄王(姬鄭). 재위 26년째였음.

【晉侯】 晉 襄公(驩). 晉 文公의 아들. 당시 재위 2년째였음.

【溫】 지금의 河南 溫縣.

【胥臣】 晉나라 대부. 司空季子. 臼季.

【辛酉】 5월 초하루.

【戚】 《一統志》에 "在今河北濮陽縣北七里, 有古戚城"이라 함.

【戊戌】 6월 8일.

【孫昭子】衛나라 대부. 武公의 4세손으로 戚 땅을 지키고 있었음. 杜氏《世族譜》에 "孫莊子級, 武公三世孫, 孫昭子, 武公四世孫"이라 함.
【陳共公】당시 陳나라 군주. 穆公(款)의 아들. B.C.631~614년까지 18년간 재위하였으며 이 해는 재위 6년째였음. 2년 傳에 "陳侯爲衛請成於晉, 執孔達以說"이라 함.
【我辭之】'내가 그대들을 위해 다른 방법을 찾아 그 때 말해주겠노라'의 뜻.
【君子以爲古, 古者, 越國而謀】이 구절에 대해서는 역대이래로 논란이 있어왔음. 杜預와 劉炫은 '古'자를 '古禮, 古道, 古法, 古例'로 보아 '옛날의 도에 합당하다(合古之道)', 즉 '陳나라가 직접 싸움에 말려들지 아니하고 우회적으로 자신의 나라를 넘어 멀리에서 모책을 강구하다'로 보아 陳나라를 긍정적으로 평가하였음. 그러나 楊伯峻의《春秋左傳注》에 의하면 朱彬의《經傳考證》의 내용을 인용하여《禮記》檀弓(上) "杜橋之母之喪, 宮中無相, 以爲沽也"의 鄭玄 注 "沽, 猶略也"의 '沽'자와 여기서의 '古'자를 같은 뜻으로 보아 '疏略하다, 粗略하다'로 보아 "衛나라가 국사를 스스로 처리하지 못하고 멀리 있는 나라에 가서 모책을 세운 것은 심히 粗略한 일"이라 보았음. 그러나 이 문장에는 주체가 되는 나라 이름을 밝히지 않아 陳나라, 혹 衛나라 입장에 따라 그 의미가 상반되는 것이 아닌가 함. 역자는 그 앞의 구절에 따라 '陳나라가 일을 잘 처리하였다'는 뜻의 杜預 注를 따랐음. 한편 于鬯의《香草校書》에는 '古'자를 '固'자로 보아 '固陋하다'로 해석하기도 하였음.

❀ 607(文元-7)

叔孫得臣如京師.

숙손득신叔孫得臣이 경사京師에 갔다.

【叔孫得臣】魯나라 대부. 叔牙의 손자. 莊叔으로도 불림.《禮記》檀弓 正義에《世本》을 인용하여 "桓公生僖叔牙, 牙生戴伯玆, 玆生莊叔得臣, 得臣生穆叔豹, 豹生昭子婼, 婼生成子不敢, 不敢生武叔州仇"라 함.
【京師】천자가 있는 주나라 도읍. 洛邑.

※ 608(文元-8)

衛人伐晉.

위衛나라가 진晉나라를 쳤다.

【衛人】衛나라 孔達이 晉나라를 친 것은 앞쪽 傳文 陳 共公의 말에 의해 "衛孔達帥師伐晉"이라 한 것을 말함.

※ 609(文元-9)

秋, 公孫敖會晉侯于戚.

가을, 공손오公孫敖가 진晉 양공襄公과 척戚에서 만났다.

【公孫敖】魯나라 대부. 公孫慶父의 아들. 孟穆伯, 公孫穆伯, 穆伯敖로도 부름. 앞쪽의 經文 참조.
【晉侯】晉 襄公(驩).
【戚】衛나라 땅. 지금의 河南 濮陽縣 북쪽 古戚城.《彙纂》에 "此大夫專會諸侯之始"라 함.

傳
秋, 晉侯疆戚田, 故公孫敖會之.

가을에 진晉 양공襄公이 척戚 땅 경계를 정확히 정하는 일을 하였으며 그 때문에 공손오公孫敖가 그 일에 회동하였던 것이다.

【疆戚田】戚 땅의 농지 경계(국경)를 확정지음. 杜預 注에 "晉取衛田, 正其疆界也"라 함.

610(文元-10)

冬十月丁未, 楚世子商臣弑其君頵.

겨울 10월 정미, 초楚나라 세자 상신商臣이 군주 군頵을 시해하였다.

【丁未】 10월 18일.
【商臣】 楚 成王의 아들 이름. 그를 태자로 삼고자 할 때 子上이 극력 반대하였음. 成王(頵)을 시해하고 왕위에 올라 穆王이 됨. B.C.625~614년까지 12년간 재위하였으며 莊王(侶)이 그 뒤를 이음. 594 다음의 傳文을 볼 것.
【頵】 楚 成王의 이름. B.C.671~626년까지 46년간 재위하고 이때 시해를 당해 생을 마침.《公羊傳》과《穀梁傳》에는 '髡'으로,《漢書》人表에는 '惲'으로,《史記》 楚世家에는 '熊惲'으로 되어 있음.

㊟
初, 楚子將以商臣爲大子, 訪諸令尹子上.
子上曰:「君之齒未也. 而又多愛, 黜乃亂也. 楚國之擧, 恒在少者. 且是人也, 蠭目而豺聲, 忍人也, 不可立也.」
弗聽.
旣, 又欲立王子職, 而黜大子商臣.
商臣聞之而未察, 告其師潘崇曰:「若之何而察之?」
潘崇曰:「享江芈而勿敬也.」
從之.
江芈怒曰:「呼! 役夫! 宜君王之欲殺女而立職也.」
告潘崇曰:「信矣.」
潘崇曰:「能事諸乎?」
曰:「不能.」
「能行乎?」
曰:「不能.」

「能行大事乎?」
曰:「能.」
冬十月, 以宮甲圍成王.
王請食熊蹯而死.
弗聽.
丁未, 王縊.
諡之曰「靈」, 不瞑; 曰「成」, 乃瞑.
穆王立, 以其爲大子之室與潘崇, 使爲大師, 且掌環列之尹.

 당초, 초楚 성왕成王이 상신商臣을 태자로 정하고자 영윤令尹 자상子上에게 물었다.
 자상이 말하였다.
 "임금께서는 아직 나이가 많지 않으시고 게다가 사랑하는 비빈들도 많습니다. 나중에 그를 축출할 일이 생기면 난이 일어나게 됩니다. 우리 초나라에서 태자를 정할 때에는 항상 나이가 어린 분을 세웠었습니다. 그리고 상신은 벌의 눈초리에 승냥이 목소리를 하고 있어 잔인하여 태자로 세울 수는 없습니다."
 그러나 왕은 이를 듣지 않았다.
 이윽고 다시 마음이 바뀌어 왕자 직職을 태자로 세우고 상신을 폐위시키고자 하였다.
 상신이 이를 듣고 자세히 알아볼 수가 없어 스승 반숭潘崇에게 고하였다.
 "어떻게 하면 알아낼 수 있겠습니까?"
 반숭은 이렇게 말하였다.
 "강미江芈를 초대하여 잔치를 베풀되 그에게 공손히 대하지 말아보십시오!"
 상신은 그의 말대로 하였다.
 그러자 강미가 화를 내며 이렇게 말하는 것이었다.
 "아! 이 천한 놈아! 임금께서 너를 죽이고 직을 태자로 삼으시려는 것이 과연 마땅하구나."
 상신이 반숭에게 말하였다.

"그 소문이 사실이었습니다."

반숭이 물었다.

"앞으로 직을 섬길 수 있습니까?"

상신이 말하였다.

"그럴 수 없습니다."

"외국으로 갈 수 있습니까?"

상신이 대답하였다.

"그럴 수 없습니다."

"아버지를 죽이는 큰일을 해낼 수가 있습니까?"

"할 수 있습니다."

겨울 10월, 상신은 태자궁太子宮에 배치된 군병으로 성왕成王을 포위하였다.

성왕이 곰 발바닥 고기를 삶아 먹고 나서 죽겠다고 청하였다.

상신은 그 요청을 들어주지 않았다.

정미날, 왕은 목을 매어 죽었다.

성왕의 시호를 '영靈'이라 붙이자 성왕의 시신은 눈을 감지 않더니, 다시 '성成'이라 하였더니 그제야 눈을 감는 것이었다.

상신은 초나라 목왕穆王이 되어 자리에 올라 자신이 태자 때에 살던 집 가산을 반숭에게 주고 그를 태사太師로 삼았으며 아울러 자신의 근위병近衛兵을 관장하는 우두머리로 삼았다.

【楚子】楚 成王. 이름은 頵.

【商臣】成王의 아들이며 아버지를 죽이고 穆王이 됨.

【子上】鬪勃. 초나라 令尹.

【蠭目而豺聲】'蠭'은 '蜂'과 같음. 벌의 눈에 이리와 같은 목소리를 냄. 매우 장인한 관상이라 함.

【職】子職. 楚 成王의 다른 아들이며 商臣의 庶弟. 《列女傳》節義傳 楚成鄭瞀에 "處期年, 王將立公子商臣以爲太子, 王問之於令尹子上, 子上曰:「君之齒未也, 而又多寵. 子旣置而黜之, 必爲亂矣. 且其人蜂目而豺聲, 忍人也, 不可立也.」王退

而問於夫人, 子瞀曰:「令尹之言, 信可從也.」王不聽, 遂立之. 其後商臣以子上救蔡之事, 譖子上而殺之. 子瞀謂其保曰:「吾聞婦人之事, 在於饋食之間而已. 雖然, 心之所見, 吾不能藏. 夫昔者子上言太子之不可立也, 太子怨之, 譖而殺之, 王不明察, 遂辜無罪. 是白黑顚倒, 上下錯謬也. 王多寵, 子皆欲得國, 太子貪忍, 恐失其所; 王又不明, 無以照之. 庶嫡分爭, 禍必興焉.」後王又欲立公子職. 職, 商臣庶弟也」라 함.

【潘崇】楚나라 大夫이며 商臣(穆王)의 스승.

【江芈】楚 成王의 누이동생. 상신의 고모. 江나라 군주에게 시집을 갔음. 杜預 注에 "江芈, 成王妹, 嫁於江"이라 하였으나 《史記》 楚世家에는 "饗王之寵姬江芈而勿敬也"라 하여 성왕의 총희라 하였음. 그러나 江나라는 嬴姓이므로 江芈가 성왕의 총희였다면 그를 '江嬴'으로 불러야 함.

【役夫】'천한 사나이'라는 뜻. 사람을 매도하는 욕. 《管子》 輕重己篇에 "處里爲下陳, 處師爲下通, 謂之役夫"라 함.

【大事】아버지를 죽이는 큰 일.

【宮甲】태자궁의 甲士. 군사. 杜預 注에 "太子宮甲, 僖二十八年王以東宮卒從子玉, 蓋取此宮甲"이라 함.

【食熊蹯而死】'熊蹯'은 '熊掌'과 같음. 곰 발바닥을 먹고 죽음. 곰 발바닥 요리는 훌륭한 별미지만 삶는 시간이 길어 그 시간을 이용하여 구원을 기다리려 한 것임. 杜預 注에 "熊蹯難熟, 望久將爲有外救"라 함.

【靈】楚 成王의 시호를 靈王으로 하고자 함. '靈'은 좋은 의미를 가지고 있지 않음.

【大師】太師. '大'는 '太'와 같음.

【大子之室與潘崇】孔穎達 疏에 "商臣今旣爲王, 以其爲太子之時所居室內財物僕妾盡以與潘崇, 非與其所居之宮室"이라 함.

【環列之尹】'環列'은 자신을 둘러싸고 호위하는 근위병. '尹'은 우두머리. 이상은 《史記》 楚世家에 "四十六年, 初, 成王將以商臣爲太子, 語令尹子上. 子上曰:「君之齒未也, 而又多內寵, 紬乃亂也. 楚國之擧常在少者. 且商臣蜂目而豺聲, 忍人也, 不可立也.」 王不聽, 立之. 後又欲立子職而紬太子商臣. 商臣聞而未審也, 告其傅潘崇曰:「何以得其實?」 崇曰:「饗王之寵姬江芈而勿敬也.」 商臣從之. 江芈怒曰:「宜乎王之欲殺若而立職也.」 商臣告潘崇曰:「信矣.」 崇曰:「能事之乎?」 曰:「不能.」「能亡去乎?」 曰:「不能.」「能行大事乎?」 曰:「能.」 冬十月, 商臣以宮衛兵圍成王. 成王請食熊蹯而死, 不聽. 丁未, 成王自絞殺. 商臣代立, 是爲穆王"이라 하여 전재되어 있으며 《列女傳》에도 관련 기록이 있음.

❋ 611(文元-11)

公孫敖如齊.

공손오公孫敖가 제齊나라에 갔다.

【公孫敖】魯나라 대부. 公孫慶父의 아들. 穆伯, 孟穆伯, 公孫穆伯으로도 부름.

㊀
穆伯如齊, 始聘焉, 禮也.
凡君卽位, 卿出幷聘, 踐修舊好, 要結外援, 好事鄰國, 以衛社稷, 忠·信·卑讓之道也.
忠, 德之正也; 信, 德之固也; 卑讓, 德之基也.

목백穆伯 공손오公孫敖가 문공文公 즉위 후 처음으로 제齊나라를 빙문한 것은 예에 맞는 일이었다.
무릇 군주가 즉위하면, 그 나라의 경卿이 외국을 두루 빙문하여 그동안의 우호 관계를 더욱 두텁게 하고 밖에서 서로 도울 것을 결약하며, 이웃나라로써 서로 보위하여 사직을 보위하는 것이 충신비양忠信卑讓의 도리이다.
'충'은 덕의 바른 것이요, '신'은 덕의 견고함이며, '비양'은 덕의 바탕이 되기 때문이다.

【穆伯】公孫敖. 魯나라 대부. 公孫慶父의 아들. 孟穆伯, 公孫穆伯으로도 부름.
【舊好】새로운 왕이 즉위하기 전부터 가졌던 좋은 관계.
【卑讓】謙卑와 辭讓.

㊀
殽之役, 晉人旣歸秦帥, 秦大夫及左右皆言於秦伯曰:「是敗也, 孟明之罪也, 必殺之.」

秦伯曰:「是孤之罪也. 周芮良夫之詩曰:『大風有隧, 貪人敗類. 聽言則對, 誦言如醉. 匪用其良, 覆俾我悖.』是貪故也, 孤之謂矣. 孤實貪以禍夫子, 夫子何罪?」
　　復使爲政.

　　효殽의 싸움에서 잡았던 진秦나라 장수들 셋을 진晉 양공襄公이 돌려보내주자 진秦나라 대부들과 좌우 신하들이 모두 진秦 목공穆公군주에게 이렇게 말하였다.
　　"이번의 패배는 맹명孟明의 죄이오니 반드시 그를 죽여야 합니다."
　　그러자 진 목공은 이렇게 말하였다.
　　"이는 나의 죄요, 주周나라 예량부芮良夫의 《시》에 '큰바람이 마치 굴에서 불어오듯, 탐욕에 빠진 사람 모든 일을 망치네. 남의 말 들으면 무조건 응답하면서, 좋은 말 하면 술 취한 듯 흘려듣네. 좋은 사람 말 들어주지 않고 도리어 나만을 그르다 하네'라 하였소. 이는 탐욕 때문에 생기는 것이며 바로 나 같은 경우를 두고 하는 말이오. 내가 실로 탐욕을 부리어 그분에게 화가 미치게 한 것이지 그분에게 무슨 죄가 있겠소?"
　　그리고는 그에게 다시 국정을 맡겼다.

【殽之役】僖公 33년 晉나라가 秦나라를 殽에서 크게 패배시킨 전투. 僖公 33년을 참조할 것.
【秦伯】秦 穆公.
【秦帥】秦나라 장수 孟明, 西乞術, 白乙丙 세 사람. 僖公 33년 참조.
【周芮良夫之詩】周나라 卿士 芮良夫가 厲王을 비난했던 시라 함. 《詩經》 大雅 桑柔篇에 "大風有隧, 有空大谷. 維此良人, 作爲式穀. 維彼不順, 征以中垢. 大風有隧, 貪人敗類. 聽言則對, 誦言如醉. 匪用其良, 覆俾我悖. 嗟爾朋友, 予豈不知而作. 如彼飛蟲, 時亦弋獲. 旣之陰女, 反予來赫. 民之罔極, 職涼善背. 爲民不利, 如云不克. 民之回遹, 職競用力. 民之未戾, 職盜爲寇. 涼曰不可, 覆背善詈. 雖曰匪予, 旣作爾歌"라 함. 〈詩序〉에 "〈桑柔〉, 芮伯刺厲王也"라 하였고, 《潛夫論》 遏利篇에도 "昔周厲王好專利, 芮良夫諫而不入, 退賦〈桑柔〉之詩以諷"이라 함.
【夫子】孟明을 존경하여 지칭한 것.

098. 文公 2年(B.C.625) 丙申

周	襄王(姬鄭) 28년	齊	昭公(潘) 8년	晉	襄公(驩) 3년	衛	成公(鄭) 10년
蔡	莊公(甲午) 21년	鄭	穆公(蘭) 3년	曹	共公(襄) 28년	陳	共公(朔) 7년
杞	桓公(姑容) 12년	宋	成公(王臣) 12년	秦	穆公(任好) 35년	楚	穆王(商臣) 원년
許	僖公(業) 31년						

✱ 612(文2-1)

　二年春王二月甲子, 晉侯及秦師戰于彭衙, 秦師敗績.

　2년 봄 주력 2월 갑자날, 진晉 양공襄公이 진秦나라 군사와 팽아彭衙에서 싸워 진秦나라 군사가 크게 졌다.

【甲子】 2월 7일.
【晉侯】 晉 襄公(驩). 文公의 뒤를 이어 즉위하여 3년째였음.
【秦】 당시 秦나라는 穆公(任好) 34년째였음. 穆公은 晉 文公의 뒤를 이어 패자가 됨.
【彭衙】 秦나라 읍. 지금의 陝西 白水縣 동북 衙縣 故城.
【敗績】 全軍이 대패하였을 때 쓰는 말. 莊公 11년 傳에 "凡師, 敵未陳曰敗某師, 皆陳曰戰, 大崩曰敗績"이라 함.

傳

二年春, 秦孟明視帥師伐晉, 以報殽之役.
二月, 晉侯禦之, 先且居將中軍, 趙衰佐之.
王官無地御戎, 狐鞫居爲右.
甲子, 及秦師戰於彭衙, 秦師敗績.
晉人謂秦「拜賜之師」.
戰於殽也, 晉梁弘御戎, 萊駒爲右.
戰之明日, 晉襄公縛秦囚, 使萊駒以戈斬之.
囚呼, 萊駒失戈, 狼瞫取戈以斬囚, 禽之以從公乘.
遂以爲右.
箕之役, 先軫黜之, 而立續簡伯.
狼瞫怒.
其友曰:「盍死之?」
瞫曰:「吾未獲死所.」
其友曰:「吾與女爲難.」
瞫曰:「周志有之:『勇則害上, 不登於明堂.』死而不義, 非勇也. 共用之謂勇. 吾以勇求右, 無勇而黜, 亦其所也. 謂上不我知, 黜而宜, 乃知我矣. 子姑待之.」
及彭衙, 既陳, 以其屬馳秦師, 死焉.
晉師從之, 大敗秦師.
君子謂:「狼瞫於是乎君子!《詩》曰:『君子如怒, 亂庶遄沮.』又曰:『王赫斯怒, 爰整其旅.』怒不作亂, 而以從師, 可謂君子矣.」
秦伯猶用孟明.
孟明增修國政, 重施於民.
趙成子言於諸大夫曰:「秦師又至, 將必辟之. 懼而增德, 不可當也.《詩》曰:『毋念爾祖, 聿修厥德.』孟明念之矣. 念德不怠, 其可敵乎?」

2년 봄, 진秦나라 맹명시孟明視가 군사를 거느리고 진晉나라를 쳐 효殽에서의 패배를 보복하려 하였다.

2월, 진晉 양공襄公이 진秦나라 군사를 막으면서 선저거先且居를 중군에, 조최趙衰를 그 부장副將으로 하였으며 왕관무지王官無地가 양공의 전차를 조종하고, 호국거狐鞫居가 그 오른쪽을 맡았다.
	갑자날, 진秦나라 군사와 팽아彭衙에서 전투를 벌여 진秦나라가 크게 패하였다.
	진晉나라 사람들은 진秦나라 군사를 놀려 '진晉나라에서 하사한 말에 절하는 군사'라 하였다.
	효殽 땅의 싸움에서 진晉나라 양홍梁弘이 임금의 전차를 몰고 내구萊駒가 그 오른쪽 전사가 되었다.
	싸움을 하고 난 다음 날, 진 양공이 진秦나라의 포로를 묶어 내구로 하여금 창으로 목을 베도록 하였다.
	그때 포로가 소리를 질러 내구가 그만 들고 있던 창을 떨어뜨리자 이를 본 낭심狼瞫이 그 창을 들어 포로를 죽이고는 내구를 잡아 군주의 전차 뒤에 매어 따르게 하였다.
	그래서 진 양공은 낭심을 전차 오른쪽 군사로 삼았다.
	그런데 기箕 땅의 싸움에서 선진先軫이 낭심을 축출하고는 속간백讀簡伯에게 대신 그 자리를 맡기자 낭심이 화를 내었다.
	그의 친구가 이렇게 말하였다.
	"그대는 어찌 죽지 않는가?"
	낭심이 말하였다.
	"나는 아직 내가 숙을 곳을 찾지 못한 것일세."
	친구가 말하였다.
	"나와 그대는 함께 반란을 일으키세."
	낭심이 말하였다.
	"《주지周志》에 '용기가 있다고 윗사람을 해친 자는 명당明堂에 오르지 못하리라' 하였네. 죽어서 옳지 못한 이름을 얻는다면 이는 용맹이 아닐세. 나라를 위해 목숨을 바치는 것을 일러 용맹이라 하는 걸세. 나는 용맹으로써 오른쪽 전사가 되었지만 지금은 용맹이 없어 축출당했으니 역시 그럴 수밖에 없었네. 또 윗사람이 나를 알 수 없다 하였으니 내가 축출

6. 〈文公 2年〉 1017

당한 것은 마땅한 일이며, 이는 곧 윗사람이 나를 잘 알고 있었다는 뜻이지. 그대는 잠시 기다려 보게."

그 뒤 이번 팽아彭衙에서 이윽고 진열이 가다듬어지자 낭심은 자기 소속의 군사를 이끌고 진秦나라 군사에게 달려 나가 싸우다가 죽었다.

그러자 진晉나라 군사들이 그의 뒤를 따라 진격하여 진秦의 군사를 크게 무찔렀던 것이다.

군자는 이렇게 말하였다.

"낭심은 이러한 일로 보면 군자로다!《시》에 '군자가 화를 내니 난이 서둘러 가라앉는도다'라 하였고, 또 '왕이 한번 노하시니 그 군사들이 정연해지도다'고 하였다. 낭심은 화를 내되 난동을 일으키지 않았으며 도리어 군인으로서 할 일을 다하였으니 가히 군자라 이를 수 있도다."

진秦 목공穆公은 싸움에 지고 나서도 여전히 맹명孟明에게 정사를 맡겼다. 맹명은 더욱 나라의 정치에 힘을 쏟아 백성들에게 많은 덕을 베풀었다.

진晉나라 조성자趙成子(趙衰)는 여러 대부들에게 이렇게 말하였다.

"진秦나라 군사가 다시 싸움을 걸어온다면 반드시 피해야 할 것입니다. 맹명은 두려워할 줄 알아 덕을 더욱 쌓고 있으니 그를 당해낼 수가 없습니다.《시》에 '그대의 조상 잊지 않으려면 더욱 덕을 닦을지어다'라 하였습니다. 맹명은 이를 염두에 두어 덕 닦는 일을 게을리 하지 않고 있으니 그러한 자를 가히 대적할 수 있겠습니까?"

【孟明視】孟明으로도 부르며 秦나라의 장수. 百里孟明視. 百里奚의 아들. 성은 百里, 이름은 視, 자는 孟明. 殽之戰에서 포로가 되었다가 文嬴의 권유로 풀려났으며 이때 다시 그 보복을 위해 晉나라를 친 것. 僖公 33년의 傳文을 볼 것.
【殽之役】'役'은 戰役. 戰鬪. 僖公 33년 秦나라와 晉나라가 殽에서 벌인 전투. '殽'는 지금의 河南 洛寧縣 북쪽에서 澠池縣 서남쪽을 거쳐 陝縣 남쪽으로 뻗어 있는 산. 東殽山과 南殽山 두 봉우리가 있음. 고대 이 산의 동쪽을 山東이라 하였음.《河南府志》에 "殽有東西二山, 東殽在洛寧縣北二十里, 二陵在焉. 西殽在陝縣東南七十里. 兩殽相去三十五里, 古道穿二殽之間, 魏武帝西討巴漢, 惡其險而更開北道, 至今便之"라 함. 이 전투에서 孟明, 西乞術, 白乙丙 등 세 장수가 포로가 되었다가 풀려남.

【晉侯】晉 襄公(驩).

【先且居】先軫의 아들. 그의 아버지가 狄人의 敵中으로 뛰어들어 죽었으므로 그로 하여금 아버지의 뒤를 잇도록 中軍將軍에 임명한 것. '且'는 '저'로 읽음.

【趙衰】'조쵀'로 읽음. 字는 子餘. 趙夙의 아우이며 重耳를 모신 대부. 趙盾(趙宣子), 趙同, 趙括의 아버지이며 시호는 成子. 그에 따라 趙成子로도 부름. 그 후손이 戰國시대 趙나라를 세움.

【王官無地】晉나라 대부. 王官은 氏, 無地는 이름.

【狐鞫居】晉나라 대부. 아래 구절의 續簡伯. 續은 食邑 이름.

【彭衙】秦나라 땅.《史記》秦本紀에 "繆公於是復使孟明視等將兵伐晉, 戰於彭衙. 秦不利, 引兵歸"라 함.

【拜賜之師】전에 孟明 등의 세 장수가 晉나라 포로가 되었다가 풀려나 黃河에 이르렀을 때, 그들을 쫓아간 진나라 陽處父가 수레를 끄는 왼쪽 말을 풀어 맹명에게 주고 그를 다시 잡으려 하자, 맹명은 "3년 뒤에 내가 당신에게 당신이 해준 일에 대해서 절을 하리다"라 하였던 일. 여기에서는 그 일을 두고 놀리며 말한 것임. 僖公 33년의 傳文을 볼 것.

【梁弘】晉나라 대부. 殽의 전투에서 임금의 수레를 몰았던 부하.

【萊駒】역시 진나라 대부로 殽의 전투에서 오른쪽을 담당하던 장수.

【狼瞫】晉나라 용사.

【箕之役】僖公 33년 狄이 晉나라를 침입하여 箕에서 물리친 전투. 僖公 33년의 經文 및 傳文을 참조할 것. '箕'는 지금의 山西 隰縣 동북의 箕城. 江永은 "白狄居河西, 渡河而伐晉, 其地當近河. 成十三年傳云:『秦入我河縣, 焚我箕郜』是近河而有箕. 今山西隰州蒲縣東北有箕城, 晉敗白狄于箕, 當在此. 若太谷之箕, 去白狄遠, 當別是一地"라 함.

【先軫】原軫. 先且居의 아버지이며 下軍을 맡았던 將令. 孔穎達 疏에 "御與車右雖有常員, 必臨戰更選定之. 韓之戰, 卜右, 慶鄭吉, 是其事也. 自殽戰之後, 狼瞫爲右. 箕之役, 將戰, 選右, 先軫黜之"라 함.

【續簡伯】앞에 나온 狐鞫居. 晉나라 대부.

【盍死之】'盍'은 '何不'의 合音字. '어찌 ~하지 않는가?'의 의문문이나 반어문을 구성함.

【爲難】난동을 일으킴. 난동을 일으켜 先軫을 죽이자고 한 것임.

【周志】《逸周書》大匡解의 구절.

【明堂】천자가 政事를 보는 正殿.

【謂上不我知】先軫이 狼瞫을 축출하였을 때 윗사람(선진)이 나(낭심)를 몰라준 다고 말한 것.

【黜而宜, 乃知我矣】군주의 전차 오른쪽에 타는 전사 자리에서 쫓겨났다 해서, 화를 내고 선진과 맞선다면, 낭심은 정말로 용맹한 자가 아니었으니 그런 자를 물리친 것이 당연한 일이었다고 한다면, 선진이 자신을 잘 알고 있었다는 결과가 된다는 뜻.

【詩】《詩經》小雅 巧言篇에 "悠悠昊天, 曰父母且. 無罪無辜, 亂如此憮. 昊天已威, 予愼無罪. 昊天泰憮, 予愼無辜. 亂之初生, 僭始旣涵. 亂之又生, 君子信讒. 君子如怒, 亂庶遄沮. 君子如祉, 亂庶遄已"라 하여 '怒'는 '恧'(녁)으로 되어 있음.

【王赫斯怒】이는《詩經》大雅 皇矣篇에 "帝謂文王, 無然畔援, 無然歆羨, 誕先登于岸. 密人不恭, 敢距大邦, 侵阮徂共.王赫斯怒, 爰整其旅, 以按徂旅, 以篤于周祜, 以對于天下"라 하였으며 '王'은 周 文王을 가리킴.

【趙成子】趙衰. 字는 子餘. 成子. 成季.

【重施於民】백성들에게 많은 덕을 베풂.

【詩】《詩經》大雅 文王篇에 "無念爾祖, 聿脩厥德. 永言配命, 自求多福. 殷之未喪師, 克配上帝. 宜鑒于殷, 駿命不易. 命之不易, 無遏爾躬. 宣昭義問, 有虞殷自天. 上天之載, 無聲無臭. 儀刑文王, 萬邦作孚"라 함.

※ 613(文2-2)

丁丑, 作僖公主.

정축, 희공僖公의 신주를 만들었다.

【丁丑】2월 20일.

【主】神主. 位牌. 이 문제는 僖公 33년 맨 뒤에 미리 다루고 있음.《通典》吉禮(7)에 許愼의《五經異義》를 인용하여 "主之制, 正方, 穿中央, 達四方. 天子長尺二寸, 諸侯長一尺, 皆刻諡於背"라 함.

㊅
丁丑, 作僖公主. 書, 不時也.

2월 정축날, 희공僖公이 신주를 만든 것을 기록한 것은 때가 맞지 않았기 때문이다.

【書不時也】 신주는 卒哭 뒤에 마련하는 것임. 그런데 文公 원년에 僖公의 장례식을 치르고 이미 열 달이 지났는데, 그때서야 신주를 마련한 것은 너무나 늦은 일이었다. 그래서 제때가 아니었다고 말한 것.

❋ 614(文2-3)
三月乙巳, 及晉處父盟.

3월 을사, 문공이 진晉나라에서 처보處父와 맹약을 맺었다.

【乙巳】 3월 19일.
【及晉】 이 구절에서 지명을 기록하지 않은 것은 魯 文公이 晉나라 도읍에 가서 그곳의 대부 陽處父와 맹약을 맺은 것이라 함. 杜預 注에 "不地者, 盟於晉都"라 함.
【陽處父】 晉나라 대부. 陽子.

㊅
晉人以公不朝來討, 公如晉.
夏四月己巳, 晉人使陽處父盟公以恥之.
書曰「及晉處父盟」, 以厭之也.
「適晉」不書, 諱之也.

진晉나라가 노 문공이 진나라 군주를 찾아뵙지 않은 것을 꾸짖자 문공은 진나라로 갔다.

여름 4월 기사날, 진나라는 대부 양처보陽處父에게 문공과 맹약을 맺게 하여 문공에게 수치를 느끼도록 하였다.

경經에 '문공이 진나라에서 처보와 맹약을 맺었다'라고 쓴 것은 그 일을 증오하였기 때문이다.

'진나라에 갔다'라고 쓰지 않은 것은 그 일을 꺼렸기 때문이다.

【夏四月己巳】4월 13일. 經에는 '三月乙巳'로 되어 있으며 전문에는 '四月乙巳'로 되어 있어 한 달 차이가 남.
【適晉】文公이 직접 晉나라까지 찾아갔으나 이를 經에는 '及晉'이라 하여 '직접 가다(適)'의 표현을 피하여 '及'으로 씀으로써 그 사실을 忌諱한 것임을 말함.

※ 615(文2-4)

夏六月, 公孫敖會宋公·陳侯·鄭伯·晉士穀盟于垂隴.

여름 6월, 공손오公孫敖가 송공宋公·진후陳侯·정백鄭伯·진晉의 사곡士穀과 수롱垂隴에서 만나 맹약을 맺었다.

【公孫敖】魯나라 대부. 公孫慶父의 아들. 孟穆伯, 公孫穆伯으로도 부름.
【宋公】당시 宋나라는 成公 12년째였음.
【陳侯】陳 共公 7년째였음.
【鄭伯】鄭 穆公 3년.
【士穀】司空士穀. 晉나라 대부이며 사공의 벼슬을 하고 있었음. 士蔿의 손자이며 士會와 형제였음. 《穀梁傳》에는 '士穀'으로 되어 있음.
【垂隴】鄭나라 땅. 지금의 河南 滎陽縣 동북 隴城. 《公羊傳》과 《穀梁傳》에는 '垂斂'으로 되어 있음. 《水經注》濟水注에 "又南會於滎澤, 有垂隴城"이라 함.

⓪

公未至, 六月, 穆伯會諸侯及晉司空士縠盟於垂隴, 晉討衛故也.
書「士縠」, 堪其事也.
陳侯爲衛請成於晉, 執孔達以說.

문공이 아직 돌아오지 않았는데도, 6월에 목백穆伯이 제후들과 진晉나라 사공 사곡士縠과 만나 수롱垂隴에서 맹약을 맺은 것은 진晉나라가 위衛나라를 토벌한 일 때문이다.
그리고 경經에 '사곡'이라고 이름을 밝힌 것은 그가 그 일을 잘 해결하였기 때문이다.
진陳 공공共公은 위나라를 위하여 진晉나라에게 화해를 위해 공달孔達을 잡아 진나라의 환심을 사도록 청하였다.

【穆伯】 公孫敖. 孟穆伯. 公孫慶父의 아들.
【士縠】 士蔿의 아들. 아버지가 大司空이었으므로 아들도 그 뒤를 이었을 것으로 보임.
【衛】 당시 衛나라는 成公(鄭) 10년째였음.
【陳侯】 陳 共公(朔). 재위 7년째였음.
【孔達】 衛나라 대부. 공달을 사로잡아 晉나라에 환심을 사고자 한 이유는 文公 원년의 傳文을 볼 것.

※ 616(文2-5)

自十有二月不雨, 至于秋七月.

지난해 12월부터 비가 내리지 않아 가을 7월까지 계속되었다.

【不雨】 비가 내리지 않았으나 '災'라는 표현을 쓰지 않은 것은 재해를 일으킬

정도는 아니었음을 말함. 杜預 注에 "周七月, 今五月也, 不雨足爲災, 不書旱, 五穀猶有收"라 함.
＊無傳

✹ 617(文2-6)

八月丁卯, 大事于大廟, 躋僖公.

8월 정묘, 태묘에서 큰 제사를 행하고 희공僖公의 위패를 민공閔公 위로 모셨다.

【丁卯】8월 13일.
【大事】吉禘. 큰 제사를 뜻함.
【大廟】太廟. 조상의 위패를 모신 사당. 노나라는 시조 周公(姬旦)을 모시고 있었으며 그 사당을 太廟라 하였음.
【躋僖公】'躋'는 '위패를 올리다, 逆祀하다'의 뜻. 僖公(B.C.659~627년 재위)은 閔公(B.C.661~660년 재위)의 형이었으나 아우 민공이 먼저 왕위에 올랐음. 이에 태묘에 모시는 위패는 형을 앞세워 위로 올림. 이 일로 昭穆의 문제가 생기자 《國語》魯語(上)에 "夏父弗忌爲宗, 蒸將躋僖公. 宗有司曰:「非昭穆也.」曰:「我爲宗伯, 明者爲昭, 其次爲穆, 何常之有!」有司曰:「夫宗廟之有昭穆也, 以次世之長幼, 而等冑之親疏也. 夫祀, 昭孝也. 各致齊敬於其皇祖, 昭孝之至也. 故工史書世, 宗祝書昭穆, 猶恐其踰也. 今將先明而後祖, 自玄王以及主癸莫若湯, 自稷以及王季莫若文武, 商周之蒸也, 未嘗躋湯與文武, 爲不踰也. 魯未若商周而改其常, 無乃不可乎?」弗聽, 遂躋之. 展禽曰:「夏父弗忌必有殃. 夫宗有司之言順矣, 僖又未有明焉. 犯順不祥, 以逆訓民亦不祥, 易神之班亦不祥, 不明而躋之亦不祥, 犯鬼道二, 犯人道二, 能無殃乎?」侍者曰:「若有殃焉在? 抑刑戮也, 其天札也?」曰:「未可知也. 若血氣强固, 將壽寵得沒, 雖壽而沒, 不爲無殃.」旣其葬也, 焚, 煙徹于上"이라 하여 토론을 벌인 기록이 있음.

傳

秋八月丁卯, 大事於大廟, 躋僖公, 逆祀也.

於是夏父弗忌爲宗伯, 尊僖公, 且明見曰:「吾見新鬼大, 故鬼小. 先大後小, 順也. 躋聖賢, 明也. 明·順, 禮也.」

君子以爲失禮,「禮無不順. 祀, 國之大事也, 而逆之, 可謂禮乎? 子雖齊聖, 不先父食久矣. 故禹不先鯀, 湯不先契, 文·武不先不窋. 宋祖帝乙, 鄭祖厲王. 猶上祖也. 是以〈魯頌〉曰:『春秋匪解, 享祀不忒, 皇皇后帝, 皇祖后稷.』君子曰「禮」, 謂其后稷親而先帝也.《詩》曰: 『問我諸姑, 遂及伯姊.』君子曰「禮」, 謂其姊親而先姑也.」

仲尼曰:「臧文仲, 其不仁者三, 不知者三. 下展禽, 廢六關, 妾織蒲, 三不仁也. 作虛器, 縱逆祀, 祀爰居, 三不知也.」

가을 8월 정묘날, 노나라가 태묘에서 큰 제사를 지내면서 희공僖公의 위패를 민공閔公보다 높여 합사合祀하였으니 이는 거꾸로 제사를 모신 것이다.

이때는 대부 하보불기夏父弗忌가 종묘宗廟를 관장하는 종백宗伯이었는데 희공을 문공보다 높이면서 신령들을 똑똑히 보았다고 하며 이렇게 말하였다.

"내가 보았더니 새 신령이 되신 희공의 신이 크고, 전에 돌아가신 분의 민공의 귀신은 적더라. 큰 자를 앞에 세우고, 작은 자를 뒤로 함은 순서에 맞으며 어진 분을 위로 높임은 도리를 밝힘이다. 도리를 밝히고 순서를 맞추는 것은 예에 맞는 일이다."

군자는 이는 예를 어긴 것이라 생각하였다.

"예는 순서를 어길 수 없다. 제사는 나라의 대사이다. 그런데 그 순서를 어기는 것이 예라 할 수 있겠는가? 아들이 비록 어질다 하더라도 아버지보다 먼저 제사를 받지 않는 것은 오랜 법도이다. 그 때문에 우禹임금은 아버지 곤鯀보다 먼저 제사를 받지 않았고, 탕湯임금은 그의 조상 설契보다 먼저 제사를 받지 않았으며, 문왕文王과 무왕武王은 부줄不窋보다 먼저 제사를 받지 않았다. 송宋나라는 제을帝乙을 조상으로 삼고, 정나라는 여왕厲王을 조상으로 삼고 있다. 그러면서도 역시 조상으로 떠받든다. 이 까닭으로 〈노송魯頌〉에 '춘추의 제사를 게을리 하지 않고, 제사의 예법에 어긋남이 없게 하는도다. 아름답고 위대한 하늘에 제사 지내고, 위대한 우리의 조상 후직后稷에게 제사 지내는도다'라 하였다. 군자는 이를 두고 예에 맞는다고 하였으니 그것은 후직은 조상이건만 뒤로 하고 하늘을 우선 앞세움을 말한 것이다. 《詩시》에 '내 고모님을 찾아뵙고 그 다음에는 큰누님을 찾으리라'라 하였다. 군자는 이를 두고 예의에 맞는 것이라 하였으니 그것은 누님은 남매이지만, 항렬이 앞선 고모를 먼저 찾는 것을 칭찬하여 말한 것이다."

중니仲尼는 이렇게 말하였다.

"장문중臧文仲은 어질지 못한 것이 세 가지이며, 예의에 대해서 잘못 알고 있는 것이 세 가지이다. 전금展禽을 아래로 낮춘 것, 여섯 관문關門을 없앤 것, 첩이 돗자리를 짜서 팔도록 한 것, 이 세 가지는 그가 어질지 못한 점이다. 그리고 신분에 어울리지 않는 쓸데없는 것을 만든 것, 순서를 거스른 제사를 그대로 방치한 것, 원거爰居라는 바다의 새에게 제사를 지낸 것, 이 세 가지가 그가 예에 대하여 잘못 알고 있었던 것이다."

【逆祀】 제사를 거꾸로 모심.
【夏父弗忌】《禮記》禮器에는 '夏父弗綦'로 되어 있으며 魯나라 宗伯. 夏父展의 후손으로 禮儀의 儀典의 일을 맡았음. 《國語》魯語(上)에 "夏父弗忌爲宗, 蒸將躋僖公. 宗有司曰:「非昭穆也.」曰:「我爲宗伯, 明者爲昭, 其次爲穆, 何常之有!」有司曰:「夫宗廟之有昭穆也, 以次世之長幼, 而等冑之親疏也. 夫祀, 昭孝也. 各致齊敬於其皇祖, 昭孝之至也. 故工史書世, 宗祝書昭穆, 猶恐其踰也. 今將先明而後祖, 自玄王以及主癸莫若湯, 自稷以及王季莫若文武, 商周之蒸也, 未嘗躋湯與文武, 爲不踰也. 魯未若商周而改其常, 無乃不可乎?」 弗聽, 遂躋之. 展禽曰:「夏父弗忌必有殃. 夫宗有司之言順矣, 僖又未有明焉. 犯順不祥, 以逆訓民亦不祥, 易神之班亦不祥, 不明而躋之亦不祥, 犯鬼道二, 犯人道二, 能無殃乎?」 侍者曰:「若有殃焉在? 抑刑戮也, 其夭札也?」曰:「未可知也. 若血氣强固, 將壽寵得沒, 雖壽而沒, 不爲無殃.」 旣其葬也, 焚, 煙徹于上"이라 함.
【宗伯】 宗人과 같음. 掌禮之官. 종묘의 제사를 관장하는 벼슬의 長.
【新鬼】 죽은 지 얼마 되지 않은 僖公(申)의 神靈. 閔公의 형.
【故鬼】 죽은 지 오래된 閔公(계방)의 신령. B.C.660년에 죽었음. 僖公의 아우였

으나 먼저 왕위에 오름.

【齊聖】'齊'는 '지혜롭고 민첩하다'의 뜻.《詩》小雅 宛에 "人之齊聖"이라 하였고, 王引之《詩經述聞》에 "齊者, 知慮之敏也"라 함.

【禹不先鯀】'禹'는 夏禹. 夏나라 시조. '鯀'은 禹의 아버지. 아들이 아버지보다 뛰어나 왕이 되었지만 그래도 아버지를 먼저 제사를 올림.

【湯不先契】'湯'은 殷나라 시조. 설(契)는 湯王의 13세 先祖.

【文武不先不窋】周 文王과 武王처럼 뛰어난 군주라 해도 그 조상인 不窋보다 앞세우지 않음. 不窋은 주나라 선조 后稷의 아들.《史記》周本紀에 "后稷卒, 子不窋立. 不窋末年, 夏后氏政衰, 去稷不務, 不窋以失其官而奔戎狄之閒. 不窋卒, 子鞠立. 鞠卒, 子公劉立. 公劉雖在戎狄之閒, 復脩后稷之業, 務耕種, 行地宜, 自漆·沮度渭, 取材用, 行者有資, 居者有畜積, 民賴其慶. 百姓懷之, 多徙而保歸焉. 周道之興自此始, 故詩人歌樂思其德"이라 함.

【帝乙】微子의 부친이며 殷나라 30대 임금. 宋나라는 殷(商)의 紂로 인해 망한 다음 周 武王이 微子(啓)를 찾아 은나라 제사를 세워준 異姓 제후국으로 帝乙을 시조로 하고 있었음.

【厲王】원래 西周의 末王 姬胡. 鄭나라는 桓公이 周 厲王을 시조로 하였음.

【魯頌】《詩經》三頌의 하나로 魯나라 궁중에서 제사 지낼 때 부른 시. 閟宮篇에 "乃命魯公, 俾侯于東. 錫之山川, 土田附庸. 周公之孫, 莊公之子. 龍旂承祀, 六轡耳耳. 春秋匪解, 享祀不忒. 皇皇后帝, 皇祖后稷. 享以騂犧, 是饗是宜. 降福既多, 周公皇祖, 亦其臨女"라 함.

【春秋】春夏秋冬 사계절 조상과 천지산천에 올리는 제사.

【詩】《詩經》邶風 泉水篇에 "毖彼泉水, 亦流于淇. 有懷于衛, 靡日不思. 孌彼諸姬, 聊與之謀. 出宿于泲, 飮餞于禰. 女子有行, 遠父母兄弟. 問我諸姑, 遂及伯姊. 出宿于干, 飮餞于言. 載脂載舝, 還車言邁, 遄臻于衛, 不瑕有害. 我思肥泉, 玆之永歎. 斯須與漕, 我心悠悠. 駕言出遊, 以寫我憂"라 함.

【臧文仲】臧孫辰. 魯나라 대부. 臧孫達의 아들. 성은 臧孫, 이름은 辰. 仲은 字. 시호 文이었음. 魯나라에서 賢大夫로 알려진 인물.《論語》에 여러 차례 등장함.

【展禽】柳下惠. 展禽을 낮추었다는 것은《論語》衛靈公篇에 "臧文仲其竊位者與, 知柳下惠之賢而不立也"라 한 것을 말함.

【六關】노나라 국경의 여섯 관문. 이를 마구 열어놓음으로써 악한 사람들이 자유로이 출입할 수 있게 하였음을 말함.

【妾織蒲】집안 여자들에게 자리를 짜게 하여 서민들과 이익을 다투었음을 말함.

【作虛器】 '虛器'는 신분에 맞지 않은 쓸데없는 기물. 큰 거북을 조상 사당에 감추고 방안의 기둥에다 山 모양을 조각하거나 또 대들보 위에 세운 기둥에 물풀(水藻) 모양의 그림을 그리는 따위의 짓을 하는 것.《論語》公冶長篇에 "子曰:「臧文仲居蔡, 山節藻梲, 何如其知也?」"를 말함.

【逆祀】 文公이 僖公을 그 전의 군주 閔公보다 윗대로 올려 제사 지내는 것을 지적하지 아니하고 그대로 묵인하였음을 말함.《禮器》禮器에 "孔子曰:「臧文仲安知禮? 夏父弗綦逆祀而弗止也.」"라 한 것을 말함.

【爰居】 바닷새 이름. 당시에 이 새가 魯나라 曲阜의 東門 밖에 날아와 사흘을 머물자 장문중은 사람을 시켜 그 새에게 제사를 지내도록 하였음.《爾雅》釋鳥 郭璞 注에 "漢元帝時, 琅琊有大鳥如馬駒, 時人謂之爰居"라 함.《國語》(上)에 "海鳥曰『爰居』, 止於魯東門之外三日, 臧文仲使國人祭之. 展禽曰:「越哉, 臧孫之爲政也! 夫祀, 國之大節也; 而節, 政之所成也. 故愼制祀以爲國典. 今無故而加典, 非政之宜也. 夫聖王之制祀也, 法施於民則祀之, 以死勤事則祀之, 以勞定國則祀之, 能禦大災則祀之, 能扞大患則祀之, 非是族也, 不在祀典. 昔烈山氏之有天下也, 其子曰柱, 能殖百穀百蔬; 夏之興也, 周棄繼之, 故祀以爲稷. 共公氏之伯九有也, 其子曰后土, 能平九土, 故祀以爲社. 黃帝能成命百物, 以明民共財, 顓頊能修之. 帝嚳能序三辰以固民, 堯能單均刑法以儀民, 舜勤民事而野死, 鯀鄣洪水而殛死, 禹能以德修鯀之功, 契爲司走而民輯, 冥勤其官而水死, 湯以寬治民而除其邪, 稷勤百穀而山死, 文王以文昭, 武王去民之穢. 故有虞氏禘黃帝而祖顓頊, 郊堯而宗舜; 夏后氏禘黃帝而祖顓頊, 郊鯀而宗禹, 商人禘舜而祖契, 郊冥而宗湯, 周人禘嚳而郊稷, 祖文王而宗武王; 幕, 能帥顓頊者也, 有虞氏報焉; 杼, 能帥禹者也, 夏后氏報焉; 上甲微, 能帥契者也, 商人報焉; 高圉·大王, 能帥稷者也, 周人報焉. 凡禘·郊·祖·宗·報, 此五者國之典祀也. 加之以社稷山川之神, 皆有功烈於民者也; 及前哲令德之人, 所以爲明質也; 及天之三辰, 民所以瞻仰也; 及地之五行, 所以生殖也; 及九州名山川澤, 所以出財用也. 非是不在祀典. 今海鳥至, 己不知而祀之, 以爲國典, 難以爲仁智矣. 夫仁者講功, 而智者處物. 無功而祀之, 非仁也; 不知而不能問, 非智也. 今玆海其有災乎? 夫廣川之鳥獸, 恒知避其災也.」是歲也, 海多大風, 冬煖. 文仲聞柳下季之言, 曰:「信吾過也, 季子之言不可不法也.」使書以爲三筴"이라 하였으며 이는《孔子家語》顏回篇 등 널리 실려 있음.

※ 618(文2-7)

冬, 晉人·宋人·陳人·鄭人伐秦.

겨울, 진인晉人·송인宋人·진인陳人·정인鄭人이 진秦나라를 쳤다.

㊅

冬, 晉先且居·宋公子成·陳轅選·鄭公子歸生伐秦, 取汪及彭衙而還, 以報彭衙之役.
卿不書, 爲穆公故, 尊秦也, 謂之「崇德」.

겨울, 진晉나라 선저거先且居, 송宋나라 공자 성成, 진陳나라 원선轅選, 정鄭나라 공자 귀생歸生 등이 군사를 일으켜 진秦나라를 쳐서 왕汪 땅을 빼앗고 팽아彭衙까지 쳐들어갔다가 돌아와 지난 날 팽아 싸움의 분풀이를 하였다.
경經에 이들 각 나라 경卿들의 이름을 쓰지 않은 것은 진秦나라 목공穆公을 위한 것으로써 진나라를 높인 것이었다. 이를 일러 '덕德을 숭상한다'라는 것이다.

【先且居】晉나라 대부. 先軫(原軫)의 아들. 그의 아버지가 狄人의 敵中으로 뛰어들어 용감하게 죽자 아버지의 뒤를 이어 中軍將軍에 오름. '且'는 '저'로 읽음.
【公子成】宋나라 공자이며 대부. 卿. 宋 莊公의 아들.
【轅選】陳나라 대부.
【歸生】鄭나라 공자. 子家. 文公 2년을 볼 것.
【汪】秦나라 지명. 지금의 陝西 白水縣 경내.
【爲穆公故尊秦也】秦 穆公은 덕 있는 군주로써 그러한 군주를 친 것은 잘못으로 보았으며 진나라를 높이 여겼음을 말함.
【卿不書】經文에 각국 경들의 이름을 밝히지 않고 다만 '晉人宋人陳人鄭人'이라 적은 것을 말함.
【彭衙】秦나라 읍. 지금의 陝西 白水縣 동북 衙縣 故城.

【彭衙之役】彭衙에서의 싸움. 文公 2년의 經文 및 傳文 참조.
【穆公】任好. 秦나라 군주이며 당시의 패자. 春秋五霸의 네 번째 패자.

● 619(文2-8)

公子遂如齊納幣.

공자 수遂가 제齊나라로 가 납폐納幣하였다.

【公子遂】魯나라 공자. 東門襄仲.
【納幣】부인을 맞이함. 莊公 22년을 볼 것. 노나라 공자 遂가 齊나라에 가서 姜氏의 아내를 맞음.

傳
襄仲如齊納幣, 禮也.
凡君卽位, 好舅甥, 修婚姻, 娶元妃以奉粢盛, 孝也.
孝, 禮之始也.

노나라 대부 양중襄仲이 제齊나라로 가 납폐를 한 것은 예에 맞는 일이었다. 무릇 군주가 즉위하여 장인과 사위 사이가 되는 나라들과 사이좋게 지내고, 서로 혼인하여 정실正室을 맞이하여 제사를 올리는 것은 효孝이다. 효는 예禮의 근본이다.

【襄仲】魯나라 公子 遂.
【舅甥】舅는 丈人(岳父), 甥은 사위(女婿)를 뜻함.
【粢盛】가을 새로 수확한 곡물을 조상의 사당에 올리는 것. 여기서는 제사를 뜻함.

099. 文公 3年(B.C.624) 丁酉

周	襄王(姬鄭) 29년	齊	昭公(潘) 9년	晉	襄公(驩) 4년	衛	成公(鄭) 11년
蔡	莊公(甲午) 22년	鄭	穆公(蘭) 4년	曹	共公(襄) 29년	陳	共公(朔) 8년
杞	桓公(姑容) 13년	宋	成公(王臣) 13년	秦	穆公(任好) 36년	楚	穆王(商臣) 2년
許	僖公(業) 32년						

❋ 620(文3-1)

三年春王正月, 叔孫得臣會晉人·宋人·陳人·衛人·鄭人伐沈. 沈潰.

3년 봄 주력 정월, 숙손득신叔孫得臣이 진인晉人·송인宋人·진陳人·위인衛人·정인鄭人과 함께 심沈나라를 쳤다.

심나라가 무너졌다.

【叔孫得臣】魯나라 대부. 叔孫氏. 叔牙의 손자. 莊叔으로도 불림.
【沈】고대 작은 나라. 姬姓. 周公의 曾孫이 봉을 받았던 땅으로 지금의 安徽 阜陽縣 서북쪽 沈丘集.

(傳)

三年春, 莊叔會諸侯之師伐沈, 以其服於楚也.

沈潰.
凡民逃其上曰潰, 在上曰逃.

3년 봄, 장숙莊叔이 제후들과 모여 심沈나라를 친 것은 심나라가 초楚나라에 복종하였기 때문이다.
심나라가 무너지고 말았다.
무릇 백성들이 그들의 임금을 두고 달아나는 것을 궤潰라 하고, 임금이 백성을 뒤에 두고 떠나는 것을 도逃라 한다.

【莊叔】叔孫得臣.
【潰·逃】궤는 백성이 먼저 도망하여 나라가 무너지는 것이며, 도는 임금이 백성을 두고 도망하는 것임을 구분한 것.

㊉
衛侯如陳, 拜晉成也.

위衛 성공成公이 진陳나라로 가서 진晉나라와 화평을 주선해 준 것에 감사를 표하였다.

【衛侯】당시 衛나라 군주는 成公(鄭)으로 재위 11년째였음. 2년 陳 共公이 衛나라를 위해 晉나라에게 화평을 청하였음.
【成】화평을 성사시킴.

❋ 621(文3-2)
夏五月, 王子虎卒.

여름 5월, 왕자 호虎가 죽었다.

【夏五月】傳에는 '夏四月乙亥'라 하였으며 乙亥는 4월 24일임. 경문에 오류가 있는 듯함.
【王子虎】周나라 왕자. 王叔文公. 王叔桓公의 아버지. 王叔은 氏, 文公은 시호. 《公羊傳》과 《穀梁傳》에는 '叔服'이라 하였으며 《國語》 周語(上)에는 '太宰文公'이라 하였음.

⟨傳⟩
夏四月乙亥, 王叔文公卒, 來赴, 弔如同盟, 禮也.

여름 4월 을해날, 왕숙문공王叔文公이 세상을 떠나 노나라에 부고가 왔을 때 동맹국의 군주에게 취하는 예로써 조문을 한 것은 예에 맞는 일이었다.

【乙亥】4월 15일. 경에는 5월로 되어 있음. 부고를 받은 날을 적은 것임.
【王叔文公】王子 虎.

※ 622(文3-3)
秦人伐晉.

진秦나라가 진晉나라를 쳤다.

【秦】당시 秦나라 군주는 穆公(任好) 36년째였음.
【晉】晉나라는 襄公(驩)의 재위 4년째였음.

傳

秦伯伐晉, 濟河焚舟, 取王官及郊, 晉人不出.

遂自茅津濟, 封殽尸而還.

遂霸西戎, 用孟明也.

君子是以知「秦穆之爲君也, 舉人之周也, 與人之壹也; 孟明之臣也, 其不解也, 能懼思也; 子桑之忠也, 其知人也, 能舉善也. 《詩》曰: 『于以采蘩? 于沼于沚. 于以用之? 公侯之事.』秦穆有焉. 『夙夜匪解, 以事一人』, 孟明有焉. 『詒厥孫謀, 以燕翼子』, 子桑有焉.」

진秦 목공穆公이 진晉나라를 치면서 하수河水를 건너 배를 불에 태우고 왕관王官 땅을 빼앗고 교郊 땅에 이르렀는데도 진晉나라는 싸우러 나오지 않는 것이었다.

이들은 드디어 모진茅津에서 하수를 건너 효殽에서의 싸움에 죽은 이들의 시신을 거두어 장례를 치러주고 돌아갔다.

드디어 그리고는 서융西戎을 제패하였으니 이는 맹명孟明을 등용하였기 때문이었다.

군자는 이로써 이렇게 알게 되었다.

"진 목공이 임금이 될 만하니, 목공은 사람을 등용함이 두루 미쳤고, 사람에게 한결같이 하였다. 맹명 또한 신하로서 자신의 일을 게을리하지 않았으며 능히 겁을 내어야 할 일을 알아차렸다. 자상子桑은 충성을 다하였으며 사람을 살필 줄 알아 뛰어난 인물을 천거하였던 것이다. 《시》에 '번蘩나물을 캐도다. 못에서도 캐고 물가에서도 캐도다. 이렇게 캐어 공후公侯의 제사에 올리도다'라 하였다. 이는 목공 같은 이를 두고 한 말이로다! 그리고 '아침 일찍부터 저녁 늦게까지 게으름 없이, 오직 한 사람만을 섬기도다'라 하였으니 이는 맹명과 같은 이를 두고 한 말이로다! 또 '그의 자손을 위하여 계책을 세우니, 그대 자손을 편안히 지키도다'라 하였으니 이렇게 한 자로서 자상과 같은 이가 있었도다!"

【秦伯】秦 穆公. 이 일로 晉 文公을 이어 春秋五霸의 네 번째 霸者가 됨.
【焚舟】죽을 각오를 하고 물을 건너 타고 온 배를 불태움. 項羽가 鉅鹿戰鬪에서 '沈舟破釜'라 각오한 것과 같음.
【王官】晉나라 땅. 지금의 山西 臨晉縣과 虞鄕縣 사이.《一統志》에 "在虞鄕南, 近王官谷, 王官谷在虞鄕縣東南十里"라 함.
【郊】역시 晉나라 땅. 王官과 가까운 지역.
【茅津】나루터 이름. 지금의 山西 平陸縣 서남쪽에 있는 茅津은 北岸의 茅津이며, 河南 陝縣 서북쪽의 모진은 南岸의 茅津으로 여기에서는 남안의 모진을 가리킴.《元和郡縣志》에 "大陽故關, 在河南陝縣西北四里, 卽茅津也. 因津濟處有南北兩岸, 河北岸之茅津, 在平陸之西南, 其南岸之津濟處, 在陝縣西北. 今之大陽渡, 卽古之茅津渡也"라 함.
【封殽尸而還】杜預 注에는 "封, 埋藏之"라 하여 僖公 33년 4월에 楚나라가 晉나라에게 대패하였던 전투에서 죽었던 이들의 시신을 수습하여 묻어준 것이라 하였으나《史記》秦本紀 集解에는 賈逵의 설을 인용하여 "封識之"라 함. 이에 대해 劉文淇의〈疏證〉에는 朱駿聲의 설을 인용하여 "殽敗在僖三十三年四月, 封尸在文三年五月, 閱三載之久, 豈尙有可以埋藏之尸? 惟表識其地而已. 賈是杜非"라 하여 표시만 해 둔 것이라 하였음. 한편《史記》秦本紀에는 "三十六年, 繆公復益厚孟明等, 使將兵伐晉, 渡河焚船, 大敗晉人, 取王官及鄗, 以報殽之役. 晉人皆城守不敢出. 於是繆公乃自茅津渡河, 封殽中尸, 爲發喪, 哭之三日. 乃誓於軍曰:「嗟士卒! 聽無譁, 余誓告汝. 古之人謀黃髮番番, 則無所過.」以申思不用蹇叔·百里傒之謀, 故作此誓, 令後世以記余過. 君子聞之, 皆爲垂涕, 曰:「嗟乎! 秦繆公之與人周也, 卒得孟明之慶.」"이라 함.
【孟明】孟明視. 秦나라의 장수. 百里孟明視. 白里奚의 아들. 성은 百里, 이름은 視, 자는 孟明. 殽之戰에서 포로가 되었다가 文嬴의 권유로 풀려났으며 다시 그 보복을 위해 晉나라를 치기도 함. 뒤에 穆公이 다시 발탁하여 훌륭한 정치를 폈으며 이로써 秦 穆公이 霸者에 오르게 됨.
【遂霸西戎】《史記》秦本紀에 "三十七年, 秦用由余謀伐戎王, 益國十二, 開地千里, 遂霸西戎. 天子使召公過賀繆公以金鼓"라 함.
【擧人之周也】사람을 등용함이 주도면밀함.
【與人之壹也】사람에게 일을 맡겼으면 한결같이 그를 믿음.
【懼思】文公 2년의 傳文 "趙成子言於諸大夫曰:「秦師又至, 將必辟之. 懼而增德, 不可當也.」"라 한 말을 뜻함.

【子桑】秦 穆公의 신하이며 대부. 公孫枝. 자는 子桑. 孟明의 능력을 알고 그를 추천하였음.

【于以采蘩】《詩經》國風 召南 采蘩篇에 "于以采蘩, 于沼于沚. 于以用之, 公侯之事. 于以采蘩, 于澗之中. 于以用之, 公侯之宮. 被之僮僮, 夙夜在公. 被之祁祁, 薄言還歸"라 함.

【夙夜匪解】《詩經》大雅 烝民篇에 "肅肅王命, 仲山甫將之. 邦國若否, 仲山甫明之. 旣明且哲, 以保其身. 夙夜匪解, 以事一人. 人亦有言, 柔則茹之, 剛則吐之. 維仲山甫, 柔亦不茹, 剛亦不吐, 不侮矜寡, 不畏彊禦"라 함. '解'는 '懈'와 같음.

【詒厥孫謀】《詩經》大雅 文王有聲篇에 "考卜維王, 宅是鎬京. 維龜正之, 武王成之. 武王烝哉! 豐水有芑, 武王豈不仕. 詒厥孫謀, 以燕翼子. 武王烝哉!"라 함.

❋ 623(文3-4)

秋, 楚人圍江.

가을, 초楚나라가 강江나라를 포위하였다.

【江】지금의 河南 息縣 서남쪽에 있던 나라. 僖公 2년을 볼 것.

㊁
楚師圍江, 晉先僕伐楚以救江.

초楚나라 군사가 강江나라를 포위하자 진晉나라 선복先僕이 초나라를 쳐서 강나라를 구하였다.

【先僕】晉나라 대부. 先且居의 族人.

● 624(文3-5)

雨螽于宋.

송宋나라에 메뚜기 떼가 비 오듯 쏟아졌다.

傳

秋, 雨螽於宋, 隊而死也.

가을, 송宋나라에서는 하늘에서 메뚜기 떼가 비처럼 쏟아졌다는 것은 메뚜기 떼가 땅에 떨어져 죽었다는 것이다.

【隊】'墜'와 같음.《公羊傳》에 "雨螽者何? 死而隊也"라 하였으나《穀梁傳》에는 "災甚"이라 함. 본 장은 전문 "楚師圍江, 晉先僕伐楚以救江" 앞에 있으나 經文의 순서에 따라 뒤로 옮긴 것임. 吳闓生의《文史甄微》에 "此以「楚人圍江」與下「救江」類敍爲傳, 故先釋「雨螽于宋」也"라 함.

● 625(文3-6)

冬, 公如晉.
十有二月己巳, 公及晉侯盟.

겨울, 공이 진晉나라에 갔다.
12월 기사날, 공이 진晉 양공襄과 맹약을 맺었다.

【己巳】12월 22일.
【晉侯】당시 晉나라 군주는 襄公(驩)이었음.

※ 626(文3-7)

晉陽處父帥師伐楚以救江.

진晉나라의 양처보陽處父가 군사를 이끌고 초楚나라를 쳐서 강江나라를 구하였다.

【陽處父】晉나라 대부. 陽子.
【以救江】이는 앞의 經文 '楚人圍江'에 대한 傳文임.《公羊傳》과《穀梁傳》에는 '以'자가 없음.《淮南子》說林訓에는 "晉陽處父伐楚以救江, 故解揰者不在於捌格, 在於批扰"이라 함.

傳
冬, 晉以江故告于周, 王叔桓公·晉陽處父伐楚以救江, 門於方城, 遇息公子朱而還.

겨울, 진晉나라가 강江나라의 사건을 주周나라에 알리자 왕숙환공王叔桓公과 진나라 양처보陽處父가 초나라를 쳐 강나라를 구하러 가서 방성方城의 관문에 다다랐으나 초나라 식공자주息公子朱와 마주치자 되돌아갔다.

【王叔桓公】周나라 卿士. 王叔文公의 아들. 杜預 注에 "桓公, 周卿士, 王叔文公之子"라 함.
【方城】지금의 河南 方城縣 동북쪽 方城山 關口. 僖公 4년을 볼 것.
【息公子朱】楚나라 대부이며 息縣의 尹. 息公은 그 식읍의 이름을 취하여 작위를 부른 것. 江나라를 쳤던 장수. 杜預 注에 "子朱, 楚大夫, 伐江之帥也, 聞晉師起而江兵解, 故晉亦還"이라 함.

㊛

晉人懼其無禮於公也, 請改盟.

公如晉, 及晉侯盟.

晉侯饗公, 賦「菁菁者莪」.

莊叔以公降·拜. 曰:「小國受命於大國, 敢不慎儀? 君貺之以大禮, 何樂如之? 抑小國之樂, 大國之惠也.」

晉侯降, 辭, 登, 成拜.

公賦「嘉樂」.

진晉나라가 노魯 문공文公에게 무례하게 하였던 것을 두려워하여 다시 맹약을 맺기를 청하였다.

그리하여 문공이 진나라로 가서 진 양공과 맹약을 맺었다.

진晉 양공襄公이 문공을 대접하는 잔치를 베풀면서 〈청청자아菁菁者莪〉를 읊었다.

이에 장숙莊叔(叔孫得臣)은 문공을 모시고 뜰 아래로 내려가 절하며 말하였다.

"작은 나라가 큰 나라에게 명命을 받으니 어찌 감히 삼가는 행동을 취하지 않을 수 있겠습니까? 임금께서 큰 예로써 대접해주시니 어떠한 즐거움이 이와 같겠습니까? 생각건대 작은 나라가 즐거워함은 큰 나라의 은혜입니다."

그러자 진 양공도 뜰로 내려서서 사양하고는 함께 올라가 서로 절을 하였다.

문공은 〈가락嘉樂〉의 시를 읊었다.

【無禮於公】지난해 陽處父가 魯 文公과 맹약을 맺으면서 무례하게 하여 수치를 안겨준 사건. 文公 원년의 傳文을 볼 것.

【菁菁者莪】《詩經》 小雅의 篇名. 이 시는 덕 있는 君子를 만났음을 즐거워한 내용으로 "菁菁者莪, 在彼中阿. 旣見君子, 樂且有儀. 菁菁者莪, 在彼中沚. 旣見君子, 我心則喜. 菁菁者莪, 在彼中陵. 旣見君子, 錫我百朋. 汎汎楊舟, 載沉載浮.

旣見君子, 我心則休"라 함.

【嘉樂】《詩經》大雅의 篇名. 지금의 《毛詩》에는 〈假樂〉으로 되어 있음. 이 시는 아름다운 군자가 훌륭한 덕을 지녀, 백성들과 관리들로부터 존경을 받고 하늘로부터 복과 도움을 받게 될 것임을 찬양한 노래로써 "假樂君子, 顯顯令德. 宜民宜人, 受祿于天. 保右命之, 自天申之. 干祿百福, 子孫千億. 穆穆皇皇, 宜君宜王. 不愆不忘, 率由舊章. 威儀抑抑, 德音秩秩. 無怨無惡, 率由群匹. 受福無疆, 四方之綱. 之綱之紀, 燕及朋友. 百辟卿士, 媚于天子. 不解于位, 民之攸墍"라 함. 杜預 朱에 "〈嘉樂〉,《詩》大雅. 義取其「顯顯令德, 宜民宜人, 受祿于天.」"이라 함.

100. 文公 4年(B.C.623) 戊戌

周	襄王(姬鄭) 30년	齊	昭公(潘) 10년	晉	襄公(驩) 5년	衛	成公(鄭) 12년
蔡	莊公(甲午) 23년	鄭	穆公(蘭) 5년	曹	共公(襄) 30년	陳	共公(朔) 9년
杞	桓公(姑容) 14년	宋	成公(王臣) 14년	秦	穆公(任好) 37년	楚	穆王(商臣) 3년
許	僖公(業) 33년						

※ 627(文4-1)

四年春, 公至自晉.

4년 봄, 공이 진晉나라에서 돌아왔다.

＊無傳

(傳)
四年春, 晉人歸孔達於衛, 以爲衛之良也, 故免之.

4년 봄, 진晉나라가 공달孔達을 위衛나라로 돌려보내 주었는데 이는 공달을 위나라의 선량한 신하라고 여겼으므로 용서해 주었던 것이다.

【孔達】衛나라 신하. 文公 2년 衛나라에서 孔達을 잡아 晉나라에게 환심을 사고자 한 것은 元年 '晉侯伐衛'의 傳文을 볼 것.

㊪
夏, 衛侯如晉拜.

여름에 위衛 성공成公이 진晉나라로 가서 사례하였다.

【衛侯】당시 衛나라 군주는 成公(鄭)으로 재위 12년째였음. 杜預 注에 "謝歸孔達"이라 함.

㊪
曹伯如晉會正.

조曹 공공共公이 진晉나라로 가서 천자에게 바칠 것을 정하는 일에 참석하였다.

【曹伯】당시 曹나라는 共公(襄) 재위 30년째였음.
【會正】천자에게 바칠 貢賦의 분담에 대해 상의하는 모임에 참여함. 杜預 注에 "會受貢賦之政也"라 함.

❀ 628(文4-2)

夏, 逆婦姜于齊.

여름, 부강婦姜을 제齊나라에서 맞이하였다.

【逆】 '迎'과 같음.
【婦姜】 文公의 아내. 婦人 姜氏 성의 여자. 齊나라는 姜姓이었음. 杜預 注에는 "稱婦, 有姑之辭"라 하여 시어머니로서 며느리를 부르는 칭호라 하였으며. 《公羊傳》에는 齊나라 왕의 딸, 즉 公女가 아닌 大夫의 딸이므로 이렇게 표현한 것이라 하였으나 확실치 않음.

㊃

逆婦姜於齊, 卿不行, 非禮也.
君子是以知出姜之不允於魯也, 曰:「貴聘而賤逆之, 君而卑之, 立而廢之, 棄信而壞其主, 在國必亂, 在家必亡. 不允宜哉!《詩》曰: 『畏天之威, 于時保之』, 敬主之謂也.」

문공文公의 부인 부강婦姜을 제齊나라에서 맞이함에 경卿이 가지 않은 것은 예가 아니었다.
군자는 이 일로 부강은 노나라에서 존경받지 못하여 축출당할 것임을 알고 이렇게 말하였다.
"귀한 신분이 빙문하여 성사시킨 일을 낮은 신분이 가서 맞이한 것은 소군小君의 지위를 얕잡아본 것이며, 부인으로 맞이하였다가 폐위한 것은 신의를 버리고 군주의 부인을 허물어뜨린 것이다. 이러한 일을 하면 나라는 반드시 어지러워지고 집안은 틀림없이 망하게 된다. 그러니 부강이 사람들로부터 존경을 받지 못한 것은 당연한 일이로다! 《시》에 '하늘의 위엄이 두렵기에 어느 때나 이를 지켜 나가리'라 하였으니 이는 부인을 존경해야 함을 말한 것이다."

【出姜】 제나라 출신으로 魯 文公에게 시집을 간 부인으로서 백성들로부터 존경을 받지 못하였으며, 문공이 죽고 자신의 두 아들 太子 惡과 視가 모두 시해를 당하자 제나라로 돌아가 되돌아오지 않음. 이에 노나라로부터 축출당한 것과 같아 그를 '出姜'이라 부름. 노나라를 떠나면서 애통해 하여 그를 '哀姜'이라고도 부름. 文公 18년의 經文 및 傳文을 볼 것.

【貴聘】文公 2년 겨울, 노나라 公子 遂가 齊나라에 가서 혼인 문제를 결정한 것임. 杜預 注에 "公子遂納幣, 是貴聘也"라 함.
【君而卑之】여기서의 君은 '小君', 즉 임금의 아내.
【其主】主는 內主, 즉 부인.
【詩】《詩經》周頌 我將篇에 "我將我享, 維羊維牛, 維天其右之. 儀式刑文王之典, 日靖四方. 伊嘏文王, 旣右享之. 我其夙夜, 畏天之威, 于時保之"라 함.

※ 629(文4-3)

狄侵齊.

적狄이 제齊나라를 쳤다.

＊無傳

※ 630(文4-4)

秋, 楚人滅江.

가을, 초楚나라가 강江나라를 멸망시켰다.

【滅】文公 15년 傳에 "凡勝國曰滅之"라 하였고, 杜預 注에 "勝國, 絕其社稷, 有其土地"라 함.
【江】지금의 河南 息縣에 있던 작은 나라.

㊉

楚人滅江, 秦伯爲之降服, 出次, 不擧過數.
大夫諫, 公曰:「同盟滅, 雖不能救, 敢不矜乎? 吾自懼也.」
君子曰:「《詩》云:『惟彼二國, 其政不獲; 惟此四國, 爰究爰度.』其秦穆之謂矣!」

초나라가 강江나라를 멸망시키자 진秦 목공穆公은 강나라를 위하여 소복으로 갈아입고 궁궐 밖으로 나가 머무르며 연회도 열지 않았으며 애도의 날짜도 초과하여 더 늘릴 정도였다.
대부가 이를 간하자 목공은 이렇게 말하였다.
"동맹국이 망하였는데 비록 구할 수는 없을지언정 감히 불쌍히 여기지 않을 수가 있겠소? 나는 지금 내 스스로도 그렇게 될까 두려워하고 있소."
군자가 말하였다.
"《시》에 '저 두 나라, 정치를 바로 펴지 못하여 망하는 꼴을 보고, 사방의 모든 나라, 온갖 생각에 장래를 헤아리네'라 하였으니 이는 바로 진 목공穆公 같은 경우를 두고 한 말이로다!"

【穆公】春秋五霸의 네 번째 패자.
【降服】화려한 옷을 벗고, 상을 당하여 입는 素服을 입는 것을 말함.
【出次】군주가 正寢을 떠나 다른 곳에서 지내며 근신함.
【不擧過數】'不擧'는 좋은 음식을 먹지 않음. 혹은 연회를 열지 않음. '過數'는 이웃 나라 군주가 죽었을 때는 3일간 애도하는 예를 취하는 것이 예법이었으나 그 날짜보다 더 하였음을 말함. 哀公 10년 傳에 "齊人弑悼公, 赴于師, 吳子三日哭於軍門之外"라 한 것이 그 예임.
【詩】《詩經》大雅 皇矣篇에 "皇矣上帝, 臨下有赫. 監觀四方, 求民之莫. 維此二國, 其政不獲. 維彼四國, 爰究爰度. 上帝耆之, 憎其式廓. 乃眷西顧, 此維與宅"이라 함. 본 전문은 다음 장의 "秋, 晉侯伐秦, 圍邧·新城, 以報王官之役" 다음에 있으나 경문의 순서에 따라 앞으로 옮김.

※ 631(文4-5)

晉侯伐秦.

진晉 양공襄公이 진秦나라를 쳤다.

【晉侯】晉 襄公(驩).

㊀
秋, 晉侯伐秦, 圍邧·新城, 以報王官之役.

가을, 진晉 양공襄公이 진秦나라를 쳐서 원邧과 신성新城을 포위하여, 왕관王官에서 싸웠던 일에 대해 보복하였다.

【邧】지금의 陝西 澄城縣 경내.
【新城】지금의 陝西 澄城縣 동북.《一統志》에 "新城在今陝西省澄城縣東北二十里"라 함. 그러나 兪樾은 邧과 新城은 같은 곳의 다른 이름이라 하였음.
【王官之役】王官은 지명. 晉나라 땅. 지금의 山西 臨晉縣과 虞鄕縣 사이.《一統志》에 "在虞鄕南, 近王官谷, 王官谷在虞鄕縣東南十里"라 함. 이곳에서의 싸움은 文公 3년의 經文 및 傳文을 볼 것. 秦 穆公이 殽의 싸움에 죽은 이들을 찾아 묻어주고 떠난 사건. 본 장은 순서를 뒤로 미룬 것임.

※ 632(文4-6)

衛侯使甯兪來聘.

위衛 성공成公이 영유甯兪를 보내어 내빙해 왔다.

【衛侯】衛 成公(鄭).
【甯兪】甯武子. 衛나라 신하.《論語》公冶長篇에 "子曰:「甯武子邦有道則知, 邦無道則愚. 其知可及也, 其愚不可及也"라 칭찬한 인물임.

傳
衛甯武子來聘, 公與之宴, 爲賦〈湛露〉及〈彤弓〉.
不辭, 又不答賦.
使行人私焉.
對曰:「臣以爲肄業及之也. 昔諸侯朝正於王, 王宴樂之, 於是乎賦〈湛露〉, 則天子當陽, 諸侯用命也. 諸侯敵王所愾, 而獻其功, 王於是乎賜之彤弓一·彤矢百·玈弓矢千, 以覺報宴. 今陪臣來繼舊好, 君辱貺之, 其敢干大禮以自取戾?」

위衛나라 영무자甯武子가 노나라를 찾아오자 문공이 잔치를 열어 〈담로湛露〉와 〈동궁彤弓〉의 시를 읊었다.
그러나 영무자는 사례하는 말도 하지 않고, 또 답하는 시도 읊지 않았다.
문공이 행인行人에게 몰래 그 이유를 물어보도록 하였다.
그러자 영무자는 이렇게 답하였다.
"저는 노래를 연습하는 것으로 여겨 그렇게 되었습니다. 옛날 제후들이 정월에 천자를 찾아뵐 때 천자는 제후들에게 잔치를 베풀어 즐기시며 그 자리에서 〈담로〉시를 읊었습니다. 이는 천자는 태양에 해당하고, 제후는 그의 명을 받들어 노력한다는 것이었습니다. 그리고 제후들이 천자께서 분하게 여기시는 자를 쳐서 그 공을 천자께 바치면 천자께서는 제후들에게 붉은 칠을 한 활 하나, 붉은 칠을 한 화살 백 개, 검은 칠을 한 활 열 개, 검은 칠을 한 화살 천 개씩을 하사하셔서 그 공에 보답하는 잔치임을 알도록 하신 것이었습니다. 그런데 지금 임금을 모신 신하인 제가 오랜 우호를 이어가기 위해 왔다가 군주께서 황공스럽게도 시를 읊어주셨는데, 제가 어찌 감히 크신 예禮를 범하여 스스로 죄 받을 일을 하겠습니까?"

【甯武子】甯兪. 衛나라 신하.
【湛露】《詩經》小雅 湛露篇에 "湛湛露斯, 匪陽不晞. 厭厭夜飲, 不醉無歸. 湛湛露斯, 在彼豐草. 厭厭夜飲, 在宗載考. 湛湛露斯, 在彼杞棘. 顯允君子, 莫不令德. 其桐其椅, 其實離離. 豈弟君子, 莫不令儀"라 하였으며, 小序에 "천자가 제후들을 대접하여 잔치를 하는 것을 읊은 시"라 하였음.
【彤弓】《詩經》小雅 彤弓篇에 "彤弓弨兮, 受言藏之. 我有嘉賓, 中心貺之. 鍾鼓旣設, 一朝饗之. 彤弓弨兮, 受言載之. 我有嘉賓, 中心喜之. 鍾鼓旣設, 一朝右之. 彤弓弨兮, 受言櫜之. 我有嘉賓, 中心好之. 鍾鼓旣設, 一朝醻之"라 하였으며, 小序에 "이 또한 천자가 제후들을 대접하여 잔치를 하는 것을 읊은 시"라 하였음.
【行人】외교관. 통역관.《周禮》에 '大行人'과 '小行人'의 관직명이 있으며 외국 사신의 儀典, 接待, 通譯 등을 담당하였음.
【私】조용히 물어봄.
【臣以爲肄業及之也】魯나라의 누군가가《詩經》의 시를 읊은 것을 연습하여 그 시를 읊은 것으로 생각하였다고 시치미를 뗀 말임. 그 잔치에 맞지 않은 시였음을 빗댄 것.
【朝正】정월에 제후가 천자를 찾아뵙고 새해 인사를 드리는 것.
【彤弓】붉은 색을 칠한 활.
【旅弓】검은 색으로 윤을 내어 장식한 활.
【覺】明示함. 깨닫게 함.
【陪臣】임금을 모시고 있는 신하. 杜預 注에 "方論天子之樂, 故自稱陪臣"이라 함.
【貺】'황'으로 읽으며 下賜의 뜻. 내려주신 큰 잔치.
【戾】죄. 잘못.

❈ 633(文4-7)

冬十有一月壬寅, 夫人風氏薨.

겨울 11월 임인날, 부인 풍씨風氏가 죽었다.

【壬人】11월 초하루.
【風氏】僖公의 모친이며 文公의 조모. 成風. 莊公의 元妃는 아니었으나 禮에 따라 '夫人'으로 칭한 것임.

⑰
冬, 成風薨.

겨울에, 성풍成風이 훙거薨去하였다.

【成風】魯 文公의 조모. 僖公의 모친. 杜預 注에 "爲明年王使來含賵傳"이라 함.

101. 文公 5年(B.C.622) 己亥

周	襄王(姬鄭) 31년	齊	昭公(潘) 11년	晉	襄公(驩) 6년	衛	成公(鄭) 13년
蔡	莊公(甲午) 24년	鄭	穆公(蘭) 6년	曹	共公(襄) 31년	陳	共公(朔) 10년
杞	桓公(姑容) 15년	宋	成公(王臣) 15년	秦	穆公(任好) 38년	楚	穆王(商臣) 4년
許	僖公(業) 34년						

❋ 634(文5-1)

五年春王正月, 王使榮叔歸含, 且賵.

5년 봄 주력 정월, 왕이 영숙榮叔을 사신으로 하여 함含과 봉賵을 보내 주었다.

【王】 주나라 천자 襄王(姬鄭).
【榮叔】 주나라 卿士.
【含】 '琀', '唅'과 같음. 죽은 이의 입에 물리는 옥이나 곡물. 成風의 죽음에 含玉을 보내주었음을 말함. 《公羊傳》 何休 注에 "孝子所以實親口也, 緣生以事死, 不忍虛其口: 天子以珠, 諸侯以玉, 大夫以碧(璧), 士以貝, 春秋之制也. 文家加飯以稻米"라 하였고, 《說苑》 修文篇에는 "口實曰唅, 天子唅實以珠, 諸侯以玉, 大夫以璣, 士以貝, 庶人以穀實"이라 함.
【賵】 장례를 치르도록 수레 등 물건과 돈을 보내어 부조함을 말함. 隱公 원년을 볼 것.

※ 635(文5-2)

三月辛亥, 葬我小君成風.

3월 신해날, 소군小君 성풍成風의 장례를 치렀다.

【辛亥】 3월 12일.
【小君】 임금의 부인을 일컫는 말.
＊無傳

※ 636(文5-3)

王使召伯來會葬.

왕이 소백召伯을 사자로 보내어 장례에 참여하게 하였다.

【召伯】 周나라 卿士. 召 땅을 식읍으로 가지고 있던 昭公, 즉 召昭公. 그러나 《穀梁傳》에는 '毛伯'으로 되어 있음.

㊉
五年春, 王使榮叔來歸含且賵, 召昭公來會葬, 禮也.

5년 봄 주력 정월, 천자 양왕襄王이 영숙榮叔으로 하여금 구슬과 예물을 노나라에 보내도록 하면서 소召 소공昭公을 성풍成風의 장례에 참석하도록 한 것은 예에 맞는 일이었다.

【召昭公】 召伯. 周나라 卿士. '召'는 식읍 이름이며 '昭'는 시호. '伯'은 爵位.
【禮】 孔穎達 疏에 鄭玄의 《箴膏肓》을 인용하여 "禮, 天子於二王後之喪, 含爲先,

襚次之, 賵次之, 賻次之. 於諸侯, 含之, 賵之; 小君亦如之. 於諸侯臣, 襚之. 諸侯喪於如天子於二王後. 於卿大夫, 如天子於諸侯. 於士, 如天子於諸侯臣"이라 함.

※ 637(文5-4)

夏, 公孫敖如晉.

여름, 공손오公孫敖가 진晉나라에 갔다.

【公孫敖】魯나라 대부. 公孫慶父의 아들. 孟穆伯, 公孫穆伯으로도 부름.
＊無傳

※ 638(文5-5)

秦人入鄀.

진秦나라가 약鄀나라로 쳐들어갔다.

【鄀】秦나라와 楚나라 사이에 있었던 작은 제후국으로 지금의 湖北 宜城縣 동남쪽. 楚나라와 동맹을 맺었으나 이를 배반하고 秦나라와 결합하였으나 다시 초나라 편에 섬. 僖公 25년을 볼 것. 한편《水經注》沔水에 "沔水又逕鄀縣故城南"이라 하였고 注에 "古鄀子之國也, 秦楚之間自商密遷此爲楚附庸, 楚滅之以爲邑"이라 함.

(傳)
初, 鄀叛楚卽秦, 又貳於楚.
夏, 秦人入鄀.

1052 춘추좌전

당초, 약鄀나라는 초楚나라를 배반하고 진秦나라에 복종하였다가 다시 초나라에 가까이 하려는 두 마음을 가졌다.
여름, 진秦나라가 약나라로 쳐들어간 것이다.

【貳於楚】다시 楚나라와 연합하려는 뜻을 가지고 마음을 바꿈.

※ 639(文5-6)
秋, 楚人滅六.

가을, 초楚나라가 육六나라를 멸하였다.

【六】나라 이름. 皐陶의 후손이 세운 나라로 偃姓. 지금의 安徽 六安縣 북쪽. 《一統志》에 "在今安徽六安縣北十三里"라 함.

(傳)
六人叛楚卽東夷.
秋, 楚成大心·仲歸帥師滅六.

육六나라 사람이 초나라를 배반하고 동이東夷에게 복종하였다.
가을, 초나라의 성대심成大心과 중귀仲歸가 군사를 거느리고 육나라를 멸망시켰다.

【東夷】지금의 山東 바닷가에 분포한 여러 이민족.
【大心】楚나라 대신. 成大心. 若敖의 증손이며 子玉(成得臣)의 아들. 孫伯. 大孫伯으로도 부름.
【仲歸】楚나라 대부. 자는 子家.

傳

冬, 楚公子燮滅蓼.
臧文仲聞六與蓼滅, 曰:「皐陶·庭堅不祀忽諸. 德之不建, 民之無援, 哀哉!」

겨울, 초楚나라 공자 섭燮이 요蓼나라를 멸하였다.
장문중臧文仲이 육나라와 요나라가 멸망하였다는 것을 듣고 이렇게 말하였다.
"육나라의 선조 고요皐陶와 요나라의 조상 정견庭堅은 제사도 받을 수 없도록 나라가 홀연히 망하였구나. 두 군주가 덕을 제대로 세우지 못하여 백성들의 도움을 받지 못하였으니 슬픈 일이로다!"

【公子燮】楚나라 공자. 이름은 燮이며 대부. 〈阮刻本〉에는 '公'자가 탈락되어 있으나 〈唐石經〉 등에 의해 補入해 넣음.
【蓼】지금의 安徽 固始縣 동북쪽에 위치한 나라. 庭堅(皐陶)의 후손으로 偃姓.
【臧文仲】臧孫辰. 魯나라 대부. 臧孫達의 아들. 성은 臧孫, 이름은 辰. 仲은 字. 시호 文이었음. 魯나라에서 賢大夫로 알려진 인물.《論語》에 여러 차례 등장함.
【皐陶】舜임금 때의 大臣.《尙書》皐陶謨를 참조할 것. '고요'로 읽음.
【庭堅】고대 顓頊 高陽氏 시대의 才子八人 중의 하나. 그러나《後漢書》古今人表에는 "庭堅卽皐陶字"라 하여 皐陶의 字라 하여 같은 한 사람임.《史記》楚世家에도 "穆王四年, 滅六蓼. 六蓼, 皐陶之後"라 하여 둘 모두 皐陶의 후손으로 보았음.
【忽諸】홀연히 망하였다는 뜻. '諸'는 뜻이 없는 어조사.
【德之不建】군주로서의 밝은 덕을 닦지 않음.

傳

晉陽處父聘於衛, 反過甯.
甯嬴從之, 及溫而還.
其妻問之, 嬴曰:「以剛.〈商書〉曰:『沈漸剛克, 高明柔克.』夫子壹之, 其不沒乎! 天爲剛德, 猶不干時, 況在人乎? 且華而不實, 怨之所聚也. 犯而聚怨, 不可以定身. 余懼不獲其利而離其難, 是以去之.」
晉趙成子·欒貞子·霍伯·臼季皆卒.

진晉나라 양처보陽處父가 위衛나라를 빙문하고 돌아오는 길에 영甯 땅을 지나게 되었다.
그러자 영영甯嬴이라는 자가 양처보를 수행하여 온溫 땅까지 왔다가는 되돌아오는 것이었다.
그의 아내가 그를 따라가지 않고 되돌아온 까닭을 물었더니 영은 이렇게 대답하였다.
"그분의 성질이 사납고 강해서였다오. 〈상서商書〉에 '성질이 소극적이면 사납고 강하게 고치고, 성질이 적극적이고 강하면 부드럽고 약하게 바꾸어라'라 하였소. 그런데 그분은 한결같이 강하기만 하니 좋은 죽음을 맞이하지 못할 것이오! 무릇 하늘은 강한 덕을 가졌으되 사시를 거스르지 않고 있는데 하물며 사람이라면 말할 나위가 있겠소? 게다가 그분은 겉은 화려하나 실질이 없으니 다른 사람의 원망을 한 몸에 받고 있소. 그분이 이렇게 남을 범하여 원망을 모으고 있으니 몸을 안전하게 보존할 수가 없을 것이오. 나는 그로부터 어떤 이익도 받지 못할 뿐만 아니라 도리어 그분의 재앙에 걸려들 것이 두려워 그 때문에 그를 떠나 돌아온 것이라오."
진晉나라 조성자趙成子, 난정자欒貞子, 곽백霍伯, 구계臼季가 모두 죽었다.

【陽處父】晉나라 대부. 陽子.《國語》晉語(5)에 "陽處父如衛, 反, 過甯, 舍於逆旅甯嬴氏. 嬴謂其妻曰:「吾求君子久矣, 今乃得之.」擧而從之. 陽之道與之語, 及山而還. 其妻曰:「子得所求而不從之, 何其懷也!」曰:「吾見其貌而欲之, 聞其言而惡之. 夫貌, 情之華也; 言, 貌之機也. 身爲情, 成於中. 言, 身之文也. 言文而發之, 合而後行, 離則有釁. 今陽子之貌濟, 其言匱, 非其實也. 若中不濟, 而外彊之, 其卒將復, 中以外易矣. 若內外類, 而言反之, 瀆其信也. 夫言以昭信, 奉之如機, 歷時而發之, 胡可瀆也! 今陽子之情讇矣, 以濟蓋也, 且剛而主能, 不本而犯, 怨之所聚也. 吾懼未獲其利而及其難, 是故去之」朞年, 乃有賈季之難, 陽子死之"라 함.

【甯】晉나라 땅. 지금의 河南 獲嘉縣.
【甯嬴】甯嬴氏. 양처보가 쉬었던 집 주인. 그러나 杜預는 "逆旅之大夫"라 하여 신분이 대부라 하였음. 孔穎達 疏에 "若是逆旅之主, 則身爲匹庶, 是卑賤之人, 猶如重館人告文仲, 重丘人買孫蒯, 止應稱人而已, 何得名氏見傳? 杜以傳載名氏, 故爲逆旅大夫"라 함.
【商書】《尙書》洪範篇에 "三德, 一曰正直, 二曰剛克, 三曰柔克, 平康正直, 彊弗友剛克, 燮友柔克, 沈潛剛克, 高明柔克"이라 함.
【沈潛剛克, 高明柔克】'沈潛'은 성질이 소극적이며 활발하지 못한 것. '剛克'은 강한 기운으로 고쳐야 함을 말함. '高明'은 성질이 적극적이고 강한 것. '柔克'은 부드럽고 약한 기질로 고쳐야 함을 말함. 杜預 注에 "沈潛裕滯溺也, 高明猶亢爽也, 言各當以剛柔勝己本性, 乃能成全也"라 함. 그러나《史記》宋世家 集解에 馬融의 말을 인용하여 "沈, 陰也; 潛, 伏也. 陰伏之謀, 謂賊臣亂子非一朝一夕之漸, 君親無將, 將而誅. 高明君子, 亦以德懷也"라 하였음.
【夫子壹之】夫子는 양처보를 존칭한 말로 어르신이란 뜻이고, '壹之'는 '강한 성질이 한결같다'의 뜻.
【其不沒乎】'그분은 좋게 죽지 못할 것이다'의 뜻.
【華而不實】외면적으로는 화려하여 그럴듯하나, 속으로는 忠과 信義의 덕이 없음.
【離】'罹'와 같으며 '걸리다, 당하다'의 뜻.
【趙成子】晉나라 대부 趙衰. 자는 子餘. 成季. 趙夙의 아우이며 重耳를 모신 대부. 趙盾(趙宣子), 趙同, 趙括의 아버지. 시호는 成子. 그에 따라 趙成子로도 부름. 그 후손이 戰國시대 趙나라를 세움. 僖公 31년을 볼 것.
【欒貞子】진나라 대부 欒枝. 僖公 27년을 볼 것.
【霍伯】先且居. 先軫(原軫)의 아들. '霍'은 식읍 이름.
【臼季】胥臣. 하군을 맡고 있었음. 僖公 33년을 볼 것.《史記》年表에 "趙成子·欒貞子·霍伯·臼季皆卒"이라 함.

❋ 640(文5-7)

冬十月甲申, 許男業卒.

겨울 10월 갑신, 허남許男 업業이 죽었다.

【甲申】10월 18일.
【許男】許 僖公. 이름은 業. 男爵이었음. 許나라는 姜姓으로 周 武王이 그 苗裔 文叔을 許에 봉함. 지금의 河南 許昌市 동쪽. 그러나 다른 기록에는 이름을 '業'이라 하였음. 글자가 비슷하여 판각에 착오가 있었던 것으로 보임.
＊無傳

102. 文公 6年(B.C.621) 庚子

周	襄王(姬鄭) 32년	齊	昭公(潘) 12년	晉	襄公(驩) 7년	衛	成公(鄭) 14년
蔡	莊公(甲午) 25년	鄭	穆公(蘭) 7년	曹	共公(襄) 32년	陳	共公(朔) 11년
杞	桓公(姑容) 16년	宋	成公(王臣) 16년	秦	穆公(任好) 39년	楚	穆王(商臣) 5년
許	昭公(錫我) 원년						

❈ 641(文6-1)

六年春, 葬許僖公.

6년 봄, 허許 희공僖公의 장례를 치렀다.

【許僖公】許나라 僖公. 許나라는 지금의 河南 許昌縣에 있던 나라. 男爵이었으며 이름은 業.
＊無傳

⟨傳⟩
六年春, 晉蒐于夷, 舍二軍.
使狐射姑將中軍, 趙盾佐之.

陽處父至自溫, 改蒐于董, 易中軍.
陽子, 成季之屬也, 故黨於趙氏, 且謂趙盾能, 曰:「使能, 國之利也. 是以上之.」
宣子於是乎始爲國政, 制事典, 正法罪, 辟獄刑, 董逋逃, 由質要, 治舊洿, 本秩禮, 續常職, 出滯淹, 旣成, 以授大傅陽子與大師賈佗, 使行諸晉國, 以爲常法.

6년 봄, 진晉나라는 이夷에서 군사 훈련을 하면서 2군을 없앴다.
그리고 호야고狐射姑에게 중군中軍을 거느리게 하고, 조돈趙盾이 그의 부장副將이 되었다.
양처보陽處父가 온溫에서 돌아와 다시 동董에서 군사 연습을 하고 중군의 대장과 부장을 맞바꾸었다.
양처보는 원래 성계成季(趙衰)의 부하였으므로 그 때문에 조씨와 같은 무리였으며 게다가 조돈이 능력 있다고 생각하여 이렇게 말하였다.
"능력 있는 자를 등용하는 것은 나라의 이익이다. 이 까닭으로 그를 윗자리에 앉힌 것이다."
선자宣子(趙盾)는 이에 비로소 국정을 주무르기 시작하여 모든 제도를 정한 뒤 형법을 바르게 하며, 재판을 옳게 가리고, 조세의 체납이나 탈세를 엄히 단속하며, 대차貸借에는 증서를 쓰게 하고, 지난날의 잘못된 행정을 바로잡고, 벼슬의 단계와 예의 질서에 근본을 세우며, 일상 있어야 할 관식으로써 폐시된 것을 다시 이어가도록 하며, 숨어 있는 인재를 찾아내어 등용하였다. 이윽고 정치가 쇄신되자 태부太傅 양처보와 태사太師 가타賈佗에게 그 임무를 주어 진나라 전국에 두루 시행토록 하면서 이를 상법常法으로 삼도록 하였다.

【晉】당시 군주는 襄公(驩)으로 재위 7년째였음.
【蒐】원래 천자의 봄 사냥으로 그 기회에 군사훈련을 겸하는 것. 여기서는 군사 훈련을 뜻함.《司馬法》仁本篇에 "故國雖大, 好戰必亡; 天下雖安, 忘戰必危. 天下旣平, 天下大愷, 春蒐秋獮; 諸侯春振旅, 秋治兵, 所以不忘戰也"라 함.

【夷】진나라 땅. 도읍 絳에서 가까운 곳이었다 함.
【二軍】僖公 31년 晉나라는 五軍제도를 택하였으나 다시 그중 二軍을 없애고 上中下 三軍制로 되돌아갔음을 말함.
【狐射姑】賈季. 자는 季它. 晉나라 대부 狐偃의 아들. 식읍은 賈 땅. 그 때문에 賈季로도 부름. 先且居의 중군장수 직을 대신 이어받은 장수. '射'는 '야', 혹은 '역'으로 읽음. 《穀梁傳》에는 '狐夜姑'로 되어 있으며 〈釋文〉에는 "射音亦, 一音夜"라 함. 《公羊傳》에 "君將使射姑將. 陽處父諫曰:「射姑民衆不悅, 不可使將.」 於是廢將"이라 함.
【趙盾】趙衰(成季)의 아들. '盾'은 '돈'으로 읽음. 趙宣子, 趙孟으로도 부름.
【陽處父】陽子. 晉나라 대부. 강한 성격을 가지고 있었음. 《穀梁傳》에는 "晉將與狄戰, 使狐夜姑爲將軍, 趙盾佐之. 陽處父曰:「不可, 古者君之使臣也, 使仁者佐賢者, 不使賢者佐仁者. 今趙盾賢, 夜姑仁, 其不可乎?」 襄公曰:「諾.」謂夜姑曰:「吾始使盾佐女, 今女佐盾矣.」夜姑曰:「敬諾.」"이라 함.
【董】晉나라 못 이름. 董澤이라고도 함. 지금의 山西 聞喜縣 동북쪽 땅. 《水經注》에 "涑水西逕董澤, 陂南卽古池, 東西四里, 南北三里, 春秋文公六年「蒐於董」, 卽斯澤也"라 함.
【宣子】趙盾의 사후 諡號. 趙孟, 趙宣子로도 부름.
【董逋逃】조세의 체납과 탈세를 하고 도망친 자를 잡아 처리함. 孔穎達 疏에 "董逋逃者, 舊有逋逃負罪播越者, 督察追捕之也"라 함.
【質要】'質'은 증명서. 계약서. 문서로써 서로 계약을 체결하도록 함. '質劑'와 같음. 《周禮》天官 小宰에 "聽賣買以質劑"라 하였고 鄭玄 注에 "質劑謂兩書一札, 同而別之, 長曰質, 短曰劑"라 함.
【治舊洿】오래된 폐단을 개혁함. 孔穎達 疏에 "法有不便於民, 事有不利於國, 是爲政之洿穢也, 治理改正使絜淸也"라 함.
【本秩禮】귀천·상하의 지켜야 할 질서와 품秩에 근본을 세움. 孔穎達 疏에 "本秩禮者, 時有僭踰, 貴賤相濫, 本其次秩使如舊也"라 함.
【續常職】孔穎達 疏에 "職有廢闕, 任賢使能, 令續故常也"라 함.
【出滯淹】초야에 묻혀 살고 있는 능력 있는 사람을 찾아 등용함. 孔穎達 疏에 "賢能之人沈滯田里, 拔出而官爵之也"라 함.
【賈陀】晉나라 대부. 晉 文公의 망명길을 따라 나섰던 舊臣.
【常法】가장 중요한 나라의 국법.

※ 642(文6-2)

夏, 季孫行父如陳.

여름, 계손행보季孫行父가 진陳나라로 갔다.

【季孫行父】季文子. 魯나라 대부. 季友의 손자이며 齊仲無佚의 아들. 魯나라 三桓의 하나인 季孫氏 집안.《穀梁傳》疏에《世本》을 인용하여 "季友生仲無佚, 佚生行父"라 함.

(傳)
臧文仲以陳·衛之睦也, 欲求好於陳.
夏, 季文子聘于陳, 且娶焉.

장문중臧文仲은 진陳나라와 위衛나라의 사이가 화목한 것을 보고, 노나라 역시 진나라와 우호 관계를 맺고자 하였다.
여름, 계문자季文子가 진陳나라를 빙문하였고, 게다가 진陳나라에서 아내를 맞이하였다.

【臧文仲】臧孫辰. 魯나라 대부. 臧孫達의 아들. 성은 臧孫, 이름은 辰. 仲은 字. 시호 文이었음. 魯나라에서 賢大夫로 일러진 인물.《論語》에 여러 차례 등장함.
【娶】陳後(陳 共公)의 딸을 아내로 맞이함.

※ 643(文6-3)

秋, 季孫行父如晉.

가을, 계손행보季孫行父가 진晉나라에 갔다.

【季孫行父】季文子. 魯나라 대부. 魯나라 三桓의 하나인 季孫氏 집안.

※ 644(文6-4)

八月乙亥, 晉侯驩卒.

8월 을해날, 진晉 양공襄公 환驩이 죽었다.

【乙亥】8월 14일.
【晉侯】晉 襄公. 이름은 驩(姬驩). 晉 文公(重耳)의 뒤를 이어 B.C.627~621년까지 7년간 재위하고 이때에 생을 마쳤으며 靈公이 그 뒤를 이음.《公羊傳》에는 '讙'으로,《史記》晉世家에는 '歡'으로,《國語》周語(下)에는 '驩'으로 되어 있음.

㊤
秦伯任好卒, 以子車氏之三子奄息·仲行·鍼虎爲殉, 皆秦之良也. 國人哀之, 爲之賦〈黃鳥〉.
君子曰:「秦穆之不爲盟主也宜哉! 死而弃民. 先王違世, 猶詒之法, 而況奪之善人乎?《詩》曰:『人之云亡, 邦國殄瘁』, 無善人之謂. 若之何奪之? 古之王者知命之不長, 是以並建聖哲, 樹之風聲, 分之采物, 著之話言, 爲之律度, 陳之藝極, 引之表儀, 予之法制, 告之訓典, 敎之防利, 委之常秩, 道之禮則, 使毋失其土宜, 衆隸賴之, 而後卽命. 聖王同之. 今縱無法以遺後嗣, 而又收其良以死, 難以在上矣.」
君子是以知秦之不復東征也.

진秦 목공穆公 임호任好가 죽자 대부 자거씨子車氏의 세 아들 엄식奄息, 중행仲行, 겸호鍼虎를 순장시켰는데 그들은 모두 진나라의 훌륭한 신하였다.

진나라 사람들이 그들의 죽음을 슬퍼하여 〈황조黃鳥〉시를 읊었다.

군자는 이렇게 말하였다.

"진 목공이 맹주盟主가 되지 못한 것은 마땅한 일이로다! 죽으면서도 백성을 버렸기 때문이다. 선왕先王께서는 오히려 죽으면서도 좋은 법도를 물려주었는데 하물며 착한 사람들의 생명을 빼앗을 수 있단 말인가? 《시》에 '착한 사람이 죽으면 온 나라가 피폐해지는구나'라 하였으니 이는 착한 사람이 없어짐을 두고 한 말이다. 그런데 어찌하여 착한 사람의 목숨을 빼앗을 수 있겠는가? 옛날의 왕은 사람의 생명이란 길이 이어가지 못함을 알았다. 이 때문에 성스럽고 명철한 사람을 세워 풍교와 명성을 세웠으며, 의복 등 모든 것은 신분에 따라 구분하도록 하였으며, 훌륭한 말씀을 기록하며, 음률과 법도를 제정하고, 표준을 세워 이를 펴 보였으며, 위엄 있는 거동으로써 인도하고, 법과 제도를 마련해 주었으며, 훈육과 전장典章으로 충고하며, 이익만을 쫓아가는 것은 막도록 가르치며, 관리들에게 봉록을 주어 떳떳하게 일을 할 수 있도록 맡기며, 예법으로 백성들을 인도하도록 하여 그 지역의 좋은 풍속을 잃지 않도록 하며, 모든 무리가 그를 의지할 수 있도록 해 둔 다음에야 세상을 떠났다. 성스러운 임금들은 모두가 이와 같았던 것이다. 그런데 지금 진 목공은 제멋대로 하여 후손에게 훌륭한 법도도 남긴 것이 없으면서 오히려 다시 선량한 이를 거두어 함께 죽었으니 윗사람 되기는 어렵도다!"

군자는 이 일로써 진나라가 다시는 동방東方 여러 제후국으로 진출할 수 없을 것임을 알게 되었다.

【任好】秦 穆公의 이름. 春秋五霸의 4번째 霸者. 成公의 뒤를 이어 B.C.659~621년까지 39년간 재위하였으며 康公(罃)이 그 뒤를 이음. 穆公은 다른 기록에는 '繆公'으로 표기하기도 함.

【子車氏】'子輿'로도 표기하며 秦나라 대부의 성씨.

【奄息·仲行·鍼虎】자거씨의 제 아들. 흔히 '三良'으로 불리며 《史記》秦本紀에

"三十九年, 繆公卒, 葬雍. 從死者百七十七人, 秦之良臣子輿氏三人名曰奄息·仲行· 鍼虎亦在從死者中"이라 하였고, 〈正義〉에는 應劭의 말을 인용하여 "秦穆公 與群臣飮酒酣, 公曰:「生共此樂, 死共此哀.」 於是奄息·仲行·鍼虎許諾. 及公薨, 皆從死, 黃鳥詩所爲作也"라 하여 스스로 따라 죽은 것으로 되어 있음. 한편 《漢書》匡衡傳에도 "臣竊考國風之詩, 秦穆貴信, 而士多從死"라 하였으며 鄭玄의 《詩箋》에도 "三良自殺而從死"라 함. 그러나 《史記》蒙恬傳에는 "昔者, 秦穆公 殺三良而死, 罪百里奚而非其罪也, 故立號曰繆"라 하여 각기 다름. 陶淵明은 이를 두고 〈詠三良〉 시에서 "彈冠乘通津, 但懼時我遺. 服勤盡歲月, 常恐功愈微. 忠情謬獲露, 遂爲君所私. 出則陪文輿, 入必侍丹帷. 箴規嚮已從, 計議初無虧. 一朝長逝後, 願言同此歸. 厚恩固難忘, 君命安可違! 臨穴罔惟疑, 投義志攸希. 荊棘籠高墳, 黃鳥聲正悲. 良人不可贖, 泫然沾我衣"라 하였음.

【殉】殉葬 제도. 春秋시대에는 이미 이 제도가 없어졌으나 秦나라는 西戎에 가까워 고대 악습을 이때까지 그대로 이어오고 있었던 것으로 여김.

【黃鳥】《詩經》秦風 黃鳥篇에 "交交黃鳥, 止于棘. 誰從穆公, 子車奄息. 維此奄息, 百夫之特. 臨其穴, 惴惴其慄. 彼蒼者天, 殲我良人. 如可贖兮, 人百其身. 交交黃鳥, 止于桑. 誰從穆公, 子車仲行. 維此仲行, 百夫之防. 臨其穴, 惴惴其慄. 彼蒼者天, 殲我良人. 如可贖兮, 人百其身. 交交黃鳥, 止于楚. 誰從穆公, 子車鍼虎. 維此鍼虎, 百夫之禦. 臨其穴, 惴惴其慄. 比蒼者天, 殲我良人. 如可贖兮, 人百其身"이라 하였으며 《毛詩序》에 "黃鳥, 哀三良也. 國人刺穆公以人從死, 而作是詩也"라 함.

【詩】《詩經》大雅 瞻卬篇에 "天何以刺, 何神不富. 舍爾介狄, 維予胥忌. 不弔不祥, 威儀不類. 人之云亡, 邦國殄瘁. 天之降罔, 維其優矣. 人之云亡, 心之憂矣. 天之 降罔, 維其幾矣. 人之聞亡, 心之悲矣"라 함.

【樹之風聲】백성들을 이끌 풍속과 敎化를 세움.

【分之采物】의복이나 깃발 따위를 신분의 상하에 따라 뚜렷이 구별함.

【律度】音律, 度量衡 등에 표준을 세움.

【藝極】표준삼을 모든 일의 법도. 杜預 注에 "藝, 準也; 極, 中也"라 함.

【表儀】위엄 있는 거동.

【訓典】옛 어진 왕의 經典.

【防利】이익에 대한 貪慾. 그러나 '악한 일은 방비하고 이익이 되는 일은 흥발 시키다'의 뜻으로도 봄.

【常秩】관리의 봉록을 제정하여 떳떳하게 일을 처리할 수 있도록 함.

【禮則】예법.

【土宜】 땅 위의 좋은 풍속.
【衆隷】 萬民. 천하 백성.
【賴之】 믿고 의지하여 그 정치와 법을 따름.
【卽命】 세상을 떠남. 《史記》 年表에 "君子譏之, 故不言卒"이라 함.
【東征】 동쪽으로 진출하여 패자의 지위를 누림. 《史記》 秦本紀에도 "君子曰: 「秦繆公廣地益國, 東服彊晉, 西霸戎夷, 然不爲諸侯盟主, 亦宜哉! 死而棄民, 收其良臣而從死. 且先王崩, 尚猶遺德垂法, 況奪之善人良臣百姓所哀者乎? 是以知秦不能復東征也.」"라 함.

㊉

秋, 季文子將聘於晉, 使求遭喪之禮以行.
其人曰:「將焉用之?」
文子曰:「備豫不虞, 古之善敎也. 求而無之, 實難. 過求, 何害?」

가을, 계문자季文子가 진晉나라를 빙문하기 위해 떠나면서 사람을 시켜 상喪 당하였을 때 취해야 할 예법을 알아보도록 한 다음 떠났다.
수행하던 이가 물었다.
"그 예법은 어디에서 쓰시려는 것입니까?"
계문자는 이렇게 대답하였다.
"뜻밖의 일을 미리 준비하는 것은 옛날부터 내려오는 좋은 가르침이다. 일이 닥치고 나서 이를 찾다가 찾지 못하면 실로 난감할 것이다. 지나치게 자세히 알아두는 것이 무슨 손해가 되겠느냐?"

【遭喪之禮】 이때 晉 襄公(驩)은 깊은 병이 들어 있었음. 그 때문에 계문자가 진나라에 갔을 때 그의 죽음을 맞게 될 것을 예측하여 미리 그 예법을 알아보도록 한 것임. 杜預 注에 "聞晉侯疾故"라 함.
【季文子】 魯나라 대부. 季孫行父.
【不虞】 생각지 못하던 뜻밖의 일.
【過求】 지나칠 정도로 자세히 찾아 알아보고 미리 대비함.

㊅

八月乙亥, 晉襄公卒.

靈公少, 晉人以難故, 欲立長君.

趙孟曰:「立公子雍. 好善而長, 先君愛之, 且近於秦. 秦, 舊好也. 置善則固, 事長則順, 立愛則孝, 結舊則安. 爲難故, 故欲立長君. 有此四德者, 難必抒矣.」

賈季曰:「不如立公子樂. 辰嬴嬖於二君, 立其子, 民必安之.」

趙孟曰:「辰嬴賤, 班在九人, 其子何震之有? 且爲二君嬖, 淫也. 爲先君子, 不能求大, 而出在小國, 辟也. 母淫子辟, 無威; 陳小而遠, 無援, 將何安焉? 杜祁以君故, 讓偪姞而上之, 以狄故, 讓季隗而己次之, 故班在四. 先君是以愛其子, 而仕諸秦, 爲亞卿焉. 秦大而近, 足以爲援; 母義子愛. 足以威民. 立之, 不亦可乎?」

使先蔑·士會如秦逆公子雍.

賈季亦使召公子樂于陳, 趙孟使殺諸郫.

8월 을해날, 진晉 양공襄公이 세상을 떠났다.

영공靈公은 아직 어렸지만 진나라 사람들은 나라의 어려운 사정을 생각하여 나이 많은 군주를 세우고자 하였다.

그러자 조맹趙孟이 말하였다.

"공자 옹雍을 군주로 삼읍시다. 그분은 선행을 좋아하며 나이도 많고 선군께서 사랑하였을 뿐만 아니라 게다가 진秦나라와도 사이가 좋습니다. 진나라는 우리나라와 오랜 우방입니다. 선한 분을 군주로 세우면 그 지위가 견고해질 것이며 연장자를 군주로 모시면 순리대로 일이 진행될 것입니다. 선군께서 사랑하시던 분을 세우는 것은 효도를 다하는 것이며, 예로부터 사이가 좋은 나라와 인연을 맺으면 나라가 편안해질 것입니다. 나라의 어려운 사정을 위하여 연장자를 임금으로 세우고자 한다면 이 네 가지 덕을 지니고 있는 분을 세우셔야 합니다. 그렇게 되면 나라의 어려움은 틀림없이 풀릴 것입니다."

이에 가계賈季의 의견은 달랐다.

"공자 악樂을 군주로 세우느니만 못합니다. 그분의 어머니 진영辰嬴은 두 군주에게 사랑을 받고 있으니 그러한 아들을 세우면 백성들이 틀림없이 안심할 것입니다."

조맹이 다시 말하였다.

"진영은 그 지위가 천합니다. 서열로 아홉 번째였는데 그러한 자의 아들이 어찌 위력을 떨칠 수 있겠소? 게다가 한 몸으로 두 군주에게 사랑을 받았다는 것은 음란한 일이오. 또한 선군의 아드님이 되어 큰 나라에서 자리를 구하지 못하고 작은 나라에 나가 있는 것은 고루한 인물이라는 뜻이오. 어머니는 음란하고 아들은 고루하여 위엄이 있을 수 없소. 그리고 진陳나라는 작고 또한 멀리 있어 도움을 받을 수 없으니 장차 어찌 그를 믿고 안심할 수 있겠소? 공자 옹의 어머니 두기杜祁는 핍길偪姞이 낳은 이가 임금(襄公)이 되자 자신의 자리를 양보하였으며, 선군께서 적狄 땅에 계셨을 때 뒷바라지해준 계외季隗에게 자리를 내어주어 자신은 다음 차례로 낮추었소. 그 때문에 두기는 서열로 네 번째가 된 것이오. 선군께서는 이런 일로 인해 그분의 아드님을 사랑하셔서 공자 옹을 진秦나라로 보내어 벼슬하도록 하여 그곳의 아경亞卿이 된 것이오. 진秦나라는 크고도 우리나라와 가까우니 족히 우리의 도움이 될 수 있을 것이오. 어머니는 의롭고 아드님은 사랑을 받았으니 족히 백성들에게 위엄을 세울 수가 있을 것이오. 그러한 분을 임금으로 세우는 것이 역시 좋지 않겠소?"

그리고는 대부 선멸先蔑과 사회士會로 하여금 진나라에 가서 공자 옹을 맞이해 오도록 하였다.

가계 역시 사람을 시켜 공자 악을 진陳나라로부터 불러들였다. 그러자 조맹이 사람을 시켜 공자 악을 비郫에서 죽여 버렸다.

【晉襄公】文公(重耳)과 偪姞 사이에 난 아들로 이름은 驩. 文公의 뒤를 이어 B.C.627~621년까지 7년간 재위하고 이때에 생을 마침.《史記》扁鵲列傳에 "襄公縱淫"이라 함. 靈公이 그 뒤를 이음.

【靈公】晉 靈公. 襄公을 이어 B.C.620~607년까지 14년간 재위하였으며 成公이 뒤를 이음. 양공이 죽었을 때 그는 襁褓에 싸여 있었음.

【難】顧炎武는 당시 晉나라 상황을 "謂連年有秦·狄之師, 楚伐與國"이라 하였음.
【趙孟】趙盾. 趙盾 이후 趙氏들은 대대로 '孟'자를 붙여 불렀음. 따라서 여기서는 趙盾을 가리키지만 襄公 및 昭公 원년의 '趙孟'은 '趙武'를, 昭公 29년 이후 哀公 10년까지의 '趙孟'은 '趙鞅'을, 哀公 20년 이후의 '조맹'은 '趙無恤'을 가리킴. 趙氏들은 이처럼 세력을 키워 춘추 말 晉六卿에 올랐으며 戰國시대 趙나라를 일으켜 戰國七雄의 반열에 오르게 됨.
【公子雍】文公과 杜祁 사이에 난 아들이며 襄公의 庶弟.
【先君】여기서는 晉 文公을 가리킴. 그가 아들 雍을 매우 사랑하였음.
【近於秦】雍은 秦나라에 가서 벼슬하여 亞卿에 올랐음. 《史記》秦本紀에 "襄公之弟名雍, 秦出也"라 함.
【四德】본문에서 말한 固, 順, 孝, 安을 가리킴.
【抒】'紓'와 같음. 《說文》에 "紓, 緩也"라 하였으며 〈服虔本〉에는 '紓'로 되어 있음. 늦춤, 덜음. 감소시켜줌. 해결됨.
【賈季】狐射姑. 자는 季它. 晉나라 대부 狐偃의 아들. 식읍은 賈 땅. 그 때문에 賈季로도 부름. 先且居의 중군장수 직을 대신 이어받은 장수. '射'는 '야', 혹은 '역'으로 읽음. 《穀梁傳》에는 '狐夜姑'로 되어 있으며 〈釋文〉에는 "射音亦, 一音夜"라 함.
【樂】공자의 이름. 음은 '악', 혹 '락'으로도 읽음. 注에 '樂, 音岳. 一音洛"이라 함.
【辰嬴】秦 목공의 딸로서 먼저 晉 懷公(子圉)에게 주어 아내가 되었으나 목공이 다시 文公(重耳)에게 주어 그의 부인이 되어 公子 樂을 낳음. 懷公이 왕위에 제대로 오르지 못하고 죽자 그 시호 '懷'자와 秦나라 성씨 '嬴'을 취하여 '懷嬴'이라고도 불렀음. '辰嬴'은 '秦嬴'의 잘못이라 여기기도 하며, 혹 '辰'은 그가 죽은 뒤의 諡號라고도 함. 僖公 22년, 23년 傳을 참조할 것.
【二君】懷公(子圉)과 文公(重耳)을 가리킴. 辰嬴(懷嬴)은 두 군주의 아내를 거침.
【班在九人】임금(文公) 부인으로서 그 지위의 반열이 아홉 번째임. 兪正燮의 《癸巳存稿》晉夫人考에 "文嬴, 嫡也; 襄公之母偪姞在二, 季隗(隗)在三, 公子雍之母杜祁在四, 辰嬴在九, 此皆出于傳. 其四人, 以序推之, 齊姜在五, 秦女三人亦媵也, 其在六, 七, 八歟?"라 함.
【震】威力. 임금으로서의 위엄을 떨침.
【小國】진영의 아들 공자 樂은 세력이 작은 陳나라에 가 있었음.
【辟】식견이 없음. 《史記》晉世家에는 '僻'으로 되어 있으며 '편벽되다, 고루하다'의 뜻임.

【杜祁】文公의 부인이 되어 公子 雍을 낳음. '杜'는 지금의 陝西 西安市 杜陵에 있던 작은 나라. '祁'는 祁나라의 國姓.

【偪姞】偪나라 출신의 姞姓 여인. 襄公의 생모. '偪'은 나라 이름. '姞'은 그 나라의 국성. 晉 文公과 사이에 驩을 낳았으며 이가 文公을 이어 襄公(驩)이 됨.

【上之】偪姞이 낳은 子驩이 襄公으로 오르자 杜祁는 자신의 지위를 낮추고 대신 偪길을 자신의 서열보다 높이 올려줌.

【狄故】文公(重耳)이 망명 중 狄에 들렸을 때 얻은 아내인 季隗(季媿)가 그곳에서의 고생을 도맡아 뒷바라지를 하였음. 이를 높이 여겨 杜祁는 자신의 지위를 季隗 다음으로 스스로 낮추었음. 僖公 23년 傳을 볼 것.

【亞卿】卿 다음의 지위.

【先蔑】晉나라 대부. 士伯. 僖公 28년 傳을 볼 것.《公羊傳》에는 '先眜'로 되어 있음.

【士會】晉나라 대부. 隨季. 士季. 范會 등 여러 이름을 불림. 士蔿의 손자이며 士縠과 형제. 隨땅을 채읍으로 하여 '隨會', '隨武子'라고도 불렸으며 다시 范땅을 채읍으로 하여 '范武子'로도 불림. 한때 秦나라로 망명하는 등 우여곡절을 겪기도 함. 그 후손이 뒤에 晉나라 六卿의 하나인 范氏로 발전함.

【郫】晉나라 지명. 지금의 河南 濟源縣 서쪽 땅.《一統志》에 "邵原廢縣, 在濟源縣西一百二十里, 古曰郫, 亦曰郫邵, 今爲邵原鎭"이라 함. 馬宗璉의〈補注〉에 "郫邵乃晉河內適河東之隘道, 公子樂來自晉, 故使人殺之於此"라 함.

645(文6-5)

冬十月, 公子遂如晉.

겨울 10월, 공자 수遂가 진晉나라로 갔다.

【公子遂】魯나라 공자. 東門襄仲.

※ 646(文6-6)

葬晉襄公.

진晉 양공襄公의 장례를 치렀다.

【晉襄公】文公(重耳)과 偪姞 사이에 난 아들로 이름은 驩. 文公의 뒤를 이어 B.C.627~621년까지 7년간 재위하고 이때에 생을 마침. 靈公이 그 뒤를 이음.

※ 647(文6-7)

晉殺其大夫陽處父.

진晉나라가 대부 양처보陽處父를 죽였다.

【陽處父】晉나라 대부. 陽子.

㊉
賈季怨陽子之易其班也, 而知其無援於晉也.
九月, 賈季使續鞫居殺陽處父.
書曰「晉殺其大夫」, 侵官也.

　가계賈季는 양자陽子가 대장과 부장 자리를 바꾼 일에 원한을 품고 있었으며 양자는 진晉나라에서는 더 이상 도움을 받지 못하게 될 것임을 알아차렸다.
　9월, 가계는 속국거續鞫居로 하여금 양자처보를 죽이도록 하였다.
　경經에 '진晉나라가 그 나라의 대부를 죽였다'라고 한 것은 양처보가 대장 자리 바꾸는 일에 월권을 행사하였기 때문이다.

【賈季】狐射姑. 자는 季它. 晉나라 대부 狐偃의 아들. 식읍은 賈 땅. 그 때문에 賈季로도 부름. 先且居의 중군장수 직을 대신 이어받은 장수. '射'는 '야', 혹은 '역'으로 읽음. 《穀梁傳》에는 '狐夜姑'로 되어 있으며 〈釋文〉에는 "射音亦, 一音夜"라 함.
【陽子】晉나라 대부. 陽處父.
【易其班】賈季는 원래 '中軍帥'였으나 양처보가 그를 '中軍佐'로 강등시켰음.
【續鞫居】狐鞫居, 狐氏(狐射姑, 賈季)의 족인. 시호가 簡伯으로 續簡伯으로도 부름. 2년 傳을 볼 것.
【侵官】임금이 이미 '中軍帥'로 임명하였으나 신하인 양처보가 마음대로 '中軍佐'로 바꾼 것은 관직 임면권을 침해한 것임. 이 때문에 '가계가 죽였다'라고 쓰지 않고 나라에서 죽인 것처럼 經文에 '晉殺其大夫陽處父'라 한 것임을 말함. 杜預 注에 "君已命帥, 處父易之, 故曰侵官"이라 함.

648(文6-8)

晉狐射姑出奔狄.

진晉나라 호야고狐射姑가 적狄으로 달아났다.

【狐射姑】賈季. 자는 季它. 晉나라 대부 狐偃의 아들. 식읍은 賈 땅. 그 때문에 賈季로도 부름. 先且居의 중군장수 직을 대신 이어받은 장수. '射'는 '야', 혹은 '역'으로 읽음. 《穀梁傳》에는 '狐夜姑'로 되어 있으며 〈釋文〉에는 "射音亦, 一音夜"라 함.

(傳)
冬, 十月, 襄仲如晉葬襄公.

겨울 10월, 동문양중東門襄仲이 진晉나라로 가서 양공襄公의 장례에 참석하였다.

【襄仲】東門襄仲. 즉 魯나라 공자 遂.

㉖
十一月丙寅, 晉殺續簡伯, 賈季奔狄, 宣子使臾駢送其帑.
夷之蒐, 賈季戮臾駢, 臾駢之人欲盡殺賈氏以報焉.
臾駢曰:「不可. 吾聞前〈志〉有之曰:『敵惠敵怨, 不在後嗣, 忠之道也.』夫子禮於賈季, 我以其寵報私怨, 無乃不可乎? 介人之寵, 非勇也; 損怨益仇, 非知也; 以私害公, 非忠也. 釋此三者, 何以事夫子?」
盡具其帑與其器用財賄, 親帥扞之, 送致諸境.

11월 병인날, 진晉나라가 속간백續簡伯을 죽이자 가계賈季는 적狄으로 달아났다. 선자宣子는 유변臾駢으로 하여금 가계의 처자妻子를 그가 간 곳으로 보내주도록 하였다.
이夷에서의 군사 훈련에서 가계가 유변을 처벌한 적이 있었으므로 유변 부하가 가계 가족들을 모두 죽여 그때의 일을 보복하자고 하였다.
그러자 유변이 말하였다.
"안 된다. 내 듣기로 옛 책에서 '은혜를 베푼 사람에게 직접 은혜 갚고, 원수에게는 직접 원수를 갚아, 그 후사後嗣에게 그 일을 떠넘기지 않는 것이 충忠의 도道'라 하였다. 어르신(趙盾)께서 가계에게 예를 베풀고 있는데 내가 그 어르신의 총애를 받는 것을 이용하여 사사로운 원한을 갚는다는 것은 불가한 일이 아니겠는가? 남의 총애를 개입시키는 것은 용勇이 아니며, 원수를 갚고자 원한을 더욱 키우는 것은 지知가 아니며, 사사로운 일로 공公을 해치는 것은 충忠이 아니다. 이 세 가지를 버리고서 어찌 어른을 모실 수 있겠는가?"

그는 가계의 처자를 데리고 그의 재물을 모두 정리하여 싣고, 자신이 직접 인솔하여 국경까지 보내주었다.

【丙寅】杜預는 11월에는 병인날이 없었으며 12월 8일 병인날이어야 한다고 하였음.
【續簡伯】續鞫居. 狐鞫居, 狐氏(狐射姑, 賈季)의 족인. 簡伯은 시호. 賈季의 사주로 陽處父를 죽였음. 文公 4년의 傳文을 참조할 것.
【宣子】晉나라 실력자이며 대부. 趙宣子, 趙盾, 趙孟.
【臾騈】趙盾의 부하. 文公 12년 傳에 "趙氏新出其屬曰臾騈"이라 함. '騈'은 '변', 혹 '병'으로 읽음. 注에 "騈, 蒲賢反, 又蒲丁反"이라 함.
【帑】'孥'와 같음. 妻子를 뜻함. 이는 文公 7년의 經文과 傳文을 볼 것.
【夷之蒐】夷 땅에서의 군사 훈련. '蒐'는 원래 천자의 봄 사냥으로 그 기회에 군사훈련을 겸하는 것. 여기서는 군사훈련을 뜻함.《司馬法》仁本篇에 "故國雖大, 好戰必亡; 天下雖安, 忘戰必危. 天下旣平, 天下大愷, 春蒐秋獮; 諸侯春振旅, 秋治兵, 所以不忘戰也"라 함.
【戮】여기서는 '치욕을 주다. 죄를 주다'의 뜻.
【前志】옛 책.
【敵惠敵怨, 不在後嗣】杜預 注에 "敵猶對也. 若及子孫, 則爲非對. 非對則爲遷怨"라 하였고, 孔穎達 疏에는 "敵惠謂有惠於彼, 不可望彼人之子報; 敵怨謂有怨於彼, 不可讐彼人之子"라 함.
【夫子】그 어르신. 趙盾(宣子)을 존경하여 지칭한 것임.
【損怨益仇】원한을 없애려다가 오히려 원수를 더 가중시킴.
【扞】호위하여 보살핌. 杜預 注에 "扞, 衛也"라 함.

※ 649(文6-9)

閏月不告月, 猶朝于廟.

윤월, 윤달을 조정에서 곡(告)하지 않고 종묘에 참배하였다.

【不告月】 매달 초하루 종묘에 제사를 올리며 그 달이 시작되었음을 알리는 의식을 '告朔'(곡삭)이라 함. 윤달이라 하여 이 제사를 올리지 않고 참배만 함. 《論語》八佾篇에 "子貢欲去告朔之餼羊"을 볼 것. 한편《禮記》玉藻篇에 "天子聽朔於南門之外, 閏月則闔門左扉, 立于其中. 諸侯皮弁以聽朔於大廟"라 함.

㊝
閏月不告朔, 非禮也.
閏以正時, 時以作事, 事以厚生, 生民之道於是乎在矣.
不告閏朔, 弃時政也. 何以爲民?

윤월閏月 초하루, 곡삭告朔의 예를 행하지 않은 것은 예에 어긋난 것이었다.

윤달을 두어 네 계절이 어긋나는 것을 바로잡고, 그것을 기준으로 삼아 바른 시절에 따라 농사에 힘쓰며, 농사에 힘씀으로써 백성들의 생활을 풍요롭게 하는 것이다. 백성들을 잘 살게 하는 도리가 여기에 있다.

그런데 윤달의 초하루에 곡삭의 예를 행하지 않은 것은 때에 맞는 정치를 버린 것이다. 그렇게 하고서 어찌 백성을 위한다는 것인가?

【告朔】 '곡삭'으로 읽음. 古代의 制度로 매년 秋冬 交替期에 周나라 天子가 曆書를 諸侯國에게 주면, 이를 諸侯國에서는 祖廟에 保管하고 매월 초하루마다 祖上神에게 달이 바뀜을 告함. '告'은 '古篤反'(入聲) '곡'으로 읽음. 《論語》八佾篇에 "子貢欲去告朔之餼羊. 子曰:「賜也! 爾愛其羊, 我愛其禮.」"라 하였고〈集註〉에 "告朔之禮: 古者天子常以季冬, 頒來歲十二月之朔于諸侯, 諸侯受而藏之祖廟. 月朔, 則以特羊告廟, 請而行之. 餼, 生牲也. 魯自文公始不視朔, 而有司猶供此羊, 故子貢欲去之"함.
【閏以正時】 윤달을 두어 사계절이 뒤틀어지는 것을 바르게 함.
【時以作事】 때에 따라 농사에 힘씀.
【時政】 시절을 잘 가려 쓰는 일에 관한 정치.

103. 文公 7年(B.C.620) 辛丑

周	襄王(姬鄭) 33년	齊	昭公(潘) 13년	晉	靈公(夷皐) 원년	衛	成公(鄭) 15년
蔡	莊公(甲午) 26년	鄭	穆公(蘭) 8년	曹	共公(襄) 33년	陳	共公(朔) 12년
杞	桓公(姑容) 17년	宋	成公(王臣) 17년	秦	康公(罃) 원년	楚	穆王(商臣) 6년
許	昭公(錫我) 2년						

❈ 650(文7-1)

七年春, 公伐邾.

7년 봄, 공이 주邾나라를 쳤다.

【七年春】그 전해 윤 12월 29일 戊午가 冬至였음.
【邾】周나라 武王이 祝融 八姓의 하나였던 邾俠(曹俠)을 封하여 부용국으로 삼았었으며 지금의 山東 鄒縣. 이 때문에 전국시대에 이름을 '鄒'로 바꾸었음. 曹姓이며 子爵 작위를 받았으나 魯나라에 예속되어 있었음. 晉나라에 난이 일어나자 文公이 이 틈을 이용하여 작은 邾나라를 정벌한 것.

❈ 651(文7-2)

三月甲戌, 取須句.

3월 갑술날, 수구須句를 취하였다.

【甲戌】 3월 17일.
【須句】 風姓의 나라. 僖公 21년에 의하면 邾나라 須句를 쳐서 자신의 영토로 삼고 있었음. 지금의 山東 東平縣 동북 須句 故城.

※ 652(文7-3)

遂城郚.

오郚에 성을 쌓았다.

【郚】 魯나라 읍. 지금의 山東 泗水縣 동남쪽.
＊無傳

㊉
七年春, 公伐邾, 間晉難也.

7년 봄에 문공이 주邾나라를 친 것은 진晉나라의 내란을 틈탄 것이었다.

【晉難】 晉 襄公이 죽고 왕을 세우고자 논란을 벌였던 일. 文公 6년의 傳文을 볼 것.

㊉
三月甲戌, 取須句, 寘文公子焉, 非禮也.

3월 갑술날, 수구須句를 취하여 주邾 문공文公의 아들을 그곳의 통치자로 세웠다. 이것은 예에 맞지 않는 일이었다.

【寘】'置'와 같음. 배치함. 임명함.
【文公子】邾나라 文公의 아들. 그는 본국에서 반란을 일으켜 노나라에 망명 중이었음.

※ 653(文7-4)
　　夏四月, 宋公王臣卒.

여름 4월, 송공宋公 왕신王臣이 죽었다.

【王臣】宋 成公의 이름.《穀梁傳》에는 '壬臣'으로 되어 있음. 襄公의 뒤를 이어 B.C.636~620년까지 17년간 재위하였으며 昭公(杵臼)이 그 뒤를 이음.《史記》宋世家에 "十七年, 成公卒"이라 하였고,〈年表〉에는 도리어 "十七年, 公孫固 殺成公"이라 함.

※ 654(文7-5)
　　宋人殺其大夫.

송宋나라가 그 대부를 죽였다.

【大夫】公孫固와 公孫鄭를 죽임. 다음의 傳文을 볼 것.

㊁
　　夏四月, 宋成公卒.
　　於是公子成爲右師, 公孫友爲左師, 樂豫爲司馬, 鱗矔爲司徒, 公子蕩爲司城, 華御事爲司寇.
　昭公將去羣公子, 樂豫曰:「不可. 公族, 公室之枝葉也; 若去之, 則本根無所庇蔭矣. 葛藟猶能庇其本根, 故君子以爲比, 況國君乎? 此諺所謂『庇焉而縱尋斧焉』者也. 必不可. 君其圖之! 親之以德, 皆股肱也, 誰敢攜貳? 若之何去之?」
　不聽.
　穆·襄之族率國人以攻公, 殺公孫固·公孫鄭于公宮.
　六卿和公室, 樂豫舍司馬以讓公子卬.
　昭公卽位而葬.
　書曰「宋人殺其大夫」, 不稱名, 衆也, 且言非其罪也.

　여름 4월, 송宋 성공成公이 죽었다.
　이에 공자 성成이 우사右師였고, 공손우公孫友가 좌사左師였으며, 악예樂豫가 사마司馬였고 인관鱗瓘이 사도司徒였으며, 공자 탕蕩이 사성司城이었고, 화어사華御事가 사구司寇였다.
　소공昭公이 다른 여러 공자들을 없애려 하자 악예가 말하였다.
　"안 됩니다. 공족公族은 공실公室의 가지와 잎입니다. 만일 여러 공자들을 없애면 줄기와 뿌리가 보호를 받을 수 없습니다. 칡덩굴도 오히려 그 줄기와 뿌리를 보호하고 있습니다. 그 때문에 군자는 이로써 비유를 삼고 있는데 하물며 나라의 임금이라면 더 말할 것이 있겠습니까? 이것이 속담에 소위 '비호庇護받고 있으면서도 도끼를 마구 들이댄다'는 것입니다. 절대 안 됩니다. 임금께서는 살펴주십시오! 그들을 덕으로 가까이 하시면 그들은 다 군주의 팔다리가 될 것입니다. 그 누가 두 마음을 품겠습니까? 이와 같거늘 어찌 그들을 없애려 하십니까?"
　그러나 소공은 이 말을 듣지 않았다.
　이에 목공穆公과 양공襄公의 일족들은 각각 나라 사람들을 거느리고 소공을 공격하여 공손고公孫固와 공손정公孫鄭을 궁궐 안에서 죽였다.
　그러자 육경六卿이 공실과 화해에 나서서 악예는 사마 벼슬을 공자 앙卬에게 양보하였다.

소공은 즉위하여 성공의 장례를 치를 수 있었다.

경經에 '송나라 사람이 그 나라의 대부를 죽였다'라고 쓰면서 이름을 밝히지 않은 것은 사람들 수가 많아서였고, 게다가 그들에게는 죄가 없었음을 말한 것이었다.

【公子成】宋 莊公의 아들.
【右師, 左師】右政丞, 左政丞과 같은 벼슬.
【公孫友】公子 目夷의 아들. 目夷는 宋 襄公 庶兄으로 '宋襄之仁'의 고사를 낳은 대부.
【樂豫】宋 戴公의 현손. 孔穎達 疏에 《世本》을 인용하여 "戴公生樂甫術(衍), 術生碩甫澤, 澤生季甫, 甫生子僕伊與樂豫"라 함.
【鱗矔】宋 桓公의 손자. 孔穎達 疏에 《世本》을 인용하여 "桓公生公鱗, 鱗生東鄉矔"이라 함.
【公子蕩】宋 桓公의 아들.
【司城】원래는 司空이었지만 武公의 이름이 '司空'이어서 그 이름을 피하여 '司城'이라 하였음. 土木에 관한 일을 관장하는 장관. 桓公 6년 傳에 "宋以武公廢司空"이라 함.
【華御事】송나라 대부. 華元의 아버지. 文公 16년 孔穎達의 疏에 《世本》을 인용하여 "華督生世子家, 家生華孫御事, 事生華元右師"라 하였음.
【司寇】司法長官. 刑獄을 다스리는 법관의 최고 책임자.
【司徒】일반 백성을 다스리는 장관.
【昭公】이름은 杵臼. 襄公의 아들. 기록에 따라 成公의 막내아들로 되어 있기도 함. 《史記》 宋世家에 "成公卒, 成公弟禦殺太子及大司馬公孫固而自立爲君, 宋人共殺君禦而立成公少子杵臼, 是爲昭公"이라 하였으나 〈年表〉에는 "宋昭公杵臼, 襄公之子"라 함. 그러나 본 《左傳》 文公 16년에 宋 昭公이 襄公夫人을 "君祖母"라 부른 것으로 보아 昭公은 成公의 아들이며 襄公의 손자임.
【群公子】穆公과 襄公의 일족.
【葛藟】《詩經》王風 葛藟篇에 "綿綿葛藟, 在河之滸. 終遠兄弟, 謂他人父. 謂他人父, 亦莫我顧. 綿綿葛藟, 在河之涘. 終遠兄弟, 謂他人母. 謂他人母, 亦莫我有. 綿綿葛藟, 在河之漘. 終遠兄弟, 謂他人昆. 謂他人昆, 亦莫我聞"이라 한 것을 비유함.

【攜貳】두 마음을 가짐. 배반함.
【穆襄】宋 穆公과 襄公.
【公子卬】宋 昭公의 아우.
【非其罪】살해당한 사람들이 죄가 있었던 것은 아님. 杜預 注에 "不稱殺者及 死者名. 殺者衆, 故名不可知; 死者無罪, 則例不稱名"이라 함.

❋ 655(文7-6)

戊子, 晉人及秦人戰于令狐.
晉先蔑奔秦.

무자날, 진晉나라가 진秦나라와 영호令狐에서 전투를 벌였다.
진晉나라 선멸先蔑이 진秦나라로 달아났다.

【戊子】4월 초하루.
【令狐】지명. 지금의 山西 猗氏縣. 그러나 《一統志》에 "在今陝西省郃陽縣東南"이라 함. 僖公 24년을 볼 것.
【先蔑】晉나라 대부. 士伯. 僖公 28년 傳 및 文公 6년의 傳을 볼 것. 《公羊傳》에는 '先眛'로 되어 있음. 晉 襄公이 죽자 秦 康公으로부터 公子 雍을 맞이하여 晉나라 군주로 세울 임무를 띠고 있었음. 이 일이 제대로 성사되지 못하자 秦나라로 달아난 것임.

⦿傳
秦康公送公子雍于晉, 曰:「文公之入也無衛, 故有呂·郤之難.」
乃多與之徒衛.
穆嬴日抱大子以啼于朝, 曰:「先君何罪? 其嗣亦何罪? 舍嫡嗣不立, 而外求君, 將焉寘此?」

出朝, 則抱以適趙氏, 頓首於宣子, 曰:「先君奉此子也, 而屬諸子, 曰:『此子也才, 吾受子之賜; 不才, 吾唯子之怨.』今君雖終, 言猶在耳, 而弃之, 若何?」

宣子與諸大夫皆患穆嬴, 且畏偪, 乃背先蔑而立靈公, 以禦秦師.

箕鄭居守, 趙盾將中軍, 先克佐之; 荀林父佐上軍; 先蔑將下軍, 先都佐之. 步招御戎, 戎津爲右.

及堇陰, 宣子曰:「我若受秦, 秦則賓也; 不受, 寇也. 旣不受矣, 而復緩師, 秦將生心. 先人有奪人之心, 軍之善謀也; 逐寇如追逃, 軍之善政也.」

訓卒, 利兵, 秣馬, 蓐食, 潛師夜起.

戊子, 敗秦師于令狐, 至于刳首.

己丑, 先蔑奔秦, 士會從之.

先蔑之使也, 荀林父止之, 曰:「夫人·大子猶在, 而外求君, 此必不行. 子以疾辭, 若何? 不然, 將及. 攝卿以往, 可也, 何必子? 同官爲寮, 吾嘗同寮, 敢不盡心乎?」

弗聽.

爲賦〈板〉之三章, 又弗聽.

及亡, 荀伯盡送其帑及器用財賄於秦, 曰:「爲同寮故也.」

士會在秦三年, 不見士伯.

其人曰:「能亡人於國, 不能見於此, 焉用之?」

士季曰:「吾與之同罪, 非義之也, 將何見焉?」

及歸, 遂不見.

진秦 강공康公이 진晉나라 공자 옹雍을 본국 진나라로 보내며 말하였다.

"그대의 부친 문공文公이 우리나라에 있다가 본국으로 들어갔을 때 호위하는 군사가 없었다오. 그 때문에 여씨呂氏와 극씨郤氏에게 고통을 당하였던 것이라오."

그리고 그에게 많은 호위병을 딸려 보냈다.

그러자 진晉 양공襄公의 부인 목영穆嬴이 날마다 태자(夷皋)를 안고 조정에서 울며 말하였다.

"돌아가신 선군께서 무슨 죄가 있었습니까? 그분의 아들에게 또 무슨 죄가 있다는 것입니까? 적자嫡子를 버리고 밖에서 군주를 찾으시니 장차 이 아들은 어디다 버리려는 것입니까?"

그리고 조정을 나서서 태자를 안고 조씨趙氏에게로 가서 조선자趙宣子에게 머리를 조아리며 이렇게 말하였다.

"돌아가신 군주께서는 이 아들을 받들도록 하면서 그대에게 '이 아들이 임금이 될 재능이 있다고 여긴다면 나는 그대의 은혜를 받게 되는 것이고, 군주감이 될 수 없다고 여긴다면 나는 오직 그대를 원망할 것이오'라고 부탁하셨습니다. 지금 임금께서는 비록 세상을 떠나셨지만 그 말씀은 아직도 귀에 남아 있습니다. 그런데도 포기하고 계시니 어찌된 것입니까?"

선자와 여러 대부들은 모두가 목영을 걱정하면서도 자신들을 옳지 못하다고 핍박할까 두려워 이에 선멸先蔑이 공자 옹을 맞이하려던 일을 배신하고 영공靈公을 군주로 세우고는 공자 옹을 호위하고 오는 진秦나라 군사를 막았다.

그때 기정箕鄭은 도읍에 남아 지키고, 조선자가 중군의 대장이 되고, 선극先克이 그를 보좌하였으며, 순림보荀林父는 상군上軍의 부장이 되고, 선멸이 하군의 대장이 되고 선도先都가 그를 보좌하였다. 그리고 보초步招는 전차를 조종하고, 융진戎津이 오른쪽을 담당하였다.

근음菫陰 땅에 이르자 선자가 이렇게 말하였다.

"우리가 진秦나라에서 보내는 공자 옹을 받아들인다면 진나라는 우리의 손님이지만, 받아들이지 않는다면 진나라는 우리의 적이 되는 것이다. 우리는 이미 받아들이지 않기로 하였으니 우리가 군사 행동을 느리게 취하면 진나라 군사가 우리를 공격하려는 마음을 가질 것이다. 상대보다 먼저 나서서 그들의 투지를 빼앗아버리는 것이 작전의 좋은 모책이며, 방법이고, 적을 몰 때에는 달아나는 사람을 몰아치듯이 하는 것이 군사 행동의 좋은 방법이다."

그리고 군졸들에게 훈령을 내려 무기를 손질하고, 말에게 먹이를 먹이며, 군사들을 배불리 먹이도록 하고는 은밀히 밤에 군사를 출동시켰다.

무자날, 진晉나라는 진秦나라 군사를 영호令狐에서 패배시키고 고수刳首까지 뒤쫓아 공격하였다.

기축날, 선멸이 진秦나라로 달아나자 사회士會도 그를 따라 달아났다.

전에 선멸이 공자 옹을 맞이하러 진나라에 사자로 갈 때 순림보가 이렇게 말렸었다.

"부인 목영과 태자 이고가 그래도 살아 있는데 밖에서 임금을 구하려 하니 이 일은 틀림없이 실행될 수 없을 것입니다. 병을 핑계로 가지 않는 것이 어떻소? 그렇지 않으면 그대에게 장차 화가 미칠 것이니 다른 경卿을 그대의 대리로 삼아 보내는 것이 좋겠소. 하필 그대가 꼭 가야 할 필요가 있소? 함께 벼슬하고 있는 자를 동료라 합니다. 내 일찍이 그대와 동료였소. 그런데 내가 어찌 그대에게 마음을 다 하지 않을 수 있겠소?"

그러나 선멸은 그의 말을 듣지 않았었다.

그래서 순림보는 《시》〈판板〉의 제 3장을 읊어주었지만 그래도 그는 듣지 않았던 것이다.

선멸이 진秦나라로 망명하자 순림보는 선멸의 처자와 그가 쓰던 가재도구를 모두 진나라로 보내주면서 이렇게 말하였다.

"동료였던 사람을 위하는 것이다."

사회는 진나라로 간 지 3년이 되도록 사백士伯(先蔑)을 만나지 않았다.

이에 그를 따르는 사람이 물었다.

"이 나라에 함께 망명하였으면서도 서로 만나지 않는 것은 무엇 때문입니까?"

그러자 사계士季(土會)는 이렇게 말하였다.

"나는 그분과 같은 죄를 지었지만 그분을 의로운 분으로 생각하지는 않는다. 그러니 무엇 때문에 만나겠는가?"

그리고 끝내 진晉나라로 돌아갈 때까지 선멸을 만나지 않았다.

【秦康公】이름은 罃. 穆公의 아들로 B.C.620~609년까지 12년간 재위함. 그 어머니는 穆姬로써 晉 獻公의 딸이며 동시에 晉 文公과 晉 惠公의 배다른 여동생이었음. 따라서 晉 文公은 秦 康公의 외삼촌이 되며 《詩經》秦風〈渭陽〉에

"我送舅氏, 曰至渭陽"의 구절은 康公이 文公을 떠나보내며 읊은 시로써 文公이 晉나라로 귀국할 때 직접 보았던 일이라 함.

【公子雍】晉 文公의 아들. 秦 康公이 晉 襄公이 죽자 그를 晉나라로 보내어 임금으로 세우고자 본국으로 귀국시킨 것임.

【呂·郤之難】僖公 24년 傳을 볼 것.

【徒衛】'徒'는 步兵, 步卒. 注에 "步卒曰徒. 徒衛者, 步卒而爲護衛. 此非作戰, 故不用車兵"이라 함.

【穆嬴】秦 穆公의 딸이며 秦 康公의 여동생으로 晉 襄公(驩)의 부인. 太子 夷皐(뒤에 晉 靈公이 됨)의 어머니. 《史記》 晉世家에는 '繆嬴'으로 표기되어 있음. '繆'과 '穆'은 같은 뜻의 通用字임.

【大子】太子. 穆嬴과 襄公 사이에 난 아들. 이름은 夷皐. 뒤에 襄公을 이어 靈公이 됨. 《史記》 晉世家에 "太子母繆嬴日夜抱太子而號泣於朝"라 함.

【先君】지난해 8월 乙亥날에 죽은 진 襄公(驩). 文公 6년의 經文 및 傳文을 참조할 것.

【宣子】趙宣子. 趙盾. 晉나라 대부이며 실력자였음. 趙衰의 아들.

【此子也才】'此子'는 태자 夷皐를, '才'는 '그대로부터 재능을 인정받아 임금으로 옹립해 줌'을 뜻함. 襄公이 趙盾에게 늘 부탁해 두었던 말을 인용한 것임.

【畏偪】백성들이 목영을 동정하여 난리를 일으켜 협박할까 두려워하였음. 《史記》 晉世家에 "趙盾與諸大夫皆患繆嬴, 且畏誅"라 함.

【先蔑】晉나라 대부. 士伯. 僖公 28년 傳 및 文公 6년의 傳文을 볼 것. 《公羊傳》에는 '先眛'로 되어 있음. 晉 襄公이 죽자 秦 康公으로부터 公子 雍을 맞이하여 晉나라 군주로 세울 임무를 띠고 있었음.

【靈公】이름은 夷皐. 襄公과 穆嬴(繆嬴) 사이에 난 태자. 襄公의 뒤를 이어 B.C.620~607년까지 14년간 재위하고 그 뒤를 成公이 이음.

【箕鄭】晉나라 上軍의 장수.

【居守】도읍에 남아서 지킴.

【先克】先且居의 아들. 狐射姑를 대신하여 趙盾의 보좌가 됨.

【荀林父】荀伯. 中行桓子. 中行伯. 上軍 장수 箕鄭이 도읍을 지키고 있었으므로 독자적으로 나선 것임. 그는 僖公 28년에 새로 편성된 보병 부대 中行軍의 장수가 되어 이를 성씨로 삼았으며 뒤에 晉 六卿의 하나인 중항씨(中行氏)의 선조가 됨.

【先都】先克의 族人.

【步招】晉나라 대부.

【戎津】역시 晉나라 대부.

【董陰】晉나라 지명. 지금의 山西 臨猗縣 동쪽. 슈狐와 멀지 않은 곳.
【蓐食】배불리 먹음.《方言》에 '蓐, 厚也"라 함. 포식과 같음. 전투 전에 사졸들에게 배불리 먹임을 뜻함.
【戊子】4월 2일.
【剞首】晉나라 지명. 지금의 山西 猗氏縣 서쪽.《水經注》에 "剞首, 在猗氏縣西三十里"라 함.
【己丑】4월 2일.
【士會】晉나라 대부. 隨季. 士季. 范會 등 여러 이름으로 불림. 士蔿의 손자이며 士縠과 형제. 隨땅을 채읍으로 하여 '隨會', '隨武子'라고도 불렸으며 다시 范땅을 채읍으로 하여 '范武子'로도 불림. 한 때 秦나라로 망명하는 등 우여곡절을 겪기도 함. 그 후손이 뒤에 晉나라 六卿의 하나인 范氏로 발전함.
【板之三章】《詩經》大雅 板篇 제 3장에 "我雖異事, 及爾同僚. 我卽而謀, 聽我囂囂. 我言維服, 勿以爲笑. 先民有言, 詢于芻蕘"라 함. 이는 나무꾼과 같은 천한 사람의 말이라도 소홀히 해서는 안 된다는 뜻으로 '하물며 동료의 말을 소홀히 해서야 되겠느냐'의 뜻으로 거론한 것임.
【帑】'孥'와 같음. 妻子眷屬을 가리킴.
【其人】士會 좌우의 사람들.
【同罪】杜預 注에 "俱有迎公子雍之罪"라 함.
【及歸】士會가 晉나라로 돌아온 것은 6년 뒤인 文公 13년이었음.

656(文7-7)

狄侵我西鄙.

적狄이 우리의 서쪽 변경을 침공하였다.

㊀

狄侵我西鄙, 公使告於晉.
趙宣子使因賈季問酆舒, 且讓之.

酆舒問於賈季曰:「趙衰·趙盾孰賢?」
對曰:「趙衰, 冬日之日也; 趙盾, 夏日之日也.」

적狄이 우리 노나라의 서쪽 변방을 침공하자 문공은 사람을 진晉나라에 보내 알렸다.

진나라 조선자趙宣子(趙盾)가 적狄나라로 도망가 있던 가계賈季를 통해 적나라 재상 풍서酆舒에게 물어보고 아울러 이 문제를 문책하도록 하였다.

풍서는 가계에게 이렇게 물었다.

"진晉나라 조최趙衰와 그의 아들 조돈 중 누가 더 어진 사람이오?"

가계는 이렇게 대답하였다.

"조최는 겨울날의 태양이요, 조돈은 여름날의 태양이라오."

【趙盾】趙宣子. 趙衰의 아들.
【賈季】狐射姑. 자는 季它. 晉나라 대부 狐偃의 아들. 식읍은 賈 땅. 그 때문에 賈季로도 부름. 先且居의 중군장수 직을 대신 이어받은 장수. '射'는 '야', 혹은 '역'으로 읽음.《穀梁傳》에는 '狐夜姑'로 되어 있으며 〈釋文〉에는 "射音亦, 一音夜"라 함. 그가 狄으로 달아난 것은 文公 6년 經文 및 傳文을 참조할 것.
【酆舒】狄나라 재상. 여기서의 狄은 赤狄의 潞氏를 가리킴.
【趙衰】'조최'로 읽음. 字는 子餘. 趙夙의 아우이며 重耳를 모신 대부. 趙盾(趙宣子), 趙同, 趙括의 아버지이며 시호는 成子. 그에 따라 趙成子, 成季 등으로도 부름. 그 후손이 戰國시대 趙나라를 세움.
【冬日·夏日】겨울 햇볕은 사람들이 그리워하지만 여름 볕은 너무 뜨거워 두려워함. 注에 "冬日可愛, 夏日可畏"라 함. 여기서는 趙盾이 훨씬 두려운 존재라는 뜻. 따라서 그의 말을 듣지 않았다가는 위험한 일을 당하리라는 경고를 한 것임. 杜預 注에 "冬日可愛, 夏日可畏"라 함.

● 657(文7-8)

秋八月, 公會諸侯·晉大夫盟于扈.

가을 8월, 공이 제후들 및 진晉나라 대부와 만나 호扈에서 맹약을 맺었다.

【晉大夫】구체적으로 趙盾을 가리킴.
【扈】鄭나라 지명. 지금의 河南 原陽縣 서쪽. 《一統志》에 "今河南武原縣西北有扈亭"이라 함.

㊙
秋八月, 齊侯·宋公·衛侯·陳侯·鄭伯·許男·曹伯會晉趙盾盟于扈, 晉侯立故也.
公後至, 故不書所會.
凡會諸侯, 不書所會, 後也.
後至, 不書其國, 辟不敏也.

가을 8월, 제齊 소공昭公, 송宋 성공成公, 위衛 성공成公, 진陳 공공共公, 정鄭 목공穆公, 허許 소공昭公, 조曹 공공共公이 진晉의 조돈趙盾과 호扈 땅에서 맹약을 맺었는데 이는 진晉나라에 영공靈公이 새로 즉위하였기 때문이었다.
그때 노 문공은 늦게 도착하여 그 때문에 경經에 모임에 참가한 나라들을 기록하지 않은 것이다.
무릇 제후들이 보일 때 그 모임에 참가한 이들을 경에 기록하지 않은 경우는 늦게 간 나라가 있을 때 그와 같이 한다.
늦게 참석하는 나라가 있을 때 그들 나라 이름을 쓰지 않는 것은 민첩하지 못함을 피하기 위해서였다.

【盟于扈】《史記》晉世家에 "秋, 齊·宋·衛·鄭·曹·許君皆會趙盾, 盟於扈, 以靈公初立故也"라 함.
【不書所會】經에 회맹에 참가한 나라 이름을 일일이 밝히지 않고 그저 '諸侯'라고만 기록한 것을 말함.

【避不敏也】기록이 잘못될 것을 피함. 정확한 기록을 하지 못할 수도 있을 것임을 피하기 위한 것임.

※ 658(文7-9)
冬, 徐伐莒.

겨울, 서徐나라가 거莒나라를 쳤다.

【徐】나라 이름. 지금의 安徽 泗縣 서북쪽.

※ 659(文7-10)
公孫敖如莒涖盟.

공손오公孫敖가 거莒나라로 가서 맹약에 참가하였다.

【公孫敖】魯나라 대부. 公孫慶父의 아들. 孟穆伯, 公孫穆伯으로도 부름.

(傳)
穆伯娶于莒, 曰戴己, 生文伯; 其娣聲己生惠叔.
戴己卒, 又聘於莒, 莒人以聲己辭, 則爲襄仲聘焉.
冬, 徐伐莒, 莒人來請盟, 穆伯如莒涖盟, 且爲仲逆.
及鄢陵, 登城見之, 美, 自爲娶之.
仲請攻之, 公將許之.

叔仲惠伯諫, 曰:「臣聞之:『兵作於內爲亂, 於外爲寇. 寇猶及人, 亂自及也.』今臣作亂而君不禁, 以啓寇讎, 若之何?」
公止之.
惠伯成之, 使仲舍之, 公孫敖反之, 復爲兄弟如初.
從之.

노나라 대부 목백穆伯(公孫敖)이 거莒나라에서 부인을 맞이하여 그의 이름은 대기戴己였으며 그녀는 문백文伯을 낳았고 그의 여동생 성기聲己는 혜숙惠叔을 낳았다.

대기가 세상을 떠나자 공손오는 다시 거나라에서 후처를 구하였으나 거나라에서는 그에게 성기가 있다는 이유로 거절하자 공손오는 거나라 여인을 동문양중東門襄仲(公子 遂)의 처로 삼겠다고 하였다.

겨울, 서徐나라가 거나라를 치자 거나라가 노나라에 동맹을 요청하여 목백이 거나라로 가서 맹약에 참여하면서 아울러 양중襄仲을 위해 거나라의 여인을 맞이하였다.

그가 언릉鄢陵에 이르러 성城에 올라 그 여자를 보았더니 자태가 너무 아름다워 곧 자신의 아내로 삼고 말았다.

그러자 양중이 공손오를 치겠다고 청하자 문공이 허락하려 하였다.

숙중혜백叔仲惠伯이 이렇게 간언하였다.

"제가 듣기로 '싸움이 국내에서 일어나는 것을 난亂이라 하고, 국외에서 일어나는 것을 구寇라고 한다'하더이다. '구'는 다른 사람에게까지 화가 미치고 '난'은 자신에게 재앙이 미칩니다. 지금 신하가 난을 일으키려 하는데 임금이 이를 막지 아니하여 다른 나라가 원수로 여길 길을 열어 주신다면 어떻게 하겠습니까?"

이에 문공은 이를 저지하였다.

혜백惠伯은 두 사람을 화해시켜 양중으로 하여금 그 여자를 포기하도록 하고 공손오에게는 그 여자를 본국 거나라로 돌려보내도록 하여, 형제간의 우의가 예전처럼 회복되도록 하였다.

두 사람 모두 그의 말을 따랐다.

【穆伯】公孫敖. 魯나라 대부. 公孫慶父의 아들. 孟穆伯, 公孫穆伯으로도 부름.
【戴己】莒나라 출신의 公孫敖 부인. 戴는 시호. 己는 莒나라 성씨.
【文伯】公孫穀. 戴己에게서 난 公孫敖의 아들.
【成己】戴己의 여동생. 成은 역시 시호이며 己는 莒나라 성씨.
【惠叔】公孫難. 聲己에게서 난 公孫敖의 아들.
【襄仲】東門襄仲. 魯나라 公子 遂. 여기서는 公孫敖가 이미 거나라에서 여인을 결정하여 그를 후처로 삼겠다고 한 것이며, 거나라에서 成己를 이유로 반대하자 그 거나라 여인을 대신 東門襄仲, 즉 公子 遂의 아내로 삼도록 하겠노라 뜻을 바꾼 것임.
【鄢陵】莒나라 지명. 지금의 山東 莒縣과 沂水縣 경계 지역.
【叔仲惠伯】魯 桓公의 아들인 叔牙의 손자. 桓公의 증손. 杜預의 注에 "惠伯, 叔牙孫"이라 하였고, 《禮記》 檀弓篇 孔穎達 疏에 《世本》을 인용하여 "桓公生僖叔牙, 叔牙生武仲休, 休生惠伯彭, 彭生皮, 爲叔仲氏"라 함.
【寇讎】敵國의 공격. 다른 나라로부터 원수가 되도록 함.
【成之】그들을 화해시킴. 《周禮》 地官 調人에 "凡有鬪怒者, 成之"라 함.
【兄弟】公子 遂(東門襄仲)는 公孫敖의 從父昆弟였음. 杜預 注에 "爲明年公孫敖奔莒傳"이라 함.

㊙

晉郤缺言於趙宣子曰:「日衛不睦, 故取其地. 今已睦矣, 可以歸之. 叛而不討, 何以示威? 服而不柔, 何以示懷? 非威非懷, 何以示德? 無德, 何以主盟? 子爲正卿, 以主諸侯, 而不務德, 將若之何? 〈夏書〉曰: 『戒之用休, 董之用威, 勸之以九歌, 勿使壞.』 九功之德皆可歌也, 謂之九歌. 六府·三事, 謂之九功. 水·火·金·木·土穀, 謂之六府; 正德·利用·厚生, 謂之三事. 義而行之, 謂之德·禮. 無禮不樂, 所由叛也. 若吾子之德, 莫可歌也, 其誰來之? 盍使睦者歌吾子乎?」
宣子說之.

진晉나라 극결郤缺이 조선자趙宣子에게 말하였다.
"지난날 우리는 위衛나라와 화목하지 못하였습니다. 그 때문에 우리가 그 나라 땅을 빼앗았던 것입니다. 지금은 이미 화목한 상태이니 그 땅을 돌려줄 수 있습니다. 배반하는 자를 응징하지 않고서 어떻게 위엄을 보일 수 있겠습니까? 복종하는 자를 부드럽게 대하지 않고서 어떻게 회유懷柔하고 있음을 보이겠습니까? 위엄스럽지 못하고 회유하지도 못한다면 어떻게 덕을 보이겠습니까? 덕이 없으면서 어떻게 제후들의 맹주가 될 수 있겠습니까? 그대는 정경正卿이 되어 제후들을 이끌고 계시면서 덕을 닦는 일에 힘쓰지 않으신다면 앞으로 어떻게 되겠습니까? 〈하서夏書〉에 '선행을 격려하되 형벌로 바로잡으며, 구가九歌를 부르게 권하되 그들을 그르치지 않게 할지니라' 하였습니다. 구공九功의 덕은 사람들이 다 노래할 수 있는 것이니 이를 일러 '구가'라 하며, 육부六府와 삼사三事를 합해 '구공'이라 하는 것입니다. 수水·화火·금金·목木·토土·곡穀의 여섯 가지를 '육부'라 하며, 정덕正德, 이용利用, 후생厚生을 일러 '삼사'라 합니다. 이를 의에 맞게 실행하면 그를 일러 '덕德과 예禮'라 합니다. 윗사람에게 예가 없으면 아랫사람이 즐거워할 수 없으니 이것이 곧 백성들이 배반하게 되는 이유입니다. 만약 그대의 적이 노래로 불러 칭찬할 만한 것이 되지 못한다면 그 누가 가까이 따르겠습니까? 어찌하여 친하게 대하는 무리로 하여금 그대의 덕을 노래하도록 하지 않습니까?"

선자는 기꺼워하였다.

【郤缺】晉나라 대부 郤芮의 아들. 郤成子. 僖公 33년을 볼 것.
【趙宣子】趙盾. 趙衰의 아들이며 진나라 대부.
【正卿】宰相. 당시에 조돈은 中軍大將으로 재상이었음.
【夏書】《尙書》大禹謨篇에 "禹曰:「於, 帝念哉. 德惟善政, 政在養民, 水火金木土穀惟修, 正德利用厚生惟和. 九功惟敍, 九敍惟歌. 戒之用休, 董之用威, 勸之以九歌, 俾勿壞.」"라 함.
【戒之用休】善行을 한 자에게 상을 내려 격려함. '休'는 '아름답다'의 뜻. 注에 "休, 美也, 喜也, 慶也"라 함.
【董之用威】못된 자를 바로잡을 때 형벌을 내림. '董'은 注에 "董, 督也. 以威刑督理之"라 함.
【九歌】夏后 啓의 노래였다 하며 아홉 가지 훌륭한 공덕을 찬양한 내용이라 함.

【六府】일상생활에 필수적인 水, 火, 金, 木, 土, 穀 여섯 가지의 물건이 나오는 창고.
【三事】사람으로서 해야 할 세 가지 일.
【義而行之】의롭게 이를 실행함.
【盍】'何不'의 합음자.

104. 文公 8年(B.C.619) 壬寅

周	襄王(姬鄭) 34년	齊	昭公(潘) 14년	晉	靈公(夷皐) 2년	衛	成公(鄭) 16년
蔡	莊公(甲午) 27년	鄭	穆公(蘭) 9년	曹	共公(襄) 34년	陳	共公(朔) 13년
杞	桓公(姑容) 18년	宋	昭公(杵臼) 원년	秦	康公(罃) 2년	楚	穆王(商臣) 7년
許	昭公(錫我) 3년						

❋ 660(文8-1)

八年春王正月.

8년 봄 주력 정월.

【正月】정월 10일이 冬至였음.

㊀
八年春, 晉侯使解揚歸匡·戚之田于衛, 且復致公壻池之封, 自申至於虎牢之境.

8년 봄, 진晉 영공靈公은 대부 해양解揚에게 광匡 땅과 척戚 땅을 위衛나라에 돌려주도록 하고, 공서지公壻池에게 내렸던 신申에서 호뢰虎牢의 경계에 이르는 땅을 원래 주인인 정鄭나라에 돌려주도록 하였다.

6.〈文公 8年〉 1093

【解揚】晉나라 대부. 자는 子虎. 원래 霍땅 사람이었음.《說苑》奉使篇에 "霍人 解揚字子虎, 故後世言霍虎"라 하였고,《通志》氏族略(3)에 "晉大夫解揚, 解狐 之族, 其先食邑於解"라 함. '解'는 지금의 山西 解縣(運城縣).
【匡】원래 衛나라 땅이었으나 鄭나라에 속하기도 하였음. 지금의 河南 洧川縣 동북 匡城. 文公 원년을 볼 것.
【戚】衛나라 땅이었음.《一統志》에 "在今河北省濮陽縣北七里, 有古戚城"이라 함.
【公壻池】公壻는 公婿로도 쓰며 군주의 사위로 뒤에 姓氏가 됨. 池는 이름.
【自申至於虎牢之境】申과 虎牢는 원래 鄭나라의 땅. 申은 지금의 河南 氾水縣 경계. 虎牢도 역시 지금의 河南 氾水縣 서쪽. 두 지역 모두 가까이 있었음.

※ 661(文8-2)

夏四月.

여름 4월.

㊅
夏, 秦人伐晉, 取武城, 以報令狐之役.

여름, 진秦나라가 진晉나라를 쳐 무성武城을 빼앗아 이로써 영호令狐 싸움을 보복하였다.

【秦】당시 秦나라 군주는 康公(罃)이었음.
【武城】晉나라 땅. 지금의 陝西 華縣 동북.
【令狐之役】文公 7년의 經文을 볼 것.

※ 662(文8-3)

秋八月甲申, 天王崩.

가을 8월 무신날, 천왕天王이 붕어하였다.

【戊申】 8월 28일.
【天王】 東周 襄王. 姬鄭. 惠王(姬閬)의 뒤를 이어 B.C.651~619년까지 33년간 재위하였으며 頃王(姬壬臣)이 뒤를 이음. 《史記》 年表에는 33년, 周本紀에는 32년에 崩御한 것으로 되어 있으나 실제 34년에 죽은 것임.

㊀

秋, 襄王崩.

가을, 주周나라 천자 양왕襄王이 붕어하였다.

【襄王】 《史記》 年表에는 襄王이 재위 33년에 죽었다고 하였으나 도리어 〈周本紀〉에는 "三十二年, 襄王崩"이라 하여 서로 상충됨. 杜預 注에 "爲公孫敖如周弔傳"이라 함.

※ 663(文8-4)

冬十月壬午, 公子遂會晉趙盾盟于衡雍.

겨울 10월 임오날, 공자 수遂가 진晉나라의 조돈趙盾과 만나 형옹衡雍에서 동맹을 맺었다

【壬午】10월 3일.
【公子遂】魯나라 공자. 東門襄仲.
【趙盾】趙宣子, 趙孟. 趙衰의 아들로 晉나라 실력자.
【衡雍】鄭나라 땅. 지금의 河南 武原縣 서북쪽 衡雍城. 僖公 28년을 볼 것.

※ 664(文8-5)

乙酉, 公子遂會雒戎盟于暴.

을유날, 공자 수遂가 이락伊雒의 융戎과 만나 포暴에서 동맹을 맺었다.

【乙酉】10월 6일.
【雒戎】伊水와 雒水(洛水) 사이 즉, 지금의 河南 洛陽 일대에 분포하였던 융족. 《公羊傳》에는 '伊雒戎'으로 되어 있음. 한편 '雒'은 '洛'과 같으며 《博物志》(6)에 "舊洛陽字作水邊各. 漢, 火行也, 忌水, 故去水而加隹. 又魏於行次爲土, 水得土而流, 上得水而柔, 故復去隹加水, 變雒爲洛焉"이라 함.
【暴】成公 15년의 暴隧. 지금의 河南 武原縣 경내에 있던 지명.

㊉
晉人以扈之盟來討.
冬, 襄仲會晉趙孟盟于衡雍, 報扈之盟也.
遂會伊雒之戎.
書曰「公子遂」, 珍之也.

진晉나라가 호扈에서의 동맹에 노나라 군주가 늦게 갔었던 일을 꾸짖어 노나라를 성토하였다.

겨울, 노나라 공자 동문양중東門襄仲(公子 遂)이 진나라 조맹趙孟과 만나 형옹에서 맹약을 맺었던 것은 호에서의 맹약에 노나라 군주가 늦게 도착하였던 일을 사과하기 위한 것이었다.

공자 수는 이수伊水와 낙수雒水 사이의 융戎과 만났다.

경經에 '공자수公子遂'라 기록한 것은 그가 일을 잘 처리하였음을 높이 여겼기 때문이다.

【扈之盟】文公 7년의 經文 및 傳文 참조. 이곳 회맹에 노 문공이 늦게 도착하였음. '扈'는 鄭나라 지명. 지금의 河南 原武縣 서북쪽. 《一統志》에 "今河南武原縣西北有扈亭"이라 함.
【公子隧】魯나라 공자. 東門襄仲. 杜預 注에 "伊雒之戎將伐魯, 公子遂不及復君, 故專命與之盟"이라 함.
【珍】대부로서 국외에 나가 일을 잘 처리하였음을 귀하게 여김. 杜預 注에 "珍, 貴也. 大夫出境, 有可以安社稷, 利國家者, 專之可也"라 함.

665(文8-6)

公孫敖如京師, 不至而復.
丙戌, 奔莒.

공손오公孫敖가 경사京師에 가다가 다 가지 않고 되돌아왔다.
병술날, 그는 거莒나라로 도망하였다.

【公孫敖】魯나라 대부. 公孫慶父의 아들. 孟穆伯, 公孫穆伯으로도 부름.
【丙戌】10월 7일.
【奔莒】襄王의 조문을 위해 京師(洛陽)로 가다가 옛 莒나라 己氏 여자를 잊지 못하여 그와 함께 莒나라로 도망을 간 것임.

㊉
穆伯如周弔喪, 不至, 以幣奔莒, 從己氏焉.

목백穆伯(公孫敖)이 주周나라로 양왕襄王의 조문을 하러 가다가 다 가지 않고 가지고 간 폐물을 가지고 거莒나라로 달아나 기씨己氏를 따랐다.

【己氏】 지난날 莒나라에서 후처로 맞았다가 東門襄仲(公子 遂)과 갈등을 빚어 莒나라로 되돌려 보냈던 여인. 文公 7년을 참조할 것.

● 666(文8-7)
螽.

메뚜기 떼가 창궐하였다.

【螽】 메뚜기. 누리. 농사를 망치는 해충. 杜預 注에 "爲災, 故書"라 함.
＊無傳

● 667(文8-8)
宋人殺其大夫司馬, 宋司城來奔.

송宋나라 사람이 그 대부 사마司馬를 죽이자 송나라의 사성司城이 망명해 왔다.

【司馬】 구체적으로 宋나라 大司馬 벼슬을 하던 公子 卬을 가리킴.
【司城】 원래는 司空이었지만 武公의 이름이 '司空'이어서 그 이름을 피하여 '司城'이라 하였음. 土木에 관한 일을 관장하는 장관. 뒤에 무공의 후손은 사성을 성씨로 삼기도 하였음. 여기서는 구체적으로 宋나라 司城 벼슬을 하던 蕩意諸를 가리킴.

傳
宋襄夫人, 襄王之姊也.
昭公不禮焉.
夫人因戴氏之族, 以殺襄公之孫孔叔·公孫鍾離及大司馬公子卬, 皆昭公之黨也.
司馬握節以死, 故書以官.
司城蕩意諸來奔, 效節於府人而出.
公以其官逆之, 皆復之.
亦書以官, 皆貴之也.

송宋 양공襄公의 부인은 주周 양왕襄王의 누나였다.
그런데 소공昭公은 그녀를 예로 대우하지 않았다.
부인은 대씨戴氏 일족에 의지하여 양공의 손자 공숙孔叔과 공손종리公孫鍾離, 대사마大司馬 공자 앙卬을 죽여 버렸는데 그들은 모두 소공의 무리였다.
사마 공자 앙은 손에 부절符節을 쥔 채 죽어 그 때문에 경經에 그의 이름 대신 관직명을 적은 것이다.
그러자 사성司城 탕의제蕩意諸가 노나라로 도망하였는데 그는 공자 앙이 쥔 채로 죽었던 부절을 창고지기에게 넘겨주고 도망 나왔던 것이다.
문공은 그를 그 직위에 맞게 영접하고 그들을 따라온 이들의 관직을 그대로 회복시켜 되돌려 보내주었다.
경에 역시 관직 이름을 적은 것은 모두를 귀하게 여겼기 때문이다.

【宋襄公】公孫玆父. 齊 桓公을 이어 잠깐 패자가 되었던 송나라 왕. '宋襄之仁'의 고사를 남겼던 인물. B.C.650~637년까지 14년간 재위함. 그러나 《禮記》 檀弓(上)에 "宋襄公葬其夫人, 醯醢百甕"이라 하여 여기서의 부인은 繼室일 것으로 봄.
【襄王】주나라 천자. 姬鄭. B.C.651~619년까지 33년간 재위함.
【昭公】公孫杵臼. 송나라 군주. B.C.619~611년까지 9년간 재위하고 文公으로 이어짐. 宋 襄公의 아들이 成公(王臣)이며 成公의 아들이 杵臼(昭公)로써 그 부인은 昭公의 祖母가 됨. 그럼에도 매우 못살게 굴었고 예우하지 않았음.
【不禮】昭公의 嫡祖母와 昭公이 매우 학대함. 《禮記》 檀弓(上)에 "宋襄公葬其夫人, 醯醢百甕"이라 한 것을 두고 말한 것.
【戴氏】前代 宋 戴公의 후손으로 華氏, 樂氏, 皇氏와 더불어 모두 戴公의 枝族 후손임.
【孔叔】襄公의 손자이며 昭公의 庶弟.
【公孫鍾離】역시 襄公의 손자이며 昭公의 庶弟.
【公子卬】昭公의 아우이며 成公의 아들로 大司馬의 관직에 있었음.
【節】符節. 사마의 관직을 지키느라 그 부절을 그대로 가진 채로 죽음을 당함.
【蕩意諸】宋나라 司城 벼슬을 하던 大臣 이름.
【效節於府人】公子 卬이 쥔 채로 죽었던 부절을 창고지기에게 돌려주어 보관토록 함.
【公以其官逆之】다른 나라 사람이 도망쳐 왔을 때는 그의 관등에서 한 계급을 낮추어 대우하였으나, 탕의제는 도망쳐 나올 때에 부절을 당당히 반환하였으므로 그 행위를 높이 사서 본래의 관직대로 예우하였다는 뜻.
【皆復之】司城을 따라온 다른 사람들은, 모두 송나라에서 복직하게 하였다는 것임. 이들을 돌려보낸 것은 文公 11년의 經文과 傳文을 볼 것.

⑲
夷之蒐, 晉侯將登箕鄭父·先都, 而使士縠·梁益耳將中軍.
先克曰:「狐·趙之勳, 不可廢也.」
從之.
先克奪蒯得田於菫陰.
故箕鄭父·先都·士縠·梁益耳·蒯得作亂.

진晉 양공襄公이 이夷에서의 군사 연습 때 기정보箕鄭父와 선도先都의 벼슬을 높이고 사곡士穀과 양익이梁益耳로 하여금 중군中軍을 거느리게 하려 하였었다.

그러자 선극先克이 말렸다.

"호언狐偃과 조최趙衰의 공공功은 폐기할 수 없습니다."

영공은 그의 말을 따랐던 것이다.

그럼에도 선극이 대부 괴득蒯得의 땅을 근음堇陰에서 빼앗았다.

이 때문에 기정보, 선도, 사곡, 양익이, 괴득들이 내란을 일으켰던 것이다.

【夷之蒐】文公 6년 夷 땅에서의 거행하였던 군사 훈련. '蒐'는 원래 천자의 봄 사냥으로 그 기회에 군사훈련을 겸하는 것. 여기서는 군사훈련을 뜻함.《司馬法》仁本篇에 "故國雖大, 好戰必亡; 天下雖安, 忘戰必危. 天下旣平, 天下大愷, 春蒐秋獮; 諸侯春振旅, 秋治兵, 所以不忘戰也"라 함.

【晉侯】晉 靈公.

【箕鄭父】箕鄭. 晉나라 上軍의 장수.

【先都】先克의 族人.

【士穀】司空士穀. 晉나라 대부이며 사공의 벼슬을 하고 있었음. 士蔿의 손자이며 士會와 형제였음.

【梁益耳】晉나라 대부.

【先克】先且居의 아들. 狐射姑를 대신하여 趙盾의 보좌가 됨.

【狐·趙之勳】狐偃과 趙衰. 이들은 文公(重耳)이 망명할 때 공을 세웠던 인물들이라는 뜻. 杜預 注에 "狐偃·趙衰有從亡之勳"이라 함. 그 공로로 그들 자손인 狐射姑가 中軍을 맡고 趙盾이 이를 보좌하게 된 것임. 따라서 이들을 폐출하고 다른 이를 中軍에 등용하는 것은 불가하다는 뜻.

【蒯得】先克이 中軍의 부장이 되어 文公 7년 晉나라가 秦나라를 堇陰에서 맞아 싸울 때 蒯得의 田地(食邑)를 빼앗음. 이 사건은 이들이 내란을 일으킨 해를 기준으로 기록한 것이며 실제 그 원인이 되었던 부분은 과거의 일이었음.

105. 文公 9年(B.C.618) 癸卯

周	頃王(姬壬臣) 원년	齊	昭公(潘) 15년	晉	靈公(夷皐) 3년	衛	成公(鄭) 17년
蔡	莊公(甲午) 28년	鄭	穆公(蘭) 10년	曹	共公(襄) 35년	陳	共公(朔) 14년
杞	桓公(姑容) 19년	宋	昭公(杵臼) 2년	秦	康公(罃) 3년	楚	穆王(商臣) 8년
許	昭公(錫我) 4년						

傳
九年春王正月己酉, 使賊殺先克.
乙丑, 晉人殺先都·梁益耳.

9년 봄 주력 정월 기유날, 기정보 등이 자객을 시켜 선극先克을 죽였다. 을축날, 진晉나라가 선도先都와 양익이梁益耳를 죽였다.

【己酉】 정월 2일.
【乙丑】 정월 18일.
【賊殺】 자객을 시켜 사람을 죽임을 말함. 여기서는 主語가 생략되어 있으며 箕鄭父의 무리가 先克에게 원한을 품고 先克을 죽인 것임. 앞장 8년의 傳文을 볼 것.

❋ 668(文9-1)

九年春, 毛伯來求金.

9년 봄, 모백毛伯이 와서 금金을 요구하였다.

【毛伯】 周나라 卿士. 이름은 衛.
【求金】 襄王의 장례에 필요한 물품을 요구한 것. 杜預 注에 "求金以共葬事. 雖踰年而未葬, 故不稱王使"라 함.

㊉
毛伯衛來求金, 非禮也.
不書「王命」, 未葬也.

주周나라 대부 모백위毛伯衛가 노나라에 와서 금金을 요구한 것은 예에 어긋난 일이었다.
경經에 '천자의 명으로 왔다'라 기록하지 않은 것은 아직 양왕襄王의 장례를 치르지 않았기 때문이었다.

【非禮】 천자는 제후에게 사사롭게 재물을 요구할 수 없음. 杜預 注에 "天子不私求財, 故曰非禮"라 하였고 《史記》 年表에도 "王使衛來求金以葬, 非禮"라 함.
【王命】 왕의 명령. 이렇게 밝히지 않은 것은 양왕이 죽고 아직 상례를 치르지 않은 때문임. 杜預 注에 "求金以共葬事. 雖踰年而未葬, 故不稱王使"라 함.

❋ 669(文9-2)

夫人姜氏如齊.

부인 강씨姜氏가 제齊나라로 갔다.

6. 〈文公 9年〉 1103

【姜氏】出姜. 文公 3년의 經文 및 傳文을 볼 것. 齊 昭公의 딸이며 魯 文公에게 시집온 부인. 이때 歸寧을 위해 종묘에 고하였으므로 이를 기록한 것이라 함. 한편 그는 문공이 죽고 자신의 두 아들 太子 惡과 視가 모두 시해를 당하자 齊나라로 돌아가 되돌아오지 않음. 이에 노나라로부터 축출당한 것과 같아 그를 '出姜'이라 부름. 노나라를 떠나면서 애통해 하여 그를 '哀姜'이라고도 부름. 杜預 注에 "歸寧"이라 함. 歸寧은 친정나들이를 뜻함. 文公 18년의 經文 및 傳文을 볼 것.
＊無傳

※ 670(文9-3)
二月, 叔孫得臣如京師.
辛丑, 葬襄王.

2월, 숙손득신叔孫得臣이 경사京師에 갔다.
신축날, 양왕襄王의 장례를 치렀다.

【叔孫得臣】魯나라 대부. 叔孫氏. 叔牙의 손자. 莊叔으로도 불림.
【京師】襄王의 장례에 참석하기 위하여 주나라 도읍 洛陽에 간 것임.
【辛丑】2월 24일.

㊙
二月, 莊叔如周葬襄王.

2월에 장숙莊叔이 주周나라로 가서 양왕襄王의 장례에 참석하였다.

【莊叔】노나라 대부 叔孫得臣.

※ 671(文9-4)

晉人殺其大夫先都.

진晉나라가 그 대부 선도先都를 죽였다.

【先都】文公 8년 말 箕鄭父 등과 함께 내란을 일으켰던 인물.

※ 672(文9-5)

三月, 夫人姜氏至自齊.

3월, 부인 강씨姜氏가 제齊나라에서 돌아왔다.

【姜氏】出姜. 齊나라 출신으로 魯 文公에게 시집을 간 부인으로써 백성들로부터 존경을 받지 못하였으며, 문공이 죽고 자신의 두 아들 太子 惡과 視가 모두 시해를 당하자 제나라로 돌아가 되돌아오지 않음. 이에 노나라로부터 축출당한 것과 같아 그를 '出姜'이라 부름. 노나라를 떠나면서 애통해 하여 그를 '哀姜'이라고도 부름. 孔穎達 疏에 蘇氏의 말을 인용하여 "夫人歸寧書「至」, 唯有此耳"라 함. 文公 18년의 經文 및 傳文을 볼 것.
＊無傳

※ 673(文9-6)

晉人殺其大夫士穀及箕鄭父.

진晉나라가 그 대부 사곡士穀과 기정보箕鄭父를 죽였다.

【士縠·箕鄭父】文公 8년 말 蒯得 등과 晉나라에서 내란을 일으켰던 인물들.
【及】이 글자를 쓴 것은 箕鄭父가 주모자가 아니었음을 뜻하는 것이라 함.
孔穎達 疏에 賈逵의 말을 인용하여 "箕鄭稱「及」, 非首謀"라 함.

㊝
三月甲戌, 晉人殺箕鄭父·士縠·蒯得.

3월 갑술날, 진晉나라가 기정보箕鄭父·사곡士縠·괴득蒯得을 죽였다.

【甲戌】3월 28일.
【蒯得】대부가 아니었으므로 經에 그 이름을 밝히지 않은 것임. 한편 이들 거론 순서에 대하여 孔穎達 疏에 "傳箕鄭先士縠, 經士縠先箕鄭者, 經以殺之先後; 傳以位次序列. 傳蒯得居下, 知其以位次也"라 함.

❋ 674(文9-7)
楚人伐鄭.

초楚나라가 정鄭나라를 쳤다.

【楚】당시 楚나라 군주는 穆王(商臣)이었으며 鄭나라는 共公 35년째였음. 그러나 '楚子'라 하지 않고 '楚人'이라 한 것은 杜預 注에 "楚子不親伐"이라 함.

㊝
范山言於楚子曰:「晉君少, 不在諸侯, 北方可圖也.」
楚子師于狼淵以伐鄭, 囚公子堅·公子尨及樂耳.
鄭及楚平.

초楚나라 대부 범산范山이 초 목왕穆王에게 말하였다.

"진晉나라 영공靈公은 나이가 어려 제후들의 패자 따위에는 관심이 없으니 이때 우리는 북방의 나라들을 칠 수 있습니다."

이리하여 목왕은 낭연狼淵에 군사를 보내어 정鄭나라를 치고, 공자 견堅과 공자 방龍, 그리고 악이樂耳를 사로잡았다.

정나라는 초나라와 강화를 맺었다.

【范山】楚나라 대부. 范은 초나라 읍 이름.
【穆王】당시 楚나라 군주. 이름은 商臣.
【靈公】당시 晉 靈公(夷皐)은 襄公과 穆嬴 사이에 난 아들로 재위 3년째였으며 매우 어린 나이였음.
【不在諸侯】제후들의 복종여부에 대하여 마음을 두지 않음.
【狼淵】《河南通志》에 "狼研, 在臨潁縣西北繁城鎭"이라 함.
【公子堅】鄭나라 公子이며 대부.
【公子龍】역시 鄭나라 공자.
【樂耳】鄭나라 대부.

❋ 675(文9-8)

公子遂會晉人·宋人·衛人·許人救鄭.

공자 수遂가 진인晉人·송인宋人·위인衛人·허인許人과 함께 정鄭나라를 구하였다.

【公子遂】魯나라 공자. 東門襄仲.

⟨傳⟩
公子遂會晉趙盾·宋華耦·衛孔達·許大夫救鄭, 不及楚師.
卿不書, 緩也, 以懲不恪.

공자 수遂가 진晉나라 조돈趙盾, 송宋나라 화우華耦, 위衛나라 공달孔達, 허許나라 대부들과 모여 정鄭나라를 구원하러 나섰으나 초楚나라 군사를 따라잡지 못하였다.
경經에 각 제후국들의 경卿 이름을 쓰지 않은 것은 그들이 모임에 늦어, 군주의 명령을 기꺼이 수행하지 못하였음을 징계하기 위한 것이다.

【趙盾】趙衰의 아들. '盾'은 '돈'으로 읽음. 趙宣子, 趙孟으로도 부름.
【華耦】宋나라 대부. 華父督의 증손.
【孔達】衛나라 대부.
【不及楚師】초나라 군사를 따라잡지 못함. 늦게 모이는 바람에 놓쳐버림.
【不恪】성실하게 행하지 않음. 공손하지 못함. 제대로 수행하지 못함.

※ 676(文9-9)
夏, 狄侵齊.

여름, 적狄이 제齊나라를 쳤다.

＊無傳

⟨傳⟩
夏, 楚侵陳, 克壺丘, 以其服於晉也.

여름, 초楚나라가 진陳나라를 침략하여 호구壺丘에서 싸워 이겼는데 이것은 진나라가 초나라를 배반하고 진晉나라에 복종하고 있었기 때문이었다.

【壺丘】陳나라 읍.《一統志》에 "在今河南省新蔡縣東南"이라 함.
【服於晉】《史記》年表에 "楚穆王八年, 伐鄭, 以其服晉"이라 하여 鄭나라를 친 것으로 되어 있음.

㊝
秋, 楚公子朱自東夷伐陳, 陳人敗之, 獲公子茷.
陳懼, 乃及楚平.

가을, 초楚나라 공자 주朱가 동이東夷로부터 진陳나라로 쳐들어갔으나 진나라가 공자 주의 초나라 군사를 패배시켜 초나라 공자 패茷를 포로로 잡았다.
그러나 진나라는 초나라를 두려워하여 곧 초나라와 강화를 맺었다.

【公子朱】楚나라 息公子朱. 공자였으며 息 땅에 봉지를 받아 息公이라 불렀음.
【東夷】夷. 陳나라의 읍. 僖公 23년에 楚나라가 차지하였던 곳. 초나라의 동방에 있으므로 東을 붙여 東夷라 한 것이며, 뒤에 초나라는 이름을 城父라 고쳤음.
【公子茷】초나라 공자. 顧炎武는《左傳補正》에서 "成十六年鄢陵之戰囚楚公子茷, 距此四十四年, 疑別是一人"이라 하였고, 于鬯의《香草校書》에는 "'陳人敗之'之'陳人'蓋衍文, 此爲楚敗陳, 非陳敗楚, 公子茷當爲陳公子, 不當爲楚公子"라 하여 '진나라가 초나라를 패배시킨 것'은 잘못 기록된 것이며 이에 따라 公子 茷는 진나라 공자여야 한다고 하였음.
【陳懼】작은 陳나라로서 큰 楚나라를 패배시킨 것을 도리어 두려워한 것임. 杜預 注에 "以小勝大, 故懼而請平也"라 함.

● 677(文9-10)

秋八月, 曹伯襄卒.

가을 8월, 조백曹伯 양襄이 죽었다.

【曹伯】曹 共公. 이름은 襄. 昭公(班)의 뒤를 이어 B.C.652~618년까지 35년간 재위하고 이때에 생을 마쳤으며 文公이 뒤를 이음.《史記》管蔡世家에 "共公襄立, 三十五年, 共公卒, 子文公壽立"이라 함.
＊無傳

● 678(文9-11)

九月癸酉, 地震.

9월 계유날, 지진地震이 있었다.

【癸酉】9월에는 癸酉가 없었음.
＊無傳

● 679(文9-12)

冬, 楚子使椒來聘.

겨울, 초자楚子가 초椒로 하여금 빙문하도록 하였다.

【楚子】당시 楚나라 군주는 穆王(商臣)이었음.
【椒】子越椒. 초나라 대부. 鬪椒. 字는 '子越', 또는 伯棼. 초나라 若敖는 아들

鬪伯比를 두었는데, 백비는 슈尹이었던 子文과 司馬였던 子良을 낳았고, 子良이 椒를 낳았음. 따라서 子文의 조카가 됨.《穀梁傳》에는 '萩'로 되어 있음.

【傳】
冬, 楚子越椒來聘, 執幣傲.
叔仲惠伯曰:「是必滅若敖氏之宗. 傲其先君, 神弗福也.」

겨울, 초楚나라 대부 자월초子越椒가 노나라를 빙문하여 예물을 드리는 태도가 오만하였다.
이에 숙중혜백叔仲惠伯이 이렇게 말하였다.
"이 사람은 분명 약오씨若敖氏 가문을 망칠 것이다. 결국 자신의 선대 군주에게 건방진 것이니 신은 그에게 복을 내리지 않을 것이다."

【叔仲惠伯】魯 桓公의 아들인 叔牙의 손자. 桓公의 증손. 杜預의 注에 "惠伯, 叔牙孫"이라 하였고,《禮記》檀弓篇 孔穎達의 疏에《世本》을 인용하여 "桓公生僖叔牙, 叔牙生武仲休, 休生惠伯彭, 彭生皮, 爲叔仲氏"라 함.
【傲其先君】선대 군주부터의 우호 관계를 더욱 이어가기 위해 이 나라에 와서 저런 무례한 짓을 하는 것은 자신의 선대에게 오만하게 구는 것과 같음.
【若敖氏】若敖는 廉, 緡, 祁, 伯比 등 네 아들을 낳았으며 伯比가 슈尹 子文의 아버지였음.
【弗福】杜預 注에 "十二年傳曰:「先君之敝器, 使下臣致諸執事.」明奉使皆告廟, 故言「傲其先君」也. 爲宣四年楚滅若敖氏張本"이라 함.

❋ 680(文9-13)
秦人來歸僖公·成風之襚.

진秦나라 사람이 와서 희공僖公과 성풍成風의 수의襚衣를 바쳤다.

【僖公】魯 僖公. 文公의 아버지. B.C.627년에 죽어 이미 10년이 지난 뒤였으나 이는 예에 맞는 일이라 하였음.
【成風】僖公의 모친이며 文公의 조모. 이미 文公 4년에 죽어 6년이 지난 뒤였음. 文公 4년의 經文 및 傳文을 참조할 것.
【襚】壽衣와 같음. 죽은 이에게 입히는 옷. '裞'와 같음.《說文》에 "贈終者衣被曰裞"라 함.

⑫
秦人來歸僖公·成風之襚, 禮也.
諸侯相弔賀也, 雖不當事, 苟有禮焉, 書也, 以無忘舊好.

진秦나라가 노 희공僖公과 성풍成風의 수의를 바친 일은 예에 맞는 일이었다.
제후들 사이에 서로 조상弔喪하고 하례하는 일은 비록 그때에 곧바로 하지 못하였다 하더라도 실로 예의를 갖추었으면 기록해 두는 것이니 이는 지난날의 우호 관계를 잊지 않도록 하기 위함이다.

【弔賀】경조사에 서로 扶助와 賻儀를 함.

※ 681(文9-14)

葬曹共公.

조曹 공공共公의 장례를 치렀다.

【曹伯】曹 共公. 이름은 襄. 昭公(班)의 뒤를 이어 B.C.652~618년까지 35년간 재위하고 이때에 생을 마쳤으며 文公이 뒤를 이음.
＊無傳

106. 文公 10年(B.C.617) 甲辰

周	頃王(姬壬臣) 2년	齊	昭公(潘) 16년	晉	靈公(夷皐) 4년	衛	成公(鄭) 18년
蔡	莊公(甲午) 29년	鄭	穆公(蘭) 11년	曹	文公(壽) 원년	陳	共公(朔) 15년
杞	桓公(姑容) 20년	宋	昭公(杵臼) 3년	秦	康公(罃) 4년	楚	穆王(商臣) 9년
許	昭公(錫我) 5년						

❋ 682(文10-1)

十年春王正月辛卯, 臧孫辰卒.

10년 봄 주력 3월 신묘날, 장손진臧孫辰이 죽었다.

【辛卯】3월 21일.
【臧孫辰】臧文仲. 魯나라 대부. 臧孫達의 아들. 성은 臧孫, 이름은 辰. 仲은 字. 시호 文이었음. 魯나라에서 賢大夫로 알려진 인물. 그 아들 許가 卿이 되어 宣叔으로 불림. 《論語》에 여러 차례 등장함. 한편 杜預 注에는 "公與小斂, 故書日"이라 함.
＊無傳

❊ 683(文 10-2)

夏, 秦伐晉.

여름, 진秦나라가 진晉나라를 쳤다.

㊉
十年春, 晉人伐秦, 取少梁.

10년 봄, 진晉나라 사람이 진秦나라를 쳐서 소량少梁 땅을 빼앗았다.

【少梁】秦나라 땅. 고대 梁나라가 있었던 곳. 지금의 陝西 韓城縣 남쪽 少梁城. 일찍이 晉 文公이 이곳을 망명지로 택한 곳이기도 함. 僖公 19년을 볼 것.

㊉
夏, 秦伯伐晉, 取北徵.

여름, 진秦 강공康公이 진晉나라를 쳐서 북징北徵 땅을 취하였다.

【秦伯】당시 秦나라 군주는 康公(嬴罃)으로 재위 4년째였음.
【北徵】晉나라의 邑. 지금의 陝西 澄城縣 서남쪽에 北徵故城이 있음.

❊ 684(文 10-3)

楚殺其大夫宜申.

초楚나라가 그 대부 의신宜申을 죽였다.

【宜申】鬭宜申. 子西. 司馬子西. 子玉(成得臣)의 族人.

㊉

初, 楚范巫矞似謂成王與子玉・子西曰:「三君皆將强死.」
城濮之役, 王思之, 故使止子玉曰:「毋死.」
不及.
止子西, 子西縊而縣絶, 王使適至, 遂止之, 使爲商公.
沿漢泝江, 將入郢.
王在渚宮, 下, 見之.
懼, 而辭曰:「臣免於死, 又有讒言, 謂臣將逃, 臣歸死於司敗也.」
王使爲工尹.
又與子家謀弑穆王.
穆王聞之, 五月, 殺鬭宜申及仲歸.

당초, 초楚나라 범范 땅의 무당 율사矞似가 성왕成王, 자옥子玉, 자서子西에게 이렇게 말하였었다.
"세 분 모두 제대로 된 죽음을 맞지 못할 것입니다."
성복城濮 싸움에서 성왕은 그 무당의 말이 생각나서 그 때문에 자옥이 죽지 않도록 하고자 사람을 보내어 이렇게 말하도록 하였다.
"죽지 말라!"
그러나 사신이 미처 닿지 못하여 자옥은 죽고 말았다.
성왕은 또 다시 자서를 죽지 못하게 하고자 사람을 보냈는데 그때 자서는 마침 목을 매었다가 목을 맨 끈이 끊어지고 말았다. 그때 바로 성왕이 보낸 사람이 도착하여 그를 말려 죽지 않았으며 그를 상공商公으로 삼았다.
자서는 한수漢水를 타고 내려가다가 장강長江을 거슬러 올라 초나라 도읍 영郢으로 들어가려 하였다.
그때 성왕이 저궁渚宮에 있다가 그를 내려다보게 되었다.

그러자 자서는 두려워 이렇게 말하였다.

"저는 다행히도 죽음에서 사면되었으나 다시 저를 헐뜯는 자가 있어 제가 다른 나라로 도망하려 한다고 말하고 있습니다. 저는 사패司敗에게 돌아가 그의 판결을 받고 죽으러 오는 중입니다."

그리하여 성왕은 그를 공윤工尹으로 삼았다.

그러나 자서는 다시 대부 자가子家와 함께 목왕穆王을 죽일 것을 모의하였다.

목왕은 이를 듣고 5월에 투의신鬪宜申과 중귀仲歸를 죽여버렸다.

【范巫矞似】范은 지명. 楚나라 읍 이름. 巫는 여자 무당. 矞似는 그의 이름.
【成王】楚 成王. 이름은 頵. B.C.671~626년까지 46년간 재위함.
【子玉】楚나라 대부. 成得臣. 楚 成王의 신하.
【子西】鬪宜申. 子西. 司馬子西. 子玉(成得臣)의 族人.
【强死】뜻밖의 재앙으로 제 명에 죽지 못함. 孔穎達 疏에 "强, 健也. 無病而死, 謂被殺也"라 함.
【城濮之役】僖公 20년에 晉 文公과 싸웠던 春秋시대 가장 큰 전투.
【縣絶】매었던 끈이 끊어짐.
【郢】楚나라 도읍. 지금의 湖北 江陵縣 북쪽 紀南城.
【商公】商密을 다스리는 지방 장관. 江永은 "楚成王時, 楚地未能至商州. 其使子西爲商公, 或是商密之地"라 하였고,《一統志》에는 "商密在今河南淅川縣西"라 함.
【渚宮】초나라 成王이 지은 왕궁. 도읍 郢의 남쪽. 지금의 湖北 江陵의 서북쪽 長江 물가에 있었음.《水經注》江水 注에 "江陵縣城, 楚船官地也. 春秋之渚宮矣"라 하였으며,《名勝志》에는 "渚宮, 楚之別宮. 梁元帝於渚宮故地修造大榭"라 함.
【司敗】刑獄을 관장하는 司寇를 초나라와 陳나라에서는 '司敗'라 하였음.《論語》述而篇의 '陳司敗'는 이 경우를 말한 것임.
【工尹】百工의 우두머리. 지금의 商工長官과 같음.
【子家】楚나라 낮은 직책이었음. 仲歸.
【穆王】楚 成王의 뒤를 이은 초나라 군주로 이름은 商臣. B.C.625~614년까지 12년간 재위하였으며 이 사건은 재위 9년째 있었던 일임.
【鬪宜申】子西. 司馬子西.
【仲歸】子家. 經에 그의 이름이 없는 것은 卿이 아니었기 때문이었음.

※ 685(文10-4)

自正月不雨, 至于秋七月.

정월부터 가을 7월까지 비가 내리지 않았다.

＊無傳

※ 686(文10-5)

及蘇子盟于女栗.

소자蘇子와 여률女栗에서 동맹을 맺었다.

【蘇子】周나라 卿士. 僖公 10년에 "狄이 溫을 멸하자 蘇子가 衛나라로 달아났다"는 기사가 있음. 시기적으로 보아 같은 인물이기보다는 그의 후손으로서 주나라에 들어와 卿(子爵)이 되었을 가능성이 있음.
【女栗】地名. 구체적으로 알 수 없음.

傳
秋七月, 及蘇子盟于女栗, 頃王立故也.

가을 7월, 소자蘇子와 여률女栗에서 만나 맹약한 것은 주周 경왕頃王이 천자로 즉위하였기 때문이다.

【盟】구체적으로 누구와 맹약을 맺은 것인지는 알 수 없으나 魯 文公으로 여기고 있음.

【頃王】東周의 임금. 襄王(姬鄭)의 뒤를 이어 천자에 오름. 이름은 姬壬臣.
B.C.618~613년까지 6년간 재위하였으며 匡王(姬班)이 뒤를 이음.

✺ 687(文 10-6)
冬, 狄侵宋.

겨울, 적狄이 송宋나라를 침범하였다.

【宋】당시 宋나라 군주는 昭公(杵臼)의 재위 3년째였음.
＊無傳

✺ 688(文 10-7)
楚子·蔡侯次于厥貉.

초楚 목왕穆王과 채蔡 장후莊侯가 궐맥厥貉에 군사를 주둔시켰다.

【楚子】楚 穆王(商臣).
【蔡侯】蔡 莊公(莊侯, 甲午).
【次】군사가 주둔함을 뜻함. 莊公 3년 傳에 "凡師, 一宿爲舍, 再宿爲信, 過信爲次"라 함.
【厥貉】《公羊傳》에는 '屈貉'으로 되어 있음. 지금의 河南 項城縣 경내.

⟨傳⟩
陳侯·鄭伯會楚子于息.

冬, 遂及蔡侯次于厥貉, 將以伐宋.

宋華御事曰:「楚欲弱我也, 先爲之弱乎? 何必使誘我? 我實不能, 民何罪?」

乃逆楚子, 勞且聽命.

遂道以田孟諸.

宋公爲右盂, 鄭伯爲左盂; 期思公復遂爲右司馬, 子朱及文之無畏爲左司馬.

命夙駕載燧, 宋公違命, 無畏抶其僕以徇.

或謂子舟曰:「國君不可戮也.」

子舟曰:「當官而行, 何彊之有?《詩》曰:『剛亦不吐, 柔亦不茹』,『毋縱詭隨, 以謹罔極.』是亦非辟彊也. 敢愛死以亂官乎?」

진陳 공공共公과 정鄭 목공穆公이 초楚 목왕穆王과 식息에서 만났다.

겨울, 마침내 채蔡 장공莊公과 함께 군사를 거느리고 궐맥厥貉에 주둔하여 장차 송宋나라를 칠 참이었다.

송나라 화어사華御事가 송宋 소공昭公에게 말하였다.

"초나라는 우리를 복종시키기만 하면 그만입니다. 우리가 미리 약한 체하여 복종을 하면 어떨까요? 하필이면 그들로 하여금 우리에게 유혹을 느끼도록 할 이유가 있겠습니까? 우리는 맞서 싸울 수가 없습니다. 백성들이 무슨 죄가 있습니까?"

이에 소공은 초 목왕을 맞이하여 위로하며 아울러 명령을 듣겠노라 하였다.

그리하여 마침내 이들을 안내하여 맹제孟諸에서 사냥을 하게 되었다.

송 소공은 그 사냥의 우익右翼이 되고, 정 목공은 그 좌익左翼이 되며, 기사공期思公 복수復遂는 우사마右司馬가 되고, 대부 자주子朱와 문지무외文之無畏는 좌사마左司馬가 되었다.

목왕이 이른 아침에 나갈 수 있도록 수레와 부싯돌을 준비하도록 명하였으나 송 소공이 그 명령을 어기자 무외無畏가 송나라 마부에게 매질을 하며 여러 사람들에게 끌고 다녔다.

어떤 사람이 자주子舟에게 말하였다.

"한 나라의 임금을 그토록 수치스럽게 해서는 안 됩니다."

그러자 자주는 이렇게 말하였다.

"관직을 맡아 직무를 수행하면서 어찌 세력 강한 자를 염두에 둘 필요가 있겠는가? 《시》에 '단단하다고 뱉지도 않고, 부드럽다고 삼키지도 않는다', '겉으로만 따르는 자는 용서하지 않아 바르지 못한 자를 경계하도다'라 하였다. 이 역시 세력이 강하다고 해서 피해서는 안 된다는 것을 뜻하는 것이니 내 어찌 죽음을 아껴 관직의 기강을 어지럽힐 수 있겠는가?"

【陳侯】 당시 陳나라 군주는 共公(朔)으로 재위 15년째였음.

【鄭伯】 鄭 文公(蘭)의 즉위 원년.

【楚子】 楚 穆王(商臣) 9년.

【蔡侯】 蔡 莊侯(莊公, 甲午) 29년.

【宋】 宋 昭公(杵臼) 3년.

【華御事】 宋나라 대부. 華元의 아버지. 송나라 司寇를 지내고 있었음.

【先爲之弱】 '弱'은 '복종(굴복)'을 뜻함. 먼저 초나라에 복종하여 전투가 벌어지지 않도록 함.

【道】 '導'와 같음. 인도함. 안내함.

【田】 '畋'과 같음. 畋獵. 사냥을 뜻함.

【孟諸】 송나라의 太湖. 지금의 河南 商丘縣 동북.

【盂】 사냥에서 陳列을 만들어 사냥감을 몰아주는 역할을 하는 것. 杜預 注에 "盂, 田獵陳名"이라 함.

【期思公】 期思는 지명. 楚나라 읍 이름. 고대 蔣나라의 도읍이었다 함. 지금의 河南 固始縣 서북에 期思鎭이 있음. 公은 그 읍의 首長, 縣尹.

【復遂】 인명. 期思公의 이름.

【子朱】 楚나라 대부.

【文之無畏】 楚나라 대부. 子舟. 이름은 文無畏. 臣無畏로도 부름. '之'는 '舟之橋'처럼 성과 이름 사이에 넣어 부르는 것. 宣公 14년 傳에는 '申舟'로 되어 있으며 《呂氏春秋》(行論篇)와 《淮南子》(主術訓)에는 '文無畏'로 되어 있음.

【夙駕載燧】 이른 아침 출발할 수 있도록 수레를 준비하고 부싯돌을 실어둘 것을 말함. '燧'는 부싯돌. 혹은 햇볕을 모아 불을 일으키는 기구인 '陽燧'. 고대 사냥

에서는 들에 불을 질러 동물이 튀어나오도록 하는 방법을 썼음. 혹 밤사냥을 위해 준비하도록 한 것이라는 설도 있음.
【抶其僕以徇】그 마부(수종인)를 매질하여 이를 사람들에게 널리 죄상을 알림. 임금을 대신하여 준비를 갖추어야 하나 부하들이 이를 수행하지 못하였음을 심하게 질책한 것.
【子舟】文之無畏(文無畏). 宣公 14년에 죽음을 당한 인물이기도 함.
【戮】그 수종원을 욕보이는 것은 그 군주에게 치욕을 안기는 것과 같음. 주에 "戮, 辱也"라 함.
【詩】《詩經》大雅〈烝民篇〉에 "人亦有言, 柔則茹之, 剛則吐之. 維仲山甫, 柔亦不茹, 剛亦不吐, 不侮矜寡, 不畏彊禦. 人亦有言, 德輶如毛, 民鮮克擧之. 我儀圖之, 維仲山甫擧之, 愛莫助之. 袞職有闕, 維仲山甫補之"라 하였고, 뒤의 구절은 같은 大雅〈民勞篇〉에 "民亦勞止, 汔可小息. 惠此京師, 以綏四國. 無縱詭隨, 以謹罔極. 式遏寇虐, 無俾作慝. 敬愼威儀, 以近有德. 民亦勞止, 汔可小愒. 惠此中國, 俾民憂泄. 無縱詭隨, 以謹醜厲. 式遏寇虐, 無俾正敗. 戎雖小子, 而式弘大"라 하였음.
【辟彊】'辟'는 '避'와 같음. 강한 자라고 해서 피함.

㊅

厥貉之會, 麇子逃歸.

궐맥厥貉 회맹에서 균麇나라 군주가 도망하여 되돌아갔다.

【麇子】麇은 나라 이름으로 子爵. 지금의 湖北 鄖縣 경내에 있었음.

107. 文公 11年(B.C.616) 乙巳

周	頃王(姬壬臣) 3년	齊	昭公(潘) 17년	晉	靈公(夷皐) 5년	衛	成公(鄭) 19년
蔡	莊公(甲午) 30년	鄭	穆公(蘭) 12년	曹	文公(壽) 2년	陳	共公(朔) 16년
杞	桓公(姑容) 21년	宋	昭公(杵臼) 4년	秦	康公(罃) 5년	楚	穆王(商臣) 10년
許	昭公(錫我) 6년						

❈ 689(文11-1)

十有一年春, 楚子伐麇.

11년 봄, 초자楚子가 균麇을 쳤다.

【楚子】楚 穆王(商臣).
【麇】나라 이름.《公羊傳》에는 '圈'으로 되어 있음. 厥貉 회맹 때 도망하여 楚나라가 토벌한 것임.

㊉
十一年春, 楚子伐麇.
成大心敗麇師於防渚, 潘崇復伐麇, 至于錫穴.

11년 봄, 초楚 목왕穆王이 균麇나라를 쳤다.

성대심成大心이 균나라 군사를 방저防渚에서 쳐부수고, 반숭潘崇이 다시 균나라를 쳐 양혈錫穴까지 이르렀다.

【成大心】楚나라 대신. 成大心. 若敖의 증손이며 子玉(成得臣)의 아들. 孫伯. 大孫伯으로도 부름. 僖公 28년을 볼 것.
【防渚】麇나라 땅. 지금의 湖北 房縣.
【潘崇】楚나라 大夫이며 商臣(穆王)의 스승. 文公 원년을 볼 것.
【錫穴】麇나라 땅. 지금의 湖北 鄖縣. '錫'은 '양'으로 읽음. 혹 '錫穴'로도 표기하며 주에 "錫, 音羊. 或作鍚, 星歷反"이라 함. 《後漢書》郡國志에 "沔陽有鐵, 安陽有錫, 春秋時曰錫穴"이라 하여 '錫穴'이 맞을 것으로 보기도 함.

❋ 690(文11-2)

夏, 叔仲惠伯會晉郤缺于承筐.

여름, 숙중팽생叔仲彭生이 진晉나라의 극결郤缺과 승광承筐에서 만났다.

【叔仲惠伯】叔彭生. 魯나라 대부. 魯 桓公의 아들인 叔牙의 손자. 桓公의 증손. 杜預의 注에 "惠伯, 叔牙孫"이라 하였고,《禮記》檀弓篇 孔穎達의 疏에《世本》을 인용하여 "桓公生僖叔牙, 叔牙生武仲休, 休生惠伯彭, 彭生皮, 爲叔仲氏"라 함. 〈唐石經〉과〈宋本〉등에는 '叔彭生'으로 되어 있음.
【郤缺】晉나라 대부 郤芮의 아들. 郤成子.
【承筐】筐城. 지금의 河南 睢縣 서쪽. 다른 판본에는 '承匡'으로 되어 있으나 〈十三經注疏本〉에는 '承筐'으로 되어 있음.

傳

夏, 叔仲惠伯會晉郤缺于承匡, 謀諸侯之從於楚者.

여름, 노나라 대부 숙중혜백叔仲惠伯이 진晉나라 대부 극결郤缺을 승광承匡에서 만난 것은 제후들이 초楚나라에게 복종할 것인가의 문제를 상의하기 위함이었다.

【叔仲惠伯】叔仲彭生. 惠伯은 시호. 魯나라 대부.
【承匡】宋나라 땅. 經文에는 '承筐'으로 되어 있으나 이곳 傳文에는 '承匡'이라 표기되어 있음. 이는 〈唐石經〉을 근거로 한 것임.
【諸侯之從於楚者】전해에 陳・鄭 두 나라가 초나라와 강화를 맺었으며, 宋나라가 초나라에게 복종하게 된 일을 두고 말함.

❋ 691(文11-3)

秋, 曹伯來朝.

가을, 조백曹伯이 내조하였다.

【曹伯】당시 曹나라 군주는 共公의 아들 文公(壽)으로 재위 2년째였음.

㉠
秋, 曹文公來朝, 卽位而來見也.
襄仲聘于宋, 且言司城蕩意諸而復之.
因賀楚師之不害也.
鄋瞞侵齊, 遂伐我.
公卜使叔孫得臣追之, 吉.
侯叔夏御莊叔, 緜房甥爲右, 富父終甥駟乘.
冬十月甲午, 敗狄于鹹, 獲長狄僑如.
富父終甥摏其喉以戈, 殺之.

埋其首於子駒之門, 以命宣伯.
初, 宋武公之世, 鄋瞞伐宋.
司徒皇父帥師禦之.
耏班御皇父充石, 公子穀甥爲右, 司寇牛父駟乘, 以敗狄于長丘, 獲長狄緣斯.
皇父之二子死焉, 宋公於是以門賞耏班, 使食其征, 謂之耏門.
晉之滅潞也, 獲僑如之弟焚如.
齊襄公之二年, 鄋瞞伐齊.
齊王子成父獲其弟榮如, 埋其首於周首之北門.
衛人獲其季弟簡如.
鄋瞞由是遂亡.

가을, 조曹 문공文公이 노 문공을 찾아온 것은, 즉위하여 노나라 군주를 뵙기 위한 것이었다.

노魯나라 대부 동문양중東門襄仲이 송宋나라를 방문하여 노나라에 도망하여 와 있던 송나라의 사성司城 탕의제蕩意諸에 관하여 논의하고 그를 복직시켰다.

방문한 김에 송나라가 초楚나라 군사의 해를 입지 않았음을 축하드렸다.
수만鄋瞞이 제齊나라를 치고 이어서 우리 노魯나라에도 쳐들어왔다.
문공文公이 숙손득신叔孫得臣으로 하여금 이들을 추격할지에 대해 점을 치게 하였더니 길吉하다는 괘가 나왔다.
대부 후숙하侯叔夏가 장숙莊叔의 전차를 조종하고, 면방생綿房甥이 그 오른쪽을 맡았으며 부보종생富父終甥이 함께 하여 모두 네 사람이 타게 되었다.
겨울 10월 갑오날, 적을 함鹹에서 패배시키고 장적長狄의 군주 교여喬如를 사로잡았다.
부보종생이 그의 목을 창으로 찔러 죽였다.
그리고 그의 머리를 자구문子駒門 아래에 묻고, 아들 선백宣伯에게 교여僑如라는 이름을 붙여주었다.

당초, 송宋 무공武公 때에 수만이 송나라를 쳤었다.

사도司徒 황보皇父가 군사를 거느리고 방어하였다.

이때 대부 이반耏班이 황보충석皇父充石의 전차를 몰고 공자 곡생穀生이 그 오른쪽을 맡았으며, 사구司寇 우보牛父까지 합하여 네 사람이 타고 적을 장구長丘에서 패배시켜 그 장적의 임금 연사緣斯를 사로잡았었다.

황보의 두 아들이 그때 전투에서 죽었는데 당시 송 무공은 대부 이반에게 성문城門을 상으로 주고 그 성문에서 걷는 세금을 받을 수 있도록 하였으며 그 문을 일러 이문耏門이라 하였다.

진晉나라가 적적赤狄의 하나인 노潞를 멸망시켰을 때 교여의 아우 분여焚如를 잡아 죽였다.

제齊 양공襄公 2년, 수만이 제나라를 쳤다.

제나라 왕자 성보成父가 분여의 동생 영여榮如를 잡아 그 머리를 주수周首의 북문에 묻었다.

위衛나라는 그 막내동생 간여簡如를 잡았다.

수만은 결국 이로써 망하고 만 것이다.

【文公】曹나라 군주로 共公의 아들이며 뒤를 이어 즉위함. 이름은 壽. B.C.617~595년까지 23년간 재위하고 宣公이 뒤를 이음. 아버지가 죽고 23개월 만에 魯나라를 예방한 것임.

【蕩意諸】宋나라 司城 벼슬을 하던 大臣 이름. 文公 8년 經文과 傳文을 볼 것.

【不害】楚나라가 싸움을 걸어왔으나 미리 굴복하여 나라가 해를 입지 않음. 이는 文公 10년의 傳을 볼 것.

【鄋瞞】長狄이 세운 나라 이름. 지금의 山東 歷城縣 북방에 있었으며 군주의 성은 漆이었음. 《說文》에 "鄋, 北方長狄國也, 在夏爲防風氏, 在殷爲汪芒氏"라 함. 당시 狄은 白狄, 赤狄, 長狄 등으로 구분하여 불렀음.

【公】魯 文公.

【叔孫得臣】魯나라 대부. 叔孫氏. 叔牙의 손자. 莊叔으로도 불림.

【侯叔夏】魯나라 대부.

【緜房甥】노나라 대부.

【富父終甥】역시 노나라 대부.

【駟乘】전차는 원래 세 사람이 오르게 되어 있으나 장적을 겁내어 네 사람이 타게 된 것임.
【長狄僑如】長狄 鄋瞞國의 군주 이름. 《史記》魯世家에는 '喬如'로 표기되어 있음. 장적은 고대 大人國으로 《國語》魯語(下)에 "吳伐越, 墮會稽, 獲骨焉, 節專車. 吳子使來好聘, 且問之仲尼, 曰:「無以吾命.」賓發幣於大夫, 及仲尼, 仲尼爵之. 旣徹俎而宴, 客執骨而問曰:「敢問骨何爲大?」仲尼曰:「丘聞之: 昔禹致羣神於會稽之山, 防風氏後至, 禹殺而戮之, 其骨節專車. 此爲大矣.」客曰:「敢問誰守爲神?」仲尼曰:「山川之靈, 足以紀綱天下者, 其守爲神; 社稷之守者, 爲公侯. 皆屬於王者.」客曰:「防風何守也?」仲尼曰:「汪芒氏之君也, 守封・嵎之山者也, 爲漆姓. 在虞・夏・商爲汪芒氏, 於周爲長狄, 今爲大人.」客曰:「人長之極幾何?」仲尼曰:「僬僥氏長三尺, 短之至也. 長者不過十之, 數之極也.」라 하는 등 《說苑》(辨物篇), 《孔子家語》(辨物篇), 《史記》(孔子世家), 《博物志》(2) 등에 널리 실려 있음.
【子駒之門】'子駒'는 노나라 공족으로 그 이름을 성문의 이름을 삼았음. 노나라 도읍의 外郭城의 북쪽에 삼문 중 서쪽 문.
【以命宣伯】命은 名과 같음. 命名함. 宣伯은 叔孫得臣의 아들. 적의 군주 僑如를 잡아 처단한 기념으로 아들 이름을 '僑如'로 지어 叔孫僑如가 됨. 고대 풍습의 하나였다 함. 孔穎達 疏에 "此三子未必同年而生, 或生訖待事, 或事後始生, 欲以章己功, 取彼名而名之也"라 함.
【宋武公】宋나라 군주. 春秋 기록 이전의 군주로 孔穎達 疏에 "《史記》十二諸侯年表, 宋武公卽位十八年, 以魯惠公二十一年卒, 卒在春秋前二十六年, 不知鄋瞞以何年伐宋也"라 하여 狄이 침입한 구체적인 연도는 알 수 없음.
【皇父充石】宋나라 戴公의 아들. 皇父는 字, 充石은 그의 이름.
【耏班】宋나라 대부. 皇父充石의 어자.
【穀甥】皇父穀甥. 皇父充石의 아들.
【牛父】역시 宋나라 대부. 司寇 벼슬을 하고 있었음.
【長丘】宋나라 땅. 지금의 河南 封丘縣 남쪽에 封丘亭이 있음. 《博物志》에 "陳留封丘有狄溝, 春秋之長丘也"라 함.
【緣斯】長狄의 군주로 僑如의 선조.
【皇父之二子】'之'는 '與: ~와'와 같아, '황보와 그의 두 아들'이라 풀이하여 세 사람이 죽은 것으로 보기도 하며, 혹 두 아들만 죽은 것으로 보는 등 역대 논란이 많았음.

【以門賞】關門 통행세를 녹봉으로 하여 상을 내림.
【晉之滅潞】潞는 지금의 山西 潞城縣 동북방에 살고 있었던 狄의 하나. 晉나라가 潞를 멸망시킨 것은 노 문공 다음 군주인 宣公 15년, 晉 景公 6년의 일이었음.
【焚如】僑如의 아우로 형제 세습에 의해 다시 長狄 鄋瞞의 군주가 되었던 인물.
【齊襄公二年】齊 襄公 2년은 魯 桓公 16년에 해당되어 103년의 차이가 있어 사리에 맞지 않음. 따라서 '襄公'은 '惠公'의 오기로 보임.《史記》에는 '惠公'으로 되어있으며, 魯世家와 齊世家 및 十二諸侯年表 序에 齊 惠公 2년, 즉 魯 宣公 2년(B.C.607)의 일로 되어 있음.
【王子成父】《韓非子》에는 '公子城父'로 되어 있어 '城父'로 표기하기도 함.
【榮如】僑如와 焚如 다음을 이은 그 아우.
【朱首】齊나라 지명. 지금의 山東 東阿縣 동북쪽.
【簡如】역시 僑如와 焚如, 그리고 榮如 다음을 이어 長狄 鄋瞞을 통솔한 막내 아우.

❋ 692(文11-4)

公子遂如宋.

공자 수遂가 송宋나라로 갔다.

【公子遂】魯나라 공자. 東門襄仲.

❋ 693(文11-5)

狄侵齊.

적狄이 제齊나라를 침범하였다.

❋ 694(文11-6)

冬十月甲午, 叔孫得臣敗狄于鹹.

겨울 10월 갑오날, 숙손득신叔孫得臣이 적狄을 함鹹에서 패배시켰다.

【甲午】10월 3일.
【叔孫得臣】魯나라 대부. 叔孫氏. 叔牙의 손자. 莊叔으로도 불림.
【鹹】魯나라 땅. 桓公 7년의 '咸丘'가 아닌가 함. 지금의 山東 鉅野縣 남쪽.

傳
郕大子朱儒自安於夫鍾, 國人弗徇.

성郕나라 태자 주유朱儒가 부종夫鍾에서 편안한 생활을 하고 있었으나 그 나라 백성들은 그를 따르지 않았다.

【郕】周 武王의 아우 郕叔武를 봉했던 나라. 伯爵. 처음 봉지는 지금의 山東 汶上縣 서북쪽이었음. 뒤에 山東 寧陽縣으로 옮겼으며 지금의 盛鄕城이 있음.
【大子】太子. '大'는 '太'와 같음.
【朱儒】郕나라 태자 이름.
【夫鍾】郕나라 읍 이름. 지금의 山東 寧陽縣 서북. 桓公 11년을 볼 것.
【徇】순종함. 따름. 杜預 注에 "徇, 順也"라 함.

108. 文公 12年(B.C.615) 丙午

周	頃王(姬壬臣) 4년	齊	昭公(潘) 18년	晉	靈公(夷皐) 6년	衛	成公(鄭) 20년
蔡	莊公(甲午) 31년	鄭	穆公(蘭) 13년	曹	文公(壽) 3년	陳	共公(朔) 17년
杞	桓公(姑容) 22년	宋	昭公(杵臼) 5년	秦	康公(罃) 6년	楚	穆王(商臣) 11년
許	昭公(錫我) 7년						

✸ 695(文 12-1)

十有二年春王正月, 郕伯來奔.

12년 봄 주력 정월, 성백郕伯이 도망쳐 망명해왔다.

【郕伯】태자 朱儒를 가리킴. 태자의 아버지가 죽었음에도 그가 夫鍾에서 돌아오지 않자 새로 임금을 세우게 되었으며 이에 주유는 魯나라로 망명해 온 것임.

⟨傳⟩
十二年春, 郕伯卒, 郕人立君.
大子以夫鍾與郕邽來奔.
公以諸侯逆之, 非禮也.
故書曰「郕伯來奔」, 不書地, 尊諸侯也.

12년 봄에, 성郕나라 군주가 세상을 떠났다.

성나라 사람들이 다른 사람을 군주로 세우자 태자 주유朱儒가 부종夫鍾과 성규郕邽 땅을 가지고 노나라로 망명해 왔다.

문공文公은 그를 제후의 신분으로 맞이하였으나 이는 예에 맞지 않는 일이었다.

그 때문에 경經에 '성나라 군주가 도망쳐 왔다'라 하면서 그가 바친 땅 이름을 쓰지 않았으니 이는 그를 제후로 받들었기 때문이다.

【郕伯】태자 朱儒의 아버지. 작은 나라여서 그 이름이 밝혀지지 않았음.
【立君】주유가 부종에서 돌아오지 않았으며 백성들이 그를 따르지도 않자 나라에서 다른 사람을 임금으로 세움.
【郕邽】땅 이름으로 보기도 하나 '邽'는 '圭'로서 郕나라 보물을 뜻하는 것이라 여기기도 함. 《太平御覽》(146) 皇親部에 인용된 服虔의 注에 "郕邽亦邑名, 一曰 郕邦之寶圭, 太子以其國寶與地夫鍾來奔也"라 함. 杜預 注에는 "旣尊以爲諸侯, 故不復見其竊邑之罪"라 함.

※ 696(文12-2)

杞伯來朝.

기백杞伯이 내조하였다.

【杞伯】杞 桓公. 杞나라는 姒姓으로 周 武王이 殷을 멸한 다음 禹의 후손 東樓公을 찾아 봉하였음. 지금의 河南 杞縣 일대. 僖公 27년 전을 볼 것.

※ 697(文12-3)

二月庚子, 子叔姬卒.

2월 경자날, 자숙희子叔姬가 죽었다.

【庚子】 2월 11일.
【子叔姬】 魯나라 公女로 杞 桓公에게 시집을 갔던 여인. 14년에 "齊人執子叔姬"라 하였고, 宣公 5년에는 "齊高固及子叔姬來"라 하여 이미 시집을 간 경우 '子'를 붙임. 한편 孔穎達 疏에는 〈釋例〉를 인용하여 "杞桓公以僖二十三年卽位, 襄六年卒, 凡在位七十一年. 文成之世, 經書叔姬二人, 一人卒, 一人出, 皆杞桓公夫人也"라 하여 叔姬는 두 사람이었다 함.

㊅
杞桓公來朝, 始朝公也.
且請絶叔姬而無絶昏, 公許之.
二月, 叔姬卒.
不言「杞」, 絶也; 書「叔姬」, 言非女也.

기杞 환공桓公이 찾아온 것은 문공이 즉위한 뒤 처음 온 것이었다.
그는 부인 숙희叔姬와 이혼하고 다른 공녀公女를 부인으로 맞이하여 노나라와의 인척 관계가 끊어지지 않게 해 줄 것을 청하여 문공이 이를 허락하였다.
2월, 숙희叔姬가 세상을 떠났다.
경經에 '기숙희杞叔姬'라 쓰지 않은 것은 노나라와 인연이 끊어진 때문이었으며 '숙희'라고 쓴 것은 시집가지 않은 처녀가 아니었기 때문이었다.

【絶叔姬而無絶昏】 叔姬와는 혼인관계를 끊되 魯나라 다른 공녀와 다시 결혼을 함으로써 인척관계를 끊지 않겠다는 뜻. '昏'은 '婚'과 같음. 고대 혼인식은 저녁에 이루어져 '昏'과 '婚'을 혼용하여 썼음.
【非女】 이미 결혼을 했던 여자라는 뜻. 결혼을 하지 않고 죽은 여자는 아무리 신분이 높아도 經에 기록하지 않았음.

※ 698(文12-4)

夏, 楚人圍巢.

여름, 초楚나라가 소巢를 포위하였다.

【巢】殷(商)때부터 있던 아주 오래된 나라. 偃姓.《尙書》序에 "巢伯來朝, 芮伯作旅巢命"이라 함. 여러 舒나라 중의 하나로 보고 있음. 지금의 安徽 巢縣 동북에 居巢의 遺址가 있으며 이곳에 巢國이 있었던 것으로 추정하고 있음.

㊁
楚令尹大孫伯卒, 成嘉爲令尹.
羣舒叛楚.
夏, 子孔執舒子平及宗子, 遂圍巢.

초楚나라 영윤令尹 대손백大孫伯이 죽어 성가成嘉가 영윤이 되었다.
그러자 군서群舒 여러 나라들이 초나라를 배반하였다.
여름, 초나라 영윤 子孔이 서舒나라 군주 평平과 종宗나라 군주를 사로잡고 마침내 소巢나라를 포위하였던 것이다.

【大孫伯】초나라 대부 成大心. 子玉(成得臣)의 아들. 孫伯. 大孫伯으로도 부름. 若敖의 증손.
【成嘉】成大心의 아우. 자는 子孔. 若敖의 曾孫. 형을 이어 초나라 令尹에 오름. 杜預 注에 "若敖曾孫子孔"이라 함.
【群舒】江淮 일대에 분포하였던 舒庸, 舒鳩 등의 작은 나라들.
【宗子】宗나라의 군주. '子'는 고대 蠻夷의 군주도 모두 子爵을 넣어 불렀음. 宗나라는 지금의 安徽 舒城縣과 廬江縣 사이 龍舒城 근처였다 함.

● 699(文 12-5)

秋, 滕子來朝.

가을, 등자滕子가 내조하였다.

【滕子】滕 昭公. 滕나라는 周 文王의 아들 叔繡가 받았던 封國. 侯爵이었으며 지금의 山東 滕縣 일대. 戰國시대 齊나라에게 망함.

㊉

秋, 滕昭公來朝, 亦始朝公也.

가을, 등滕 소공昭公이 노나라를 찾아온 것은 역시 문공이 즉위한 뒤 처음 온 것이었다.

● 700(文 12-6)

秦伯使術來聘.

진백秦伯이 술術을 사자로 보내어 빙문토록 하였다.

【秦伯】당시 秦나라 군주는 康公이었음.
【術】西乞術. 秦나라 대부. 《公羊傳》에는 '西乞遂'로 되어 있음.

㊉

秦伯使西乞術來聘, 且言將伐晉.
襄仲辭玉, 曰:「君不忘先君之好, 照臨魯國, 鎭撫其社稷, 重之以大器, 寡君敢辭玉.」

對曰:「不腆敝器, 不足辭也.」

主人三辭, 賓答曰:「寡君願徼福于周公·魯公以事君, 不腆先君之敝器, 使下臣致諸執事, 以爲瑞節, 要結好命, 所以藉寡君之命, 結二國之好, 是以敢致之.」

襄仲曰:「不有君子, 其能國乎? 國無陋矣!」

厚賄之.

진秦 강공康公이 서걸술西乞術을 노魯나라에 보내었으며, 아울러 앞으로 진晉나라를 치려는 뜻을 전하도록 하였다.

그때 동문양중東門襄仲은 서걸술이 바치는 옥玉은 받지 않고 사양하며 말하였다.

"진秦나라 군주께서는 우리 선군과의 우호 관계를 잊지 않으시고 이 노나라에 사신을 보내시어 살펴 주시며 그 사직을 어루만지시고, 큰 보물까지 보내주셨군요. 그러나 우리 임금께서는 감히 이 옥을 사양하십니다."

서걸술이 말하였다.

"보잘 것 없는 물건이니 사양하실 것이 못 됩니다."

주인 양중이 세 번을 사양하자 빈객 서걸술은 이렇게 대답하였다.

"우리 군주께서는 노나라 선조이신 주공周公과 노공魯公의 도움을 받아 노나라 군주를 섬길 것을 원하십니다. 그리하여 선군께서 지니셨던 이 볼품 없는 물건을 이 낮은 신하로 하여금 귀국 집사에게 바쳐 상서로운 서물瑞物로 삼도록 하신 것입니다. 이는 앞으로 좋은 관계를 맺도록 하라는 명령입니다. 그래서 저는 우리 군주의 명에 따라 두 나라 간의 우호 관계를 맺으려는 것입니다. 이 때문에 감히 드리는 것입니다."

양중이 말하였다.

"이러한 군자가 없으면 어찌 나라를 다스릴 수 있으랴? 그의 나라는 고루하지 않구나!"

그리고는 서걸술에게 후한 선물을 주었다.

【襄仲】魯나라 대부. 東門襄仲. 즉 公子 遂.
【不腆敝器】'腆'은 '두텁다. 훌륭하다'의 뜻. 杜預 注에 "腆, 厚也"라 함. '敝'는 자신의 나라나 물건을 낮추어 부르는 말. 따라서 '별것 아닌 자신의 선물'이라는 뜻.
【賓答】〈阮刻本〉에는 '客'으로 잘못되어 있으나 〈石經〉에는 '答'(畣)으로 되어 있음.
【徼】요구함. '要'와 같음.
【大器】훌륭한 물건.
【不腆】두텁지 못함. 크지 못함.
【周公】姬旦. 周 文王의 아들이며 武王의 아우. 魯나라에 봉해졌으나 조카 成王(姬誦)이 어려 이를 섭정하기에 바빠 대신 아들 伯禽을 보냄.
【魯公】周公의 아들 伯禽을 가리킴. 처음 노나라 곡부에 와서 노나라를 다스리기 시작함.
【瑞節】믿음을 나타내는 표식이나 신뢰의 상징. 杜預 注에 "節, 信也"라 함.
【賄】杜預 注에 "賄, 贈送也"라 함.

※ **701(文 12-7)**

冬十有二月戊午, 晉人・秦人戰于河曲.

겨울 12월 무오날, 진晉나라와 진秦나라가 하곡河曲에서 싸웠다.

【戊午】12월 4일.
【河曲】晉나라 땅. 지금의 山西 永濟縣 남쪽. 河水가 이곳에서 한 번 꺾여 동쪽으로 흘러 지명이 河曲이 됨.

㊉
秦爲令狐之役故, 冬, 秦伯伐晉, 取羈馬.
晉人禦之.

趙盾將中軍, 荀林父佐之; 郤缺將上軍, 臾騈佐之; 欒盾將下軍, 胥甲佐之; 范無恤御戎, 以從秦師于河曲.

臾騈曰:「秦不能久, 請深壘固軍以待之.」

從之.

秦人欲戰, 秦伯謂士會曰:「若何而戰?」

對曰:「趙氏新出其屬曰臾騈, 必實爲此謀, 將以老我師也. 趙有側室曰穿, 晉君之壻也, 有寵而弱, 不在軍事; 好勇而狂, 且惡臾騈之佐上軍也. 若使輕者肆焉, 其可.」

秦伯以璧祈戰于河.

十二月戊午, 秦軍掩晉上軍.

趙穿追之, 不及.

反, 怒曰:「裹糧坐甲, 固敵是求. 敵至不擊, 將何俟焉?」

軍吏曰:「將有待也.」

穿曰:「我不知謀, 將獨出.」

乃以其屬出.

宣子曰:「秦獲穿也, 獲一卿矣. 秦以勝歸, 我何以報?」

乃皆出戰, 交綏.

秦行人夜戒晉師曰:「兩軍之士皆未憖也, 明日請相見也.」

臾騈曰:「使者目動而言肆, 懼我也, 將遁矣. 薄諸河, 必敗之.」

胥甲·趙穿當軍門呼曰:「死傷未收而弃之. 不惠也. 不待期而薄人於險, 無勇也.」

乃止.

秦師夜遁.

復侵晉, 入瑕.

진秦나라가 영호令狐 싸움의 보복을 위해 겨울에 진秦 강공康公은 진晉나라를 쳐서 기마羈馬 땅을 빼앗았다.

진晉나라가 이를 막아 나섰다.

조돈趙盾은 중군을 거느리고 순림보荀林父가 이를 보좌하였으며, 극결

극결郤缺은 상군을 거느리고 유변臾騈이 보좌하였으며, 난돈欒盾이 하군을 지휘하고 서갑胥甲은 이를 보좌하였으며, 범무휼范無恤은 임금의 전차를 몰아 이들은 진秦나라 군사를 좇아 하곡河曲에서 맞닥뜨렸다.

그때 유변이 말하였다.

"진나라는 능히 오래 견뎌낼 수 없습니다. 청컨대 보루를 깊이 파고 군사를 견고히 하여 대기합시다."

이에 그의 의견을 따랐다.

진秦나라는 곧 전투를 벌이고자 하면서 진 강공이 사회士會에게 물었다.

"어떻게 싸워야 할 것인가?"

사회가 대답하였다.

"진晉나라의 조돈은 새로운 인물을 그의 부하로 내세웠는데 그는 유변이라 합니다. 이 싸움에서 틀림없이 그가 계략을 꾸미고 있을 것인데 그는 우리 군사를 지치게 하는 작전을 쓸 것입니다. 조돈에게는 측실의 형제가 있어 그 이름을 천穿이라 하며 임금의 사위입니다. 그는 총애를 받고 있기는 하나 나이가 어리고 군사 일에는 익숙지 않습니다. 용맹만을 좋아하여 미친 듯이 날뛰고, 게다가 유변이 상군의 보좌가 된 것을 미워하고 있습니다. 그러니 만약 민첩한 군사들로 하여금 돌격하게 하면 그를 끌어낼 수 있을 것입니다."

이에 강공은 구슬을 황하黃河에 바치면서 전투의 승리를 빌었다.

12월 무오날, 진秦나라 군사가 진晉나라의 상군을 갑자기 덮쳤다.

조천趙穿이 그 군사를 뒤쫓았지만 잡지 못하였다.

조천은 군진으로 돌아와 화를 내며 이렇게 말하였다.

"양식을 지니고서 갑옷을 입고 투구를 쓰고 있는 것은 실로 적과 싸우기 위한 것인데 적이 눈앞에 닥쳤는데도 치지 않고 무엇을 기다린단 말인가?"

군리軍吏가 말하였다.

"적을 칠 기회를 엿보고 있습니다."

조천이 말하였다.

"나는 그 계책을 모르겠다. 나 혼자서 싸우러 나가겠다."

그리고는 부대를 거느리고 출격하였다.

그러자 선자宣子(趙盾)가 말하였다.

"진秦나라 군사가 천穿을 잡는다면 우리나라의 경卿 하나를 잡는 것이 된다. 그들이 경을 포로로 잡았으니 싸움에 이겼다고 여겨 돌아가 버린다면 나는 임금에게 무어라 보고를 드릴 수 있겠는가?"

그리하여 곧 모든 군사가 나가 싸웠으나 서로를 이기지 못한 채 물러났다.

그런데 진秦나라 사자使者가 저녁에 진晉나라 군사에게 와서 이렇게 경계하는 것이었다.

"두 나라 군사들 누구도 상해를 입은 자가 없으니 내일 다시 만나기를 청합니다."

유변이 말하였다.

"진秦나라 사자의 눈빛이 이리저리 흔들리고 말하는 것이 제멋대로이니 이는 우리를 겁내고 있는 것이다. 그들은 장차 달아날 것이다. 우리가 그들을 하수河水로 몰아붙인다면 틀림없이 패배시킬 수 있을 것이다."

그러자 서갑과 조천이 군영의 문에서 소리쳤다.

"사상자를 거두어들이지 않고 버려두는 것은 은혜롭지 못한 일이며, 상대와 기약한 시간을 지키지 않고 남을 험한 곳으로 몰아넣어 압박하는 것은 용맹하지 못한 짓이오."

그리하여 그날 밤 공격하기를 멈추었다.

진秦나라 군사는 그날 밤 달아났다.

그 뒤 그들은 다시 진晉나라를 침범하여 하瑕 땅으로 쳐들어갔다.

【令狐之役】 文公 7년을 볼 것.
【秦伯】 秦 康公.
【羈馬】 晉나라 지명. 지금의 山西 永濟縣 남쪽에 羈馬城이 있으며 일명 涉丘라고도 함.
【趙盾】 晉나라 대부. 趙衰의 아들. '盾'은 '돈'으로 읽음. 趙宣子, 趙孟으로도 부름. 당시 中軍將이 됨.
【荀林父】 晉나라 대부. 趙盾의 보좌. 杜預 注에 "林父代先克"이라 함.
【郤缺】 晉나라 대부 郤成子. 郤芮의 아들. 당시 上軍將. 杜預 注에 "代箕鄭"이라 함.

6. 〈文公12年〉 1139

【臾騈】 역시 진나라 대부. 본문에 "趙氏新出其屬曰臾騈"이라 함. '騈'은 '변', 혹 '병'으로 읽음. 注에 "騈, 蒲賢反, 又蒲丁反"이라 함. 文公 6년 참조.

【欒盾】 欒枝의 아들. 宣蔑을 이어 下軍將이 됨. '盾'은 '돈'(徒本反)으로 읽음. 杜預 注에 "代先蔑"이라 함.

【胥甲】 胥臣의 아들. 先都를 이어 下軍佐가 됨. 胥甲父로도 부름. 杜預 注에 "代先都"라 함.

【范無恤】 진나라 대부. 步招의 뒤를 이어 御戎의 임무를 맡음.

【御戎】 군주의 전차를 조종함. 당시 晉나라 靈公은 나이가 어려 出陣하지 않고 다만 그의 전차만 나갔음.

【深壘固軍】 堡壘(塹壕)를 깊이 파고 군의 진영을 견고하게 함.

【士會】 晉나라 대부. 范會, 隨季, 士季 등 여러 이름으로 불림. 士蔿의 손자이며 士縠과 형제. 隨땅을 채읍으로 하여 '隨會', 혹 '隨武子'라고도 불렸으며 다시 范땅을 채읍으로 하여 '范武子'로도 불림. 文公 7년 秦나라로 도망가서 이 때 秦나라를 군사를 위해 參謀 역할을 하고 있었음. 이듬해(13년) 그는 다시 晉나라로 돌아옴. 그 후손이 뒤에 晉나라 六卿의 하나인 范氏로 발전함.

【趙氏新出其屬曰臾騈】 '조돈이 새롭게 그 부하를 파견한 자가 있어 그 이름이 유변'이라는 뜻.

【側室】 첩·서자. 여기에서는 서자인 趙穿을 말함. 趙穿은 趙夙의 庶孫으로 趙盾과 사촌형제 사이였음.

【君之壻】 壻는 婿와 같음. 임금의 사위. 당시 靈公은 어려 襄公의 사위였을 것으로 보임.

【肆】 쳐들어감. 돌격해 들어감. 杜預 注에는 "暫往而退也"라 함.

【戊午】 12월 5일.

【掩】 엄습함.

【裹糧坐甲】 양식을 싸고, 갑옷을 입고, 투구를 쓰고 출전을 기다림. 孔穎達 疏에 "갑, 臨敵則被之於身; 未戰, 且坐之於地"라 함.

【一卿】 한 명의 卿. 그때 趙穿은 晉나라 卿의 지위에 있었음. 杜預 注에 "僖三十三年, 晉侯以一命命郤缺爲卿, 不在軍帥之數, 然則晉自有散位從卿者"라 함.

【交綏】 서로 물러감. 杜預 注에 "《司馬法》曰:「逐奔不遠, 從綏不及. 逐奔不遠則難誘, 從綏不及則難陷.」然則古名退軍爲綏. 秦·晉志不能堅戰, 短兵未致爭而兩退, 故曰交綏"라 함.

【行人】 외교관. 사신.

【憖】 死傷. 杜預 注에 "憖, 缺也"라 하였고, 《方言》에는 "憖, 傷也"라 함.

【目動而言肆】杜預 注에 "目動, 心不安; 言肆, 聲放失常節"이라 함.
【薄】'迫'과 같음. 압박해 들어감.
【夜遁】《史記》秦本紀에 "六年, 秦伐晉, 取羈馬. 戰于河曲, 大敗晉軍"이라 하였고, 晉世家에는 "六年, 秦康公伐晉, 取羈馬. 晉侯怒, 使趙盾·趙穿·郤缺擊秦, 大戰河曲, 趙穿取有功"이라 하였음.
【瑕】지금의 河南 關鄕縣 서쪽. 한편 본 장 내용의 일부는 《說苑》至公篇에 "秦晉戰, 交敵, 秦使人謂晉將軍曰:「三軍之士, 皆未息, 明日請復戰.」臾駢曰: 「使者, 目動而言肆, 懼我, 將遁矣, 迫之河, 必敗之.」趙盾曰:「死傷未收而棄之, 不惠也. 不待期而迫人於險, 無勇也, 請待.」秦人夜遁"으로 실려 있음.

※ 702(文12-8)

季孫行父帥師城諸及鄆.

계손행보季孫行父가 군사를 이끌고 제諸와 운鄆에 성을 쌓았다.

【季孫行父】季文子. 魯나라 대부. 魯나라 三桓의 하나인 季孫氏 집안.
【諸】지금의 山東 諸城縣 西南쪽. 일명 季孫城이라고도 함.
【鄆】《一統志》에 "今山東沂水縣東南四十里, 有員亭, 在沭水西岸, 卽鄆城也, 是爲東鄆"이라 함. 따라서 成公 4년에 쌓은 鄆城은 西鄆임. 《公羊傳》에는 '運'으로 되어 있음.

⟨傳⟩

城諸及鄆, 書, 時也.

노나라가 제諸와 운鄆 땅에 성을 쌓은 일을 경經에 기록한 것은 때에 맞았기 때문이었다.

【時】농사철을 피하여 공사를 하였음을 말함.

109. 文公 13年(B.C.614) 丁未

周	頃王(姬壬臣) 5년	齊	昭公(潘) 19년	晉	靈公(夷皐) 7년	衛	成公(鄭) 21년
蔡	莊公(甲午) 32년	鄭	穆公(蘭) 14년	曹	文公(壽) 4년	陳	共公(朔) 18년
杞	桓公(姑容) 23년	宋	昭公(杵臼) 6년	秦	康公(罃) 7년	楚	穆王(商臣) 12년
許	昭公(錫我) 8년						

❋ 703(文13-1)

十有三年春王正月.

13년 봄 주력 정월.

㊟
十三年春, 晉侯使詹嘉處瑕, 以守桃林之塞.

13년 봄, 진晉나라 영공靈公은 첨가詹嘉로 하여금 하瑕 땅에 머무르면서 도림桃林의 요새를 지키도록 하였다.

【晉侯】晉 靈公(夷皐).
【詹嘉】晉나라 대부. 瑕 땅을 채읍으로 하사받아 '瑕嘉'로도 부름. 成公 원년 傳을 볼 것. 杜預 注에 "詹嘉, 晉大夫, 賜其瑕邑"이라 함.
【瑕】지금의 河南 關鄉縣 서쪽. 지난해 말 秦나라에게 빼앗긴 땅.

【桃林之塞】潼關에서 函谷關까지의 요새. 지금의 陝西 華陰縣 동쪽으로부터 河南 靈寶縣 서쪽 땅까지. 秦나라의 동방 진출로였음.《地理通釋》에 "自潼關至函谷關歷陝華二州之地, 具謂之桃林塞. 今陝西華陰縣以東, 河南靈寶縣以西皆是也"라 하였고,《水經注》에는 "謂桃林在河南閺鄕縣南谷中"이라 함.

㊝

晉人患秦之用士會也.

夏, 六卿相見於諸浮.

趙宣子曰:「隨會在秦, 賈季在狄, 難日至矣, 若之何?」

中行桓子曰:「請復賈季, 能外事, 且由舊勳.」

郤成子曰:「賈季亂, 且罪大, 不如隨會. 能賤而有恥, 柔而不犯, 其知足使也. 且無罪.」

乃使魏壽餘僞以魏叛者, 以誘士會.

執其帑於晉, 使夜逸, 請自歸于秦.

秦伯許之.

履士會之足於朝.

秦伯師于河西, 魏人在東, 壽餘曰:「請東人之能與夫二三有司言者, 吾與之先.」

使士會, 士會辭, 曰:「晉人, 虎狼也. 若背其言, 臣死, 妻子爲戮, 無益於君, 不可悔也.」

秦伯曰:「若背其言, 所不歸爾帑者, 有如河!」

乃行.

繞朝贈之以策, 曰:「子無謂秦無人, 吾謀適不用也.」

旣濟, 魏人譟而還.

秦人歸其帑.

其處者爲劉氏.

진晉나라는 진秦나라가 사회士會를 등용한 것을 걱정하였다.

여름, 진晉나라 육경六卿이 제부諸浮에서 만났다.

조선자趙宣子가 말하였다.

"수회隨會(士會)는 진나라에 있고, 가계賈季(狐射姑)는 적狄 땅에 있어, 어려움이 날로 다가오고 있소. 어찌 하면 좋겠소?"

중항환자中行桓子(荀林父)가 말하였다.

"청컨대 가계를 불러들입시다. 그는 바깥 외국 일에 능통하고, 게다가 지난날 공훈도 있습니다."

그러자 극성자郤成子(郤缺)가 말하였다.

"가계는 난을 일으켰고 게다가 죄도 큽니다. 수회를 돌아오도록 하느니만 못합니다. 수회는 천한 신분이면서도 부끄러워할 줄 알고, 유순하여 다른 사람을 해치지 않습니다. 그의 지략은 족히 부릴 수 있습니다. 게다가 원래 아무런 죄가 없었습니다."

이에 위수여魏壽餘로 하여금 짐짓 위읍魏邑의 반군들로써 배반하는 척 하도록 하여 사회를 유인誘引하였다.

위수여의 처자를 진晉나라에 억류해 놓았다가 저녁에 빠져나가도록 하면서 위수여는 스스로 자신은 진秦나라에 귀순하겠노라 청하도록 하였다.

진秦 강공康公은 이를 허락하고 받아들였다.

위수여는 진秦나라 조정에서 슬며시 사회의 발을 밟아 자신이 진나라로 들어온 것이 계획된 것임을 알려주었다.

진 강공이 위읍 땅을 차지하기 위해 하서河西에 군사를 이끌고 나갔더니 위읍 땅 사람들이 황하 동쪽에 진을 치고 있었다. 이때 수여가 말하였다.

"동쪽의 진晉나라 출신으로 저쪽의 관리들과 담판할 수 있는 이를 내어주시기를 청합니다. 제가 그와 함께 먼저 가보겠습니다."

진 강공이 사회를 보내려 하자 사회가 사양하며 말하였다.

"진晉나라 사람들은 호랑虎狼과 같은 자들입니다. 저들이 약속을 어기고 저를 풀어주지 않으면 저는 진晉나라에서 죽고 저의 처자는 진秦나라에서 죽임을 당할 것입니다. 그렇게 되면 임금께도 아무런 이익이 없을 것이니 뉘우치셔도 소용이 없게 될 것입니다."

그러자 강공이 말하였다.

"진晉나라가 만일 약속을 어겨 그대를 보내주지 않았을 때 내가 그대의 처자를 진晉나라로 돌려보내주지 않는다면 저 하수가 나를 어떻게 여기겠소!"

이에 사회는 위수여와 함께 떠났다.

그때 진秦나라 요조繞朝가 사회에게 채찍을 주면서 이렇게 말하였다.

"그대는 우리 진秦나라에 인물이 없다고 말하지 마시오. 나는 그대들의 계책을 알고 있지만 나의 계책이 지금 쓰이지 못하고 있는 것뿐이오."

이윽고 그들이 하수를 건너자 위읍 땅 사람들은 소란스럽게 외치며 물러났다.

진秦나라는 약속대로 사회의 처자를 돌려보냈다.

그때 돌아가지 않고 남았던 자들은 성을 유씨劉氏로 삼았다.

【士會】晉나라 대부. 隨會. 隨季. 士季. 范會. 隨武子. 范武子. 士蔿의 손자. 그가 晉나라를 배신하고 진나라로 망명한 일은 文公 7년을 볼 것.

【六卿】晉나라 조정의 중요한 대신 여섯 명. 혹 上中下 三軍의 將令과 補佐라고도 함. 몰래 계책을 세우기 위해 주요 인물 여섯만 모인 것임.

【諸浮】晉나라 땅. 진나라 도성 근처일 것으로 보고 있음. 孔穎達 疏에 "六卿在朝, 日夕聚集, 而特云'相見於諸浮'者, 將欲密謀, 慮其漏泄, 故出就外野, 屛人私議. 諸浮當是城外之近地耳"라 함.

【趙宣子】趙盾. 趙衰의 아들로 당시의 晉나라 실력자였음.

【賈季】狐射姑. 자는 季它. 晉나라 대부 狐偃의 아들. 식읍은 賈 땅. 그 때문에 賈季로도 부름. 先且居의 중군장수 직을 대신 이어받은 장수. '射'는 '야', 혹은 '역'으로 읽음. 《穀梁傳》에는 '狐夜姑'로 되어 있으며 〈釋文〉에는 "射音亦, 一音夜"라 함. 그가 狄으로 달아난 것은 文公 7년을 참조할 것.

【中行桓子】荀林父. 그는 僖公 28년에 새로 편성된 中行의 대장이 되었으며 뒤에 중항(中行)을 성으로 사용함. 杜預 注에 "中行桓子, 荀林父也. 僖二十八年始將中行, 故以爲氏"라 함. 그 후손이 晉末 六卿의 하나인 中行氏가 됨.

【舊勳】賈季는 文公에게 많은 공을 세운 狐偃의 아들이었음을 말함. 孔穎達 疏에는 "賈季本是狄人, 能知外竟之事"라 함.

【賈季亂, 且罪大】亂은 그가 공자 樂을 陳에서 맞이하여 군주로 삼으려 하였던 일을 두고 말한 것이며, 罪는 그가 文公 6년 陽處父를 죽인 일을 가리킴.

【魏壽餘】畢萬의 자손. 魏犨의 친족. 魏邑을 다스리던 수령. 閔公 元年 傳에 "晉侯作二軍, 以滅魏. 賜畢萬魏"라 하였고, 孔穎達 疏에 "魏犨者, 萬之孫, 爲魏之世適. 壽餘爲魏邑之主, 當是犨之近親"이라 하였음.

【魏】晉나라 읍. 당시 魏壽餘가 지키고 있었음.
【帑】'孥'와 같음. 妻子眷屬을 가리킴.
【履士會之足於朝】魏壽餘가 士會를 데리고 가기 위해 꾸민 일이 잘 되고 있음을 조정에 사회를 만났을 때 발을 밟아 신호로 알려준 것.
【河西】黃河 서쪽. 지금의 陝西 朝邑縣 동쪽.
【東人】秦나라의 동쪽 나라인 晉나라 사람으로 秦나라에 가 있던 사람, 즉 士會를 가리킴.
【有如河】'황하의 神이 자신의 신의를 지키지 못한 것에 대해 벌을 내릴 것'이라는 뜻으로 풀이함.
【繞朝】秦나라 대부. 이 일을 이미 눈치 채고 있었음.
【其處者爲劉氏】이는 漢 高祖 劉邦과의 연결 및 그 조상의 美化를 위해 널리 인용되기도 함. 즉 昭公 29년 傳에 "陶唐氏旣衰, 其後有劉累"라 하여 士會는 陶唐氏(堯)의 직계 후손이며 그 一族 중 秦나라에 머물다가 劉氏 성이 되어 後孫이 劉邦에게 이어지는 것으로 여겼음. 이에《後漢書》賈逵傳의 賈逵가 章帝에게 올린 奏文에 "五經家皆無以證圖讖, 明劉氏爲堯後者, 而《左氏》獨有明文"이라 하였음.

❋ 704(文13-2)

夏五月壬午, 陳侯朔卒.

여름 5월 임오날, 진후陳侯 삭朔이 죽었다.

【壬午】5월에는 壬午날이 없었음. 4월 그믐날이었음.
【陳侯】陳 共公. 이름은 朔. 穆公의 뒤를 이어 B.C.631~614년까지 18년간 재위하고 이해에 죽었으며 靈公이 뒤를 이음. 그러나 뒤에 그의 장례에 대한 기록이 없는 것은 노나라가 그 장례에 참석하지 않았기 때문으로 여김.
＊無傳

705(文13-3)

邾子蘧蒢卒.

주자邾子 거제蘧蒢가 죽었다.

【邾子】邾 文公. 이름은 蘧蒢. 子爵이었음. 孔穎達 疏에 "蘧蒢, 邾子瑣之子也. 莊二十九年卽位, 僖元年與魯盟于犖"이라 함. 邾나라는 周 武王이 祝融 八姓의 하나였던 邾俠(曹俠)을 封하여 부용국으로 삼았으며 지금의 山東 鄒縣 이 때문에 전국시대에 이름을 '鄒'로 바꾸었다. 曹姓이며 子爵 작위를 받았으나 魯나라에 예속되어 있었음.《公羊傳》과《穀梁傳》에는 이름이 '蘧蒢'로 되어 있음.

傳
邾文公卜遷于繹.
史曰:「利於民而不利於君.」
邾子曰:「苟利於民, 孤之利也. 天生民而樹之君, 以利之也. 民旣利矣, 孤必與焉.」
左右曰:「命可長也, 君何弗爲?」
邾子曰:「命在養民. 死之短長, 時也. 民苟利矣, 遷也, 吉莫如之!」
遂遷于繹.
五月, 邾文公卒.
君子曰:「知命.」

주邾 문공文公이 역繹으로 천도하고자 점을 쳤다.
복관卜官이 말하였다.
"백성에게는 이로우나, 군주께는 불리합니다."
주 문공이 말하였다.
"진실로 백성에게 이롭다면 그것은 곧 나에게 이로운 것이다. 하늘이 백성을 낳고 군주를 세운 것은 백성을 이롭게 하기 위한 것이다. 백성에게 이미 이롭다면 나는 틀림없이 그 이로움에 포함될 것이다."

좌우 신하들이 말하였다.

"도읍을 옮기지 않으면 군주의 수명이 길어질 것인데 어찌하여 그걸 원하지 않으십니까?"

문공이 말하였다.

"하늘의 명령은 백성을 잘 기르는 데에 있다. 죽고 사는 것은 때가 있는 것이다. 백성들에게 진정 이롭다면 도성을 옮길 것이다. 그보다 더 길한 것은 없다!"

드디어 역 땅으로 도읍을 옮겼다.

5월, 주 문공이 세상을 떠났다.

군자가 말하였다.

"이러한 자야 말로 천명天命을 아는 것이다."

【繹】邾나라 읍 이름. 지금의 山東 鄒縣 동남쪽 역산 기슭. 지금의 繹山 남쪽에 邾城이 있음.

【命在養民】天命이란 백성을 기르는 것에 있음.

706(文13-4)

自正月不雨, 至于秋七月.

정월부터 비가 내리지 않더니 가을 7월까지 계속되었다.

【不雨】杜預 注에 "義與二年同"이라 하여 文公 2년에도 같은 기사가 기록되어 있으며 그곳의 杜預 注에 "周七月, 今五月也, 不雨足爲災, 不書旱, 五穀猶有收"라 함.

＊無傳

※ 707(文13-5)

大室屋壞.

태실大室의 지붕이 무너졌다.

【大室】太室. '大'는 '太'와 같음. 魯나라 조상의 위패를 모신 사당. 《公羊傳》에는 '世室'로 되어 있음.

㊅
秋七月, 大室之屋壞, 書, 不共也.

가을 7월, 태실大室의 지붕이 무너진 것을 경經에 기록한 것은 노나라의 신하가 종묘宗廟에 공경을 다하지 않았음을 말한 것이다.

【不共】 '共'은 '恭'과 같음. 杜預 注에 "簡慢宗廟, 使至傾頹, 故書以見臣子不共"이라 함.

※ 708(文13-6)

冬, 公如晉.
衛侯會公于沓.

겨울, 공이 진晉나라에 갔다.
위후衛侯가 공과 답沓에서 만났다.

【衛侯】 당시 衛나라 군주는 成公(鄭)으로 재위 13년째였음.
【沓】 衛나라 경내. 구체적인 위치는 알 수 없음.

6. 〈文公13年〉 1149

❀ 709(文13-7)

狄侵衛.

적狄이 위衛나라를 침범하였다.

＊無傳

❀ 710(文13-8)

十有二月己丑, 公及晉侯盟.

12월 기축날, 공이 진후晉侯와 맹약을 맺었다.

【己丑】12월에는 己丑날이 없었음. '乙丑'의 오기로 보이며 乙丑은 12월 16일이었음.
【晉侯】晉 靈公.

❀ 711(文13-9)

公還自晉, 鄭伯會公于棐.

공이 진晉나라에서 돌아오자 정백鄭伯이 공과 비棐에서 만났다.

【鄭伯】鄭 穆公(蘭).
【棐】鄭나라 땅. '棐林'이라고도 하며 지금의 河南 新鄭 동쪽 林鄉城.《公羊傳》
에는 '斐'로 되어 있음.

㊇

冬, 公如晉朝, 且尋盟.
衛侯會公于沓, 請平于晉.
公還, 鄭伯會公于棐, 亦請平于晉.
公皆成之.
鄭伯與公宴于棐, 子家賦〈鴻雁〉.
季文子曰:「寡君未免於此.」
文子賦〈四月〉, 子家賦〈載馳〉之四章, 文子賦〈采薇〉之四章.
鄭伯拜, 公答拜.

겨울, 공이 진晉나라에 간 것은 진나라 군주를 찾아뵙고 두 나라의 동맹 관계를 두텁게 하기 위해서였다.

위衛 성공成公이 문공과 답沓에서 만난 것은 진晉나라와 화친을 맺을 수 있도록 중개해 줄 것을 청하였기 때문이었다.

문공이 돌아올 때 정鄭 목공穆公과 비棐에서 만난 것은 역시 진나라와 화친하도록 해 줄 것을 청하였기 때문이었다.

문공은 두 나라가 모두 화친을 맺도록 주선하였다.

정 목공이 비 땅에서 노 문공과 연회를 베풀 때, 정나라의 대부 자가子家(公子 歸生)가 《시》〈홍안鴻雁〉의 구절을 읊었다.

그러자 노나라 계문자季文子가 말하였다.

"우리 군주께서도 늘 귀국과 같은 근심에서 벗어나지 못하고 있습니다."

계문자가〈사월四月〉의 시를 읊자 자가는〈재치載馳〉제4장을 읊었으며, 계문자는〈채미采薇〉제4장을 읊었다.

정 목공이 일어나 절을 하자 문공이 일어나 답례하였다.

【請平于晉】魯 文公으로 하여금 衛, 鄭 두 나라가 晉나라와 화친할 수 있도록 중간에서 주선해 줄 것을 요청함.
【子家】鄭나라 公子 歸生. 당시 鄭나라 대부였음.
【鴻雁】《詩經》小雅 鴻雁(鴻鴈)에 "鴻鴈于飛, 肅肅其羽. 之子于征, 劬勞于野.

爰及矜人, 哀此鰥寡. 鴻鴈于飛, 集于中澤. 之子于垣, 百堵皆作. 雖則劬勞, 其究安宅. 鴻鴈于飛, 哀鳴嗷嗷. 維此哲人, 謂我劬勞. 維此愚人, 謂我宣驕"라 하였으며, 이는 强者가 弱者를 돕는다는 뜻으로 큰 나라인 노나라가 작은 나라인 정나라를 도와 달라는 뜻을 담아 읊은 것임.

【季文子】季孫行父. 魯나라 대부. 魯나라 三桓의 하나인 季孫氏 집안.

【四月】《詩經》小雅 四月에 "四月維夏, 六月徂暑. 先祖匪人, 胡寧忍予. 秋日淒淒, 百卉具腓. 亂離瘼矣, 爰其適歸. 冬日烈烈, 飄風發發. 民莫不穀, 我獨何害. 山有嘉卉, 侯栗侯梅. 廢爲殘賊, 莫知我尤. 相彼泉水, 載淸載濁. 我日構禍, 曷云能穀. 滔滔江漢, 南國之紀. 盡瘁以仕, 寧莫我有. 匪鶉匪鳶, 翰飛戾天. 匪鱣匪鮪, 潛逃于淵. 山有蕨薇, 隰有杞桋. 君子作歌, 維以告哀"라 함. 이 시는 어려운 일로 遊浪하느라 조상의 제사를 지내지 못한다는 내용. 오랫동안 나라를 떠나 있었으니, 곧 나라로 돌아가야 한다는 뜻을 나타낸 것임.

【載馳】《詩經》鄘風에 載馳에 "載馳載驅, 歸唁衛侯. 驅馬悠悠, 言至於漕. 大夫跋涉, 我心則憂. 既不我嘉, 不能旋反. 視爾不臧, 我思不遠. 既不我嘉, 不能旋濟. 視爾不臧, 我思不閟. 陟彼阿丘, 言采其蝱. 女子善懷, 亦各有行. 許人尤之, 衆穉且狂. 我行其野, 芃芃其麥. 控于大邦, 誰因誰極. 大夫君子, 無我有尤. 百爾所思, 不如我所之"라 하였으며 제4장은 곤란한 처지를 큰 나라에게 구해 달라고 해야겠다는 심정을 읊은 것. 이로써 큰 나라인 노나라에게 작은 나라인 정나라의 위기를 구해 줄 것을 원한다는 뜻을 나타낸 것임.

【采薇】《詩經》小雅 采薇에 "采薇采薇, 薇亦作止. 曰歸曰歸, 歲亦莫止. 靡室靡家, 玁狁之故. 不遑啟居, 玁狁之故. 采薇采薇, 薇亦柔止. 曰歸曰歸, 心亦憂止. 憂心烈烈, 載飢載渴. 我戍未定, 靡使歸聘. 采薇采薇, 薇亦剛止. 曰歸曰歸, 歲亦陽止. 王事靡盬, 不遑啟處. 憂心孔疚, 我行不來. 彼爾維何, 維常之華. 彼路斯何, 君子之車. 戎車既駕, 四牡業業. 豈敢定居, 一月三捷. 駕彼四牡, 四牡騤騤. 君子所依, 小人所腓. 四牡翼翼, 象弭魚服. 豈不日戒, 玁狁孔棘. 昔我往矣, 楊柳依依. 今我來思, 雨雪霏霏. 行道遲遲, 載渴載飢. 我心傷悲, 莫知我哀"라 하였으며 제4장은 싸움에 나가 편안히 앉아 있을 수가 있겠느냐는 뜻을 말하고 있으며, 이로써 곤란한 사정을 듣고 편안히 있을 수 없으니 진나라로 가서 주선해 주어야겠다는 뜻을 나타낸 것임.

110. 文公 14年(B.C.613) 戊申

周	頃王(姬壬臣) 6년	齊	昭公(潘) 20년	晉	靈公(夷皐) 8년	衛	成公(鄭) 22년
蔡	莊公(甲午) 33년	鄭	穆公(蘭) 15년	曹	文公(壽) 5년	陳	靈公(平國) 원년
杞	桓公(姑容) 24년	宋	昭公(杵臼) 7년	秦	康公(罃) 8년	楚	莊王(旅) 원년
許	昭公(錫我) 9년						

✺ 712(文14-1)

十有四年春王正月, 公至自晉.

14년 봄 주력 정월, 공이 진晉나라에서 돌아왔다.

【晉】문공이 晉나라에 갔다가 鄫과 邾를 거쳐 귀국한 것임. 앞 장 참조.
＊無傳

㊝
十四年春, 頃王崩.
周公閱與王孫蘇爭政, 故不赴.
凡崩·薨, 不赴, 則不書.
禍·福, 不告, 亦不書.
懲不敬也.

14년 봄, 주周 경왕頃王이 죽었다.

주공周公 역閱과 왕손소王孫蘇가 정권을 다투어 그 때문에 제후들에게 부고를 하지 못한 것이다.

무릇 천자가 붕어하거나 제후가 죽고 나서 부고를 하지 않으면 경經에 기록하지 않는다.

재앙이나 복된 일도 알리지 않으면 역시 기록하지 않는다.

이는 공경스럽지 못함을 경계하기 위한 것이다.

【頃王】周나라 천자. 이름은 壬臣. 襄王(姬鄭)의 뒤를 이어 B.C.618~613년까지 6년간 재위하고 이때에 생을 마쳤으며 匡王(姬班)이 그 뒤를 이음.《史記》周本紀에 "襄王崩, 子頃王壬臣立. 頃王六年, 崩, 子匡王班立"이라 함.
【周公閱】周나라 卿士. '周公'은 채읍과 작위를 넣어 부르는 칭호.
【王孫蘇】周나라 卿士. '王孫'은 뒤에 성씨로 굳어짐. '蘇'는 이름.
【崩薨】천자의 죽음은 '崩', 제후의 죽음은 '薨'이라 함.

※ 713(文 14-2)

邾人伐我南鄙, 叔彭生帥師伐邾.

주邾나라가 우리 남쪽 변경을 쳐들어오자 숙팽생叔彭生이 군사를 이끌고 주나라를 쳤다.

【邾】周나라 武王이 祝融 八姓의 하나였던 邾俠(曹俠)을 封하여 부용국으로 삼았었으며 지금의 山東 鄒縣. 이 때문에 전국시대에 이름을 '鄒'로 바꾸었음. 曹姓이며 子爵 작위를 받았으나 魯나라에 예속되어 있었음.
【叔彭生】叔仲彭生. 魯나라 대부. 叔仲惠伯. 魯 桓公의 아들인 叔牙의 손자. 桓公의 증손. 杜預의 注에 "惠伯, 叔牙孫"이라 하였고,《禮記》檀弓篇 孔穎達의 疏에《世本》을 인용하여 "桓公生僖叔牙, 叔牙生武仲休, 休生惠伯彭, 彭生皮, 爲叔仲氏"라 함.

㊀
邾文公之卒也, 公使弔焉, 不敬.
邾人來討, 伐我南鄙, 故惠伯伐邾.

주邾 문공文公이 죽어 문공이 사자를 보내어 조상하도록 하였더니 그 사신이 불경한 태도를 보였다.
주나라가 이를 성토하여 우리 노나라의 남쪽 변방을 친 것이며, 그 때문에 혜백惠伯이 주나라를 친 것이다.

【邾文公】邾나라 文公. 이름은 蘧蒢. 지난해에 생을 마침.
【惠伯】叔彭生. 叔仲彭生.

※ 714(文 14-3)

夏五月乙亥, 齊侯潘卒.

여름 5월 을해, 제후齊侯 반潘이 죽었다.

【乙亥】5월에는 乙亥가 없었으며 己亥의 오기로 보임. 己亥는 5월 23일임.
【齊侯】齊 昭公. 姜潘. 孝公(昭)의 뒤를 이어 B.C.632~613년까지 20년간 재위하고 이때에 죽었으며 懿公(商人)이 그 뒤를 이음. 《史記》 年表에 "二十年, 昭公卒"이라 하였으나 齊世家에는 "十九年五月, 昭公卒"이라 하여 사망한 연도가 다름.

㊀
子叔姬妃齊昭公, 生舍, 叔姬無寵, 舍無威.
公子商人驟施於國, 而多聚士, 盡其家, 貸於公有司以繼之.
夏五月, 昭公卒, 舍卽位.

노나라 자숙희子叔姬가 제齊 소공昭公의 비妃가 되어 아들 사舍를 낳았으나 숙희는 총애를 받지 못하였고 아들 사舍도 위세가 없었다.

제나라 공자 상인商人이 나라 사람들에게 재물로써 자주 은혜를 베풀어 자신의 무리를 모으느라 가산을 탕진하게 되자 공실公室의 재물을 담당하는 관리에게 재물을 빌려 이러한 일을 계속하였다.

여름 5월, 소공이 죽고 사가 즉위하였다.

【子叔姬】魯나라의 公女로 齊 昭公에게 시집을 갔었음.
【妃】〈阮刻本〉에는 빠져 있으며 원래 '配'자여야 한다고 여겼음.
【昭公】齊 昭公. 이름은 潘.
【舍】昭公과 叔姬 사이에 난 아들. 昭公이 죽고 왕위에 올랐으나 정식 추인을 받기 전에 商人(懿公)에게 죽음을 당함.《史記》齊世家에 "舍之母無寵於昭公, 國人莫畏"라 함.
【商人】원래 齊 桓公과 密姬 사이에 난 아들. 昭公이 죽어 舍가 즉위하자 즉시 이를 죽이고 자립하여 왕위에 올라 懿公이 됨. B.C.612~609년까지 4년간 재위하고 惠公(元)이 그 뒤를 이음.
【驟施】여러 차례(자주)의 施惠. 杜預 注에 "驟, 數也"라 함.
【有司】어떤 일을 맡아 업무를 처리하는 執事. 여기서는 公室의 재산을 관리하는 자를 말함. 杜預 注에 "家財盡, 從公及國之有司富者貨"라 하였으나,《史記》齊世家에는 "昭公之弟商人以桓公死爭立而不得, 陰交賢士, 附愛百姓. 百姓悅"이라 함.

㊉
邾文公元妃齊姜, 生定公; 二妃晉姬, 生捷菑.
文公卒, 邾人立定公, 捷菑奔晉.

주邾 문공文公의 원비元妃 제강齊姜이 정공定公을 낳았고, 둘째 부인 진희晉姬는 첩치捷菑를 낳았다.

문공이 죽고 주나라에서는 정공을 세우자 첩치는 진晉나라로 달아났다.

【齊姜】齊나라 公女로 邾 文公에게 시집을 가서 元妃가 됨. 원비는 첫째 부인을 지칭함.
【定公】이름은 貜且. 《禮記》 檀弓(下)에 "邾婁定公之時有弑其父者, 有司以告, 公瞿然失席"이라 하였고 鄭玄 注에 "定公, 貜且也, 魯文十四年卽位"라 함.
【二妃晉姬】두 번째 부인. 晉나라 출신. 次妃와 같음.
【捷菑】邾 文公과 晉姬 사이에 난 아들. '接菑'로도 표기함.
【奔晉】어머니가 진나라 출신이어서 외가 나라로 달아난 것.

※ 715(文 14-4)

六月, 公會宋公·陳侯·衛侯·鄭伯·許男·曹伯·晉趙盾.
癸酉, 同盟于新城.

6월, 문공이 송공宋公·진후陳侯·위후衛侯·정백鄭伯·허남許男·조백曹伯, 그리고 진晉나라 조돈趙盾과 만났다.
계유날, 신성新城에서 동맹을 맺었다.

【癸酉】6월 27일.
【新城】宋나라 땅. 지금의 河南 商丘縣 서남. 杜預 注에 "新城, 宋地, 在梁國穀熟縣西"라 함.

傳
六月, 同盟于新城, 從於楚者服, 且謀邾也.

6월, 신성新城에서 동맹을 맺은 것은 초楚나라에게 복종하였던 제후들을 진晉나라에게 복종하도록 하기 위한 것이었고, 아울러 주邾나라의 첩치를 다시 주나라로 들여보내기 위한 모책을 상의하기 위해서였다.

【從於楚者服】楚나라에게 복종하던 제후들을 晉나라에 복종시킴. 이로부터 陳, 鄭, 宋 세 나라는 초나라를 버리고 진나라에 복종함.
【謀邾】邾나라 捷菑를 본국으로 돌려보내려는 모책. 杜預 注에 "謀納捷菑"라 함.

※ 716(文 14-5)

秋七月, 有星孛入于北斗.

가을 7월, 패성孛星이 북두北斗로 들어갔다.

【孛】彗星의 일종. 꼬리가 달린 별로 빗자루 같다하여 '箒星'으로도 부름. 고대 이 별이 나타나면 불길한 것으로 여겼음. 〈釋文〉에 "孛音佩, 一音勃"이라 하여 '패', 혹은 '발'로 읽음. 《公羊傳》에는 "孛者何? 彗星也"라 하였고, 《漢書》文帝紀 文穎 注에는 "孛‧彗, 形象小異, 孛星光芒短, 其光四出, 蓬蓬孛孛也. 彗星光芒長, 參參如埽彗"라 함.
【北斗】北斗七星의 별자리.

傳

秋七月乙卯, 夜, 齊商人弑舍, 而讓元.
元曰:「爾求之久矣. 我能事爾, 爾不可使多蓄憾, 將免我乎? 爾爲之!」

가을 7월 을묘날, 저녁 제齊나라 상인商人이 사舍를 죽이고 임금 자리를 형 공자 원元에게 양보하였다.
그러자 원이 말하였다.
"너는 군주가 되려고 애쓴 지 오래되었고, 나는 너를 섬길 수가 있다. 그러니 너는 너를 따르는 많은 사람들을 유감스럽게 해서는 안 된다. 너는 앞으로 내가 죽는 것을 면하게 할 수 있느냐? 그렇다면 네가 군주가 되어라!"

【乙卯】 7월에는 乙卯날이 없었음. 《史記》齊世家에는 '十月乙卯'로 되어 있어 '七'자는 '十'자와 자형이 비슷하여 착오를 일으킨 것으로 보고 있음.
【商人】 원래 齊 桓公과 密姬 사이에 난 아들. 昭公이 죽어 舍가 즉위하자 즉시 이를 죽이고 자립하여 왕위에 올라 懿公이 됨. B.C.612~609년까지 4년간 재위하고 惠公(元)이 그 뒤를 이음.
【舍】 昭公과 叔姬 사이에 난 아들. 昭公이 죽고 왕위에 올랐으나 정식 추인을 받기 전에 商人(懿公)에게 죽음을 당함. 《史記》齊世家에 "舍之母無寵於昭公, 國人莫畏. ……及昭公卒, 子舍立, 孤弱, 卽與衆十月卽墓上弑齊君舍"라 하였으며 年表에는 "昭公卒, 齊商人殺太子自立"이라 함.
【元】 齊 桓公의 막내 부인 衛姬에게서 났으며 商人의 庶兄. 僖公 17년에도 그 이름이 보임. 懿公의 뒤를 이어 B.C.608~599년까지 10년간 재위하고 頃公이 그 뒤를 이음.
【爾】 簡體字 '你'와 같음. '너'.
【將免我乎】 '나를 죽음에서 면하게 해 줄 수 있는가?'의 뜻.

㊞

有星孛入于北斗. 周內史叔服曰:「不出七年, 宋·齊·晉之君皆將死亂.」

패성孛星이 나타나 북두성 안으로 들어갔다.
주周나라 내사內史 숙복叔服이 말하였다.
"7년이 넘지 않아 송宋나라, 제齊나라, 진晉나라 임금들 모두가 장차 반란으로 죽게 될 것이다."

【叔服】 천자국 周나라의 內史. 이름은 叔服. 元年을 볼 것.
【死亂】 그로부터 3년 뒤 宋 昭公이 죽고, 5년 뒤에는 齊 懿公이 죽었으며, 7년 뒤에는 晉 靈公이 시해를 당함. 杜預 注에 "後三年宋弑昭公, 五年齊弑懿公, 七年晉弑靈公"이라 함.

❋ 717(文 14-6)

公至自會.

공이 모임에서 돌아왔다.

【會】魯 文公이 6월 新城에서의 회의를 마치고 귀국함. 앞쪽의 經文을 볼 것.
＊無傳

❋ 718(文 14-7)

晉人納捷菑于邾, 不克納.

진晉나라가 첩치捷菑를 주邾나라에 들여보내려 하였으나 주나라에서 받아주지 않았다.

【捷菑】邾 文公과 晉姬 사이에 난 아들.《公羊傳》에는 '接菑'로 되어 있음.《元和姓纂》의 '捷姓'에《風俗通》을 인용하여 "邾公子捷菑之後, 以王父字爲氏"라 함.

⟨傳⟩
晉趙盾以諸侯之師八百乘納捷菑于邾.
邾人辭曰:「齊出貜且長.」
宣子曰:「辭順, 而弗從, 不祥.」
乃還.

진晉나라 조돈趙盾이 제후들 군사와 전차 8백 대를 이끌고 첩치를 주邾나라로 들여보내려 하였다.
주나라는 이렇게 거절하였다.

"제강齊姜이 낳은 확저貜且의 나이가 더 많습니다."

선자宣子가 말하였다.

"하는 말이 도리에 맞는데도 그 의견을 따르지 않는다면 상서롭지 못할 것이다."

그리고는 군사를 철수시켜 돌아왔다.

【趙盾】晉나라 대부. 趙宣子.
【定公】邾 定公. 이름은 貜且. 齊姜과 文公 사이에 태어남. 그 때문에 '齊出'이라 한 것. 뒤에 왕위에 올라 定公이 됨.《公羊傳》에 "晉郤缺帥師, 革車八百乘, 以納接菑于邾婁"라 하였고,《穀梁傳》에는 "是郤克也, 長轂五百乘"이라 함.
【不祥】불길함.

㊉

周公將與王孫蘇訟于晉, 王叛王孫蘇, 而使尹氏與聃啓訟周公于晉. 趙宣子平王室而復之.

주공周公 열閱이 왕손소王孫蘇를 진晉나라에서 소송을 걸자 주周 광왕匡王은 왕손소를 지지하던 태도를 바꾸어 경사卿士 윤씨尹氏와 대부 담계聃啓를 진나라로 보내 주공열의 무죄를 판결해 줄 것을 요구하였다.

소신자趙宣子는 주 왕실의 내분을 조정하고 그들의 직위를 회복시켜 주었다.

【周公】周公 閱. 周나라 卿士.
【王孫蘇】역시 周나라 경사. 이들은 周 頃王이 죽자 권력다툼을 벌였으며 그로 인해 匡王이 들어서자 시비를 가리고자 당시 패자였던 진나라에 소송을 부탁한 것임. 文公 13년의 傳文을 볼 것.
【王】匡王. 周나라 임금. 姬班. 頃王(姬壬臣)을 이어 B.C.612~607년까지 6년간 재위하였으며 定王(姬瑜)이 그 뒤를 이음.

【叛】匡王은 처음 王孫蘇를 지지하였으나 마음을 바꾸어 周公閱의 편을 들어주었음.
【尹氏】周나라 卿士. 구체적인 이름은 알 수 없음.
【聃啓】周나라 大夫.
【趙宣子】趙盾.《史記》年表에 "趙盾平王室"이라 함.
【復之】周公과 王孫蘇가 모두 예전의 지위로 돌아가게 함.

㊉

楚莊王立, 子孔·潘崇將襲羣舒, 使公子燮與子儀守, 而伐舒蓼.
二子作亂, 城郢, 而使賊殺子孔, 不克而還.
八月, 二子以楚子出, 將如商密.
廬戢梨及叔麋誘之, 遂殺鬬克及公子燮.
初, 鬬克囚于秦, 秦有殽之敗, 而使歸求成.
成而不得志, 公子燮求令尹而不得, 故二子作亂.

초楚 장왕莊王이 임금이 되어 자공子孔, 반숭潘崇과 함께 여러 서舒나라를 치려고 공자 섭燮과 자의子儀로 하여금 도읍을 지키게 한 뒤, 서료舒蓼를 쳤다.
그런데 공자 섭과 자의 두 사람이 내란을 일으켜 도읍 영郢에 성벽城壁을 쌓고 자객을 보내어 자공을 죽이려 하였지만 성공하지 못한 채 되돌아갔다.
8월, 공자 섭과 자의 두 사람은 초나라 장왕을 데리고 도읍을 빠져나와 장차 정나라 상밀商密로 가고자 하였다.
그런데 여廬 땅을 지날 때 그곳 대부 집리戢梨와 숙균叔麋이 꾀를 써서 마침내 투극鬬克(子儀)과 공자 섭을 유인하여 죽였다.
당초, 투극이 진秦나라에 잡혀 있었을 때, 진秦나라가 효殽의 싸움에서 진晉나라에게 패하자 진秦나라는 투극을 초나라로 돌려보내어 초나라와 화친을 맺고자 하였다.
이러한 화친을 성공시켰음에도 자신에게 만족할 지위를 얻지 못하였고, 한편 공자 섭은 섭대로 영윤令尹 자리를 꿈꿨으나 뜻을 이루지 못하였으므로 그 때문에 두 사람이 내란을 일으켰던 것이다.

【楚莊王】春秋五霸 중의 마지막 首長. 楚 穆王의 아들. 이름은 侶(旅). B.C.613~591년까지 23년간 재위하고 共王이 그 뒤를 이음.

【子孔】楚나라 대부. 당시 令尹이었음.

【潘崇】楚나라 大夫이며 목왕(商臣)의 스승. 元年 傳을 볼 것.

【群舒】江淮 일대에 분포하였던 여러 舒나라들. 舒庸, 舒鳩 등의 작은 나라들. 이들이 초나라를 배반한 것은 文公 12년의 傳文을 볼 것.

【公子燮】楚나라 공자.

【子儀】楚나라 대신. 申公子儀. 子儀父. 鬪克.《國語》楚語(上)에 "昔莊王方弱, 申公子儀父爲師, 王子燮爲傅, 使師崇·子孔帥師以伐舒"라 함.

【舒蓼】群舒의 하나. 지금의 安徽 舒城縣에 있는 古舒城.

【郢】초나라의 도읍. 지금의 湖北 江陵縣.

【商密】지금의 河南 淅川縣 서쪽.

【廬戢梨】'廬'는 초나라 읍 이름.〈阮刻本〉에는 '黎'로 되어 있음. 지금의 湖北 南漳縣 동쪽. 戢梨는 廬邑의 首長.《國語》에는 '戢黎'로 되어 있음.

【叔麇】戢梨의 보좌관, 속관.

【鬪克】子儀의 이름.《國語》楚語(上)에 "燮及儀父施二帥而分其室. 師還至, 則以王如廬. 廬戢黎殺二子而復王"이라 함. 僖公 25년을 볼 것.

【殽之敗】殽의 싸움에서의 패배. 殽에서 秦나라와 晉나라가 싸운 것은 僖公 33년을 볼 것.

【令尹】楚나라의 최고 관직 이름.

※ 719(文14-8)

九月甲申, 公孫敖卒于齊.

9월 갑신날, 공손오公孫敖가 제齊나라에서 죽었다.

【甲申】9월 10일.

【公孫敖】魯나라 대부. 公孫慶父의 아들. 孟穆伯, 公孫穆伯으로도 부름.

6.〈文公 14年〉 1163

㊅
　穆伯之從己氏也, 魯人立文伯.
　穆伯生二子於莒, 而求復.
　文伯以爲請, 襄仲使無朝聽命.
　復而不出.
　三年而盡室以復適莒.
　文伯疾, 而請曰:「穀之子弱, 請立難也.」
　許之.
　文伯卒, 立惠叔.
　穆伯請重賂以求復.
　惠叔以爲請, 許之.
　將來, 九月, 卒于齊.
　告喪, 請葬, 弗許.

　노나라 목백穆伯이 거莒나라로 가서 기씨己氏에게 의지하고 있을 때 노나라에서는 목백의 아들 문백文伯을 그 가문의 후계자로 삼았다.
　목백은 거나라에서 다른 두 아들을 낳고 본국으로 돌아가기를 청하였다.
　문백이 그가 돌아오게 해달라고 청원하자 동문양중東門襄仲은 그가 귀국하더라도 조정에 나와 국정에 참여하는 일은 없도록 한다는 조건으로 허락하였다.
　그리하여 목백은 본국으로 돌아와 전혀 집을 나가지 않았다.
　3년이 지나자 가산을 모두 털어 다시 거나라로 갔다.
　이때 문백은 병이 나서 이렇게 청원하였다.
　"곡穀의 아들은 어립니다. 동생 난難을 우리 가문의 후계자로 삼기를 청합니다."
　목백은 그의 청은 받아들였다.
　문백이 죽자 혜숙惠叔(難)을 후계자로 세웠다.
　목백은 혜숙을 통해 많은 이들에게 뇌물을 써서 본국으로 돌아가도록 해달라고 청하였다.

혜숙은 그를 위하여 청원하여 임금의 허락을 받아내었다.

목백이 본국으로 들어오던 도중, 9월 제나라에서 생을 마쳤다.

혜숙은 목백의 상을 노나라에 알리고 고국 노나라에서 장례를 치르겠다고 청원하였지만 허락을 받지 못하였다.

【穆伯】公孫穆伯. 公孫敖. 東門襄仲(公子 遂)과 莒나라 여자를 두고 알력이 생겨 공자 수에게 지극한 미움을 받았음. 文公 7년의 傳文을 볼 것.
【己氏】지난날 莒나라에서 후처로 맞았다가 東門襄仲(公子 遂)과 갈등을 빚어 莒나라로 되돌려 보냈던 여인. 文公 7년 및 8년을 볼 것.
【文伯】이름은 穀. 公孫文伯. 公孫敖(穆伯)의 아들로 노나라 정처와의 사이에 났음.
【襄仲】東門襄仲. 公子 遂. 魯나라 대부. 公孫敖와 늘 여러 문제로 다투었음.
【穀子】穀은 公孫穀. 文伯의 이름. 文伯의 아들은 孟獻子(仲孫蔑). 당시 나이가 어렸음.
【難】公孫難. 穆伯의 아들이며 文伯(穀)의 아우.
【請葬】살아 있을 때의 지위인 대부의 예에 맞추어 장례를 치르겠다고 요청함.

❈ 720(文14-9)

齊公子商人弑其君舍.

제齊나라 공자 상인商人이 군주 사舍를 시해하였다.

【商人】원래 齊 桓公과 密姬 사이에 난 아들. 昭公이 죽어 舍가 즉위하자 즉시 이를 죽이고 자립하여 왕위에 올라 懿公이 됨. B.C.612~609년까지 4년간 재위하고 惠公(元)이 그 뒤를 이음.
【舍】齊 昭公과 叔姬 사이에 난 아들. 昭公이 죽고 왕위에 올랐으나 정식 추인을 받기 전에 商人(懿公)에게 죽음을 당함. 《史記》 齊世家에 "舍之母無寵於昭公, 國人莫畏"라 함.

✺ **721(文 14-10)**

宋子哀來奔.

송宋나라 자애子哀가 망명해 왔다.

【子哀】高哀. 宋나라 卿. 일찍이 송나라의 附庸邑 蕭邑에 봉해졌다가 뒤에 宋나라 조정에 들어와 卿이 된 인물. 杜預 注에 "大夫奔, 例書名氏. 貴之, 故書字"라 함.

㊉
宋高哀爲蕭封人, 以爲卿, 不義宋公而出, 遂來奔.
書曰「宋子哀來奔」, 貴之也.

송宋나라 고애高哀는 소蕭 땅의 국경을 지키는 일을 하였다가 송나라의 경卿이 되었으나 그는 송나라 소공昭公을 의롭지 못하다 여겨 노나라로 달아났던 것이다.
경經에 '송나라 자애가 도망해 왔다'라 기록한 것은 그의 행위를 귀하게 여겼기 때문이었다.

【高哀】원래 宋 穆公의 曾孫이었다 함.
【蕭】宋나라에 딸린 작은 나라. 莊公 12년에 宋나라는 蕭를 다스리는 대부 叔大心이 송나라의 내란을 평정하자 그 공로로 蕭邑을 독립시키고 叔大心을 그 읍의 통치자로 봉하였었음. 蕭는 지금의 江蘇 徐州市 북쪽.
【封人】邊疆을 鎭守하는 지방관. 高哀는 蕭邑 人夫에서 卿으로 승진하였음.

㊉
齊人定懿公, 使來告難, 故書以「九月」.
齊公子元不順懿公之爲政也, 終不曰「公」, 曰「夫己氏」.

제齊나라가 의공懿公을 군주로 결정하고 사람을 보내어 상인商人이 사舍를 죽여 제나라에 난이 있었음을 알려왔으므로 그 때문에 이를 경經에는 '9월'에 기록한 것이다.

제나라 공자 원元은 의공의 정치에 순종하지 않고 끝내 그를 '공公'이라 부르지 않은 채, '부기씨夫己氏'라고 불렀다.

【懿公】商人. 원래 齊 桓公과 密姬 사이에 난 아들. 昭公이 죽어 舍가 즉위하자 즉시 이를 죽이고 자립하여 왕위에 올라 懿公이 됨. B.C.612~609년까지 4년간 재위하고 惠公(元)이 그 뒤를 이음.
【九月】제나라 사람들이 그에게 복종하지 않아 석 달 이후에나 결정하였다 함. 杜預 注에 "齊人不服, 故三月而後定"이라 함.
【元】公子 元. 商人의 형. 文公 14년의 傳文을 볼 것.
【夫己氏】'己'는 助詞, '夫氏'는 '그 사람, 저 자, 저 사람'의 뜻으로 당시의 習語.

722(文14-11)

冬, 單伯如齊.

겨울, 선백單伯이 제齊나라로 갔다.

【單伯】周나라 왕실의 卿士. '單'은 성씨 및 지명일 경우 '선'으로 읽음.

723(文14-12)

齊人執單伯.

제齊나라가 선백單伯을 잡아 억류하였다.

※ **724**(文 14-13)

齊人執子叔姬.

제齊나라가 자숙희子叔姬를 잡았다.

【子叔姬】구체적으로 어떤 子叔姬인지 알 수 없음. 文公 12년의 子叔姬는 아닌 것으로 보임. 원래 魯나라 公女. 孔穎達 疏에 "不知是何公之女, 魯是其父母家"라 하여 노나라 어느 임금의 딸인지는 알 수 없다 하였음.

㊉
襄仲使告于王, 請以王寵求昭姬于齊, 曰:「殺其子, 焉用其母? 請受而罪之.」
冬, 單伯如齊請子叔姬, 齊人執之, 又執子叔姬.

동문양중東門襄仲이 천자에게 이 일을 알리고, 천자의 총애로써 소공昭公의 부인을 제齊나라에 돌아올 수 있도록 해 줄 것을 이렇게 청하였다.
"그 아들을 죽였는데 어찌 그 어미까지 이용하겠습니까? 노나라에서 받아들여 처벌하기를 청합니다."
겨울, 선백單伯이 제나라로 가서 자숙희子叔姬를 돌려보낼 것을 요청하자 제나라는 선백을 억류하고, 나아가 자숙희도 잡아 가두었던 것이다.

【東門襄仲】魯나라 대부. 公子 遂.
【王】당시 周나라 왕은 頃王(姬壬臣)으로 재위 마지막 해 6년이었음.
【昭姬】子叔姬. 齊 昭公(潘)의 妃인 魯나라 출신 公女. 舍의 어머니. 文公 14년을 볼 것.
【殺其子】子叔姬는 齊나라 공자 舍의 어머니, 즉 齊 昭公의 妃였으며 그 아들 舍가 일시 왕위에 올랐으나 商人(懿公)에게 죽어 제나라에 엄청난 한을 가지고 있었을 것이며 그로 인해 친정 노나라에서 구해내려 한 것으로 보임.

【罪之】 친정 노나라에서 자숙희가 소공의 총애도 받지 못하고 아들 사까지 죽도록 한 것은 보호를 제대로 하지 못한 것으로 여겨 이를 정죄하겠다는 뜻으로 보이나 《公羊傳》과 《穀梁傳》에는 子叔姬가 單伯과 淫行을 저질렀기 때문이라 하였음.

【執之】 이 두 사람을 가둔 것은 杜預 注에는 "恨魯恃王勢而求女故. 欲以恥辱魯"라 함. 그러나 《公羊傳》과 《穀梁傳》에는 子叔姬가 單伯과 淫通하였기 때문이라 하였음.

111. 文公 15年(B.C.612) 己酉

周	匡王(姬班) 원년	齊	懿公(商人) 원년	晉	靈公(夷皋) 9년	衛	成公(鄭) 23년
蔡	莊公(甲午) 34년	鄭	穆公(蘭) 16년	曹	文公(壽) 6년	陳	靈公(平國) 2년
杞	桓公(姑容) 25년	宋	昭公(杵臼) 8년	秦	康公(罃) 9년	楚	莊王(旅) 2년
許	昭公(錫我) 10년						

❈ 725(文15-1)

十有五年春, 季孫行父如晉.

15년 봄, 계손행보季孫行父가 진晉나라에 갔다.

【季孫行父】季文子. 魯나라 대부. 魯나라 三桓의 하나인 季孫氏 집안.

㊝
十五年春, 季文子如晉, 爲單伯與子叔姬故也.

15년 봄, 노나라 대부 계문자季文子가 진晉나라에 간 것은 제齊나라에 억류되어 있는 선백單伯과 자숙희子叔姬의 일에 중개를 부탁하기 위해서였다.

【季文子】季孫行父.
【單伯·子叔姬】이 일은 文公 14년 끝부분을 볼 것.

※ 726(文 15-2)

三月, 宋司馬華孫來盟.

3월, 송宋나라 사마화손司馬華孫이 와서 동맹을 맺었다.

【司馬華孫】宋나라 대부 華耦. 司馬 벼슬의 華孫. 뒤에 司馬는 성씨가 됨.

㊉
三月, 宋華耦來盟, 其官皆從之.
書曰「宋司馬華孫」, 貴之也.
公與之宴, 辭曰:「君之先臣督得罪於宋殤公, 名在諸侯之策. 臣承其祀, 其敢辱君? 請承命於亞旅.」
魯人以爲敏.

3월, 송宋나라 화우華耦가 노나라에 와서 맹약하였는데 그를 수행한 관리들도 모두가 그를 따라 노나라에서 공경의 태도를 보이는 것이었다.
경經에 '송나라 사마 화손'이라 쓴 것은 그의 이러한 행동을 훌륭하게 여겼기 때문이다.
문공文公이 그를 위해 잔치를 베풀려 하자 화우가 사절하며 말하였다.
"임금의 지난날 신하였던 독督은 우리 송나라 상공殤公에게 죄를 지어 그의 이름이 제후국의 역사에 기록되어 있습니다. 저는 지금 그의 제사를 이어받아 지내고 있으니 죄인의 후손으로서 어찌 감히 군주와 자리를 같이하여 욕을 보이겠습니까? 청컨대 아래 직급의 상대부들이 베푸는 잔치에나 참석하도록 명을 내려주십시오."

노나라 사람들은 그를 민첩하다고 여겼다.

【華耦】송나라 司馬 華孫의 다른 이름. 華督의 증손.
【督】華督. 원래 魯나라 신하였으나 宋 殤公(與夷)을 시해하는 일에 가담하여 그 죄가 모든 제후들의 역사책에 기록되어 있음. 이는 桓公 2년 經文 및 傳文을 볼 것.
【宋殤公】춘추 초기 宋나라 군주. B.C.719~711년까지 9년간 재위하고 莊公(馮)이 그 뒤를 이음.
【策】竹簡. 각 제후들의 역사 기록.
【亞旅】卿의 다음 지위에 있는 上大夫를 가리킴.

❋ 727(文 15-3)

夏, 曹伯來朝.

여름, 조백曹伯이 내조하였다.

【曹伯】당시 曹나라 군주는 文公(壽).

㊕
夏, 曹伯來朝. 禮也.
諸侯五年再相朝, 以脩王命, 古之制也.

여름, 조曹 문공文公이 찾아온 것은 예에 맞는 일이었다.

제후들은 5년에 다시 서로를 방문하여 천자의 명을 잘 지키도록 하는 것이 예로부터 정해진 법도이다.

【五年】당시 曹 文公은 재위 6년째로써 그가 재위 2년째였던 문공 11년에 한 번 다녀간 적이 있음.

※ **728(文15-4)**

齊人歸公孫敖之喪.

제齊나라가 공손오公孫敖의 시신을 돌려보냈다.

【公孫敖】魯나라 대부. 公孫慶父의 아들. 孟穆伯, 公孫穆伯으로도 부름. 그가 귀국 도중 죽은 것은 전년의 經文과 傳文을 볼 것.
【喪】고국 노나라에서 장례를 치를 수 있도록 시신을 보내주었음을 말함.

㉧
齊人或爲孟氏謀, 曰:「魯, 爾親也, 飾棺寘諸堂阜, 魯必取之.」
從之.
卞人以告, 惠叔猶毁以爲請, 立於朝以待命, 許之.
取而殯之, 齊人送之.
書曰「齊人歸公孫敖之喪」, 爲孟氏, 且國故也.
葬視共仲.
聲己不視, 帷堂而哭, 襄仲欲勿哭.

惠伯曰:「喪, 親之終也. 雖不能始, 善終可也. 史佚有言曰:『兄弟致美. 救乏·賀善·弔災·祭敬·喪哀, 情雖不同, 毋絶其愛, 親之道也.』子無失道, 何怨於人?」

襄仲說, 帥兄弟以哭之.

他年, 其二子來, 孟獻子愛之, 聞於國.

或譖之, 曰:「將殺子.」

獻子以告季文子.

二子曰:「夫子以愛我聞, 我以將殺子聞, 不亦遠於禮乎? 遠禮不如死.」

一人門於句鼆, 一人門于戾丘, 皆死.

제齊나라의 어떤 자가 맹씨孟氏에게 이런 꾀를 일러주었다.

"노나라는 그대의 친척이십니다. 목백穆伯의 관棺을 잘 꾸며서 당부堂阜에 놓아두면 노나라에서 틀림없이 받아들일 것이다."

그의 말을 따랐다.

변읍卞邑 사람이 이를 노나라에 알리자 혜숙惠叔은 상복을 입고 수척한 모습을 한 채 장례를 치를 수 있도록 해 줄 것을 청원하여 조정에 서서 명을 기다리자 허락이 내려졌다.

그리하여 관을 찾아 빈소를 차리게 되었으며 제나라에서 시신을 보내주었던 것이다.

경經에 '제나라 사람이 공손오의 시신을 보내주었다'라고 기록한 것은 공손오는 맹씨의 시조이며 노나라에서 이를 허락해 준 때문이었다.

그의 장례식은 공중共仲의 예에 따랐다.

목백의 처 성기聲己는 그의 관을 보지도 않고 당에 휘장을 치고 곡을 할 뿐이었으며 동문양중東門襄仲도 그 앞에서 곡을 하지 않으려 하였다.

혜백惠伯이 그에게 이렇게 말하였다.

"상례喪禮는 친척으로서 마지막 일입니다. 비록 시작은 서로 사이가 좋지 않았다 해도 마무리는 좋게 잘 처리해야 합니다. 사일史佚은 '형제란 아름다운 우애를 다하여 궁핍할 때는 구제해 주고, 좋은 일을 축하하며, 재난에는 위로하고, 제사에는 공경을 다하며, 상을 당하면 애통해 한다. 비록 정이 서로 다르다 해도 그 사랑을 끊지 말아야 하니 이것이 혈친으로서의 도리이다'라 하였습니다. 그대가 이러한 도를 잃지 않는다면 어찌 남으로부터 원망을 살 일이 있겠습니까?"

양중은 이 말을 듣고 기꺼워하면서 형제들을 거느리고 그의 관 앞에서 곡을 하였다.

그 뒤 다른 해에 목백이 거나라에서 낳았던 두 아들이 노나라로 오자 맹헌자孟獻子가 그들을 사랑하여 그 소문이 나라 안에 퍼졌다.

그러자 어떤 사람이 그들을 이렇게 모함하였다.

"저 두 사람이 앞으로 당신을 죽일 것이오."

맹헌자는 그 말을 계문자에게 알렸다.

두 아들은 이렇게 말하였다.

"그분(孟獻子)께서는 우리를 사랑하신다고 널리 알려졌는데도, 우리가 그분을 죽일 것이라는 소문이 나 있다면 이는 예禮에서 너무 먼 것이 아닌가? 예를 멀리 하느니 차라리 죽느니만 못하다."

이에 하나는 구맹句鼆의 성문에서 적을 막다가 죽고, 한 사람은 여구戾丘의 성문에서 적을 막다가 죽어 둘 모두 죽고 말았다.

【孟氏】孟孫氏 집안. 원래 桓公의 아들 慶父에게서 비롯된 성씨이며 公孫敖(穆伯) 가문. 공손오의 아들 文伯(穀), 惠叔(難), 文伯의 아들 孟獻子(仲孫蔑) 등으로 노나라 血親이며 세도가 집안.
【寘諸】'寘'는 '置'와 같음. '諸'(저)는 '之於'의 合音字.
【堂阜】齊나라와 魯나라 사이의 국경. 지금의 山東 蒙陰縣 서북쪽 夷吾亭. 鮑叔이 管仲(夷吾)의 결박을 풀어주어 齊 桓公에게 추천해준 곳이기도 함. 《一統志》에 "在今山東蒙陰縣西北三十里, 有夷吾亭, 卽鮑叔解夷吾處"라 함.
【卞人】卞은 魯나라 邑 이름. 堂阜 부근이며 지금의 山東 泗水縣 동쪽. 변인은 그곳의 대부. 孔穎達 疏에 "治邑大夫例呼爲人. 孔子父爲鄹邑大夫, 謂之鄹人, 知此卞人是卞邑大夫. 其邑近堂阜, 故見之而告魯君"이라 함.
【惠叔】公孫難. 莒나라 여자 聲己에게서 난 公孫敖의 아들이며 文伯을 이어 孟氏 집안의 후계자가 된 인물.

【共仲】慶父. 仲慶父. 魯 桓公의 둘째 아들이며 魯 莊公의 이복동생. 시호는 共仲. 그 후손이 孟孫氏가 되었으며 慶父의 同腹 아우 叔牙의 후손은 叔孫氏가 됨. 公孫敖의 아버지로 莊公을 죽이는 일에 가담하였었음. 莊公 32년을 볼 것. 그래서 그가 죽어 장례를 치를 때 그의 지위를 낮추어 지냈던 것임.

【聲己】公孫敖의 처. 公孫敖가 자신을 버리고 莒나라 여자(己氏)에게 가는 등 생전에 여러 가지 일에 대하여 한을 가지고 있었음. 杜預 注에 "聲己怨敖從莒女, 故帷堂"이라 하였으나 《禮記》 檀弓(下)의 疏에는 "聲己哭在堂下, 怨恨穆伯不欲見其堂, 故帷堂"이라 하여 이유를 달리 보았음.

【帷堂】천막을 둘러 임시로 마련한 堂. 《禮記》 檀弓(上)에 "尸未設飾, 故帷堂, 小斂而徹帷"라 하였고, 雜記(上)의 鄭玄 注에는 "凡柩自外來者, 正棺於兩楹之間. 其殯必於兩楹之間者, 以其死不於室, 而自外來, 留之於中, 不忍遠也"라 함.

【襄仲】東門襄仲. 公子 遂. 공손오에게 己氏를 빼앗기는 등 역시 좋은 관계가 아니었음.

【惠伯】叔彭生. 叔仲彭生. 魯나라 대부. 叔仲惠伯. 魯 桓公의 아들인 叔牙의 손자. 桓公의 증손. 叔牙는 慶父(共仲)와 同腹兄弟였음. 杜預의 注에 "惠伯, 叔牙孫"이라 하였고, 《禮記》 檀弓篇 孔穎達의 疏에 《世本》을 인용하여 "桓公生僖叔牙, 叔牙生武仲休, 休生惠伯彭, 彭生皮, 爲叔仲氏"라 함.

【史佚】周 武王 때 太史를 지낸 尹佚. 많은 어록을 남겼음. 僖公 15년의 傳을 볼 것.

【帥兄弟】'帥'은 '率'과 같음.

【他年】세월이 지난 어느 해.

【二子】公孫敖(穆伯)가 莒나라 己氏 여인에게서 난 두 아들. 文公 14년의 傳文을 볼 것.

【孟獻子】文伯(穀)의 아들 仲孫蔑. 당시 孟獻子는 아직 어렸으며 宣公 9년에 처음 그 이름이 보이는 것으로 보아 惠叔이 죽은 뒤의 일로 여겨짐.

【門】적이나 도적이 쳐들어올 때 성문을 지킴. 杜預 注에 "句鼆·戾丘, 魯邑. 有寇攻門, 二子禦之而死"라 함.

【句鼆】노나라 읍. 구체적 위치는 알 수 없음. '鼆'은 '䵍'으로도 표기함.

【戾丘】노나라 읍. 지금의 山東 曲阜 북쪽일 것으로 추정함.

729(文15-5)

六月辛丑朔, 日有食之.
鼓·用牲于社.

6월 신축날 삭朔, 일식이 있었다.
북을 울리며 사社에 희생물을 바쳤다.

【辛丑朔】 6월 초하루. B.C.612년 4월 21일 일식이 있었음.
【社】 토지신을 모신 사당. 그 제사를 社祭라 함. 원래 고대에 봄가을로 土地神에게 제사를 지내던 풍습으로 立春 후 다섯 번 째 戊日을 春社, 立秋 후 다섯 번째 戊日을 秋社로 하였음.

⟨傳⟩
六月辛丑朔, 日有食之, 鼓·用牲于社, 非禮也.
日有食之, 天子不擧, 伐鼓于社; 諸侯用幣于社, 伐鼓于朝, 以昭事神·訓民·事君, 示有等威, 古之道也.

6월 신축날 초하루, 일식이 있어 희생의 제물을 바치고 북을 치며 사제社祭를 지낸 것은 예에 어긋난 일이었다.

일식이 있으면, 천자는 음식을 성대하게 차리지 않고 사社에서 북을 치고, 제후는 사에 폐백幣帛을 바치고 조정에서 북을 친다. 이로써 신神을 모시는 일, 백성들을 가르침, 임금을 섬기는 일 등을 밝히되 이러한 일은 천자와 제후 간의 신분의 등급과 권위에 따라 차이가 있음을 보여주는 것은 예로부터의 법도이다.

【不擧】 훌륭한 음식을 차리거나 음악을 듣는 등의 즐기는 일을 절제함. 莊公 20년을 볼 것.

【伐鼓于社】천자는 북을 쳐서 陰神을 꾸짖음. '伐'은 '치다, 두드리다'의 뜻. 社는 諸侯보다 높은 지위였음. 杜預 注에 "社尊於諸侯, 故請救而不敢責之"라 함.
【伐鼓于朝】제후의 경우 감히 陰神을 꾸짖지 못하며 대신 자신의 덕이 모자라 일식 따위의 재앙이 있는 것으로 여겨 조정에서 自責의 의미로 북을 침.
【事神·訓民·事君】杜預 注에 "天子不擧, 諸侯用幣, 所以事神; 尊卑異制, 所以訓民"이라 함.
【等威】신분과 위엄의 차이가 있음. 杜預 注에 "等威, 威儀之等差"라 함.

✽ 730(文 15-6)

單伯至自齊.

선백單伯이 제齊나라에서 돌아왔다.

【單伯】周나라 卿士. 子叔姬의 일로 齊나라에 억류되었다가 돌아옴. 文公 14년 및 文公 15년의 經文과 傳文을 볼 것.

(傳)
齊人許單伯請而赦之, 使來致命.
書曰「單伯至自齊」, 貴之也.

제齊나라가 자숙희子叔姬를 풀어달라는 선백單伯의 청을 받아들여 석방하고, 선백에게 제나라 군주의 명을 노나라에게 전하도록 하였다.
경經에 '선백이 제나라로부터 왔다'고 쓴 것은 그를 귀하게 여겼기 때문이었다.

【使來致命】齊나라 군주가 單伯으로 하여금 魯나라에 가서 자신이 子叔姬를 석방한다는 명령을 전하도록 함.

【貴之】劉文淇의 〈疏證〉에 "單伯, 王臣, 爲魯請子叔姬, 適齊被執, 得請而還, 故書其至以貴之"라 함.

❋ 731(文15-7)

晉郤缺帥師伐蔡.
戊申, 入蔡.

진晉나라의 극결郤缺이 군사를 이끌고 가 채蔡나라를 쳤다.
무신날, 채나라에 들어갔다.

【郤缺】晉나라 대부 郤芮의 아들. 郤成子.
【蔡】당시 蔡나라 군주는 莊侯(莊公) 마지막 재위(34)년이었음.
【戊申】6월 8일.

㊉
新城之盟, 蔡人不與.
晉郤缺以上軍・下軍伐蔡, 曰:「君弱, 不可以怠.」
戊申, 入蔡, 以城下之盟而還.
凡勝國, 曰滅之; 獲大城焉, 曰入之.

신성新城에서 맹약을 할 때 채蔡나라가 참여하지 않았었다.
이에 진晉나라의 극결郤缺이 상군上軍과 하군下軍을 동원하여 채나라를 치면서 이렇게 말하였다.
"우리 군주께서 아직 어리시니 우리가 싸움을 게을리해서는 안 된다."

무신날, 진나라가 채나라로 쳐들어가 성 아래에서 맹약을 받아 화친을 맺고 돌아갔다.

무릇 상대국을 이기는 것을 '멸망시켰다'라 하고, 큰 성을 점령하여 획득하였을 경우 이를 '쳐들어갔다'라고 말한다.

【新城之盟】 文公 14년의 맹약. 이때 원래 楚나라에 복종하던 陳, 鄭, 宋은 모두 晉나라에게 복종하기로 바꾸었으나 蔡나라만은 이 회의에 참석하지 않았음.
【上軍·下軍】 晉나라 編制는 上中下 三軍이었으나 이때 趙盾의 中軍은 참가하지 않음.
【君弱】 晉 靈公은 文公 7년에 襁褓에 있을 때 즉위하여 이해는 재위 9년째로 아직 어린 나이였으며 晉나라 대신들은 이를 군주로 모시고 霸者 역할을 하고 있었음.
【戊申】 6월 8일.
【城下之盟】 군사를 철수시키지 않고 그대로 둔 채 위협을 가하며 맹약을 맺는 것. 패한 나라에 더욱 큰 치욕을 안기는 것임. 桓公 12년 傳을 볼 것.
【滅之】 나라를 멸망시켜 사직까지 모두 무너뜨렸을 경우를 말함.
【入之】 완전히 점령한 것이 아니가 國城이나 大城을 공격하여 획득하였을 경우를 말함. 그러나 襄公 14년 傳에 "弗地曰入"이라 하여 완전히 점령하지 못하고 그저 입성한 경우를 말하기도 함.

※ 732(文 15-8)

秋, 齊人侵我西鄙.

가을, 제齊나라가 우리의 서쪽 변경을 침공하였다.

【秋】 阮刻本에는 '秋'자가 없으나 〈石經本〉, 〈宋本〉, 〈淳熙本〉, 〈岳本〉 등에 의해 補入해 넣음.

❋ **733**(文15-9)

季孫行父如晉.

계손행보季孫行父가 진晉나라에 갔다.

【季孫行父】季文子. 魯나라 대부. 魯나라 三桓의 하나인 季孫氏 집안.

(傳)
秋, 齊人侵我西鄙, 故季文子告于晉.

가을, 제齊나라가 우리 노魯나라 서쪽 변방 땅에 침입하여 그 때문에 계문자季文子가 진晉나라에 가서 알린 것이다.

【季文子】季孫行父.

❋ **734**(文15-10)

冬十有一月, 諸侯盟于扈.

겨울 11월, 제후諸侯들이 호扈에서 동맹을 맺었다.

【扈】鄭나라 지명. 지금의 河南 原武縣 서북쪽. 《一統志》에 "今河南武原縣西北有扈亭"이라 함.

㊁

　冬十一月, 晉侯·宋公·衛侯·蔡侯·陳侯·鄭伯·許男·曹伯盟于扈, 尋新城之盟, 且謀伐齊也.
　齊人賂晉侯, 故不克而還.
　於是有齊難, 是以公不會.
　書曰「諸侯盟于扈」, 無能爲故也.
　凡諸侯會, 公不與, 不書, 諱君惡也.
　與而不書, 後也.

　겨울 11월, 진晉 영공靈公, 송宋 소공昭公, 위衛 성공成公, 채蔡 장공莊公, 진陳 영공靈公, 정鄭 목공穆公, 허許 소공昭公, 조曹 문공文公이 호扈에서 맹약을 맺은 것은 신성新城에서 맺은 맹약을 확인하고, 아울러 제齊나라 치기 위한 모의를 위해서였다.
　그런데 이때 제나라가 진晉 영공에게 뇌물을 바쳐 그 때문에 제후들은 할 수 없이 되돌아갔다.
　이에 노나라는 제나라의 침공을 당하고 있었으므로 문공은 그 모임에 참가하지 못하였다.
　경經에 '제후들이 호에서 맹약을 맺었다'라고만 기록한 것은 노나라를 구원하는 데 도움이 되지 않았기 때문이었다.
　무릇 제후들이 만날 때에 노나라 임금이 참여하지 않으면 이를 기록하지 않았는데 그것은 노나라 군주의 잘못을 드러내기를 꺼렸기 때문이다.
　참여하였는데도 기록하지 않았다면 이는 그 모임에 늦은 경우이다.

【陳侯】〈阮刻本〉에는 이 두 글자가 없음.
【尋】옛 회맹의 사실을 다시 찾아 확인함.
【新城之盟】文公 14년의 맹약. 이 때 원래 楚나라에 복종하던 陳, 鄭, 宋은 모두 晉나라에게 복종하기로 바꾸었었음.
【伐齊】齊나라가 魯나라를 침범한 일에 대하여 공동대처함을 뜻함.
【不克而還】제후들이 어쩔 수 없이 돌아갔음.
【後也】늦게 참석했을 경우 이를 기록하지 않음. 文公 7년 扈之盟이 그 예임.

● 735(文15-11)

十有二月, 齊人來歸子叔姬.

12월, 제齊나라 사람이 와서 자숙희子叔姬를 돌려 보내주었다.

【子叔姬】魯나라 公女. 單伯의 일로 齊나라에 억류되어 있었음. 文公 14년을 참조할 것.

㊉
齊人來歸子叔姬, 王故也.

제齊나라 사람이 와서 자숙희子叔姬를 돌려보낸 것은 천자 주周 광왕匡王이 선백單伯을 보내 명을 내렸기 때문이었다.

【王故】周나라 匡王이 單伯을 보내어 석방하도록 협상을 성공시켰기 때문이라는 뜻.

● 736(文15-12)

齊侯侵我西鄙, 遂伐曹入其郛.

제후齊侯가 우리의 서쪽 변경을 침공하여 드디어 조曹나라를 쳐 그 외곽으로 쳐들어갔다.

【齊侯】당시 齊나라는 懿公(商人) 즉위 원년이었음.
【曹】당시 曹나라는 文公 6년째였음.
【郛】성의 外廓.《史記》年表에 "曹文公六年, 齊人入我郛"라 함.

6.〈文公 15年〉1183

⑬

齊侯侵我西鄙, 謂諸侯不能也.
遂伐曹, 入其郭, 討其來朝也.
季文子曰:「齊侯其不免乎! 己則無禮, 而討於有禮者, 曰:『女何故行禮?』禮以順天, 天之道也. 己則反天, 而又以討人, 難以免矣. 《詩》曰:『胡不相畏? 不畏于天?』君子之不虐幼賤, 畏于天也. 在〈周頌〉曰:『畏天之威, 于時保之.』不畏于天, 將何能保? 以亂取國, 奉禮以守, 猶懼不終; 多行無禮, 弗能在矣.」

　　제齊 의공懿公이 우리 노나라의 서쪽 변방을 침범한 것은, 제후들이 자신에게 맞설 능력이 없을 것이라 여겼기 때문이었다.
　　그리고 이어서 드디어 조曹나라를 쳐 외성外城으로 돌입한 것은 조 문공文公이 노나라를 찾아뵈었던 일을 성토하기 위한 것이었다.
　　계문자季文子가 말하였다.
　　"제나라 군주는 화를 면하지 못할 것이다! 자신은 무례하면서 도리어 예를 지키고 있는 자를 성토하여 '네가 어찌 예로써 행하는가?'라고 하고 있으니 말이다. 예를 행하여 하늘의 뜻에 따르는 것은 천도天道이다. 자신은 하늘의 뜻을 배반하면서 다시 남을 치고 있으니 화를 면하기는 어려울 것이다. 《시詩》에 '어찌 서로 두려워하지 않는가? 하늘이 두렵지 않은가?'라 하였다. 군자로써 어린아이나 천한 자를 학대하지 않는 것은 하늘이 두렵기 때문이다. 〈주송周頌〉에 '하늘의 위력을 두려워하기에 때마다 이를 지켜나가네'라 하였다. 하늘을 두려워하지 않고서야 장차 어떻게 능히 지켜낼 수 있겠는가? 난을 일으켜 나라를 뺏은 자라면 더욱 예를 받들어 지킨다 해도 오히려 마지막을 제대로 끝맺지 못할까 두려운 법이거늘 무례한 짓을 이렇게 많이 저지르고서야 능히 살아남을 수 없을 것이다."

【諸侯不能】 이미 晉나라가 자신들의 뇌물을 받았고 扈에서의 맹약도 실패한 만큼 자신들을 대적하지 못할 것이라 여긴 것. 杜預 注에 "不能討己"라 함.
【季文子】 季孫行父. 魯나라 대부. 魯나라 三桓의 하나인 季孫氏 집안.

【詩】《詩經》小雅 雨無正篇 제3장에 "如何昊天, 辟言不信. 如彼行邁, 則靡所臻. 凡百君子, 各敬爾身. 胡不相畏, 不畏于天"이라 함.
【周頌】《詩經》周頌 我將篇에 "我將我享, 維羊維牛, 維天其右之. 儀式刑文王之典, 日靖四方. 伊嘏文王, 旣右享之. 我其夙夜, 畏天之威, 于時保之"라 함.
【不能在】'在'는 '終'으로 봄.《爾雅》釋詁에 "在, 終也"라 하여 善終을 얻지 못함. 좋은 죽음을 맞이하지 못함. 杜預 注에 "爲十八年齊弑商人傳"이라 하여 懿公 (商人)은 이로부터 3년 뒤인 文公 18년 재위 4년 만에 시해를 당해 죽음.

112. 文公 16年(B.C.611) 庚戌

周	匡王(姬班) 2년	齊	懿公(商人) 2년	晉	靈公(夷皐) 10년	衛	成公(鄭) 24년
蔡	文公(申) 원년	鄭	穆公(蘭) 17년	曹	文公(壽) 7년	陳	靈公(平國) 3년
杞	桓公(姑容) 26년	宋	昭公(杵臼) 9년	秦	康公(罃) 10년	楚	莊王(旅) 3년
許	昭公(錫我) 11년						

✤ 737(文16-1)

十有六年春, 季孫行父會齊侯于陽穀, 齊侯不及盟.

16년 봄, 계손행보季孫行父가 제齊 의공懿公과 양곡陽穀에서 만났으나 제 의공은 동맹을 맺으려 하지 않았다.

【季孫行父】季文子. 魯나라 대부. 魯나라 三桓의 하나인 季孫氏 집안.
【齊侯】齊 懿公(商人) 재위 2년째였음.
【陽穀】지금의 山東 陽穀縣 동북쪽. 僖公 3년을 볼 것.
【不及盟】杜預 注에 "及, 與也"라 하여 許與하지 않음.

十六年春王正月, 及齊平.

公有疾, 使季文子會齊侯于陽穀.
請盟, 齊侯不肯, 曰:「請俟君間.」

16년 봄, 주력 정월, 제齊나라와 화친을 맺었다.
　문공이 병이 나서 계문자季文子로 하여금 제 의공懿公을 양곡陽穀에서 만나 동맹을 맺기를 청하도록 하였으나 의공이 이를 거부하며 이렇게 말하였다.
"노나라 군주께서 차도가 있으시기를 기다리겠소."

【齊平】앞서 齊나라가 魯나라를 거쳐 曹나라를 친 일로 불편했던 관계를 어느 정도 해소시킴.
【不肯】거부함. 魯 文公이 죽게 되면 회맹의 효력이 없을 것으로 여겨 거부한 것.
【間】병이 나음. 차도가 있음. 杜預 注에 "間, 疾瘳也"라 함.

※ 738(文 16-2)

夏五月, 公四不視朔.

여름 5월, 공이 네 번 곡삭告朔의 예를 행하지 못하였다.

【四】매달 한 번씩이므로 넉 달을 곡삭의 예를 행하지 않은 것임.
【視朔】告朔의 예를 살핌. '告朔'은 '곡삭'으로 읽음. 古代의 制度로 매년 秋冬 交替期에 周나라 天子가 曆書를 諸侯國에게 주면, 이를 諸侯國에서는 祖廟에 보관하고 매월 초하루마다 祖上神에게 달이 바뀜을 告함. '告'는 '古篤反'(入聲) '곡'으로 읽음. 《論語》 八佾篇에 "子貢欲去告朔之餼羊. 子曰:「賜也! 爾愛其羊, 我愛其禮.」"라 하였고 〈集註〉에 "告朔之禮: 古者天子常以季冬, 頒來歲十二月之朔于諸侯, 諸侯受而藏之祖廟. 月朔, 則以特羊告廟, 請而行之. 餼, 生牲也. 魯自文公始不視朔, 而有司猶供此羊, 故子貢欲去之"함.

※ **739(文 16-3)**

六月戊辰, 公子遂及齊侯盟于郪丘.

6월 무진, 공자 수遂가 제齊 의공懿公과 처구郪丘에서 동맹을 맺었다.

【戊辰】6월 4일.
【公子隧】魯나라 공자. 東門襄仲.
【郪丘】齊나라 땅. 지금의 山東 臨淄(淄博) 곁의 天齊淵. 혹 東阿縣 근처라고도 함. '郪'는 "音西, 又七西反"이라 하여 '서', 혹은 '처'로 읽음.《公羊傳》에는 '犀丘'로, 《穀梁傳》에는 '師丘'로 되어 있음.

㊙
夏五月, 公四不視朔, 疾也.
公使襄仲納賂于齊侯, 故盟于郪丘.

여름 5월, 문공이 네 번째로 곡삭告朔의 예를 행하지 못한 것은 병이 났기 때문이었다.
문공이 대부 양중襄仲으로 하여금 제齊 의공懿公에게 뇌물을 바치도록 하여 그 때문에 두 나라가 처구郪丘에서 맹약을 맺게 된 것이다.

【告朔】'곡삭'으로 읽음. 古代의 制度로 매년 秋冬 交替期에 周나라 天子가 曆書를 諸侯國에게 주면, 이를 諸侯國에서는 祖廟에 보관하고 매월 초하루마다 祖上神에게 달이 바뀜을 告함. '告'는 '古篤反'(入聲) '곡'으로 읽음.《論語》八佾篇에 "子貢欲去告朔之餼羊. 子曰:「賜也! 爾愛其羊, 我愛其禮.」"라 하였고 〈集註〉에 "告朔之禮: 古者天子常以季冬, 頒來歲十二月之朔于諸侯, 諸侯受而藏之祖廟. 月朔, 則以特羊告廟, 請而行之. 餼, 生牲也. 魯自文公始不視朔, 而有司猶供此羊, 故子貢欲去之"함.
【襄仲】東門襄仲. 公子 遂.

※ 740(文 16-4)
秋八月辛未, 夫人姜氏薨.

가을 8월 신미날, 부인 강씨姜氏가 훙거하였다.

【辛未】8월 8일.
【姜氏】聲姜. 文公의 어머니이며 僖公의 부인. 齊 桓公의 딸이었음.

※ 741(文 16-5)
毀泉臺.

천대泉臺를 헐었다.

【泉臺】泉宮. 지금의 山東 曲阜 남쪽 교외에 郎에 있던 누대이며 궁궐.《公羊傳》과 《穀梁傳》에는 '郎臺'로 되어 있음. 莊公 31년을 볼 것.

(傳)
有蛇自泉宮出, 入于國, 如先君之數.
秋八月辛未, 聲姜薨. 毀泉臺.

뱀이 노나라 천궁泉宮에서 기어 나와 도읍 안으로 들어왔는데, 그 마릿수가 노나라 선대 군주들의 숫자와 같았다.
가을 8월 신미날, 성강聲姜이 훙거하자 천궁을 헐어버린 것이다.

【泉宮】泉臺라고도 함. 본문 내용으로 보아 도읍 밖에 있었다고 추정됨. 杜預 注에 "魯人以爲蛇妖所出而聲姜薨, 故壞之"라 함.

【先君之數】文公 이전의 노나라 군주의 수. 노나라의 첫 번째 군주 伯禽으로부터 그 아들 考公(酋), 그 아우 煬公(熙), 그 아들 幽公(圉), 그 아우 微公(潰), 그 아들 厲公(擢), 그 아우 獻公(具), 그 아들 順公(濞), 그 아우 武公(敖), 그 아들 懿公(戱), 그 아우 孝公(稱), 그 아들 惠公(弗皇), 그 아들 隱公(息姑), 그 아우 桓公(允), 그 아들 莊公(同), 그 아들 閔公(間), 그 형 僖公(申)까지 17 임금이었음.
【聲姜】齊 桓公의 딸로 僖公의 부인이 되어 文公을 낳음.
【辛未】8월 8일.

❈ 742(文 16-6)

楚人·秦人·巴人滅庸.

초楚나라, 진秦나라, 파巴나라가 용庸나라를 멸하였다.

【巴】姬姓의 제후국. 子爵. 지금의 四川 巴縣. 桓公 9년을 볼 것.
【庸】나라 이름. 지금의 湖北 竹山縣 上庸 故城.《尙書》牧誓篇에 의하면 周 武王이 紂를 칠 때 도와주어 나라를 세워주었다 함. 한편《史記》楚世家에 "當周夷王之時, 熊渠甚得江漢間民和, 乃興師伐庸"이라 하여 일찍부터 있었던 나라였음.

㊉

楚大饑, 戎伐其西南, 至于阜山, 師于大林.
又伐其東南, 至於陽丘, 以侵訾枝.
庸人帥羣蠻以叛楚, 麇人率百濮聚於選, 將伐楚.
於是申·息之北門不啓. 楚人謀徙於阪高.
蔿賈曰:「不可. 我能往, 寇亦能往, 不如伐庸. 夫麇與百濮, 謂我饑不能師. 故伐我也. 若我出師, 必懼而歸. 百濮離居, 將各走其邑, 誰暇謀人?」

乃出師.
旬有五日, 百濮乃罷.
自廬以往, 振廩同食. 次于句澨.
使廬戢梨侵庸, 及庸方城.
庸人逐之, 囚子揚窗.
三宿而逸, 曰:「庸師衆, 羣蠻聚焉, 不如復大師, 且起王卒, 合而後進.」
師叔曰:「不可. 姑又與之遇以驕之. 彼驕我怒, 而後可克, 先君蚡冒所以服陘隰也.」
又與之遇, 七遇皆北, 唯裨·鯈·魚人實逐之.
庸人曰:「楚不足與戰矣.」
遂不設備.
楚子乘馹, 會師于臨品, 分爲二隊, 子越自石溪, 子貝自仞以伐庸.
秦人·巴人從楚師.
羣蠻從楚子盟, 遂滅庸.

초楚나라에 큰 기근이 들자 융족戎族이 초나라 서남쪽을 침략하여 부산阜山까지 이르러 대림大林에 진을 쳤다.
그리고 다시 동남방을 쳐 양구陽丘에 이르러 자지訾枝를 침략하였다.
그런가 하면 용庸나라는 만족蠻族의 여러 부족을 이끌고 초나라에 반기를 들었으며 균麇나라는 백복百濮을 인솔하고 선選 땅에 모여 초나라를 치려 하고 있었다.
이에 초나라는 신申과 식息 땅의 북문北門을 열지 않은 채 판고販高로 도읍을 옮길 것을 계획하게 되었다.
그러자 위가蔿賈가 말하였다.
"안 됩니다. 우리가 갈 수 있는 곳이라면 적들도 갈 수 있습니다. 용나라를 치느니만 못합니다. 균나라와 백복은 우리가 기근이 들어 능히 군사를 움직일 수 없다고 여겨 그 때문에 우리를 치고자 하는 것입니다. 우리가 만약 군사를 출동시킨다면 그들은 틀림없이 두려워하며 되돌아갈 것입니다.

그러면 백복은 서로 흩어져 살고 있어 장차 제각기 그들이 사는 읍으로 달아날 것이니 균나란들 누구를 데리고 남을 칠 생각을 하겠습니까?"

이에 초나라가 군사를 출동시켰다.

15일 만에 백복의 오랑캐들이 흩어지기 시작하였다.

초나라 군사는 여廬 땅으로부터 가는 길에는 가는 곳마다 창고를 열어 병사들과 함께 굶주림을 해결하고 구서句澨에 숙영하게 되었다.

그리고 여 땅의 대부 집리戢梨로 하여금 용나라를 공격하도록 하여 그가 용나라의 방성方城에 이르렀다.

그런데 그만 용나라가 이들을 쫓아와 집리의 부하 자양창子揚窓이 사로잡히고 말았다.

그는 사흘 밤을 잡혀 있다가 빠져나와 이렇게 말하였다.

"용나라는 군사가 많으며 여러 만족들과 함께 모여 있습니다. 그러니 우리는 우리 본군이 있는 곳으로 되돌아가서 장차 왕의 군사를 출동시켜 합세한 뒤에 진격하느니만 못합니다."

그러자 사숙師叔이 말하였다.

"안 됩니다. 차라리 잠깐 적과 맞서 저들을 교만하게 만들어야 합니다. 저들이 교만해지고 우리 군사가 분개하게 된 뒤에는 이길 수 있습니다. 이것은 선군 분모蚡冒께서 형습陘隰을 정복할 때 하셨던 방법입니다."

그리하여 다시 적과 싸우면서 일곱 번 마주칠 때마다 매번 져 주었더니 비裨·주鯈·어魚 땅 사람들만 초나라를 추격해 오는 것이었다.

그리고 용나라는 이렇게 말하였다.

"초나라는 맞서 싸울 만한 상대가 되지 못한다."

그리고는 방비도 제대로 갖추지 않는 것이었다.

초楚 장왕莊王은 이 빠른 말을 타고 임품臨品에서 군사들을 모은 다음, 이들을 두 부대로 나누어 자월子越은 석계石溪로부터, 자패子貝는 인仞으로부터 진격하여 용나라를 쳤다.

진秦나라와 파巴나라가 초나라 군사를 따르며 도와주었다.

그리하여 여러 만족들은 초 장왕의 요구에 따라 맹약을 맺게 되었으며 드디어 용나라를 멸망시켰던 것이다.

【楚】당시 초나라 군주는 莊王이었음.
【戎】山夷. 楚나라 서쪽 지금의 巴蜀 일대에 분포하고 있던 소수민족. 杜預 注에 "戎, 山夷也"라 함.
【阜山】지금의 湖北 房縣 남쪽.
【大林】초나라 읍. 《太平御覽》伍端休의 《江陵記》에 "江陵城西北六十里有林, 春秋師於大林, 卽此"라 함. 혹 지금의 湖北 荊門縣 서북쪽이라고도 함.
【陽丘】초나라 읍. 지금의 湖南 岳陽, 石首 일대.
【眥枝】《左傳地名補注》에 "謂眥枝, 卽今之枝江縣"이라 함.
【麇】지금의 湖南 岳陽에 있던 작은 나라.
【百濮】濮은 초나라 서북쪽 변경의 민족 이름. 《尙書》牧誓에 의하면 周 武王이 殷의 紂를 칠 때 그 군사들이 도와주었다 하였음. 濮 땅에는 많은 蠻族이 작은 부락을 이루어 살고 있어 '百'자를 넣어 부르게 된 것임.
【選】초나라 지명. 지금의 湖北 枝江縣 남쪽 경계 지역.
【申·息】楚나라 북방 지역으로 지금의 河南 南陽, 信陽 일대. 중원으로부터의 침범이 있을까 두려워 이곳 요새의 문을 열지 않았던 것임.
【阪高】초나라 땅. 지금의 湖北 襄陽縣 서쪽.
【蔿賈】楚나라 대부 伯嬴. 孫叔敖의 아버지. 僖公 27년을 볼 것.
【振廩】기근이 들어 도중에 더 이상 군량을 보급 받을 수 없어 현지의 창고를 열어 군사들에게 먹임.
【同食】將兵이 계급에 아랑곳없이 같은 것을 먹음.
【次】군사가 주둔함을 뜻함. 莊公 3년 傳에 "凡師, 一宿爲舍, 再宿爲信, 過信爲次"라 함.
【句澨】초나라 서쪽 경계. 지금의 湖北 均縣 서쪽.
【廬戢梨】'廬'는 초나라 읍 이름. 14년을 볼 것. 〈阮刻本〉에는 '黎'로 되어 있음. 지금의 湖北 南漳縣 동쪽. 戢梨는 廬邑의 首長. 《國語》에는 '戢黎'로 되어 있음.
【方城】庸나라 지명. 지금의 湖北 竹山縣 동남방에 있는 方城山 남쪽. 《括地志》에 "今湖北竹山縣東南四十里有方城山, 山南有城長十餘里, 名曰方城"이라 함.
【子揚窗】廬邑 수장 戢梨의 부하.
【大師】本軍. 본 부대.
【師叔】楚나라 대부 潘尫.
【蚡冒】楚나라 군주. 霄敖의 아들이며 이름은 熊眴, 시호는 厲王. B.C.757~741년까지 17년간 재위함. 楚 武王의 아버지. 《史記》楚世家에 "霄敖六年卒, 子熊眴立,

是爲蚡冒. 蚡冒十七年卒, 蚡冒弟熊通弑蚡冒子而代立, 是爲楚武王"이라 하여 武王(熊通)의 형이라고도 함.

【陘隰】 대략 湖北 宜昌(葛州) 일대였던 것으로 추정함.
【裨·儵·魚】 杜預 注에 "庸三邑"이라 하였으나 이는 오류로 보이며, 소수 종족 이름으로 지금의 湖北 巫山, 巫溪, 溪山, 竹山 일대에 분포하였었음. '儵'는 '直留反'으로 '주'로 읽으며, 혹 '儵'(숙)으로 표기하기도 함.
【馹】 빠른 수레. 명령 따위를 전달하는 傳車.
【臨品】 초나라 지명. 지금의 湖北 均縣의 경계 지역.
【子越】 초나라 대부. 司馬子良의 아들. 이름은 鬪椒.
【石溪】 지금의 湖北 均縣과 竹山縣 사이.
【子貝】 초나라 대부.
【仞】 均縣 경내의 지명. 庸나라로 들어가는 길목.
【秦】 당시 秦나라 군주는 康公(罃)이었음.
【巴】 姬姓의 나라. 지금의 四川 巴縣. 한편 《史記》 楚世家에 "莊王卽位三年, 不出號令, 日夜爲樂, 令國中曰:「有敢諫者死無赦!」伍擧入諫. 莊王左抱鄭姬, 右抱越女, 坐鐘鼓之間. 伍擧曰:「願有進.」 隱曰:「有鳥在於阜, 三年不蜚不鳴, 是何鳥也?」 莊王曰:「三年不蜚, 蜚將沖天; 三年不鳴, 鳴將驚人. 擧退矣, 吾知之矣.」 居數月, 淫益甚. 大夫蘇從乃入諫. 王曰:「若不聞令乎?」 對曰:「殺身以明君, 臣之願也.」 於是乃罷淫樂, 聽政, 所誅者數百人, 所進者數百人, 任伍擧·蘇從以政, 國人大說. 是歲滅庸"이라 함.

743(文 16-7)

冬十有一月, 宋人弑其君杵臼.

겨울 11월, 송宋나라 사람이 군주 저구杵臼를 시해하였다.

【杵臼】 宋 昭公의 이름. B.C.619~611년까지 9년간 재위하고 文公(鮑)이 뒤를 이음. 《公羊傳》에는 '處臼'로 되어 있으며 陳 宣公도 이름이 '杵臼'였음. 僖公 12년 經을 볼 것.

傳

宋公子鮑禮於國人, 宋饑, 竭其粟而貸之.
年自七十以上, 無不饋詒也, 時加羞珍異.
無日不數於六卿之門.
國之材人, 無不事也; 親自桓以下, 無不恤也.
公子鮑美而豔, 襄夫人欲通之, 而不可, 乃助之施.
昭公無道, 國人奉公子鮑以因夫人.
於是華元爲右師, 公孫友爲左師, 華耦爲司馬, 鱗鱹爲司徒, 蕩意諸爲司城, 公子朝爲司寇.
初, 司城蕩卒, 公孫壽辭司城, 請使意諸爲之.
既而告人曰:「君無道, 吾官近, 懼及焉. 弃官, 則族無所庇. 子, 身之貳也, 姑紓死焉. 雖亡子, 猶不亡族.」
既, 夫人將使公田孟諸而殺之.
公知之, 盡以寶行.
蕩意諸曰:「盍適諸侯?」
公曰:「不能其大夫, 至于君祖母以及國人, 諸侯誰納我? 且既爲人君, 而又爲人臣, 不如死.」
盡以其寶賜左右而使行.
夫人使謂司城去公, 對曰:「臣之而逃其難, 若後君何?」
冬十一月甲寅, 宋昭公將田孟諸, 未至, 夫人王姬帥甸攻而殺之.
蕩意諸死之.
書曰「宋人弒其君杵臼」, 君無道也.
文公即位, 使母弟須爲司城.
華耦卒, 而使蕩虺爲司馬.

송宋나라 공자 포鮑는 귀족들을 예로써 대하여 송나라에 흉년이 들자 집안의 곡식을 모두 꺼내어 사람들에게 베풀어 주었다.
70세 이상의 노인들 중 그에게 먹을 것을 받지 않은 자가 없었고 때에 맞추어 진기한 음식까지 올려 드렸다.

또한 육경六卿의 집을 자주 방문하지 않는 날이 없었다.

그는 나라의 인재들 중 누구하나 모시지 않은 자가 없었으며 친척으로서 환공桓公 이하의 모든 일가도 구휼해주지 않은 자가 없었다.

공자 포는 용모가 아름답고도 고와, 양공襄公의 부인도 그와 정을 통하고자 하였지만 그는 거절하였었으며, 그런데도 양공의 부인은 그를 도와 은혜를 베풀어 주었다.

송 소공昭公은 무도하여 나라 사람들은 공자 포를 받들면서 양공 부인의 세력에 의지하고 있었다.

당시 화원華元이 우사右師, 공손우公孫友가 좌사左師, 화우華耦가 사마司馬, 인관鱗鱹이 사도司徒, 탕의제蕩意諸는 사성司城, 공자 조朝는 사구司寇였다.

이에 앞서, 사성탕司城蕩이 세상을 떠나자 탕의 아들 공손수公孫壽는 사성의 자리를 사양하며 자신의 아들 탕의제蕩意諸에게 그 관직을 맡게 해 달라고 임금에게 청하였다.

이윽고 아들이 사성이 되자 그는 사람들에게 이렇게 말하였다.

"군주가 무도한데 내 벼슬이 그에 가까이 있으면 화가 미칠까 두려웠소. 그렇다고 그 자리를 포기하면 일족이 보호를 받을 수가 없소. 아들은 나의 또 다른 분신이니 그를 통해 잠시 내 죽음을 늦춘 것이라오. 비록 그 아들이 죽는다 해도 그래도 우리 일족은 망하지 않을 것이니 말이오."

얼마 지나 양공의 부인이 소공에게 맹제孟諸로 사냥하러 나가도록 하여 그 틈을 이용하여 죽이려 하였다.

소공은 이를 알아차리고 모든 보물을 가지고 사냥을 나갔다.

탕의제가 물었다.

"어찌하여 다른 제후국으로 가지 않으십니까?"

소공이 말하였다.

"대부들부터 할머니, 그리고 온 나라의 사람들까지 나를 미워하고 있는데 제후들 그 누가 나를 받아주겠는가? 게다가 이미 한 나라의 임금도 해 보았는데 다시 남의 신하가 된다는 것은 죽느니만 못한 짓이지."

소공은 자신이 가지고 온 보물을 좌우의 신하들에게 모두 나누어 주고 자신을 떠나도록 하였다.

양공의 부인이 사성 탕의제에게 군주의 곁을 떠나라고 이르자 그는 이렇게 대답하였다.

"신하가 되어 임금의 재난을 피해 달아난다면 다음 임금은 어떻게 모시겠습니까?"

겨울 11월 갑인날, 송나라 소공은 맹제로 사냥을 하러 나섰다가 그러나 그곳에 채 닿기도 전에 양공 부인 왕희王姬는 군주의 직할지를 관할하는 대부를 시켜 그를 공격하여 죽이도록 하였다.

탕의제는 그 싸움에서 소공을 위해 싸우다 죽고 말았다.

경經에 '송나라 사람이 그의 군주 저구를 죽였다'라 쓴 것은 임금이 무도하였기 때문이었다.

공자 포가 문공文公으로 즉위하여 아우 수須를 사성司城으로 삼았다.

화우華耦가 세상을 떠나자 탕의제의 아우 탕훼蕩虺를 사마司馬로 삼았다.

【公子鮑】宋 昭公(杵臼)의 庶弟. 昭公이 시해를 당하고 그 뒤를 이었음. 文公이라 부르며 B.C.610～589년까지 22년간 재위하고 共公(固)이 뒤를 이음. 《史記》 宋世家에는 '鮑革'으로 되어 있음.

【國人】춘추시대 '國人'은 귀족을 뜻함.

【七十以上】孔穎達 疏에 "民年七十以上, 無有不饋遺以飮食也"라 함.

【羞珍異】'羞'는 '饈'와 같으며 '음식물을 바쳐 올리다'의 뜻. 杜預 注에 "羞, 進也"라 함. '珍異'는 孔穎達 疏에 "珍異, 謂非常美食. 時加進珍異自, 謂四時初出珍異之物也"라 함.

【無日不數於六卿之門】'數'은 '삭'으로 읽으며 '자주 찾아뵙다, 친밀하다' 등의 뜻. 孔穎達 疏에 "無有一日不數數於六卿之門, 言參請不絶也"라 함.

【無不事】孔穎達 疏에 "國之賢材之人無不事, 公子皆事之也"라 함.

【無不恤】孔穎達 疏에 "其族親, 自桓公以下子孫無不恤, 公子皆賑恤之也"라 함.

【襄夫人】昭公의 할아버지인 襄公(玆父)의 부인. 昭公의 祖母. 周나라 襄王의 누나이며 宋 襄公의 부인으로 周나라 출신이므로 '王姬'라 부름.

【六卿】右師, 左師, 司馬, 司徒, 司城, 司寇 등 국정의 최고 관직을 가진 자.

【桓】공자 鮑의 증조부 桓公(御說).

【助之施】公子 鮑가 사람들에게 베푸는 것을 도움.

【華元】華督의 증손이며 華御事의 아들.
【公孫友】公子 目夷의 아들. 目夷는 宋 襄公 庶兄으로 宋襄之仁의 고사를 낳은 대부.
【華耦】公子 卬의 뒤를 이어 司馬에 오름. 그 때문에 司馬華孫으로도 부름.
【鱗鱹】鱗矔. 宋 桓公의 손자. 文公 7년의 傳文을 참조할 것. 〈敦煌本〉과 〈石經本〉 등에는 '鱗矔'으로 표기되어 있음.
【蕩意諸】公孫壽의 아들. 사구에 올랐다가 문공 8년 노나라로 망명, 다시 11년에 귀국하여 복직됨. 文公 8년 및 11년을 참조할 것.
【公子朝】華御事의 뒤를 이어 司寇에 오름.
【司城蕩】공자 蕩. 자신은 '司城'을 성씨로 삼았으며, 그 후손은 '蕩'을 성씨로 삼았음. 文公 7년 公子 蕩은 司城이 되었다가 8년에 蕩意諸가 이를 이어받아 공자 탕은 그 기간에 죽은 것으로 추정됨.
【公孫壽】司城蕩의 아들. '公孫'은 宋나라 國姓이어서 이를 그대로 성으로 쓴 것.
【貳】자신의 분신, 또 다른 자신과 같다는 뜻.
【紓死】죽음을 늦춤. 아들이 자신 대신 죽으면 자신은 죽음을 그만큼 늦출 수 있다는 뜻.
【孟諸】宋나라 땅. 지금의 河南 虞城縣 서북쪽. 주로 사냥터로 널리 활용되던 곳임. 僖公 28년 傳을 볼 것.
【君祖母】제후의 할머니. 여기에서는 襄公의 부인 王姬를 가리킴.
【十一月甲寅】11월 23일.
【夫人王姬】부인인 천자의 딸. 襄公 부인은 周나라 襄王의 누나였으므로 이렇게 호칭을 삼은 것임.
【帥甸】군주의 直割地를 주관하는 사람. 官職名. 孔穎達 疏에 "《周禮》載師云: 「以公邑之田任甸地.」 帥甸者, 甸地之帥, 當是公邑之大夫也"라 함.
【文公卽位】公子 鮑가 즉위함. 《史記》 宋世家에 "弟鮑革立, 是爲文公"이라 하여 公子 鮑의 이름을 '鮑革'이라 하였으나 〈索隱〉에는 徐廣의 말을 인용하여 "一無革字"라 함. 따라서 공자 '鮑'가 옳은 것을 여김. 한편 이 구절은 宋 文公이 다음해(B.C.610)에 즉위하였으므로 앞당겨 기록한 것임.
【母弟須】文公의 同母弟. 즉 아우. 이름은 須.
【蕩虺】蕩意諸의 아우.

113. 文公 17年(B.C.610) 辛亥

周	匡王(姬班) 3년	齊	懿公(商人) 3년	晉	靈公(夷皐) 11년	衛	成公(鄭) 25년
蔡	文公(申) 2년	鄭	穆公(蘭) 18년	曹	文公(壽) 8년	陳	靈公(平國) 4년
杞	桓公(姑容) 27년	宋	文公(鮑) 원년	秦	康公(罃) 11년	楚	莊王(旅) 4년
許	昭公(錫我) 12년						

※ 744(文 17-1)

十有七年春, 晉人·衛人·陳人·鄭人伐宋.

17년 봄, 진인晉人, 위인衛人, 진인陳人, 정인鄭人이 송宋나라를 쳤다.

㊙
十七年春, 晉荀林父·衛孔達·陳公孫寧·鄭石楚伐宋, 討曰:「何故弑君?」
猶立文公而還.
卿不書, 失其所也.

17년 봄, 진晉나라 순림보荀林父, 위衛나라 공달孔達, 진陳나라 공손녕公孫寧, 정鄭나라 석초石楚가 송宋나라를 치면서 이렇게 성토하였다.

"무슨 이유로 임금을 죽였느냐?"

그러나 이들은 도리어 송나라 문공文公을 세우고 귀환하였다.

경經에 각 나라의 경卿 이름을 기록하지 않은 것은 그들이 자신들의 소임을 놓쳤기 때문이었다.

【荀林父】中行桓子. 그는 僖公 28년에 새로 편성된 中行의 대장이 되었으며 뒤에 중항(中行)을 성으로 사용함. 이 후손이 晉末 六卿의 하나인 中行氏가 됨.
【孔達】衛나라 대부. 文公 원년 등을 참조할 것.
【公孫寧】陳나라 대부.
【石楚】鄭나라 대부.
【討】우선 말로 잘못을 지적하여 성토함.《國語》晉語(5)에 "宋人弑昭公, 趙宣子請師於靈公以伐宋. 乃使旁告於諸侯, 治兵振旅, 鳴鐘鼓以至於宋"이라 하였고, 《史記》宋世家에는 "文公元年, 晉率諸侯伐宋, 責以弑君. 聞紉公定立而去"라 함.
【弑君】宋나라에서 王姬(襄公 부인)가 昭公(杵臼)을 시해한 사건. 앞장 참조.
【文】公子 鮑. 宋 昭公(杵臼)의 庶弟. 昭公이 시해를 당하고 그 뒤를 이었음. 文公이라 부르며 B.C.610~589년까지 22년간 재위하고 共公(固)이 뒤를 이음.
【失其所也】마땅히 해야 할 바를 취하지 않았음. 昭公을 시해한 일을 성토하기 위해 갔으면서 도리어 文公을 세우고 온 것은 잘못이라는 뜻.

※ 745(文 17-2)

夏四月癸亥, 葬我小君聲姜.

여름 4월 계해, 우리 소군小君 성강聲姜의 장례를 치렀다.

【癸亥】4월 4일.
【小君】임금의 부인을 일컫는 호칭.
【聲姜】文公의 어머니이며 僖公의 부인. 齊 桓公의 딸이었음.《公羊傳》에는 '聖姜'으로 되어 있음. 지난해 8월에 죽어 五月葬을 넘긴 것임.

⟨傳⟩
夏四月癸亥, 葬聲姜.
有齊難, 是以緩.

여름 4월 계해날, 성강聲姜의 장례를 치렀다.
제齊나라가 노魯나라를 침략하여 장례가 늦어진 것이다.

【齊難】제나라가 노나라 북쪽 변방을 침범한 것.
【緩】聲姜은 前年 8월에 죽어 9개월 가까이 지나 5월장을 넘긴 것이며 이 때문에 늦어진 것이라 한 것임.

✱ 746(文 17-3)

齊侯伐我西鄙.
六月癸未, 公及齊侯盟于穀.

제후齊侯가 우리 서쪽 변경을 쳤다.
6월 계미날, 공이 제후와 곡穀에서 맹약을 맺었다.

【齊侯】당시 齊나라 군주는 懿公(商人) 재위 3년째였음.
【西鄙】傳에는 '北鄙'로 되어 있으며 杜預 注에도 "西當爲北, 蓋經誤"라 함. 齊나라는 魯나라 동쪽이어서 서쪽에서 쳐들어올 수는 없음.
【癸未】6월 25일.
【穀】齊나라 땅. 지금의 山東 東阿縣. 莊公 7년을 볼 것.

⑲

齊侯伐我北鄙, 襄仲請盟.
六月, 盟于穀.

제齊 의공懿公이 우리 노나라의 북쪽 변방을 침공하여, 동문양중東門襄仲이 제나라에게 결맹하기를 요청하였다.
6월, 두 나라가 곡穀에서 동맹을 맺었다.

【東門襄仲】공자 遂. 노나라 대부.

747(文17-4)

諸侯會于扈.

제후들이 호扈에서 만났다.

【扈】鄭나라 읍. 지금의 河南 武原縣 서북 扈亭.

⑲

晉侯蒐于黃父, 遂復合諸侯于扈, 平宋也.
公不與會, 齊難故也.
書曰「諸侯」, 無功也.
於是晉侯不見鄭伯, 以爲貳於楚也.
鄭子家使執訊而與之書, 以告趙宣子, 曰:「寡君卽位三年, 召蔡侯而與之事君. 九月, 蔡侯入于敝邑以行. 敝邑以侯宣多之難, 寡君是以不得與蔡侯偕. 十一月, 克減侯宣多, 而隨蔡侯以朝于執事. 十二年六月, 歸生佐寡君之嫡夷, 以請陳侯于楚, 而朝諸君. 十四年七月, 寡君又朝以蒇陳事. 十五年五月, 陳侯自敝邑, 往朝于君. 往年正月, 燭之武往, 朝夷也. 八月, 寡君又往朝. 以陳・蔡之密邇於楚, 而不敢貳焉, 則敝邑之故也. 雖敝邑之事君, 何以不免? 在位之中, 一朝于襄, 而再見于君. 夷與孤之二三臣相及於絳. 雖我小國, 則蔑以過之矣. 今大國曰: 『爾未逞吾志.』敝邑有亡, 無以加焉. 古人有言曰: 『畏首畏尾, 身其餘幾?』又曰: 『鹿死不擇音.』小國之事大國也, 德, 則其人也; 不德, 則其鹿也, 鋌而走險, 急何能擇? 命之罔極, 亦知亡矣, 將悉敝賦以待於儵. 唯執事命之. 文公二年六月壬申, 朝于齊. 四年二月壬戌, 爲齊侵蔡, 亦獲成於楚. 居大國之間, 而從於强令, 豈其罪也? 大國若弗圖, 無所逃命.」

晉鞏朔行成於鄭, 趙穿・公壻池爲質焉.

  진晉 영공靈公이 황보黃父에서 군사 훈련을 하고 드디어 제후들을 다시 호扈 땅에 모이도록 하였는데 이는 송宋나라의 내란을 평정하기 위해서였다.
  노 문공이 그 모임에 참여하지 않은 것은 제齊나라의 침공 때문이었다.
  경經에 '제후諸侯'라고만 기록한 것은 송나라에 대한 공적이 없었기 때문이었다.
  이때에 진 영공이 정鄭 목공穆公은 만나지 않은 것은 그들이 초楚나라에 복종하려는 두 마음을 지니고 있다고 여겼기 때문이었다.
  정나라 자가子家는 집신執訊으로 하여금 글을 주어 진晉나라 조선자趙宣子에게 이렇게 전하도록 하였다.
  "우리 임금은 즉위 3년에 채蔡 장공莊公을 초청하여 함께 당시 귀국의 군주(襄公 驩)를 섬기기로 하였었습니다. 그리하여 9월에 채 장공이 우리나라로 들어오셨다가 귀국으로 갔습니다. 그때 우리나라에서는 후선다侯宣多의 난이 있어 그 때문에 우리 임금은 채나라 군주와 함께 가지 못하였던 것입니다. 그러나 11월에 후선다의 난이 평정되자 채 장공을 따라 그대 진나라로 가서 집사執事를 만났던 것입니다. 그리고 12년 6월에는 귀생歸生이 우리 태자 이夷를 수행하여 진陳 공공共公(朔)의 사정을 초나라에 설명하도록 청하고 그대 진 영공을 찾아뵈었습니다. 다시 14년 7월에는 우리 임금이 다시 귀국을 방문하여 진陳나라 사정을 해명하였습니다. 그리고 15년 5월에는 진陳 영공靈公이 우리나라를 출발하여 귀국 영공을 뵈러 갔고 지난해 정월에는 우리나라 대부 촉지무燭之武가 태자 이夷를 따라 그대 나라 임금을 뵈었으며, 8월에는 우리나라 임금께서 다시 귀국을 방문하였습니다. 진陳나라와 채나라가 초나라와 가까이 있으면서도 감히 귀국에게 두 마음을 품지 않은 것은 바로 우리 정나라 때문입니다. 비록 우리나라가 귀국의 군주를 이렇게 섬기고 있음에도 어찌 미움을 벗어날 수 없는 것입니까? 우리 임금은 재위기간 중에 귀국의 양공襄公을 한 차례 찾아뵈었고 귀국의 지금 군주는 두 번을 찾아뵈었습니다. 태자 이夷와 두세 명의 신하가 귀국의 도읍 강絳에 갔습니다. 우리는 비록 작은 나라이지만, 이보다 더할 수 없을 만큼 귀국을 섬겼습니다. 그럼에도 지금 큰 나라인 귀국에서는 '너는 아직도 내 뜻을 만족시키지 못하고 있다'라 하고 있습니다. 이렇다면 우리나라는 앞으로 망할 일만 남아있을 뿐 거기에 달리 더 보탤 것은 없습니다. 옛사람의 말에 '머리가 어찌 될까 두려워하고 꼬리가 어찌 될까 두려워한다면 몸 전체 어디 걱정되지 않는 곳이 있을까?'라 하였고 또 '사슴이 죽게 될 처지에 놓이면 울음소리를 택하여 낼 수는 없다'라 하였습니다. 작은 나라가 큰 나라를 섬김에 있어서 큰 나라가 덕을 베풀면 작은 나라는 사람의 도리로 대하지만 덕을 베풀지 않으면 죽음에 임박한 사슴처럼 악을 쓰게 될 것입니다. 사슴이 지나치게 빨리 내닫다가는 위험한 곳으로 뛰어드는 것과 같은 상황에, 다급한데 무슨 달리 택할 울음소리가 있겠습니까? 귀국의 명령은 한이 없으니 우리는 이제 망하게 될 것을 알게 되었습니다. 장차 우리는 모든 군사를 다 모아 조儵 땅에서 기다릴 것이니 오직 귀국의 집사들에게 명령을 내리라 하십시오. 우리 선군 문공文公께서는 2년 6월 임신날에 제齊나라를 방문하였고, 재위 4년 2월 임술날에는 제나라의 요구대로 채나라를 침공해 주었으며 초楚나라와의 화친도 성사시켜 준 적이 있습니다. 큰 나라들 사이에 있다는 이유로 무리한 명령에 따르는 것이 어찌 작은 나라의 죄입니까? 만약 큰 나라가 이런 사정을 헤아리지 않는다면 작은 나라로서는 싸우자는 명命을 피할 길이 없습니다."

그러자 진晉나라 대부 공삭鞏朔이 정나라와 화친을 맺고 진나라 조천趙穿과 임금의 사위 지池를 정나라에 인질로 보냈다.

【晉侯】晉 靈公(夷皐) 재위 11년째였음.
【蒐】원래 천자의 봄 사냥으로 그 기회에 군사훈련을 겸하는 것. 여기서는 군사훈련을 뜻함. 《司馬法》 仁本篇에 "故國雖大, 好戰必亡; 天下雖安, 忘戰必危. 天下旣平, 天下大愷, 春蒐秋獼; 諸侯春振旅, 秋治兵, 所以不忘戰也"라 함.
【黃父】晉나라 땅. 일명 '黑壤'이라고도 하며 지금의 山西 沁水縣과 翼城縣 사이의 烏嶺. 宣公 7년을 볼 것.
【復合諸侯】文公 15년 12월 扈에서 이미 한 번 회맹을 한 적이 있으며 이때 다시 모이도록 하였으므로 復合이라 한 것임. 文公 15년의 經文과 傳文을 볼 것.
【平宋】지난해 11월 宋 昭公이 王姬에게 죽음을 당하고 昭公의 아우 文公(鮑)이 들어서자 晉 靈公이 이를 해결하기 위해 제후들을 扈에서 모이도록 한 것.
【齊難】齊나라가 노나라 북쪽을 침입하자 文公이 齊나라와 穀에서 맹약을 맺을 수밖에 없었던 일. 이 일로 魯 文公은 이번 회의에 참가하지 못함. 文公 17년을 참조할 것.
【無功】宋나라 일을 제대로 해결하지 못함. 文公 17년을 참조할 것. 杜預 注에 "刺欲平宋而復不能"이라 함.
【鄭伯】당시 鄭나라 군주는 穆公(蘭)으로 재위 18년째였음.
【子家】鄭나라 公子 歸生의 字.
【執訊】鄭나라 관직. 通訊 업무를 관장하는 직책. 杜預 注에 "執訊, 通訊問之官"이라 함. 孔穎達 疏에는 "使執訊, 使之行適晉也. 與之書, 與此執訊書, 令持以告宣子"라 함.
【趙宣子】趙盾. 趙衰의 아들. '盾'은 '돈'으로 읽음. 趙宣子, 趙孟으로도 부름.
【寡君】자신 나라의 임금을 상대 임금에게 겸칭으로 부르는 칭호 여기서는 공자 歸生(子家)이 晉나라 趙盾에게 보내는 편지에서 鄭 穆公을 이렇게 칭한 것.
【寡君卽位三年】鄭 穆公 3년. B.C.625년. 魯 文公 2년에 해당.
【蔡侯】당시 蔡나라 군주는 莊侯(莊公). B.C.646∼611년까지 35년간 재위하고 文侯가 그 뒤를 이음.
【敝邑】諸侯끼리 자신의 나라를 낮추어 부르는 겸칭.
【侯宣多之難】鄭나라 대부 侯宣多가 穆公을 세운 뒤 그 총애를 믿고 권세를

부려 소동을 일으킴. 후선다에 대해서는 僖公 30년 참조.
【十二年】 B.C.616년. 鄭 穆公 12년. 魯 文公 11년. 晉 靈公 5년.
【陳侯】 당시 陳나라 군주는 共公(朔) 16년째였음.
【歸生】 鄭나라 公子 子家의 이름.
【嫡夷】 태자 夷. '嫡'은 '嫡孫', 즉 태자를 가리킴. 뒤에 鄭 靈公이 되어 B.C.605년 1년간 왕위에 올랐음.
【克減】 안정시킴. 평온히 정리함.
【執事】 일을 맡은 관원. 해당자. 有司와 같음.
【蔵陳事】 '蔵'은 '천'으로 읽으며 '얽힌 것을 풀어주다, 완성시키다'의 뜻. 杜預 注에는 "蔵, 救也"라 하였고, 《方言》에는 "蔵, 備也"라 함. '勑成前好曰鄭蔵'이라 함. '陳事'는 鄭 穆公 14년(魯 文公 13년, B.C.614)에 鄭나라가 陳나라고 하여금 晉나라를 받들도록 주선한 일.
【十五年】 B.C.613년. 陳 共公 원년. 鄭 穆公 15년. 魯 文公 20년. 晉 靈公 8년이었음.
【燭之武】 鄭나라 대부. 魯 文公 16년. 鄭 穆公 17년(B.C.611)에 燭之武가 태자 夷를 모시고 晉나라를 예방함.
【密邇】 아주 가까이 함.
【何以不免】 '어찌 죄에서 벗어날 수 없는가?'의 뜻.
【在位之中】 鄭 穆公의 재위 기간 중. 즉 B.C.627년은 晉 襄公과 같은 해에 즉위하였으며, 재위 8년째에는 晉 靈公이 즉위함. 이리하여 재위하여 당시까지 鄭 목공은 襄公을 한 번, 영공을 두 번씩이나 예방하였음을 말함.
【夷與孤】 태자 夷와 자신(鄭 穆公). 고는 군주가 자신을 낮추어 부르는 칭호. 《禮記》玉藻에 "小國之君曰孤, 擯者亦曰孤"라 함.
【絳】 晉나라 도성. 지금의 山西 翼城縣, 혹 侯馬市라고도 함.
【蔑以過之矣】 '蔑'은 '無'와 같음. 雙聲互訓. 이보다 더할 수 없음. 극진히 모셨음을 말함.
【逞】 '즐겁게 하다, 즐겁게 해주다'의 뜻.
【畏首畏尾, 身其餘幾?】 《淮南子》說林訓에 "畏首畏尾, 身凡有幾?"라 하였고, 高誘 注에 "畏始畏終, 中身不畏, 凡有幾何, 言常畏也"라 함.
【鹿死不擇音】 사슴은 편안하게 있을 때에는 아름다운 소리로 울지만, 죽음에 임박하였을 때에는 아름다운 소리를 내지 못하고 悲鳴이나 惡聲을 지른다는 말. 《莊子》人間世에 "獸死不擇音, 氣息茀然"이라 함.
【鋌】 杜預 注에 "疾走貌"라 함.

【賦】군사를 뜻함. 隱公 4년의 傳文을 볼 것.
【儵】鄭나라와 晉나라의 경계. 杜預 注에 "儵, 晉·鄭之境, 言欲以兵距晉"이라 함. '儵'는 혹 '儵'으로 표기하기도 함.
【二年六月壬申】鄭 文公 2년(B.C.671). 魯 莊公 23년 6월 20일 齊나라를 찾아가 예방함.
【四年二月壬戌】鄭 文公 4년. 魯 莊公 25년(B.C.669) 제나라가 채나라를 침공한 사건. 그러나 杜預 注에는 2월에는 壬戌날이 들지 않았다 하였음.
【鞏朔】鞏伯. 士莊伯이라고도 부르며 晉나라 대부.
【趙穿】晉나라 경. 趙夙의 庶孫으로 趙盾과 사촌형제 사이였음.
【公壻池】公壻는 公婿로도 쓰며 군주의 사위로 뒤에 姓氏가 됨. 池는 이름. 文公 8년을 볼 것.

❋ 748(文 17-5)

秋, 公至自穀.

가을, 공이 곡穀에서 돌아왔다.

【穀】齊나라 땅. 지금의 山東 東阿縣. 제나라가 북쪽 변방을 침범한 일로 齊 懿公과 穀에서 회담을 하고 귀환함. 文公 17년의 經文 및 傳文을 참조할 것.
＊無傳

⟨傳⟩
秋, 周甘歜敗戎于邥垂, 乘其飲酒也.

가을, 주周나라 대부 감촉甘歜이 융戎을 심수邥垂에서 패배시켰는데 그들이 술을 마시고 있는 틈을 이용한 것이었다.

【甘歜】천자국 周나라 대부. 王子 帶의 후손이 아닌가 함.
【戎】당시 지금의 河南 洛陽, 伊川 일대에 분포하던 이민족.
【邥垂】지금의 河南 伊川縣 북쪽. 杜預 注에 "爲成元年晉侯平戎于王張本"이라 함.

㊀

冬十月, 鄭大子夷·石楚爲質于晉.

겨울 10월, 정鄭나라 태자 이夷와 대부 석초石楚가 진晉나라에 인질로 갔다.

【大子夷】'大子'는 '太子'. 夷는 鄭나라 태자의 이름. 뒤에 임금 자리에 올라 靈公이 됨. B.C.605년 1년간 재위함. 文公 17년의 傳文을 볼 것.
【石楚】鄭나라 대부.

❋ 749(文 17-6)

冬, 公子遂如齊.

겨울, 공자 수遂가 제齊나라에 갔다.

【公子遂】魯나라 공자. 東門襄仲.

㊀

襄仲如齊, 拜穀之盟.
復曰:「臣聞齊人『將食魯之麥』. 以臣觀之, 將不能. 齊君之語偸. 臧文仲有言曰:『民主偸, 必死.』」

동문양중東門襄仲이 제齊나라에 가서 곡穀에서 맹약을 맺은 일에 사례하였다.
　　그는 돌아와 이렇게 보고하였다.
　　"제가 제나라 사람들에게 들었더니 '장차 노나라의 보리를 먹을 것이다'라 하였다 하더이다. 그러나 제가 보건대 그렇게 되지는 않을 것입니다. 제나라 임금의 말은 그저 눈앞의 이익을 위해 백성을 부추기고 있는 것입니다. 장문중臧文仲은 '백성들의 임금이 되어 눈앞의 이익만을 위해 부추기는 짓을 하면 틀림없이 죽는다'라 하였습니다."

【復】사신이 돌아와 보고하는 것.
【食魯之麥】백성들에게 노나라가 보리를 수확할 때쯤 그들을 공략하여 그 보리를 먹게 될 것임을 말함. 곧 날짜를 정해 전쟁을 일으킬 것임을 예고한 것. 다음해 傳에 "齊侯戒師期"를 볼 것.
【偸】偸安. 눈앞의 이익을 위해 苟且한 언행을 하거나 우매한 자를 부추김. 杜預 注에 "偸, 猶苟且"라 함.
【臧文仲】臧孫辰. 魯나라 대부. 臧孫達의 아들. 성은 臧孫, 이름은 辰. 仲은 字. 시호 文이었음. 魯나라에서 賢大夫로 알려진 인물. 《論語》에 여러 차례 등장함.
【民主偸, 必死】襄公 31년 傳文에 穆叔이 "趙孟將死矣, 其語偸, 不似民主"라 한 말과 같은 뜻임.

114. 文公 18年(B.C.609) 壬子

周	匡王(姬班) 4년	齊	懿公(商人) 4년	晉	靈公(夷皋) 12년	衛	成公(鄭) 26년
蔡	文公(申) 3년	鄭	穆公(蘭) 19년	曹	文公(壽) 9년	陳	靈公(平國) 5년
杞	桓公(姑容) 28년	宋	文公(鮑) 2년	秦	康公(罃) 12년	楚	莊王(旅) 5년
許	昭公(錫我) 13년						

● 750(文 18-1)

十有八年春王二月丁丑, 公薨于臺下.

18년 봄 주력周曆 2월 정축날, 공이 대臺 아래에서 훙거하였다.

【丁丑】2월 23일.
【公】魯 文公. 僖公의 아들. 이름은 興. 閔公의 형. 어머니는 聲姜. B.C.626~609년까지 18년간 재위하고 이때에 생을 마침. 《諡法》에 "慈惠愛民曰文. 忠信接禮曰文"이라 함.
【臺下】臺는 泉臺가 아닌가 함. 그러나 露寢(正寢)에서 죽지 못하였음을 뜻하는 것이라고도 함. 沈欽韓의 〈補注〉에 "臺下非寢疾之所, 卒然而斃, 或升高而隕, 俱未可知"라 하였으며, 《穀梁傳》에는 "臺下非正也"라 함.

㊝
十八年春, 齊侯戒師期, 而有疾.

醫曰:「不及秋, 將死.」
公聞之, 卜, 曰:「尚無及期!」
惠伯令龜, 卜楚丘占之, 曰:「齊侯不及期, 非疾也; 君亦不聞, 令龜有咎.」
二月丁丑, 公薨.

18년 봄, 제齊 의공懿公이 노나라를 공격할 날짜를 정하고 군사를 경계시켰을 때 병이 나고 말았다.
의원이 말하였다.
"가을을 맞지 못하고 장차 돌아가실 것이다."
노 문공이 이를 듣고 점을 쳐보도록 하면서 이렇게 말하였다.
"그들의 군사가 출동하기 전에 그가 죽었으면 한다!"
혜백惠伯이 거북의 등을 구워 점을 치도록 명하였더니 복관卜官 초구楚丘가 점을 치고 나서 이렇게 말하였다.
"제나라 군주는 군사가 출동할 날까지 살지는 못하겠지만 그것은 병 때문이 아닐 것입니다. 우리 임금 또한 그가 죽었다는 소식을 듣지는 못할 것입니다. 거북으로 점을 치도록 명한 사람에게도 재앙이 닥칠 것입니다."
2월 정축날, 노 문공이 숨을 거두었던 것이다.

【齊侯】齊 懿公. 商人. 이해가 재위 마지막 해였음.
【戒師期】군사들에게 날짜를 정하여 경계시킴. 전년 "食魯之麥"의 구체적인 실행 날짜, 즉 노나라 침공의 날짜를 정함.
【惠伯】叔仲惠伯. 魯 桓公의 아들인 叔牙의 손자. 桓公의 증손. 杜預의 注에 "惠伯, 叔牙孫"이라 하였고, 《禮記》檀弓篇 孔穎達의 疏에 《世本》을 인용하여 "桓公生僖叔牙, 叔牙生武仲休, 休生惠伯彭, 彭生皮, 爲叔仲氏"라 함.
【令龜】거북 등으로 점을 치도록 명령을 함. 명령한 자 惠伯을 가리킴.
【君亦不聞】우리 군주도 역시 제나라 군주가 죽었다는 소식을 살아서 듣지 못한 채 그 전에 죽을 것이라는 뜻. '君'은 魯 文公을 가리킴. 杜預 注에 "言君先齊侯終"이라 함.
【令龜有咎】거북 점을 치도록 명령한 혜백도 역시 죽게 될 것임을 말함. 杜預

注에 "言令龜者亦有凶咎, 見於卜兆. 爲惠伯死張本"이라 함. 惠伯은 東門襄仲(公子 遂)이 宣公의 옹립하는 과정에 반대하였다가 그에게 죽음을 당하여 시신이 말똥 속에 묻히는 참화를 겪음.

751(文18-2)

秦伯罃卒.

진백秦伯 앵罃이 죽었다.

【秦伯】秦 康公. 嬴罃. 穆公의 뒤를 이어 B.C.620~609년까지 12년간 재위하고 이때에 죽었으며 共公(稻)이 뒤를 이음. 《史記》秦本紀에 "康公立十二年卒, 子共公立"이라 함.
＊無傳

752(文18-3)

夏五月戊戌, 齊人弑其君商人.

여름 5월 무술, 제齊나라 사람 군주 상인商人을 시해하였다.

【戊戌】5월 15일.
【商人】齊 懿公. 원래 齊 桓公과 密姬 사이에 난 아들. 昭公이 죽어 舍가 즉위하자 즉시 이를 죽이고 자립하여 왕위에 올라 懿公이 됨. B.C.612~609년까지 4년간 재위하고 惠公(元)이 그 뒤를 이음.

㊉

齊懿公之爲公子也, 與邴歜之父爭田, 弗勝.
及卽位, 乃掘而刖之, 而使歜僕.
納閻職之妻, 而使職驂乘.
夏五月, 公游于申池.
二人浴于池, 歜以扑抶職, 職怒.
歜曰:「人奪女妻而不怒, 一抶女, 庸何傷?」
職曰:「與刖其父而弗能病者何如?」
乃謀弒懿公, 納諸竹中.
歸, 舍爵而行.
齊人立公子元.

제齊 의공懿公이 공자였을 때, 병촉邴歜의 부친과 토지 문제로 다투었으나 그를 이기지 못하였다.

그는 임금으로 즉위하자 이미 죽은 병촉 부친의 시신을 파내어 발목을 자르는 형벌을 가하고 병촉을 자신의 노비로 부렸다.

그리고 염직閻職의 아내를 궁궐로 불러들여 빼앗고, 염직은 자신의 참승驂乘으로 삼았다.

여름 5월, 의공이 신지申池라는 못에서 놀이를 하고 있었다.

병촉과 염직 두 사람이 못에서 목욕하다가 병촉이 염직을 채찍으로 때리자 염직이 화를 냈다.

그러자 병촉이 말하였다.

"남이 너의 아내를 빼앗아도 화를 내지 않더니 내가 너를 한 번 때린 것으로 어찌 속이 그토록 상한단 말이냐?"

그러자 염직 또한 이렇게 말하였다.

"제 아비의 발목을 잘라도 원한을 품지 못하는 자와 비교하면 어떠한가?"

이에 그들은 모의하여 의공을 죽이고 그 시신을 대나무 숲에 버렸다.

그리고 돌아와 술잔을 내려놓고 떠나 버렸다.

그리하여 제나라에서는 공자 원元을 군주로 세웠던 것이다.

【懿公】商人. 昭公(般)의 뒤를 이어 B.C.612~609년까지 4년간 재위하고 본문에서처럼 시해를 당하여 죽음. 惠公(元)이 그 뒤를 이어 B.C.608~599년까지 10년간 재위함.

【邴歜】齊나라 신하. '丙戌'으로도 표기함.《史記》齊世家에 "初, 懿公爲公子時, 與丙戎之父獵, 爭獲, 弗勝"이라 하였고, 衛世家에는 '邴歜'으로 표기되어 있음.

【爭田】토지의 경계를 다툼. 그러나 '田'을 혹 '畋'으로 보아 사냥하다가 다툼이 난 것으로도 봄.

【刖】발뒤꿈치를 자르는 형벌.

【僕】御僕. 수레를 모는 천한 직책.

【閻職】역시 齊나라 신하.《史記》齊世家에 "庸職之妻好, 公內之宮, 使庸職驂乘"이라 하였고,《說苑》復恩篇에는 "奪庸織之妻而使織爲參乘"이라 하여 '庸職', '庸織'으로 표기 되어 있음.

【驂乘】'參乘', '陪乘'이라고도 하며 귀한 사람을 호위하며 수레 옆에 타는 사람. 전쟁 때 전차의 오른쪽에 타는 사람을 戎右, 평상시 호위하며 군주의 수레에 타는 자를 驂乘이라 하였음.

【申池】齊나라 도읍(지금의 山東 淄博市 臨淄鎭) 西門 부근에 있었던 연못 이름. 杜預 注에 "齊南城西門名申門, 齊城無池, 唯此門左右有池, 疑此則是"라 함.

【扑】매. 수레의 채찍으로 때림. 杜預 注에 "扑, 箠也"라 함.

【抶】'때리다'의 뜻.

【竹中】《國語》楚語(下)에 "邴歜·閻職戕懿公於囿竹"이라 함.

【舍爵】술잔을 내려놓음. '爵'은 술잔. 桓公 2년의 傳을 볼 것. 여기서는 "종묘에 그 일을 알리고 술을 올린 다음 그 잔을 내려놓고 사라지다"의 뜻으로 봄.

【元】齊 惠公. 齊 桓公의 아들. 桓公과 衛女(少衛姬) 사이에 났으며 懿公을 피하여 衛나라로 망명해 있었음. 齊나라 사람들이 懿公의 아들을 폐위하고 대신 元을 임금으로 옹립함. 이가 惠公이며 B.C.608~599년까지 10년간 재위하고 頃公(無野)이 그 뒤를 이음.《史記》齊世家에 "懿公之立, 驕, 民不附. 齊人廢其子, 而迎公子元於衛, 立之, 是爲惠公. 惠公, 桓公子也, 其母衛女, 曰少衛姬. 避齊亂, 故在衛"라 함.

※ 753(文 18-4)

六月癸酉, 葬我君文公.

6월 계유, 우리 군주 문공文公의 장례를 치렀다.

【癸酉】 6월 21일.

㊀
六月, 葬文公.

6월, 문공文公의 장례를 치렀다.

※ 754(文 18-5)

秋, 公子遂·叔孫得臣如齊.

가을, 공자 수遂와 숙손득신叔孫得臣이 제齊나라에 갔다.

【公子隧】 魯나라 공자. 東門襄仲.
【叔孫得臣】 魯나라 대부. 叔孫氏. 叔牙의 손자. 莊叔으로도 불림. 杜預 注에 "書二卿, 以兩事行, 非相爲介"라 함.

㊀
秋, 襄仲·莊叔如齊, 惠公立故, 且拜葬也.

가을, 노나라 대부 동문양중東門襄仲과 장숙莊叔이 제齊나라에 간 것은 제 혜공惠公의 즉위를 축하하고 아울러 제나라가 문공文公의 장례에 참석한 데 대해서 사례하기 위해서였다.

【襄仲】東門襄仲. 公子 遂.
【莊叔】叔孫得臣.
【惠公】齊 惠公. 이름은 元. 懿公(商人)이 시해를 입어 재위 4년 만에 죽고 그 뒤를 이어 B.C.608~599년까지 10년간 재위하고 頃公(無野)이 뒤를 이음.
【拜葬】杜預 注에 "襄仲賀惠公立, 莊叔謝齊來會葬"이라 함.

※ 755(文18-6)

冬十月, 子卒.

겨울 10월, 문공文公의 아들이 죽었다.

【子】文公의 太子 惡을 가리킴. '子'라고만 표기한 것은 僖公 9년 傳에 "凡在喪, 公侯曰子"라 한 것에 근거를 둔 것이며 '弑'라 하지 않고 '卒'이라 한 것은 그러한 기록을 꺼렸기 때문임. 그의 아우 視도 역시 피살당하였으나 너무 어려 이를 기록하지 않은 것임. 다음 두 번째 傳文을 참고할 것.

傳
文公二妃.
敬嬴生宣公.
敬嬴嬖, 而私事襄仲.
宣公長, 而屬諸襄仲.
襄仲欲立之, 叔仲不可.
仲見於齊侯而請之, 齊侯新立, 而欲親魯, 許之.

노魯 문공文公은 부인이 둘이었다.

그중 둘째 부인 경영敬嬴이 선공宣公을 낳았다.

경영은 문공의 사랑을 받으면서 몰래 동문양중東門襄仲을 잘 대해주었다.

선공宣公이 자라나자 경영은 선공을 양중에게 부탁하였다.

문공이 세상을 떠나자 양중은 선공을 세우고자 하였지만 숙중叔仲이 반대하였다.

양중이 제齊 혜공惠公을 만나 선공을 군주로 세울 수 있도록 도움을 청하자, 혜공은 새로 즉위하였으므로 노나라와 친해지고자 이를 허락하였다.

【敬嬴】魯 文公의 둘째 부인으로 秦나라 출신이었음. 첫째 부인은 齊나라 출신의 出姜(哀姜). 공자 惡과 視를 낳음. 《史記》 魯世家에 "文公有二妃. 長妃齊女, 爲哀姜, 生子惡及視. 次妃敬嬴, 嬖愛, 生子俀"라 함.
【宣公】이름은 倭, 혹은 俀(퇴). 뒤에 宣公이 되어 B.C.608~591년까지 18년간 재위하고 成公(黑肱)이 뒤를 이음.
【襄仲】東門襄仲. 公子 遂.
【叔仲】諡號는 惠伯. 叔彭生. 叔仲彭生. 魯나라 대부. 叔仲惠伯. 魯 桓公의 아들인 叔牙의 손자. 桓公의 증손. 杜預의 注에 "惠伯, 叔牙孫"이라 하였고, 《禮記》 檀弓篇 孔穎達의 疏에 《世本》을 인용하여 "桓公生僖叔牙, 叔牙生武仲休, 休生惠伯彭, 彭生皮, 爲叔仲氏"라 함.
【齊侯】당시 방금 임금 자리에 오른 齊 惠公(元). 그러나 정식 즉위 원년은 다음해인 B.C.608년이며 이는 앞서 기록한 것임.
【欲親魯】孔穎達 疏에 "惡是齊甥, 齊侯許廢惡者, 惡以世適嗣立, 不受齊恩. 宣以非分得國, 荷恩必厚. 齊侯新立, 欲親魯爲援, 故許之"라 함.

(傳)
冬十月, 仲殺惡及視, 而立宣公.
書曰「子卒」, 諱之也.
仲以君命召惠伯, 其宰公冉務人止之, 曰:「入必死.」

叔仲曰:「死君命, 可也.」
公冉務人曰:「若君命, 可死; 非君命, 何聽?」
弗聽, 乃入, 殺而埋之馬矢之中.
公冉務人奉其帑以奔蔡, 既而復叔仲氏.

겨울 10월, 양중襄仲이 태자 악惡과 시視를 모두 죽이고 선공宣公을 군주로 세웠다.

경經에 '태자가 세상을 떠났다'라고 쓴 것은 그것을 사실대로 기록하기를 꺼렸기 때문이다.

양중이 임금의 명령이라 하며 혜백惠伯을 부르자 혜백의 가신 공염무인公冉務人이 이를 저지하며 이렇게 말하였다.

"궁궐로 들어가시면 틀림없이 죽습니다."

숙중叔仲(惠伯)이 말하였다.

"임금의 명으로 죽는 것은 옳은 일이다."

공염무인이 다시 말하였다.

"만약 임금의 명이라면 죽을 수 있지만 임금의 명이 아니라면 어찌 이를 따를 수 있겠습니까?"

그러나 숙중은 그 말을 듣지 않고 곧 궁중으로 들어가자 동문양중은 혜백을 죽여 말똥 속에 묻었다.

공염무인은 숙중의 처자를 이끌고 채蔡나라로 달아났다가 얼마 뒤 후계자를 세워 숙중씨의 가문이 이어지도록 하였다.

【仲】東門襄仲. 公子 遂를 가리킴.
【惡】太子 惡. 出姜(愛姜)이 낳은 아들로 태자였음. 당시 불과 13, 14세였을 것으로 보임.
【視】역시 出姜이 낳은 아들로 太子 惡의 아우.
【惠伯】叔仲氏의 중시조. 諡號는 惠伯. 叔彭生. 叔仲彭生. 魯나라 대부. 叔仲惠伯. 魯 桓公의 아들인 叔牙의 손자. 桓公의 증손. 杜預의 注에 "惠伯, 叔牙孫"이라

하였음. 앞에서 말한 "惠伯令龜, 卜楚丘占之, 曰:「齊侯不及期, 非疾也; 君亦不聞, 令龜有咎.」"라 한 점괘가 맞은 것임.
【宰】家宰. 家臣. 惠伯의 집안일을 보는 執事의 우두머리.
【公冉務人】인명. 惠伯 가신 이름. 뒤에 叔仲氏를 일으켜 줌.
【聽】'들어주다, 따르다'의 뜻.
【馬矢】말똥. '矢'는 '屎'와 같음.
【帑】'孥'와 같음.
【復】公冉務人이 혜백의 아들을 다시 세워 叔仲氏의 가계를 이어가도록 함. 《禮記》 檀弓篇 孔穎達의 疏에 《世本》을 인용하여 "桓公生僖叔牙, 叔牙生武仲休, 休生惠伯彭, 彭生皮, 爲叔仲氏"라 함.

❋ 756(文18-7)

夫人姜氏歸于齊.

부인 강씨姜氏가 제齊나라로 돌아갔다.

【姜氏】出姜. 太子 惡과 公子 視의 생모. 文公 4년을 볼 것. 齊나라 출신으로 文公의 아내가 되었으나 제대로 文公 夫人의 역할을 수행하지 못함. 두 아들이 임금 자리에 오르지도 못했을 뿐 아니라 東門襄仲(公子 遂)에게 죽음을 당하자 애통해 하여 그를 '哀姜'으로도 부름.

⟨傳⟩
夫人姜氏歸于齊, 大歸也.
將行, 哭而過市, 曰:「天乎! 仲爲不道, 殺嫡立庶.」
市人皆哭. 魯人謂之「哀姜」.

문공文公의 부인 강씨姜氏가 제齊나라로 돌아간 것은 다시는 돌아오지 않았음을 말한다.

그녀는 떠나면서 거리를 지날 때 이렇게 통곡하였다.

"하늘이시여! 양중襄仲은 도리에 어긋나, 적자를 죽이고 서자를 세웠습니다."

거리의 사람들이 모두 따라 울었다. 그리하여 노나라 사람들은 그를 '애강哀姜'이라 불렀다.

【大歸】 간 이후로는 되돌아오지 않음. '歸寧'과 상대되는 말.《詩經》邶風 燕燕의 孔穎達 疏에 "言大歸者, 不反之辭; 以歸寧者, 有時而反. 此卽歸不復來, 故謂之大歸也"라 함. 出姜은 두 아들이 피살되자 어쩔 수 없이 친정 제나라로 돌아가 다시는 노나라에 오지 않았음.
【仲】 東門襄仲. 公子 遂.
【殺嫡立庶】 太子 惡을 죽이고 文公의 둘째 부인 敬嬴에게서 난 俀(倭)를 임금으로 세움.
【哀姜】 出姜. '哀'와 '出'은 모두 諡號가 아님.《史記》魯世家 索隱에 "此哀非諡, 蓋以哭而過市, 國人哀之, 謂之哀姜, 故生稱哀"라 하였고,《史記》본문에는 "魯由此公室卑, 三桓强"이라 함.

● 757(文 18-8)

季孫行父如齊.

계손행보季孫行父가 제齊나라로 갔다.

【季孫行父】 季文子. 魯나라 대부. 魯나라 三桓의 하나인 季孫氏 집안.
＊無傳

758(文18-9)

莒弒其君庶其.

거莒나라에서 군주 서기庶其를 시해하였다.

【庶其】莒 紀公의 이름. 莒나라는 작위는 子爵. 지금의 山東 莒縣. 己姓이었음.

傳

莒紀公生大子僕, 又生季佗, 愛季佗而黜僕, 且多行無禮於國.
僕因國人以弒紀公, 以其寶玉來奔, 納諸宣公.
公命與之邑, 曰:「今日必授!」
季文子使司寇出諸竟, 曰:「今日必達!」
公問其故.
季文子使大史克對曰:「先大夫臧文仲敎行父事君之禮, 行父奉以周旋, 弗敢失隊, 曰:『見有禮於其君者, 事之, 如孝子之養父母也; 見無禮於其君者, 誅之, 如鷹鸇之逐鳥雀也.』先君周公制〈周禮〉曰:『則以觀德, 德以處事, 事以度功, 功以食民.』作〈誓命〉曰:『毀則爲賊, 掩賊爲藏. 竊賄爲盜, 盜器爲姦. 主藏之名, 賴姦之用, 爲大凶德, 有常, 無赦. 在〈九刑〉不忘.』行父還觀莒僕, 莫可則也. 孝敬·忠信爲吉德, 盜賊·藏姦爲凶德. 夫莒僕, 則其孝敬, 則弒君父矣; 則其忠信, 則竊寶玉矣. 其人, 則盜賊也; 其器, 則姦兆也. 保而利之, 則主藏也. 以訓則昏, 民無則焉. 不度於善, 而皆在於凶德, 是以去之. 昔高陽氏有才子八人: 蒼舒·隤凱·檮戭·大臨·尨降·庭堅·仲容·叔達, 齊·聖·廣·淵·明·允·篤·誠, 天下之民謂之八愷. 高辛氏有才子八人: 伯奮·仲堪·叔獻·季仲·伯虎·仲熊·叔豹·季狸, 忠·肅·共·懿·宣·慈·惠·和, 天下之民謂之八元. 此十六族也, 世濟其美, 不隕其名. 以至於堯, 堯不能擧. 舜臣堯, 擧八愷, 使主后土, 以揆百事, 莫不時序, 地平天成. 擧八元, 使布五敎于四方, 父義·母慈·兄友·弟共·

子孝, 內平外成. 昔帝鴻氏有不才子, 掩義隱賊, 好行凶德; 醜類惡物. 頑嚚不友, 是與比周, 天下之民謂之渾敦. 少皞氏有不才子, 毀信廢忠, 崇飾惡言; 靖譖庸回, 服讒蒐慝, 以誣盛德, 天下之民謂之窮奇. 顓頊氏有不才子, 不可敎訓, 不知話言; 告之則頑, 舍之則嚚, 傲很明德, 以亂天常, 天下之民謂之檮杌. 此三族也, 世濟其凶, 增其惡名, 以至于堯, 堯不能去. 縉雲氏有不才子, 貪于飮食, 冒于貨賄, 侵欲崇侈, 不可盈厭, 聚斂積實, 不知紀極, 不分孤寡, 不恤窮匱, 天下之民以比三凶, 謂之饕餮. 舜臣堯, 賓于四門, 流四凶族, 渾敦·窮奇·檮杌·饕餮, 投諸四裔, 以禦螭魅. 是以堯崩而天下如一, 同心戴舜, 以爲天子, 以其擧十六相, 去四凶也. 故虞書數舜之功, 曰『愼徽五典, 五典克從』, 無違敎也. 曰『納于百揆, 百揆時序』, 無廢事也. 曰『賓于四門, 四門穆穆』, 無凶人也. 舜有大功二十而爲天子, 今行父雖未獲一吉人, 去一凶矣. 於舜之功, 二十之一也, 庶幾免於戾乎!」

거莒 기공紀公은 태자 복僕을 낳고, 다시 계타季佗를 낳자 그는 계타를 사랑하여 태자 복을 폐하였으며 게다가 나라에 온갖 무례한 짓을 저질렀다.

그리하여 태자 복은 나라 사람들과 힘을 모아 아버지 기공을 죽이고 보옥을 가지고 노나라로 달아나 그것을 노나라 선공宣公에게 바쳤던 것이다.

선공은 그에게 읍邑을 하나 주도록 명하면서 이렇게 말하였다.

"오늘 안에 반드시 주도록 하라!"

그러자 계문자季文子가 사구司寇로 하여금 그를 국경 밖으로 내보내도록 하면서 이렇게 말하였다.

"오늘 안으로 반드시 이를 수행하라!"

노 선공이 그 까닭을 물었다.

계문자는 태사太史의 극克으로 하여금 이렇게 대답을 올리도록 하였다.

"돌아가신 대부 장문중臧文仲께서 저 행보行父에게 군주를 섬기는 예를 가르쳐 주셨습니다. 저는 그 가르침을 받들어 주도면밀하게 받들어 감히 이를 실추시킬 수 없습니다. 그분께서는 '군주에게 예를 지키는 자는 효자를 보거든 이를 발 받들되 부모를 모시듯 섬기는 자처럼 여길 것이며,

임금에게 무례하게 구는 자를 보거든 그에게 벌을 내리되 사나운 매가 작은 참새를 쫓듯이 사정없이 하여라'라고 말씀하셨습니다. 그리고 우리 노나라의 선군 주공周公께서 〈주례周禮〉를 제정하여 '법도를 잘 지키고 있는지에 따라 그의 덕德을 살피고, 그 덕으로써 그에 맞는 일을 시킬 것이며, 일로써 그의 공적을 헤아리며, 그 공에 따라 백성으로부터 식록을 얻어먹게 되는 것이다'라 하였습니다. 그리고 〈서명誓命〉을 지어 '법을 허무는 것을 적賊이라 하고, 적賊을 엄호하는 것을 장藏이라 하며, 재물을 훔치는 것을 도盜라 하고, 기물을 훔친 것을 간姦이라 한다. 장藏의 죄명을 차지하고, 간姦이 훔친 물건을 이익으로 여기는 것을 대흉덕大凶德이라 한다. 이러한 자들에게는 상형常刑대로 처리하되 용서해서는 안 된다. 이를 〈구형九刑〉이라는 책에 적어 잊지 않도록 하라'라 하셨습니다. 저 행보가 거나라 태자 복僕을 두루 살펴보건대 그에게 본받을 것이 아무것도 없습니다. 효경孝敬과 충신忠信은 길덕吉德이 되고, 도적盜賊과 장간藏姦은 흉덕凶德이 됩니다. 무릇 거나라의 태자 복을 효경의 법도를 기준으로 본다면 임금이며 아버지를 죽인 자이고, 충신의 입장에서 보면 나라의 보옥을 훔친 자입니다. 그는 사람으로서는 도적이며, 그가 가지고 온 물건은 간姦의 범위에 드는 것입니다. 그러한 사람을 보호하여 그 물건을 이익으로 여긴다면 곧 장藏의 죄명을 차지하게 될 것입니다. 그렇게 하고서도 백성들을 가르친다면 혼란에 빠져 백성들이 법칙으로 삼을 것이 없게 됩니다. 그는 선한 일은 생각하지도 않고 모든 것을 흉덕에 두고 있습니다. 이 까닭으로 그를 쫓아낸 것입니다. 옛날에 고양씨高陽氏에게는 훌륭한 아들 여덟이 있었으니 창서蒼舒, 퇴애隤敳, 도연檮戭, 대림大臨, 방강尨降, 정견庭堅, 중용仲容, 숙달叔達이었습니다. 그들은 중심을 바로하고, 성스러우며, 도량이 넓고, 생각이 깊으며, 밝고, 진실하고, 독실하며 정성스러워 천하 사람들이 '팔개'八愷라 불렀습니다. 그리고 고신씨高辛氏에게도 훌륭한 아들 여덟이 있었으니 백분伯奮, 중감仲堪, 숙헌叔獻, 계중季仲, 백호伯虎, 중웅仲熊, 숙표叔豹, 계리季狸였습니다. 그들은 충직하고, 정숙하며, 공손하고, 아름답고, 널리 펴며, 자비롭고, 은혜롭고 온화하여 천하 사람들이 이들을 '팔원'八元이라 불렀습니다. 이 열여섯 분의 씨족은 대대로 그 아름다운 덕을 이루어 그 명예를 떨어뜨리지 않았습니다. 이렇게 하여 요堯임금 때까지 이르렀지만 요임금은 그들의 자손을 등용하지 못하였습니다. 그런데 순舜임금이 요임금의 신하가 되어 팔개의 자손들을 등용하여 국토에 관한 일을 맡기고 온갖 사무를 바로잡도록 하자 만사가 때의 질서에 맞지 않음이 없어 땅과 하늘이 평안해 졌습니다. 그리고 팔원의 자손들을 등용하여 그들로 하여금 오교五敎를 널리 펴도록 하자, 아비는 의롭고, 어미는 자애로우며, 형은 우애를 다하고, 아우는 공경을 다하고, 자식은 효도하여, 안으로 집안은 화평하고 밖으로는 좋은 풍속이 이루어졌습니다. 그러나 옛날 제홍씨帝鴻氏에게 행실이 좋지 못한 아들이 있었습니다. 그는 남의 의로움은 감추고 도둑질하는 자는 감싸주며, 흉덕한 행동을 즐겨하고, 악한 자들과 한 무리를 이루고 완고하고 못된 언사를 퍼부으며 옳지 않은 자와 가까이 하여 천하 사람들이 그를 '혼돈'渾敦이라 불렀습니다. 그리고 소호씨少皥氏에게도 행실 나쁜 아들이 있어 믿음을 허물어뜨리고 충성을 짓밟으며, 악한 말을 마구 꾸며 대고, 남에게 좋지 못한 말을 듣고도 아무렇지 않게 여기며, 좋지 못한 자를 임용하고, 남을 헐뜯고, 나쁜 자를 숨겨 주어, 훌륭하고 덕 있는 사람을 해쳐, 천하 사람들은 그를 '궁기'窮奇라 불렀습니다.

그리고 전욱씨顓頊氏에게도 좋지 못한 아들이 있어, 가르칠 수가 없었으며, 좋은 말이란 할 줄 몰랐으며 이를 일러주어도 완고하게 거절하며 그대로 내버려두면 못된 말을 골라서 하며 밝은 덕을 가진 자에게 오만하게 덤벼들어 하늘의 도를 어지럽혀, 천하 사람들은 그를 '도올'檮杌이라 불렀습니다. 이 세 사람의 씨족은 대대로 흉악한 짓만 하여 그 악명을 높이면서 요임금 때에까지 이르렀으나 요임금은 그들을 없앨 수가 없었습니다. 그리고 진운씨縉雲氏에게도 나쁜 아들이 있어, 음식을 탐내고 재물을 빼앗았으며 욕심대로 마구 남의 것을 빼앗아 사치를 부리되 만족할 줄 몰랐으며 세금을 마구 거두어 쌓아놓으면서 그 기준도 끝도 알지 못하였습니다. 나아가 고아나 과부에게 나누어 줄 줄도 몰랐고, 궁한 사람들을 도와주지도 않아, 천하 사람들은 앞에 든 세 흉악한 사람들과 비교하여 그를 '도철'饕餮이라 불렀습니다. 순임금이 요임금의 신하가 되어 사방의 대문을 활짝 열어놓고 천하의 인재를 맞아들이고는 이 악한 네 무리들을 추방하여 혼돈, 궁기, 도올, 도철의 자손들을 사방의 먼 변경으로 쫓아내어 이매螭魅로 하여금 이들을 잡아먹고 대신 백성들에게 해를 끼치지 못하는 액막이로 삼았습니다. 이로써 요임금이 세상을 떠나고도 천하는 그대로 평온할 수 있게 되자 천하 사람들은 한마음처럼 순을 받들어 천자로 모셨던 것입니다. 그는 순임금이 열여섯의 어진 보좌를 등용하고 흉악한 네 무리를 없앴기 때문이었습니다. 그 때문에 〈우서虞書〉에 순 임금의 공적을 헤아리되 '삼가 오전五典의 법도를 널리 펼치니, 백성들이 이 오전의 법도를 순순히 따랐다'라 하였으니 이는 천하 누구도 그의 가르침을 어긴 자가 없었음을 말하는 것입니다. 또 '백 가지 일을 받아들이니, 모든 일이 다 시절에 맞았도다'라 하였으니, 이는 만사에 어그러짐이 없었음을 말한 것입니다. 또 '사방의 문을 열고 인재를 환영하니 아름다운 기운이 가득하도다'라 하였으니, 이는 흉악한 사람이 모두 없어졌다는 뜻입니다. 순임금은 큰 공을 스무 가지나 세워서 천자가 되었습니다. 그런데 지금 저 행보는 비록 좋은 사람을 한 명도 얻지는 못하였지만 흉악한 사람 하나는 없앴습니다. 순임금의 공에 비하면 20분의 1밖에 되지 않지만, 이로써 죄를 면할 수 있을지도 모르겠습니다!"

【紀公】'紀'는 諡號가 아니며 號임. 杜預 注에 "紀, 號也. 莒夷無諡, 故有別號"라 함.
【大子僕】莒나라 紀公의 아들.
【季陀】紀公의 서자. 일명 '來'라 함. 紀公을 이어 군주에 올랐으며 渠丘公이라 부름.
【宣公】이는 文公 마지막 해 18년으로 宣公은 다음해에 즉위하였으나 시간을 앞당겨 기록한 것이며 선공이 나라를 주재하고 있었으므로 그에게 가져온 보물을 바친 것임.
【季文子】季孫行父. 莊公의 同母弟 季友의 손자. 魯나라 宗室 대부였음. 뒤에 魯나라 三桓 중 季孫氏가 됨.
【司寇】刑獄을 담당하던 직책.
【達】《國語》魯語(上)에는 '通'으로 되어 있으며 '철저히 집행하라'는 뜻으로 풀이함.
【大史克】역사 기록을 담당하던 관리. 《詩經》魯頌 駉篇 序에 "季孫行父請命

于周而史克作是頌'이라 하여 줄여서 '史克'이라고도 부름.《國語》魯語(上)에는 '里克'으로 되어 있으며 韋劭 注에 "里克, 魯太史克也"라 함.

【臧文仲】臧孫辰. 魯나라 대부. 臧孫達의 아들. 성은 臧孫, 이름은 辰. 仲은 字. 시호 文이었음. 魯나라에서 賢大夫로 알려진 인물.《論語》에 여러 차례 등장함.

【行父】季文字. 季孫行父.

【隊】'墜'와 같음. 失墜시킴.

【鷹鸇】새매의 일종.

【周禮】周公(姬旦)이 지은 책이나 편명으로 보이며 지금의 三禮 중 하나인《周禮》는 아님.

【誓命】백성들을 경계하는 글. 周公이 지은 편명을 지금은 전하지 않음.

【九刑】아홉 가지의 형벌에 대해 기록한 책. 墨刑, 劓刑, 荊刑, 宮刑, 大辟, 流刑, 贖刑, 鞭刑, 扑刑 등이었다 함.

【姦兆】'兆'는 '區域'. 무리. 여기에서는 간에 속하는 것. '그 범주에 들어가다'의 뜻. 杜預 注에 "兆, 域也"라 함.

【高陽氏】顓頊. 고대 帝王의 하나.《史記》五帝本紀에 "帝顓頊高陽者, 黃帝之孫而昌意之子也"라 함.

【八愷】和樂한 덕을 지닌 여덟 사람. 杜預 注에 "愷, 和也"라 함.

【高辛氏】帝嚳. 고대 帝王의 하나.《史記》五帝本紀에 "帝嚳高辛者, 黃帝之曾孫也. 高辛於顓頊爲族子"라 함.

【八元】착한 여덟 사람.《周易》文言傳에 "元者, 善之長也"라 함.

【后土】杜預 注에 "后土, 地官. 禹作司空, 平水土, 卽主地之官"이라 함. 국토를 다스림. 나중에 순 임금이 된 禹가 司空이 되어 물과 토지에 관한 일을 주관하였음을 말함.

【五教】《尚書》舜典에 "帝曰: 契! 百姓不親, 五品不遜, 汝作司徒, 敬敷五教, 在寬"이라 하였으며,《孟子》滕文公(上)에 "人之有道也, 飽食煖衣, 逸居而無教, 則近於禽獸. 聖人有憂之; 使契爲司徒, 教以人倫: 父子有親, 君臣有義, 夫婦有別, 長幼有序, 朋友有信"이라 함.

【天成】하늘의 조화가 잘 이루어짐. 하늘의 복이 잘 내려짐.

【帝鴻氏】《史記》五帝本紀 集解에 賈逵의 말을 인용하여 "帝鴻, 黃帝也"라 하였으나《山海經》大荒東經에는 "帝俊生帝鴻"이라 하여 郭璞은 '帝'舜이라 하였음.

【頑嚚】완고하고 남을 헐뜯는 거짓말을 많이 함.

【渾敦】'混沌', '渾沌', '溷囤' 등과 같으며 미분화 상태, 즉 카오스를 뜻하는 疊韻

連綿語. 杜預 注에 "渾敦, 不開通之貌"라 하였으며 驩兜로 보았음.

【少皞氏】이름은 摯. 고대의 제왕. 杜預 注에 "少皞, 金天氏之號, 次黃帝"라 함.

【窮奇】共工. 고대 四凶의 하나. 杜預 注에 "其行窮, 其好奇"라 함.

【顓頊氏】高陽氏.

【檮杌】《史記》五帝本紀 集解에 賈逵의 말을 인용하여 "檮杌, 凶頑無疇匹之貌"라 함. 《神異經》西荒經에 「西方荒中有獸焉, 其狀如虎而犬毛, 長二尺, 人面虎足, 豬口牙, 尾長一丈八尺, 攪亂荒中, 名檮杌, 一名傲狠, 一名難訓」이라 하여 凶獸의 이름이며, 《國語》周語(上)에 "商之興也, 檮杌次於丕山"의 韋昭 注에 「檮杌, 鯀也」이라 하여 '鯀(鮌)'의 성질과 같이 '鯀'을 일컫는 것이라고도 함. 明 張萱은 《疑耀》檮杌에서 "檮杌, 惡獸, 楚以名史, 主於懲惡. 又云: 「檮杌能逆知未來, 故人有掩捕者, 必先知之.」 史以示往知來者也, 故取名焉. 亦一說也"라 하였으며 《孟子》離婁(下)에는 "孟子曰: 「王者之迹熄而詩亡, 詩亡然後春秋作. 晉之乘, 楚之檮杌, 魯之春秋, 一也. 其事則齊桓・晉文, 其文則史. 孔子曰: 『其義則丘竊取之矣.』」"라 하였고 集註에 "檮杌, 惡獸名, 古者因以爲凶人之號, 取記惡垂戒之義也"라 하여 고대 楚나라 역사책 이름이기도 함.

【縉雲氏】《史記》五帝本紀 集解에 賈逵의 말을 인용하여 "縉雲氏, 姜姓也, 炎帝之苗裔, 當黃帝時, 任縉雲之官也"라 함. 孔穎達 疏에 "昭十七年傳稱黃帝以雲名官, 故知縉雲黃帝時官名. 服虔云:「夏官爲縉雲氏.」"라 함.

【饕餮】'도철'로 읽으며 음식을 탐내는 고대 전설상의 怪獸. 杜預 注에는 "貪財爲饕, 貪食爲餮"이라 하여 뜻을 구분하였으나 이는 雙聲連綿語로 보아야 할 것임. 王念孫은 "貪財貪食總謂饕餮. 饕餮一聲之轉, 不得分貪財爲饕, 貪食爲餮也"라 함. 한편 《呂氏春秋》先識覽에는 "周鼎低饕餮, 有首無身, 食人未咽, 害及其身"이라 하였으며 《山海經》北山經의 괴이한 짐승 '狍鴞'에 대해 郭璞 注에 '饕餮'이라 하였음.

【四裔】杜預 注에 "案四凶罪狀而流放之"라 함. 《尚書》舜典에 "流共工于幽州, 放驩兜于崇山, 竄三苗于三危, 殛鯀于羽山"이라 함.

【以禦螭魅】'螭魅'는 "山神獸形, 老精物也"라 하여 산에 사는 精靈으로 사람을 해침. '禦'는 이들이 사람을 해치지 않도록 대신 四凶을 그곳에 던져 액막이로 삼았음을 말함. 孔穎達 疏에 "是放之四方之遠處, 螭魅若欲害人, 則使此四者當彼螭魅之災, 令代善人受害也"라 함.

【虞書】《尚書》虞書 舜典에 "愼徽五典, 五典克從, 納于百揆, 百揆時敍, 賓于四門, 四門穆穆, 納于大麓, 烈風雷雨弗迷"라 함.

【穆穆】 和樂한 모습. 《史記》 五帝本紀에 "賓於四門, 四門穆穆, 諸侯遠方賓客 皆敬"이라 함.
【戾】 '罪'와 같음.

傳
宋武氏之族道昭公子, 將奉司城須以作亂.
十二月, 宋公殺母弟須及昭公子, 使戴·莊·桓之族攻武氏於司馬子伯之館, 遂出武·穆之族.
使公孫師爲司城.
公子朝卒, 使樂呂爲司寇, 以靖國人.

송宋 무공武公의 후손들이 송 소공昭公의 아들을 유인하여 사성司城이었던 수須를 받들고 내란을 일으키려 하였다.
12월, 송 문공文公이 이를 알고 동생 수와 송 소공의 아들을 죽이고, 송 대공戴公·장공莊公·환공桓公의 자손들로 하여금 송 무공의 후손들을 사마司馬 자백子伯의 집에서 공격하도록 하여 결국 무공·목공의 후손들을 축출하였다.
그리고 공손사公孫師를 사성司城으로 삼았다.
공자 조朝가 세상을 떠나자 악려樂呂를 그 사성의 자리에 앉혀 귀족들을 안정시켰다.

【宋武氏之族】 〈金澤文庫本〉에는 "宋武穆之族"이라 하여 '武公과 穆公의 후손들'로 되어 있음. 武氏는 武公의 후손들. 文公 7년을 참조할 것.
【昭公】 이름은 杵臼. 襄公의 아들. 기록에 따라 成公의 막내아들로 되어 있기도 함. 《史記》 宋世家에 "成公卒, 成公弟禦殺太子及大司馬公孫固而自立爲君, 宋人共殺君禦而立成公少子杵臼, 是爲昭公"이라 하였으나 〈年表〉에는 "宋昭公杵臼, 襄公之子"라 함. 그러나 본 《左傳》 文公 16년에 宋 昭公이 襄公夫人을 "君祖母"라 부른 것으로 보아 昭公은 成公의 아들이며 襄公의 손자임.

【司城】원래는 司空이었지만 武公의 이름이 '司空'이어서 그 이름을 피하여 '司城'이라 하였음. 土木에 관한 일을 관장하는 장관.
【須】須. 文公(鮑)의 同母弟. 文公의 아우. 文公 16년 傳을 참조할 것.
【司馬子伯】華耦. 16년 傳文을 볼 것.
【出武·穆之族】宣公 3년 傳에 "盡出武穆之族"이라 하여 이들은 모두 曹나라로 도망하였음.
【公孫師】宋 莊公의 손자. 文公의 아우 須를 대신하여 司城이 됨.
【公子朝】文公 16년 傳에 의하면 華御事의 뒤를 이어 司寇에 오른 공자.
【樂呂】宋 戴公의 曾孫. 孔穎達 〈疏〉에 《世本》을 인용하여 "戴公生樂甫術, 術生碩甫澤, 澤生夷父須, 須生大司寇呂"라 함.
【以靖國人】춘추시대 '國人'은 귀족을 뜻함. 한편 《史記》 宋世家에는 "二年, 昭公子因文公母弟須與武·繆·戴·莊·桓之族爲亂, 文公盡誅之, 出武·穆之族"이라 함.

문공(文公) 在位期間(18년: B.C.626~609년)

國 B.C.	周	齊	晉	衛	蔡	鄭	曹	陳	宋	秦	楚	燕	魯
	惠王	昭公	襄公	成公	莊公	穆公	共公	共公	成公	穆公	成王	襄公	文公
626	26	7	2	9	20	2	27	6	11	34	46	32	1
625	27	8	3	10	21	3	28	7	12	35	穆王 1	33	2
624	28	9	4	11	22	4	29	8	13	36	2	34	3
623	29	10	5	12	23	5	30	9	14	37	3	35	4
622	30	11	6	13	24	6	31	10	15	38	4	36	5
621	31	12	7	14	25	7	32	11	16	39	5	37	6
620	32	13	靈公 1	15	26	8	33	12	17	康公 1	6	38	7
619	33	14	2	16	27	9	34	13	昭公 1	2	7	39	8
618	頃王 1	15	3	17	28	10	35	14	2	3	8	40	9
617	2	16	4	18	29	11	文公 1	15	3	4	9	桓公 1	10
616	3	17	5	19	30	12	2	16	4	5	10	2	11
615	4	18	6	20	31	13	3	17	5	6	11	3	12

※〈大事記〉(B.C.)

626: 晉나라, 衛나라를 치다. 楚나라 太子 商臣, 군주를 죽이다.

625: 晉나라와 秦나라, 彭衙에서 싸우다. 魯나라, 僖公을 閔公의 윗대로 모셔 祭祀를 지내다.

624: 秦나라, 西戎의 霸者가 되다.

623: 齊나라에서 婦姜을 맞이하다. 楚나라, 江나라를 멸망시키다. 衛나라 甯兪가 찾아오다.

622: 楚나라, 蓼나라를 滅亡시키다.

621: 秦나라 穆公이 죽자 子車氏 아들 셋을 殉死시키다. 晉나라 賈季, 狄으로 달아나다.

620: 秦나라 軍, 令弧에서 晉나라 軍에게 지다. 叔仲惠伯, 公孫敖의 난을 진압하다.

619: 宋나라와 晉나라, 내란이 일어나다.

618: 晉나라 사람, 大夫 先都를 죽이다. 楚나라 사신이 찾아오다.

617: 楚나라 穆王, 子西를 죽이다.

616: 叔孫得臣王, 狄을 쳐부수다.

615: 秦나라와 晉나라, 河曲에서 싸우다.

임동석(茁浦 林東錫)

慶北 榮州 上茁에서 출생. 忠北 丹陽 德尙골에서 성장. 丹陽初中 졸업. 京東高 서울 敎大 國際大 建國大 대학원 졸업. 雨田 辛鎬烈 선생에게 漢學 배움. 臺灣 國立臺灣師範大學 國文硏究所(大學院) 博士班 졸업. 中華民國 國家文學博士(1983). 建國大學校 敎授. 文科大學長 역임. 成均館大 延世大 高麗大 外國語大 서울대 등 大學院 강의. 韓國中國言語學會 中國語文學硏究會 韓國中語中文學會 會長 역임. 저서에 《朝鮮譯學考》(中文) 《中國學術槪論》 《中韓對比語文論》. 편역서에 《수레를 밀기 위해 내린 사람들》 《栗谷先生詩文選》. 역서에 《漢語音韻學講義》 《廣開土王碑硏究》 《東北民族源流》 《龍鳳文化源流》 《論語心得》 〈漢語雙聲疊韻硏究〉 등 학술 논문 50여 편.

임동석중국사상100

춘추좌전 春秋左傳

左丘明 撰 / 林東錫 譯註
1판 1쇄 발행/2013년 4월 10일
2쇄 발행/2017년 7월 1일
발행인 고정일
발행처 동서문화사
창업 1956. 12. 12. 등록 16-3799
서울중구다산로12길6(신당동,4층) ☎546-0331~5 (FAX)545-0331
www.dongsuhbook.com
잘못 만들어진 책은 바꾸어 드립니다.

*

이 책의 출판권은 동서문화사가 소유합니다.
의장권 제호권 편집권은 저작권 법에 의해 보호를 받는 출판물이므로 무단전재와 무단복제를 금합니다.
이 책의 일부 또는 전부 이용하려면 저자와 출판사의 서면허락을 받아야 합니다.

*

사업자등록번호 211-87-75330
ISBN 978-89-497-0816-4 04080
ISBN 978-89-497-0542-2 (세트)